하나님을 위한 **변명**

신학을 전공한 정신과 의사의 성경인물 이야기

신학을 전공한
정신과 의사의
성경인물 이야기

하나님을
위한 변명

지은이 | 최관호
표지디자인 | 한영애
펴낸이 | 원성삼
펴낸곳 | 예영커뮤니케이션
초판 1쇄 발행 | 2022년 1월 5일
등록일 | 1992년 3월 1일 제2-1349호
주소 | 03128 서울시 종로구 대학로3길 29, 313호 (연지동, 한국 교회100주년기념관)
전화 | (02) 766-8931
팩스 | (02) 766-8934
이메일 | jeyoung@chol.com
ISBN 979-11-89887-47-6 (03230)

값 30,000원

모든 인간은 하나님의 형상을 닮은 존귀한 존재입니다. 사람은 인종, 민족, 피부색, 문화, 언어에 관계없이 모두 다 존귀합니다. 예영커뮤니케이션은 이러한 정신에 근거해 모든 인간이 존귀한 삶을 사는 데 필요한 지식과 문화를 예수 그리스도의 사랑으로 보급함으로써 우리가 속한 사회에 기여하고자 합니다.

신학을 전공한
정신과 의사의
성경인물 이야기

"하나님을 위한 변명

최관호 지음

"

는 신학을 전공한 '정신과 전문의'다. 한국누가회(CMF) 학원사역부 간사가 된 이후 전국에서 쇄도하는 상담 중 가장 많이 들었던 이야기의 시작은 이것 었다. "간사님, 사실은 있잖아요, 간사님, 사실은 있잖아요, 우리 집이요. …"
자로 살아온 대부분의 시간 동안 하나님이 참 야속했다. '전지전능하신 분이시니 우리에게 맞추어주셔도 하나님 당신의 뜻을 이루시는 데 문제가 없 많은가?'라는 생각에 하나님께 많이 서운했다. 이러한 마음은 나를 통해 선포된 성경인물 설교 가운데 진하게 배어 나왔다. 그렇게만 생각했다. 그런데
는 날 문득 내가 쓴 설교문을 읽다가 깨닫게 되었다. 어느 순간부터인가 나는 '하나님을 위한 변명'을 하고 있었다.

여여 커뮤니
케이션

추천사

이광우 목사(전주열린문교회, 총신대학교 이사,
한국기독사진가협회 이사장, 한국문인협회 회원)

저는 30대 후반부터 60대 초반까지 25년간 한국누가회(CMF)에서 기독의료인을 세우는 일에 헌신했습니다. 인류 역사상 간호사, 의사, 치의사, 한의사는 무수히 많았지만 정말 신실한 기독간호사, 기독의사, 기독치의사, 기독한의사는 많지 않다고 생각했기 때문이고, 그런 만큼 신실한 기독의료인 '한 사람'이 정말 귀하다는 생각이 있었기 때문입니다. 의대 캠퍼스에서 만나 하나님의 말씀을 가르치고 훈련시켰던 많은 이들이 지금은 각 병원의 원장님으로, 의학계열 대학의 교수로, 의료선교사로 열심히 섬기고 있고, 또 이런 선배들의 뒤를 이을 훌륭한 인재들이 한국누가회 안에서 계속 양육되고 있습니다. 어쩌면 제 인생의 가장 소중했던 황금기를 한국누가회 사역에 바친 셈인데, 그런 여정에서 만난 귀한 동역자가 최관호 학원선교사(전주열린문교회 파송)입니다. 돌아보니, 제가 늦깎이 목회자여서 그랬는지, 늦깎이 의학도였던 최관호 학생과의 만남은 처음부터 좀 다른 느낌으로 다가왔던 것 같습니다. 최관호 선교사가 의대 졸업 후 전문의 자격을 갖춘 뒤 한국

누가회에서 전임사역자로 헌신하게 되면서부터 한동안 한국누가회에서 저와 동역하였고, 제가 누가회 규정에 따라 25년 사역을 접고 정년퇴임한 뒤로도 최 선교사는 누가회에 남아 사역을 계속하고 있습니다. 처음 만남부터 오늘까지 우리 두 사람의 동역과 동행에 하나님 아버지의 능하신 손길이 늘 함께 있었다고 믿습니다.

의대를 졸업하자마자 간사로 사역하려 했던 최관호 선교사에게 전문의 과정을 일단 먼저 밟도록 강력하게 권한 사람이 저였고, 이어서 신학대학원 과정을 반드시 밟아야 한다며 몹시 고단한 신학의 길로 내몬 사람도 저입니다. 정신과 전문의가 된 뒤 총신대학교 신학대학원 M. Div. 과정을 밟게 되면서, "신학과 정신의학이 만나는 지점, 혹은 그 두 영역이 교차하는 지점에서 빛을 발하면 좋겠다"는 주문을 했습니다. 좀 과장해서 말하면, 인류 역사를 통틀어서, 정신과 전문의로서 신학을 전공하고, 어쩌면 꽃길일 수 있는 의사의 길을 가볍게 포기하고 대학 캠퍼스에서 후배 기독의료인을 세우는 일에 삶 전체를 바친 이는 최관호 선교사 외에 거의 없을 것입니다. 이 사실 하나만으로도 최관호 선교사는 이 땅 기독교 역사에 아주 독보적인 존재입니다. 그동안, 한국누가회에서 후배들을 가르치고 양육하는 과정에서 최 선교사가 몸이 망가질 정도로 어떤 열정으로 어떻게 열심히 준비하고 공부하는 사역자였는지는 누구보다 선생인 제가 잘 압니다.

사역한 세월이 쌓여가면서 그동안 후배들과 함께 씨름하며 준비했던 "성경인물", 그중에서도 특히 "성경 속 여인들"의 삶을 조명해 나가면서 얼마 전 세상을 떠나신 어머니를 그리는 효자 최 선교사의 "사모곡"이 담긴 원고를 읽으면서, 글의 수준이 청출어람(靑出於藍)의 경지에 어엿이 이른 점(당연히 그래야 합니다.)을 확인하고 하나님께 많이 감사했습니다. 신학을 공부하고 교회를 개척하여 섬겨온 세월이 적어도 30년 이상인 저 또한 그동안 꾸준히 공부를 계속해 왔음에도, 제가 만났던 해외 신학자들 가운데 누구도 그토록 섬세하게 성경의 인물을 살핀 예를 거의 본적이 없었기에, 최 선교사의 원고를 읽으며 제자를 통해 진리의 또 다른 면을 배우는 기쁨은 더더욱 컸습니다. 평소, 한국누가회에서의 25년 사역을 평가해 볼 때마다 대체로 실패했다고 생각하고 몹시 안타깝고 부끄럽기도 하던 차에, 최관호 선교사의 탁월한 원고를 읽으면서 저의 '사역이 완전히 실패한 것은 아니라'는 생각에 뒤늦게 한 가닥 위로를 얻을 수 있었습니다. 애초에 제가 부탁했던 대로, 마치 에스골 골짜기의 마른 뼈들이 선지자가 선포한 말씀의 능력으로 다시 살아나 하나님의 강한 군대가 되듯이, 신학과 정신의학이 만나는 지점에서 최관호 선교사가 세밀하게 들여다 본 성경 속 인물들은, 최 선교사를 통해 성경 활자의 골짜기를 벗어나 새 생명의 능력으로 활달하게 '성육신'하는 듯했습니다.

정신의학 전문가로서 신학을 전공한 최관호 선교사가 후배 의대생들과 씨름하며 수십 년 사역의 열매를 모두어 펴낸 이 책이, 고단한 목회 현장에서 외롭게 싸우는 목회자들은 물론, 삶 속에 수없이 나타나는 사망의 음침한 골짜기를 숨가쁘게 지나는 모든 성도들에게도 참으로 귀한 길잡이가 될 것이라 믿어, 이 책을 꼭 한 번씩 읽어 보실 것을 권합니다. 아울러 이 책이 신실한 기독의료인들에게도 의료사회에 하나님의 나라를 세우도록 부르시는 하나님의 따뜻한 음성으로 다시 들려지기를 바랍니다. 최관호 선교사의 '성경인물론' 다음 책이 속히 나오기를 기대하며 기도합니다.

추천사

김지찬 목사
(부산 수영로 교회 협동목사, 총신대학교 신학대학원 교수)

최관호 간사는 성경의 진리에 목숨을 건 정신과 의사다. 그런데 "성경의 진리를 믿는 정신과 의사" 하면 마치 "사각의 원"이라는 어구처럼 이미 자체 안에 모순을 담고 있는 표현처럼 보인다. 정신 분석학을 창시한 프로이트를 굳이 예로 들지 않는다 하더라도, 정신 분석학은 주로 고전적인 성경 이해와 정통 신학에 반발하면서 시작한 학문이 아닌가? 그러다 보니 정신과나 정신 분석학은 엄밀한 학문인데 반해, 성경의 진리를 믿는 것은 신앙, 그것도 비학문적인 세계에 속한 것으로 보는 경향이 한국 교회 안에도 들어왔다.

그러다 보니 심지어 신학자나 목회자도 정신 분석학의 이론을 설명하는 예로 성경인물들을 다루는 경우도 많이 볼 수 있다. 그런데 문제는 이런 성경인물 분석이 성경의 최종 본문 형태의 의미에 따라서 성경의 의도대로 해석하는 것이 아니라, 정신과학의 이론을 구체적으로 보여주는 샘플로만 다루는 경우가 많이 있었다는 데 있다. 설령 정통 신학과 성경의 영감을 믿는 학자들이라 하더라도 정신 분석학의 이론이나 상담 이론을 가져와 성경의 인물을 분석하여 현대인들에게 적용하려는 시도를 주변에서 흔히 보게 된다.

이런 상황에서 나는 최근에 인문학이 성경 이해에 도움이 되는 단계를 이제 훨씬 지나, 인문학이 성경 이해에 도움이 되기는커녕 성경을 오해하고 곡해하는 시기로 접어들고 있다는 느낌을 지울 수가 없다. 성경을 해석하는 설교자들의 설교나 학자들의 강의를 들으면서 인문학의 틀에 성경을 억지로 끼워 맞추는 듯한 느낌을 가진 것이 한 두 번이 아니기 때문이다.

이런 점에서 성경의 영감과 진리를 믿는 그리스도인 정신과 의사인 최관호 간사가 실제 젊은이 사역의 현장에서 행한 설교는 정신 분석학이 어떻게 성경의 진리를 드러내며 오늘 우리의 삶에 깊은 조명을 비춰주는지를 보여주는 아주 좋은 본보기가 된다. 성경의 진리를 믿으며 정신과 의사로서 인간들의 정신을 분석하면서 치열하게 고민한 신학적 사색을 담은 최관호 간사의 글은 오늘 우리에게 특별 계시와 일반 계시가 제대로 우선순위를 갖추어 결합이 되면 어떤 실천적 지혜와 목회적 통찰력을 주는지 보여주는 좋은 모범이 될 것이다.

CMF 학부 수련회와 학사 수련회를 여러 번 강사로 말씀을 전한 경험이 있었기에 나는 최관호 간사를 일찌감치 알고 있었다. 그런데 묵직한 체구와 순박한 얼굴과 선한 눈빛을 가지고 있는 최관호 간사가 총신대에 들어온다는 이야기를 들었을 때의 기쁨을 나는 아직도 잊지 않고 있다. 성경적 진리에 사로잡힐 정신과 의사가 내가 다닌 모교에 들어와 신학을 공부하고 목사가 될 것이라는 사실이 너무 감사했기 때문이다. 나에게는 그럴 기회가 주어지지 않았으나, 의사로 몸의 병을 고치는 실천적인 기술을 가지고 있으면서 영혼을 위로하며 하나님의 말씀을 전할 수 있는 목사가 되는 것은 인간이 맛볼 수 있는 가장 행복한 일이라고 늘 생각하고 있기 때문이다.

의사라는 전문직이 있기에 신학교에 들어와서 자격증을 간판처럼 따고 이를 근거로 자신의 개인적 사역에 치중하는 분들도 종종 있었지만, 최관호 간사는 3년 동안 신학을 목회만 전공하려는 어떤 목회자 후보생들보다 더 열심히 연구하였다. 내 딸이 의학을 공부하던 차에 의학도로서 치열하게 공부하는 모습을 보게 되면서 나는 영혼을 고치는 신학도들은 몸을 고치는 의학도보다 훨씬 더 치열하게 공부해야 한다는 생각을 갖게 되었다.

그러던 차에 언젠가 양지 캠퍼스에서 최관호 간사를 만나 "의학에 비해 보면 신학 공부는 별거 아니죠?"라고 물었다. 그랬더니 최 간사가 정색을 하면서 "교수님, 무슨 말씀을 하세요. 신학을 제대로 하려면 의학보다 훨씬 공부 많이 해야 되고 힘들죠."라는 것이었다. 직접 신학 공부를 열심히 하면서 신학의 깊은 바다에서 수영을 해 본 사람만이 아는 체험에서 나온 정직한 고백이라는 느낌을 받았다.

최관호 간사는 내 강의 중에도 수업에 도움이 될 이야깃거리가 있으면 언제든지 자신의 견해나 에피소드를 제공해주기도 하였다. 그뿐 아니라 최관호 간사는 그러기에 함께 있으면서 대화를 나누면 언제나 사람을 행복하게 해주는 매력을 지닌 사람이었다. 그러나 무엇보다 내가 고마운 것은 최관호 간사가 복음에 대한 열정과 확신, 성경 진리를 사수하려는 결심과 담대함, 사람을 이해하려는 목회적 심장을 가진 정신과 의사라는 것이었다.

최관호 간사가 신학교를 졸업하고 나서 무엇을 하고 있는지 때로 궁금하였다. 간혹 전해지는 소식을 들으면서 의료 봉사도 하고 CMF 간사도 하고 있다는 말에 예나 지금이나 현장에서 열심히 CMF 의대생들과 일반인들을 돕고 있구나 라는 생각에 대견함과 고마운 마음이 들었다.

그러던 차에 그동안의 성경 본문에 대한 신학적 사색과 목회적 경험을 담은 설교를 모아 『하나님을 위한 변명』이라는 책을 출판하게 되었다는 소식을 듣고 기쁘지 않을 수 없었다. 정신과학이라는 학문도 중요하다. 인문학도 중요하다. 삶의 경험도 중요하다. 그러나 이 모든 것들보다 중요한 것은 아니 이런 모든 것을 다 버려도 포기할 수 없는 것은 하나님의 말씀이다. 하나님 말씀만이 진리며, 우리는 종교 개혁자의 후예로서 이 진리를 사수하고, 이 진리를 배우고, 이 진리를 가르치고, 이 진리를 위해 목숨을 걸고, 이 진리를 전하는 일에 부름 받은 자들이기 때문이다.

최관호 의사의 글을 읽어보면 하나님의 은혜와 긍휼을 선포하는 성경적 진리에 굴복한 마음에서 나온 체험적 글쓰기를 하고 있음을 알 수 있다. 최관호 간사의 성경인물에 관한 글 한편만 읽어보아도, 단순히 성경의 인물들을 성경 본문을 따라 해석하는 데서 멈추지 않고 정신과 의사로서 자신의 삶의 경험을 연결점으로 삼아 고통의 삶을 살아가는 현대인들이 자신의 얼굴을 그 안에서 보게 하는 거울 같은 글들임을 독자들은 금방 깨닫게 될 것이다.

그런 점에서 최관호 간사의 『하나님을 위한 변명』은 성경에 나오는 인물들을 성경 본문에 대한 문예적 분석에 근거하여 정신과적 용어들을 가지고 그리스도인으로서 우리의 정체성과 소명과 사명이 무엇인지를 "지금 여기서의 언어"로 해석해낸 멋진 신학적 사색이라고 할 수 있다. 이에 큰 기쁨으로 강력하게 추천하는 바이다.

추천사

은헌정
(예수병원 정신건강의학과 전 주임과장)

추천사의 글로서는 제가 표현력이 부족하여 충분히 많은 독자들께 생각이 잘 전달되지 않을 수도 있지만 '하나님을 위한 변명'은 참으로 대단하고 놀라운 글이라는 함축적인 표현으로 먼저 결론의 말씀을 드립니다. 이 책을 읽으면서 떠오르는 키워드는 자유연상, here and now, 꼼꼼한 주석과 설명, 농담 같은 구어체적 설명, 거시적인 전개, 섬세한 보충 설명, 큰 흐름의 강 같은 주제, 끊임없는 묵상의 과정을 그대로 옮겨 적음, 천재성, 하나님께서 주신 재능, 하나님께서 지으신 인간의 사고가 대단하다는 느낌, 어머니의 사랑, 성경의 인물을 통해 역사하시는 하나님. 한국누가회, 신앙고백, 전통적 신학서적과 다름, 한국 교회의 현실, COVID-19와 절망, 시대의 변화, 사회구조적 문제, 불신앙, 율법, 믿음, 복음, 구원, 하나님의 은혜 등입니다.

최관호 선생님이 저에게 추천사를 요청한 시기는 2021년 8월 6일이지만 제가 본의 아니게 늑장을 부리면서 출판대기 중인 원고가 늦게 나오는 사태가 지속되고 있음을 중간에 알게 되었습니다. 저도 변명을 하자면 개인적으로는 33년간 재직하였던 예수병원 정신건강의학과(옛 이름. 신경정신과)를 2021년 2월에 퇴직하여 새 직장에서 바삐 적응하면서 학회에서 맡은 일이나 교과서 집필관련 활동 등으로 무척 바쁜 시간을 보내고 있어서 원고를 자세히 읽어 볼 시간을 확보하지 못하고 있었기 때문입니다. 대강 훑어보고 추천의 글은 쓸 수 있겠지만 제가 표현하는 추천의 글이 중요하다기보다 최관호 선생님의 저작 속에 담겨 있는 뜻을 전혀 느끼지 못하게 되므로 저의 양심 속 자아가 저를 압박하였던 것입니다. 그러한 까닭에 강박적으로 책을 처음부터 끝까지 읽고자 노력하였습니다. 하지만 반복하여 많이 읽지는 못하였습니다만 이 책은 읽고 또 읽으면서 곱씹으면 단물이 나고 몸과 마음과 행동에 체화되는 능력이 숨어 있는 책임을 알 수 있습니다. 독자들께서도 반복해서 읽도록 강력 추천합니다.

최관호 선생님이 저에게 추천사를 요청한 이유는 앞의 두 분의 추천사를 써주신 목사님이 신학적 측면의 스승이라면 저는 의학적(신경정신의학) 측면의 스승이라 생각해서 요청하였던 것으로 생각됩니다. 최관호 선생님이 예수병원 정신건강의학과에서 수련을 받기 위해 인턴으로 처음 들어와서 정신건강의학과에 인턴장으로 모든 인턴들을 데리고 당시 예수병원 기독의학연구원에 위치한 정신건강의학과 낮 병원에서 일하고 있던 저를 찾아 왔던 기억이 떠올랐습니다. 저는 최관호 선생님이 누구인지도 몰랐고 처음 보는 친구라 특별히 관심을 보일 이유도 없었는데 많은 인턴들을 데리고 제일 앞에서 인사 왔다고 차렷 자세로 서 있었습니다. 최관호 선생님은 제 앞에 바짝 다가와서 살짝 웃는 모습으로 무언가 저에게 답을 구하는 어린아이와 같은 묘한 느낌을 보이면서 크고 동그란 토끼눈으로 쳐다보고 있었습니다. 당시 저는 반사적으로 최관호 선생님에게 이야기했습니다. "자네 신경정신과에 관심이 있는가?", 그 즉시, 최관호 선생님은 큰 목소리로 "예!"하고 대답했습니다. 한참 지난 후에 최관호 선생님에게 들은 이야기지만 최관호 선생님이 제가 그 말을 할 것을 기대하면서 기도해왔다는 사실을 알게 되었습니다. 최관호 선생님은 항상 하나님과 대화하면서 기도하고 묵상하며 모든 생활을 경건하게 하고 있는 기도의 사람임을 알 수 있었습니다. 최관호 선생님은 저의 애제자이며, 자랑스러운 제자이고, 하나님께 합한 사람입니다. 저의 제자이지만 지금 이 책을 읽으면서 최관호 선생님이 저의 선생님, 즉 신앙의 스승이 되었음을 하나님께 고백합니다.

하지만 본 서적은 처음에는 읽으면 알 것 같으면서 때로 다소 혼란스러움을 주기도 하였습니다. 그 이유는 일반적인 서적에서 볼 수 있는 전통적인 분류 체계에 따른 순서가 아니고 때로는 같은 이야기가 자주 반복되는 양상도 있었고 앞에 나왔던 이야기가 뒤에서 반복되기도 하는 다양한 패턴을 보였기 때문입니다. 이는 전달하고자 하는 메시지를 성경의 전체를 포괄하는(신구약 전체를 관통하면서) 형태로 기술하였기 때문입니다. 지그문트 프로이트(Sigmund Freud)의 자유연상 기법과 같은 형식을 취하고 있습니다. 또한 성경의 각 사건이 발생한 시대적 배경을 here and now(여기 지금)의 형태로 이 시대에 적용하여 각종 상황적 이야기를 곁들이면서 글의 전개를 다차원적으로 진행하고 있습니다. 대화체라 쉽게 느껴질 수 있으나 결코 쉬운 글이 아니며 성경에 대한 기본적 이해와 경륜이 있어야 체화될 수 있는 고차원의 내용들입니다. 어려운 내용을 눈높이를 맞추고 잘 전달하기 위해 다양한 표현기법을 사용하고 있는 것입니다. 즉 이러한 형태의 글은 어느 정도의 경지와 수준에 이르러야 가능할 것입니다.

본 저작은 설교문의 형태이면서도 대화체로 쓰였는데 이는 한국누가회 지체들에게 설교하는 내용을 그대로 전달하는 현장감을 보여주면서 쉽게 받아들일 수 있도록 하는 대단한 장점을 보여주고 있습니다. 대화체로 기술하면서 독특한 것은 오늘날 우리가 살고 있는 시대의 가장 최신의 단어들을 유효 적절히 사용하면서 젊은 지체들의 사고를 이끌어 나가는 방식이었습니다. 어찌 보면 농담 따먹기 하듯 하는 용어들의 나열이 많이 있으나 독자들의 이해를 돕기 위해 친절하게 각 주를 반드시 달아 놓고 있어서 기분에 좌우되어 사용하는 단어가 아니고 그 뜻과 의미를 정확히 알고서 근거주의 관점과 논리성을 충분히 제공하고 있음을 알 수 있습니다. 이 책을 읽으면서 전체적으로 들었던 느낌은 이러한 글들이 성경책을 많이 보고 관련 서적을 많이 찾아보아서만 만들어질 수 있는 글이 아니라는 것입니다. 즉 많은 묵상과 기도(하나님과의 대화), 철저한 사고와 우리가 살고 있는 현실적 상황에 대한 중립적 이해, 많은 사람들과의 접촉과 상담 등을 통한 경험에 더한 포괄적 이해와 하나님의 은혜(재능, 저자는 솔로몬에 다음가는 능력을 달라고 본문에서 언급하였음)의 결과로 생각되었습니다. 이는 각 장의 인물들에 대한 상황적 설명(성경에 나와 있지 않은 행간에 대한 설명)은 소설 같으면서도 허구가 아닌 듯 합리적 설명이 끊임없이 이어지지만 이는 하나님께서 개입하신 천재성에 따르는 것이라 확신합니다. 이러한 저작 전체를 관통하는 각 인물에 대한 세밀한 묘사는 각 인물의 초상화를 보는 듯, 각 인물의 성향, 활동, 상황, 시대적 배경 등의 기술이 엄청나게 구체적이면서 근거(본문) 중심적입니다. 그 설명에 대해 더 이상 반박할 수 없다는 것입니다.

　본 저작은 우리가 처한 상황에 대해 숲 전체를 조망하는 마음을 가지려 노력하였으며 나무 밑의 잔디를 쓰다듬는 마음, 종적, 횡적, 다차원적 시야, 자연과학자적 사고에 의한 인문학적 통찰이 바탕을 이루면서 쓰여진 책입니다. 이 책은 설교문, 신앙지침서, 신학적 교리를 정리한 책이면서 최관호 선생님의 자서전과 같은 특징을 가지고 있습니다. 또한 저자의 신앙고백서라는 느낌도 들었습니다. 이는 책을 읽는 독자에게도 쉽게 빠져들게 하는 매력을 가지고 있어서 저자와 동일한 신앙고백을 하게 만들 것으로 여겨지는 매우 끌리게 하는 특징을 가지고 있습니다. 한국누가회 지체들을 대상으로 하였으나 결국 모든 사람에게 공통적인 부분이라 글의 논지를 받아들이는 데 거의 저항감이 없을 것으로 생각됩니다.

　본 저작에 나오는 인물들의 나열 순서도 전형적이지 않습니다. 성경의 인물 중 주인공으로 주로 부각되는 인물이 아닌 여성들이 많이 나와 있으며 성경을 좀 알고 신앙생활을 조금 했다는 사람도 특별히 관심을 많이 두지 않는 하갈, 사라, 라합, 룻, 나오미를 주로 언급하며 전체적 목차를 구성하는 특징을 나타내고 있습니다. 이러한 인물들의 정신심리와 성격, 다양한 처신을 꼼꼼하고 세밀하게 기술하고 있으며 이들의 고난과 시련, 좌절과 희망과 회복 또는 부흥에 하나님의 보이지 않는 손길이 항상 영향을 주고 있음을 저자는 기술하고 있습니다. 이러한 성경의 인물과 함께 어머니의 모습이 함께 묘사되어 있고 어머니를 통하여 최관호 선생님의 가정에 미치고 있는 하나님의 손길을 기술하고 있습니다. 즉, 어머니를 통한 최관호 선생님 자신의 존재와 성경의 인물 중 고난당하면서 살았지만 보이지 않는 하나님의 손길에 의해 회복과 부흥을 이루는 믿음의 승리자와 동일시하며 사랑하는 어머니를 그리워하는 오늘날 보기 드문 효자의 저작물입니다. 최관호 선생님의 효성은 육신의 부모님(엄마, 아빠: 최관호 선생님의 본문에서의 표현)에만 이르지 않고 있으며 이 책을 통하여 하나님 아버지(아빠: 최관호 선생님의 본문에서의 표현)께 닿아 있음을 알 수 있습니다.

이 책의 저작 배경으로 저자는, 사랑하는 어머니의 갑작스런 소천과 어머니를 생각하며 어머니께 헌정하기 위해 예정보다 빨리 글을 정리하게 되었음을 고백하고 있습니다.

[분명히, 이 책은 우리 엄마 단 한 명을 위한 책으로 시작되었다. 그러나, 거기에서 끝이 아닐 것이다. 나는 모르지만, 이 책이 이 땅의 상당수 사람이 자신만을 위해 살아가는 흐름 가운데 그리고 COVID-19로 고통받는 가운데 죽어가는 바로 단 한 사람, 영혼의 회복이 필요한 누군가 그 단 한 사람(어쩌면, 이 책을 읽고 있는 바로 당신)을 위한 책이 되기를 기도한다.] 본문에 나와 있는 것처럼, 어머니에 대한 사랑이 하나님에 대한 감사와 믿음으로 잘 정리되어 있는 훌륭한 저작입니다.

[하나님의 자녀인 우리 각각의 인생은 하나님 나라 전체 역사의 일부이다. 우리는 성경에 기록된 과거 역사에 대해서는, 여러 경로를 통하여 어느 정도의 지식을 가질 수 있다. 하지만 매일매일 온 존재로 살아내야 하는, 현시대의 흐름에 대해서는 제한된 시각을 가질 수밖에 없다. 현시대에 대해 우리에게 허락된 것은 "하나님 앞에서 하나님의 부성적(父性的)인 호의를 믿고, 어떤 자세로 우리에게 닥친 현실을 살아낼 것인가?" 정도이다. 그리고 사람들은 인생의 고난에 직면할 때, 룻처럼 하나님과의 동행을 선택하기보다는 하나님께 원망을 쏟아내거나 도망치는 경향이 있다. 인생을 살아보면

우리의 영적 실존적 운명을 가르는 중요한 선택의 시기에는 항상 하나님이 아닌 다른 쪽을 선택할 합리적인 이유가 하늘에 차고도 넘치게 마련이다. 이때 우리는 자신에게 속으면 안된다. 이런 시기, 사람들은 겉으로 보기에 주변의 말에 넘어간 것처럼 보이지만, 사실은 그의 내면의 목소리에 부합하는 외부의 목소리만 수집하는 경향이 있다.] 본문에 나와 있는 것처럼, 우리는 항상 하나님께 기도하고 묵상하는 가운데 길을 찾아야 하며 자신에게 속지 말라고 저자는 강력히 조언하고 있습니다.

여러 독자들에게, 본 저작을 읽으시면 하나님과 동행하는 삶에 반드시 유익할 것임을 알려드리면서 본 저작을 강력 추천합니다.

장호철 목사
(오랫동안 CMF 간사로 의료인들을 섬기다
캐나다로 훌쩍 떠나 토론토에서 10여 년 이민목회를 했다.
도저히 뿌리칠 수 없는 손에 이끌려 한국에 돌아와
CMF 지체들을 돌보며 전주에서 예수마을교회를 섬기고 있다.)

한국누가회(CMF)에서 간사로 학생들을 섬기며 저자인 최관호 간사를 처음 만났습니다. 당시 학생이던 저자와는 전체모임 외에 별도로 학년별 성경공부 모임이 있었는데, 그 모임을 통해 정이 많이 들었습니다. 어느 날부터 다른 학교 모임에도 따라와 학생들을 챙겼는데, 그것이 저자를 CMF 간사로 부르는 하나님의 특별한 섭리인지는 미처 몰랐습니다.

전북누가회 사무실에서 함께 생활하며 성경과 씨름하는 저자의 모습과 저자가 사람들을 어떻게 만나고 섬기는지를 곁에서 지켜봤기에 기쁜 마음으로 추천사를 쓰게 되었습니다.

저자는 성경을 사랑하고 읽고 해석하고 적용하는 데 남다른 은사가 있습니다. 수천 년 전의 말씀을 오늘을 살아가는 우리 앞에 살아 숨 쉬게 하는 특별한 재주가 있습니다. 또한, 말씀을 통해 우리의 시대를 분석하고 우리 자신을 돌아보게 하는 탁월한 은사가 있습니다. 특별히 이해하기 어려운 내용들을 쉽게 풀어내는 저자의 남다른 지혜는 읽는 자들로 하여금 절로 탄성을 지르게 할 것입니다.

이 책을 통해 성경 말씀의 경이로움을 맛보고 누리다 보면 여러분의 신앙이 한층 더 성숙하고 성장하는 감동을 누리게 될 것을 확신합니다. 이 책은 어느 천재가 풀어가는 성경 이야기가 아닙니다. 이 책은 수년 동안 병원과 캠퍼스에서 의료인, 예비의료인과 함께 삶을 나누며 쓰여진 책입니다. 그래서 저자 본인의 인생이 녹아있고, 이 땅을 살아가는 의료인을 섬기고 사랑하는 저자의 삶의 자취가 묻어 있습니다.

저는 저자가 생명 사랑에 대해 남다른 애정을 가지고 살아가는 모습을 줄곧 지켜봤습니다. 저자는 사람을 사랑하는 것이 무엇인지 아는 사람입니다. 그래서인지 성경의 인물들 한 사람 한 사람의 마음의 소리를 듣는 남다른 은혜가 있습니다.

이 책을 통해, 우리는 성경인물들의 마음의 소리를 같이 듣고, 성경의 인물들과 우리의 만남의 자리가 만들어지는 특별한 은혜를 경험할 것입니다. 이 책은 매우 흥미롭고 매력적인 책이지만 결코 쉬운 책은 아닙니다. 하지만, 읽고 또 읽으면 인생의 좌표가 될 만한 소중한 이야기들로 가득한 책입니다. 책의 곳곳에는 우리의 인생을 조망하고 내일을 조명해 줄 문장들이 보석처럼 숨어있습니다. 그 보석 같은 문장들이 여러분의 인생을 새롭게 하는 특별한 은혜를 경험하게 할 것입니다.

끝으로 이런 사람들에게 이 책을 자신 있게 추천합니다. 성경이 남의 이야기가 아니라 내 이야기임을 확인하고 싶으신 분들에게 이 책을 주저 없이 추천합니다. 내가 사랑하는 사람을 어떻게 사랑하고 지켜야 하는지 그 길을 찾는 분들에게 이 책을 추천합니다. 내가 살아가는 이 시대가 어떤 시대인지 궁금하신 분들에게 이 책을 추천합니다. 또한, 이 시대를 향한 하나님의 외침이 무엇인지 듣기를 원하시는 분들에게 이 책을 추천합니다.

인생의 기로에 서서 갈 길을 고민하고 있다면, 이 책을 꼭 한번 읽어보십시오. 세상 사람들에게 부러운 사람은 아니어도, 그리운 사람이 되는 길은 찾을 수 있습니다. 마지막으로 하나님에 대한 친밀감을 느끼고 싶은 분들에게 이 책을 강력 추천합니다.

임성재 목사
(한국누가회 전 대표 간사)

최관호 간사와 나는 CMF(한국누가회) 동기다. 나는 간사로, 관호는 병역
의무를 마친 나이든 의대 신입생으로 CMF 생활을 함께 시작했다. 그리고
거의 30년 가까운 세월을 CMF에서 동역자로 친구로 동고동락하며 사역하
고 있다.

내가 대표 간사로 사역하며 50대에 들어선 어느 날 심각한 스트레스 가
운데 문득 이런 생각이 들었다. '나는 하나님 앞에서 어떤 인생을 살아왔는
가? 지금 나는 바른길을 가고 있는가?' 우울증 수준의 심한 고민에 빠져 오
랜 시간 기도하는 가운데 '나에게는 최관호라는 친구가 있다. 진정한 친구
의 삶을 보면 자신의 삶도 어느 정도 볼 수 있다'는 생각이 들면서 뜻밖의 평
안함을 느꼈다. 나에게 최관호라는 친구가 있다는 사실이 그래도 하나님 앞
에서 조금은 괜찮은 삶을 살았다는 증거라는 마음이 든 것이다. 그 이후 나
는 설교 가운데 "끼리끼리 모인다"는 속담을 자주 사용한다.

최관호 간사는 항상 '하나님 앞에서'의 삶을 살아온 진정한 사역자다. 6년

의 어려운 의대 공부와 힘든 5년의 수련의 생활을 끝내고, 정신과 전문의로서 안정된 삶이 보장되었지만, 곧바로 CMF 간사 생활을 시작하였고, 간사로 사역하면서 총신대학교 신학대학원을 아주 우수한 성적으로 졸업하였다. 인생 황금기의 모든 삶을 CMF에 바치며 시간과 물질과 건강을 공동체와 지체들을 위하여 아낌없이 투자하였다. 삶으로 사역한 사람이 바로 최관호이다.

어느 날 "관호야, 네가 인생을 다시 산다면 CMF 간사를 다시 하겠니?"라고 물으니, "다시 할 거예요. 힘들었지만 행복한 시간들을 보내었어요."라고 대답했다. 사역자가 "힘들었지만 행복한 시간"을 보냈다는 것은, 주께서 가라고 하신 길을 걸어왔을 때만 가능한 것이다. 이 책 '하나님을 위한 변명'을 읽을 때, 하나님 앞에서 게으르지 않고 성경적 진리를 지키는 치열한 삶을 살아온 한 사역자의 삶을 느끼고 볼 수 있을 것이다.

최관호 간사와 나는 밤을 새우며 자주 이야기를 했는데, 그때마다 나는 하나님의 공동체에 대한 애착과 '새롭고 뛰어난 시각'을 느낄 수 있었다. 어디서도 들어보지 못하고 생각하지 못했던 신선한 시각들은 나의 설교에도 큰 도움이 되었다. 이 책을 읽는 사람들은 모두 다 나와 같은 생각을 하게 될 것이다. 누구도 생각하지 못했던 '새로운 시각'을 느낄 것이다. 그리고 그것은 성경적인 하나님의 마음이다. 진정한 하나님의 마음을 접한다면 자연스럽게 하나님을 더욱 알아가고 하나님과 더욱 친밀한 삶을 살아갈 수 있을 것이다.

나는 많은 사람이 이 책 『하나님을 위한 변명』을 읽고 하나님을 더 알아가고 주님과 더욱 친밀한 관계를 가질 수 있기를 기도한다. 그리고 하나님 앞

에서 살아가는 삶이 어떤 것인가를 깨닫고 어두워져 가는 이 세상을 진리의
빛으로 밝혀 나가는 동역의 길을 함께 걸어 갈 수 있기를 기대한다.

차 례

당신 품으로 돌아간 내 엄마의 영혼을
따뜻하게 대해 주소서

이르되 네가 누구냐 하니 대답하되 **나는 당신의 여종 룻이오니 당신의
옷자락을 펴 당신의 여종을 덮으소서 이는 당신이 기업을 무를 자가 됨
이니이다** 하니(룻기 3:9)

    올해 초, 엄마가 내 곁을 떠났다. 엄마를 선산에 묻었다. 물론, 아빠와 형
그리고 동생, 가족들과 함께였다. 동생이 주로 삽질을 했다. 나이 오십이 넘
은 사람이 부모님을 "엄마, 아빠"라고 하는 것이 좀 이상하게 느껴지는 독자
들이 있을 것이다. 내가, 평생 '엄마, 아빠'라는 호칭을 버리지 않기로 결심
한 것은 고1 때였다. 고등학교 입학 후, 마치 다 큰 어른이 된 것만 같았다.
그래서, 태어나서 처음으로 아빠를 향해서 "아버지"라고 해봤다. 곧바로 나

는 내가 크게 실수했음을 깨달았다. 아직까지 나는 우리 아빠의 그때보다 더 서운한 표정을 본 적이 없다.

고등학교 시절 우리 삼형제는 엄마한테 "우리 가족은 다 최씨인데, 왜 엄마만 이씨냐? 엄마 이름도 이금자가 아닌 최금자라고 해야 한다."라는 철없는 소리를 했다. 그즈음 배달되어 온 신문에 실린 기획기사를 읽게 되었다. '이름을 잃어버린 우리들의 엄마, 누구 엄마로, 아이의 이름으로 불리는 엄마들의 자아상', 우리 삼형제는 그날부터 엄마 이름을 불러주기로 했다. 처음에는 입에 잘 붙지 않았다. 그렇지만, 시간이 흐르면서 우리 엄마의 호칭은 '엄마'와 '이금자'가 되었다.

누구 못지않게 심한 사춘기를 지냈다. 폭풍이 부는 바다와 같았던 시절, 나 자신을 다시 제자리로 되돌려 놓는 힘이 있었다. 안쓰러운 사람이 있었다. 지키고 싶은 사람이 있었다. 누군가를 지킬 수 있는 가장 넓은 길…, 어린 시절 내 눈에 보인 대한민국에서는 공부가 가장 현실적이었다. 그래서 고등학교를 졸업하고 6년 만에 의대에 입학했다.

하지만, 그 사이 내 눈은 달라져 있었다. 요한복음 서문을 읽다 회심했다. 회심한 후, 30개월의 군 생활 초반 154명[1]이 파병되었던 걸프전에 화학병과 제독병으로 참전했다. 사우디아라비아 알루아리아에 있었던 우리 대

---

1 걸프전 초반에 파병되었던 '비둘기부대'만의 인원이다. 이후 추가로 공군 쪽에서 파병되었던 부대의 숫자는 기억이 나지 않는다.

한민국의 전투 진지에서 신구약을 처음으로 일독했다. 1993년 초 제대하고 4개월간의 입시공부 후, 이 땅에서 처음으로 치루어진 수능을 치르고 의대에 입학했다. 신병 시절, 의사가 된 뒤 신학을 하고 '의학과 신학이 만나는 곳'에서 사역을 하겠노라고 하나님께 서원을 한 상태였다.

의대 시절 생애 처음으로 연애를 했다. 5년 10개월 연하의 의대 동기였다. 본과 2학년부터 3년간의 연애 후 의사가 되면서 그녀와 결혼했다. 지키고 싶은 사람이 둘이 되었다. 예수병원에서 인턴과 레지던트 5년의 수련의 생활을 마치고 정신과 전문의가 되었다. 정신과 전문의 시험에 합격한 다음 날부터 예수님을 믿는 의사, 치과의사, 한의사, 간호사들의 선교단체인 '한국누가회'(CMF)에서 간사로 사역을 시작했다. 간사 5, 6, 7년 차에 '총신대학교 신학대학원'에서 신학 석사과정(M.Div.)을 마쳤다. 시간이 갈수록 하나님 앞에서 지켜주고 싶은 영혼들이 늘어갔다.

세월이 흘러, CMF 17년차 간사가 되던 해 안식년 중이던 어느 날, 엄마가 갑자기 내 곁을 떠났다. 걸프전에 참전한 지 만 30년이 되는 날 새벽 2시에 쓰러진 우리 엄마는 예수병원 응급실에 도착한 뒤 26시간 만에 내 곁을 떠났다. 코로나로 보호자는 1명만 응급실 입장이 가능한 상황, 마지막 수술 전 3시간을 엄마와 함께했다. 되돌아보면 선물과 같은 시간이었다. 마음을 써 기도해주는 지체들과 최선을 다해 처치하고 수술해 준 의료진의 수고를 뒤로 하고, 엄마는 내 곁을 떠났다. 생각해보면 엄마는, 아들이 평생 사역한 CMF 지체들(의료진)의 아주 따뜻한 환송을 받으며 이 땅을 떠났다. 아들을 CMF에 내어준 엄마를 향한 하나님의 따사로운 예우였다.

안식년을 맞기 전, 3년간 캠퍼스에서 '성경인물 설교'를 했다. CMF에서 사역하면서, 시간이 갈수록 점점 더 새로 입학하는 신입생 뿐 아니라 우리 20대가 성경을 정말 모른다는 생각을 했기 때문이다. 20대에게 성경을 읽히고 싶었다. 그러려면 젊은 세대에게 성경이 익숙하게 느껴지는 공간이어야 했다. 캠퍼스 모임을 마치고 나오는 늦은 밤, 어느 도로를 운전하다가 마음먹었다. 터널에 들어가기 직전이었다. '성경에 나오는 인물들을 소개해줘야겠다!' 누구나 그렇겠지만, 익숙한 친구가 있는 모임에는 발길이 가는 법이다. 성경에 나오는 인물들의 살아있는 숨소리를 들려주어야겠다고 생각했다. 하나님의 손길이 우리 삶에 구체적으로 어떤 방식으로 임하시는지 보여주고 싶었다. 힘든 시기에는 혼자서 떠나온 나그네 길처럼 여겨지는 인생길일 수도 있지만, 그 과정에 함께 하시는 그분의 온기가 무엇인지 확실하게 보여주고 싶었다.

성경인물 설교 3년째가 되자, 주변에서 여러 지체가 출판을 권했다. 망설였다. 첫 번째 이유는 건강 문제였다. 강렬했던 사춘기 이후 너무 오래 쉬지 않고 달려왔다. 몸이 말이 아니었다. 두 번째 이유는, 나 자신이 글보다는 말에 익숙한 사람이기 때문이다. 설교 전에는 설교문의 초안을 가지고, 설교 뒤에는 설교에 대해 항상 피드백(feedback)을 받았다. 이십 년 가까이 동일한 이야기를 듣고 있다. 직접 설교를 듣고 나니, 비로소 설교문이 이해가 되더라는 것이다. 내 글은 늘어지는 경향이 있다. 그러나 최관호라는 울림통을 통해 나오는 글이 그것이기 때문에 쉽게 고쳐질 일이 아니었다. 그리고 내 설교에 익숙해진 지체들은 설교시간 엄청난 몰입도를 가질 뿐 아니라, 상당수가 성경을 찾아 스스로 혹은 삼삼오오 성경을 읽게 되고, 그 삶이 변하는 것을 확인해 왔다. 그러나 출판은, 나에게 익숙하지 않은 독자를 대상으로 하는 것이다. 세 번째 이유는, 성경적 진리를 지키려는 신학대 교수님들을 향한 '진보적 성경관'을 가진 이들의 '목적이 뻔히 보이는' 표절 시비였다. 그런 분들의 '잘못된 열심'과 얽히고 싶지 않았다. CMF 안에서도 성경의 권위를 인정하지 않는 진보 성향의 사람들로부터 이미 충분히 시달려 왔고, 그 시간이 아까웠다. 그리고 안식년이 되었다. 지금 나는 CMF 사역 중 처음 맞는 2년간의 안식년 중 두 번째 해를 지내는 중이다.

　나는 학자가 아니다. 나는 '성경'과 '신학자들이 쓴 글'을 읽고 하나님의 은혜로 깨닫고 소화한 바를, 이 시대를 살아내는(나는 '살아낸다'라는 이 표현을 참 좋아한다. 그렇다. 하나님의 사람들은 그냥 살아가는 존재가 아니라, 하나님 앞에서 주어진 삶을 '살아내는' 존재다.) 하나님의 사람들의 눈높이에 맞추어 말씀을 선포하는 설교자다. 의사인 나는 학부 시절 신학을 하지 않았다. 심지어 인문학을 전공하지도 않았다. 하나님께서 내게 주신 사역지인 CMF에서 의료인들에게 최선을 다해 성경 말씀을 전하며 살아왔지만, 나는 내 주제를 아주 잘 안다. 내가 출판을 한다면, 그 글에는 당연히 어느 교수님의 글이 섞여 나올 수밖에 없다. 40이 되어 총신대학교 신학대학원에서 수학(修學)하게 된 나는 당시 처음 나온 스마트폰에 수업 전체를 녹음해서 졸업 후까지 반복해서 네다섯 번씩 들었다. 당연히 교수님들의 그 강의 내용이 내 안에 체화(體化)되어, 내 설교에 그대로 배어있을 것이다. 문제는 그 출처를 내 실력으로는 일일이 찾아 밝힐 수 없다는 점에 있었다. 그래서 주변의 강권에도 불구하고 성경인물 설교의 출판을 주저했다.

그러한 이유로 이 책에는 제대로 된 '참고문헌'과 '인용 표시'가 없다. 중간중간 어디서 본듯한 익숙한 문구가 많을 것이다. 그 문구들은 나의 신앙의 사부이신 '이광우 목사님'과 그분의 은사이신 '김세윤 교수님' 그리고 나의 스승들이신 '총신대학교 신학대학원 교수님들'의 글과 수업이 참고문헌이며, 인생이야기에 관련해서는 하나님께서 내 인생에 선물로 주신 '우리 엄마'와, 성경인물 설교문 작성 당시 함께 이야기 상대가 되어 주신 '장호철 목사님'과 '임성재 목사님' 그리고 '우리 CMF 지체들'이 살아있는 참고문헌이다.

코로나로 모두가 힘든 시기다. 특별히 우리 한국 교회의 처지가 이 땅에서 몹시 안쓰러울 정도로 처참하다. 안식년 전 CMF 캠퍼스에서 설교했던 성경인물에 대한 이야기 중, 올해 초 내 곁을 떠난 우리 엄마를 추억하며, 설교문 작성 당시 엄마를 떠올리며 썼던 내용 몇 개를 잇고, 필요한 경우 새로 쓰거나 다듬는 작업을 했다. 그리하여 이제는 우리 엄마와 아내를 넘어, 내가 목숨 걸고 지키고 싶은 우리 한국 교회의 방황하는 하나님의 사람들과 후배들을 향해 하나님의 준엄한 경고와 따뜻한 격려의 말씀을 선포하고자 한다.

결국, 내 가슴 속 깊이 솟아나는 울음은 이것이다.

"나의 주, 나의 하나님이시여. 이제는 당신의 품으로 돌아간 내 엄마의 영혼을 따뜻하게 대해 주시고, 이 땅에 남은 하나님 당신의 사람들을 당신의 옷자락으로 덮어주소서! 우리에게는 스스로 일어설 힘이 없음이니이다."

2021년 초겨울.
CMF 캠퍼스에서
최관호 저자 드림

1부

이 또한
지나가리라

서문

안쓰러운 하나님

나는 하나님이 안쓰럽다. 언제부터였는지는 정확히 기억나지 않는다. 하나님께 온갖 불만과 짜증과 원망을 쏟아내던 때였다. 그 순간 바로 직전까지, 나는 하나님의 침묵이 견딜 수 없이 힘들었다. 엄밀히 표현하자면, 그 당시 느꼈던 불만과 짜증과 원망보다 더 견디기 힘들었던 것은 영원히 이어질 것만 같았던 '하나님의 침묵'이었다.

"하나님, 당신이 살아 계신다면!…", 뭐가 그렇게 떳떳하고 하나님께 맡겨 놓은 것이 많은지 한껏 핏대를 올리던 순간이었다. 내 처지가 기가 막히고 억울하고 시궁창 같았다. 세상 그 어디에도 마음 둘 곳이 없었다. 그 고립감과 외로움이 깊은 만큼 내 화는 끝 간 데를 알 수 없이 치솟았다. 화를 낼 수 있는 눈에 보이는 대상이 딱히 없었다. 인생을 살다 보면 그럴 때가 있다. 이건 분명히 억울하고 화를 내야 하는 상황이 맞는데, 내 눈앞에 보이는 저 사람에게 그 화를 쏟아낼 경우, 그의 삶이 한동안 어떻게 무너져내릴지 뻔히 보이는 때가 있다. 그런 경우 어떻게 그에게 화를 낼 수 있는가? 그럴 때마다 나는 항상 하나님에게 화를 냈다. 그래도 되냐고? 물론이다. 제발 성경을 보라. 성경에 나오는 하나님의 사람들 중에 하나님께 짜증이나 화를 내지 않은 선지자가 도대체 몇이나 되는지?

우리는 눈에 보이지 않는 지구 반대편의 사람과 싸우거나 화를 내지는 않는다. 하나님께 화를 낸다는 내 말이 낯설거나 불편하다면 스스로를 돌아볼 일이다. 우리는 가까이 있는 가족과 가장 많이 싸운다. 사람들은 익숙하지 않은 사람에게는 화를 잘 내지 않는다. 하나님께 화를 낸다는 내 말이 어색하다면 하나님과 자신의 정서적 거리를 살펴볼 일이다. 물론, 대단히 가부장적인 아버지에게서 양육 받던 성도들께는 먼저 깊은 위로를 전한다.

그날 이전까지도, 나는 하나님께 수도 없이 화를 내고 짜증을 내고 하소연을 하고 온갖 진상을 부렸다. 내 권리라고 생각했다. 나를 '당신의 기뻐하신 뜻'에 따라 지으신 분은 분명 하나님이시다. 즉 하나님 뜻대로 나를 지으셨고 나에게 인생을 주신 이가 하나님이시니, 내가 인생을 살아가는 과정에서 만나게 되는 이러저러한 상황에 대해서 하나님께 화를 내는 것은 내게 너무도 당연한 일이라 생각했다. 거기에 더해 '내가 하나님한테 화를 내야지, 도대체 누구한테 화를 낼 대상이 있는가?'라는 뻔뻔한 태도였다. 물론 하나님이 안쓰러운 지금도 이러한 내 믿음에는 변함이 없다. 어찌보면, 이게 다 하나님 탓이다.

오해하지 않았으면 한다. 나의 어투와 어법에 익숙한 CMF 내부에서도 나와 가까운 지체들 몇 사람에게나 이 문장의 뜻이 비교적 정확히 도달될 것이다. 독자들은 최소한 하나님께서 나를 통해 전해주시는 성경인물 설교 10-20편 이상을 접해야 아마도 이 말의 진정한 뜻을 어림잡을 수 있을 것이다. 일부 독자들을 위해서, 이곳에서는 '위대한 선지자 요나'와 '하나님' 사이에 있었던 요즘 언어로 '티키타카(?)'한 부분을 한 곳 인용하는 것으로 자세한 설명을 대신한다. 하나님의 은혜로 요나에 관한 성경인물 설교 또한 출판할 기회가 있으리라 생각한다.

> [1]요나가 매우 싫어하고 성내며 [2]여호와께 기도하여 이르되 여호와여 내가 고국에 있을 때에 이러하겠다고 말씀하지 아니하였나이까 그러므로 내가 빨리 다시스로 도망하였사오니 **주께서는 은혜로우시며 자비로우시며 노하기를 더디하시며 인애가 크시사 뜻을 돌이켜 재앙을 내리지 아니하시는 하나님이신 줄을 내가 알았음이니이다** [3]여호와여 원하건대 **이제 내 생명을 거두어 가소서 사는 것보다 죽는 것이 내게 나음이니이다** 하니 [4]여호와께서 이르시되 네가 성내는 것이 옳으냐 하시니라 [5]요나가 성읍에서 나가서 그 성읍 동쪽에 앉아 거기서 자기를 위하여 초막을 짓고 그 성읍에 무슨 일이 일어나는가를 보려고 그 그늘 아래에 앉았더라 [6]하나님 여호와께서 박넝쿨을 예비하사 요나를 가리게 하셨으니 이는 그의 머리를 위하여 그늘이 지게 하며 그의 괴로움을 면하게 하려 하심이었더라 요나가 박넝쿨로 말미암아 크게 기뻐하였더니 [7]하나님이 벌레를 예비하사 이튿날 새벽에 그 박넝쿨을 갉아먹게 하시매 시드니라 [8]해가 뜰 때에 하나님이 뜨거운 동풍을 예비하셨고 해는 요나의 머리에

쪼이매 요나가 혼미하여 스스로 죽기를 구하여 이르되 **사는 것보다 죽는 것이 내게 나으니이다** 하니라 [9]하나님이 요나에게 이르시되 네가 이 박넝쿨로 말미암아 성내는 것이 어찌 옳으냐 하시니 그가 대답하되 **내가 성내어 죽기까지 할지라도 옳으니이다** 하니라 [10]여호와께서 이르시되 네가 수고도 아니하였고 재배도 아니하였고 하룻밤에 났다가 하룻밤에 말라 버린 이 박넝쿨을 아꼈거든 [11]하물며 이 큰 성읍 니느웨에는 좌우를 분변하지 못하는 자가 십이만여 명이요 가축도 많이 있나니 내가 어찌 아끼지 아니하겠느냐 하시니라(요나 4장)

인용한 말씀에서, 그렇게 하나님께 막 나가며 하나님께 열을 내는 요나와 뚜렷하게 대조되는 '하나님의 온기'를 느껴보기 바란다. 결론을 이야기하자면, 지금도 니느웨에 가면 요나의 무덤을 볼 수 있다고 한다. 무슨 말인가? 요나가 니느웨의 선교자로 그의 삶을 온전히 니느웨에서 마쳤다는 이야기다. 하나님과의 정서적 거리가 요나처럼 가까운 하나님의 사람들만 그 혹독하고 잔인한 세월을 이겨낼 수 있는 것이다. 그런 사람들만 하나님과 동행하며 나그네 된 이 땅의 삶을 하나님 편에서 끝까지 살아낼 수 있다.

그날은 뭔가 특별한 순간이었다. 나는 하나님의 침묵이 가장 싫었다. 그래서 했던 말이다. "하나님, 지금 보고 계신 것 듣고 계시다는 것 다 알고 있거든요. 그런데 정말 이러시기예요? 지금 이 상황이 재미있으세요? 하나님, 당신이 살아 계신다면!", 그 순간이었다. 느닷없이 하나님의 표정이 내 마음에 확 들어오는 것이었다. 최소한 그때 나에게 다가온 하나님의 표정은 재미있어 하시는 표정은 아니었다.

전능자가 짓는 이러지도 저러지도 못하시는 표정을 본 적이 있는가? 사랑을 해 본 사람이라면 누구나 아는 사실이 있다. 항상 그렇지만, 두 사람 중 더 많이 사랑하는 쪽이 약자다. 서로 대적하는 사이가 아니라면 서로 적이 아니라면, 약자와 강자의 자리매김은 힘과 아무 상관이 없어진다. 더 많이 사랑하는 쪽이 무조건 약자가 되는 것, 그것이 '사랑의 힘'이다. 그래서 성경을 보면 전능자이신 하나님께서 하늘과 땅을 불러 하소연하시기도 하고, 실연의 아픔에 몸부림치는 첫사랑에 열 뜬 순정파 젊은이 같은 모습을 보이시기도 하며, 때로는 "가만히 안 둘 거야!"라고 짐짓 화를 내셨다가 바로 이어 "내가 너를 어떻게 버리니?"라고 하시며 안절부절(?) 못하시는 모습을 보이시기도 한다.

> [2]하늘이여 들으라 땅이여 귀를 기울이라 여호와께서 말씀하시기를 내가 자식을 양육하였거늘 그들이 나를 거역하였도다 [3]소는 그 임자를 알고 나귀는 그 주인의 구유를 알건마는 이스라엘은 알지 못하고 나의 백성은 깨닫지 못하는도다 하셨도다(이사야 1:2-3)

> [1]여호와의 말씀이 내게 임하니라 이르시되 [2]가서 예루살렘의 귀에 외칠지니라 여호와께서 이와 같이 말씀하시기를 내가 너를 위하여 네 청년 때의 인애와 네 신혼 때의 사랑을 기억하노니 곧 씨 뿌리지 못하는 땅, 그 광야에서 나를 따랐음이니라(예레미야 2:1-2)

> 버러지 같은 너 야곱아, 너희 이스라엘 사람들아 두려워하지 말라 나 여
> 호와가 말하노니 내가 너를 도울 것이라 네 구속자는 이스라엘의 거룩
> 한 이이니라(이사야 41:14)

그 순간이었다. 전능자의 난감한(?) 표정이 나를 압도했다. 내 마음 가득
했던 서러움과도 차원이 다른 색깔의 감정이 하나님의 표정에 가득해 보였
다. '미안함?', 아니, 분명히 그 감정이 섞여 있기는 했지만 그건 아니다. '아
쉬움?', 아니, 그 정도로 표현될 표정이 아니었다. 그 크기와 깊이와 넓이를
측량할 길 없는 동시에, 그 모든 것이 응축되어 있는 하나님의 표정을 어떻
게 감히 '유한한 인간의 언어'로 표현할 수 있겠는가?

그때의 하나님의 표정을 설명하기보다는, 나 자신이 하나님의 표정에 압
도당하던 그 순간 그리고 그 이후 하나님께 느끼는 내 감정을 표현하는 것
이 어쩌면 피조물인 우리 입장에서는 최선일지 모르겠다. 가장 가까운 표현
이 안쓰러움?… 비슷한가? 잘 모르겠다. 분명히 그날 이후, 하나님에 대한
나의 태도(?), 나의 감정(?), 이게 맞는 표현인지 잘 모르겠지만, 어찌 되었
든 분명히 그날 이후로 하나님과 나의 관계는 이전과는 많이 달랐다. 아니,
분명히 깊어졌다. 그렇다. 나는 하나님이 안쓰러웠다. 그때 그 순간 내 입을
통해 내 허파에 남아 있던 작은 양의 공기가 한꺼번에 배출되면서 나온 나
의 고백은 이러했다.

"하나님, 괜찮으세요?"

하갈

나를 살피시는 하나님

⁶아브람이 사래에게 이르되 당신의 여종은 당신의 수중에 있으니 당신의 눈에 좋을 대로 그에게 행하라 하매 사래가 하갈을 학대하였더니 하갈이 사래 앞에서 도망하였더라 ⁷여호와의 사자가 **광야의 샘물 곁 곧 술 길 샘 곁에서** 그를 만나(창세기 16:6-7)

성경에는 일생을 두고 두 번씩이나 사막으로 내몰린 여인이 등장한다. 그녀의 이름은 '하갈'이다. 하갈의 이름 뜻은 '도망'이다. 무엇이 그녀를 사막으로 몰았을까?

나는 1990년 8월 30일에 논산훈련소에 입대하여 기초군사훈련을 수료하고, 육군화학학교 제독병 67기, 수도군단 18화학대대를 거쳐, 특전사 사령부에서 파병 훈련을 받았다. 그러고 나서 1991년 1월 23일부터 4월 10일까지 '걸프전'에 파병된 '대한민국 비둘기부대' 154명 중 '화학 병과 제독병'

으로 참전했다.

참전 중 기억에 남는 가장 행복했던 추억은 파병지에서 맞이했던 내 21번째 생일날이었다. 전우들이 우리 부대 막내 생일이라며 내가 좋아하는 음식이었던 부침개를 어디서 재료를 구했는지 해주었던 기억이 생생하다.

내 기억이 맞다면 나는 비둘기부대 154명 중 가장 어렸고 가장 계급이 낮았다. 물론 외국 땅에서 다른 나라 군대에 기가 죽으면 안된다는 이유로, 당시 비둘기부대에서는 내 군복 계급장에 상병 계급장을 달아서 나가게 했다. 그러나 나는 사우디아라비아 알루아리아에 위치했던 우리 대한민국 군(軍)의 전투 진지에서 일등병 진급 명령을 받았다.

걸프전 참전을 마치고 성남에 있는 서울공항[1]에 착륙하여 비행기에서 내리자, 나에게 달려와 아들의 품에서 그렇게 하염없이 우시던 엄마의 체온이 지금도 내 안에 각인되어 있다. 지금도 문득문득 당시 수없이 터지던 카메라 플래시(flash)의 불빛이 머리를 맴도는 가운데 따뜻한 엄마의 온기를 느끼곤 한다.

나에게 있어서 걸프전 참전 전후의 과정은, 하나님과 나 사이에 서로의 존재를 확인하고 서로의 뜻을 확인하는 구체적인 시간이었다. 이 책 서문에서도 밝혔듯이 나는 누구 못지않게 심한 사춘기를 겪었다. 정말 폭풍이 부는 바다와도 같은 시절이었다. 9살에 외할아버지를 잃었던 엄마는 나를 임

---

1 공군성남기지 혹은 서울비행장으로 부르기도 한다. 군용기뿐 아니라 대한민국 대통령 전용기나 외국 귀빈이 주로 이용한다.

신한 기간에 외할머니를 하나님께 보내드렸다고 한다. 어린 시절 엄마는 나에게 우리 뚱내미[2]는 외할머니가 보내준 아들이라는 말을 습관처럼 했다. 나는 이 말을 아들 삼형제 중에 둘째를 가장 사랑한다는 말로 알아들었다.[3] 그만큼 나에 대한 엄마의 애정이 각별했다. 엄마의 영향으로 성당에서 하는 유치원을 다녔다.[4]

초등학교 5학년 때였는지 6학년 때였는지 기억이 분명하지는 않지만 담임선생님을 만나고 온 엄마가 나에게 이야기를 했다. "야 뚱내미야, 오늘 선생님이 엄마한테 혹시 집안 어른 중에 비평가나 평론가가 있냐고 물어보시더라. 그래서 엄마가 우리 집안에는 그런 사람이 없다고 했단다. 그런데 선

---

2 저자의 아명(兒名)이다.

3 이 말을 우리 형과 우리 막둥이가 들으면 서운해하지 않느냐고 걱정해주는 이들이 있다. 그런 걱정은 하지 않아도 된다. 우리 아빠와 형 그리고 동생이 있는 자리에서도, 엄마는 "우리 뚱내미가 최고"라는 말을 워낙 습관적으로 하셨다. 그 말에 익숙해져서인지 다들 그러려니 하는 반응이다. 뿐만 아니라 워낙 우리 엄마의 자식 사랑이 유별나서인지 형과 동생은 둘 다 웃어 넘긴다.

4 엄마는 어린 시절 교회에서 신앙생활을 했다. 그러나 9살 어린 나이에 아빠를 잃고, 어느 날부터인가 교회 아이들이 거지라고 놀려 교회를 나오게 되었다고 한다. 이후 엄마는 당신 생각에 교회와 비슷해 보였던 성당에 나가게 되셨다. 이 책의 중반부와 후반부에 잠깐씩 좀 더 자세한 사연이 언급될 것이다. 젊은 세대는 눈치채지 못하겠지만, 우리 세대는 이 부분에서 눈에 들어오는 사실이 있을 것이다. 우리 때 초등학교 한 학급에는 칠십 명에서 육십 명 정도의 아이들이 있었다. 그 많은 친구들 중 담임선생님이 "유치원 나온 사람 손들어봐!"라고 하실 때 손을 드는 사람은 한두 명이었다. 무슨 말을 하려는가? 당시 '유치원 학비'는 '대학생의 학비' 못지않았다고 한다. 즉 우리 엄마는 어려웠던 어린 시절을 지나 우리 아빠를 만난 뒤, 비록 어린 시절의 상처에서 감정적으로는 자유롭지 못했을지언정, 현실적으로는 안정되고 유복한 삶을 살았다는 이야기다. 우리 엄마의 어린 시절의 결핍은 분명 누군가의 탐욕의 결과였다. (이 책 2부에는 인간의 탐욕을 하나님께서 어떻게 다루시는지에 대한 자세한 내용이 실려 있다.) 그러나 그것이 끝이 아니었다. 이 책에 우리 엄마를 추억할 때마다 반복하는 말씀을 다시 한번 인용한다. "내가 어려서부터 늙기까지 의인이 버림을 당하거나 그의 자손이 걸식함을 보지 못하였도다"(시편 37:25).

생님이 우리 뚱내미를 보고 그러시더라. 어머니, 애가 어린아이 같지 않고 뭔가 어른스러워요. 그래서 저는 분명히 집안에 비평가나 평론가가 있다고 생각했는데 그런 분이 안 계시나 보네요."

예수병원 신경정신과에서 레지던트 수련을 받던 중, 3년차 시절 1년간 매주 수요일마다 광주에 있는 전남대 의대에 가서 '이무석 선생님'으로부터 정신분석을 사사(師事) 받았었다. 우리 의국(醫局)에 계시는 과장님들께서 선교단체 출신이신 이무석 선생님께 "정신과 전문의를 딴 뒤에 CMF에서 간사로 사역을 할 친구이니 꼭 시간을 내주셨으면 한다"면서 읍소(泣訴)를 하신 보람이 있었다.[5] 이때 '교육정신분석' 과정에서 가장 많이 등장한 사람은 '우리 엄마'였다. '교육정신분석' 중, 나는 이무석 선생님께 초등학교 당시 담임선생님께서 우리 엄마에게 하셨던 이야기를 하면서 이런 해석을 내놓았다. "생각해보면, 담임선생님께서 말씀하신 집안 어른 중에 있냐고 물으셨던 비평가나 평론가는 이제 와서 보니 우리 엄마이셨네요." 이무석 선생

---

5 정신과 의사들에게 이러한 기회는 흔하지 않다. 나는 이때도 '보이지 않는 하나님의 손'인 '섭리'를 느꼈다. 이 당시 하나님의 보이는 손인 '하나님의 사람'은 내 정신과 스승이신 '은헌정 과장님'이셨다. 정신분석을 사사 받는 방식은 정신분석을 배우는 정신과 의사가 내담자가 되어 정신분석의 대가로부터 정신분석을 받는 것으로 이루어진다. 이를 '교육정신분석'이라고 한다. 이무석 선생님께 특별히 감사한 추억은 교육정신분석 2시간 외에도 시간을 더 내셔서 정신과 의사로서 이러저러한 조언과 정신분석에 대해 많은 설명을 해 주셨던 시간들이다. 대한신경정신의학회 '추계학술대회' 기간에도 호텔방에서 따로 시간을 내셔서 '교육정신분석'을 진행해주셨을 때는 주변에서 많이들 놀라워하며 부러움을 샀던 기억이 생생하다. 대한민국 땅에서 정신분석에 대해 조금이라도 관심이 있는 사람이라면 당연히 이무석 선생님을 알 것이다. 이무석 선생님께서는 정년 퇴임하실 즈음부터 대중적인 정신분석 관련 서적을 많이 출판하셨다. 심리적인 문제로 고민이 있거나 자녀의 양육 등 여러 문제에 대해 관심이 있는 분들에게 교수님의 서적을 권한다.

님께서 빙긋이 웃으셨다.

이 책의 2부 '서문, 하나님의 마음'에 언급된 말을 미리 반복한다.[6] "내가 엄마의 삶을 제대로 알기 시작한 것은 의과대학 본과 3학년 때였다. 그때부터 어린 시절 내 방황과 나를 감싸던 알 수 없는 감정들과 이야기들이 조금씩 꿰어 맞추어지기 시작했다. 성경이 다시 보이기 시작했다. 그때 만났던 하나님은 정말 속이 깊으신 하나님이셨다. 우리 하나님은 시공간을 넘어 의리가 있으신 분이셨다."

이무석 선생님과의 '교육정신분석' 과정을 통하여, 엄마의 '어린 시절 상처'가 엄마와 가장 '애착 관계'에 있었던 나에게 흘러왔음을 알게 되었다. 지금에 와서 돌이켜 보면 참 묘한 일이다. 나는 엄마 아빠의 사랑을 누구 못지않게 듬뿍 받으며 자랐다. 그런데 내 안에 '사랑의 결핍'이 무엇인지를 '아는 눈'이 이미 들어와 있었다. 나는 결혼하는 순간까지 학교 준비물을 위해서 "엄마, 돈"이라고 손을 내밀었을 때 돈이 없다는 말을 들어본 적이 없다. 그런데 내 안에 '가난'이 무엇인지를 '아는 감각'이 들어와 있었다.

---

6 눈치가 빠른 독자는 이 말에서 이 책 초안의 순서와 출판된 글의 순서가 바뀌었음을 알 수 있을 것이다. 이 책의 1부와 2부는 초안의 기준으로 볼 때, 순서가 뒤바뀌어 출판되었다. 초안을 완성한 뒤에 여러 지체들이 다양한 평을 해주었다. 한 가지를 제외하고 정말 사람의 수만큼 다양한 평이었다. 그만큼 우리네 인생이 실질적으로는 하나님 앞에서 서로 다른 독특한 인생이라는 생각을 했다. 그런데 한 가지 사항에서만큼은 뚜렷한 경향성을 보였다. 그것은 '연령'이었다. 이 책의 초안을 보고 평을 해준 지체들의 연령은 주로 20대와 40대였다. 20대의 경우 출판된 책의 순서를 선호한 반면, 40대는 원고 초안의 순서가 훨씬 집중력 있게 읽을 수 있다고 했다. 며칠을 고민한 후, 퇴고에 품이 더 들더라도 원고의 순서를 바꾸어 출판하기로 마음먹었다. 이유는 간단했다. 나는 이런 경우, 내가 '하나님께 누구를 위하여 일차적으로 부름받았는지'를 성찰하곤 한다. 이 책에 실린 성경인물들은 모두 CMF 캠퍼스에서 설교된 내용이다. 그렇다면 더 이상 고민할 필요가 없었다.

그러나 어린 시절 상처가 많은 엄마의 상처를 그대로 흡수한 아들의 정서는 정리될 것이 많았다. 하나님의 사람의 인생에서 '필요 없는 경험'은 존재하지 않는다. 이무석 선생님과의 교육정신분석 시간은 CMF 사역자로서 아주 중요한 준비 과정이었다.

CMF 간사가 된 뒤, 전국에서 쇄도한 상담 요청에 숨이 막힐 지경이었다. 하지만 이미 하나님께서는 나의 내부에 그 많은 사연들을 해석할 수 있는 틀을 준비해두셨다는 사실을 알게 되었다. 이와 연관해서 가까운 지체들에게 내가 항상 하는 말이 있다. "하나님은 간사님한테 무언가를 주시고 나면 뽕(?)을 뽑으시는 경향이 있으신 것 같아." 그래서 나는 언제부터인가 무언가를 깨닫거나 알게 되는 경우 불안해진다. 하나님께서 그 능력을 그냥 주시는 법이 없기 때문이다.

보통 CMF에서 내가 이야기를 이렇게 끌고 오는 경우, 현장에 있는 대부분의 지체들은 원래 우리가 무슨 이야기에서 시작했는지 기억하지 못하곤 한다. 이 단원 원고를 쓰기 시작하면서도 같은 일이 일어났다. '원고를 고칠까?'라는 생각이 들었지만 그대로 두기로 했다.

방금 내가 이야기를 끌어온 것과 같은 방식을 '정신분석'에서는 '자유연상'이라고 한다. 나는 창세기 16장에 나오는 하갈의 이야기 중 7절에 언급된 '광야'라는 단어에서 '걸프전 참전'을 연상했다. 그 이후에는 꼬리에 꼬리를 물며 계속 연상되는 생각을 끊지 않고 이야기를 끌어왔다.

'성경인물 설교집'인 이 책에서 이러한 모습을 그대로 보여주는 이유는 간단하다. 이 책이 '성경에 나오는 인물들의 인생'을 다루고 있기 때문이다. 성경에 등장하는 '인물들의 속사정'과 '그 인물과 하나님과의 사이에 있었던 이야기' 모두 당연히 성경 본문의 증언이 기준점이 된다. 하지만 결국 성경에 증언된 내용의 행간(行間)을 해석하는 것은 설교자의 인생과 무관하지 않다. 이것이 하나님의 사람들을 설교자로 사용하시는 '하나님의 방식'이다.

하나님께서는 무한하신 하나님의 속성과 사역 속에 담긴 당신의 뜻을 유한한 인간의 언어로 계시해주셨다. 거기에 더해 하나님께서는 항상 설교를 듣는 청중과 같은 시대를 살아내는 오류와 상처투성이의 설교자를 들어서 쓰신다. 이러한 하나님의 은혜와 위대하심은 일평생 동안 묵상해도 다함이 없다.

그런 의미에서, 독자들은 이 책에 나오는 성경인물에 대한 내 해석과 설명을 나의 인생과 나에게 임한 하나님의 은혜를 염두에 두고 살펴볼 필요가 있다. 항상 같은 마음이다. 오직 하나님의 은혜와 긍휼을 간구할 뿐이다. 이제 하갈에 대한 이야기를 시작하자. 이 단원은 바로 아래 성경 말씀을 인용하면서 시작했다.

> ⁶아브람이 사래에게 이르되 당신의 여종은 당신의 수중에 있으니 당신의 눈에 좋을 대로 그에게 행하라 하매 사래가 하갈을 학대하였더니 하갈이 사래 앞에서 도망하였더라 ⁷여호와의 사자가 **광야의 샘물 곁 곧 술길 샘 곁에서** 그를 만나(창세기 16:6-7)

성경에는 일생을 두고 두 번씩이나 사막으로 내몰린 여인이 등장한다.

'도망'이라는 뜻을 가진 그녀의 이름은 '하갈'이다. 그런데 무엇이 그녀를 사막으로 몰았을까?

나는 걸프전 참전 전에는 사막하면 '모래 사막'만을 연상했었다. 하지만 걸프전 때 경험했던 사막은 말 그대로 황무지였다. 즉 '광야'였다. 하갈 때는 어떠했는지 알 수 없지만 내가 경험했던 사막은 우선 공기가 좋지 않았다. 사막에는 나무가 없어 화석연료를 태운 매연이 차곡차곡 쌓인다는 사실을 그때 처음 알았다. 모래 색깔도 예쁘지 않고 여러 가지 색을 불규칙하게 띠고 있었다. 게다가 듬성듬성 약간 불그스레한 덤불이 많았다. 여기저기 보이는 다듬어지지 않은 다양한 크기의 돌들은 을씨년스러워 보였다. 그곳에는 생명과 관련되어 보이는 것은 전혀 없었다.

그러나 지상전이 예상보다 일찍 끝나고, 귀국 일정이 나온 어느 날 사막에 갑자기 비가 내렸다. 그리고 놀라운 일이 벌어졌다. 비가 온 뒤, 이끼 같기도 하고 아주 짧은 잔디 같기도 한 풀(?)이 사막 위로 쫙 깔리는 것이었다. 그때 얼마나 놀랐었던지…

성경에서 광야로 내몰린 하갈의 기사를 보면서 생각했다. 하갈이 사막으로 내몰리던 시기는 일 년 중 어느 때였을까? 상상해보았다. 하지만 떠오른 것은 하갈이 내몰린 사막의 모습이 아니라, 절망과 겁에 질린 '하갈의 눈빛'과 눈가에 있었을 주름과 떨림 그리고 그녀의 얼굴빛이었다. 내 눈에는 하갈 그녀가 발을 디디고 있었던 '광야의 사정'보다는 '하갈 그녀'가 보였다. 하갈 그녀는 어떤 성격의 소유자였을까? 아브라함과 사라를 만나기 전 그녀의 삶은 어떠했을까? 어떤 부모님 밑에서 자랐고 어린 시절 무슨 꿈을 꾸며 세상을 보았을까?

내 눈에 하갈이 들어오기 시작한 '계기'는 이러하다. 캠퍼스에서 '성경인물 설교'를 시작한 지 3년째가 되던 해였다. 학기가 시작되기 전, 내가 맡은 캠퍼스의 조장 교육을 했다. '성경인물 설교'는 성경에 접근하는데 있어서, 기본적으로 '성경신학적 접근'이 될 수밖에 없었다. 캠퍼스 아이들에게 '조직신학적 관점' 또한 알려 주고 싶은 마음이 생겼다. 많은 고민 끝에 학기 중 'GBS⁷ 공부 교재'를 '부흥과 개혁사'에서 출판한 『ESV 성경공부 시리즈, 갈라디아서』로 정했다. 조장들과 교재의 문제를 풀기 위해 모였지만, 오후 6시간 내내 갈라디아서를 한 절 한 절 같이 읽어가면서 설명을 해주다가 결국 문제를 못 풀었다.

갈라디아서는 갈라디아교회에 몰래 들어온 거짓 교사들 때문에 쓰여졌다. 그들은 구원받기 위해서는 예수님을 믿는 것만으로는 충분하지 않고 할례를 받아야 한다고 설파했다.

³그러나 나와 함께 있는 **헬라인 디도까지도 억지로 할례를 받게 하지 아니하였으니** ⁴**이는 가만히 들어온 거짓 형제들 때문이라** 그들이 가만히 들어온 것은 그리스도 예수 안에서 우리가 가진 자유를 엿보고 우리를

---

7   'Group Bible Study'의 약자다.

종으로 삼고자 함이로되 ⁵그들에게 우리가 한시도 복종하지 아니하였으니 이는 복음의 진리가 항상 너희 가운데 있게 하려 함이라(갈라디아서 2:3-5)

그렇게 한 절 한 절 갈라디아서를 설명하던 중, 한 여인의 이름이 내 마음에 들어왔다. 당시 느낀 감정은 아마도 '안쓰러움(?)'이었던 것 같다. "성경이 무엇을 말하느냐 여종과 그 아들을 내쫓으라 여종의 아들이 자유 있는 여자의 아들과 더불어 유업을 얻지 못하리라 하였느니라 그런즉 형제들아 우리는 여종의 자녀가 아니요 자유 있는 여자의 자녀니라." 조장모임에서 '조직신학적 관점'에서 힘주어 의기양양(?)하게 외쳤다. 사도 바울의 이 말은 "예수님을 믿는 것으로는 충분하지 않다"라고 주장하는 '유대교인들'을 갈라디아교회에서 쫓아내라는 이야기였다.

²⁹그러나 그 때에 육체를 따라 난 자가 성령을 따라 난 자를 박해한 것 같이 이제도 그러하도다 ³⁰그러나 성경이 무엇을 말하느냐 **여종과 그 아들을 내쫓으라** 여종의 아들이 자유 있는 여자의 아들과 더불어 유업을 얻지 못하리라 하였느니라 ³¹**그런즉 형제들아 우리는 여종의 자녀가 아니요 자유 있는 여자의 자녀니라**(갈라디아서 4:29-31)

사도 바울이 설명하고 있는 이 상황을 알아보기 위해서 바로 앞 구절을 살펴볼 필요가 있다. 지금 사도 바울은 '자신이 복음으로 낳은 갈라디아교회 성도들'이 잘못된 길로 유혹될까 봐 노심초사 안절부절 못하는 중이다.

⁹이제는 너희가 하나님을 알 뿐 아니라 더욱이 하나님이 아신 바 되었거늘 어찌하여 다시 약하고 천박한 초등학문으로 돌아가서 다시 그들에게 종 노릇 하려 하느냐 ¹⁰너희가 날과 달과 절기와 해를 삼가 지키니 ¹¹**내가 너희를 위하여 수고한 것이 헛될까 두려워하노라**(갈라디아서 4:9-11)

이러저러한 말로 갈라디아교회 성도들을 권면하던 사도 바울은 '구약에 증언된 구체적인 인물들과 사건'을 가지고 설명하기 시작한다.

²¹내게 말하라 율법 아래에 있고자 하는 자들아 율법을 듣지 못하였느냐 ²²**기록된 바 아브라함에게 두 아들이 있으니** 하나는 여종에게서, 하나는 자유 있는 여자에게서 났다 하였으며 ²³여종에게서는 육체를 따라 났고 자유 있는 여자에게서는 약속으로 말미암았느니라(갈라디아서 4:21-23)

아브라함에게는 두 아들이 있었다. 그중 하나는 '여종인 하갈'에게서 태어난 '이스마엘'이었고, 하나는 '자유 있는 여자인 사라'에게서 태어난 '이삭'이었다. 이스마엘은 여종 하갈에게서 '육체를 따라' 태어났으나, 이삭은 자유 있는 여자 사라에게서 '하나님의 약속으로 말미암아' 태어났다. 여기에서 아브라함의 혈통을 강조하는 유대인들의 오류가 드러난다.

갈라디아교회에 가만히 들어온 거짓 교사들은 "예수님을 믿는 것으로는 충분하지 않고, 반드시 할례까지 받아야만 구원을 받을 수 있다"라고 주장하고 있었다. 그런데 할례가 구원의 기준이 된다면 훗날 이슬람교의 조상이

되는 이스마엘 또한 구원받아야 마땅하다. 그러나 이스마엘은 언약 백성이
아니다.

갈라디아교회에 들어온 거짓 교사들의 주장대로 할례가 구원의 조건이
라면, 유대인들은 구원의 명분에 있어서 이스마엘 자손들보다 밀리게 된다.
왜냐하면 이스마엘은 '여호와 하나님의 명령'으로 이 땅에서 처음 할례가 시
행될 때 할례를 받은 인물로, 이삭이 태어나기도 전에 할례를 받았다. 비록
이스마엘의 자손들이 할례를 받지 않았다 하더라도, '할례가 구원의 필수
조건이라고 주장'하는 유대인들은 이 부분을 반드시 해명해야 할 것이다.

> [23]이에 아브라함이 하나님이 자기에게 말씀하신 대로 이 날에 그 아들
> 이스마엘과 집에서 태어난 모든 자와 돈으로 산 모든 자 곧 아브라함의
> 집 사람 중 모든 남자를 데려다가 그 포피를 베었으니 [24]아브라함이 그
> 의 포피를 벤 때는 구십구 세였고 [25]**그의 아들 이스마엘이 그의 포피를
> 벤 때는 십삼 세였더라**(창세기 17:23-25)

방금 언급했듯이 할례는 '이삭이 잉태되기 전'에 시행되었다. 이것이 이
삭을 향해 성경에서 '약속으로 말미암아 태어났다고 하는 이유'다. 모두가
알고 있듯이 할례는 남성의 생식기 끝부분에 있는 포피 일부를 절단하는 행
위이다. 그러나 사실 이 할례는 '남성의 생식기 전체를 잘라내는 행위'를 '상
징'한다. 이것은 '첫 열매'를 여호와 하나님께 바침[8]으로 언약 백성이 얻은

---

8 "네 재물과 네 소산물의 처음 익은 열매로 여호와를 공경하라"(잠언 3:9).

'모든 열매가 하나님으로 말미암은 하나님의 것이라고 고백하는 행위'와 같은 맥락을 가진다. 즉 할례 이후에 태어나는 자녀는 그 아비의 생식기가 없는 상태에서 태어난 하나님의 자녀라는 고백을 담게 된다.[9] 그런 의미에서 이삭은 '아브라함의 생식기가 절단된 뒤에 잉태된 자녀'로서 '하나님과의 언약으로 말미암아 태어난 하나님의 자녀'가 되는 것이다.

사도 바울은 자신이 비유를 통하여 이 부분을 설명하고 있다고 하면서, 이 비유는 '두 언약에 대한 이야기'라고 밝히고 있다.

> [24]**이것은 비유니 이 여자들은 두 언약이라** 하나는 시내 산으로부터 종을 낳은 자니 곧 하갈이라 [25]이 하갈은 아라비아에 있는 시내 산으로서 지금 있는 예루살렘과 같은 곳이니 그가 그 자녀들과 더불어 종 노릇 하고 [26]오직 위에 있는 예루살렘은 자유자니 곧 우리 어머니라 [27]기록된 바 잉태하지 못한 자여 즐거워하라 산고를 모르는 자여 소리 질러 외치라 이는 홀로 사는 자의 자녀가 남편 있는 자의 자녀보다 많음이라 하였으니 [28]형제들아 너희는 이삭과 같이 약속의 자녀라(갈라디아서 4:24-28)

두 언약 중 한 언약은 시내산에서 맺어진 '모세 언약'을 의미한다. 사도

9　"[28]무릇 표면적 유대인이 유대인이 아니요 표면적 육신의 할례가 할례가 아니니라 [29]오직 이면적 유대인이 유대인이며 **할례는 마음에 할지니** 영에 있고 율법 조문에 있지 아니한 것이라 그 칭찬이 사람에게서가 아니요 다만 하나님에게서니라"(로마서 2:28-29).: 우리 주 예수 그리스도의 성육신과 십자가를 통한 구원 이전과 이후를 구분하지 못하는 지체가 있을지 걱정되어 인용한다.

바울은 이 '모세 언약'을 '하갈'과 연결시킨다. "이게 무슨 말이지?" 싶은 분들이 있을 것이다. "모세하고 하갈이 서로 연결되는 존재야?" 답은 당연히 아니다. 사도 바울은 지금 그 이야기를 하는 중이 아니다. 사도 바울은 "할례를 받아야 구원을 받을 수 있다"라는 거짓 교사들의 선동에 흔들리고 있는 갈라디아교회의 신자들을 향해, "우리 주 예수 그리스도로 말미암아 자유자가 된 너희가 왜 아직도 율법의 종노릇을 하려고 하느냐?"라고 질책하는 중이다. 그리고 그 맥락에서 '율법의 상징'인 '모세와 모세 언약'을 언급한 것이다. 그러한 연유로, 이 비유 바로 앞에 사도 바울은 이 말을 하고 있다.

> 내게 말하라 율법 아래에 있고자 하는 자들아 율법을 듣지 못하였느냐
> (갈라디아서 4:21)

그리고 사도 바울은 이보다 앞서 갈라디아서 3장과 4장에 걸쳐 '모세 언약의 한계'를 이미 설명했다. 약간 긴 본문이지만 필요한 부분을 인용한다.

> [23]믿음이 오기 전에 우리는 율법 아래에 매인 바 되고 계시될 믿음의 때까지 갇혔느니라 [24]**이같이 율법이 우리를 그리스도께로 인도하는 초등교사가 되어** 우리로 하여금 믿음으로 말미암아 의롭다 함을 얻게 하려 함이라 [25]**믿음이 온 후로는 우리가 초등교사 아래에 있지 아니하도다** [26]너희가 다 믿음으로 말미암아 그리스도 예수 안에서 하나님의 아들이 되었으니 [27]누구든지 그리스도와 합하기 위하여 세례를 받은 자는 그리스도로 옷 입었느니라 [28]너희는 유대인이나 헬라인이나 종이나 자유인

이나 남자나 여자나 다 그리스도 예수 안에서 하나이니라 ²⁹**너희가 그리스도의 것이면 곧 아브라함의 자손이요 약속대로 유업을 이을 자니라** ^{4:1}내가 또 말하노니 유업을 이을 자가 모든 것의 주인이나 어렸을 동안에는 종과 다름이 없어서 ²그 아버지가 정한 때까지 후견인과 청지기 아래에 있나니 ³**이와 같이 우리도 어렸을 때에 이 세상의 초등학문 아래에 있어서 종 노릇 하였더니** ⁴때가 차매 하나님이 그 아들을 보내사 여자에게서 나게 하시고 율법 아래에 나게 하신 것은 ⁵율법 아래에 있는 자들을 속량하시고 우리로 아들의 명분을 얻게 하려 하심이라 ⁶너희가 아들이므로 하나님이 그 아들의 영을 우리 마음 가운데 보내사 아빠 아버지라 부르게 하셨느니라 ⁷**그러므로 네가 이 후로는 종이 아니요 아들이니 아들이면 하나님으로 말미암아 유업을 받을 자니라** ⁸그러나 너희가 그 때에는 하나님을 알지 못하여 본질상 하나님이 아닌 자들에게 종 노릇 하였더니 ⁹이제는 너희가 하나님을 알 뿐 아니라 더욱이 하나님이 아신 바 되었거늘 **어찌하여 다시 약하고 천박한 초등학문으로 돌아가서 다시 그들에게 종 노릇 하려 하느냐**(갈라디아서 3:23-4:9)

사도 바울은 '개역개정' 이전 '개역한글'에서는 '몽학선생'¹⁰으로 번역된 '초등교사'라는 오래된 전통을 가지고 이 부분을 설명한다. 즉 우리 주 예수 그리스도의 구원 사역으로 말미암아 이제는 '종의 언약'이 된 '모세 언약'과, 우

---

10 "이같이 율법이 우리를 그리스도에게로 인도하는 몽학선생이 되어 우리로 하여금 믿음으로 말미암아 의롭다 함을 얻게 하려 함이니라"(갈라디아서 3:24, 개역한글).

리 주 예수 그리스도로 완성된 '새 언약'을 비교하며 설명하고 있다.

　'몽학선생'으로 번역된 '초등교사' 제도를 설명하면 이와 같다. 비슷한 제도가 현대 사회에도 존재한다. 군대에는, 공수특전단 같은 '특수병과'로 소속이 바뀌는 경우 신병이든 장교든 관계없이 해당 특수병과에 필요한 기본 훈련을 받게 되어 있다. 이 기간에는 아무리 계급이 높은 고급 장교라 할지라도 훈련을 받는 동안 계급장을 떼고 자신보다 계급이 낮은 교관과 조교들의 명령에 복종하고 통제를 받는다. 비슷한 프로그램을 TV등을 통해서 본 기억이 있는 독자들이 있을 것이다. 당연한 이야기이지만, 그 훈련 기간을 마치고 나면 원래의 계급으로 바로 복귀된다. 수료식장에서 갓 훈련을 마치고 본래의 계급으로 복귀한, 바로 직전까지 자신의 훈련병이었던 상관을 향해 일렬로 서서 경례를 하는 교관과 조교의 모습을 흐뭇하게 바라봤던 기억들이 있을 것이다. 인류 역사상 거의 모든 국가의 왕족과 귀족 집안에는 이러한 제도가 있었다고 전해진다.

　성인이 되기 전, 그 집안의 상속자인 어린아이는 아버지가 정한 몽학선생 혹은 초등교사의 통제를 받았다고 한다. 상속자인 아이의 교육을 맡은 초등교사는 그 아이에 대한 체벌권을 포함해 모든 권한을 가졌던 것으로 알려진다.

　물론 아이가 성장해 성인이 되는 순간, 상속자인 아이는 '초등교사의 종의 신분'에서 '주인의 신분'으로 바로 복귀한다. 그렇다고 해서, 성인이 된 이후 그 상속자가 자신의 어린 시절 초등교사를 홀대하는 일은 단 한 가지의 경우를 제외하고는 일어나지 않는다. 그 단 한 가지의 경우는 다름 아닌 상속자가 성인이 되어 상속자의 신분을 회복했음에도 불구하고 초등교사가 그 집안의 '주인 노릇'을 하려는 경우이다. 우리나라 사극을 예로 들어 이야기한다면, 세자가 성인이 되어 왕이 되었는데 세자의 어린 시절 스승이 주동이 되어 '역모'를 꾸미는 경우를 말한다. 세자의 어린 시절 스승의 경우 세자가 왕이 된 후 2선으로 물러나 왕이 된 옛 제자가 조언을 구하는 경우에만 답을 하면 되는 것이다. 그럴 경우, 그의 여생은 존경과 평안과 그의 여생에 필요한 모든 것이 풍족히 제공될 것은 두말할 필요도 없는 일이다.

이때 초등교사는 모세 언약을 통해 주어진 율법 혹은 유대교를 의미한다. 그런데 그 초등교사가 갈라디아교회에 거짓 교사의 모습으로 들어와 역모를 꾸미는 상황에서 사도 바울이 강하게 명령한다.

> [29]그러나 그 때에 육체를 따라 난 자가 성령을 따라 난 자를 박해한 것 같이 이제도 그러하도다 [30]그러나 성경이 무엇을 말하느냐 **여종과 그 아들을 내쫓으라** 여종의 아들이 자유 있는 여자의 아들과 더불어 유업을 얻지 못하리라 하였느니라 [31]**그런즉 형제들아 우리는 여종의 자녀가 아니요 자유 있는 여자의 자녀니라**(갈라디아서 4:29-31)

이 말은 초대교회로부터 할례와 유대교 교리를 주장하는 자들을 쫓아내라는 이야기다. 갈라디아서 4장의 말씀은 창세기 21장에 증언된 내용을 인용한 것이다. 이제 본격적으로 하갈 이야기에 들어가자.

> [8]아이가 자라매 젖을 떼고 이삭이 젖을 떼는 날에 아브라함이 큰 잔치를

베풀었더라 [9]사라가 본즉 **아브라함의 아들 애굽 여인 하갈의 아들이 이삭을 놀리는지라**(창세기 21:8-9)

이삭이 젖을 떼는 잔칫날이었다. 인용한 성경 본문 바로 앞에 언급된 "사라가 자식들을 젖먹이겠다고 누가 아브라함에게 말하였으리요마는 아브라함의 노경에 내가 아들을 낳았도다"[11]라는 사라의 말처럼, 그날은 기적의 날이었다.

아브라함을 족장으로 하는 부족 전체가 기뻐하고 흥에 겨웠던 것으로 보인다. 이러한 분위기를 성경은 "아브라함이 큰 잔치를 베풀었더라."라는 말로 표현했다. '잔치'가 아니라 '큰 잔치'였다. 보통 문제는 이런 날에 일어난다. 이유는 간단하다. 긴장이 풀어진 까닭이다. 평소라면 부족 내에서 처한 자신의 위치에 따라 행동했을 것이다. 그런데 이스마엘 자신도 모르게 '분위기에 취해' 실수를 했던 것 같다. 이스마엘 입장에서 생각해보면 이해가 가는 부분이다. 이스마엘은 아브라함이 팔십육 세에 얻은 늦둥이 첫 번째 아들이다.

하갈이 아브람에게 이스마엘을 낳았을 때에 아브람이 팔십육 세였더라 (창세기 16:16)

---

11 "[5]아브라함이 그의 아들 이삭이 그에게 태어날 때에 백 세라 [6]사라가 이르되 하나님이 나를 웃게 하시니 듣는 자가 다 나와 함께 웃으리로다 [7]또 이르되 사라가 자식들을 젖먹이겠다고 누가 아브라함에게 말하였으리요마는 아브라함의 노경에 내가 아들을 낳았도다 하니라"(창세기 21:5-7).

이삭이 태어나기 전 이스마엘은 아브라함에게 어떤 존재였을까? 굳이 설명이 필요할까? 아브라함 부족 전체는 이스마엘을 중심으로 돌아갔을 것이다. 모든 것이 이스마엘의 것이었다. 자신을 낳은 친모가 애굽 사람으로 종출신이라는 것 또한 별문제가 되지 않았을 것이다. 어차피 이때까지 부족의 상속자는 이스마엘이었다. 아버지 아브라함을 볼 때마다 이스마엘은 자신을 바라보는 아브라함의 눈에서 꿀이 떨어지는 모습을 봤을 것이다. 정말 아브라함 입장에서 이스마엘은 눈에 넣어도 아프지 않을 귀하디귀한 아들이었을 것이다. 그리고 호칭을 무엇이라고 했을지 성경에 정확히 기록되어 있지는 않지만, 내 생각에 이삭이 태어나기 전까지 이스마엘은 사라를 "어머니"라고 불렀을 가능성이 크다. 그 근거는 이러하다.

> [1]아브람의 아내 사래는 출산하지 못하였고 그에게 한 여종이 있으니 애굽 사람이요 이름은 하갈이라 [2]사래가 아브람에게 이르되 여호와께서 내 출산을 허락하지 아니하셨으니 원하건대 내 여종에게 들어가라 **내가 혹 그로 말미암아 자녀를 얻을까 하노라** 하매 아브람이 사래의 말을 들으니라(창세기 16:1-2)

"내가 혹 그로 말미암아 자녀를 얻을까 하노라." 사라가 아브라함에게 자신의 여종 하갈과의 동침을 권하면서 했던 말이다. 비록 하갈이 임신한 후 사라와의 관계가 틀어졌다 해도, 사라의 이 말을 볼 때 아마도 법적으로 이스마엘은 하갈이 아니라 '사라의 아들'로 불리웠을 것이다. 물론 모유 수유나 그 외 어린 시절의 돌봄 등은 모두 하갈에 의해 이루어졌을 것이다. 그 과정에서 애착 관계가 하갈과 형성되었음은 두말할 필요가 없을 것 같다. 이스마엘 입장에서는 어렵기도 하고 무섭기도 했겠지만, 사라 또한 이스마엘을 인정하는 표정이었을 것이 분명하다. 게다가 이스마엘이 사라를 부르는 호칭이 "어머니"였다면, 이삭의 임신과 탄생은 이스마엘에게는 정말 '끔찍한 일'이었을 것이다.

이삭 하나로 모든 것이 변하고 말았다. 우리에게는 이삭의 출생이 아브라함과 사라를 통한 '언약 자손의 탄생'이지만, 이스마엘은 어떠했을까? 아브라함에게는 참 많은 생각과 남모를 밤을 지새우는 시간들이었을 것이다. 사라에게는 어찌 되었든 기쁨의 시간들이었을 것이 분명하다. 하지만 하갈과 이스마엘 모자에게는 그 시간이 어떠했을까?

이스마엘에게 이삭은 자신의 모든 것을 빼앗아간 존재였을 것이다. 이러한 이스마엘의 인식은 일면 정당한 측면이 있다. 이스마엘의 탄생은 이스마엘이 의도한 일이 아니다. 이 일은 자신의 아버지인 아브라함과 아직까지는 어머니라고 부르고 있는 저 무서운 사라가 일으킨 일이었다.

이때 이스마엘의 나이는 십오 세였다. 이스마엘은 아브라함과 사라 그리고 하갈과 이스마엘 자신과의 사이에 대해 알고 있었을 것이다. 그 사회적 역학관계에 대해 충분히 이해하고 있었을 것이다. 대한민국 땅에서 열다섯 살이라고 하면 중2에 해당하는 나이로 사춘기의 대명사로 불리는 시기다. 지금이야 열다섯 살이 한참 이상한 행동을 할 나이지만 그 당시는 달랐을 것이다.

일제 강점 기간, 1929년에 일어난 '광주학생운동'의 발단이 되었던 박준채와 친구들은 당시 광주고등보통학교 2학년[12]이었다. '4·19 혁명' 바로 직전 2월 28일에 대구에서 일어났던 '2·28 대구 학생의거'의 주동은 고등학생들이었다. 이런 사실들을 생각해보면, 당시 이스마엘의 상황 인식능력은 지금의 중학교 2학년생과는 전혀 달랐을 것이다.

아무리 상황 인식능력이 좋았다 해도, 피가 끓는 나이여서 그랬을까? 아니면 큰 잔치의 흥에 겨운 분위기에 긴장이 풀렸던 것이 더 큰 원인이었을까? 지난 수개월 동안 억눌렀던 것이 터져 나왔다.

우리말로 번역된 개역개정판 성경 본문에는 "사라가 본즉 아브라함의 아들 애굽 여인 하갈의 아들이 이삭을 놀리는지라"(창세기 21:9)로 표현되어 있지만 이것은 심각한 이야기라고 한다. 히브리어 원어상의 분위기로, 이 "놀리는지라"는 단순히 아기를 '어르는 정도'를 넘어 '악의를 가지고 괴롭히는 것'이라고 한다.

캠퍼스에서의 설교를 위해 처음 설교 준비를 할 때, 나는 "놀리는지라"라는 표현을 그냥 애기를 데리고 장난을 치는 정도로 생각했었다. 설교문을 완성하고 자리에 누워서 방 천장을 보면서 상상해보았다. '내가 이스마엘이

---

12 일제 강점 기간, 조선인이 다녔던 학교의 수업연한에 차별이 있어 고등보통학교 2학년이 지금의 중학교 2학년에 해당하지 않는다는 분들이 간혹 있다. 이러한 지적은 일제 강점 기간 중 일부 기간 동안은 맞는 지적이다. 실제 일제 강점 기간, 조선인이 다니는 학교와 일본인이 다니는 학교와의 사이에는 교육 연도뿐 아니라 교육내용에도 차별이 있었다고 한다. 그러나 3·1운동 이후, 1922년 '제2차 조선교육령'을 살펴보면, 당시 '고등보통학교 2학년'의 나이는 개인적인 사정으로 늦게 진학한 경우가 아니라면 지금 대한민국의 '중학교 2학년'의 나이와 같다.

라면 그때 기분이 어떠했을까?'

아무리 생각을 해봐도 "놀리는지라"라는 우리말 성경의 표현이 이해가
되지 않았다. 백번을 양보해서, 사라 입장에서 아무리 이스마엘이 '눈에 가
시'라고 해도 그 정도의 일을 보고 하갈과 이스마엘을 사지(死地)로 쫓아내라
고? 다시 자리에서 일어나 불을 켜고 히브리어 원어의 뜻을 찾아보았다. 예
상대로였다. 히브리어 원어의 분위기는 대단히 부정적이고 악의적인 뜻을
내포하고 있었다. 순간 '이스마엘의 처지와 원망으로 가득했을 마음'이 가슴
에 와닿았다. 잘한 짓은 아니지만, 그때 지었을 '이스마엘의 표정'이 생생하
게 보이는 것만 같았다. 문제는 그 모습을 사라가 봤다는 것이다.

당시 사라의 나이는 구십 세였다. 아브라함의 나이는 백 세였다. 오늘날
의 우리는 성경 본문을 통해 사라는 이삭의 나이 삼십팔 세(우리나라 나이로),
아브라함은 이삭의 나이 칠십육 세까지 생존했음을 알지만,[13] 당시 사라의
마음은 무언가에 쫓기는 느낌이었을 것이다.

> 사라가 백이십칠 세를 살았으니 이것이 곧 사라가 누린 햇수라(창세기
> 23:1)

> [7]아브라함의 향년이 백칠십오 세라 [8]그의 나이가 높고 늙고 기운이 다

---

[13] 성경에 등장하는 하나님의 사람들의 나이를 이런 방식으로 계산해보는 것은 때때로 우리에게
많은 위로를 준다. 그들에게 허락해주신 시간들이, 하나님의 배려로 느껴지는 것은 나만의 생
각이 아닐 것이다. 항상 그렇지만, 우리가 급하지 전지전능하신 하나님께서는 여유가 있으시
다. 동시에 하나님께서는 은혜를 베푸실 때, 충분히 그 모든 것을 누릴 시간까지도 주시는 것
을 성경인물들의 삶을 통해 확인할 수 있다.

하여 죽어 자기 열조에게로 돌아가매(창세기 25:7-8)

이제 핏덩이에 불과한 이삭과 이스마엘의 나이 차이는 십사 년이었다. 이삭이 성인이 되어 부족을 물려받은 다음에야, 이 십사 년의 차이는 별문 제가 되지 않을 것이다. 그러나 만에 하나, 이삭이 성인이 되기 전에 사라 자신과 아브라함이 이 세상을 떠날 경우를 상상해볼 때 사라는 아찔했을 것 이다. 그런데 마음 한구석에 자리 잡은 그 불안을 제대로 폭발시킨 일이 사 라의 눈앞에서 벌어진 것이다. 뒤에서 다루겠지만, 사라는 처음 하갈을 학 대하던 때와는 달리 이번에는 바로 아브라함에게 명령하듯이 딱 잘라서 말 한다. "이 여종과 그 아들을 내쫓으라 이 종의 아들은 내 아들 이삭과 함께 기업을 얻지 못하리라."

> 그가 아브라함에게 이르되 **이 여종과 그 아들을 내쫓으라 이 종의 아들 은 내 아들 이삭과 함께 기업을 얻지 못하리라** 하므로(창세기 21:10)

아브라함의 사망 기사를 다룬 성경 본문을 볼 때, 아브라함 또한 이스마 엘이 이삭에게 어떤 존재가 될지 알고 있었던 것 같다.

> [5]아브라함이 이삭에게 자기의 모든 소유를 주었고 [6]**자기 서자들에게도 재산을 주어 자기 생전에 그들로 하여금 자기 아들 이삭을 떠나 동방 곧 동쪽 땅으로 가게 하였더라** [7]아브라함의 향년이 백칠십오 세라 [8]그의 나이가 높고 늙어서 기운이 다하여 죽어 자기 열조에게로 돌아가매(창

세기 25:5-8)

아브라함의 사망 기사를 보면, 아브라함은 자신의 살아생전에 이삭에게 부담이 되거나 위협이 될 가능성이 있는 서자 모두에게 일정 규모의 재산을 주어 이삭이 거주하는 곳으로부터 동쪽 땅으로 내보냈다. 하물며 아브라함이 이스마엘의 위험성을 몰랐을까? 그렇지는 않을 것이다. 늦은 나이에 처음 얻은 늦둥이 이스마엘을 향한 사랑 때문에 애써 외면하고 있었을 것이다. 하지만 이제는 눈에 보이는 이스마엘의 행동이 있었다. 이스마엘의 그 행동을 사라만 봤을 리는 없다. 침묵하고 있을 뿐, 모든 부족은 이스마엘의 행동을 마음에 두었을 것이다. 그리고 그의 아내 사라가 분명한 어조로 요구한다. "이 여종과 그 아들을 내쫓으라 이 종의 아들은 내 아들 이삭과 함께 기업을 얻지 못하리라."

아브라함이 그의 아들로 말미암아 그 일이 매우 근심이 되었더니(창세기 21:11)

그 밤은 아브라함에게 정말 긴 밤이었을 것이다. 이런 경우 성경을 보면, 하나님께서는 '하나님의 사람의 결정'을 도와주시는 것을 볼 수 있다. 21세기 대한민국 땅에서 나그네 된 인생을 살아내는 우리에게도 마찬가지다. "간사님, 저에게는 하나님이 아브라함에게 직접 말씀하신 것처럼 직접 나타나셔서 말씀하신 적이 없는데요." 이런 말을 해맑게 하면서 나를 바라보는 우리 CMF 20대 아이들이 종종 있다. 이에 대한 나의 대답은 이러하다.

"응, 너처럼 어린 나이에 하나님께서 벌써 그러시면 너의 인생이 너무 안쓰럽잖아. 그러니, 그런 적이 없다는 것이 너무 다행이지 않니? 네 나이에 그런 경험이 있다는 것은 너무 슬프고 끔찍한 일이란다." 지금도 당신이 지으신 온 세상을 유지하시고 통치하시는 삼위일체 하나님의 보이지 않는 손인 섭리를 알아보는 자가 가장 복된 자라는 신학자들의 증언은 사실이다. 동시에 이 일은 아픈 이야기이기도 하다.[14]

> [12]하나님이 아브라함에게 이르시되 **네 아이나 네 여종으로 말미암아 근심하지 말고 사라가 네게 이른 말을 다 들으라** 이삭에게서 나는 자라야 네 씨라 부를 것임이니라 [13]**그러나 여종의 아들도 네 씨니** 내가 그로 한 민족을 이루게 하리라 하신지라(창세기 21:12-13)

바로 위에 인용한 성경 본문 중에, 아브라함에게 가장 위로가 된 부분은 "그러나 여종의 아들도 네 씨니"이었을 것이다. 하나님께서는 이 본문 이전에는 이스마엘을 지칭하시면서 "네 씨"라는 표현을 하지 않으셨다.

> [18]아브라함이 이에 하나님께 아뢰되 **이스마엘이나 하나님 앞에 살기를 원하나이다** [19]**하나님이 이르시되 아니라** 네 아내 사라가 네게 아들을 낳으리니 너는 그 이름을 이삭이라 하라 내가 그와 내 언약을 세우리니 그

---

14 하나님만을 바라보며 살아온 성도라면 다 아는 이야기다. 아니, 정확히는 하나님밖에 이 땅에 바라볼 대상이 없었던 성도라면 반드시 아는 이야기다. 하나님께서는 인생의 즐거움의 때보다는 슬픔과 아픔의 때에 빠르게 움직이시는 것 같다.

의 후손에게 영원한 언약이 되리라 [20]**이스마엘에 대하여는 내가 네 말을 들었나니 내가 그에게 복을 주어 그를 매우 크게 생육하고 번성하게 할지라 그가 열두 두령을 낳으리니 내가 그를 큰 나라가 되게 하려니와** [21]**내 언약은 내가 내년 이 시기에 사라가 네게 낳을 이삭과 세우리라**(창세기 17:18–21)

물론 하나님께서는 아브라함과의 관계를 생각해서 이스마엘 또한 큰 나라를 이루고 한 민족을 이루게 해주시겠다는 약속을 하신 적이 있다. 하지만 이스마엘을 향해서 "그 아이 또한 너의 씨이니"라는 표현을 쓰시면서까지 아브라함을 안심시키신 것은, 아브라함이 하갈과 이스마엘을 사막 한가운데로 내보내야 했던 이때가 처음이었다. 아브라함의 입장에서는 '이스마엘과 연관된 일'에 이러한 하나님의 모습은 이례적인 일이었다.

[16]하갈이 아브람에게 이스마엘을 낳았을 때에 아브람이 팔십육 세였더라 [17:1]아브람이 구십구 세 때에 여호와께서 아브람에게 나타나서 그에게 이르시되 **나는 전능한 하나님이라 너는 내 앞에서 행하여 완전하라** (창세기 16:16–17:1)

아브라함이 하갈을 통해 이스마엘을 낳은 뒤, 하나님 당신이 인도해서 들여놓으신 가나안 땅이건만 하나님께서는 무려 십삼 년 동안이나 아브라함의 얼굴을 보지 않으셨다. 우리는 이 대목에서 하나님의 분노를 가늠할 수 있다. 게다가 십삼 년 만에 아브라함 앞에 나타나셔서 하나님께서 하신 말씀은 "나는 전능한 하나님이라 너는 내 앞에서 행하여 완전하라"였다. 무슨 말씀이신가? "너에게 자녀를 주겠다고, 이 땅으로 너를 불러낸 나는 전능자다. 그런데 나를 믿지 못하고, 시기와 방법을 아브라함 네 마음대로 정해? 하갈을 통해서 이스마엘을 낳아? 아브라함 너 내 앞에서 똑바로 제대로 완전하게 행동해라."

그러셨던 하나님께서 이번에는 이스마엘을 향해 "그러나 여종의 아들도 네 씨니"라고 해주신다. 이 부분에서 우리는 연약한 우리를 봐주시는 하나님을 만나게 된다. 우리에게 져주시는 하나님의 마음을 만나게 된다. 그만큼 아브라함에게 있어서, 이 결정이 '뼈가 녹는 어려운 결정'이었다는 이야기다. 벌써 하나님을 사귄 지 이십 오 년이 되는 아브라함이었다. 하나님께서 이 정도까지 말씀하시는 때를 놓치면 안 되는 것이다. 아브라함은 아침이 오자마자 행동한다. 우리는 이런 부분을 배워야 한다. 성경은 아브라함이 아침에 '일찍이' 일어났다고 증언한다.

> [14]아브라함이 아침에 일찍이 일어나 떡과 물 한 가죽부대를 가져다가 하갈의 어깨에 메워 주고 그 아이를 데리고 가게 하니 하갈이 나가서 브엘세바[15] 광야에서 방황하더니 [15]가죽부대의 물이 떨어진지라 그 자식을 관목덤불 아래에 두고 [16]이르되 아이가 죽는 것을 차마 보지 못하겠다 하고 화살 한 바탕 거리 떨어져 마주 앉아 바라보며 소리 내어 우니

---

15 브엘세바: 일곱 우물, 언약의 우물, 하나님께서 하갈, 이삭, 야곱, 엘리야에게 나타나신 곳으로 후기에 이삭이 거주한 곳이다.

> ¹⁷하나님이 그 어린 아이의 소리를 들으셨으므로 하나님의 사자가 하늘
> 에서부터 하갈을 불러 이르시되 하갈아 무슨 일이냐 두려워하지 말라
> 하나님이 저기 있는 아이의 소리를 들으셨나니 ¹⁸일어나 아이를 일으켜
> 네 손으로 붙들라 그가 큰 민족을 이루게 하리라 하시니라 ¹⁹하나님이
> 하갈의 눈을 밝히셨으므로 샘물을 보고 가서 가죽부대에 물을 채워다가
> 그 아이에게 마시게 하였더라(창세기 21:14-19) [이스마엘: "하나님이
> 들으신다."]

　그 시각 하갈과 이스마엘은 깨어나 있었을까? 성경에 정확한 기록이 나
오지 않으니 알 길은 없으나, 나는 자고 있었을 확률이 높다고 생각한다. 아
마도 경계병 역할을 맡은 소수의 부족원을 제외하고는 모두 깊은 잠에 빠져
있었을 것이다. 그날 아침은 이삭이 젖을 떼는 것을 기념해서 아브라함이
부족 전체에 큰 잔치를 베푼 바로 다음 날 이른 아침이었다. 멀리서 동이 조
금씩 트기 시작하는 가운데, 지난밤 잔치의 흔적과 여기저기 술에 취해 깊
은 잠에 빠진 사람들의 코 고는 소리가 아직 남아 있는 그런 분위기를 상상
해보라.

　그 시각 깨어 있는 사람은 몇 명이었을까? 텐트 안으로 낯익은 인기척이
난 뒤에 잠들어 있는 자신과 이스마엘을 흔들어 깨우는 아브라함과 눈이 마
주치는 순간 하갈은 이 상황을 인식했을까? 무언가 심상치 않은 느낌이 들
었을까? 아직 잠에서 덜 깬 상태의 모자에게 아브라함이 떡과 한 가죽 부대
물을 어깨에 메워 준다.

　이 둘을 내보내면서 아브라함은 하갈과 이스마엘에게 무슨 말을 했을까?

성경에 직접적인 언급은 나오지 않으나 이 부분은 쉽게 유추할 수 있다. 그 상황에서 아브라함이 하갈과 이스마엘에게 해줄 수 있는 말은 뻔하다. 아브라함의 입장에서 그 전날 밤 하나님께서 이스마엘에게 약속해주신 말보다 더 최선의 말이 있었을까? "여종의 아들도 네 씨니 내가 그로 한 민족을 이루게 하리라."

말을 하는 아브라함의 귀에도, 말을 듣는 하갈의 귀에도, 눈 앞에 펼쳐진 광야만큼이나 메마른 소리로 들렸을 것이다. 쫓겨난 하갈은 이스마엘을 데리고 '일곱 개의 우물'이라는 뜻을 가진 '브엘세바'[16] 광야에서 방황한다.

생각해보면 참 기가 막힌 인생이다. 그때 그 당시 하갈의 마음과 생각을 다 헤아릴 수는 없지만, 어린 아들과 함께 광야로 내쫓기게 된 여인의 표정이 정면으로 (머릿속 이미지로) 내 눈에 들어왔다. 물론 이 모자가 쫓겨나게 된 원인은 육체를 따라 난 자가 약속을 따라 난 자에게 행한 박해였다. 그렇다 하더라도, 지금으로 치면 15살 중학교 2학년 정도의 남자아이가 아니던가? 그 처지가 참으로 안쓰러웠다.

그런데 하갈과 이스마엘 모자의 광야 행(行)은 이번이 처음이 아니었다. 그 첫 번째 광야 행을 살펴보고 오도록 하자. 하갈의 첫 번째 광야 행(行) 시기에도, 이스마엘은 하갈의 뱃속에서 하갈과 동행했었다.

---

16 '브엘'은 '우물'을 뜻하고, '세바'는 '일곱'을 뜻한다.

¹아브람**17**의 아내 사래**18**는 출산하지 못하였고 그에게 한 여종이 있으니 애굽 사람이요 이름은 하갈이라 ²사래가 아브람에게 이르되 여호와께서 내 출산을 허락하지 아니하셨으니 원하건대 내 여종에게 들어가라 내가 혹 그로 말미암아 자녀를 얻을까 하노라 하매 아브람이 사래의 말을 들으니라 ³아브람의 아내 사래가 그 여종 애굽 사람 하갈을 데려다가 그 남편 아브람에게 첩으로 준 때는 아브람이 가나안 땅에 거주한 지 십 년 후였더라(창세기 16:1-3)

아브라함이 할례를 받기 전의 일이다. 사라에게 하갈이라는 여종이 있었다. 성경은 이름과 출신만으로 하갈을 소개하고 있다. 하갈 그녀는 어떤 과정을 거쳐 사라의 여종이 되었을까? 많은 신학자들은 '하갈이 사라의 여종이 된 계기'는 아마도 '가나안 땅에서 기근을 만난 아브라함의 애굽행(行)'과 연관되었을 것이라고 설명한다. 성경에 기록된 사라와 하갈 사이에 있었던 일로 미루어볼 때, 신학자들의 이 의견에 나 또한 동의한다.

당시는 지금처럼 교통이 발달하고 국가와 국가 사이에 인구이동이 일상적으로 가능한 시기가 아니었다. 이 점을 염두에 두고, 하갈이 사라의 종이 되는 '가능해 보이는 경우들'을 상상해보았다. 내 생각에는 '경우의 수'는 두 가지로 한정된다.

---

17 "이제 후로는 네 이름을 **아브람이라 하지 아니하고 아브라함이라 하리니** 이는 내가 너를 여러 민족의 아버지가 되게 함이니라"(창세기 17:5).

18 "하나님이 또 아브라함에게 이르시되 네 아내 사래는 이름을 **사래라 하지 말고 사라라 하라**"(창세기 17:15). 이렇게까지 친절하게 성경 구절을 인용해서 각주를 다는 이유는 지금 대한민국 땅의 20대를 위함이다.

첫 번째 경우는, 애굽 사람인 하갈이 무슨 연유인지는 알 수 없으나 가나 안 지역 광야나 황무지에 쓰러져 있는 것을 아브라함의 부족이 발견해서 구 조한 경우가 아닐까? 여기에는 '두 가지의 가능성'이 있어 보인다.

'한 가지 가능성'은 하갈의 출신이 '자유인'인 경우이다. 이 경우 하갈은 무역 혹은 중요한 공무(公務)를 이유로 여행 중인 가족들과 동행하는 중이었 을 것이다. 그러던 중 도적이나 강도떼를 만나 동행한 사람들이 모두 몰살 당한 상태에서 홀로 생존해서 황무지에서 발견된 경우일 것이다. 물론 "자 유인이 아니라 여종 신분이었는데 살아남았을 수도 있지 않느냐?"라고 묻 는다면 할 말은 없다. 어찌 되었든, 내 생각에 이 가능성의 확률은 대단히 낮아 보인다. 그러나 하갈과 사라처럼 두 인물이 만나게 된 순간에 대한 설 명이 성경에 직접 나오지 않을 때 내가 주로 해보는 상상이다.

'또 한 가지 가능성'은 비교적 쉽게 유추할 수 있다. 애굽에서 '종 신분'이 었던 하갈이 그 주인으로부터 도망하여 어찌어찌 가나안 땅까지는 생존해 서 들어왔을 때다. 이때도 역시 가나안 지역의 광야나 황무지에 쓰러져 있 는 것을 아브라함의 부족이 발견해서 구조한 경우이다.

'두 가지 가능성'으로 방금 설명했던 '첫 번째 경우'에 대해서 나는 그랬을 리가 없다는 입장이다. 왜냐하면, 아무리 사라의 학대가 견디기 힘들었다고 해도 이전에 광야에서 시체처럼 죽어가던 경험이 있었던 사람은 자살의 의 미가 아닌 이상 절대 광야로 도망가는 법은 없다. 사람은 그런 존재다.

그럼에도 불구하고 첫 번째 경우에 대해 길게 이야기하는 까닭은, 내가 생각한 두 번째 경우의 확률과 설득력을 높이려는 의도에서다. 만약에 하갈이 '첫 번째 경우'에서 언급된 과정을 거쳐서 사라를 만나게 되었다면, 하갈은 자신이 비록 아브라함의 아이를 임신했다는 사실을 알았다 해도 그의 여주인 사라를 멸시하지 않았을 것이다.

내 생각에 하갈은 '영특한 동시에 기민한 인물'이었음에 틀림없다. "이 여종과 그 아들을 내쫓으라 이 종의 아들은 내 아들 이삭과 함께 기업을 얻지 못하리라"라는 사라의 말에 하갈은 광야로 쫓겨난다. 물론 그 후 하갈 그녀의 손자들이 열두 족속의 지도자들로 성장한 것은 전적으로 하나님께서 아브라함을 배려해서 해주신 약속인 "여종의 아들도 네 씨니 내가 그로 한 민족을 이루게 하리라"라는 말씀 덕분이다.

하지만 하나님과 이 세상을 동행해 본 신자들이라면 다 아는 사실이 있다. 하나님께서 누군가에게 기회를 주시는 경우, 전지전능하신 하나님께서는 이미 그에게 재능과 기질 그리고 그 자신이 살아보겠다고 아등바등대는 노력까지 그에게 심어 놓으신다.

> [20]**하나님이 그 아이와 함께 계시매** 그가 장성하여 광야에서 거주하며 활 쏘는 자가 되었더니 [21]그가 바란 광야에 거주할 때에 **그의 어머니가 그를 위하여 애굽 땅에서 아내를 얻어 주었더라**(창세기 21:20-21)

> 이들은 이스마엘의 아들들이요 그 촌과 부락대로 된 이름이며 **그 족속대로는 열두 지도자들이었더라**(창세기 25:16)

가정을 꾸려보고 살림을 꾸려본 사람이라면 알 것이다. 살림이라는 것은 단기간에야 재정이 풍부하다면 어느 정도 모양을 갖춰 꾸려갈 수 있다. 하지만 사람의 숫자가 늘어나고, 그 구성원 사이에 이런저런 갈등과 다양한 인생사가 벌어지는 상황을 맞이하게 되는 단계에 이르게 되면, 재정만으로는 어림도 없다. 오랜 세월 여러 사람들이 누군가의 울타리 안에 머무는 것이 가능한 경우는, 그 누군가의 성품이 '사리 분별'(事理分別)을 제대로 하는 경우이다.

게다가 우리는 하갈과 이스마엘은 아브라함의 서자들처럼 재산을 받아 떠난 상태가 아님을 기억해야 한다. 맨땅에서 시작해서 하나님의 은혜로 일가(一家)를 이룬 인물이 광야에 시체처럼 버려진 자신을 구원해준 사라에게 자신이 아브라함의 아이를 임신했다고 바로 멸시하는 태도를 보였을까? 그 정도의 인성을 가진 인물이, 아무리 하나님의 은혜가 있었다 한들, 광야에서 시작해서 손자 대에 이르러 열두 부락의 지도자를 배출하는 것이 가능이나 한 일일까?

그런데 성경은 "하갈이 임신하매 그가 자기의 임신함을 알고 그의 여주인을 멸시한지라"라고 증언한다. 무슨 의미일까? 하갈과 사라의 처음 만남의 과정에서, 하갈 입장에서는 사라를 향해 '은인'(恩人)이라고 할 만한 어떤 사연도 없었다는 이야기다.

결국 하갈이 사라의 여종이 된 계기 중, 남은 경우는 이것이다.

[10]그 땅에 기근이 들었으므로 아브람이 애굽에 거류하려고 그리로 내려

갔으니 이는 그 땅에 기근이 심하였음이라 ¹¹그가 애굽에 가까이 이르렀을 때에 그의 아내 사래에게 말하되 **내가 알기에 그대는 아리따운 여인이라** ¹²애굽 사람이 그대를 볼 때에 이르기를 이는 그의 아내라 하여 나는 죽이고 그대는 살리리니 ¹³원하건대 그대는 나의 누이라 하라 그러면 내가 그대로 말미암아 안전하고 내 목숨이 그대로 말미암아 보존되리라 하니라 ¹⁴아브람이 애굽에 이르렀을 때에 애굽 사람들이 그 여인이 심히 아리따움을 보았고 ¹⁵바로의 고관들도 그를 보고 바로 앞에서 칭찬하므로 그 여인을 바로의 궁으로 이끌어들인지라 ¹⁶**이에 바로가 그로 말미암아 아브람을 후대하므로 아브람이 양과 소와 노비와 암수 나귀와 낙타를 얻었더라** ¹⁷여호와께서 아브람의 아내 사래의 일로 바로와 그 집에 큰 재앙을 내리신지라 ¹⁸바로가 아브람을 불러서 이르되 네가 어찌하여 나에게 이렇게 행하였느냐 네가 어찌하여 그를 네 아내라고 내게 말하지 아니하였느냐 ¹⁹네가 어찌 그를 누이라 하여 내가 그를 데려다가 아내를 삼게 하였느냐 네 아내가 여기 있으니 이제 데려가라 하고 ²⁰바로가 사람들에게 그의 일을 명하매 **그들이 그와 함께 그의 아내와 그의 모든 소유를 보내었더라**(창세기 12:10-20)

자식이 없어 고통받고 있었던 아브라함을, 하나님께서는 "내가 너로 큰 민족을 이루고 네게 복을 주어 네 이름을 창대하게 하리니 너는 복이 될지라"(창세기 12:2)고 하시면서 가나안 땅으로 인도하신다. 그런데 하나님께서 인도하신 그 땅에 도착하자 아브라함을 기다린 것은 기근이었다. 이런 경우는 하나님의 사람들에게 있어 흔한 일이다. 나는 이러한 과정을 하나님께서 하나님의 사람들의 '맷집을 키우시는 과정'으로 이해하고 있다. 이러한 과정을 통하여 하나님의 사람들 내부에 나무로 비유하자면 '나이테[19]와 같은 부분'이 생기는 것 같다.

어찌 되었든 약속의 땅인 가나안 땅에 기근이 심해지자 아브라함은 자신의 부족을 이끌고 애굽에 내려간다. 애굽에 내려간 뒤, 아브라함과 사라가 겪은 일은 우리 모두에게 잘 알려진 이야기다.

성경의 기록을 보면 사라가 애굽 왕궁에 끌려 들어간 후, 아브라함은 '바로'로부터 많은 수의 양과 소와 노비와 암수 나귀와 낙타를 얻었음을 알 수 있다. 바로의 입장에서는 아브라함과 사라의 환심을 사려는 목적이었을 것이다. 성경에 기록된 목록 중에 '노비'가 눈에 띌 것이다. 하갈이 사라의 여종이 된 것이 이때라고 생각하는 신학자들이 많다. 물론 사라가 바로의 왕궁에 있을 때 사라를 모시던 시종이 하갈이었을 수도 있다. 바로가 하나님으로부터 큰 재앙을 받은 뒤 서둘러서 아브라함과 사라를 애굽으로부터 내보내는 과정에서 하갈 또한 같이 애굽에서 추방되었을 것이다.

바로가 아브라함과 사라의 환심을 사기 위해 제공했던 이러저러한 목록

---

19 일반적으로 나이테가 있는 나무는 바람에 쉽게 뽑히지 않는다고 알려진다. 태풍에 뿌리가 쉽게 뽑히는 나무는 대부분 나이테가 없는 아열대 식물이라고 한다. 우리나라와 같이 사계절이 뚜렷한 기후로 인해 겨우내 나이테가 생기는 나무의 경우, 태풍으로 아주 강한 바람이 불 경우 나무 기둥이 찢어지는 경우는 있어도 뿌리가 뽑히는 경우는 드물다고 한다. 나이테가 많이 형성된 나무의 뿌리가 뽑힐 정도의 태풍이라면 주변 건물 또한 무사하지 못하게 된다. 그래서 시골 마을 한가운데 오래된 고목의 기둥이 그렇게 여러 개의 줄기가 서로 엉켜있는 듯한 혹은 따리를 튼 것 같은 모습을 한다고 한다. 오랜 세월을 거치는 과정에서 여러 번 나무줄기마저 찢어지는 고난을 겪은 뒤 다시 새순을 돋아 우뚝 선 고목의 경우, 그 강인함의 중심에는 혹독한 겨울을 통과하면서 형성된 수없이 많은 나이테가 있다.

중 '노비'에 해당하든지, 아니면 바로의 궁전에서 사라의 시종으로 배치되었다가 급하게 사라를 아브라함에게 돌려보내고 애굽에서 추방하는 과정에서 사라의 여종이 되었든지, 어느 쪽이든 상관이 없을 것 같다. 하갈은 사라를 만나기 전 애굽의 왕궁 혹은 왕궁 주변에서 자랐을 것이다.

애굽은 당시 고대 근동에서 가장 문화가 발달된 최고의 제국이었다. 그런데 애굽의 이웃 지역인 가나안 땅에 기근이 들었다. 물론 하갈은 이 사실을 소문으로 들어 알고는 있었다. 그냥 그런가 보다 했다. 그런데 기근이 든 가나안 지역의 사람들이 난민이 되어 애굽 땅으로 들어오는 수가 늘어나기 시작했다. 이에 대비하기 위해 국경지대에 배치된 군인들의 숫자를 늘렸다는 이야기가 왕궁 주변을 떠돌기 시작했다. 약간 어수선한 느낌이 들기는 했지만 하갈 입장에서는 별 상관없는 일이었다.

그런 소문이 돌기 시작한 지 상당한 시간이 지났다.[20] 그 많은 난민도 어

---

20 내가 '상당한 시간이 지났다'라고 생각한 이유는 간단하다. 약속의 땅인 가나안 땅에 기근이 든 뒤 아브라함이 바로 애굽행을 선택했을 리는 없다. 아브라함 입장에서는 버틸 수 있을 만큼 버텨보았을 것이다. 당연한 이야기 아닌가? 게다가 애굽 가까이 이르렀을 때 아브라함이 사라에게 자신의 안전과 목숨을 부탁하는 장면으로 미루어보아, 아브라함은 애굽 사람들에 대해 부정적 시각을 가지고 있었던 것 같다. 애굽 사람들은 타지역 사람들에게 매정하고 곤궁에 빠진 사람들에게 잔인한 사람들이라는 인식을 가지고 있었던 것 같다. 그렇다면 당연히 아브라함은 가나안 땅에서 나름 여러 가지 방법을 동원하며 버틸 수 있을 만큼 버텨보았을 것이다. 그 결과 아브라함의 애굽행은 어쩌면 기근의 거의 막바지에 이르러 실행되었을 것이다. 내가 이렇게 생각하는 근거가 하나 더 있다. 하나님께서 바로의 집에 큰 재앙을 내리신 뒤 바로는 즉각 아브라함과 사라 그리고 그들에게 속한 모든 사람들과 소유를 애굽에서 내보낸다. 그런데 성경의 기록을 보면, 이때 애굽에서 추방을 당한 뒤에 이전보다 많아진 사람과 가축들이 기근으로 어려움을 당했다거나 물이 없어 사망에 이르렀다는 언급이 전혀 없다. 오히려 이 사건 이후 이어지는 성경의 기사는 아브라함의 목자들과 조카 롯의 목자들 사이에 일어난 다툼이다. 게다가 창세기 13장 10절에는 "롯이 눈을 들어 요단 지역을 바라본즉 소알까지 온 땅에 물이 넉넉하였다"라는 언급이 나온다. 여기까지 읽은 뒤 이런 생각이 드는 독자가 있을 것이다. '아, 아브라함이 가나안 땅에서 조금만 더 버텼다면, 애굽에 내려가지 않고도 가나안 땅에 기근이

느 정도 정리가 되어가는 것 같았다. 그런 가운데 새로운 난민이 애굽에 들어왔다는 이야기가 들렸다. 하갈은 어쩌면 '아직까지도 가나안 땅에서 버티던 사람들이 있나?'라는 생각을 했을 수도 있다. 그런데 사람들의 말이 이번에 가나안 땅에서 들어온 난민은 한 부족인데, 그 부족장의 누이가 엄청 예쁘다는 것이다. 며칠간 온통 그 말뿐이었다.[21] 그러던 중에 그 부족장의 누이가 왕궁에 들어왔다는 소문이 들렸다. 그리고 바로와 혼인하게 될 것이라는 말이 나오기 시작했다. 호기심이 생겼다. 도대체 얼마나 예쁘길래?

하갈의 이러한 호기심은 비교적 빨리 해소되었다. 바로가 아브라함에게 제공한 노비 중에 하갈이 있었든지 아니면 왕궁에 들어온 사라의 시종으로 하갈이 배치되었든지, 하갈은 그때 처음 사라의 얼굴을 보게 되었을 것이다. 소문대로 사라의 얼굴은 예뻤을 것이다. 하지만 당시 최고의 제국인 애굽의 왕궁 주변에서 자라난 하갈의 눈에는 사라가 왠지 촌스러웠을 것이다. 유쾌하게 들리지 않는 사람도 있겠지만, 내 어린 시절 우리 엄마가 입버릇처럼 했던 말이 있다. "여자와 집은 꾸미기 나름이란다. TV에 나오는 여자들, 저렇게 꾸미고도 저 얼굴이 되지 않으면 문제가 있지."

우리는 당시 사라가 겪었을 행로를 상상해봐야 한다. 애굽에 도착하기 전, 사라는 고향과 친척과 아버지의 집을 떠나 안정된 환경을 버리고 태어나서부터 자란 갈대아 우르를 떠나 험난한 길을 통과해서 가나안에 도착했

끝났을 수도 있었겠다. 그렇다면… 하갈도 그리고 이스마엘도 성경에 나오지 않을 수 있었겠다.' 아브라함이 좀 더 버텼다면 과연 어떻게 되었을까? 솔직히 잘 모르겠다.

21 "¹⁴아브람이 애굽에 이르렀을 때에 애굽 사람들이 그 여인이 심히 아리따움을 보았고 ¹⁵바로의 고관들도 그를 보고 바로 앞에서 칭찬하므로 그 여인을 바로의 궁으로 이끌어들인지라"(창세기 12:14-15).

었다. 그 과정에서 아버지를 잃었다. 아브라함의 아버지 데라에게 있어 사라는 딸인 동시에 며느리였다.[22]

> [31]데라가 그 아들 아브람과 하란의 아들인 그의 손자 롯과 그의 며느리 아브람의 아내 사래를 데리고 갈대아인의 우르를 떠나 가나안 땅으로 가고자 하더니 하란에 이르러 거기 거류하였으며 [32]**데라는 나이가 이백 오 세가 되어 하란에서 죽었더라**(창세기 11:31-32)

그렇게 고생고생해서 약속의 땅인 가나안 땅에 도착하자 사라를 기다린 것은 심각한 기근이었다. 여호와 하나님의 인도하심을 따라 나온 길이었다. 버틸 만큼 버텨보았다. 매일 아침, 물을 구하지 못해 지난밤에 몇 마리의 가축을 잃었는지를 듣는 것이 일상이 되었다. 시간이 더 흘러, 이제는 부족 중에 누군가가 지난밤에 탈진해서 운명을 달리했다는 말을 듣게 되자 아브라함이 결심했다.

애굽으로 내려가는 길에도 어린아이와 노인 중에 몇을 잃었다. 고향 땅에서부터 어린 시절부터 보고 자란 사람들이었다. 그 어려운 여정 가운데 같이 했던 사람들이었다. 정든 사람들을 잃는 슬픔을 제대로 마주할 경황도 없이 이복오빠이자 남편인 아브라함이 자신을 남편이라고 하지 말고 오빠

---

22 "[10]아비멜렉이 또 아브라함에게 이르되 네가 무슨 뜻으로 이렇게 하였느냐 [11]아브라함이 이르되 이 곳에서는 하나님을 두려워함이 없으니 내 아내로 말미암아 사람들이 나를 죽일까 생각하였음이요 [12]또 그는 **정말로 나의 이복 누이로서 내 아내가 되었음이니라**"(창세기 20:10-12).: 이 사건은 아브라함이 사라를 자신의 누이라고 칭(稱)한 두 번째 사건에 대한 기록이다.

라고 불러 달라고 부탁했다. 남편의 말대로 했다. 그리고 사라가 불려 온 곳은 애굽의 왕궁이었다.

그런데 사라가 애굽의 왕궁으로 끌려온 뒤 이상한 말들이 들리기 시작했다. 우선 사라가 왕궁에 들어온 뒤에 왕궁에 이상한 일들이 계속 일어났다. 모두 재앙에 해당하는 일이었다. 하갈은 뭔가 느낌이 이상했다. 뭔지는 모르겠지만 섬뜩한 느낌이 들었다. 그러더니 막장 같은 말들이 들리기 시작했다. 원래는 가나안 땅에서 들어온 난민들의 부족장의 누이로 알려졌던 사라가 사실은 그 부족장의 아내라는 이야기와 원래는 부족장의 누이인데 아내가 된 여자라는 이야기 등, 도대체 무슨 일인지 이해할 수 없는 말들이 들려왔다.

하갈의 눈에 처음 비친 사라의 모습은 어떠했을까? 다시 한번 말하지만, 하갈은 당대 최고의 제국이었던 애굽의 왕궁 주변에서 자란 여자다. 그 시대의 미적 기준의 최고가 무엇인지 아는 여자였다. 아니, 아는 정도가 아니라 그것에 익숙한 여자였다. 예를 들어보면, 쉽게 와닿을 것이다. 특정 국가나 특정 대륙을 폄하하려는 의도에서 드는 예가 아님을 미리 밝혀둔다.

21세기 아프리카의 어느 지역에 심한 기근이 들었다고 해보자. 그리고 대한민국의 정치체제가 지금과 같은 민주주의 체제가 아니라 신분제 사회를 동반한 '절대왕정국가'였다고 상상해보자.

하갈이라는 20살 정도의 여자아이가 있었다. 이 여자아이는 강남에서 나서 강남에서 자란 아이였다. 물론 신분은 종이었지만, 하갈은 대한민국 강남의 환경이 너무 마음에 들고 좋았다. 신분이야 종이었지만 육체적으로 그렇게 힘든 일을 하는 것도 아니었다. 일과 후에는 함께 자란 또래 친구들과 같이 수다도 떨었다. 나이에 맞게 이것저것 꾸며도 보고, 하갈은 대한민국에서 태어나 살고 있는 현재가 좋았다. 솔직히 말해, 자신이 여종 신분인 것은 참아도 촌스럽거나 거친 표현은 못 참는 성격이었다.

그런데 언론을 통해 아프리카에 심한 기근이 들었다는 보도가 몇 달간 이어졌다. 우리 대한민국에도 난민들이 들어온다는 소식이 들렸다. 그와 관련해서 이러저러한 말들과 토론으로 나라가 시끄러웠지만 사실 하갈 자신과는 별 상관없는 일이었다. 난민과 관련하여 특별한 의견이 있지도 않았다. 그렇게 시간이 지나, 이제는 난민 관련 소식이 좀 뜸해지는가 싶더니 친구들이 최근에 들어온 난민의 부족장 이야기를 들려준다. 이번에 새로 들어온 난민의 부족장에게 누이가 한 명 있는데 그렇게 예쁘다고 난리란다. '하여튼 남자들이란', 하갈은 고개를 흔들었다. '도대체 얼마나 예쁘길래?', 궁금하기는 했다.

그러던 중, 그 부족장의 누이가 우리 대한민국의 궁궐에 들어간다는 소문이 들려왔다. 어쩌면 우리 대한민국 황제와 결혼할 것 같단다. 그날 밤 여종 신분인 하갈에게 왕궁 관리가 왔다. "너의 소속이 이번에 난민으로 들어온 아브라함 부족의 여종으로 바뀌었다."라고 한다. 하갈의 원래 소속이 왕궁 시종이었어도 상관이 없다. 이 경우는 이렇게 상상하면 된다. 그날 밤 왕궁 시종 신분인 하갈에게 왕궁의 의전을 담당하는 관리가 왔다. "오늘부터 너는 이번에 왕궁에 새로 들어오신 사라라는 분을 모시게 되었으니, 실수가 없어야 한다."라고 한다.

그런데 그날부터 왕궁에 이상한 일들이 일어나기 시작했다. 이전에는 들어보지도 못한 재앙들이었다. 무슨 일인가 싶었다. 그런데 웬걸, 이번에는 막장에 해당하는 이야기가 들려온다. 이번에 들어온 난민의 부족장의 누이라고 알려졌던 그 여자가 알고 보니 부족장의 누이가 아니라 아내란다. 그러더니 갑자기 왕궁 관리들이 아브라함과 사라와 그 부족을 대한민국으로부터 그들이 원래 살던 곳으로 출국시키겠다고 난리다. 정신이 없어 보이는 왕궁 관리를 붙들고 하갈이 불안한 마음에 묻는다. "저, 저는 어떻게 되나요?", "너?, 너도 같이 출국해야지. 시간 없으니까 빨리 짐 챙겨!", "허걱!" 진짜, 지금 대한민국의 젊은 세대 말대로 허걱이다. 다시 한번 말하지만, 하갈은 자신의 여종 신분은 참아도 촌스럽거나 거친 표현은 딱 질색인 대한민국 강남에서 태어나서 강남에서 자란 20살 여자아이다.

순식간에 일어난 일이었다. 애굽의 왕궁 주변에서 자랐는데… 난민의 종으로 신분이 갑자기 바뀌더니 갑자기 그 난민의 원래 고향[23]으로 끌려왔다. 주위를 아무리 둘러봐도 아는 사람 한 명 없는 낯선 환경…, 혹시 애굽에서 같이 끌려온 노비들이 있었다 한들, 모두들 갑작스럽게 일어난 일에 넋이 나간 모습들이었다.

그래도 부족장의 아내의 여종이라는 자리여서 그런지 부족 내에서 하갈을 함부로 대하는 사람은 없었다. 그 점이 다행이라면 다행이었다. 하지만

---

[23] 엄밀히 말하면 원래 고향이 아니다. 그러나 그것은 어디까지나 아브라함과 사라의 입장이지, 하갈의 입장에서는 가나안 땅이 아브라함과 사라의 '원래 고향'으로 인식되었을 것이다.

적응되지 않는 부분이 있었다. 애굽의 왕궁과는 판이하게 다른 환경이야 어쩔 수 없다 해도 사람이라는 존재가 원래 그렇다. 매일 같은 공간에서 마주치는 존재와 환경의 세밀한 부분이 스트레스다.

우선 하갈의 입장에서는 사라가 예쁜 것은 인정하지만 그 스타일이 촌스러웠을 것이다. 게다가 고향인 갈대아 우르를 떠난 뒤 겪어내야 했던 세월 탓인지 불쑥불쑥 나오는 사라의 거친 표현이 싫었다. 자연스럽게 하갈의 마음 한가운데 사라를 멸시하는 마음이 자라났다. 하지만 내색할 수는 없는 일이었다. 지금 이곳에서 '하갈의 생사여탈권(生死與奪權)'은 사라의 손에 달려있다. 그리고 애굽의 왕궁과는 비교도 할 수 없지만 현실적으로 이곳에서 사라의 여종인 덕분에 누리는 안전과 다행스러움이 한두 가지가 아니었다. 그리고 부족장인 아브라함도 겪어보니 '괜찮은 할아버지'였다. 어디까지나 그 일이 일어나기 전까지는 그랬다.

그런데 갑자기 한동안 사라가 이전보다 잘해주는가 싶더니 하갈에게 진지한 표정으로 말을 걸어오는 것이다. 사라의 말이 사라 자신의 남편인 '아브라함 할아버지'와 동침을 하란다. 그 당시 아브라함의 나이는 팔십오 세였다.

> 하갈이 아브람에게 이스마엘을 낳았을 때에 아브람이 팔십육 세였더라
> (창세기 16:16)

사라에게 그 말을 처음 들은 날 밤 하갈은 무슨 생각을 했을까? 아니, 누

구 생각이 났을까? 부족민들이 세워놓은 텐트촌 밖은 말 그대로 들짐승이 출몰하는 황무지다. 텐트 밖으로 간간이 들리는 들짐승의 울음소리를 들으며 밤을 지새웠을 하갈의 심정을 생각해보았다. 어떤 '몸 자세'로 그 밤을 새웠을까? 똑바로 편히 누워 밤을 새우지는 못했을 것이다. '내가 사라의 제안을 거절한다면?', '내가 저 할아버지와?', 이제 고향인 애굽으로 돌아갈 길은 없는 것이다. 나 하나 이곳에서 죽는다고 해도 법적으로나 현실적으로 아무 문제가 되지 않는 상황이다. 부족장에게 부족민의 생사여탈권과 삼권[24]이 다 있던 시절이었다. 사라의 그 말을 들은 뒤, 하갈은 누구를 원망했을까? '내가 저 할아버지와?'

그렇게 하갈은 아브라함과 동침을 했다. 원래 하던 여종의 일들 중 상당 부분을 이제는 하지 않아도 된다. 아니, 하지 않게 되었다. 부족민들도 하갈 자신을 대하는 태도가 달라졌음을 느낀다. 물론 그렇다 해도 자신을 존중하거나 존경한다는 분위기는 없었다. 다만 하갈에게 실수를 해서 자신들이 어려운 처지에 처할까 봐 하갈을 어려워하는 것으로 보였다. 하갈은 아브라함과 동침하기 전보다 부족 내에서 더 고립되어 가는 자신을 느꼈다. 아마도 이 시기 아이러니하게도 하갈은 몸은 아브라함과 같은 침상에 있지만 끝없는 외로움과 싸워야 했을 것이다.

시간이 조금 흐르고 소식은 빠르게 왔다. 뭔지 모르지만, 하갈은 자신의 뱃속에서 무언가 어떤 존재의 움직임을 느끼기 시작했다. 임신이었다. 아브

---

24 현대 민주주의 국가의 삼권에 해당하는 '모든 법적 권한'의 의미로 이 단어를 사용했다.

라함은 기쁨에 들떴지만, 정작 아브라함과의 동침을 권했던 여주인 사라의 표정에는 옅은 기쁨과 더불어 알 수 없는 표정과 어두움이 덮이는 것을 볼 수 있었다. 마치 하갈 자신이 뭔가를 잘못한 것만 같게 만드는 사라의 표정이 못내 마음에 들지 않았다. 아니, 내가 먼저 시작한 일이 아니지 않은가? 아브라함과 사라 그들이 시작한 일이 아닌가? 하갈 나는 얼마나 긴 밤을 고민하며 지새웠는데, 이제 와서 저런 표정을 짓다니 하갈은 마음속에 서운함? 분노? 아니 모멸감이 일어나는 것을 느꼈다.

사람이라는 존재가 그렇다. 모멸감의 뜻을 풀어보면 모욕감과 멸시감이다. 모욕감과 멸시감을 느낀 사람은 그 감정을 주변에 투사함으로써 자신의 부정적인 감정을 극복하려는 경향이 있다. 그렇지 않아도 애굽의 왕궁에서 자란 하갈의 눈에 사라의 스타일과 행동은 촌스럽고 거칠어 보였었다. 쉽게 표현해서 세련되어 보이지 않았던 참이었다.

아브람이 하갈과 동침하였더니 **하갈이 임신하매 그가 자기의 임신함을 알고 그의 여주인을 멸시한지라**(창세기 16:4)

어차피 이렇게 된 것, 이제와서 가만히 생각해보니 아브라함과 사라는 이미 나이 많아 늙었다. 그리고 가만히 생각해보니, 지금 하갈 자신의 뱃속에서 자라는 아이가 사내아이라면 바로 이 아이가 이 부족의 상속자가 되는 것이다. 여자아이라고 해도 하갈의 미래는 보장되는 것이다. 하물며 자식이 없는 아브라함의 아들이 하갈 자신의 뱃속에서 자라고 있다면? 어차피 확률은 반반이었다.

앞에서도 언급했지만 하갈은 영특한 인물이었던 것으로 보인다. 물론 방금 사용한 '영특한'이라는 단어의 뜻은 긍정적인 의미로 사용한 것이 아니다. 내가 보기에 하갈은 현실 세계에서 힘의 향배(向背)와 시류(時流)를 보는 눈이 본능적으로 뛰어났던 인물로 보인다. 그리고 하갈의 이러한 재능은 후에 이스마엘과 그녀의 손자들이 열두 부락의 지도자가 되는데 많은 역할을 했을 것이다.

이제 하갈은 사라를 대놓고 멸시하기 시작했다. 성경은 이 사실을 "그가 자기의 임신함을 알고 그의 여주인을 멸시한지라"라고 기록했다. 우리는 '사라'라고 해도 될 부분을 굳이 '그의 여주인'이라고 표현한 성경의 의도를 알아야 한다. 물론 사라가 아브라함에게 하갈과의 동침을 권한 것은 잘한 일이 아니었다. 그러나 사라의 실수가 하갈이 그의 여주인을 멸시해도 되는 근거가 될 수는 없다. 사라는 하나님께서 선택하신 하나님의 사람이다.

> [5]사래가 아브람에게 이르되 내가 받는 모욕은 당신이 받아야 옳도다 내가 나의 여종을 당신의 품에 두었거늘 그가 자기의 임신함을 알고 나를 멸시하니 **당신과 나 사이에 여호와께서 판단하시기를 원하노라** [6]아브람이 사래에게 이르되 **당신의 여종은 당신의 수중에 있으니 당신의 눈에 좋을 대로 그에게 행하라** 하매 사래가 하갈을 학대하였더니 하갈이 사래 앞에서 도망하였더라(창세기 16:5-6)

사라가 그녀의 남편인 아브라함에게 여호와 하나님의 이름을 들이대면서 이 일을 언급한다. 하갈의 중요한 실수는 바로의 궁전에서 하나님께서 직접 개입하신 그 역사적 현장을 목격하고도 깨닫지 못한 것이다. 앞에서 언급했듯이, 하갈은 세상적으로 볼 때 영특한 동시에 수완이 좋은 인물이었다. 그러나 그녀는 그녀가 가진 재능에도 불구하고 하나님의 시선이 누구를 향하고 있는지 깨닫지 못했다.

하갈 그녀가 자라났던 애굽의 왕궁은 당시 세상의 중심지였다. 그러한 애굽의 왕궁이 사라의 영역을 침범했을 때 어떻게 되었는지, 하갈은 기억했어야 했다. 비록 눈에 보이는 현실이 세상의 중심은 애굽의 왕궁인 것처럼만 보였을지라도, 진정한 세상의 중심은 하나님의 시선이 머무는 사람이라는 사실을 알았어야 했다. 하나님의 시선이 머무는 사람의 실수가 비록 그 사람의 인생을 고난 가운데 성숙시키는 계기는 될지언정, 하나님 앞에서의 그의 신분을 변화시키지는 않는다는 사실을[25] 깨달았어야 했다.

---

25 "[31]그러므로 예수께서 자기를 믿은 유대인들에게 이르시되 너희가 내 말에 거하면 참으로 내 제자가 되고 [32]진리를 알지니 진리가 너희를 자유롭게 하리라"(요한복음 8:31-32).: 교리를 배운 성도라면, 이때 언급된 '진리'는 바로 '우리 주 예수 그리스도'임을 알 것이다. 예수님으로 말미암아 구원받은 성도의 자유는 무엇일까? 무엇이든지 해도 되는 방종일까? 아니다. 이때의 자유는 '신분의 자유'이다. 이때의 자유는 '하나님의 자녀됨'이며, '하나님의 아들 됨'이다. 성경이 기록될 당시 자녀의 뜻은 왕 혹은 왕자를 뜻했다. 신하와는 다른 왕족의 신분상의 중요한 특징이 무엇인지 아는가? 그것은 바로 그의 결정 혹은 행동에 실수나 오류가 있다 해도, 그 신분에 변화가 없는 것이다. 그런 존재가 바로 아들이며, 왕족이다. 당연한 이야기 아닌가? 자신의 결정과 행동에 실수나 오류가 있는 경우 그 신분이 박탈된다면 그 존재는 왕 혹은 아들일 수가 없다. 그래서 마음대로 행동해도 된다는 말인가? 아니다. 왕이라는 존재는 자신이 선택한 결과를 그의 삶의 전 과정을 통해서 자신의 눈으로 직접 보고 겪으면서, 그 대가를 치러야 하는 존재다. 이와 연관된 중요한 실례가 다윗의 밧세바 사건이다. "[13]다윗이 나단에게 이르되 **내가 여호와께 죄를 범하였노라** 하매 나단이 다윗에게 말하되 **여호와께서도 당신의 죄를 사하셨나니** 당신이 죽지 아니하려니와 [14]이 일로 말미암아 여호와의 원수가 크게 비방할 거리를 얻게 하였으니 당신이 낳은 아이가 반드시 죽으리이다 하고"(사무엘하 12:13-14). 밧세바와 관련한 사건에 대한 나단 선지자의 질책에 다윗이 회개한다. 이에 나단 선지자는 "여호와께서도 다윗 당신의 죄를 사하셨다."라고 선포한다. 그러나 다윗은 밧세바의 남편 우리야를 속여 죽인 대가를 그의 평생에 걸쳐 네 배나 갚게 된다. 다윗이 밧세바의 남편 우리야를 죽인 대가

아브라함이 사라에게 '하갈에 대한 처분'을 넘긴다. "당신의 여종은 당신의 수중에 있으니 당신의 눈에 좋을 대로 그에게 행하라." 이 부분에서 나는 나의 의대 시절 소아과 수업시간에 들었던 이야기가 기억났다. 물론 환자 이야기는 대부분 가슴 아픈 이야기이다. 의대 시절 감사했던 여러 기억 중 하나는 교수님들이 일평생 임상(臨床)에서 겪었던 이야기들을 많이 들려주셨던 것이다. 다른 직군도 마찬가지이겠지만 어떤 스승을 만나느냐는 그 사람의 삶의 태도를 결정짓는다. 선배 의사들이 환자들을 대하는 태도는 후배 의사들의 평생에 결정적인 영향을 미친다. 사람보다 강한 환경은 존재하지 않는다. 교수님들이 입버릇처럼 하셨던 말씀은 이것이었다. "우리는 의학을

로 다윗의 아들 중 넷이 죽게 된다. 이는 나단에게 다윗이 회개하기 직전 다윗이 직접 내린 판결에 의거한다. "⁵다윗이 그 사람으로 말미암아 노하여 나단에게 이르되 여호와의 살아 계심을 두고 맹세하노니 이 일을 행한 그 사람은 마땅히 죽을 자라 ⁶그가 불쌍히 여기지 아니하고 이런 일을 행하였으니 그 양 새끼를 네 배나 갚아 주어야 하리라 한지라"(사무엘하 12:5-6). 그 결과 다윗의 아들 중 '밧세바가 낳은 첫 번째 아이'와 '암논' 그리고 '압살롬'과 '아도니야'가 죽게 된다. 하나님 앞에 회개하면 용서받지 못할 죄가 없다는 가르침은 분명히 참이다. 그러나 그가 하나님의 사람이라면, 하나님께서는 그의 일평생에 걸쳐 그 대가를 치르게 하신다. 물론 그 대가의 목적은 그 사람을 괴롭히는 것이 아니다. 그가 평생에 걸쳐 치르게 되는 그 대가는 그를 성숙시키며, 하나님은 그 과정을 통하여 그를 하나님의 사람으로 만들어 가신다. 열왕기상은 이렇게 시작한다. "¹다윗 왕이 나이가 많아 늙으니 이불을 덮어도 따뜻하지 아니한지라 ²그의 시종들이 왕께 아뢰되 우리 주 왕을 위하여 젊은 처녀 하나를 구하여 그로 왕을 받들어 모시게 하고 왕의 품에 누워 우리 주 왕으로 따뜻하시게 하리이다 하고 ³이스라엘 사방 영토 내에 아리따운 처녀를 구하던 중 수넴 여자 아비삭을 얻어 왕께 데려왔으니 ⁴이 처녀는 심히 아름다워 그가 왕을 받들어 시중들었으나 왕이 잠자리는 같이 하지 아니하였더라"(열왕기상 1:1-4). 보이는가? 힌트를 주자면, 밧세바와 우리야의 일은 '다윗의 성적인 연약함'과 연관되어 일어난 일이다. 이제 보이는가? 성경은 정말 많은 사건 중 선별하고 선별한 내용을 우리에게 전달해 주고 있다. 그러한 성경에 굳이 이 기사를 열왕기상 시작 부분에 언급한 이유가 뭐라고 생각되는가? 수넴 여자 아비삭은 당시 법으로는 합법적으로 다윗 곁에 둔 여자이었다. 그러나 다윗은 그녀와 동침하지 않았다. 전승에 의하면 아비삭은 훗날 가정을 꾸릴 수 있었던 것으로 전해진다. 물론 다윗의 아들인 아도니야가 아비삭을 밧세바를 통해 솔로몬에게 요구한 것은 솔로몬에 대한 '반역의 의미'였다.(열왕기상 2장에 나오는 이 사건은 이 책에서는 인용하지 않겠다.) 그러나 아비삭이 왕족이 아닌 남자와 가정을 꾸리는 것은 '다른 의미'였던 것이다.

과학으로 배우지만, 환자를 볼 때는 인문학적인 관점에서 봐야 한다. 인생의 아픔을 많이 아는 의사가 좋은 의사가 될 수 있다."

소아과 수업시간에 들었던 환자 이야기는 심장에 '선천성 기형'을 가지고 태어난 아기의 '수술 시기'에 대한 이야기였었다. "즉각적으로 심장의 선천성 기형을 손봐야만 하는 경우가 아니라면,[26] 아기와 아기 부모님이 애착 관계를 형성할 수 있는 시간을 가진 뒤에 수술 계획을 잡는 것이 좋다. 왜냐하면 젊은 부부의 경우는 당연히 경제적인 능력이 제한될 수밖에 없다. 그리고 그 이유 때문에 정말 많은 비용이 드는 심장 수술이 필요한 경우 아이를 포기하고 입양을 보내는 경우가 생길 수 있다. 그렇게 되면 너무 가슴 아픈 인생이 되는 것 아니겠냐? 그러니 너무 초반에 수술 이야기를 하지 말고 가능하다면 시간을 끄는 것도 한 가지 방법이 될 수도 있다. 그래도 6개월에서 1년 가까이 아이를 키운 다음에는 당연히 정이 붙어서인지 주변의 도움도 구해보고 또 병원에서도 여러 경로를 통해서 돕고 하면 대부분의 부모가 아이를 포기하지 않고 어떻게든 아이를 건강하게 키워보려고 한다. 그러니 의학적 관점만 가지고 환자를 보지 말고 사람을 보는 눈을 키워야 한다."

내가 생각하기에 "당신의 여종은 당신의 수중에 있으니 당신의 눈에 좋을 대로 그에게 행하라"는 아브라함의 발언은 아브라함이 아직 자식을 가져본 적이 없었기에 가능했던 말로 보인다. 맨 처음 나는 아브라함이 너무 고민 없이 사라에게 이 말을 던지고 있다고 생각했다. 그래서 떠올랐던 추억

---

26 신생아의 경우 수술을 받을 몸 상태가 안되기 때문에, 약간 불편한 표현일 수 있지만, 흔히 의사들이 하는 말로 조금 더 키워서 수술해야 하는 경우가 다수다.

이 의대 시절 소아과 수업이었다. 그도 그럴 것이 아브라함은 하갈이 임신했다는 사실은 알고 있었지만 뱃속의 아이를 직접 보고 안아보고 만져본 적이 없었다.

아브라함의 허락이 떨어지자 사라는 정말 갈대아 우르를 떠난 뒤 험악한 경로를 거치면서 익힌 전투력(?)을 하갈에게 집중적으로 발휘한 것 같다. 결국 하갈이 사라 앞에서 도망친다. 생각해보면 이게 간단한 상황이 아니다. 비록 여종의 신분이었다고는 하나, 애굽의 왕궁 주변에서 자란 하갈이 들짐승이 우글대는 광야로 도망을 간다? 분명히 살벌한 상황이 연출되었다는 이야기다.

> 여호와의 사자가 **광야의 샘물 곁** 곧 술 길 샘 곁에서 그를 만나(창세기 16:7)

그래도 왕궁 주변에서 자란 하갈의 한계는 바로 드러난다. 독기가(?) 오른 사라를 피해 도망은 쳤지만 기껏 도망쳐서 간 곳이 '광야의 샘물 곁'이었다. 하갈은 광야의 샘물 곁에서 더 나아가지도 못하고, 그렇다고 사라한테로 돌아가지도 못하고 있다. 그렇게 어쩔 줄 몰라 왔다갔다 울었다 울먹였다를 반복하고 있었을 하갈에게 성자 하나님이신 우리 주 예수 그리스도께서 나타나신다.

"하갈에게 성자 하나님이신 우리 주 예수 그리스도께서 나타나신다"라는 표현이 익숙하지 않은 독자들은 칼빈의 『기독교 강요』를 시간을 내어 읽어보기를 권한다. 하나님의 말씀인 성경을 교회가 신앙고백 형식으로 진술

한 것을 교리라고 한다. 교리가 바로 서야 교회가 바로 설 수 있다. 삼위일체 하나님께서는 항상 '아들을 통하여, 성령 안에서' 당신의 어떠하심과 뜻과 사역을 우리에게 계시해주신다. 신약시대뿐만 아니라, 구약시대에도 삼위일체 하나님께서는 '아들을 통하여' 우리를 만나 주신다. 그러므로 "하갈에게 성자 하나님이신 우리 주 예수 그리스도께서 나타나신다"라는 나의 고백은 바른 표현이다.[27]

성경을 읽다 보면 '하나님의 사자' 혹은 '하나님의 천사'로 표현된 존재가 등장할 때가 있다. 이때 이분이 성자 하나님이신지 아니면 정말 천사인지를 쉽게 구분할수 있는 방법은 이러하다. 해당 성경 기사에서 '하나님의 사자' 혹은 '하나님의 천사'로 표현된 존재가 성경에 등장하는 인물의 경배를 묵묵히 받으시거나 인정하시는 경우는 구약시대를 기준으로는 성육신하시기 이전 현현(顯現)하신 성자 하나님이시다. 그러나 경배를 거절하는 경우[28]는 천사가 맞다.

생각해보면 하갈만큼 '하나님의 현현'과 '역사하시는 현장' 한가운데 목격자가 되었던 인물도 흔하지 않다. 그러나 하갈이 구원받은 하나님의 백성이

---

27 우리 주 예수 그리스도의 성육신 이전, 구약시대에 당신의 피조물인 사람을 만나주시는 성자 하나님의 이러한 모습을 '현현(顯現)하셨다'라고 표현한다.

28 "⁹천사가 내게 말하기를 기록하라 어린 양의 혼인 잔치에 청함을 받은 자들은 복이 있도다 하고 또 내게 말하되 이것은 하나님의 참되신 말씀이라 하기로 ¹⁰내가 그 발 앞에 엎드려 경배하려 하니 그가 나에게 말하기를 **나는 너와 및 예수의 증언을 받은 네 형제들과 같이 된 종이니 삼가 그리하지 말고 오직 하나님께 경배하라** 예수의 증언은 예언의 영이라 하더라"(요한계시록 19:9-10).

라는 증거는 성경 어디에도 존재하지 않는다. 이러한 사실은 우리에게 많은
것을 깨닫게 해준다.

> [15]만일 형제나 자매가 헐벗고 일용할 양식이 없는데 [16]너희 중에 누구든
> 지 그에게 이르되 평안히 가라, 덥게 하라, 배부르게 하라 하며 그 몸에
> 쓸 것을 주지 아니하면 무슨 유익이 있으리요 [17]이와 같이 행함이 없는
> 믿음은 그 자체가 죽은 것이라 [18]어떤 사람은 말하기를 너는 믿음이 있
> 고 나는 행함이 있으니 행함이 없는 네 믿음을 내게 보이라 나는 행함으
> 로 내 믿음을 네게 보이리라 하리라 [19]**네가 하나님은 한 분이신 줄을 믿
> 느냐 잘하는도다 귀신들도 믿고 떠느니라** [20]아아 허탄한 사람아 행함이
> 없는 믿음이 헛것인 줄을 알고자 하느냐(야고보서 2:15-20)

위에 인용한 성경 본문을 나는 CMF 지체들에게 이렇게 설명하곤 한다.
"성경은 구원을 하나님의 자녀됨으로도 설명하지만 혼인언약으로도 설명한
단다. 그래서 교회는 어린 양이신 우리 주 예수 그리스도의 신부로 표현되
기도 하지. 그런데 생각을 해보자. 서로를 향한 사랑의 고백 끝에 결혼에 이
른 한 쌍의 남녀가 있다고 해보자. 그런데 결혼예식을 올린 다음 날부터 신
랑 혹은 신부가 다른 여자 다른 남자와 살림을 차리고 성관계를 맺고 다닌
다고 한다면, 그 커플(couple)은 결혼을 한 것일까? 그 커플을 부부로 볼 수
있을까? 당연히 부부로 볼 수 없겠지. 그 결혼식은 당연히 거짓으로 치루어
진 사기행각이었겠지. 마찬가지란다. 우리는 오직 우리 주 예수 그리스도를
통해서만 구원받을 수 있단다. 하지만 자신은 우리 주 예수 그리스도를 믿

는다고 말로는 떠들고 다니면서 자신의 신랑되신 예수님 말고 다른 신랑과 살림을 차린다면 그 사람은 구원받은 사람일까? 구원받았다고 자신과 타인에게 사기를 치는 사람일까? 구원받은 자라면 할 수 없는 것이 있단다. 그런 의미에서 우리의 믿음의 선배들은 교리를 통해서 구원받은 상태를 죄를 지을 수 없는 상태라고 고백했단다."[29]

> [8]이르되 사래의 여종 하갈아 네가 어디서 왔으며 어디로 가느냐 그가 이르되 나는 내 여주인 사래를 피하여 도망하나이다 [9]여호와의 사자가 그에게 이르되 **네 여주인에게로 돌아가서 그 수하에 복종하라** [10]여호와의 사자가 또 그에게 이르되 **내가 네 씨를 크게 번성하여 그 수가 많아 셀 수 없게 하리라** [11]여호와의 사자가 또 그에게 이르되 **네가 임신하였은즉 아들을 낳으리니 그 이름을 이스마엘이라 하라 이는 여호와께서 네 고통을 들으셨음이니라** [12]그가 사람 중에 들나귀 같이 되리니 그의 손이 모든 사람을 치겠고 모든 사람의 손이 그를 칠지며 그가 모든 형제와 대항해서 살리라 하니라(창세기 16:8-12)

하갈에게 현현하신 성자 하나님께서 물으셨다. "사래의 여종 하갈아 네가 어디서 왔으며 어디로 가느냐?" 우리는 하나님께서 사용하신 호칭을 통해 하나님께서 하갈에게 허락하신 자리가 어디인지 분명히 알 수 있다. "하

---

29 이 부분에 대해 교리적으로 자세히 알고 싶은 독자는 『기독교 강요』(Inst. 2.1.1~2.5.19: Inst.는 『기독교 강요』를 뜻하며, 이어지는 세 개의 숫자는 권, 장, 절을 의미한다.)에 나오는 '원죄와 일반은총' 부분을 묵상해보기를 권한다.

갈아, 너 여기서 뭐하냐? 어디로 가려고? 너는 사라의 여종이지 않냐?" 그리고 명령하신다. "네 여주인에게로 돌아가서 그 수하에 복종하라."

아무리 하나님께서 지정해 주신 자리를 이탈했을지언정, 생각해보면 어린 여자아이 아니던가? 하갈을 만드시고 그녀가 자라는 과정 내내 필요한 것을 공급해주신 분은 하나님이시다. 그러니 그녀가 비록 구원받지 못한 자라 할지라도, 하나님께서 그녀를 안쓰러워하시는 것은 당연한 일이다.[30] 이러한 마음이 하나님께서 당신이 만드신 피조(被造) 세계를 보시는 따뜻함이시다. 하물며 하나님의 자녀인 우리를 향한 하나님의 마음은 어떠하시겠는가?

성경은 "여호와의 사자가 그에게 이르되"라는 표현을 반복적으로 사용하여, 하갈에게 명령과 더불어 약속해주시는 하나님의 메시지를 기록하고 있다. 하갈은 애굽의 왕궁에서 바로의 집안에 큰 재앙을 내리면서까지 사라에게 보이신 하나님의 단호한 태도를 직접 목격했다. 하갈은 하나님에게 있어서 사라가 어떤 존재인지 마음에 새겼어야 했다. 비록 사라의 실수에 의한 선택이었다 할지라도, 하갈 자신이 아브라함의 아이를 임신함으로 사라보

---

30 "¹⁰여호와께서 이르시되 네가 수고도 아니하였고 재배도 아니하였고 하룻밤에 났다가 하룻밤에 말라 버린 이 박넝쿨을 아꼈거든 ¹¹하물며 이 큰 성읍 니느웨에는 좌우를 분변하지 못하는 자가 십이만여 명이요 가축도 많이 있나니 내가 어찌 아끼지 아니하겠느냐 하시니라"(요나 4:10-11). "이같이 한즉 하늘에 계신 너희 아버지의 아들이 되리니 이는 하나님이 그 해를 악인과 선인에게 비추시며 비를 의로운 자와 불의한 자에게 내려주심이라"(마태복음 5:45).: 이것이 '일반은총 영역'에서 하나님이 당신의 피조물 모두에게 베풀어주시는 은혜다. 이 성경 구절을 인용한 이유는 언제부터인가 우리 한국 교회에 스며든 '잘못된 선민의식'을 경계하기 위함이다.

다 유리한 위치에 서게 되었다는 생각은 착각이었다. 사라를 멸시하는 하갈의 태도는 하나님을 멸시하는 것과 같았다.

하나님의 입장에서는 하갈의 이러한 마음과 태도가 못마땅하셨음에 틀림이 없다. 하지만 하나님은 하갈의 입장 또한 무시하지 않으신다. 어쩌면 하갈의 인생이 안쓰러우셨던 것 같다. 하갈에게 질책성 질문과 명령을 하신 뒤 약속의 말씀을 덧붙여 주신다. 아마도 잠깐의 뜸을 들이신 뒤(아마도 안쓰럽다는 한숨을 내쉰 뒤)였을 것이다. 말썽을 피우고 뻔히 보이는 얕은수를 고집하는 아이를 키워본 경험이 있으신 분들은 이 상황이 어떤 상황인지 떠오르는 장면이 있으리라 믿는다.

"내가 네 씨를 크게 번성하여 그 수가 많아 셀 수 없게 하리라", "네가 임신하였은즉 아들을 낳으리니 그 이름을 이스마엘[31]이라 하라 이는 여호와께서 네 고통을 들으셨음이니라. 그가 사람 중에 들나귀 같이 되리니 그의 손이 모든 사람을 치겠고 모든 사람의 손이 그를 칠지며 그가 모든 형제와 대항해서 살리라."

> [13]하갈이 자기에게 이르신 여호와의 이름을 **나를 살피시는 하나님**이라 하였으니 이는 **내가 어떻게 여기서 나를 살피시는 하나님을 뵈었는고** 함이라 [14]이러므로 그 샘을 **브엘라해로이**라 불렀으며 그것은 가데스와 베렛 사이에 있더라 [15]하갈이 아브람의 아들을 낳으매 아브람이 하갈이 낳은 그 아들을 이름하여 이스마엘이라 하였더라 [16]하갈이 아브람에게

---

31 이스마엘: 하나님이 들으신다.

이스마엘을 낳았을 때에 아브람이 팔십육 세였더라(창세기 16:13-16)

[브엘라해로이: 나에게 나타나신 살아계신 이의 우물]

하나님을 만난 뒤 하갈은 무슨 생각을 했을까? '애굽의 왕궁 주변에서 태어나 자랐는데… 난민의 종으로 신분이 갑자기 바뀌더니, 그 난민의 원래 고향으로 끌려온 나… 주위를 아무리 둘러봐도 아는 사람 한 명 없는 이곳… 혼자인 줄로만 알았는데… 사람 주인의 처분에 따라 소리소문없이 죽을 수도 있는 나를, 내 인생을, 내 처지를, 내 고통의 신음소리를, 혼자인 줄로만 알았는데… 하나님께서는 다 들으시고 살피시고 준비하고 계셨구나!'

이때 하갈이 말한 '나를 살피시는 하나님'에서 '살피시는'에 해당하는 히브리어는 우리가 잘 아는 단어다. 같은 단어가 쓰인 성경 구절을 인용하면 아래와 같다.

[11]여호와의 사자가 하늘에서부터 그를 불러 이르시되 아브라함아 아브라함아 하시는지라 아브라함이 이르되 내가 여기 있나이다 하매 [12]사자가 이르시되 그 아이에게 네 손을 대지 말라 그에게 아무 일도 하지 말라 네가 네 아들 네 독자까지도 내게 아끼지 아니하였으니 내가 이제야 네가 하나님을 경외하는 줄을 아노라 [13]아브라함이 눈을 들어 살펴본즉 한 숫양이 뒤에 있는데 뿔이 수풀에 걸려 있는지라 아브라함이 가서 그 숫양을 가져다가 아들을 대신하여 번제로 드렸더라 [14]아브라함이 그 땅 이름을 **여호와 이레**라 하였으므로 오늘날까지 사람들이 이르기를 **여호와의 산에서 준비되리라** 하더라(창세기 22:11-14)

　'살피신다'와 같은 단어는 '여호와 이레'에서 '이레', 즉 '준비하신다'라는 뜻의 단어다. 히브리어 '이레'의 첫 번째 뜻은 '본다, 살핀다'이며 두 번째 뜻은 '준비한다'이다. 생각해보면 쉽게 이해가 가는 부분이다. 하나님은 우리의 처지를 살피시는 가운데 우리의 필요를 준비하고 채워주시는 분이다. 그 하나님께서 지금 하갈을 살피시고 계신 것이다. 그리고 아브라함과 이삭을 위해 살피시고 준비하시는 하나님과 사라의 여종 하갈을 살피시는 하나님은 같은 분이다.

　이제 이 책의 첫 인물로 '하갈'을 다룬 이유를 두 가지 측면에서 살핀 후 단원을 마무리 지을까 한다. 이 책 2부에는 가나안 땅의 거민(居民)들이 그 땅에서 싹쓸이되는 조건에 대해 자세히 언급되어 있다. 그리고 가나안 땅에 거주하는 거민들을 싹쓸이하는 과정에서마저도 언약 백성과 이방인을 다르게 대하시는 하나님의 모습을 대조적으로 소개했다. 성경의 증언을 자세히 살펴보면, 가나안 땅의 거민들을 그 땅에서 토해내는 과정에서 하나님께서는 이방인에 대해서는 어린 아기까지를 포함한 그 땅 거민 전체를 진멸하는 방식을 택하시는 반면, 언약 백성의 경우 회복을 전제로 가나안에서 바벨론으로 옮기는 방식을 선택하고 계심을 알 수 있다.

　한편 걱정이 되었다. 언약 백성과 언약 백성이 아닌 자를 다르게 대하시는 하나님의 모습은 어디까지나 우리를 향한 하나님의 긍휼과 은혜로 인한 것이다. 우리가 많이 사용하는 말이 있다. "호의가 지속되면 권리인줄 안다." 물론 하나님의 은혜와 긍휼을 입은 것은 분명히 믿는 자의 자랑이다.

그리고 하나님의 자녀 된 자의 권리 또한 존재하는 것이 사실이다. 그러나 그 모든 것이 어려운 환경 속에서 같은 시대를 살아내는 동료 시민들 중 믿지 않는 분들의 권리를 함부로 침해하거나 무례하게 굴어도 된다는 것을 의미하지 않는다.[32]

물론 우리 주 예수 그리스도를 믿지 않는 사람들에게는 구원이 없다. 당연한 이야기다. 천국은 '하나님의 자녀가 가는 곳'이지, '민주 시민으로서의 책임과 양식이 있는 착한 사람들이 가는 곳'이 아니다. 나는 CMF에서 비유를 들어 이렇게 설명해왔다. "천국은 우리 주 예수 그리스도를 통하여 구원받은 악동(惡童)들이 가는 곳이다. 예를 들어보자. 간사님의 아들이 평소에 아빠 말도 잘 듣지 않고 아빠가 집에 들어가면 게임을 하느라 아빠한테 인사도 하는 둥 마는 둥 하고 심부름도 안 하는 아이라고 가정해보자. 그런데 옆집에 사는 간사님의 아들과 동년배의 아이는 정말 인사성도 바르고 시키지 않아도 모든 것을 성실히 하는 아이라고 해보자. 이 경우, 나중에 간사님이 죽은 뒤 간사님의 집은 누가 상속받는 것이 정의일까?" 만에 하나 옆집에 있는 내 아들과 동년배인 아이가 권리를 주장한다면, 그 아이는 좀 돌봐

---

32 21세기 대한민국에서 이 부분은 대단히 중요하다. 이 책 2부에서 나는 보아스가 룻에게 보인 인애(仁愛)가 보아스의 어머니 라합의 명예를 높이게 되었다고 했다. 믿는 자는 상식이 있어야 한다. 이 땅에서 '믿음'이라는 단어가 '상식 없음 혹은 독선'과 동의어로 취급될 경우, 복음 선포에 결정적인 방해가 될 것이다. 입만 열면 '믿음'과 '주여'를 외치지만 주변의 욕을 한몸에 먹는 성도의 삶을 자세히 살펴보면, 바른말만 할 줄 알지 그에 따른 '대가'를 그의 삶으로 오랜 세월 동안 치르는 경우가 희귀하다. 우리는 우리 스스로 우리의 아빠 아버지의 이름을 욕보이는 삶을 살고 있지는 않은지 끊임없이 성찰해야 한다. 우리의 삶이 이 땅 가운데 하나님을 드러내는 이정표가 되지 않는 이상 '복음의 문'은 쉽게 열리지 않을 것이다.

줄 필요가 있다.

　하나님의 나라는 오직 우리 주 예수 그리스도를 통하여 구원받은 하나님의 자녀만이 들어갈 수 있다. 그러나 그 사실이 옆집 아이에게 내 아들이 무례하게 굴어도 된다는 근거는 될 수 없다. 만약 옆집 어른들의 부재(不在)중에 옆집 아이에게 어려움이 닥치는 경우, 그 사실을 알게 된다면 그 아이는 잠시 우리 집에서 쉬어가며 돌봄을 받을 수 있다.[33] 이것이 상식이고 이것이 제대로 된 시민의식이다. 이것이 이 책의 첫 인물로 하갈을 다룬 첫 번째 이유이다.

　이제 두 번째 이유를 말하고 단원을 마치겠다. 이번 단원에서 나는 하갈을 다루었다. 하갈의 경우, '이슬람교의 창시자 마호멧'이 하갈의 아들인 이스마엘의 후손이라는 이유로 믿는 우리에게는 하나님의 약속을 기다리지 못하고 실패한 '아브라함과 사라의 실수'라는 부정적인 주제로만 언급되는 대표적인 인물이다.

　2021년을 살아내고 있는 우리는 코로나가 이 땅을 덮친 뒤 두 번째 해를 보내는 중이다. 온통 어두운 이야기와 어려움에 눌린 호소만이 들려오는 시

---

33 "아브라함이 죽은 후에 하나님이 그의 아들 이삭에게 복을 주셨고 이삭은 브엘라해로이 근처에 거주하였더라"(창세기 25:11).: 하갈이 여호와의 이름을 나를 살피시는 하나님이라 칭하면서 "내가 어떻게 여기서 나를 살피시는 하나님을 뵈었는고?"라고 했던 곳의 지명이 '브엘라해로이'였다. 이 땅은 결국 이스마엘이 아닌 '이삭의 소유지'가 된다. 그러나 사라에게 쫓겨 목이 마른 처지의 하갈은 그 우물의 소유권은 가지지 못하지만, 그 우물물을 마셔도 된다. 이것이 하나님께서 당신이 창조하신 세상을 운영하시는 따뜻함이다.

기다. 물론 나는 평생을 상담자로 살아온 탓에 밝은 이야기보다는 어둡고 힘든 이야기를 주로 들어온 인생이기는 하다. 하지만 작년과 올해만큼 어둡고 힘든 이야기의 밀도가 깊고 광범위했던 적은 없었다. 코로나를 감안할 때 어느 정도 예측 가능한 상황이지만, 이 어둡고 힘든 현실이 점점 절망으로 변해가는 것만 같아 마음이 무겁고 아프다.

내가 글을 쓰고 있는 오늘도 인터넷에는 COVID-19의 변이 바이러스 중 일부가 이미 출시된 코로나 백신으로 방어가 되지 않는다는 내용의 기사가 메인 화면에 걸려 있다. 코로나 변이 바이러스 기사를 보면서 문득 이런 생각이 들었다. 모두가 변이 바이러스의 빨라진 감염속도와 독성을 걱정한다. 하지만 COVID-19의 변이가 항상 감염속도를 높이고 독성을 강하게 하는 방향으로만 이루어지라는 법은 없다. 얼마든지 COVID-19의 변이가 감염속도를 현저히 떨어뜨리는 방향으로 이루어질 수도 있다. 마찬가지로 COVID-19의 변이가 독성이 약화되는 방향으로 혹은 사람과 사람 사이의 전파가 불가능해지는 방향으로 이루어질 수도 있는 것이다. 백신의 효능이 아무리 좋다고 해도 의학적 관점으로 볼 때 그리고 70억이 넘는 인구수와 각국의 상황을 고려할 때 COVID-19의 변이가 감염속도를 높이고 독성이 강화되는 방향으로 이루어지는 한 COVID-19의 종식은 불가능하다. 그러나 역사를 되돌아보면, 엄청난 사상자를 내던 전염병이 갑자기 없어지는 경우가 있었다.

다윗은 말년에 시행했던 이스라엘과 유다의 인구조사 결과 하나님께 징계를 받은 적이 있다.**34** 사무엘하 24장 전체를 읽어보면 이때 있었던 전염병의 전후 사정을 알 수 있을 것이다. 그 일부만 인용한다.

---

34 이때 다윗이 하나님께 받은 징계의 이유에 대해 많은 신학자들은 '다윗의 인구조사'를 꼽는다. 인구조사가 대체 무슨 문제가 있는가? 그렇다면 21세기 대한민국에서 통계청에 근무하거나 통계자료를 사용하는 것은 죄인가? 그렇지 않다. 항상 그렇지만 우리네 인생에서 중요한 것은 겉으로 보이는 외면적 모습이나 행동이 아니라 그 중심에 있다. 언약 백성이 외적의 침입에 맞서 자신들의 선봉에서 싸워줄 왕을 하나님께 구했을 때 이러한 언약 백성들의 요구가 마음에 들지는 않으셨지만 결국 하나님께서 주신 왕이 사울이었다. 성경에 증언된 사울 왕의 외모는 흡사 골리앗과 비슷했던 것으로 보인다. "기스에게 아들이 있으니 그의 이름은 사울이요 준수한 소년이라 이스라엘 자손 중에 그보다 더 준수한 자가 없고 **키는 모든 백성보다 어깨 위만큼 더 컸더라**"(사무엘상 9:2). 하나님께서는 이러한 과정을 통해서 이스라엘 백성들에게 자신들이 원했던 것이 얼마나 어리석고 허망한 것이었는지를 깨닫게 하신다. 이러한 사울 이후에 하나님께서 주신 왕이 바로 다윗이다. 성경에는 이 다윗의 외모가 사울과는 정반대의 모습을 하고 있었음을 살짝 언급하고 지나가는 지점이 있다. "**12**이에 사람을 보내어 그를 데려오매 **그의 빛이 붉고 눈이 빼어나고 얼굴이 아름답더라** 여호와께서 이르시되 이가 그니 일어나 기름을 부으라 하시는지라 **13**사무엘이 기름 뿔병을 가져다가 그의 형제 중에서 그에게 부었더니 이 날 이후로 다윗이 여호와의 영에게 크게 감동되니라 사무엘이 떠나서 라마로 가니라"(사무엘상16:12-13). 방금 인용한 성경 말씀에 묘사된 다윗의 외모는 언약 백성이 꿈꾸었던 '전투를 위한 용사의 모습'과는 정반대 지점을 향하고 있다. 하지만 이스라엘의 어떤 왕도 다윗보다 언약 백성에게 평안과 안전을 가져다주지 못했다. 즉 하나님께서는 '자신들의 진정한 보호막이자 용사 되시는 하나님' 대신 '자신들의 선봉에서 싸워줄 왕'을 요구하는 언약 백성에게 사울의 실패와 다윗의 성공을 통하여 눈에 보이는 시청각(?) 교육을 하신 것이다. 전투를 위한 용사의 모습과는 정반대 이미지의 다윗을 통하여 하나님께서 언약 백성에게 주시고자 하셨던 메시지는 분명하다. "언약 백성인 너 이스라엘의 안전은 오직 나 여호와 하나님께만 있다!" 그런데 그러한 상징으로 하나님께 세움을 받은 다윗이 이스라엘과 유다의 인구조사를 통하여 전쟁에 참여할 수 있는 전투원 숫자를 계수하려 한다. 다윗의 이러한 행동은 "언약 백성인 너 이스라엘의 안전은 오직 나 여호와 하나님께만 있다!"라는 메시지에 대한 전면적인 부정을 의미한다. 이러한 다윗의 상징을 알고 있었던 요압은 이러한 다윗의 시도를 말린다. "**3**요압이 왕께 아뢰되 이 백성이 얼마든지 왕의 하나님 여호와께서 백 배나 더하게 하사 내 주 왕의 눈으로 보게 하시기를 원하나이다 그런데 내 주 왕은 어찌하여 이런 일을 기뻐하시나이까 하되 **4**왕의 명령이 요압과 군대 사령관들을 재촉한지라 요압과 사령관들이 이스라엘 인구를 조사하려고 왕 앞에서 물러나"(사무엘하 24:3-4). 사무엘하 24장 기사를 자세히 보면 알겠지만 다윗의 재촉을 받은 요압과 사령관들은 이스라엘과 유다 전 지역을 샅샅이 다니지 않고 인구조사를 대충한다. 그 이후에 하나님의 징계가 다윗에게 임한다. 이 정도의 설명이면 대한민국 통계청과 통계자료에는 죄가 없음을 이해하게 되었으리라 믿는다. 이 사건에서 다윗은 하나님 앞에서 자신의 정체성을 부인한 일에 대한 징계를 받고 있는 것이다.

¹³갓이 다윗에게 이르러 아뢰어 이르되 왕의 땅에 칠 년 기근이 있을 것이니이까 혹은 왕이 왕의 원수에게 쫓겨 석 달 동안 그들 앞에서 도망하실 것이니이까 혹은 왕의 땅에 사흘 동안 전염병이 있을 것이니이까 왕은 생각하여 보고 나를 보내신 이에게 무엇을 대답하게 하소서 하는지라 ¹⁴다윗이 갓에게 이르되 내가 고통 중에 있도다 청하건대 여호와께서는 긍휼이 크시니 우리가 여호와의 손에 빠지고 내가 사람의 손에 빠지지 아니하기를 원하노라 하는지라 ¹⁵이에 여호와께서 그 아침부터 정하신 때까지 전염병을 이스라엘에게 내리시니 단에서부터 브엘세바까지 백성의 죽은 자가 칠만 명이라(사무엘하 24:13-15)

²⁴왕이 아라우나에게 이르되 그렇지 아니하다 내가 값을 주고 네게서 사리라 값 없이는 내 하나님 여호와께 번제를 드리지 아니하리라 하고 다윗이 은 오십 세겔로 타작 마당과 소를 사고 ²⁵그곳에서 여호와를 위하여 제단을 쌓고 번제와 화목제를 드렸더니 이에 여호와께서 그 땅을 위한 기도를 들으시매 이스라엘에게 내리는 재앙이 그쳤더라(사무엘하 24:24-25)

이번 단원에서 우리는 기근을 만나자 '약속의 땅을 떠나 애굽에 내려간 아브라함과 사라'의 여종이 된 하갈의 인생마저도 살피시는 하나님의 마음을 만나 보았다.

우리는 하나님 아빠 아버지의 자녀다. 우리는 어쩌면 우리가 생존해 있는 동안 가장 큰 위기를 전 세계적으로 맞이하고 있는지도 모르겠다.[35] 생각해보자. 하갈과 이스마엘과 같이 '육체를 따라 난 자'도 살피시는 하나님이시다. 하물며 '하나님의 약속을 따라 난 우리'를 하나님께서 고아같이 놔두실까?[36]

세상을 살다 보면 흔하게 겪는 일이 있다. 의대 실습 때를 예로 들면 이러하다. 교수님 혹은 학생 담당 레지던트에게 무언가를 부탁할 일이 있을 때, 실습 조원 중 교수님 혹은 학생 담당 레지던트와 가장 친한 친구가 나서서 말하는 것이 상식이다. 학생 담당 레지던트와 친한 후배가 있는데 혹은 교수님이 예뻐하고 아끼는 조원이 있는데, 그 조원을 제외하고 다른 조원이 나서는 것은 그 조에게 필요한 것을 얻지 않겠다는 이야기가 된다.

> [26]공중의 새를 보라 심지도 않고 거두지도 않고 창고에 모아들이지도 아니하되 너희 하늘 아버지께서 기르시나니 너희는 이것들보다 귀하지 아니하냐 [27]너희 중에 누가 염려함으로 그 키를 한 자라도 더할 수 있겠느냐 [28]또 너희가 어찌 의복을 위하여 염려하느냐 들의 백합화가 어떻게

---

[35] COVID-19는 이미 일어난 일이다. 진심으로 이번 위기가 우리네 인생에서 전 세계가 맞이하게 되는 최대의 위기이기를 바란다. 어차피 이미 일어난 일, 이보다 더 큰 재앙이 앞으로는 없기를 기도한다.

[36] "[16]내가 아버지께 구하겠으니 그가 또 다른 보혜사를 너희에게 주사 영원토록 너희와 함께 있게 하리니 [17]그는 진리의 영이라 세상은 능히 그를 받지 못하나니 이는 그를 보지도 못하고 알지도 못함이라 그러나 너희는 그를 아나니 그는 너희와 함께 거하심이요 또 너희 속에 계시겠음이라 [18]내가 너희를 고아와 같이 버려두지 아니하고 너희에게로 오리라"(요한복음 14:16-18).

자라는가 생각하여 보라 수고도 아니하고 길쌈도 아니하느니라 [29]그러
나 내가 너희에게 말하노니 솔로몬의 모든 영광으로도 입은 것이 이 꽃
하나만 같지 못하였느니라 [30]오늘 있다가 내일 아궁이에 던져지는 들풀
도 하나님이 이렇게 입히시거든 **하물며 너희일까 보냐** 믿음이 작은 자
들아(마태복음 6:26-30)

COVID-19 시기를 통과하고 있는 우리는 하갈도 살피시는 하나님
을 기억해야 한다. 우리는 이번 단원에서 당신께서 지정하신 자리를 떠난
하갈마저도 살피셨던 하나님을 만나보았다. 하물며 당신의 자녀인 우리
를 살피시고 준비하시는 하나님의 눈길과 손길은 어떠하실까? 그렇다면
COVID-19로 신음하는 인류를 위해, 지금 이 순간 하나님 앞에 나아가야
하는 적임자는 누구일까?

사라를 위한 변명

이러므로 죽은 자와 같은
한 사람으로 말미암아

[CMF 캠퍼스에서의 설교를 위해 처음 이 설교문을 쓸 당시 나는 묵묵히 내 곁을 지켜온 아내를 생각하고 있었다. 하나님의 부르심으로 사역자의 길에 들어선 후, 적극적으로 표현하지는 않았지만 마음 한가운데 품고 있었던 아내를 향한 미안함과 안쓰러운 마음이 원고에 많이 투영되어 있다. 그러한 연유로 성경 본문에 증언된 근거에만 한정해 서술했던 다른 성경인물 설교문과는 달리, 본 단원은 사라의 심리를 '나의 상상력을 가미해서 표현한 부분'이 많다.[37] 사실 설교자로서는 '약간의 일탈 행위'에 해당하나, 오늘 이 땅을 수고로이 살아내는 한 사역자의 '하나님 앞에서의 투정'이라고 널리 용서하고 읽어주었으면 하는 마음이다.

신학교에서는 이런 말이 회자된다.

---

37 현재까지 나는 CMF 캠퍼스에서 약 60여 명의 성경인물 설교를 했다. 그중에 이번 책에 소개된 사라와 아브라함의 경우 나의 상상이 많이 포함되어 있음을 밝혀둔다.

"하나님께서는 먼저 사모를 세우신 다음에 그 사모님의 곁에 목사를 덧붙이신다."

특별히 이 단원을 우리 한국 교회의 사모님들과 해외에서 불안과 고립감 속에 자리를 지키고 계실 선교사님들의 짝꿍들께 바친다. 마지막으로 수없이 많은 이름 없는 이 땅의 '사라'인 아내 된 분들께 본 설교문을 바친다.]

> [11]믿음으로 사라 자신도 나이가 많아 단산하였으나 잉태할 수 있는 힘을 얻었으니 이는 약속하신 이를 미쁘신 줄 알았음이라 [12]**이러므로 죽은 자와 같은 한 사람으로 말미암아** 하늘의 허다한 별과 또 해변의 무수한 모래와 같이 많은 후손이 생육하였느니라(히브리서 11:11-12)

바로 앞 단원의 '하갈' 인물 설교는 CMF 캠퍼스에서 개강 예배 때 선포되었다. 당시 '하갈'을 설교한 뒤, 예상치 못한 반응에 약간 당황했었던 기억이 생생하다. 예배 후 예상치 못한 CMF 아이들의 반응에 하갈을 설교한 다음 주에 설교할 인물로 '사라'를 준비하게 되었었다.

나는 지난 단원에서 애굽에서 자란 하갈의 처지에 대해 설명했다. 우리 입장에서 '아브라함'이고 '사라'이지, 애굽의 왕궁 주변에서 자란 하갈의 처지에서 볼 때 아브라함과 사라는 '난민'이다. 당시 애굽은 전 세계에서 가장 번화한 국가였다. 비록 그 신분이 여종이지만 오늘날로 치면 하갈은 '강남에서 아르바이트하던 여자아이'라고 할 수 있다. 대한민국이 현재와 같은 민주주의 체제가 아니라 '왕정국가'라고 다시 한번 상상해보자. 그런데 어느 날 아프리카[38]의 어느 국가에 기근이 들었다는 소식을 들었던 것 같은데 그 난민 중 일부가 우리나라에 들어왔다고 한다.

우리나라에 들어온 난민 중 한 추장이 있는데 그 여동생이 대단한 미인이라는 소문이 돌았다. 하갈은 생각했다. '남자들이란…', 그러더니 시간이 조금 지나 그 추장의 여동생이 우리나라 왕과의 혼인을 위해서 왕궁에 들어갔단다. '그래, 뭐 왕도 사람이고 남자이니까…', 거기까지는 그러려니 했다. 왜냐하면, 어차피 나와는 상관없는 일이니까…, 그런데 갑자기 여종인 내 소속이 왕궁에 들어간 아주 미인이라고 하는 그 여자의 오빠 그러니까 그 추장네 부족으로 바뀌었단다. 이제부터 하갈 나는 난민으로 들어온 그 부족의 여종이라고 한다. 기가 막힌 일이지만 어찌하랴? 여종으로 태어난 내 신세를 원망해야지, 누구를 원망하겠는가?

그런데 이상한 이야기가 내 귀에 들렸다. 사실은 그 남녀는 남매가 아니라 부부란다. 아니 남매인데 부부가 되었다고 하는 것 같기도 하고, 도대체 무슨 소리인지 모르겠지만 어찌 되었든 그 남녀가 부부란다. 그래서 그 미인 여동생을 왕궁으로 데려간 일로, 그 남매를 돌봐주는 신이 엄청 화가 나서 우리나라 왕이 그 신에게 무지막지하게 혼이 났단다. 좀 막장스럽기는 하지만, 그래 거기까지도 그러려니 했다. 세상은 넓고 이해할 수 없는 일 투

---

38 아프리카를 폄하하려는 의도에서 인용한 것이 아님을 다시 한번 밝혀둔다. 아프리카의 어려운 상황을 예로 들어 이해를 높이는 가운데서도 미안한 마음을 느낀다. 독자들 또한 여러모로 어려운 아프리카의 현재 상황의 원인이 되었던 서구 열강들의 식민지 경쟁과 그 과정에서 일어난 반인륜적 범죄행위를 역사 공부를 통해 충분히 인식하고 있으리라 믿는다. 나는 2차 세계대전 당시 벌어진 '일본군 성노예'(이전에는 '종군위안부'로 명칭되었었다.) 문제에 대한 서구 국가들의 적극적이지 않은 태도는 결국 그들이 다른 지역에서 저지른 그에 못지않은 범죄와 그들 자신이 청산하지 않은 역사와 연관된다고 믿는다.

성이니까…, 살다 보면 별 희한하고 신기한 일도 보고 듣게 되는 것이 인생 아닌가? 그런데 문제가 생겼다. 우리나라 왕이 그 남매를 아니 그 부부를 돌봐주는 신에게 된통 혼이 난 일로 그 추장과 그 부족이 아프리카 본국으로 돌아가게 되었다. 그런데 하갈 나는 이미 그 추장 부부의 부족으로 소속이 바뀐 상태였고, 그들은 하갈 나를 데리고 아프리카 본국으로 돌아가 버렸다! 허걱!

10그 땅에 기근이 들었으므로 아브람이 애굽에 거류하려고 그리로 내려갔으니 이는 그 땅에 기근이 심하였음이라 11그가 애굽에 가까이 이르렀을 때에 그의 아내 사래에게 말하되 내가 알기에 그대는 아리따운 여인이라 12애굽 사람이 그대를 볼 때에 이르기를 이는 그의 아내라 하여 나는 죽이고 그대는 살리리니 13**원하건대 그대는 나의 누이라 하라** 그러면 내가 그대로 말미암아 안전하고 내 목숨이 그대로 말미암아 보존되리라 하니라 14**아브람이 애굽에 이르렀을 때에 애굽 사람들이 그 여인이 심히 아리따움을 보았고 15바로의 고관들도 그를 보고 바로 앞에서 칭찬하므로 그 여인을 바로의 궁으로 이끌어들인지라** 16이에 바로가 그로 말미암아 아브람을 후대하므로 아브람이 양과 소와 노비와 암수 나귀와 낙타를 얻었더라 17여호와께서 아브람의 아내 사래의 일로 바로와 그 집에 큰 재앙을 내리신지라 18바로가 아브람을 불러서 이르되 네가 어찌하여 나에게 이렇게 행하였느냐 네가 어찌하여 그를 네 아내라고 내게 말하지 아니하였느냐 19네가 어찌 그를 누이라 하여 내가 그를 데려다가 아내를 삼게 하였느냐 네 아내가 여기 있으니 이제 데려가라 하고 20바로

가 사람들에게 그의 일을 명하매 **그들이 그와 함께 그의 아내와 그의 모
든 소유를 보내었더라**(창세기 12:10-20)

문제는 '강남에서 아르바이트하던 여자아이'라는 표현에 있었던 것 같다.
우리 CMF 20대 여자아이들의 반응이 폭발적이었다. 거기다가 자신을 추
장의 여동생이라고 우리나라 왕을 속여 우리나라 왕궁을 쑥대밭으로 만들
었던 그 추장의 아내가 사막 한가운데서 '강남에서 아르바이트하다가 얼떨
결에 아프리카까지 끌려온 여자아이인 나'를 쫓아냈다! 그것도 그렇게 예쁘
다고 소문이 났던 그 여자가 강제로(자의였다 할지라도 정말로 자유로운 선택이었
을까?) 자기 남편하고 잠자리를 갖게 해서 생긴 아이를 뱃속에 가지고 있는
상태에서… 허걱! 나는 알았어야 했다. 설교하는 동안 빛나던 우리 CMF 아
이들의 눈동자가 말씀에 은혜를 받아서가 아니라 사라와 아브라함을 향한
참을 수 없는 분노감의 표현이었다는 것을…, 하갈을 설교하는 동안에는 정
말 몰랐다.

설교를 마치고 나서야 나는 일의 심각성을 깨닫게 되었다. 온통 '하갈'에
대한 '감정이입'과 '아브라함'과 '사라'에 대한 '비호감'과 '분노'가 가득했다.
이슬람의 창시자인 마호멧의 조상, 이스마엘의 어머니인 '하갈'도 살피시고
돌보시는 우리 하나님이신데 "하물며 하나님의 자녀인 우리는 얼마나 더 살
뜰히 살피시고 돌보시지 않겠느냐?"를 강조하는 과정에서 일어난 일이었
다. 특별히 새 학기를 맞아 처음으로 부모님의 곁을 떠나 낯선 환경에 적응
해야 하는 신입생들을 마음에 두고 준비했던 설교였다.

메시지의 결론은 간단했다. "이슬람의 창시자인 마호멧의 조상, 이스마엘의 어머니인 '하갈'도 살피시고 돌보시는 우리 하나님이신데 새로운 환경에 당황하고 있을 신입생 너희들은 하나님의 자녀가 아니냐? 하갈도 돌보시는 하나님이신데 하물며 하나님의 자녀인 신입생 너희는 하나님께서 얼마나 더 살뜰히 살피시고 돌보시지 않겠느냐? 그러니 하나님께서 준비하신 손길을 믿고 새로운 환경에 잘 적응하기 바란다."

전혀 예상치 않은 반응에 처음에는 적잖이 당황했다. 생각을 해 본 뒤, 나는 설교를 한 나 자신이 훗날 소천하여 '아브라함'과 '사라'를 대면했을 때를 대비할 필요성을 느꼈다. 생각해보니, 열국의 아비와 어미[39]로 불리우는 아브라함과 사라가 아니던가? 훗날 내가 소천하여 낙원[40]에서 아브라함과

---

39 "이제 후로는 네 이름을 아브람이라 하지 아니하고 아브라함이라 하리니 이는 내가 너로 **열국의 아비가 되게 함이니라**"(창세기 17:5, 개역한글), "¹⁵하나님이 또 아브라함에게 이르시되 네 아내 사래는 이름을 사래라 하지 말고 그 이름을 사라라 하라 ¹⁶내가 그에게 복을 주어 그로 네게 아들을 낳아주게 하며 내가 그에게 복을 주어 그로 **열국의 어미가 되게 하리니** 민족의 열왕이 그에게서 나리라"(창세기 17:15-16, 개역한글).

40 "⁴²이르되 예수여 당신의 나라에 임하실 때에 나를 기억하소서 하니 ⁴³예수께서 이르시되 내가 진실로 네게 이르노니 **오늘 네가 나와 함께 낙원에 있으리라** 하시니라"(누가복음 23:42-43), "귀 있는 자는 성령이 교회들에게 하시는 말씀을 들을지어다 이기는 그에게는 내가 **하나님의 낙원에 있는 생명나무의 열매를 주어 먹게 하리라**"(요한계시록 2:7).: 내가 언급한 '낙원'이라는 표현이 낯설지도 모르는 독자들을 위해서 성경 본문을 인용했다. 내가 이 부분을 '하나님 나라'고 표현하지 않은 이유는 이러하다. 구원받은 우리는 우리 주 예수 그리스도께서 이루신 구원을 통하여 이 땅에서 '이미' 하나님 나라 가운데 거하고 있다. 그러나 우리가 '이미' 거하고 있는 하나님 나라는 '아직' 완성되지 않았다. 하나님 나라는 우리 주 예수 그리스도의 재림으로 완성될 것이다. 이 말을 듣는 독자들 중 성경과 교리를 가르치는 데 열심인 교회에 출석하는 성도들에게 떠오르는 익숙한 영어 표현이 있을 것이다. 'already, but not yet', 그러한 이유로 내가 육체적 죽음을 맞이한 후에 가는 곳을 '하나님 나라'라고 표현할 경우 이 땅에서의 성도의 삶 가운데 이미 임한 하나님 나라 개념을 약화시킬지도 모른다는 염려로 '낙원'이라는 단어를 썼다.

사라를 만났을 때를 대비할 강력한 필요성을 느꼈다. 나도 살아야 하지 않 겠는가? 그렇게 해서 나온 설교 제목이 '사라를 위한 변명: 이러므로 죽은 자와 같은 한 사람으로 말미암아'다. 잘 되어야 할텐데…

'사라'를 위한 변명은 갈대아인의 '우르'에서 시작해야 할 것 같다. 생각해 보라. 사라는 처음부터 '난민'이 아니었다. 사라는 65세까지 '도시 여자'였다! 그것도 어느 구석 이름 없는 도시 출신이 아닌 애굽의 왕궁이 있는 곳 못지 않은 도시 출신이었다. 물론 "당시 최고의 제국이 애굽이었는데 무슨 말이 냐?"라고 반박할 사람이 있겠지만, 갈대아인의 '우르'는 세속적인 측면에서 볼 때 역사적으로 애굽의 수도보다 훨씬 유서 깊은 도시였다.

> 주는 하나님 여호와시라 옛적에 아브람을 택하시고 **갈대아 우르에서 인 도하여 내시고** 아브라함이라는 이름을 주시고(느헤미야 9:7)

'우르'는 '빛'이라는 뜻이다. 우르에는 달을 숭배하는 신전이 있었다고 알 려지는데, 이곳은 바벨탑과 연관되는 것으로 여겨지는 '지구라트'(Ziggurat) 가 가장 완전한 형태로 발견된 곳이다. 우르는 '수메르의 수도'였으나 후대 에 갈대아인들이 바벨론으로 들어온 이후 '갈대아 우르'라고 불리웠다. 아브 라함이 우르에 살던 당시는 우르의 번영이 절정에 달했던 시기였다. 사라는 그러한 도시에서 우리 나이로 환갑을 넘겨서까지 안정된 생활을 누리던 '도 시 여자'였다.

우르를 떠나 약속의 땅을 향한 오랜 여정과 기근으로 하갈의 눈에는 비록 난민으로 보였을지 모르지만 사라는 소위 세속적으로 번영한 도시의 부유한 집 사모님 출신이었다. 우르를 떠날 때 아브라함과 사라의 아버지 데라가 동행[41]했던 것으로 보아 우르에서 사라는 자신을 사랑해주는 남편 아브라함과 아빠 데라 그리고 조카 롯 등 대단히 안정된 환경과 살림 그리고 호의적인 사람들에 둘러싸여 살았을 것이다.

이 모든 것이 틀어지기 시작한 것은 자식이 없어 고민하던 아브라함에게 하나님께서 나타나셔서 아들을 주겠다고 하시면서부터였다. 생각해보면 아브라함에게는 이미 아버지를 잃은 하란의 아들 조카 롯이 있었다. 아브라함과 사라 입장에서는 비록 자식이 없었다고는 하나 먼저 세상을 떠난 형 하란의 아들 롯을 자식 삼아 평생 살아온 우르에 머물러도 큰 문제가 될 것은 없었다. 게다가 아브라함의 이복 여동생이었던 사라는 데라의 여동생이기도 하니 더더욱 그러했을 것이다. 도시 여자였던 사라가 난민 꼴이 된 것은 어디까지나 아브라함과 사라가 '하나님의 선택'을 받았기 때문에 일어난 일이었다.[42]

> [1]여호와께서 아브람에게 이르시되 너는 너의 고향과 친척과 아버지의

---

41 "[31]데라가 그 아들 아브람과 하란의 아들인 그의 손자 롯과 그의 며느리 아브람의 아내 사래를 데리고 갈대아인의 우르를 떠나 가나안 땅으로 가고자 하더니 하란에 이르러 거기 거류하였으며 [32]데라는 나이가 이백오 세가 되어 하란에서 죽었더라"(창세기 11:31−32).

42 CMF에서 많이 받는 질문 중 하나가 "간사님, 왜 저는 남들처럼 살면 안되나요?"이다. 나의 대답은 항상 이 방향에서 벗어나지 않는다. "하나님께서 너를 선택하셨으니까! 네 맘대로 살려면 애시당초 구원받지 말았어야지. 자녀가 아니면 하나님의 관심과 잔소리를 듣지 않아도 되는데 자꾸 하나님께서 너를 따라다니신다면 네가 하나님에게 누구인지 고민해 볼 문제지."

집을 떠나 내가 네게 보여 줄 땅으로 가라 ²**내가 너로 큰 민족을 이루고** 네게 복을 주어 네 이름을 창대하게 하리니 너는 복이 될지라(창세기 12:1-2)

[여기부터 이 단원의 화자(話者)를 거의 대부분 '사라'로 할 것이다. 물론 마지막에 내 시점에서 설명하는 부분도 있겠지만, 독자들이 사라에게 '감정이입'하는 것을 돕기 위해서 글의 시점을 '사라의 시점'으로 바꾸겠다.[43] 이제 시작해보자.]

그래, CMF였던가? 최관호 간사, 그 인간이 했던 지난번 '하갈' 설교는 사라 나도 잘 들었어. 생각해보면, 내가 '하갈' 그녀의 눈에 '난민'으로 보였던 것은 다 아브라함 때문이야! 아니, 좀 더 정확히 이야기하자면 하나님 때문이지. 우르에 멀쩡히 잘살고 있던 우리 부부를 불러내신 것은 하나님이셨으니까…, 그리고 우선 짚고 넘어갈 것이 있어. '사라', 내가 난민이 된 덕에 내 족보를 통해서 예수님이 오셨고 그 덕에 '하갈'에게 그렇게 감정이입을 하고 있는 이 이야기를 듣고 있는 사람들의 구원이 우리 주 예수 그리스도

---

43 '사라를 위한 변명' 설교를 들은 어느 지체가 나에게 "간사님, 한 편의 드라마 같아요."라는 말을 했다. 그 말을 듣는 순간 오랜 시간 잊었던 추억을 떠올리게 되었다. 2005년 CMF 간사가 되던 해, 나는 모 캠퍼스 한의대 대학원생들의 세미나실을 빌려 CMF 1, 2학년 아이들을 대상으로 매주 모임을 했었다. 모임 이름은 '꼬꼬마모임'이었다. 그 당시 나왔던 '드라마 바이블'(내 기억으로는 CD 10장으로 구성되어 있었다.)을 비교적 큰 스크린에 비춰 같이 본 뒤, 그 다음 주에 몇 시간에 걸쳐 그 내용에 대해서 다양한 이야기를 나눴다. '아, 그때 보고 듣고 우리 CMF 아이들과 같이 나누었던 이야기들이 내 안에 살아있구나.' 그렇게 놓고 보면, 나를 통해 나오는 '성경인물 설교'는 사역자로 부름받은 나의 인생 여정 가운데 경험한 그 모든 것이 투영되어 있다. 한 시대의 아들을 들어서 쓰시는 하나님의 방식을 다시금 깨닫게 되는 순간이었다.

를 통하여 이루어졌어. 그건 분명한 사실이야.

사라, 내가 없었으면 이 땅에 우리 주 예수 그리스도는 오시지 못했어. 그러면 너희들의 구원도 없어. 물론 진실을 이야기하자면, 내가 없었어도 하나님께서는 다른 사람을 통해서 우리 주 예수 그리스도를 이 땅에 오시게 하셨을 거야. 분명한 사실이야. 하지만 인류 중에 내가 방금 했던 말을 할 수 있는 자격은 바로 나 사라밖에 없어. 전지전능하신 하나님께서 나 하나 없다고 당신의 구원역사를 못 이루시겠어? 어떻게든 당연히 이루셨겠지. 하지만 이런 고백은 나만 할 수 있는 거야. 다시 한번 이야기하지만, 내가 없어도 예수님은 오셨을 거야. 맞는 말이야. 하지만 사라 나의 덕을 본 너희들은 이 말을 할 자격이 없는 거야. 이 말은 나만 할 수 있는 거야. 그러니 "내가 그렇게 고생을 한 덕에 내 족보를 통해 우리 주 예수 그리스도께서 이 땅에 오셨고 지금 이 말을 듣고 있는 사람들의 구원이 이루어진 거야."라는 사라 나의 말은 정당한 주장이야.

그리고 CMF에 '최관호 간사' 그놈! 말이 뭐! 이스마엘이 중2! 대한민국을 지키는 중2 그러니까 15살인데 사막 한가운데로 쫓겨나는 처지가 불쌍하고 안쓰럽다고? 성경에 쓰여진 이스마엘이 내 아들 이삭을 '희롱, 놀렸다'는 표현이 악의적인 뜻으로 한 행동을 의미하기는 하지만 "그래도 중2 정도의 남자아이 아니던가?"라고? 유튜브라고 했던가? 유튜브에 '아빠가 아이를 돌봐서는 안되는 이유'를 입력해보면 아빠들이 아기들을 얼마나 이상하게 만드는지, 얼굴에 뭐도 막 그리고 아기들한테 엄청나게 이상한 장난을 치는 동영상들을 언급하면서 "자신의 자식도 그렇게 하는 것이 남자들인데 하물며 중2 나이의 이스마엘에게 이삭을 살뜰히 돌보기를 바라는 것이 무리 아니냐?"라고? 게다가 이스마엘 입장에서는 이삭이 태어나기 전까지는 자신이 이 집안의 중심이자 모든 희망이었는데 배다른 저 녀석이 태어난 뒤로 자신의 위치가 점점 밀려나고 모든 사랑과 관심이 박탈되었다는 사실을 감안하면 아빠들도 그렇게 자신의 아기를 다루는데 중2 남자아이인 이스마엘한테 너무 많은 것을 원한 것 아니냐고?

결론부터 이야기하자면, 사라 내가 아브라함에게 하갈과 동침하여 자녀를 낳으라고 한 것은 잘못이었어. 하지만 이스마엘이 이삭을 희롱하는 것을 보고 아브라함에게 하갈과 이스마엘을 내쫓으라고 한 것은 내 잘못이 아니야. 이삭은 약속의 자녀야.

아브라함 또한 그의 생전에 서자들에게 재산을 주어 서자들을 이삭으로부터 멀리 떠나게 했어. 왜 그랬을까? 내가 살던 때는 국가체제에 의한 공권력이 그 국가의 범주 안에 있는 모든 사람들을 보호해주고 갈등을 중재하던 시대가 아니었어. 공권력이 뭔지 알지? 국가가 소유한 대표적인 공권력에는 군대와 경찰력이 있지. 그때는 공권력이 아니라 각각의 개인이 소유한 물리력이 안전을 보장하는 시대였어. 이게 무슨 말인지 아니? 힘이 센 쪽이 무조건 정의라는 이야기야. 그 시절은 지금처럼 국가가 모든 폭력을 공권력이라는 이름으로 독점하고 자신의 영토 안에 존재하는 모든 개인의 폭력을 금지하면서 안전을 보장해주던 시대가 아니었어. 지금처럼 국가가 독점한 폭력 외에는 모든 물리력이 불법인 시대가 아니었다는 이야기야. 힘이 곧 정의인 시대였어.

> ⁵아브라함이 이삭에게 자기의 모든 소유를 주었고 ⁶자기 서자들에게도 재산을 주어 자기 생전에 그들로 하여금 자기 아들 이삭을 떠나 동방 곧 동쪽 땅으로 가게 하였더라(창세기 25:5-6)

그러니까 왜 아브라함은 살아생전에 서자들을 이삭에게서 떠나보냈을까? 그래, 이삭을 보호하기 위해서! 만에 하나 이삭보다 물리력이 강하거나 남자들을 끌어모으는 능력이 뛰어난 인물이 서자 중에서 나온다면 이삭의 안전은 보장되지 않는 거야. 그래서 재산을 일정 부분씩 떼어 주면서 내보낸 거야. 무슨 말을 덧붙여서? "아버지인 나 아브라함의 사후에도 너는 절대 이 선을 넘어서 이삭에게로 오면 안 된다."라는 유언을 덧붙여서 보낸 거야. 왜? 그때는 다시 말하지만 국가 체제가 없던 시대야. 즉 국가의 법률이 지배하던 사회가 아니었어. 그런 시대에 아버지의 유언은 사람들에게 엄청난 명분을 주지. 아브라함의 서자들이 아브라함의 유언을 어기고 이삭의 영역을 침범해서 들어오면 어떻게 되는지 아니? 사람이라는 존재가 원래 그래. 자신은 신의(信義)를 못 지킬망정, 다른 사람이 신의를 지키지 않거나 아버지의 유언을 무시하는 경우 그것을 빌미 삼아서 상대를 공격하는 데는 천재적인 재능들을 가지지. 즉 아브라함의 서자들이 아브라함의 사후에 아브라함의 유언을 무시하게 되면 그것 자체가 그 주변 부족들에게 그들을 공격할 수 있는 명분이 되지. 그런 위험을 감수하면서까지 동쪽으로 간 서자들이 이삭의 영역을 침범할까? 쉽지 않아.

그래도 너무 어린 나이에 이스마엘을 쫓아낸 것 아니냐고? 예를 들어볼

까? 아직 젖먹이인 우리 아이가 자고 있는 방안에 말벌이 한 마리 날아다니
고 있어. 그 말벌은 아직 내 아이를 쏘지 않았어. 그저 내 아이의 눈에 잠깐
잠깐 앉아서 자신의 침이 있는 꽁지 부분을 잠자고 있는 우리 아이의 눈에
한번씩 대어볼 뿐이야. 우리 이삭이 젖떼던 날 밤 이스마엘이 이삭에게 보
인 행동과 말벌의 행동이 과연 다를까? 똑같은 행동이잖아. 그것을 보고도
가만히 있는 엄마가 있다면 우리는 그 엄마를 어떻게 생각해야 할까? 설마
이스마엘이 항상 중2 남자아이로 멈추어 있을 것이라고 생각하지는 않겠
지? 다시 한번 이야기하지만, 그때는 지금처럼 국가체제가 완성된 그런 시
대가 아니었어. 그렇다면 내가 90세에 얻은 우리 이삭의 엄마로서 어떤 조
치를 취하는 것이 책임 있는 행동일까?

　아브라함에게 하갈과 동침하라고 했던 이야기를 하기 전에 조카 롯 이야
기부터 시작할게. 내가 65세까지 도시 여자로 살았다고 했지? 가만히 되돌
아 생각해보면, '갈대아 우르'를 떠난 뒤 나도 '난민꼴'을 벗어날 기회가 있었
어. 애굽에서 기가 막힌 경험을 했지. 그리고 그 과정에서 우리는 부자가 되
었지…

> [1]아브람이 애굽에서 그와 그의 아내와 모든 소유와 롯과 함께 네게브로
> 올라가니 **[2]아브람에게 가축과 은과 금이 풍부하였더라**(창세기 13:1−2)

　문제는 그때부터였어. 돈이 없을 때는 서로 정감 있고 서로 의지하는 사
이였는데 돈이 생기니까 사람 사이가 예전 같지 못하더라. 누구와의 이야기

냐고? 아브라함과 나 사라의 조카 롯과의 이야기야. 우리는 같이 이곳에 왔
어. 갈대아 우르를 떠나서 객지인 이곳에 우리만 와 있는 상황이잖아. 그러
면 어떨 것 같아? 또 이야기할까? 그때는 공권력으로 사람들을 보호해주는
국가가 없던 시절이라니까. 그러니 우리가 얼마나 서로를 의지했겠니? 말
이 조카이지 롯은 우리 부부에게 자식이나 마찬가지였어. 그런데 하나님께
서 자식 주시겠다고 해서 따라나선 이 땅인데 막상 이 땅에 도착하니 주시
겠다는 자식은커녕 있던 자식 같은 조카 롯마저 우리를 떠났지.

　롯이 우리 부부에게 어떤 존재였는지 상상이나 할 수 있니? 이제는 모두
아는 이야기이겠지만 우리 부부는 원래 이복남매였어. 열 살 차이가 나는
이복남매. 내 어린 시절부터 우리 부부의 관계가 어떤 관계였을 것 같아?
내가 다섯 살 때 아브라함의 나이는 열다섯 살이야. 내가 일곱 살 때 아브라
함의 나이는 열일곱 살, 이복오빠였던 아브라함이 나를 얼마나 예뻐했을지
상상이 가니? 아브라함 오빠가 나를 맨날 들고 다녀서 나는 거의 걷지도 않
았어. 생각을 해봐. 얼마나 나를 예뻐했으면 우리 아빠가 우리 둘을 결혼시
켰을까? 당시에는 부족장인 아빠가 모든 권한을 가지고 있던 시절이었어.
그러니 롯에게 있어 나는 그냥 작은어머니가 아니야. 내가 아브라함과 결혼
을 해서 롯이 내 조카가 된 것이 아니라 롯은 태어난 순간부터 내 피붙이였
다니까. 그런데 그 아이가 돈이 생기니까 우리를 떠나더라.

　무슨 일이 있었느냐고? 다툼이 있었지. 못 할 짓이더라. 정서적으로 가까
울수록 그리고 기대가 있을수록 이게 더 못 할 짓이더라. 남편이 조카에게
선택권을 양보했어. 그러자 기다렸다는 듯이 사지 멀쩡하고 팔팔한 놈이 보

란 듯이 먼저 좋아 보이는 땅 소돔을 선택하더라. 그리고 결국 도시에 가서
살더라.

사실 생각해보면, 조카 롯의 선택이기보다는 조카 놈의 아내의 선택이었
을 거야. 롯의 아내도 힘들었을 거야. 나만 도시 여자였던 것이 아니라 롯의
아내도 원래 도시 여자였잖아. 내가 그 심정 잘 알지. 평생 도시에서 살다가
광야 한가운데서 텐트 치고 사는 삶이 무엇인지, 내가 잘 알지…, 하루 이틀
도 아니고 내가 여기서 뭐하는 짓인가? 싶지… 아, 그렇지, CMF에 최관호
간사, 그 인간은 걸프전 때 사막에 살아봐서 잘 알겠구만. 사막 한가운데 텐
트를 치고 살면 어떤지 알아? 이게 밤에는 금방 추워지고 아침에 해만 떠도
금방 뜨거워지는 것은 둘째치고 하루 종일 입안에서 모래가 씹히는 느낌이
들어. 그리고 무슨 사막에는 이상한 파충류가 그렇게 많은지. 그리고 그 동
물들은 왜 그렇게 누린내가 나는지? 덥다고 텐트 안에서 남들이 안 보는 곳
에서 짧은 옷을 입을 수 있을 것 같아? 더워서 옷을 더 껴입는다는 것이 무
엇인지 아니? 무슨 말이냐고? 하루 이틀도 아니고 그렇게 하지 않으면 탈
수로 죽어. 그러니까 사막 한가운데 씻을 곳이 있어? 뭐가 있어? 아무것도
없어.

그렇게 롯과 롯의 아내 그리고 그 두 딸은 강남에 아파트를 장만해서 편
하게 살게 됐지. 우리 때는 가축이 '부의 척도'인 때였잖아. 약속의 땅인 가
나안 땅에 기근이 들어서 애굽에 갔다 온 이야기는 알 거 아니야? 그때 바
로한테 받은 가축 있잖아. 롯도 한몫 챙겼지. 엄청난 거부가 되었지. 그러니
지금 대한민국으로 치면 강남에 있는 아파트 한강뷰 정도는 어렵지 않게 구

할 수 있었다고. 부럽지 않았냐고? 정말 답을 듣고 싶어서 하는 질문은 아니지?

> [5]아브람의 일행 **롯도 양과 소와 장막이 있으므로** [6]그 땅이 그들이 동거하기에 넉넉하지 못하였으니 **이는 그들의 소유가 많아서 동거할 수 없었음이니라** [7]**그러므로 아브람의 가축의 목자와 롯의 가축의 목자가 서로 다투고 또 가나안 사람과 브리스 사람도 그 땅에 거주하였는지라** [8]아브람이 롯에게 이르되 우리는 한 친족이라 나나 너나 내 목자나 네 목자나 서로 다투게 하지 말자 [9]네 앞에 온 땅이 있지 아니하냐 나를 떠나가라 네가 좌하면 나는 우하고 네가 우하면 나는 좌하리라 [10]이에 롯이 눈을 들어 요단 지역을 바라본즉 소알까지 온 땅에 물이 넉넉하니 여호와께서 소돔과 고모라를 멸하시기 전이었으므로 여호와의 동산 같고 애굽 땅과 같았더라 [11]그러므로 롯이 요단 온 지역을 택하고 동으로 옮기니 그들이 서로 떠난지라 [12]아브람은 가나안 땅에 거주하였고 **롯은 그 지역의 도시들에 머무르며 그 장막을 옮겨 소돔까지 이르렀더라**(창세기 13:5–12)

생각을 해봐. 여기는 객지야. 피붙이라고는 아브라함과 나 사라 그리고 롯 밖에 없는데 우리 목자들끼리 서로 싸우는 거야. 7절 말씀이 보이지? 아브라함과 롯의 목자가 가축이 뜯을 풀 때문에 서로 싸우는데 그 자리에 가나안 사람과 브리스 사람도 있었어. 객지에 와서 혈족(血族)이라고는 우리 밖에 없는데 우리들끼리 싸우는 모습을 현지인들에게 보이면 어떻게 되는

지 아니? 이건 우리들끼리의 싸움으로 끝나지 않는 문제가 되는 거야. 우리들의 싸움과 우리들 사이의 틈은 현지인들에게는 약탈의 기회가 되는 거야. 이 일은 우리의 안전과 목숨을 위협하는 문제가 되는 거야. 그러니 아브라함의 발 빠른 대처는 정말 잘한 거야.

그런데 그렇게 보란 듯이 우리를 떠나간 조카 롯이 살던 곳에 문제가 생겼다는 거야. 그러니까 조카 롯하고 그 아내와 두 딸이 사는 도시에 전쟁이 있었고 그들 모두 포로가 되어 노예로 잡혀갔다는 소식이 들렸어. 남편이 정신없이 허둥지둥 집안 모든 사람을 닦달해서 무기를 들고 롯을 구하러 간다는 거야. 평소에 동맹을 맺었던 이웃 부족의 친구들에게도 연락을 했지. 그런데 상대는 이 지역의 실력자들인 네 왕인데 이 일이 가능하기나 한 것일까? 그들은 이 지역 토박이들이고 우리는 이 땅에서는 타지인(他地人)인데…, 너희 한반도에서 살아온 사람들에게는 이런 속담(?)이 있잖아. 똥개도 자신의 집에서는 절반은 먹고 들어간다고…, 그런데 아브라함이 이끌고 간 삼백십팔 명? 상대는 이 지역의 네 왕이라니까! 남편을 이대로 보내면 결과는 어떻게 될까? 너희들은 성경에서 이 전투의 결과를 보아서 알고 있으니까 그렇지, 솔직히 이 싸움에서 남편이 이길 확률은 0%이었잖아. 그런데 이렇게 그냥 남편을 보내면 남편의 얼굴을 다시 볼 수 있을까?

생각해보면 조카 롯이 먼저 선택해서 간 도시잖아. 그리고 그 선택의 결과로 그들은 누리면서 살았잖아. '사라', 나는 평생 이 난민 꼴로 살아왔어… 생각을 해보라고! 사라 나와 조카 롯의 아내 중 만약에 한 명이 도시에 가서 살 수 있다면 누가 가서 사는 것이 맞는 것 같아? 사라 나잖아! CMF에 최관호 간사 너는 알지? 걸프전에 갔을 때 사막 한가운데서 전투식량만 몇 주간 먹으면서 지냈다면서? 대한민국에서 그 전투식량 만들어 놓고서 "정말 이것만 먹고서도 전쟁을 할 수 있을까?" 걱정도 되고 궁금하기도 했던 참에, 사막 한가운데 파병이 된 병력이 생기자 전투식량만 몇 주간 먹이면서 지상전 기간 동안 전투식량만을 먹었을 때의 몸의 변화를 자세히 전부 체크 했다면서? 그리고 당시 20대 초반이었던 최관호는 그 전투식량이 너무도 맛있고 문제가 없었지만 당시 40이 넘은 병력은 1주에서 2주 정도가 지나니까 토하는 사람이 나오기 시작했다면서? 심지어 최관호는 그때 그 맛이 그리워서 지금도 가끔씩 민간에서 등산용으로 판매하는 당시 전투식량을 사서 추억 삼아 먹는다면서? 사막 한가운데 있었던 그때, 사라 내 나이가 몇 살이 넘었는지 알지? 그러면 도시에 누군가 나가 살 수 있다면 누가 가서 사는 것이 맞느냐고?[44]

　누군가는 난민 꼴로 사는 내 인생을 당연하게 생각할지도 몰라. 그냥 별 생각 없이 쉽게들 생각하더라고. 그런데 그거 아니? 그냥 그렇게 살아도 되는 인생은 없어. 나도 누릴 줄 알아. 너희들 눈에는 내 인생이 쉬워 보이니? 그렇게 간단하게 보이니? 나는 그냥 이렇게 살아도 되는 인생으로 보이니?

---

44 당연히 조카 롯의 아내도 할 말이 있었을 것이다. "어린 딸들을 계속 사막 한가운데서 살게 할 것이냐?" 이 말을 거스를 수 있는 아빠와 남편은 세상에 거의 존재하지 않는다. 그러나 조카 롯과 그의 아내 그리고 두 딸의 결국을 성경을 통해 전해 들은 우리는 생각해볼 문제다. 우리네 인생에서 이와 비슷한 일이 일어나 선택을 해야 하는 순간, 남들이 다 하는 선택을 하는 것이 과연 내 자식을 위한 선택일까?

그런데 그렇게 누리면서 살았던 그들 때문에 내 삶의 뿌리 전체가 뽑힐 수도 있는 상황이 눈앞에 다가왔어. 조카 롯을 구하러 나가는 남편 앞에 드러누울 수도 있었지. 그러면 남편이 나갈 수 있을 것 같아? 아까도 이야기했지만 어렸을 때부터 내 남편이 얼마나 나를 이뻐했으면 우리 아빠가 나하고 이복오빠인 내 남편을 결혼시켰겠어? 나에게는 열 살 많은 이복오빠야. 내가 못 간다고 남편 앞에 드러누우면, 남편이 나를 밟고 지나갈 수 있을 것 같아? 하지만 그러지 않았어. 그 순간 이 일로 내 삶 또한 '난민'에서 '노예'로 전락한다고 해도 어쩔 수 없는 일이라고 생각했어. 왜 그랬냐고? 남편을 사랑하니까…

[11]네 왕이 소돔과 고모라의 모든 재물과 양식을 빼앗아 가고 [12]소돔에 거주하는 아브람의 조카 롯도 사로잡고 그 재물까지 노략하여 갔더라 [13]도망한 자가 와서 히브리 사람 아브람에게 알리니 그 때에 아브람이 아모리 족속 마므레의 상수리 수풀 근처에 거주하였더라 마므레는 에스골의 형제요 또 아넬의 형제라 이들은 아브람과 동맹한 사람들이더라 **[14]아브람이 그의 조카가 사로잡혔음을 듣고 집에서 길리고 훈련된 자 삼백십팔 명을 거느리고 단까지 쫓아가서** [15]그와 그의 가신들이 나뉘어 밤에 그들을 쳐부수고 **다메섹 왼편 호바까지 쫓아가** [16]모든 빼앗겼던 재물과 자기의 조카 롯과 그의 재물과 또 부녀와 친척을 다 찾아왔더라(창세기 14:11-16)

그렇게 아브라함이 롯을 구하기 위해서, 어디까지 쫓아갔는지 아니? '단'

까지 쫓아갔어. '단'이 어디인지 아니? 너희들이 사는 한반도를 '백두'에서 '한라'까지라고 표현한다면서? 이스라엘 땅이 되는 가나안을 같은 방식으로 표현하면, '단'에서 '브엘세바'까지라고 한단다. 그런데 '단'까지 쫓아갔다고! 그게 무슨 이야기인지 아니? 그러니까 땅끝까지 쫓아갔다는 이야기야. 그런데 기록을 보면 '단' 거기서 한 번 더 '호바'까지 쫓아갔다는 것을 알 수 있지? 이것이 무슨 의미일까? 아브라함이 '단'까지 쫓아가서 네 왕을 쳐부수었는데 거기에 '롯'이 없었다는 이야기야. 그러니까 다메섹 왼편 호바까지 갔지.

왜 네 명의 왕이 아브라함한테 지게 된 줄 아니? 그것은 너무 간단해. 설마 거기까지 쫓아올 것이라고 누가 상상이나 했겠어? 상식적으로 그것은 거의 불가능한 일이야. 그러니 네 명의 왕이 경계병이나 제대로 세워놨겠어? 결국 아브라함은 롯을 구하기 위해서 목숨을 걸고 쫓아갔다는 이야기야. 칠십 오 세가 넘은 아브라함이 거기까지 쫓아올 것이라고 누가 상상이나 했겠어? 그러니까 네 왕이 넋 놓고 당한 거야.

남편 아브라함이 조카 롯을 구하고 나서 돌아왔지. 물론 아브라함이 허겁지겁 조카 롯을 구하러 달려나가는 모습을 보면서도 그리고 남편이 돌아오기 전까지 소식을 기다리면서도 노심초사 먹지도 자지도 못하면서도 남아 있는 부족들이 불안해할까 봐 내색도 못하면서 기다렸지…, 남편이 우리 집에서 기르고 훈련된 자 삼백십팔 명을 데리고 간 상황이잖아. 객지에서 우리를 향한 시기심과 적개심을 숨기고 호시탐탐 기회만 엿보고 있었을, 그 많은 적들 사이에서 내가 흔들리는 모습을 보이면 어떻게 될까? 남편이 부재중인 상황, 이제는 내가 중심을 잡고 남편을 대신해서 우리 부족을 다스려야 하는 거야. 그런데 내가 불안해하고 초조해하는 모습을 보이면 어떨 것 같니? 그러면 전체가 무너지는 거야. 그러니까 속으로는 어떨지 몰라도 겉으로는 멀쩡해 보여야 하는 것이야.

그런데 겉으로 멀쩡해 보이면 사람들은 보통 뭐라고 하는지 아니? "독하다"라고들 하지. 그거 아니? 이런 경우에는 내가 뭘 먹지 못해도 "남편이 없는데 저라도 정신 차려야지. 남편이 사지(死地)에 있는데 아내가 되어서 밥도 못 먹고 정신 줄을 놓고 있으면 어떻게 해? 나머지 부족민들은 어떻게 하라고?"라고 하면서 뭐라고 하는 것이 사람이야. 무엇을 먹어도 "그래, 지 남편은 사지에 가 있는데 잔치 났다. 잔치 났어. 저 처먹는 것 좀 봐라."라고 하지. 이런 경우 사람들은 경우의 수가 A와 B만 존재한다고 해도, A를 해도 욕하고 B를 해도 욕하지. 그것이 인생이고 그것이 사람이라는 존재야.

사실 남 이야기할 것까지도 없지. 사람 마음이 참 간사하더라. 남편이 내 눈에 보이기 전까지는 아브라함이 살아 돌아오기만을 안절부절하며 기다렸는데…, 막상 대승을 거두고 돌아오는 남편의 모습을 살펴보니, 그래 원래 그런 사람인 줄은 알았지만 그래도 사람 마음이 그렇지, 이뻐(?) 보이는 패물 하나 정도는 그냥 애정 표시로 마누라 준다고 조그만 것 하나라도 주워오지, 목숨을 걸고 싸운 전쟁에서 대승을 거두고 왔다는데 빈손으로 돌아오더라. 그때는 전쟁에서 이기면 내가 이긴 상대의 모든 사람들은 나의 노예가 되고 그들의 재산 전체가 내 것이 되는 시대야. 그런데 그 많은 패물과 그 많은 사람들을 다 놓고 오는 거야. 그래 원래 그런 사람인 줄 알았으니까 그렇다고 쳐. 그 모든 것, 자신의 것으로 안 하고 돌아올 줄 알았어. 그렇지만 그 많은 것 중에 하나 정도 "이건 아내한테 정표로 하나 가져다주어야겠네"라고 한들 누가 뭐라고 하겠어? 다들 오히려 좋게 생각했겠지. 그런데 정말 빈손으로 돌아오더라.

　우리가 고향을 떠날 때 내 남편 나이가 75세였다는 사실을 기억해주었으면 한다. 그 나이에 그렇게 뛰쳐나가 싸우고 왔으니…, 파김치가 되어 돌아와 며칠간 끙끙 앓는 남편을 시중들면서 그래도 참 감사하긴 하더라. 그러면서도 마음 한 켠에 서운함이 있는 것이 나도 여자인가? 아니, 내 마음이 왜 이러나 싶기도 하고…, 그냥 눈물이 나는 것이 안도가 되어서일까? 아니, 그냥 이 상황이 그리고 남편을 둘러싼 모든 사람들이 서운하고 그러더라. 이런 경험해 본 사람들은 다 아는 사실일 거야. 그냥 내가 처한 이 상황이 싫은 거야. 고향을 떠난 뒤 사실은 나를 지켜주어야 하는 사람은 조카 롯이었는데, 돈 생기니까, 참! 사람 안면몰수하는 것 순간이고 그렇게 떠나더니 잘 살아주면 고맙잖아. 잘 살지도 못하고 난리 통에 노예로 끌려가기나 하고 그래서 내 남편이 죽을힘을 다해 쫓아가서 구해왔잖아. 그래, 아브라함이 가서 구해온 것, 잘한 일이야. 그리고 다행이야.
　그리고 나서 평상시처럼 잘 지내면 그래도 상관없을 것 같은데 밖에서는 그렇게 씩씩하게 멀쩡해 보이는 척하더니만 정작 장막 안에 들어와서는 거의 오늘 죽을 사람처럼 끙끙 앓으면서 헛소리하고, 나는 그런 남편 계속 병간호하고 그러니까 이 상황이 싫더라. 이 상황이 싫어. 그리고 남편을 둘러싼 사람들까지 밉더라. 원망스럽고 서운하고, 사실 생각해보면 그 사람들

잘못도 아닌데…, 그 사람들도 엄청 고생하고 왔는데…, 그 사람들은 뭐 놀았나? 그 사람들도 지금 엄청 힘들고 남편처럼 각자의 처소에서 끙끙 앓아 누웠을 것이 뻔한데…, 그나저나 이 지역 왕들을 건드려 놓았으니 이제는 어떻게 하나? 원래 이 왕들이 삼백십팔 명에게 당할 왕들이 아니잖아. 이번에야 기습이니까 어쩌다 이겼지 정면으로 붙게 된다면 말도 안 되는 상대잖아. 그러니 이제는 어떻게 하나?

어찌 되었든 그래도 남편의 품에 안기고 나니 온몸이 무언가에 맞은 듯 아프더라. 고향을 떠나 아무리 약속의 땅이라고 하지만, 아는 이 아무도 없는 이 가나안 땅에서 아브라함 먼저 보내고 나 홀로 남겨졌으면 어쩔뻔했을까? 내 처지가 어찌 되었을까? 나는 언제까지 이렇게 불안하게 살아야만 하나? 아들을 주시겠다던 하나님은 어디 계실까? 하나님 이분은 그냥 말씀만 한마디 뚝 던지시고 시공간을 창조하신 분이어서 그러신지 한가하셔. 그래 하루가 천년 같은 분이시니까 그렇겠지만 나는 하루하루가 피가 마르는 상황 아닌가? 그렇게 혼자서 남편 몰래 울다가 잠이 들었다.

> [21]소돔 왕이 아브람에게 이르되 사람은 내게 보내고 물품은 네가 가지라 [22]아브람이 소돔 왕에게 이르되 천지의 주재이시요 지극히 높으신 하나님 여호와께 내가 손을 들어 맹세하노니 [23]**네 말이 내가 아브람으로 치부하게 하였다 할까 하여 네게 속한 것은 실 한 오라기나 들메끈 한 가닥도 내가 가지지 아니하리라** [24]**오직 젊은이들이 먹은 것과 나와 동행한 아넬과 에스골과 마므레의 분깃을 제할지니 그들이 그 분깃을 가질 것이니라**(창세기 14:21-24)

　내 남편 자랑 같아서 그냥 지나가려고 했는데, 위에 인용한 성경 본문 보이지? 원래 전쟁에서 얻거나 구해온 사람과 물품은 전부 전쟁에서 이긴 사람의 것이라고 했지? 그러니까 당시 관행으로 보면 내 남편이 구해온 소돔 사람들과 물품은 전부 내 남편 아브라함과 그리고 그 전투에 같이 참여한 사람들의 것이 맞아. 그런데 우리는 이 땅 토박이도 아니고 소돔 왕이나 이 땅 토박이들 입장에서는 이방에서 들어와 거주하는 객(客)이잖아. 그러니 저런 말이 나오는 것이지.

　소돔 왕의 말을 쉽게 해석해주자면 이런 말이야. "아브라함 당신 정말 대단해. 인정! 하지만, 우리가 그동안 이방인인 당신과 당신의 조카가 이 땅에서 살 수 있도록 배려해주었으니 이번에는 이렇게 합시다. 우리가 사람과 물건에 대한 권리 중 물건에 대한 권리는 인정해줄게. 사람에 대한 아브라함 당신의 권리는 포기하는 게 어떻겠소?" 아브라함이 소돔 왕의 제안을 받아들인다면 내 남편의 입장에서는 충분히 양보한 것이잖아? 그런데 뭐? "천지의 주재이시요 지극히 높으신 하나님 여호와께 내가 손을 들어 맹세하노니 소돔 왕 네 말이 내가 아브람으로 치부하게 하였다 할까 하여 네게 속한 것은 실 한 오라기나 들메끈 한 가닥도 내가 가지지 아니하리라" 그래, 내가 참 잘난 남편을 두었지. 그리고 나서 보통 사람들이라면 아랫사람들에게 "야, 내가 이렇게 결정하고 내가 이렇게 대가를 안 받겠다고 했으니까 너희들도 너희들 몫에 대해서 생각하지 마"라고 말하잖아. 그런데 "내 몫에 대한 양보는 내 권한이지만 나와 같이 전투에 참여한 사람들의 몫은 내 권한이 아니니 그들 것은 빠짐없이 챙겨주어야 한다!" 이 부분은 내 남편이지만 아무튼 참 존경스럽기는 해.

그러니까 이 말은, 중국집에 회식을 가서 최고 상사가 "응, 뭐든지 먹고 싶은 대로 다 시켜, 난 짜장!"이라고 하면 안 된다는 거야. "응, 뭐든지 먹고 싶은 대로 다 시켜. 팔보채? 탕수육? 응 다 시켜." 그리고서 최고 상사 입장에서 그날 정말 짜장이 먹고 싶다면, 일행의 주문이 다 끝나면 조금 뜸들인 다음에 "그런데 나 짜장 하나만 추가하면 안 될까? 오늘 왠지 정말 짜장이 먹고 싶어서…"라고 하라는 것이야. 그래, 우리 남편? 잘났지. 법 없이도 살 수 있는 정말 착하고 배려심이 많은 사람이지. 그 배려심 반의반만 아내인 나한테 베풀면 어디 덧나나?

이 난리를 치른 다음에 우리 조카 롯의 행방이 궁금하다고? 성경을 읽어서 알 것 아니야? 소돔과 고모라가 멸망할 때, 롯이 소돔 성문에 앉아 있다가 두 천사를 영접한 이야기는 기억하겠지.[45] 이게 무슨 의미일까? 그러니까 내 남편이 롯을 구해온 것으로 해서 아브라함은 롯에 대해서 인적(人的) 물적(物的) 모든 권한을 가지게 되었지만 그냥 롯과 그 아내가 원하는 대로 모든 것을 해주고 왔다는 거야. 생각해보면 소돔이 멸망할 때 천사가 그렇게 뒤돌아보지 말라고 하는데도 롯의 아내가 뒤를 돌아본 것을 보면 소돔에

---

[45] "저녁 때에 그 두 천사가 소돔에 이르니 마침 롯이 소돔 성문에 앉아 있다가 그들을 보고 일어나 영접하고 땅에 엎드려 절하며 2이르되 내 주여 돌이켜 종의 집으로 들어와 발을 씻고 주무시고 일찍이 일어나 갈 길을 가소서 그들이 이르되 아니라 우리가 거리에서 밤을 새우리라 3롯이 간청하매 그제서야 돌이켜 그 집으로 들어오는지라 롯이 그들을 위하여 식탁을 베풀고 무교병을 구우니 그들이 먹으니라"(창세기 19:1–3).: 위의 이야기는, 인용한 성경 말씀 중 '성문에 앉아 있다가'를 염두에 두고 한 말이다. 이 당시 '성문에 앉아 있었다'라는 표현은 그 사람이 그 성의 유지라는 의미다. 이 말씀을 근거로 생각해볼 때, 포로에서 구원받은 뒤 롯은 아브라함으로부터 네 왕에게 빼앗겼던 그의 재산 전부를 돌려받았음을 알 수 있다.

눌러앉자고 고집을 피운 것은 분명 롯의 아내였던 것 같아. 그러니까 그때 그 난리를 치르고 아브라함이 단을 넘어 다메섹 왼편 호바까지 가서 롯을 구해왔을 때 롯은 아브라함을 따라서 우리 부부에게 돌아왔어야 했어. 물론 소돔이 망했을 때도 마찬가지지만… 그때는 염치가 없어서일 것이라고? 염치가 뭐가 중요해. 그냥 오면 되는데 그것을 하지 못하고 결국 그렇게 되더라.⁴⁶

그래, 그렇게 목숨을 걸고 구해왔지만 롯은 그냥 소돔에 있겠다고 하고 우리 부부는 다시 혼자가 되었어. 이전과 달라진 것은 가나안 땅의 유력자인 네 명의 왕과 원수가 되었다는 것뿐이었지. 그 일을 통해서 우리 부부는 분명히 알게 된 사실이 하나 있었어. 우리 부부는 롯을 자식처럼 여겼지만 롯은 아니었던 것 같아. 아니 어쩌면 자식이었어도 같은 반응이었을지도 몰라.

외로움과 두려움 그리고 말할 수 없이 깊어지는 고립감이 엄습하던 그때, 하나님께서 아브라함에게 임하셨어. 우리 부부의 경험으로 보면, 정말

---

46 "³⁰롯이 소알에 거주하기를 두려워하여 두 딸과 함께 소알에서 나와 산에 올라가 거주하되 그 두 딸과 함께 굴에 거주하였더니 ³¹큰 딸이 작은 딸에게 이르되 우리 아버지는 늙으셨고 온 세상의 도리를 따라 우리의 배필 될 사람이 이 땅에는 없으니 ³²우리가 우리 아버지에게 술을 마시게 하고 동침하여 우리 아버지로 말미암아 후손을 이어가자 하고 ³³그 밤에 그들이 아버지에게 술을 마시게 하고 큰 딸이 들어가서 그 아버지와 동침하니라 그러나 그 아버지는 그 딸이 눕고 일어나는 것을 깨닫지 못하였더라 ³⁴이튿날 큰 딸이 작은 딸에게 이르되 어제 밤에는 내가 우리 아버지와 동침하였으니 오늘 밤에도 우리가 아버지에게 술을 마시게 하고 네가 들어가 동침하고 우리가 아버지로 말미암아 후손을 이어가자 하고 ³⁵그 밤에도 그들이 아버지에게 술을 마시게 하고 작은 딸이 일어나 아버지와 동침하니라 그러나 아버지는 그 딸이 눕고 일어나는 것을 깨닫지 못하였더라 ³⁶롯의 두 딸이 아버지로 말미암아 임신하고 ³⁷큰 딸은 아들을 낳아 이름을 모압이라 하였으니 오늘날 모압의 조상이요 ³⁸작은 딸도 아들을 낳아 이름을 벤암미라 하였으니 오늘날 암몬 자손의 조상이었더라"(창세기 19:30-38).

서둘러서 우리에게 오신 셈이었지. 생각해봐. 우리 부부는 갈대아 우르에서 사실 부족함이 없는 부부였어. 그런데 유일하게 아쉬웠던 자식을 주겠다고 하시면서, 우리를 데려오신 분은 바로 하나님이시잖아. 그런데 갈대아 우르를 떠나 약속의 땅에 온 뒤 우리 부부가 직면한 현실은 뭐야? 곁에 있던 조카 롯마저도 우리 곁을 떠난 거잖아. 그것도 소돔에서 난리가 나서 노예로 끌려간 것을 목숨을 걸고 구해왔는데도 끝내 우리 곁을 떠난 거잖아. 나중에 성경에 나오는 하나님의 사람들의 인생을 보면 알겠지만 상황이 이 정도 되면 하나님께서는 서둘러서 오시는 경향이 있지. 그런데 고작 다시 자식 주시겠다고 말씀만 하셔. 그래, 이번에는 내 남편의 손을 잡고 밖에 나가셔서 밤하늘을 보여주시면서 약간은 구체적(?)으로 약간의 감성을 자극하는 방식으로 말씀해주시기는 하시더라. 그게 전부였어. 정말이야. 정말 말씀만! 자식 주시겠다는 거야.

> [1]이 후에 여호와의 말씀이 환상 중에 아브람에게 임하여 이르시되 아브람아 두려워하지 말라 나는 네 방패요 너의 지극히 큰 상급이니라 [2]아브람이 이르되 **주 여호와여 무엇을 내게 주시려 하나이까 나는 자식이 없사오니 나의 상속자는 이 다메섹 사람 엘리에셀이니이다** [3]아브람이 또 이르되 주께서 내게 씨를 주지 아니하셨으니 내 집에서 길린 자가 내 상속자가 될 것이니이다 [4]여호와의 말씀이 그에게 임하여 이르시되 **그 사람이 네 상속자가 아니라 네 몸에서 날 자가 네 상속자가 되리라** 하시고 [5]그를 이끌고 밖으로 나가 이르시되 **하늘을 우러러 뭇별을 셀 수 있나 보라 또 그에게 이르시되 네 자손이 이와 같으리라**(창세기 15:1-5)

그때 아브라함이 자식을 주시겠다는 하나님한테 그렇게 말했대. "주 여호와여 무엇을 내게 주시려 하나이까 나는 자식이 없사오니 나의 상속자는 이 다메섹 사람 엘리에셀이니이다 주께서 내게 씨를 주지 아니하셨으니 내 집에서 길린 자가 내 상속자가 될 것이니이다." 나 같으면 아브라함처럼 말하지 않았을 거야. 나 같으면 그냥 대놓고 따졌을 것 같아. "아니, 자식 주시겠다면서요? 자식 주시겠다고 하면서 여기까지 데려오셨잖아요? 이제 뭘 주시려는데요? 도대체 저한테 왜 이러시는데요?"

그런데 아브라함이 왜 "나의 상속자는 이 다메섹 사람 엘리에셀이니이다"라고 한 줄 아니? 아브라함은 나보다 열 살이 많아. 그리고 이제 적은 나이가 아니야. 롯을 구한다고 그 먼길을 다녀와 보니 아브라함도 이제 안 거야. '아, 내가 예전 같지 않구나. 여호와 하나님께서 우리 부부에게 자식 주신다고 해서 안정된 고향 땅의 모든 기반을 다 버리고 그 먼길을 왔는데, 자식은 둘째치고 이 객지에서 내가 우리 사라보다 먼저 가면 내 사랑하는 사라의 처지는 어찌 될까? 내가 하나님 이분, 그래 애굽에서 보니 이분이 대단한지는 알겠지만, 처음 보는 이분 말만 믿고 **내가 도대체 지금 무슨 짓을 한 것일까?** 내가 사라보다 먼저 간다면 우리 사라는 의지할 사람 하나 없는 이 객지에서 그 처지가 어떻게 될까?'

조카 롯? 이미 봤잖아. 아브라함은 자신이 죽은 뒤에 남게 될 나의 보호자를 찾고 있었던 거야. 물론, 고향 땅을 떠날 때는 자신이 죽은 뒤에 하나님이 주신 아들들이 나를 보호해주리라 꿈을 꾸었지만 이제는 무엇으로 그 말을 믿는단 말인가? 그리고 고향을 떠날 때와 달리 이제는 나이도 더 먹었고 오랜 고생 탓인지 둘 다 몸도 많이 노화되어서 이제는 자식을 주신다고 한들 그 아이를 안전하게 낳을 수나 있을런지…

아브라함이 하나님께 '다메섹 사람 엘리에셀'[47]을 이야기할 때 하나님께서 말씀하셨어. "그 사람이 네 상속자가 아니라 네 몸에서 날 자가 네 상속자가 되리라." 여기에서 오해가 생긴 것 같아. 처음부터 하나님께서 좀 더 구체적으로 "내 언약은 내가 내년 이 시기에 사라가 네게 낳을 이삭과 세우리라"[48]라고 말씀해 주셨으면 나도 하갈 생각은 하지도 않았을 거야. 그러니까 우리 부부가 처한 상황을 생각을 좀 해보라고. 아브라함이 하나님께 '다메섹 사람 엘리에셀' 이야기를 하니까 하나님께서 분명히 "아브라함 네 몸에서 날 자가 네 상속자가 되리라"라고 하신 거야. 하나님의 말씀 중 어디에도, 사라 내 이야기는 없었단 말이야. 그리고 나는 고향 땅을 떠나 여기까지 오는 사이 많이 늙어 버렸단 말이야. 너희 민족에게는 이런 말이 있잖아. 남자는 기어갈 힘만 남아 있어도 애기를 낳을 수 있다고…, 그런데 여자는 아니라고.

이미 이 척박한 객지에서 유일한 피붙이인 조카 롯은 우리를 떠난 상태

---

47 "아브라함이 나이가 많아 늙었고 여호와께서 그에게 범사에 복을 주셨더라 ²아브라함이 자기 집 모든 소유를 맡은 늙은 종에게 이르되 청하건대 내 허벅지 밑에 네 손을 넣으라 ³내가 너에게 하늘의 하나님, 땅의 하나님이신 여호와를 가리켜 맹세하게 하노니 너는 내가 거주하는 이 지방 가나안 족속의 딸 중에서 내 아들을 위하여 아내를 택하지 말고 ⁴내 고향 내 족속에게로 가서 내 아들 이삭을 위하여 아내를 택하라"(창세기 24:1-4).: 신학자들은 이삭을 위하여 리브가를 이삭에게로 데리고 온, 바로 이 아브라함의 모든 소유를 맡은 종이 '다메섹 사람 엘리에셀'이라고 한다.

48 창세기 17:21

야. 그런데 하나님은 아브라함과 자식 이야기를 하실 때 아브라함한테서 날 아이라는 말씀만 하셨어! 나 사라에 대한 이야기는 단 한마디도 없으셨다고! 너희들 같으면 이 상황에 처하게 되면 어떨 것 같아? 하나님께서 어쩌다 한 번씩 나타나셔서 하신 말씀 한마디 한마디를 퍼즐 맞추듯이 되씹고 되씹고 또 되씹고를 하지 않겠어? 아니 인생을 조금만 살아봤으면, 극심한 고립감에 갇혀 본 경험들이 있다면 다들 이런 과정 겪어봤을 것 아니야? 게다가 당시에는 여자에게 있어서 아이를 못 낳는 것이 가장 큰 수치인 시절이었어. 그러니 사라 나의 자존감이 어땠을 것 같아? 혹시 내가 내 남편의 앞길을 막고 있는 것은 아닌지? 이런 생각이 나를 감싸기 시작했어.

하갈을 통해서 이스마엘을 낳은 것? 그래 내 잘못이야. 하지만 10년을 기다렸어. 그 결정을 할 때 내 나이 75세, 남편 나이는 85세였어. 하갈을 통해 이스마엘을 낳은 것은 아브라함과 사라가 '하나님을 신뢰하지 못하고, 기다리지 못한 실수'라고 신학자들 그리고 설교자들이 쉽게들 말하지… 그래, 맞는 말이야. 하지만 성경을 통해서 그리고 교회 역사와 주변 믿음의 사람들을 통해서 하나님께서 하나님의 사람들의 인생을 어떻게 이끌어 가시는지를 수없이 많이 보아온 너희들과 우리 부부의 하나님에 대한 경험의 양은 비교할 수가 없어.

지금 이 말을 듣고 있는 너희들은 하나님께서 당신의 사람들을 어떻게 대하시는지 하나님은 어떤 분이신지에 대해서 우리 부부와는 비교도 안 되게 많은 자료가 축적되어 있는 환경에 있잖아. 하지만 아브라함과 사라 우리 부부에게는 여호와 하나님은 처음 겪는 분이셨어. 우리 부부는 하나님에 대해서 그때까지 아브라함에게 말씀하시고 우리 여정 가운데 보여주신 모습 말고는 도무지 아는 것이 없었어. 생각을 해봐. 우리가 하나님을 직접 대면했다고 너희들보다 하나님에 대해서 더 많이 알 것 같아? 절대로 아니야. 분명히 너희가 우리 부부보다 하나님에 대해서 더 많이 알고 있어.

그리고 다시 말하지만 하갈을 통해서 이스마엘을 낳은 것? 그래, 내 잘못이라니까. 아브라함과 사라가 '하나님을 신뢰하지 못하고 기다리지 못한 실수'라고? 그래 인정한다니까. 누가 틀린 말이라고 했니? 맞는 말이라니까. 말이야 맞는 말이지. 그래, 정말 말이야 맞는 말이잖아. 그런데 "말이야 맞는 말이지"라는 말의 뜻이 뭐냐고? 몰라서 묻니? 이 말은 '인생을 안 살아보고 그냥 잘난 소리를 하는 것'이라는 거잖아? 너희들도 많이 하는 이야기지? 보통 이런 경우에 쓰는 말이 있잖아. "참~, 사람들은 정말~ 잘났어. 그래 증~말~ 잘났어."

이제는 내가 내 남편보다 10살 어린 이복여동생이라는 사실은 잘 알고 있지? 그는 내 인생의 전부였어. 아기 때부터, 그의 사랑과 아낌을 받으며 살아왔어. 아니 내가 더 사랑했던 것 같아. 그래서 그를 위해 '애굽'에서도 '그랄'에서도 바로에게 아비멜렉에게 그를 오빠라고 했어. 그 거짓말의 결과? 잘 알고 있었어. 그를 향한 위험이 그 절반의 거짓말로 나를 향하게 될 것이라는 사실을 잘 알고 있었어. 이 이야기를 뜬금없이 왜 하냐고? 아브라함이 사라 나에게 어떤 존재인지 말하고 싶은 거야.

[1]아브라함이 거기서 네게브 땅으로 옮겨가 가데스와 술 사이 그랄에 거류하며 [2]**그의 아내 사라를 자기 누이라 하였으므로 그랄 왕 아비멜렉이 사람을 보내어 사라를 데려갔더니** [3]그 밤에 하나님이 아비멜렉에게 현몽하시고 그에게 이르시되 네가 데려간 이 여인으로 말미암아 네가 죽으리니 그는 남편이 있는 여자임이라 [4]아비멜렉이 그 여인을 가까이 하지 아니하였으므로 그가 대답하되 주여 주께서 의로운 백성도 멸하시나이까 [5]그가 나에게 이는 내 누이라고 하지 아니하였나이까 그 여인도 그는 내 오라비라 하였사오니 나는 온전한 마음과 깨끗한 손으로 이렇게 하였나이다 [6]하나님이 꿈에 또 그에게 이르시되 네가 온전한 마음으로 이렇게 한 줄을 나도 알았으므로 너를 막아 내게 범죄하지 아니하게 하였나니 여인에게 가까이 하지 못하게 함이 이 때문이니라 [7]이제 그 사람의 아내를 돌려보내라 **그는 선지자라 그가 너를 위하여 기도하리니 네가 살려니와 네가 돌려보내지 아니하면 너와 네게 속한 자가 다 반드시 죽을 줄 알지니라**(창세기 20:1-7)

[10]아비멜렉이 또 아브라함에게 이르되 네가 무슨 뜻으로 이렇게 하였느냐 [11]아브라함이 이르되 **이곳에서는 하나님을 두려워함이 없으니** 내 아내로 말미암아 사람들이 나를 죽일까 생각하였음이요 [12]또 그는 정말로 **나의 이복 누이로서 내 아내가 되었음이니라**(창세기 20:10-12)

그런 남편과…, 생각을 해봐. 우리 부부가 어렸을 때부터 얼마나 서로에게 애틋했으면 이복남매인 우리를 우리 아빠가 부부로 맺어주셨겠어? 그런 남편과 내 여종에게 내 장막을 내어준 날 밤 하늘을 바라보며 홀로 삼킨 내 눈물을 아니? 내가 그렇게 잘못했니? 내가 그렇게 비호감이니? 내가 잘했다는 게 아니야. 그저 내 이야기를 들어달라는 거야. 나도 쉽지 않았어. 나도 어찌해야 할지 몰랐어. 아들이 없으면 죽는 거야. 우리 때는 그런 세상이었다니까. 그래 아들이 없으면 나만 죽는 것이 아니라 사랑하는 내 남편의 안전도 보장받을 수 없는 거야. 내가 잘했다는 게 아니라고…, 그냥 내 사정 이야기를 들어 달라는 거야.

알아, '하갈' 그 아이도 힘들었을 거야. 나도 잘 지내고 싶었어…, '하갈'이 임신한 채로 도망간 적이 있었지. 그래 내가 좀 심하기는 했어. 하지만 이 광야에서 그렇게 임신한 몸으로 도망갈 줄은 몰랐어. 나는 정말 상상도 못했어. 다시 말하지만, 나는 도시 출신 여자야. 나는 못 도망갔을 거야. 그래서 하갈도 그럴 줄 알았어. 시장 언어로 나는 정말 '나쁜X, 독한X, 피도 눈물도 없는 X'이 되었어. 식음을 전폐한 남편 앞에서 나는 죄인이었어. 생각을 해봐. 내 남편의 아이를 밴 여자아이를 걱정하는 남편 앞에서 나는 죄인이었어. 이게 정말 이상하잖아? 생각을 해보라고! 내 남편의 아이를 밴 여자아이를 걱정하며 식음을 전폐한 내 남편 앞에서 내가 죄인이었다고! 이게 말이 돼? 내가 생각해도 이 상황을 만든 내가 바보 멍청이 같아.

부족 구성원 전체가 나하고 눈도 마주치지 않더라. 그래, 내가 좀 심하기는 했다니까. 하지만 이런 상황을 의도한 것은 아니었어. 그냥 아무것도 아닌 내 처지가 원망스럽고 절망스러워서 좀 감정적으로 격해진 상황에서 일어난 일이었어. 사람은 그럴 수 있잖아. 사람이 정말 코너에 몰리고 몰리면 그래서 악밖에 안 남게 되는 상태에서 그러니까 그런 상황에 몰리게 되면 그럴 때가 있잖아. 생각을 해봐. 내 여종이었잖아. 한참 어린 그것이 나를 막 멸시하고 그 순간 하갈이 나를 보는 눈빛이 어떤 눈빛이었을지 그런 눈빛으로 나를 볼 때 실룩거렸을 하갈의 입술을 상상해보라고!

　사람이니까 욱할 수 있잖아. 어떻게 그때 부드럽게 이야기할 수 있어? 그런 사람이 있어? 그게 가능이나 하냐고? 보통 그럴 때 부드럽게 이야기하는 사람은 정신 줄을 놓은 사람이지. 갑자기 내가 그 상황에서 "헤헤" 웃으면서 침이라도 흘리며 정신 줄을 놨어야 할까? 그러니까 내가 감정적으로 많이 격해진 상황에서 일어난 일이었어. 남편을 따라 고향을 떠나 이 객지까지 왔는데 하나님께서 아들 준다고 하시길래 여기까지 왔는데, 내 이야기는 하나도 없고 내 남편의 몸에서 난 아이가 남편의 상속자라고만 하시는데 도대체 나보고 어쩌라고? 아들 준다고 하길래 남편을 따라서 정말 이역만리(異域萬里) 여기까지 그 고생하며 왔는데, 이제는 남편마저도 여종에게 빼앗긴 것 같고…, 이제는 남편도 나를 독한X이라고 생각하는 것 같아.

　사실 남편에게 '하갈'을 주기 전까지 나는 심적으로 '하갈'을 많이 의지했어. 너희들은 잘 모를 수도 있지만 하갈과 나는 처지가 같았어. 우리 둘 다 고향을 떠나 객지에서 고향을 그리워하는 처지였지. 하갈도 자의(自意)로 고향을 떠나지 않았지만 사라 나도 하나님께서 그때까지 나에게 직접 말씀하신 적이 없다니까. 하나님께서는 내 남편에게 고향을 떠나라고 하셨지 나한테는 이야기하신 적이 없어. 나는 그냥 남편 따라서 온 거야. 그 시대 여자들이 다 그러했듯이, 우리는 우리 삶에 있어서 중요한 결정 모두를 다른 사람들이 내렸고 다른 사람의 그 결정에 따라 우리의 운명이 달라지는 그런 인생이었어. 고향을 떠나라고 하나님께서 나에게 직접 이야기해주신 적은 없었어. 그때까지 하나님께서는 내 앞에 단 한 번도 나타나신 적이 없었어. 결정은 항상 남자들의 몫이었고 우리네 인생은 그 결정의 종속변수였을 뿐이야.

　그러한 연유로 처음 만났을 때 우리 둘 사이는 좋았어. 생각해봐. 내 남편과, 그래 내 남편과 그녀가 같은 장막에 들어가 잠자리를 하게 한 것은 바로 나야. 내가 정말 싫어하는 사람이었다면 아무리 아들이 필요하다고 아무리 절박하다고 해도 내가 하갈에게 그런 제안을 했을까? 이 객지에서 내가 무슨 영화를 누릴 일이 있다고?

　그래, 고향을 떠날 때 하나님께서 장미빛 꿈을 주셨지. 그런데 막상 마주한 현실은 눈에 보이는 광야보다도 더 척박했어. 그 척박한 나날이 반복되던 어느 날 조카 롯으로 말미암아 남편이 전쟁에 휘말린 그때, 그 극한의 고통과 불안의 순간 내 장막에서 곁을 지켜주던 사람은 '하갈'이었어. 그래서 더 의지하게 되었는지도 몰라. 그 불안의 순간 장막 밖에서는 강한 모습을 어쩔 수 없이 보여야 했지만 장막 안에서는 벌벌 떨고 있었던 내 손을 잡아주고 나를 옆에서 사람의 온기로 '아, 사람이 내 옆에 있구나'라고 느낄 수 있게 해줬던 사람이 누구였을 것 같아? 하갈밖에 없잖아. 하갈은 내 몸종이었으니까. 그 극한의 상황에서 내 곁을 지켜준 사람은 하갈이잖아. 그래서 더 하갈을 의지하게 되었는지도 몰라. 그리고 처음부터 하나님께서 사라 나를 통해서 태어나는 아이와 언약을 맺겠다고 하셨으면 이런 오해는 없었지.

나는 이미 늙었는데 내가 남편의 앞길을 막고 있는 것만 같고…, 그 전쟁의 순간 그 극한의 고립감과 불안으로 고통받던 밤 내 곁에 있었던 것은 하갈 이잖아. 그래서 아브라함을 하갈에게 보낸 거야.

그래, 그런데 조카 롯도 돈 생기니까 내 곁을 떠나더니 하갈도 뱃속에 아이가 생기니까 나를 무시하고 멸시하더라. 사람들은 정말 쉽게 달라지더라. 이제 나는 아무것도 없어. 그래도 남편에게 하갈을 주기 전에는 나는 내 남편에게 있어 여자였어. 그런데 그것마저도 이제는 아니야. 나는 아무것도 없어. 그래 하갈을 학대했던 일, 내가 좀 심하기는 했다고 했잖아. 내가 좀 심하기는 했다니까. 나도 인정해. 이제는 나는 여자도 아니야. 이제 나는 이 객지에서 혼자야. 다들 나를 경계하는 눈빛으로 두려워하는 눈빛으로 기회만 된다면 등에 칼을 꽂을듯한 눈으로 나를 봐. 나는 이제 아무것도 없는 것이 아니라 사람들이 피하는 냄새나는 그 무엇이 된 것 같아.

[2]사래가 아브람에게 이르되 **여호와께서 내 출산을 허락하지 아니하셨으니** 원하건대 내 여종에게 들어가라 내가 혹 그로 말미암아 자녀를 얻을까 하노라 하매 아브람이 사래의 말을 들으니라 [3]아브람의 아내 사래가 그 여종 애굽 사람 하갈을 데려다가 그 남편 아브람에게 첩으로 준 때는 **아브람이 가나안 땅에 거주한 지 십 년 후였더라** [4]아브람이 하갈과 동침하였더니 하갈이 임신하매 **그가 자기의 임신함을 알고 그의 여주인을 멸시한지라** [5]사래가 아브람에게 이르되 내가 받는 모욕은 당신이 받아야 옳도다 내가 나의 여종을 당신의 품에 두었거늘 그가 자기의 임신함

을 알고 나를 멸시하니 당신과 나 사이에 여호와께서 판단하시기를 원하노라 ⁶아브람이 사래에게 이르되 당신의 여종은 당신의 수중에 있으니 당신의 눈에 좋을 대로 그에게 행하라 하매 **사래가 하갈을 학대하였더니 하갈이 사래 앞에서 도망하였더라**(창세기 16:2-6)

그렇게 도망갔던 하갈이 돌아왔을 때 뛰어나가서 하갈을 안고 정신없이 울었어. 하갈이 도망간 사이 하갈에게 여호와 하나님이 나타나셨대. 남편에게야 여러 번 나타나셨다지만, 내게는 아직 한 번도 나타나신 적이 없는 여호와 하나님께서 하갈을 만나주셨대. 아들을 낳을 거래. '이스마엘'이라고 '하나님이 들으신다'라는 뜻의 이름도 지어주셨대. 나한테는 한 번도 안 나타나시더니….

그 말을 듣는 순간 남편의 얼굴에 화색이 도는 것을 보았어. 아들이라니 다행이다 싶었지만 눈물이 났어. 웬일인지 내가 자꾸 작아져서 땅속으로 들어가는 것만 같아. 이러려고 고향 땅을 떠나 이곳에 온 것이 아닌데…, 이러려고 이곳에 온 것이 아닌데…, 그래 처음부터 아브라함에게 아들을 준다고 하셨을 때 하나님의 계획에는 내가 없었는데 내가 눈치 없이 따라온 것 같아. 그냥 돌아가신 아빠 생각이 났어.

이스마엘이 태어났을 때 생각이 나. 남편이 눈물을 흘리며 "오, 내 아들 이스마엘", "오, 내 아들 이스마엘"을 반복하는데, 잠시 스치는 기쁨(?) 내가 (?) 해냈다(?) 이었어야 하는데, 내 모든 것의 뿌리가 없어지는 이 느낌은 무엇이지? 걸음을 걸어도 무릎 아래가 없어진 듯이 허공에 떠있는 듯한 이 허전함은 무엇이지? '법적'으로야 아무리 '사라의 아들'이라고 해도[49] 이 아이가 정말 내 아이일까? 건강해 보이는 사내아이, 이 작은 아이의 우렁찬 울음소리에 내 가슴이 철렁 내려앉는 것은…, 이 알 수 없는 불안감과 공포는 무엇이지? 이 건강한 사내아이가 자라 힘을 가지게 될 때 내 처지는 어떻게 될까? 나는 아직도 내 남편의 마음 속에 아내일까?

　이러려고, 내가 여기에 왔나? 이것이 여호와 하나님께서 우리 부부에게 아들을 주겠다고 하신 의미였나? 그래, 남편의 아들은 맞지…, 그런데 나는 이 아이에게 무엇일까? 아니 무엇이 될까? 아무리 힘들고 외로워도 바람 부는 이 광야에 아브라함과 함께 서 있었던 것 같은데…, 이제는 나 혼자 서 있어. 내 주변에는 눈을 번쩍이는 들개떼만 있는 것 같아. 이제는 정말 혼자가 되었어. 하갈을 살피시는 하나님은 나는 살피시지 않는 것 같아.

> [13]**하갈이 자기에게 이르신 여호와의 이름을 나를 살피시는 하나님이라 하였으니** 이는 내가 어떻게 여기서 나를 살피시는 하나님을 뵈었는고 함이라 [14]이러므로 그 샘을 브엘라해로이라 불렀으며 그것은 가데스와 베렛 사이에 있더라 [15]**하갈이 아브람의 아들을 낳으매 아브람이 하갈이 낳은 그 아들을 이름하여 이스마엘이라 하였더라** [16]하갈이 아브람에게

---

49 "[3]라헬이 이르되 내 여종 빌하에게로 들어가라 그가 아들을 낳아 내 무릎에 두리니 그러면 나도 그로 말미암아 자식을 얻겠노라 하고 [4]그의 시녀 빌하를 남편에게 아내로 주매 야곱이 그에게로 들어갔더니 [5]빌하가 임신하여 야곱에게 아들을 낳은지라"(창세기 30:3-5).: 사라가 하갈에게 제안했던 방식이 바로 이것이다. 이 경우 여종의 출산 때, 여주인이 여종을 뒤에서 안는 자세를 취한 상태에서 아기를 낳았다고 한다. 그리고 이렇게 출산한 경우, 실질적으로는 여종이 출산한 것이지만 사람들은 여주인이 아이를 낳은 것으로 여겼다고 전해진다. 우리가 보기에는 "말이 되는 일인가?" 싶지만 그 당시에는 아주 널리 퍼져 있었던 풍습이라고 한다.

이스마엘을 낳았을 때에 아브람이 **팔십육 세**였더라(창세기 16:13-16)

하갈이 이스마엘을 낳은 이후, 그 어떤 것도 느낄 수 없는 내 인생에…, 웃음? 그래…, 웃음. 내 아들 이삭의 이름, 내 아들 이삭의 뜻이지…, 웃음이라? 내 아들 이삭이 태어나기 전까지 내게는 너무도 낯선, 아니 잊혀진 그 무엇이었지. 살아있는 송장이 웃는 것을 본 적이 있니? 내 아들 이삭이 태어나기 전까지 나는 살아도 살아있는 사람이 아니었어. 내 처참한, 내 삭막한 처지가 웃음뿐 아니라 내 모든 감정을 가져갔지. 무엇을 보아도 무엇을 들어도 무엇을 맛봐도 느껴지지 않는 삶이 무엇인지 아니? 잠시라도 겪어본 적이 있니?

이삭이 태어나기 전에는 그런 생각이 내 머릿속을 맴돌았지. 다시 한번 이야기하지만, 아브라함에게 하갈과 동침하라고 권한 것은 내 잘못이었어. 그런데 자식을 주겠다고 고향 땅에서 불러내신 뒤, 그 고생 고생 뒤에 내 실수를 손꼽아 기다리기라도 하신 듯 내 남편에게 하갈과 동침하라고 하자마자 하갈이 임신하게 해주시고 도망가니까 나타나셔서 이런저런 말로 달래주시고 아들이 태어날 것이라면서 이름까지 지어주시고서, 나한테 "사라, 네가 잘못한 거 맞지? 그러니까 이제 열국의 어미는 사라, 네가 아니라 하갈이다. 사라, 너는 이제 아웃(Out)!" 그래 이거였어? 고향 땅에서부터 계획된 것이 이거였구나. 이 생각이 집요하게 나를 말리고 있었지. 이 생각을 몇 년 동안 한지 아니? 14년 동안 했어. 14년 동안…, '아, 내가 내 남편에게 하갈을 권하지 말았어야 했는데, 내가 믿음 없이 버티지 못한 대가가 바로 이

거구나. 하나님은 정말 엄중하신 분이시구나. 내가 그때 그 실수를 하지 말 았어야 했는데… 그게 내가 언약에서 배제되는 일이었구나.' 14년[50]이야. 그래 14년. 그 시간 동안 내가 어땠을 것 같아? '아, 내가 하나님을 좀 못 믿었더니 내 대신 하갈을 열국의 어미로 세우셨구나.'

> [15]하나님이 또 아브라함에게 이르시되 **네 아내 사래는 이름을 사래라 하지 말고 사라라 하라** [16]**내가 그에게 복을 주어 그가 네게 아들을 낳아 주게 하며 내가 그에게 복을 주어 그를 여러 민족의 어머니가 되게 하리니 민족의 여러 왕이 그에게서 나리라** [17]**아브라함이 엎드려 웃으며 마음속으로 이르되** 백 세 된 사람이 어찌 자식을 낳을까 사라는 구십 세니 어찌 출산하리요 하고 [18]아브라함이 이에 하나님께 아뢰되 이스마엘이나 하나님 앞에 살기를 원하나이다 [19]하나님이 이르시되 **아니라 네 아내 사라가 네게 아들을 낳으리니 너는 그 이름을 이삭이라 하라 내가 그와 내 언약을 세우리니** 그의 후손에게 영원한 언약이 되리라(창세기 17:15-19)

여호와 하나님께서 아들을 주셔서 나를 웃게 하셨다고? 사람들은 단순히 그렇게만 알고 있지? 그냥 쉽게 그렇게들 생각하지…, 그러니까 입장을 바

---

50 "하갈이 아브람에게 이스마엘을 낳았을 때에 아브람이 팔십육 세였더라"(창세기 16:16).: 그렇다면 아브라함이 팔십오 세 때 하갈이 임신했을 것이다. "아브람이 구십구 세 때에 여호와께서 아브람에게 나타나서 그에게 이르시되 나는 전능한 하나님이라 너는 내 앞에서 행하여 완전하라"(창세기 17:1).: 여호와 하나님께서 '사라를 통해' 아브라함에게 아들을 주시겠다고 하신 때가 이때다.

꾸어 놓고 14년간의 그 세월을 보낸 뒤에 하나님께서 나타나셔서 아들 주겠다고 하시면 너희 같으면 웃음이 나올 것 같니? 이게 웃음이 나올 일이야? 이스마엘이 태어난 지 십삼 년 만에 여호와 하나님께서 내 남편에게 나타나셔서 내 남편의 이름을 아브람에서 아브라함으로 내 이름을 사래에서 사라로 바꾸어주신 다음에 그렇게 말씀하셨었지 "내가 사라에게 복을 주어 사라가 네게 아들을 낳아 주게 하며 내가 사라에게 복을 주어 사라를 여러 민족의 어머니가 되게 하리니 민족의 여러 왕이 사라에게서 나리라."

성경을 대충 보지 말고 자세히들 좀 봐. 이때 내가 웃었다는 이야기가 있니? 이스마엘로 행복에 겨웠던 아브라함만 "백 세 된 사람이 어찌 자식을 낳을까 사라는 구십 세니 어찌 출산하리요"라고 엎드려 웃었다고 되어 있지. 창세기 17장을 샅샅이 뒤져보라고, 사라 내가 웃었다는 기록이 있는지? 입장을 바꿔서 생각해보라니까. 너희 같으면 웃음이 나올 것 같니?

하나님께서 사라가 아들을 낳을 것이라고 하니까 내가 처음부터 웃었을 것 같아? 그렇게만 생각한다면 그 사람은 인생이 무엇인지 여자가 무엇인지 모르는 거야. 나를 내 고향에서 끄집어내셔서 이 삭막한 광야에 던져놓으신 분이 나의 모든 소망이 끊어진 뒤에야 내게 아들을 주셨지. 그 세월이 고향을 떠난 지 이십 오 년이야. 그 과정을 아니? 그래 당연히 알고 싶지 않을 거야. 우선은 관심이 없고 그 무엇보다 알게 되면 너무 불편할 테니까…, 혹시 하나님께서 선택하신 인생에는 무엇이 담기는지 아니?[51] 아픔에는 무

---

[51] 이 단원에서 내가 궁극적으로 하고자 하는 이야기다. 답은 본 단원 마지막 부분에 언급했다.

엇이 담기는지 아니?[52] 외로움이 얼마나 죽음보다 무서운지 알고 있니?

[1]여호와께서 마므레의 상수리나무들이 있는 곳에서 아브라함에게 나타나시니라 날이 뜨거울 때에 그가 장막 문에 앉아 있다가 [2]눈을 들어 본즉 사람 셋이 맞은편에 서 있는지라 그가 그들을 보자 곧 장막 문에서 달려나가 영접하며 몸을 땅에 굽혀 [3]이르되 내 주여 내가 주께 은혜를 입었사오면 원하건대 종을 떠나 지나가지 마시옵고 [4]물을 조금 가져오게 하사 당신들의 발을 씻으시고 나무 아래에서 쉬소서 [5]내가 떡을 조금 가져오리니 당신들의 마음을 상쾌하게 하신 후에 지나가소서 당신들이 종에게 오셨음이니이다 그들이 이르되 네 말대로 그리하라 [6]아브라함이 급히 장막으로 가서 사라에게 이르되 속히 고운 가루 세 스아를 가져다가 반죽하여 떡을 만들라 하고 [7]아브라함이 또 가축 떼 있는 곳으로 달려가서 기름지고 좋은 송아지를 잡아 하인에게 주니 그가 급히 요리한지라 [8]아브라함이 엉긴 젖과 우유와 하인이 요리한 송아지를 가져다가 그들 앞에 차려 놓고 나무 아래에 모셔 서매 그들이 먹으니라 [9]그들이 아브라함에게 이르되 네 아내 사라가 어디 있느냐 대답하되 장막에 있나이다 [10]그가 이르시되 내년 이맘때 내가 반드시 네게로 돌아오리니 네 아내 사라에게 아들이 있으리라 하시니 사라가 그 뒤 장막 문에서 들었더라 [11]아브라함과 사라는 나이가 많아 늙었고 사라에게는 여성의 생리가 끊어졌는지라 [12]사라가 속으로 웃고 이르되 내가 노쇠하였고 내 주인

도 늙었으니 내게 무슨 즐거움이 있으리요 [13]여호와께서 아브라함에게
이르시되 사라가 왜 웃으며 이르기를 내가 늙었거늘 어떻게 아들을 낳
으리요 하느냐 [14]여호와께 능하지 못한 일이 있겠느냐 기한이 이를 때에
내가 네게로 돌아오리니 사라에게 아들이 있으리라 [15]사라가 두려워서
부인하여 이르되 내가 웃지 아니하였나이다 이르시되 아니라 네가 웃었
느니라 [16]그 사람들이 거기서 일어나서 소돔으로 향하고 아브라함은 그
들을 전송하러 함께 나가니라(창세기 18:1-16)

이제 보이니? 17장에는 하나님께서 식사를 하셨다는 기록이 없지? 17장
과 18장의 분위기를 비교하면서 성경을 다시 한번 읽어보라고. 아무리 이
스마엘이 태어나고 하갈이 그 생모라고 해도 아브라함 부족의 안주인은 바
로 나 사라야. 너희가 살고 있는 한반도의 옛날 방식으로 쉽게 표현하자면,
곳간과 쌀독의 열쇠는 나 사라가 가지고 있다고! 자세히 살펴보면 알 수 있
을 거야. 하나님께서 '복에 복'을 '축복에 축복'을 약속하신 때는 17장이야.
그런데 18장에서는 기름지고 좋은 송아지 요리를 대접받으셨던 하나님께
서 17장에서는 나 사라한테 물 한잔이라도 받으셨니?

[21]내 언약은 내가 내년 이 시기에 사라가 네게 낳을 이삭과 세우리라
[22]하나님이 아브라함과 말씀을 마치시고 그를 떠나 올라가셨더라(창세
기 17:21-22)

이제 17장의 분위기가 보이니? 하나님께서 아브라함에게 "내가 사라에

게 복을 주어 사라가 네게 아들을 낳아 주게 하며 내가 사라에게 복을 주어 사라를 여러 민족의 어머니가 되게 하리니 민족의 여러 왕이 사라에게서 나리라"라고 하실 때, 아브라함이 엎드려 웃으며 하나님께 했던 답이 뭐였니? "아브라함이 이에 하나님께 아뢰되 이스마엘이나 하나님 앞에 살기를 원하나이다" 그때는 하나님뿐 아니라 내 남편이었는지 기억마저 가물가물한 아브라함에게 기대하는 마음조차 없었던 것 같아. 하나님께서 사라 나를 통해서 아들을 주겠다고 하시는데 겨우 한다는 말이 "이스마엘이나 하나님 앞에 살기를 원하나이다?" 십사 년 전에 하갈을 학대할 것이 아니라 아브라함을 학대했어야 했어. 그러니까 이스마엘이 태어난 뒤, 나 사라는 시들어가는데 아브라함 이 인간은 행복했다는 이야기야.[53]

아브라함의 그 말에 일그러진 내 표정을 보시면서 하나님께서 바로 다시 말씀하셨지. "아니라 네 아내 사라가 네게 아들을 낳으리니 너는 그 이름을 이삭이라 하라 내가 그와 내 언약을 세우리니 그의 후손에게 영원한 언약이 되리라" 그 순간 나는 내 아들의 이름을 알았어. 한편 생각해보면 "그때 내 표정이 얼마나 심각했으면 내 아들의 이름을 '웃음'으로 주셨을까?"라는 생각이 들기도 해. 나를 웃게 해주고 싶으셨나? 어찌 되었든 하나님께서는 이 말씀을 남기시고 바로 그 자리를 떠나셨어. "내 언약은 내가 내년 이 시기에 사라가 네게 낳을 이삭과 세우리라." 메마른 땅에, 아니 마른 바위를 뚫고 나오는 새싹의 생명력을 비로소 천천히 느끼기 시작했던 것 같아.

---

53 '아브라함을 위한 변명'도 설교해야 할 필요성이 이 부분에서 나온다. 훗날 소천한 뒤 새 하늘 새 땅에서 아브라함을 만났을 때를 대비해야 할 것이 아닌가? 이 글을 쓴 나도 살아야 할 것 아닌가?

하나님께서는 사라 내가 내내 마음에 걸리셨던 것 같아. 물론 소돔과 고모라에 대한 이야기를 아브라함에게 하실 겸 오신 것 같기는 한데, 하나님께서 바로 이어서 다시 오셨어. 그래, 여호와 하나님이 나를 웃게 하셨지. 그래 그러셨지. 그러기는 하셨지. 여호와 하나님께서 나 사라를 웃게 하셨지. 비록 내가 하나님께 웃지 않았다고 우겼지만 하나님께서 나 사라를 웃게 하셨지. 그래 나는 그때 비로소 거의 십사 년 만에 웃었던 것 같아.

기억해 두렴! 천지를 창조하신 하나님의 약속은 변개함이 없으셔! 사실이야. 물론 나 사라도 고난을 당하는 동안에는 이 말이 와닿지 않았지. 너희도 분명히 그럴 거야. 그래서 믿음이라는 뜻의 히브리어 '에무나'의 뜻이 '버틴다'인지도 몰라.

내 경험을 근거로 한 가지를 알려줄까? 하나님께서 해주신 약속, 너희 생각에 이 정도면 이제 해주실 것 같을 때가 있지? 내가 확실히 말해주는데 너희가 생각하는 그 시기보다 분명히 뒤야. 지금 이 말을 듣고 너희가 생각하는 것보다 훨씬 뒤로 시간을 잡았지? 인정하기 싫겠지만 확실한 것은 그보다도 훨씬 더 뒤라는 사실이지. 내가 그랬잖아. 하나님은 시간을 창조하신 분이어서 그런지 하루가 천년 같고 천년이 하루 같은 분이시라고…, 하나님과 피조물인 우리 사이의 중요한 경계 중 하나가 뭔지 아니? 바로 시간이야. 하나님은 그 시공간을 통해서 당신의 사람들을 만들어가시는 것 같아.

언제쯤 하나님께서 약속을 들어주시는지 좀 더 쉽게 이야기해 줄까? 어느 정도냐면…, 하나님께서 이 정도면 해주실 것 같지? 이 정도 시간이 지났으니 해주실 것 같지? 아니야. 그런 생각이 든다면 아직은 아니야. 어느 정도냐면…, "아들을 주신다고요? 아니 됐어요. 아들이고 뭐고 간에 됐어요! 정말 됐다고요! 그냥 이대로 죽을래요, 아들? 아니, 필요 없다니까요. 나 그냥 이대로 죽을래요. 그냥 나 좀 그냥 놔줘요. 됐다고요! 됐다니까요! 정말 필요 없다니까요!" 그래 맞아. 네가 하나님께서 정말 친밀하게 사용하시는 하나님의 사람이라면, 그 정도 마음까지 갔으면 바로 그때가 하나님께서 해주시는 때야!

사막을 헤매고 있다고 생각을 해봐. 완전히 기진해서 쓰러져 정신을 잃어가고 있는데 갑자기 쓰러져 있는 바닥이 축축해지기 시작하더니 여기저기서 갑자기 물이 솟구치기 시작하는 거야. 그 기간이 사라 나처럼 이십오 년이면 고마울 것 같아?[54] 아니면 욕이 나올 것 같아? 욕이 나오지. 그런데 욕을 하느라 입을 벌렸는데 물이 벌린 입안으로 콸콸 들어오면 어떨 것 같아? 어떨 것 같긴? 그냥 물이 너무 달지. 그러면 어떤지 아니? 자존심이 상해. 근데 문제는 물이 너무 달고 맛있어. 그러면 짜증이 나니까 옆에 똑바로 드러눕잖아. 그랬다가 몸을 일으켜 앉았는데 아주 달고 맛있는 과일을 잘 깎아서 접시에 줘. 그러면 뭐라고 할 것 같아? "됐어요. 됐다니까요"라고 하는데 그 말을 하느라 벌린 입에 그 과일을 보통 넣어주시지. 그러면 어떨 것 같니? 그 모든 것을 말로 설명할 수 있을 것 같아? 불가능해. 그게 하나님의 사람의 인생인 것 같아. 일단 하나님께서 들어주시기 시작하시면 너무 완벽

---

54 CMF 캠퍼스에서 설교를 할 때 이렇게 예를 들었다. "그러니까 여기 있는 자매들 중에 스물다섯 살인 경우 오십 살에 하나님께서 스물다섯 살 때 약속해주신 것을 해 주셨다고 상상을 해 보면 마음에 좀 와닿을 거야."

하시지. 하나님 그분이 시작하시면 갑자기 모든 것이 한 번에 해결이 되는데 우리 입장에서는 너무 그 시간이 늦어서 문제지.[55]

이런 말을 들으면 궁금할 거야. 도대체 하나님은 왜 그러시냐고? 답을 해주는 대신 질문을 바꾸어서 알려줄게. 어차피 답을 해줘도 못 알아들을 테니까…, 앞으로는 이렇게 질문해보는 것이 어떨까? "하나님, 당신은 우리의 아픔에(인생에) 무슨 은혜를 담으시려고 이러시나요?" 정확한 표현은 "하나님 당신은 도대체 왜 우리 인생 가운데 이러한 아픔을 막지 않고 허락하시

---

[55] 하나님과 사라 사이에 있었던 이 이야기를 21세기 대한민국에 있는 성도들에게 적용한다면 결국 기도에 대한 이야기가 될 것이다. 내가 사역하는 CMF 지체들의 경우 '이과 성향'이 강해서인지 기도에 대한 이러한 말을 들을 경우 이 말을 꼭 법칙화(?) 하려는 경향이 있다. 그러나 하나님은 인격적인 분이시지 어떤 법칙으로 '환원'되는 분이 아니시다. 나는 우리 CMF 지체들에게 기도뿐 아니라 하나님께서 우리를 대해 주시는 방식을 상상할 때는 항상 하나님의 아빠 아버지 되심을 염두에 둘 것을 권면한다. 그리고 질문이 들어올 경우, 사역 현장에서는 해당 지체의 인생이야기를 몇시간 들은 다음에 그 지체에게 맞추어서 설명을 해주곤 한다. 하지만 지면을 통해서 만나는 독자들에게는 이러한 방식이 불가능하므로 한 가지 경우만을 예를 들면 이와 같다. 갓난아기가 우는 경우 부모가 아이에게 반응하는 속도와 성인이 된 자녀가 무언가 고민에 빠져 있는 경우 부모가 자녀에게 무슨 일인지를 묻고 개입하는 속도에는 차이가 있다. 당연히 자녀의 나이가 어릴수록 부모의 반응속도는 빠르게 마련이다. 그리고 자녀가 나이가 들수록 부모 입장에서는 때로는 모른 체하거나 자녀 스스로 해결을 시도하고 실패와 성공의 경험을 가지도록 지켜봐 주는 것이 현명한 부모들의 방법이다. 하나님도 마찬가지다. 보통의 경우 기도하는 성도의 신앙이 어리거나 그 처지가 참으로 안쓰럽고 정말 불쌍한 경우 하나님의 응답은 당연히 빨라지게 마련이다. 그러나 신앙의 연차가 늘어날수록 하나님의 응답은 당연히 느려지는 것이 상식적이다. 그런 점에서 나는 농담 반 진담 반으로 CMF 지체들에게 기도 부탁의 최고의 대상은 목사님이 아니라 이제 막 예수님을 영접한 지체들임을 알려주곤 한다. 내가 보기에 21세기 젊은 세대의 언어로 표현할 때 목사님들만큼 기도 부탁에 있어서 가성비(?)가 떨어지는 대상은 없다. 동시에 이제 막 예수님을 믿기 시작한 지체들만큼 기도 부탁에 있어서 가성비가 좋은 대상은 없다. 그런 연고로 나는 기도 부탁을 하는 경우 CMF 수련회에서 이제 막 예수님을 믿기 시작한 아이들에게 기도 부탁을 하곤 한다. 결과는? 꼭 말을 해줘야 할까? 정말, 하나님의 응답 속도가…(물론, 이 경우 하나님께서 나를 향해서 '내 저것을 그냥' 하는 분위기가 느껴지는 것은 어쩔 수 없다. 내 입장에서는 그만큼 절박하고 바쁜 사정이니만큼 사실은 약간의 반칙이기는 하지만 내가 자주 쓰는 말로 표현하자면 나도 살아야 할 것 아닌가?) 이 정도까지 구체적으로 설명했으니 기도의 응답에 걸리는 시간에 대한 감(感)과 그 이유에 대해 어느 정도 이해가 되었으리라 믿는다.

나요?"이기는 하지. "하나님, 당신은 하나님의 사람의 인생에 어떤 구원의 메시지를 담으시려고 이러시나요?" 정확한 표현은 "도대체 제 인생에 어떤 구원의 메시지를 담으시려고 이러한 고통의 시간을 허락하시나요?"이지.

> [5]아브라함이 그의 아들 이삭이 그에게 태어날 때에 백 세라 [6]사라가 이르되 **하나님이 나를 웃게 하시니 듣는 자가 다 나와 함께 웃으리로다** [7] 또 이르되 **사라가 자식들을 젖먹이겠다고 누가 아브라함에게 말하였으리요마는 아브라함의 노경에 내가 아들을 낳았도다** 하니라(창세기 21:5-7)

아마 그때부터였을 거야. 내가 온전히 웃음을 되찾은 것은… 그래, 여호와 하나님이 나를 웃게 하셨지. 그래, 그러셨지. 그러기는 하지. 여호와 하나님께서 나 사라를 웃게 하셨지. 우리 아들 이삭을 주셔서…, 그리고 사람들 눈에는 그것만 보이지…

그런데 말이야…, 내가 진짜 내 마음속 깊은 곳으로부터 내 영혼의 저 깊은 중심으로부터 메마른 땅에 새싹이 돋듯, 웃게 된 순간을 말해줄까? 그러니까… 내 나이 90에 산통이 시작되고… 산통으로 정신이 혼미한 가운데 문득 아브라함의 '표정'과 그의 '등 모습'이 느껴졌어. 불안해하는 그를 주변 사람들이 위로하는 소리가 들렸어. 내가 사는 곳은 장막이어서 보이지는 않아도 들리는 것이 많지.

불안해하는 내 남편 아브라함을 안심시키려는 이들에게 남편이 하는 소리가, 내 남편의 목소리가 또렷이 내 귀에 들렸어. "족장님, 너무 불안해하지 마세요. 하나님께서는 족장님에게 아들을 주시겠다는 약속을 분명히 지키실 것입니다.", "아니야, 아니야, 그걸 걱정하는 것이 아니야. 나도 알아. 하나님께서는 나에게 아들을 분명히 주실 거야. 내 아내 나이가 90이고 폐경이었는데[56] 하나님께서 아들을 주신다고 하셨고, 그리고 나서 폐경인 사라가 분명히 임신을 했어. 그렇다면 당연히 아들을 주시겠지. 그걸 왜 모르겠어. 내가 지금 걱정하는 것은 그것이 아니야. 내가 지금 걱정하는 것은… 그러니까… 그러니까, 내게 아들을 주시고 내게서 사라를 빼앗아 가시면 어떻게 하지?" 그 순간 내 아들 이삭의 울음소리가 산통으로 괴로워야 하는 나 사라의 웃음소리와 함께 장막을 가득 채웠어.

"그런데, 그런데, 내게 아들을 주시고 내게서 사라를 빼앗아 가시면 어떻게 하지?" 여호와 하나님께서는 내게 내 아들 이삭과 함께 남편을 빼앗겼다는 불안에 떠는 내 마음속에 남편을 돌려주셨어. 하나님의 주심은 항상 더해서 주시는 것 같아. 그것을 너희 신학자들은 구원론에서 교리적으로 설명하기도 하더라.[57] 그래, 항상 내 남편 아브라함 그에게 나는 전부였어. 내게

---

[56] "[10]그가 이르시되 내년 이맘때 내가 반드시 네게로 돌아오리니 네 아내 사라에게 아들이 있으리라 하시니 사라가 그 뒤 장막 문에서 들었더라 [11]아브라함과 사라는 나이가 많아 늙었고 사라에게는 여성의 생리가 끊어졌는지라"(창세기 18:10~11).

[57] "기록된 바 첫 사람 아담은 생령이 되었다 함과 같이 마지막 아담은 살려 주는 영이 되었나니"(고린도전서 15:45).: 이 말씀을 근거로 우리 주 예수 그리스도를 신학적으로 '두 번째 아담' 혹은 '마지막 아담'이라고 표현한다. 이렇게 '마지막 아담'이신 우리 주 예수 그리스도를 통하여 구원받은 우리 성도들의 상태는 선악과 사건 이전 즉 죄를 짓기 이전의 '첫 번째 아담'보다도 영화로운 상태다. 선악과 사건 이전의 아담은 아직 '죄가 없는 존재'이기는 하지만 '의로운 존재'는 아니었다. 물론 첫 번째 아담의 경우 하나님과의 언약을 끝까지 지켰다면, 그는 의로운 존재가 될 수 있었다. 그러나 첫 번째 아담은 이 일에 실패하였다. 반면 두 번째이자 마지막 아

그가 전부인 것처럼…

여호와 하나님, 그분이 그런 분이시지. 살아보면 그러니까 사라 나 같은 과정을 여러 번 겪고 나면 하나님과 동행하는 가운데 인생의 감(感)이 오게 될 거야. 그래서 CMF의 최관호 간사이던가? 그 인간은 항상 하나님한테 이런다고 하더라. "하나님, 이 정도까지 왔으니까 이번에는 저한테 좀 져주시고 가시죠. 하나님, 언약 백성의 이름이 이스라엘이라면서요? 언약 백성의 이름을 '하나님을 이긴 자' 이스라엘로 주셨으면 저한테 좀 져주시고 가시는 것이 맞잖아요? 아니, 제 이름을 '하나님을 이기는 자'로 지어 주시고서 저한테 안 져주시면 어떻게 해요? 아니, 그러니까요. 제가 항상 제 맘대로 하겠다는 것이 아니라요. 가끔씩 이라도요. 그러니 이번 일은 저한테 좀 져주시고 가시죠. 하나님은 전지전능하시니 제 말 들어주시고도 하나님의 뜻을 성취하시는 데는 문제가 없으시잖아요."

그래, 나중에 지나고 보면 하나님 당신이 우리에게 결국 다 져주셨고 다 들어주셨다는 것을 알게 되지. 물론 그 방식이 우리가 생각하는 방식이 아니어서 그렇지만…, 그리고 당하는 순간에는 별로 위로가 되는 말도 아니지만 하나님은 그런 분이시기는 하시지.

담이신 우리 주 예수 그리스도의 십자가를 통하여 죄 사함을 받는 동시에 모든 율법의 요구를 이루신 '우리 주 예수 그리스도의 의를 전가 받은' 하나님의 자녀들은 '의로운 존재'이다. 즉 우리 주 예수 그리스도의 지상 사역(이 책의 2부 각주에서 비교적 자세히 설명했다)을 통하여 이루신 의를 전가 받은 모든 하나님의 자녀들은 죄가 없을 뿐 아니라 의롭다 칭함을 받는 존재다. 두 번째이자 마지막 아담이신 우리 주 예수 그리스도를 통하여 구원받은 하나님의 자녀는 선악과 사건 이전 죄가 없던 첫 번째 아담보다도 위대한 존재다. 이렇듯 '하나님의 주심'은 회복을 넘어 기존의 것보다 '더하여 주심'이다.

하나님 그분이 현실의 삭막함에 웃음기를 잃은 광야 같은 내 인생에 하나님 당신의 사랑과 은혜를 넘치게 담아주셨어. 그날 나는 사막에 넘쳐나는 맑은 물[58]을 보았어. 그리고 그것 아니? 여호와 하나님께서는 나를 통해 태어나지 않은 인류하고는 언약을 세우지 않겠다고 하셨단다. 오직, 나 사라를 통해 태어난 자와 구원 언약을 세우셨단다.

> [1]사라가 백이십칠 세를 살았으니 이것이 곧 사라가 누린 햇수라 [2]**사라가 가나안 땅 헤브론 곧 기럇아르바에서 죽으매** 아브라함이 들어가서 사라를 위하여 슬퍼하며 애통하다가 [3]그 시신 앞에서 일어나 나가서 헷 족속에게 말하여 이르되 [4]나는 당신들 중에 나그네요 거류하는 자이니 **당신들 중에서 내게 매장할 소유지를 주어 내가 나의 죽은 자를 내 앞에서 내어다가 장사하게 하시오**(창세기 23:1-4)

> [16]아브라함이 에브론의 말을 따라 에브론이 헷 족속이 듣는 데서 말한 대로 상인이 통용하는 **은 사백 세겔을 달아 에브론에게 주었더니** [17]마므레 앞 막벨라에 있는 에브론의 밭 곧 그 밭과 거기에 속한 굴과 그 밭과 그 주위에 둘린 모든 나무가 [18]**성 문에 들어온 모든 헷 족속이 보는 데서 아브라함의 소유로 확정된지라** [19]그 후에 아브라함이 그 아내 사라를 가

---

58 '사막에 넘쳐나는 맑은 물'이라는 표현은 내가 걸프전 참전 당시 지상전이 종료된 후 오아시스에 방문했을 때의 경험을 떠올리며 적었다. 지평선 너머로 모래만 보이는 길을 몇 시간 달린 뒤 마주했던 대추 야자수 숲이 우거진 오아시스 한가운데 솟구치던 지름 2-3미터의 물줄기를 아주 생생하게 기억한다.

나안 땅 마므레 앞 막벨라 밭 굴에 장사하였더라(마므레는 곧 헤브론이
라) ²⁰이와 같이 그 밭과 거기에 속한 굴이 헷 족속으로부터 **아브라함이
매장할 소유지로 확정되었더라**(창세기 23:16-20)

그리고 마지막으로 한마디 더, 내가 죽으면서 아브라함이 산 땅이 우리
후손들이 합법적으로 가나안 땅 전체의 주인이 되는 합법적 근거[59]가 되었
지…, 이게 무슨 의미인지 아니? 내가 죽으면서 산 땅이 '하늘의 허다한 별
과 또 해변의 무수한 모래와 같이 많은 후손'이 거할 땅이 되었다는 이야기
란다. 그래서 '사라' 나를 가리켜서 '열국의 어미'라고 하는 거란다.

[여기까지 사라의 독백을 마친다.]

사라는 이삭을 낳은 지 삼십칠 년을 더 살고 하나님의 품으로 갔다. 사라
는 이십오 년간 하나님을 아는 시간을 겪은 뒤에, 삼십칠 년간 이삭을 키우
고 이 세상을 떠났다. 당연한 이야기지만 그 삼십칠 년간 사라는 정말 행복
했을 것이다. 행복의 총량은 고향을 떠나자마자 이삭을 주셨을 경우보다 훨
씬 컸음에 틀림 없다. 당연한 이야기다. 갈대아 우르에서 나오자마자 아들
을 주셨던 경우보다 행복의 총량은 비교도 할 수 없을 만큼 컸을 것이다. 쉽
게 예상할 수 있는 일이다.

---

59 이에 대한 설명은 이 책 2부 라합 부분에서 자세히 다루어졌다.

CMF에서 성경인물 설교를 시작한 후, 나는 시간이 갈수록 '성경 저자'가 어느 한 측면에서는 '동화 작가' 같다는 생각을 했다. 대부분의 동화는 "그렇게 왕자님과 공주님은 결혼한 뒤 오래오래 행복하게 살았답니다."로 끝을 맺는다. 예외는 거의 존재하지 않는다. 왕자님과 공주님이 결혼하기 전의 이야기가 아무리 다양한 이야기로 구성된다 해도, 결국 결혼 전의 모든 이야기는 위기에 빠진 공주님을 구하기 위해 왕자님과 공주님이 고생고생한 이야기를 담게 마련이다.

그런데 항상 동화에 나오는 이야기들 중, 왕자님과 공주님이 고생한 이야기는 아주 자세히 나오는 반면, 왕자님과 공주님이 결혼해서 아이들을 낳고 행복하게 산 이야기는 생략되곤 한다. 동화를 원작으로 만들어진 애니메이션 또한 마찬가지다. 2시간의 상영시간 중, 왕자님과 공주님이 결혼을 한 뒤 행복한 표정으로 아이들을 안고 있거나 육아에 행복한 수고를 하는 모습은 몇 초에 불과하다. 성경에 나오는 하나님의 사람들의 이야기도 상당수가 그렇다. 굳이 이 이야기를 사라를 위한 변명 마지막 부분에 남겨두는 이유는 따로 말하지 않아도 알아챘으리라 믿는다.

이렇게 보면, 하나님은 사라의 삶에 무엇을 담으셨을까? 사라의 고생에 무엇을 담으셨을까? 성경에 기록된 사라의 삶을 살펴볼 때, 사라가 그녀의 일생을 통해 '능동적으로 한 일'은 딱 세 번밖에 없다. 첫 번째는 아브라함에게 하갈과 동침하라고 한 일, 두 번째는 너무 코너에 몰린 상태에서 욱해서 하갈을 학대한 일, 세 번째는 이스마엘이 이삭을 괴롭히는 것을 보고 이삭의 안전을 위해서 하갈과 이스마엘을 쫓아내라고 한 일이 그것이다.

이 세 가지의 능동적인 일 외에 사라는 평생 무엇을 했을까? 이삭이 태어나기 전까지 지독한 외로움과 불안감 그리고 고립감에 덜덜덜 떨었다. 물론 이삭이 태어난 뒤 삼십칠 년 동안 이삭을 양육하는 기간에는 외롭지 않았을 것이다. 당연히 덜덜덜 떨지도 않았을 것이다.[60] 그렇게 이십오 년간 덜덜덜 떨었던 '하나님의 사람인 사라의 인생'에 하나님은 '온 인류의 구원의 씨앗'을 담으셨다. 그리고 이러한 사라의 인생을 통해 언약 백성이 이루어지고 우리 주 예수 그리스도께서 이 땅에 오시게 된다.

이 단원 초두(初頭)에 언급했던 말을 다시 하면, 사라가 없었다면 구원은 없다. 물론 하나님께서는 사라 없이도 다른 인물을 세워서 당신의 구원역사를 이루셨을 것이지만 이러한 말을 할 자격을 가진 사람은 오고 가는 온 인류 가운데 오직 사라뿐이다. 사라가 한 일은 잘했든 못했든 상관없이 하나님께서 주신 자리에서 떠나지 않고 그 자리를 지키면서 덜덜덜 떨었던 것이다. 하나님께서는 사라의 그러한 인생을 통해서 온 인류의 구원을 이루어 내신다. 이것이 '하나님의 사람의 인생'이다.

우리는 스스로 우리 자신의 인생을 규정하고 자신이 설정한 비전을 하나

---

60 이삭이 성장하는 과정을 상상해보자. 이삭이 옹알이를 하다가 말을 하고, 걸음마를 하다가 걷고 뛰는 모습을 보면서 사라는 문득문득 이런 생각이 잔잔한 행복감과 함께 떠올랐을 것이다. 혼자 중얼대곤 했을 것이다. "내 나이 구십에 저 아이가 태어났지… 분명히 나는 폐경이었었는데… 그래, 분명히 폐경이었었는데… 그리고 분명히 내 뱃속에서 저 아이가 나온 것이 맞지… 그렇지, 그런데 내가 낳았지만 믿기지가 않아." 순간 "엄마"하면서 환하게 다가오는 이삭을 보면서 사라는 어떤 기분에 휩싸였을까? 이렇게 '기적의 아이'가 자신의 눈앞에서 생명력을 뿜어내며 다니는데 덜덜덜 떨 시간이나 있었을까?

님의 일이라고 하는 경향이 있다. 그러나 하나님께서는 '하나님의 사람의 인생'을 하나님께서 규정하신 뒤, '하나님의 때'까지 '하나님의 방법'으로 그의 인생을 이끄신 뒤, 그의 인생 가운데 '하나님의 구원'을 담으신다. 그 어떤 사람의 능력으로도 상상할 수 없는 위대한 일을 '하나님의 사람의 인생을 통하여' 하나님께서 이루신다. 이것이 '하나님의 사람의 인생'이다. 그런 맥락에서 성경은 '하나님의 사람의 일'이 바로 '하나님의 일'이라고 일관되게 증언한다.

하나님께서 세워주신 자리에서 떠나지 않고 하나님 앞에서 끝까지 몸부림치는 사람이라면, 시간이 흐를수록 자신의 인생에 담기는 하나님의 은혜와 하나님의 구원역사를 처음에는 희미하게 그러나 시간이 흐를수록 조금씩 더 선명하게 알아가게 마련이다.

하나님께서는 '사라의 인생'을 통해서 인류 구원역사의 시작을 담으시는 동시에 '사라의 죽음'을 통해 언약 백성 전체가 거할 땅을 확보하신다. 사라의 인생 이야기를 하는 가운데, 사라가 느꼈을 감정을 상상하는 가운데, 정말 해주고 싶은 이야기는 이것이다. "잘하지 않아도 된다. 단, 도망가지만 마라." 이 말은 21세기 대한민국 땅에서, 미래의 불안에 떨며 오늘 하루를 또 견뎌내야 하는 하나님의 사람들에게 대단히 중요하다. "너무 잘하려고 하지 마라! 다만, 도망가지 마라!"

다시 한번 말하지만, 그래서 믿음이라는 뜻의 히브리어 '에무나'의 뜻이

'버틴다'인지도 모른다. "오직 의인은 그의 믿음으로 말미암아 살리라! 오직 의인은 그의 끈질긴 버팀으로 말미암아 살리라!"

아브라함 1

믿음의 조상: 하나님을 위한 변명

믿음으로 아브라함은 부르심을 받았을 때에 순종하여 장래의 유업으로
받을 땅에 나아갈새 **갈 바를 알지 못하고 나아갔으며**(히브리서 11:8)

이 책 1부는 '하갈, 사라, 아브라함' 순서로 구성된다. 2부에서 살펴볼 성
경인물은 '라합, 룻, 보아스'다. 결국 1부에서 한 가족, 2부에서 한 가족을
다루게 된다. 이들 모두는 CMF 캠퍼스에서 선포되었던 성경인물이다.

이번 단원의 제목이 '아브라함 1—믿음의 조상: 하나님을 위한 변명'이 된
과정은 이러하다. 차근차근 이 책을 읽어온 독자라면, 하갈 다음에 사라가
설교된 이유를 잘 알고 있을 것이다. 캠퍼스에서 사라 설교를 마친 뒤, 여러
지체들에게 '사라를 위한 변명'이 충분히 되었는지 확인했다. 결과는 성공적
이었다. 그런데 새로운 문제가 발생했다.

"십사 년 전에 하갈을 학대할 것이 아니라 아브라함을 학대했어야 했어.

그러니까 이스마엘이 태어난 뒤, 나 사라는 시들어가는데 아브라함 이 인간 은 행복했다는 이야기야." 일부 지체들이 '사라를 위한 변명' 설교 중 가장 공감했던 부분으로 이 부분을 꼽았다. 일부 CMF 아이들의 이러한 반응을 접한 뒤, 나는 그 다음주 설교 제목으로 '아브라함을 위한 변명'을 떠올렸다.

그런데 문득 '사라를 위한 변명'에 이어 '아브라함을 위한 변명'을 설교하 는 것은, 나 자신의 소천 후 새 하늘 새 땅에서의 삶에 대한 대비[61]를 너무 노골적으로 준비하는 '사심(私心) 설교가 아닌가?'라는 사역자로서의 '일말의 양심(?)' 같은 것이 느껴졌다. 거기에 더해 사라에 이어 아브라함 또한 성경 인물의 '감정선'만을 중심으로 설교하는 것이, 성경의 중심 주제인 "하나님 의 구원역사를 증거하는데 있어서 정당한가?"라는 의문이 내 '신앙 양심'을 두드렸다.

그러한 연유로 신앙생활을 조금이라도 한 사람이라면 누구나 들어봤을 '믿음의 조상, 아브라함'이라는 명제를 중심으로 "왜 아브라함을 믿음의 조 상이라고 하는가?"라는 주제를 다루어야겠다고 생각하게 되었다. 문제는 여기에서 발생했다. 갈 바를 알지 못하고 나아갔던 아브라함이 그러했던 것 처럼 그리하여 아브라함 또한 그의 인생이 자신이 예상하고 계획했던 대로 풀리지 않았던 것처럼, 아브라함에 관한 설교문 또한 내가 예상하고 계획했 던 것처럼 쓰여지지 않았다.[62]

---

61 앞 단원에서도 설명했듯이, 아브라함과 사라는 성경에서 '열국의 아비'와 '열국의 어미'로 지칭 되는 인물이다. 나는 훗날 아브라함과 사라를 대면했을 때를 대비할 필요성을 느꼈다.

62 '성경인물 설교' 설교문을 쓰는 과정에서 거의 매번 일어나는 이러한 현상에 대해서 나는 아직

설교문을 쓰기 전, 나는 '아브라함의 입장'에서 생각(상상)을 시작하려고 노력했다. 그러나 "왜 아브라함을 믿음의 조상이라고 하는가?"에 대한 답을 성경에 기록된 사건들을 중심으로 따라가다 보니, 설교문 전체의 내용이 '하나님을 위한 변명'이 되어버렸다. 나는 이 사실을 설교문을 완성할 즈음에 알게 되었다. 그리하여 붙이게 된 제목이 '아브라함 1−믿음의 조상: 하나님을 위한 변명[63]이다.

'성경인물 설교' 설교문을 쓸 때마다 일어나는 일이지만, 이번 단원 또한 아브라함처럼 갈 바를 알지 못하고 출발한 셈이 되었다. 생각해보면 나 자신의 삶이 그러했고 CMF 간사로서 나의 사역 또한 그러했다. 이러한 나의 경험은 특이한 경우가 아니다. 누구나 인생의 연조(年條)가 길어질수록 알게 되는 사실은 인생이란 절대로 자신이 계획하거나 의도한 대로 풀리지 않는다는 것이다. 그런 점에서 우리네 인생과 아브라함의 인생은 다르지 않다. 결국 우리에게 믿을 것이 하나님 그분 말고 누가 있겠는가?

> [6]아브라함이 하나님을 믿으매 그것을 그에게 의로 정하셨다 함과 같으니라 [7]그런즉 **믿음으로 말미암은 자들은 아브라함의 자손**인 줄 알지어다(갈라디아서 3:6−7)

명확한 이유를 모르겠다. 현재 나의 수준에서 생각하기에는 내가 바라보는 삶에 대한 시각이 아직 성경에 펼쳐진 하나님의 사람들의 인생을 온전히 이해하기에 너무 어려워서인 것 같다.

63 이 책의 제목이 "하나님을 위한 변명"이 된 과정도 마찬가지다. 원고를 시작할 당시, 이 책의 제목은 "당신의 여종을 덮으소서"였다. 그러나 원고 초안을 완성한 뒤, 원고 전체를 여러 번 읽는 가운데 깨닫게 되었다. 원고 전체가 일관되게 선포하고 있었다. "주께서 인생으로 고생하게 하시며 근심하게 하심은 본심이 아니시로다"(예레미야애가 3:33).

이 책에서 여러 번 강조되는 내용이지만, 아브라함의 자손만 구원받을 수 있다. 이 사실은 우리가 발을 디디고 살고 있는 21세기 대한민국 땅에서도 동일하게 적용된다. 21세기 대한민국 땅에서도 오직 아브라함의 자손만 구원받는다. 왜? 하나님의 약속은 절대 변하지 않기 때문이다. 하나님의 약속은 시공간을 뛰어넘는 영원의[64] 약속이기 때문이다.

갈라디아서를 쓴 사도 바울의 경우 또한 다메섹 도상(道上)에서 우리 주 예수 그리스도를 만나기 전에는 혈통적 유대인만 아브라함의 자손이라고 믿었었다. 그러한 이유로 혈통적 유대인이 아닌 이방인 또한 구원받을 수 있다는 초대교회 교인들의 전도에 발끈했던 것이다. 왜냐하면, 회심 전 사도 바울이 이해하고 믿고 있던 세계관 안에서 혈통적 유대인이 아닌 이방인에게도 구원이 임한다는 초대교회 교인들의 주장은 하나님을 아브라함 언약을 어기는 거짓말하는 존재라고 말하는 것과 같은 뜻이었기 때문이다.

---

64 신학적으로 '영원'은 '완전성'을 의미한다. 시공간을 뛰어넘는 '영원의 약속'이라는 뜻은 시공간적 개념을 포함하나 시공간적 개념에 제한되지 않는 '시공간에 있어서 완전함'을 의미한다. 나의 이 말이 낯설고 쉽게 마음에 와닿지 않는 독자들이 있다면 이 문장 자체를 그대로 외울 것을 권한다. 내가 총신대학교 신학대학원 시절 했던 방식이다. 주입식 교육의 폐단을 이야기하는 시대이기는 하지만, 동양적 사고의 폭은 '외움'에서 시작된다. 그런 점에서 '언어는 존재의 집'이라는 하이데거 식 표현이 나오는 것이다. '언어는 존재의 집'이라는 말의 뜻을 시를 통해 설명하면 이와 같다. "내가 그의 이름을 불러 주기 전에는 그는 다만 하나의 몸짓에 지나지 않았다. 내가 그의 이름을 불러 주었을 때, 그는 나에게로 와서 꽃이 되었다." 우리 모두가 알고 있는 김춘수 시인의 시, '꽃' 앞부분이다. 설명이 더 어려웠나? 아무튼, 대한민국의 주입식 교육의 부작용은 너무 많은 내용을 외우기만 하고 외운 내용을 묵상하고 되씹을 수 있는 시간과 환경이 없는 것에서 나오는 것이지, 외움 그 자체에 문제가 있는 것이 아니다. 시공간을 뛰어넘는 '영원의 약속'이라는 뜻은 시공간적 개념을 포함하나 시공간적 개념에 제한되지 않는 '시공간에 있어서 완전함'을 의미한다.

다시 한번 이야기하지만, 하나님의 약속은 절대 변하지 않는다. 21세기 대한민국 땅에서도 오직 아브라함의 자손만 구원받을 수 있다. 그리고 이때 하나님께서 성경 전체를 통해 말씀하시는 아브라함의 자손은 바로 '우리 주 예수 그리스도로 말미암은 자들'이다. 이삭이 태어나기 전 하나님께서 아브라함에게 명령하신 할례의 의미가 바로 이것이다.

> [24]아브라함이 그의 포피를 벤 때는 구십구 세였고 [25]그의 아들 이스마엘이 그의 포피를 벤 때는 십삼 세였더라 [26]그날에 아브라함과 그 아들 이스마엘이 할례를 받았고(창세기 17:24-26)

이 책 앞부분에서도 설명했듯이, 할례는 남성의 성기 끝부분 포피 일부를 베는 형식으로 이루어지지만 그 의미는 성기 전체를 절단했다는 것을 상징한다. 즉 할례를 행한 이후에 태어나는 자녀는, 그 육체적 아비의 성기가 없는 상태에서 태어남을 의미한다. 그래서 이삭을 '약속의 자녀'라고 하는 것이다. 왜? 아브라함의 할례 후 즉 아브라함의 성기가 제거된 후, 육신을 따라 난 자가 아니라 하나님과의 약속을 따라 난 자이기 때문이다. 할례의 이러한 본래 의미를 무시한 유대인들의 주장처럼, 할례 그 자체를 아브라함의 자손의 조건으로 본다면 이삭보다 먼저 할례를 받았던 이스마엘이 아브라함의 자손의 명분에 있어서 앞서게 된다. 말도 안 되는 이야기다.

> [14]이는 그리스도 예수 안에서 아브라함의 복이 이방인에게 미치게 하고 또 우리로 하여금 믿음으로 말미암아 성령의 약속을 받게 하려 함이

라 ¹⁵형제들아 내가 사람의 예대로 말하노니 사람의 언약이라도 정한 후에는 아무도 폐하거나 더하거나 하지 못하느니라 ¹⁶이 약속들은 아브라함과 그 자손에게 말씀하신 것인데 여럿을 가리켜 그 자손들이라 하지 아니하시고 오직 한 사람을 가리켜 네 자손이라 하셨으니 곧 그리스도라 ¹⁷내가 이것을 말하노니 하나님께서 미리 정하신 언약을 사백삼십 년 후에 생긴 율법이 폐기하지 못하고 그 약속을 헛되게 하지 못하리라 ¹⁸만일 그 유업이 율법에서 난 것이면 약속에서 난 것이 아니리라 그러나 하나님이 약속으로 말미암아 아브라함에게 주신 것이라(갈라디아서 3:14-18)

다메섹 도상에서 우리 주 예수 그리스도를 만난 뒤, 이전에는 유대교 신학자이었던 사도 바울의 눈이 열렸다. "아! 그래서 창세기에 하나님께서 아브라함에게 하늘의 허다한 별과 또 해변의 무수한 모래와 같이 많은 후손을 약속하시면서도 자손이라는 단어에 '단수⁶⁵를 쓰셨구나! 하나님은 다 의도가 있으셨구나!", "아, 그래서 하나님께서는 아브라함 언약을 실질적으로는 아브라함이 아니라 이삭과 세우셨구나!"

---

65 구약을 기록하는 데 사용된 히브리어는 단수와 복수 개념이 분명히 구분되는 언어로 알려져 있다. 히브리어는 명사 뿐 아니라 동사 또한 단수와 복수의 표현이 다르다. 그런데 하나님께서는 아브라함에게 하늘의 허다한 별과 해변의 무수한 모래와 같이 많은 후손을 약속하시면서도, 그 후손이라는 단어를 복수형이 아닌 단수형으로 표현하신다. 이 경우도 마찬가지다. 사람은 보고 싶은 것만 보고 듣고 싶은 것만 듣는 존재다. 이것은 한 개인을 넘어 민족적 차원에서도 마찬가지다. 사도 바울의 경우, 그의 눈을 덮고 있던 이 선입관이 다메섹 도상에서 우리 주 예수 그리스도를 만남으로 벗겨지게 된다.

내 언약은 내가 내년 이 시기에 사라가 네게 낳을 이삭과 세우리라(창세기 17:21)

그 순간 사도 바울은 우리 주 예수 그리스도께서 지상 사역 기간 동안 하셨다는 말씀이 생각났을 것이다. "아, 예수님의 제자들이 그렇게 외치며 전하던 예수님의 말씀이 그 뜻이었구나!"

[18]이에 유대인들이 대답하여 예수께 말하기를 네가 이런 일을 행하니 무슨 표적을 우리에게 보이겠느냐 [19]예수께서 대답하여 이르시되 **너희가 이 성전을 헐라 내가 사흘 동안에 일으키리라** [20]유대인들이 이르되 이 성전은 사십육 년 동안에 지었거늘 네가 삼 일 동안에 일으키겠느냐 하더라 [21]**그러나 예수는 성전된 자기 육체를 가리켜 말씀하신 것이라** [22]죽은 자 가운데서 살아나신 후에야 제자들이 이 말씀하신 것을 기억하고 성경과 예수께서 하신 말씀을 믿었더라(요한복음 2:18-22)

"아, 그렇다면 그때 예수님의 말씀은 십자가를 통해 일으키실 새로운 성전 공동체를 말씀하신 것이었구나. 결국 우리 주 예수 그리스도의 십자가를 통하여 구원받은 자들만이 진정으로 성소에 들어갈 자격을 가진 구원받은 자들이며 이들만이 '진정한 아브라함의 자손'이구나!"

[18]이것들을 사하셨은즉 다시 죄를 위하여 제사 드릴 것이 없느니라 [19]그러므로 형제들아 우리가 예수의 피를 힘입어 성소에 들어갈 담력을 얻

었나니 ²⁰그 길은 우리를 위하여 휘장 가운데로 열어 놓으신 새로운 살 길이요 휘장은 곧 그의 육체니라(히브리서 10:18-20)

이 모든 것을 깨달아 알게 된 '사도 바울'이 쓴 성경이 '바울 서신서'다. 바울 서신서에는 "누가 진정한 아브라함의 자손인가?"에 대한 증언이 가득하다. 우리 주 예수 그리스도를 통하여 구원받은 우리가 바로 '진정한 아브라함의 자손'이다. 믿음으로 말미암은 자들인 우리가 바로 '진정한 아브라함의 자손'이다.

⁶아브라함이 하나님을 믿으매 그것을 그에게 의로 정하셨다 함과 같으니라 ⁷그런즉 믿음으로 말미암은 자들은 아브라함의 자손인 줄 알지어다 ⁸또 하나님이 이방을 믿음으로 말미암아 의로 정하실 것을 성경이 미리 알고 먼저 아브라함에게 복음을 전하되 모든 이방인이 너로 말미암아 복을 받으리라 하였느니라 ⁹그러므로 믿음으로 말미암은 자는 믿음이 있는 아브라함과 함께 복을 받느니라 ¹⁰무릇 율법 행위에 속한 자들은 저주 아래에 있나니 기록된 바 누구든지 율법 책에 기록된 대로 모든 일을 항상 행하지 아니하는 자는 저주 아래에 있는 자라 하였음이라 ¹¹또 하나님 앞에서 아무도 율법으로 말미암아 의롭게 되지 못할 것이 분명하니 이는 의인은 믿음으로 살리라 하였음이라(갈라디아서 3:6-11)

그렇다면 '믿음'이란 무엇일까? 왜 아브라함을 '믿음의 조상'이라고 할까? 먼저 우리가 알아야 할 것은 이것이다. 성경에 나오는 '믿음'이라는 단어는

'어떤 존재에 대한 신뢰' 혹은 '감정적으로 누군가를 믿는다'보다 큰 개념이다. 성경에 나오는 대부분의 단어들이 그렇다. 생각해보면 너무나 당연한 이야기다. 성경은 '무한'(無限)하신 삼위일체 하나님의 속성과 사역에 대해 '유한'(有限)한 우리네 언어로 증언하는 책이다. 그러니 성경에 사용된 유한한 단어들은 그 단어들이 감당하기에 비교 자체가 안되는 내용을 담기 마련이다. 언뜻언뜻, 그 단어들이 감당해야 하는 수고들이 느껴져 안쓰러울 때가 있다.

그런 맥락에서 성경에 나오는 단어들을 대할 때마다 우리가 가져야 할 태도는 이러하다. 성경을 구성하는 단어는 평상시 우리가 일상적으로 쓰는 내용과 의미를 포함하나 거의 항상 우리가 알고 있는 의미보다 훨씬 더 큰 의미를 담고 있다고 생각하면 된다.

위에 인용한 8절을 보자. "하나님이 이방을 믿음으로 말미암아 의로 정하셨다." 언뜻 보기에 이 문장의 의미는 이러할 것이다. 6절에서 아브라함이 하나님을 믿으매 그것을 그에게 의로 정하셨다 함과 같이, 이방인들 또한 하나님을 믿으매 그 믿음을 근거로 해서 하나님께서 그 이방인들을 의롭다고 하셨다. 물론 맞는 해석이다.

그러나 이러한 해석은 유한한 우리네 언어의 논리적 수준에서는 맞는 해석이기는 하나, 그 의미의 크기가 너무 작은 단점이 있다. 예를 들면 이러하다.[66] 내 머리카락 하나를 뽑아서 보여주며 "이것이 최관호다." 이 말은 맞는

---

[66] CMF 캠퍼스에서는 이렇게 설명했다.

말일까? 틀린 말일까? 그것 참…, 그 머리카락 한 가닥을 최관호라고 하기에도 좀 그렇고 아니라고 하기에도 뭐랄까? 좀 그렇다.

약간 거칠게 표현하자면 이러하다. 8절을 "이방인들이 하나님을 믿으매 그 믿음을 근거로 해서 하나님께서 그 이방인들을 의롭다고 하셨다."라고 해석을 한다면 이방인이 구원받은 근거는 '이방인의 믿음'이 된다. 구원론을 정확히 교육받은 신자라면 이 정도에서 바로 눈치를 챘을 것이다. "아, 8절을 그렇게 해석하면 심각한 문제가 발생하는구나."[67]

이쯤해서 근본적인 질문을 던져야 할 것 같다. "복음이란 무엇인가?" 복음이란 구원의 근거와 원인이 구원받는 우리 쪽에 없다는 것을 의미한다. 복음이란 구원의 근거와 원인이 전적으로 하나님께 있음을 의미한다. 그래서 '구원'을 '복된 소식'이라고 하는 것이다. 구원받을 자격이 있는 존재가 구원받는 것은 '당연한 일' 혹은 지금 대한민국의 20대의 언어로 표현하자면 '공정'이라고 하지 '복된 소식'이라고 하지 않는다. 성경은 일관되게 '믿음으로 말미암아 구원받는 자'를 '복된 자, 아브라함의 자손'이라고 칭하는 동시에 이들에게 일어난 구원을 '복음'(福音)이라고 한다.

오해가 있을까 봐 다시 한번 이야기하지만, '믿음'이라는 단어에는, 우리가 '믿음'에 대해 일반적으로 이해하고 있는 의미인 '누군가를 향한 신뢰'와

---

67 구원은 전적으로 하나님의 일이다. 이과생으로만 구성된 CMF에서는 이렇게 설명한다. 구원에 있어서 '하나님'과 '하나님의 백성'의 기여도는 '100:0'이다.

'감정적 혹은 정서적 상태'가 반드시 포함된다. 그러나 믿음은 그보다 훨씬 큰 의미를 포함하는 정말 큰 단어인 동시에, 결정적으로 그 근거가 구원을 받는 우리 쪽에 있지 않고 하나님 쪽에 있다는 의미를 포함하고 있다.

즉 8절에 증언된 '믿음의 뜻'은 '우리' 혹은 '우리의 공로나 행위'(그것이 우리가 말해온 '믿음'이라 할지라도)가 '우리 구원의 근거와 원인'이 되는 것이 아니라, '하나님'이 '하나님의 구원 사역'이 즉 '우리 주 예수 그리스도의 십자가'가 '우리 구원의 근거와 원인'이 된다는 점을 염두에 두고 해석을 해야 바른 해석이 된다. 나의 이 설명이 잘 전달되었어야 할텐데…

'율법'[68]이라는 단어가 성경에서 '믿음'의 대조로 쓰일 경우, 율법은 구원마저 '우리 쪽의 원인'을 찾으려는 우리의 죄 된 속성을 뜻하는 단어로 쓰인다.

---

68 '율법이라는 단어가 성경에서 믿음의 대조로 쓰일 경우'라는 표현이 절대 다수의 성도들에게는 낯설 것이다. "원래 율법은 항상 믿음의 대조, 그러니까 나쁜 것 아닌가?" 이러한 분들을 위해서 인용한다. "⁷그런즉 우리가 무슨 말을 하리요 **율법이 죄냐 그럴 수 없느니라** 율법으로 말미암지 않고는 내가 죄를 알지 못하였으니 곧 율법이 탐내지 말라 하지 아니하였더라면 내가 탐심을 알지 못하였으리라 ⁸그러나 죄가 기회를 타서 계명으로 말미암아 내 속에서 온갖 탐심을 이루었나니 이는 율법이 없으면 죄가 죽은 것임이라 ⁹전에 율법을 깨닫지 못했을 때에는 내가 살았더니 계명이 이르매 죄는 살아나고 나는 죽었도다 ¹⁰생명에 이르게 할 그 계명이 내게 대하여 도리어 사망에 이르게 하는 것이 되었도다 ¹¹죄가 기회를 타서 계명으로 말미암아 나를 속이고 그것으로 나를 죽였는지라 ¹²이로 보건대 **율법은 거룩하고 계명도 거룩하고 의로우며 선하도다**"(로마서 7:7-12).: 이 부분을 정확히 이해하고 싶은 독자에게는, 칼빈의 『기독교 강요』를 읽어볼 것을 권한다. 성경에서 '율법'이 부정적인 의미로 쓰이는 경우는 '믿음'과 '우리 주 예수 그리스도의 십자가'의 자리에 '율법'을 두려는 경우이다. 율법을 '만드신 분'도 우리 하나님이시며 만드신 율법을 '아들을 통하여 성령 안에서' 우리에게 '수여해주신 분' 또한 '삼위일체 하나님'이시다. 성경은 기본적으로 '율법의 선함'을 증언한다. 다시 한번 이야기하지만, 성경은 무한하신 삼위일체 하나님의 속성과 구원 사역을 유한한 우리 인간의 언어로 증언하고 있다. 그런 점에서 해당 단어가 성경의 그 문맥에서 어떤 의미로 사용되고 있는지 우리는 겸손한 마음으로 배우고 살펴야 한다. 성경은 성경의 저자이신 '성령 하나님의 조명' 아래에서만 바르게 그 뜻을 알 수 있다.

성경은 하나님 없이 살려는 인생을 죄된 인생이라고 경고한다.[69] 그리고 이러한 특성은 하나님처럼 되고자 했던 선악과 사건 이후 모든 인류의 죄성 가운데 새겨져 있다. 심지어 우리는 구원에 있어서조차 하나님을 우리의 삶에 우리의 마음에 두기를 싫어한다. 하나님보다는 하나님을 향한 '나의 헌신'과

---

69 "[28]또한 **그들이 마음에 하나님 두기를 싫어하매** 하나님께서 그들을 그 상실한 마음대로 **내버려 두사** 합당하지 못한 일을 하게 하셨으니 [29]곧 모든 불의, 추악, 탐욕, 악의가 가득한 자요 시기, 살인, 분쟁, 사기, 악독이 가득한 자요 수군수군하는 자요 [30]비방하는 자요 하나님께서 미워하시는 자요 능욕하는 자요 교만한 자요 자랑하는 자요 악을 도모하는 자요 부모를 거역하는 자요 [31]우매한 자요 배약하는 자요 무정한 자요 무자비한 자라"(로마서 1:28-31).: 타락한 인류의 '죄된 속성'을 표현한 말씀이 바로 '그들이 마음에 하나님 두기를 싫어하매'이다. 그리고 이어지는 '내버려 두심'이 바로 그 '죄된 속성'에 대한 '하나님의 저주이자 심판'이다. 그런 점에서 구원받지 않은 자의 인생이 이 땅에서는 겉으로 보기에 더 평안해 보이는 것은 어떤 측면에서는 당연하다. 성경에서 말하는 '형통'이라는 단어는 우리가 생각하는 '형통'이라는 단어와 다른 뜻이라는 것을 들어본 성도가 있을 것이다. 히브리어 원어 상, 형통이라는 단어는 두 가지 표현이 있다고 한다. 한 가지는 우리가 상상하는 '형통' 바로 그 뜻이다. 이런 경우 형통이라는 단어는 '욕망의 성취'를 의미하며 하나님의 '내버려 두심과 심판'을 자초하는 부정적인 의미로 사용된다. 반면 성경에서 의미하는 진정한 '형통'이 사용된 대표적인 인물이 바로 요셉이다. "[1]요셉이 이끌려 애굽에 내려가매 바로의 신하 친위대장 애굽 사람 보디발이 그를 그리로 데려간 이스마엘 사람의 손에서 요셉을 사니라 [2]여호와께서 요셉과 함께 하시므로 그가 형통한 자가 되어 그의 주인 애굽 사람의 집에 있으니"(창세기 39:1-2). "[17]이 말로 그에게 말하여 이르되 당신이 우리에게 데려온 히브리 종이 나를 희롱하려고 내게로 들어왔으므로 [18]내가 소리 질러 불렀더니 그가 그의 옷을 내게 버려두고 밖으로 도망하여 나갔나이다 [19]그의 주인이 자기 아내가 자기에게 이르기를 당신의 종이 내게 이같이 행하였다 하는 말을 듣고 심히 노한지라 [20]이에 요셉의 주인이 그를 잡아 옥에 가두니 그 옥은 왕의 죄수를 가두는 곳이었더라 요셉이 옥에 갇혔으나 [21]여호와께서 요셉과 함께 하시고 그에게 인자를 더하사 간수장에게 은혜를 받게 하시매 [22]간수장이 옥중 죄수를 다 요셉의 손에 맡기므로 그 제반 사무를 요셉이 처리하고 [23]간수장은 그의 손에 맡긴 것을 무엇이든지 살펴보지 아니하였으니 **이는 여호와께서 요셉과 함께 하심이라 여호와께서 그를 범사에 형통하게 하셨더라**"(창세기 39:17-23).: 성경에서 요셉을 향해 요셉의 인생이 형통했다는 표현을 사용할 때의 요셉의 처지를 살펴보기 위해 바로 위의 말씀을 인용했다. 요셉에게 형통이라는 단어가 사용된 첫 번째 경우는 요셉이 그의 형들에 의해 노예로 팔려 바로의 신하 친위대장 애굽 사람 보디발의 노예가 된 때다. 두 번째는 보디발의 아내로부터 모함을 받아 치욕스러운 죄목으로 감옥에 갇혔을 때다. 내가 인용한 성경 말씀 중 진한 부분을 통해 이미 눈치를 챈 독자들이 있을 것이다. 이때 성경이 의미하는 형통의 의미는 여호와 하나님께서 동행하시는 가운데 하나님께서 그 하나님의 사람에게 허락하신 성숙의 과정을 도망가지 않고 하나님 앞에서 밟아 나가는 것을 의미한다.

'나의 열정'을 중시하는 경향이 있다. 그래서 은연중에 구원의 이유와 근거를 그 사람에게서 찾으려는 경향이 있다. 그러나 하나님은 당신이 선택한 자녀들의 경우, 그가 그렇게 생각하고 행동하도록 놔두실 생각이 애시당초 없으시다는 것이 성경의 한결같은 증언이다. 하나님은 당신이 선택한 자녀들의 인생에 주도적으로 그리고 적극적으로 개입하시는 분이시다. 하나님의 이러한 '개입'을 하나님의 자녀들은 '인생의 환난과 고난'이라고 표현한다.

  "복음이란 무엇인가?" 복음이란 구원의 근거와 원인이 구원받는 우리 쪽이 아니라 하나님께 있다는 것을 의미한다. 그런 맥락에서 나는 CMF 지체들에게 믿음에 대해 설명할 때, 특별히 성경을 통독하는 가운데 '믿음'이라는 단어가 나왔을 때 '믿음'이라는 단어를 '하나님'으로 바꾸어서 한번 읽어볼 것을 권한다.[70] 그리고 문맥상 뜻이 잘 통하면, '믿음'이라는 단어를 '하나님'으로 바꾸어서 깊이 묵상해볼 것을 권하곤 한다. 앞에 인용했던 갈라디아서 3장 말씀 중 일부를 다시 인용한다.

  [6]아브라함이 하나님을 믿으매 그것을 그에게 의로 정하셨다 함과 같으니라 [7]그런즉 믿음으로 말미암은 자들은 아브라함의 자손인 줄 알지어다 [8]또 하나님이 이방을 믿음으로 말미암아 의로 정하실 것을 성경이 미

---

70 CMF 캠퍼스에서 설교할 때, 나는 이러한 나의 말을 신학자들이 들었을 경우 내가 엄청 혼이 날 수도 있다는 설명을 곁들였다. 하지만 나나 일반 성도들의 수준에서는 이 정도 수준에서도 얻을 수 있는 '신앙의 유익'이 많다. 이 책의 서문에서도 밝혔듯이, 나는 내 주제를 잘 안다. 이러한 방법을 신학적으로는 '목회적 허용' 혹은 '교육적 허용'이라고 한다.

리 알고 먼저 아브라함에게 복음을 전하되 모든 이방인이 너로 말미암아 복을 받으리라 하였느니라 ⁹그러므로 믿음으로 말미암은 자는 믿음이 있는 아브라함과 함께 복을 받느니라(갈라디아서 3:6-9)

이 인용문에 나오는 '믿음'이라는 단어를 '하나님'으로 바꾸어서 읽어볼 경우, 6절만 빼고는 7절 8절 9절 모두 문맥상 문제가 없는 것을 알 수 있다. 6절의 경우 "아브라함이 하나님을 믿으매"를 "아브라함이 하나님을 하나님 하매"라고 바꾸어 읽을 경우 문장이 부드럽지 못하다. 이런 경우에는 원래 단어인 "믿으매"를 그대도 살려서 읽으면 된다.

하지만 7절부터는 다르다. "그런즉 믿음으로 말미암은 자들은 아브라함의 자손인 줄 알지어다." 믿음을 하나님으로 바꾸면 이 문장은 이렇게 된다. "그런즉 하나님으로 말미암은 자들은 아브라함의 자손인 줄 알지어다." 느낌이 오는 독자들이 많을 것이다.

8절의 "또 하나님이 이방을 믿음으로 말미암아 의로 정하실 것을 성경이 미리 알고" 부분을 바꾸어서 읽어보면 "또 하나님이 이방을 하나님으로 말미암아 의로 정하실 것을 성경이 미리 알고 먼저 아브라함에게 복음을 전하되 모든 이방인이 너로 말미암아 복을 받으리라 하였느니라" 뜻이 훨씬 선명하게 눈에 들어올 것이다.

9절이다. "그러므로 믿음으로 말미암은 자는 믿음이 있는 아브라함과 함께 복을 받느니라" 믿음을 하나님으로 바꾸어서 읽어보면 "그러므로 하나님으로 말미암은 자는 하나님이 있는 아브라함과 함께 복을 받느니라" 이제는 은혜가 될 것이다.

"복음이란 무엇일까? 믿음이란 무엇일까?" 구원의 근거가 우리에게 없음을 의미한다. 모든 구원의 시작이 하나님으로부터 시작되었음을 의미한다. 그런 의미에서 신학적으로 하나님을 '제1원인'이라고 고백한다. 그리고 하나님께서 시작하신 그 구원을 하나님께서 완성하신다. 그런 의미에서 하나님의 별명을 '알파와 오메가요 처음과 마지막이요 시작과 마침'이라고 하는 것이다.[71]

우리 구원의 근거는 우리를 향한 '하나님의 사랑과 하나님의 기뻐하신 뜻'이다. 우리의 구원의 근거는 우리를 향한 하나님 쪽에서의 '은혜(恩惠)와 호의(好意)'에 기반한다. 우리의 구원은 태초 전부터 정하신 하나님의 기뻐하신 뜻에 근거한다. 구원은 전적으로 삼위일체 하나님의 일이다. 그런 점에서 구원은 하나님의 사랑을 입은 '인격적 존재의 반응'을 통해서 그가 구원받았는지 받지 않았는지 간접적으로야 가능할 수는 있지만[72] 피조물인 우리가 그 사실을 확정적으로 언급하는 것은 참람한 일이다. 다시 한번 말하지만, 복음이란 구원의 원인이 우리 쪽에 있는 것이 아니라 전적으로 하나님 쪽에 있으며 그 시작과 완성 모두 전적으로 '하나님의 일'이라는 의미다.

내가 바로 앞 문단에서 언급한 내용은 신앙생활이 오래된 성도라면 분명

---

71 "나는 알파와 오메가요 처음과 마지막이요 시작과 마침이라"(요한계시록 22:13).

72 "[43]못된 열매 맺는 좋은 나무가 없고 또 좋은 열매 맺는 못된 나무가 없느니라 [44]**나무는 각각 그 열매로 아나니** 가시나무에서 무화과를, 또는 찔레에서 포도를 따지 못하느니라 [45]선한 사람은 마음에 쌓은 선에서 선을 내고 악한 자는 그 쌓은 악에서 악을 내나니 이는 마음에 가득한 것을 입으로 말함이니라 [46]너희는 나를 불러 주여 주여 하면서도 어찌하여 내가 말하는 것을 행하지 아니하느냐"(누가복음 6:43-46).

히 일평생을 두고 한 번 이상 들었던 내용일 것이다. 그리고 그 내용에 깊이 공감했던 기억들이 있을 것이다. 그러나 대부분의 경우 그때뿐이다. 조금만 시간이 지나면 우리 모두는 '믿음마저도 나의 공로'로 삼고 싶어한다. '신앙생활마저도 내가 주도권'을 쥐고 싶어한다. 그래서 흔히들 '비전'(Vision)을 말한다. 물론 한 사람도 빠지지 않고 '하나님이 주신 비전'이라고 말하지만 대부분의 경우 하나님을 향한 '자신의 입장'에서의 열심과 진심을 열정적으로 표현한다. '하나님의 뜻'과 '하나님의 때'와 '하나님의 방법'은 별로 중요하지 않다. 사실 '하나님의 뜻'은 그래도 비교적 어느 정도 맞추는 경향이 있지만 대부분의 성도들에게 있어서 정말 약한 부분은 '하나님의 때'와 '하나님의 방법'이다.

왜 이런 현상이 벌어질까? 본 단원 앞부분에서 언급했지만, 우리의 '자기중심성' 우리의 '죄된 속성' 때문이다. 우리는 믿음에 있어서도 내 방식을 고집한다. 하나님을 내 마음에 두기보다는 내 방식으로 하나님께 열심을 낸다. 이런 단계의 성도일수록 '믿음'과 '확신'을 혼동한다. 우리는 '마르틴 루터'의 "최고의 우상은 안심이다"라는 말을 마음에 새길 필요가 있다. 확신을 원하는 이유는 안심을 위해서다.

우리는 조금만 조건이 되고 조금만 내가 할 수 있을 것 같으면 내 인생의 주어를 '하나님'에서 '나'로 바꾸는 못된 습관이 있다. 에덴 동산에서도 마찬가지였다. 하나님으로부터 독립 선언을 하고 하나님처럼 되고 싶었던 것이 인간 원죄의 시작이었다. 이러한 성향은 지금도 마찬가지다. 우리는 구원의 방법마저도 그리고 우리 인생 가운데 하나님의 사람으로 성숙해가는 과정에서마저도 내 방식으로 하고 싶어한다.

그래서 믿음마저도 '믿음이 좋다'는 형식으로 주어를 "나"로 하고 싶어한다. 그런데 그러한 경우 그가 하나님의 사랑을 받는 하나님의 자녀라면 어떤 일이 그의 인생에 벌어질까? 하나님께서 이러한 상황을 그냥 내버려 두신다면 어떤 일이 벌어질까? 그의 인생은 당연히 하나님과 상관없는 인생이 될 것이다.

생각을 해보자. 자신을 신앙인이라고 규정하는 누군가의 인생에서 그가 그의 '믿음의 주어'를 '자신'으로 하려는 순간마다 하나님께서 자꾸 방해를 하신다면 어떤 일이 벌어질까? 속된 말로 난리가 날 것이다. 그 일을 당하는 그 성도는 이러한 현상을 '고난 혹은 환란'이라고 표현할 것이다. 하나님은 당신의 자녀를 처음부터 '신앙의 용사'로 놔두시는 법이 없다. 왜일까? 정말 그렇게 되는 경우 그는 하나님과 전혀 '상관없는 존재'가 되기 때문이다. 물론 자신은 하나님을 위한 신앙의 용사라고 생각하겠지만 그것은 그의 생각일 뿐이다.

하나님은 이러한 과정을 통하여 당신이 사랑하는 자녀에게 그가 얼마나 믿음에 있어서 '자격이 없는 자'인지를 깨닫는 시간을 선물하신다. 그리고 그 세월을 통하여 자신도 모르는 사이에 조금씩 하나님의 사람으로 그를 바꾸어 놓으신다. 그는 이 땅에서 모든 것을 잃어 버린 사람일지는 모르나 하나님을 소유한 하나님의 사람이 된다. 정말 그는 하나님을 빼고 나면 아무것도 아닌 자가 된다. 이것이 내가 믿음에 대해 약간은 지루하리만치 길게 설명한 이유이다. 이 부분을 지적하고 싶었다. 그런 의미에서 성경에 나오는 '믿음'이라는 단어에 우리 '하나님'의 이름을 넣어서 읽어볼 것을 권한 것이다.

이 부분을 이렇게 길게 이렇게 자세히 말하는 또 하나의 이유는 이것이다. 1907년 평양대부흥 100주년을 맞이하는 2007년부터 우리 한국 교회에 몰아치기 시작한 '심판의 부흥' 기간 동안 지치지 말고 절망하지 말고 도망가지 말기를 바라는 마음에서다.[73]

이 책 2부에 언급한 내용이다. 우리가 발을 디디고 살고 있는 21세기 대한민국은 이제 '인구 절벽'에 직면하고 있다. 그 충격과 사회적 변화는 아무도 정확히 예측하기 힘들다. 그리고 이러한 현상은 우리 대한민국에만 한정된 일이 아니다. 시기에 차이가 있을지언정 전 세계적인 흐름이라고 한다.

이러한 '수축 사회'를 예상했던 많은 '사회학자들과 인구학자들'이 공통적으로 조언하고 있는 해법이 있다. 그들이 이구동성으로 제안하는 수축 사회에서 파국을 맞지 않는 방법은, 모든 국가와 모든 사회 구성원들이 이타적으로 변하는 것이라고 한다. 물론 그 조언에 덧붙여, 그들은 항상 "그러나 그렇게 하는 국가와 사회는 없을 것이다."라는 어두운 전망을 내놓는다. 그 사회학자들과 인구학자들이 믿음의 사람들인지 아닌지는 알 수 없으나 성경 또한 같은 해법을 말하고 있음을 우리는 '룻과 보아스'를 통해 확인할 수

---

[73] 이 이야기는 이 책의 이어지는 이야기 '하박국—진노 중에라도 긍휼을 잊지 마옵소서: 응답받은 기도'에 나온다. 내용이 너무 궁금한 독자는 순서를 바꾸어서 '이어지는 이야기'를 읽은 뒤 돌아오는 것도 한 가지 방법이다.

있다.[74]

그리고 우리 모두는 알고 있다. 룻과 보아스는 없을 것이다. 자신(自身)을 스스로 돌아보아도 자신(自信)이 없다. 또한 내 눈앞에서 자라고 있는 내 자녀가 룻과 보아스처럼 살기를 진심으로 바라는 성도 또한 없을 것이다. 만약에 존재한다면 아마도 그 성도는 룻과 보아스의 삶이 좋아 보여서이지 실제로 그러한 삶 가운데 그들이 치루어야 했던 '삶의 대가'가 무엇인지 잘 모르기 때문에 꿈을 꾸는 것일 것이다.

그렇다면 우리 모두에게 정해진 미래는 파국 뿐일가? 우리는 이대로 거대한 장례식을 기다려야 하는 운명일까? 그렇지 않다. 이 이야기를 하려고 그렇게 긴 설명을 한 것이다. 다시 한번 말한다. "복음은 무엇인가?" 복음이 '복된 소식'인 이유는 우리의 구원의 근거와 이유가 우리 쪽에 없다는 사실 때문이다. 이 얼마나 다행한 소식인가? 이 얼마나 가슴을 쓸어내릴 일인가?[75]

---

74 이 내용은 이 책의 2부에 나온다.

75 원래 이 책의 처음 원고는 1부와 2부의 순서가 뒤바뀌어 있었다. 나는 '라합—룻—보아스'의 이야기 가운데 하나님께서 어떤 특정 시대 특정 지역의 거민 전체를 싹쓸이 하시는 조건에 대해서 설명했다. 물론 21세기 우리 대한민국은 그 조건을 이미 충족한 상태다. '라합—룻—보아스'의 가족은 그 시절 그 시대에 가득했던 절망 가운데 우리 주 예수 그리스도의 대속의 정신인 '인애와 헤세드'의 정신을 삶으로 실천했던 인물들이다. 하나님께서는 이들의 삶을 통해서 다윗의 시대를 열어 주신다. 이어지는 이야기인 '하박국—진노 중에라도 긍휼을 잊지 마옵소서: 응답받은 기도'에는 현재 대한민국에 발을 디디고 있는 우리 한국 교회의 기가 막히고도 민망한 현실이, 사실은 우리들이 '1907년 평양 대부흥 100주년'이 되는 2007년이 되기 수년 전부터 올려드렸던 '기도에 대한 응답임'이 자세히 설명되어 있다. 이 책이 여기까지의 내용만을 담은 채 마무리되었다면 분명 그 책은 심판을 예고하는 책이 되었을 것이다. 왜냐하면, 우리 모두 알고 있듯이 룻과 보아스와 같은 인생은 이 땅에 희귀할 것이기 때문이다. 그렇다면 우리는 절망 가운데 심판날 만을 기다려야 하는 운명인가? 결국, 우리 스스로 우리를 구원할 힘이 없다면 우리에게는 희망이 없는 것인가? 그렇지 않다. 그것은 복음이 아니다. 내가 보기에 이 책

내가 경험한 CMF 지체들의 '믿음의 조상, 아브라함'이라는 말에 반응하는 경우의 수는 대부분 두 가지였다. 먼저 "아브라함은 무엇을 하나님 앞에서 잘해서 '믿음의 조상'으로 불리게 되었을까? 나도 그렇게 해야지."라고 생각하는 지체들이 있었다. 이 경우는 대부분 순수하고 착하고 참 예쁘고 해맑은 아이들이 하는 생각이다. 두 번째는 인생에 대해 뭔가 좀 아는 경우였던 것 같다. 이 경우에 해당하는 지체들은 이렇게 반응했다. "아브라함은 정말 대단한 사람인가 보다. 하지만 엄청 고생했을거야. 인생 뭐 별거 있나? 하나님, 저는 아브라함처럼 훌륭해지지 않아도 되니까 그냥 평탄한 삶을 주소서. 대신 착하게 살게요."

그런데 성경은 방금 언급한 두 가지 방향 모두와 다른 이야기를 증언한다. 성경을 통해 볼 때 하나님께서는 이 두 가지 경우 모두에 응답할 생각이 없으신 것이 분명하다. 자녀 삼았으면 하나님은 애시당초에 그럴 생각이 없으시다는 것이 답이다.

첫 번째 반응의 경우, 하나님께서는 그럴 생각이 없으신 이유에 대해서

이 '라합―룻―보아스'에 이어 '하박국'까지의 내용으로만 마무리되었다면 자연스럽게 성도들은 '열심과 헌신'을 이야기하는 가운데 '신앙의 용사'를 말하기 시작할 것이 분명해 보였다. 이는 성경적인 해법도 아닐뿐더러 '신앙적 위선'과 '하나님과 상관없는 나의 열심'이 믿음이라는 가면을 쓰고 나오는 최악의 상황을 가져올 것이 분명해 보였다. 그래서 덧붙인 내용이 '하갈―사라―아브라함'이었다. 예상할 수 있듯이 '하갈―사라―아브라함' 부분에는 "복음이란 무엇인가?"와 "믿음과 은혜란 무엇인가?"에 대한 구체적인 설명이 가득하다. 그렇게 원고의 초안이 완성된 뒤, 원고의 순서를 '이어지는 이야기'를 가운데 두고 맞바꾸는 작업을 했다. 앞에서도 밝혔듯이 원고의 순서를 바꾼 이유는 간단하다. 좀 더 많은 성도들에게 이 말씀이 전달되었으면 하는 마음 때문이다. 모두들 희망을 가지고 이 어렵고도 어두운 터널을 잘 통과하기를 바라는 마음에서다.

는 "복음이란 무엇인가? 믿음이란 무엇인가?"라는 주제로 앞에서 이미 아주 길게 답을 한 셈이 되었다. 그렇다면 두 번째 반응을 살펴보자. 두 번째 반응을 다시 한번 반복한다. "아브라함은 정말 대단한 사람인가 보다. 하지만 엄청 고생했을거야. 인생 뭐 별거 있나? 하나님, 저는 아브라함처럼 훌륭해지지 않아도 되니까 그냥 평탄한 삶을 주소서. 대신 착하게 살게요." 이게 무슨 말인지 혹시 감(感)이 오는가?

인생은 힘들다. 인생을 살아가면서 우리는 우리 능력으로는 도저히 해결할 수 없는 정말 많은 일들을 접하게 마련이다. 선악과 사건 이후 인류는 인생 가운데 일어나는 이러한 일들에 대한 반응으로 자신보다 더 힘이 세고 당면한 힘든 일들을 해결해 줄 수 있다고 상상하는 '이방신들'을 만들어냈다. 이렇게 만들어진 우상들의 경우 인생 가운데 당면하게 되는 어려운 일들을 해결해주는 힘이 센 어떤 존재라고 상상될 뿐[76] 그 사람과는 어떤 관계도 없다.

CMF 캠퍼스와 수련회에서 나는 이렇게 예를 든다. 두 번째의 경우에 해당하는 사람이 원하는 하나님은 21세기 대한민국의 일부 젊은 여성들을 기준으로 표현하자면 '돈 많은 시어머니'쯤 될 것이다. 결혼한 다음 서울에 아파트를 구입하는데 10억, 20억씩 줄 수 있는 능력 있는 시어머니는 좋다. 그러나, 그 시어머니가 우리 집에 오는 것은 싫다.[77] 사람이라는 존재가 원래

---

76 당연히 해결도 하지 못한다.

77 CMF 캠퍼스와 수련회에서 이 예를 들 때 덧붙였었다. "형제들은 이 말을 듣고 결혼할 자매한테 '우리 간사님이 그러시는데, 결혼한 뒤에 우리 엄마가 24시간 365일 내내 마음대로 우리 집

그렇다. 능력 있는 부모? 내 일을 능력있게 해결해주는 부모는 얼마든지 환영이다. 그러나 그 부모님이 내 인생에 간섭하는 것은 싫은 것이 사람이다.

그런 점에서 "하나님, 저에게 그냥 평탄한 삶을 주세요. 대신 착하게 살게요"라는 기도는 "하나님, 제 인생에 간섭하지 마세요." 혹은 "다시는 제가 하나님 앞에 무언가를 구하려고 찾아오지 않게 해주세요. 대신 착하게 살아줄게요."라는 이야기다.

이 기도를 부모님에 대한 이야기로 바꾸어 표현하면 이러하다. "엄마 아빠, 내가 다시는 엄마 아빠 찾아오지 않게 나한테 넘겨주기로 되어있는 내 몫의 유산을 넘겨줘." 어디서 많이 들어본 이야기일 것이다. 그렇다. 누가복음 15장에 나온 '돌아온 탕자'의 말이다. 그 결과는 우리 모두 잘 알고 있다.

꼭, 이 이야기를 하면 "간사님, 돌아온 탕자가 유산 달라고 했을 때 하

에 오셔도 된다고 하셨다.'라고 하면 안 된다. 꼭 이런 말들을 왜곡해서 이상하게 CMF 내에 퍼뜨리는 애들이 있는데 그러지 마라." 사실 이 문제뿐이 아니다. 내가 사역하는 CMF 내에서 나의 역할 중 하나는 '동네북'인 것 같다. 나는 나도 모르는 일과 말이 내 이름으로 전국에 떠도는 것을 정말 많이 접하곤 한다. CMF 내부에 떠도는 그 문장을 자세히 분석해 보면 단어 몇 개는 분명히 내가 한 말이다. 혹은 비유를 들어 설명했던 말들이다. 이 경우 그 뜻을 비틀어서 전달하는 데 천재적인 재능을 발휘하는 아이들이 정말 많다는 것을 깨닫곤 한다. 전혀 없던 말이 떠도는 경우는 드물었다. 분명히 전체 문장 중 일부는 내가 했던 단어이나 전체 문장은 전혀 다른 말이 되어 있었다. 게다가 이러한 말을 퍼뜨리는 지체들의 경우 나와 정서적 거리가 먼 지체들뿐 아니라 나와 정서적으로 친밀한 동시에 호의적인 지체들의 비중 또한 비슷하다는 사실을 나이가 들어 알게 되었다. 나와 친밀한 동시에 호의적인 지체들의 경우 장난을 치거나 나와의 친밀한 관계를 과시(?)하는 과정에서 많은 말들이 퍼졌다는 사실을 CMF 간사 연차가 쌓인 다음에 알게 되었다. 젊은 시절에는 정말 스트레스였다. 그러나 이제는 이 모든 것이 CMF 내에서의 나의 '유명세'라고 생각하는 여유를 가지게 되었다. 이 말을 굳이 궁상맞게(?) 기록해두는 이유는 이러하다. 처음 '선교사'로 혹은 '국내 사역자'로 하나님의 부르심을 받은 '젊은 사역자'들을 위해서다. 이러한 소문에 넘어져 사역을 포기하는 어린 선교사를 여러 명 보았다. 그래서 의료선교사역에 나서는 CMF 지체가 나에게 인사를 오는 경우 내가 겪은 구체적인 경우를 여럿 들려주곤 했다. 하나님의 사역자라면 누구나 겪게 되는 그러한 일들이 하나님께서 선교사님을 버렸다는 증거가 될 수 없다!

나님은 넘겨주셨잖아요. 저는 그러면 안되나요?"라고 질문하는 아이들이 CMF에 존재한다. 나는 이렇게 답한다. "물론 하나님께서는 당신이 창조하신 우리 한명 한명의 특성을 아주 잘 알고 계신다. 그리고 그 특성에 맞추어서 우리를 다루신다. 그런 이유로, 달라는 유산을 넘겨주시는 경우도 있다. 그러니 돌아온 탕자처럼 한 번에 말아먹으려면 그렇게 요구해도 된다. 다만 뒷감당은 각자의 몫이다. 그런데… 내가 너라면 그런 생각? 상상? 절대 안하겠다."

> [11]또 이르시되 어떤 사람에게 두 아들이 있는데 [12]그 둘째가 아버지에게 말하되 아버지여 재산 중에서 내게 돌아올 분깃을 내게 주소서 하는지라 아버지가 그 살림을 각각 나눠 주었더니 [13]그 후 며칠이 안 되어 둘째 아들이 재물을 다 모아 가지고 먼 나라에 가 거기서 허랑방탕하여 그 재산을 낭비하더니 [14]다 없앤 후 그 나라에 크게 흉년이 들어 그가 비로소 궁핍한지라 [15]가서 그 나라 백성 중 한 사람에게 붙여 사니 그가 그를 들로 보내어 돼지를 치게 하였는데 [16]그가 돼지 먹는 쥐엄 열매로 배를 채우고자 하되 주는 자가 없는지라 [17]이에 스스로 돌이켜 이르되 내 아버지에게는 양식이 풍족한 품꾼이 얼마나 많은가 나는 여기서 주려 죽는구나(누가복음 15:11-17)

1907년 '평양 대부흥 100주년'인 2007년이 되기 수년 전부터 한국 교회에 부흥을 달라고 했던 우리의 기도에 하나님께서 2007년부터 응답하기 시작하셨다는 사실을 이 책의 이어지는 이야기 '하박국—진노 중에라도 긍휼

을 잊지 마옵소서: 응답받은 기도' 단원에서 자세히 설명했다.

그리고 우리는 2020년 초부터 전 세계를 휩쓴 COVID-19로 인한 고통의 바다를 통과하는 중이다. CMF에는 "CMF는 수련회가 사역의 절반이다"라는 말이 있다. 벌써 '오프라인 수련회'를 열지 못한 지 2년째이다. COVID-19 상황을 볼 때, 전국적으로 1,000명 가까이 모이는 수련회가 언제나 가능할지 가늠하기 힘들다.

더군다나 여름과 겨울, 1년에 두 번 열리는 'CMF 전국학생수련회'는 전국의 대학병원에서 실습하던 의대생들이 1주일간 한곳에 모여 숙식을 같이 하다가 다시 전국의 대학병원으로 흩어지게 된다. COVID-19를 두 해째 겪은 독자들은 이 말이 무엇을 의미하는지 알 것이다.

우리 CMF뿐이 아니다. '지역교회 청년대학부' 또한 '사회적 거리 두기'와 교회에서 간간이 발생하는 '확진자'로 '수련회'는 고사하고 매주 있었던 '청년대학부 모임'마저 열리지 못한 교회가 적지 않다. CMF 학사학원사역부는 COVID-19 초반인 2020년 2월에 예정되었던 '캠퍼스 리더 학교'[78]를 주로 하는 '집중훈련학교'를 취소한 뒤, 현재까지 '전국 단위의 수련회'와 학기 중 매주 열리는 '캠퍼스 모임'을 전부 '온라인'으로 대체한 상황이다.

20대 청년들에게 있어서 온라인 모임의 한계는 분명하다. 특별히 2020년 신입생부터의 사역은 심각한 상황이다. COVID-19 사태가 올해를 넘어 1-2년 더 지속될 경우 우리 한국 교회의 청년대학부 사역은 정확히 대

---

78 그 해 CMF의 각 캠퍼스의 회장단을 맡은 임원들이 모여 설교 말씀과 리더십(leadership) 강의를 들으며 다른 캠퍼스 회장단들과 서로의 상황과 지혜를 나누는 자리다.

학교 전체학년을 한번 잃어버릴지도 모른다.

　이 상황은 단 한 번의 대학생 전체학년에 국한되지 않을 것이 분명하다. 다른 부서의 사역 또한 마찬가지이겠지만, 청년 사역의 경우 1–2년 앞뒤의 선후배간 '인격적 교제'가 사역의 핵심요소이다. 정말이지, 말 그대로 나무의 밑둥만 남고 줄기가 통째로 잘리게 생겼다. 평생 20대 청년을 상대로 사역해왔던 사역자로서 말로야 '그루터기와 남은 자'를 이야기해왔지만 이게 무슨 상황인지… 아득하기만 하다.

　더군다나 2부에서 다룬 라합의 신학적 메시지를 근거해서 볼 때, 이번 COVID–19는 단순한 문제로 보이지 않는다. 그런다고 룻과 보아스 같은 인생을 통한 회복 또한 불가능해 보이는 것이 솔직한 심정이다. 내가 우리 엄마를 갑자기 보낸 뒤 엄마와의 약속과 추억을 되새기며 처음 책을 쓰기로 마음먹었을 때 계획했던 분량은 '라합—룻—보아스'와 '이어지는 이야기, 하박국'까지였다.

　그러나 원고를 써나가면서, "복음이 무엇인지? 믿음이 무엇인지?" 성경 전체에서 증언하는 내용을 자세히 다룰 필요성을 느꼈다. 분명히 우리 눈앞에 펼쳐진 이 땅의 광경은 예정된 멸망을 향하는 것만 같을 것이다. 그러나 교회 역사에서 이러한 광경은 우리가 처음 목격하는 것이 아니라는 이야기를 해주고 싶었다. 그런데도 복음은 우리에게 전혀 손상 없이 전해졌고 절망의 한가운데서도 끊임없이 새 생명이 탄생하는 것이 교회 역사의 일관된 흐름이다. 그래서 덧붙인 성경인물이 '하갈—사라—아브라함'이다. 선지서 중 호세아서를 인용한다.

⁵그들은 애굽 땅으로 되돌아 가지 못하겠거늘 내게 돌아 오기를 싫어하
니 앗수르 사람이 그 임금이 될 것이라 ⁶칼이 그들의 성읍들을 치며 빗
장을 깨뜨려 없이하리니 **이는 그들의 계책으로 말미암음이니라** ⁷내 백
성이 끝끝내 내게서 물러가나니 **비록 그들을 불러 위에 계신 이에게로
돌아오라 할지라도 일어나는 자가 하나도 없도다** ⁸에브라임이여 내가
**어찌 너를 놓겠느냐 이스라엘이여 내가 어찌 너를 버리겠느냐 내가 어
찌 너를 아드마 같이 놓겠느냐 어찌 너를 스보임 같이 두겠느냐** 내 마음
이 내 속에서 돌이키어 **나의 긍휼이 온전히 불붙듯 하도다** ⁹내가 나의
맹렬한 진노를 나타내지 아니하며 내가 다시는 에브라임을 멸하지 아니
하리니 **이는 내가 하나님이요 사람이 아님이라** 네 가운데 있는 거룩한
이니 **진노함으로 네게 임하지 아니하리라**(호세아 11:5-9)

하나님의 말씀이다. "그들 즉 이스라엘은 그들이 모세의 손을 잡고 출애
굽한 애굽 땅으로 되돌아가지도 못하면서 그런다고 여호와 하나님께 돌아
오기를 싫어한다. 그리고 그 결과 언약 백성인 이스라엘은 앗수르에게 멸망
하여 그들을 섬기게 될 것이다.", "칼이 언약 백성인 이스라엘의 성읍들을
치며 빗장을 깨뜨려 없이하리니 이는 이스라엘 그들 때문이다.", "사정이 그
정도에까지 이르면 돌아온 탕자처럼 여호와 하나님께 돌아올 법도 한데 하
나님의 백성인 이스라엘은 끝끝내 하나님에게로부터 멀어지고 비록 그들
을 불러 위에 계신 하나님께로 돌아오라 할지라도 일어나는 자가 하나도 없
다." 정말 기가 막힌 이야기다.

다년간의 경험으로 볼 때, 여러 명이 모여 성경을 통독하는 경우 성경을 돌아가며 소리 내어 읽는 가운데 '호세아서'까지 도달하는 경우는 무척 드물다. 게다가 어쩌다 도달하는 통독팀이 있다 하더라도 선지서 정도까지 오게 되면 대부분의 경우 자신이 맡은 부분을 소리 내어 읽을 때를 제외하고는 거의 눈이 감겨있거나 눈동자가 풀려 있게 마련이다. 그래서 이 부분을 여러 번 성경통독 가운데 소리 내어 읽었었지만 "간사님, 이 부분 말씀이 너무 이상하지 않나요? 논리적으로 볼 때 앞뒤가 안 맞는 것 같아요."라고 질문하는 경우가 단 한 번도 없었다. 물론, 같이 성경을 통독하는 나 또한 이쯤 되면 체력적으로 상태가 좋지 않기 때문에 굳이 자세히 설명하지 않고 지나갔던 부분이다.

나의 이 말을 여기까지 듣고 위에 인용한 성경 본문을 맑은 정신으로 다시 한번 읽어보기를 권한다. 그렇게 할 경우, 거의 대부분의 독자들 눈에 걸리는 부분이 있을 것이다. 위에 인용한 성경 본문을 쉽게 이야기하면 이런 말이다. "이스라엘의 계책으로 무너지고 깨뜨려진 이스라엘의 성읍들, 그러나 이스라엘을 버리실 수 없는 하나님, 이스라엘 너희가 잘못해서 일이 이 지경이 되었다. 그래서 내가 이스라엘 너희를 회복시켜주겠다." 이것이 논리적으로 맞는 이야기인가?

종살이하던 애굽으로 돌아갈 능력도 없으면서도 하나님께 돌아오기를 거부한 결과 앗수르의 종이 된 언약 백성 이스라엘에게 하나님께서 선지자들을 통하여 돌아오라고 말씀하신다. 그런데 일어나는 이가 한 명도 없다. 이야기가 이 정도까지 진행되면 그 다음에 나올 이야기는 뻔하지 않은가?

최소한 하나님께서 직접 나서서 이스라엘을 끝장내지는 않으시더라도 "그래 너희가 앗스르에서 종살이하면서 고통받는 것은 너희가 자초한 것이니, 그냥 감당해라. 게다가 내가 선지자들을 통해서 내게 돌아오면 받아주겠다고 했는데도, 돌아오지 않은 것은 너희들의 결정이잖아."가 논리적으로 맞는 이야기가 아닌가? 그런데 이어지는 여호와 하나님의 말씀은 정반대 방향을 향하고 있다.

8절 말씀이다. "에브라임이여 내가 어찌 너를 놓겠느냐 이스라엘이여 내가 어찌 너를 버리겠느냐 내가 어찌 너를 아드마 같이 놓겠느냐 어찌 너를 스보임 같이 두겠느냐 내 마음이 내 속에서 돌이키어 나의 긍휼이 온전히 불붙듯 하도다" 에브라임은 언약 백성 중 가장 큰 지파로 이스라엘을 지칭할 때 대표적으로 언급되는 지파다. '아드마와 스보임'은 '소돔과 고모라'와는 동맹으로서 소돔과 고모라와 같은 운명을 언급할 때 등장하는 지명으로 알려진다.[79] 무슨 말인가? "이스라엘 너희들이 다 망치고 내가 필요 없다고 했잖아! 그래서 너희를 향한 나의 긍휼이 온전히 불붙듯 일어났단다."

그리고 이어지는 9절 말씀이다. "내가 나의 맹렬한 진노를 나타내지 아니하며 내가 다시는 에브라임을 멸하지 아니하리니 이는 내가 하나님이요 사람이 아님이라 네 가운데 있는 거룩한 이니 진노함으로 네게 임하지 아니하리라." 이제 보이는가? 이게 논리적으로 맞는 말인가? 이번 단원에서 반복해서 하는 말이다.[80] "복음은 무엇인가?" 다시 말하지만, '복음'이란 '우리

---

79 "소돔 왕과 고모라 왕과 아드마 왕과 스보임 왕과 벨라 곧 소알 왕이 나와서 싯딤 골짜기에서 그들과 전쟁을 하기 위하여 진을 쳤더니"(창세기 14:8).

80 내가 이렇게까지 강조하고 반복하는 이유는 '믿음'마저 '자기중심적'으로 끌고 가려는 우리의

의 구원과 회복의 근거와 원인이 우리에게 없음'이다. '우리의 구원과 회복의 근거와 원인이 하나님이심'을 말한다. 우리를 사랑하시는 '하나님의 기뻐하신 뜻'에 우리의 구원과 회복이 있음을 의미한다. 우리는 '하나님의 아들'이다. 우리는 '하나님 나라의 상속자'이다.

이것이 바로 '믿음의 조상, 아브라함'의 등장 배경이다.

[이제, 이 단원의 화자(話者)를 한동안 '여호와 하나님'으로 바꾸겠다. 우리는 우리 고집을 하나님께 강요하기 전에 하나님의 이야기를 듣는 연습을 해야 한다. 물론 정말 쉽지 않은 이야기다. 이 책을 자세히 정독한 독자 중에는 '1부 서문'의 첫 문장이 "나는 하나님이 안쓰럽다"로 시작했다는 사실을 기억하는 분이 있을 것이다. 하나님의 시점으로 이야기하는 이후의 내용을 읽고 나면 나와 같은 감정을 가지는 독자가 상당히 많아질 것이다. 이제 시작해보자.]

'신앙 서적 혹은 설교집' 중에 이런 '캐릭터'(character)의 글쟁이는 처음인 것 같아. 여호와 하나님 내가 참 특이한 놈을 사역자로 키운 것 같아. 어디서부터 시작할까? 그래 내가 인류에게 선물한, 성경에 나오는 순서대로 이야기하도록 하지. 내가 온 우주를 창조한 후 마지막으로 정말 정성을 들여

강퍅한 본성 때문이다. 동시에 처참하게 무너지고 있는 한국 교회의 현실을 보면서 절망하지 말고 그 뒤에서 일하시는 하나님의 보이지 않는 '긍휼의 손길'을 볼 수 있는 눈을 가지라는 바람에서다.

창조한 첫 인류인 아담과 하와가 에덴동산에서 사고를 쳤지. 결국, 그들의 반역으로 내가 창조한 온 우주에 변형이 왔어. 아담과 하와가 나의 창조 사역을 망쳐놨어. **그래서, 나는** 그들을 위해 가죽옷을 지어줬어. 가죽옷을 지어줬다는 이야기는 '죄 사함을 위한 피 흘림'이 있었다는 이야기인 동시에 내가 그들의 죄를 용서해주었다는 이야기지…

> 여호와 하나님이 아담과 그의 아내를 위하여 **가죽옷을 지어 입히시니라**
> (창세기 3:21)[81]

> 율법을 따라 거의 모든 물건이 피로써 정결하게 되나니 **피흘림이 없은
> 즉 사함이 없느니라**(히브리서 9:22)

내 창조 사역을 망쳐놓은 아담과 하와이지만 **나는** 그들에게 그들을 위한 아이들을 주었지. 그런데 그 아이들 사이에 시기와 질투가 일어났고 형인 가인이 동생 아벨을 쳐 죽였지. 인류 역사에 첫 번째 살인 사건이 일어난 거야. **그래서 나는** 아담과 하와에게 또 다른 아들 셋을 주었어.

---

81 "이에 그들의 눈이 밝아져 자기들이 벗은 줄을 알고 **무화과나무 잎을 엮어 치마로 삼았더라**" (창세기 3:7).: 교회 내에는 하나님의 은혜를 입었다고 스스로 자부하면서도 하나님께서 지어주신 '가죽옷' 대신 '무화과나무 치마'를 고집하는 사람들이 존재한다. 이러한 '무화과나무 치마'에 해당하는 일은 여러 분야에 걸쳐 일어난다. 어떤 일이 '무화과나무 치마'에 해당할지 묵상해 보는 것도 신앙적 유익이 크리라 생각한다. 한가지 예를 든다면, '현대과학'이 대표적인 '무화과나무 치마'에 해당할 것이다. 이 '무화과나무 치마'가 하나님의 '필연'적인 창조 사역에 '우연과 아주 긴 세월'이라는 이름으로 끼어든 이론이 '유신진화론'이다.

¹아담이 그의 아내 하와와 동침하매 하와가 임신하여 가인을 낳고 이르되 **내가 여호와로 말미암아 득남하였다** 하니라 ²그가 또 가인의 아우 아벨을 낳았는데 아벨은 양 치는 자였고 가인은 농사하는 자였더라(창세기 4:1-2)

가인이 그의 아우 아벨에게 말하고 그들이 들에 있을 때에 **가인이 그의 아우 아벨을 쳐죽이니라**(창세기 4:8)

아담이 다시 자기 아내와 동침하매 그가 아들을 낳아 **그의 이름을 셋이라 하였으니 이는 하나님이 내게 가인이 죽인 아벨 대신에 다른 씨를 주셨다** 함이며(창세기 4:25)

그런데, 아벨 대신에 준 셋의 자손들인데 아벨을 죽인 가인의 자손들이 만든 문화와 삶의 방식을⁸² 사랑하고 다 그렇게 살더라. 생각을 해 봐. 가인

---

82 "¹⁶가인이 여호와 앞을 떠나서 에덴 동쪽 놋 땅에 거주하더니 ¹⁷아내와 동침하매 그가 임신하여 에녹을 낳은지라 **가인이 성을 쌓고** 그의 아들의 이름으로 성을 이름하여 에녹이라 하니라 ¹⁸에녹이 이랏을 낳고 이랏은 므후야엘을 낳고 므후야엘은 므드사엘을 낳고 므드사엘은 라멕을 낳았더라 ¹⁹라멕이 두 아내를 맞이하였으니 하나의 이름은 아다요 하나의 이름은 씰라였더라 ²⁰아다는 야발을 낳았으니 그는 장막에 거주하며 **가축을 치는 자의 조상이 되었고** ²¹그의 아우의 이름은 유발이니 그는 **수금과 퉁소를 잡는 모든 자의 조상이 되었으며** ²²씰라는 두발가인을 낳았으니 그는 **구리와 쇠로 여러 가지 기구를 만드는 자요** 두발가인의 누이는 나아마였더라"(창세기 4:16-22).: 신학자들은 이때 가인이 쌓은 성을 '도시 문명의 시작'으로 본다. 가축은 '부의 상징'이며 수금과 퉁소는 '문화 권력'을 구리와 쇠는 '생산과 무기에 의한 권력'을 의미한다고 한다. 우리가 현재 살고 있는 세상을 상상해보면 이해가 될 것이다. 우리 대한민국의 수도 서울과 우리 대한민국의 경제력과 전세계를 휩쓸고 있는 한류 열풍과 우리 대한민국의 첨단산업과 군사력이 전세계의 주목을 받을 만큼 비약적인 발전을 했을 때를 상상해보면 가

에게 죽임을 당한 아벨을 대신해서 준 자식이 셋이잖아. 그러면 셋의 자손들은 아벨처럼 살아야 하지 않을까? 그런데 아벨을 죽인 가인이 만든 문화와 삶의 방식이 당장 보기에 화려하고 매력적으로 보이니까 전부 그쪽으로 붙어서 그 방식을 따르더라. 결국 '힘과 권력'에 의한 '죽음과 착취'의 세상이 되었지. 결국, 그들 모두 육체 즉, 자신들의 눈에 좋아 보이는 일만 하는 '고기 덩어리'[83]가 되어버렸어. 그들 모두가 육체가 되어서 더 이상 세상을 그냥 둘 수 없게 되었지. **그래서, 나는** 노아에게 은혜를 주었지.

> [1]사람이 땅 위에 번성하기 시작할 때에 그들에게서 딸들이 나니 [2]**하나님의 아들들이 사람의 딸들의 아름다움을 보고 자기들이 좋아하는 모든 여자를 아내로 삼는지라** [3]여호와께서 이르시되 나의 영이 영원히 사람과 함께 하지 아니하리니 **이는 그들이 육신이 됨이라** 그러나 그들의 날은 백이십 년이 되리라 하시니라(창세기 6:1-3)

> [5]여호와께서 사람의 죄악이 세상에 가득함과 그의 마음으로 생각하는

인이 만든 문화와 삶의 방식이 셋의 자손들에게 어떤 매력을 가졌을지 쉽게 이해가 될 것이다. 가인의 족보와 대비되는, 아벨을 이은 셋의 족보에는 이러한 내용이 일체 나오지 않는다. 아담과 셋의 족보에는, 하나님의 형상이라는 말과 자녀들을 낳았으며 몇 세를 살고 죽었다는 이야기와 하나님과 동행한 인물에 대한 증언만이 기록되어 있다. 이 부분은 창세기 5장에 기록되어 있다. 노파심에서 한마디를 덧붙이자면, 도시 문명에 대한 나의 설명은 내가 '반문명적 입장'을 가지고 있다거나 '반문명적 입장'을 지지하는 것이 아님을 밝혀둔다. 다만 도시 문명과 가치관 가운데, 우리는 무엇을 잃고 있으며 이러한 문명과 가치관이 우리를 하나님으로부터 멀어지게 하는데 어떤 기여를 하는지 묵상해보기를 권한다.

83 '이는 그들이 육신이 됨이라'라는 창세기 6장 3절 말씀 중 '육신'의 뜻이 바로 '고깃덩어리'다.

모든 계획이 항상 악할 뿐임을 보시고 ⁶땅 위에 사람 지으셨음을 한탄하사 마음에 근심하시고 ⁷이르시되 내가 창조한 사람을 내가 지면에서 쓸어버리되 사람으로부터 가축과 기는 것과 공중의 새까지 그리하리니 이는 내가 그것들을 지었음을 한탄함이니라 하시니라 ⁸**그러나 노아는 여호와께 은혜를 입었더라**(창세기 6:5-8)

그래서 여호와 하나님 나의 은혜를 입은 노아의 후손들은 잘 살았을까? 아니. 그렇게 구원한 노아의 자손들이 다시 나를 대적해서 바벨탑을 건축하더라. 홍수 때문이었지. 온 지면이 홍수로 물이 가득해도 그보다 높은 탑을 쌓으면 스스로들 안전을 확보할 수 있다고 믿어서지. 온 지면의 홍수에서 방주를 통해 구원해준 노아의 후손들이건만, 내 약속을 믿지 않더라. 노아는 백이십 년간⁸⁴ 내 약속을 믿고 그 모든 조롱 가운데서도 홀로 방주를 지

---

84 "여호와께서 이르시되 나의 영이 영원히 사람과 함께 하지 아니하리니 이는 그들이 육신이 됨이라 그러나 그들의 날은 백이십 년이 되리라 하시니라"(창세기 6:3).: 흔히들 오해하는 구절이다. 이 말씀을 근거로 노아의 홍수 이후 사람의 수명은 백 이십 살을 넘지 못하게 되었다고 하는 '이단 사이비'가 있다. 그러나 이 말씀은 그 뜻이 아니다. 하나님께서 노아에게 방주를 지을 것을 명령하신 때로부터 홍수 때까지 육신이 되어버린 인류가 죄를 짓고 마음대로 행할 수 있는, 거꾸로 생각하면 '회개할 수 있는 시간'이기도 한, 육신이 되어버린 그들의 세상의 날이 백이십 년 남았다는 이야기다. 아담과 셋의 족보에 나오는 인물들의 출생의 때와 사망한 나이를 계산해보면, 노아의 홍수는 노아에게 하나님께서 방주를 만들라고 하신 뒤 정확히 백이십 년 뒤에 일어난 사건임을 알 수 있다. 하나님과 동행하여 죽음을 보지 않고 승천한 에녹의 아들 '므두셀라가 죽은 해'에 노아의 홍수가 일어난다. 신학자들은 이 사실을 통하여 두 가지 교훈을 전하곤 한다. 먼저 므두셀라의 이름 뜻이 그것이다. 므두셀라는 직설적으로는 '창을 던진다'라는 뜻으로 '이 아이가 죽으면 심판이 임한다. 세상의 끝이 온다'라는 뜻이라고 한다. 우리는 이 사실을 통하여 므두셀라를 낳은 이후의 '에녹의 하나님과의 동행'을 어렴풋이 이해할 수 있다. "²¹에녹은 육십오 세에 므두셀라를 낳았고 ²²므두셀라를 낳은 후 삼백 년을 하나님과 동행하며 자녀들을 낳았으며 ²³그는 삼백육십오 세를 살았더라 ²⁴에녹이 하나님과 동행하더니 하나님이 그를 데려가시므로 세상에 있지 아니하였더라"(창세기 5:21-24). 동시에 므두셀라는

없는데 그 자손들은 비가 그칠 때마다 징표로 준 무지개를 보면서도 내 약
속을 믿지 않더라. 그래서 나는 바벨탑을 건축한 에벨의 자손 중에서 아브
라함을 선택해서 복을 주어 '믿음의 조상'이 되게 했지.

> ¹¹내가 너희와 언약을 세우리니 다시는 모든 생물을 홍수로 멸하지 아니
> 할 것이라 땅을 멸할 홍수가 다시 있지 아니하리라 ¹²하나님이 이르시되
> 내가 나와 너희와 및 너희와 함께 하는 모든 생물 사이에 대대로 영원히
> 세우는 언약의 증거는 이것이니라 ¹³내가 내 무지개를 구름 속에 두었나
> 니 이것이 나와 세상 사이의 언약의 증거니라 ¹⁴내가 구름으로 땅을 덮
> 을 때에 무지개가 구름 속에 나타나면 ¹⁵내가 나와 너희와 및 육체를 가
> 진 모든 생물 사이의 내 언약을 기억하리니 다시는 물이 모든 육체를 멸
> 하는 홍수가 되지 아니할지라 ¹⁶무지개가 구름 사이에 있으리니 내가 보
> 고 나 하나님과 모든 육체를 가진 땅의 모든 생물 사이의 영원한 언약을
> 기억하리라 ¹⁷하나님이 노아에게 또 이르시되 내가 나와 땅에 있는 모든
> 생물 사이에 세운 언약의 증거가 이것이라 하셨더라(창세기 9:11-17)

> ¹온 땅의 언어가 하나요 말이 하나였더라 ²이에 그들이 동방으로 옮기다

성경에 나온 인물 중 '가장 장수한 인물'로 알려진다. "²⁵므두셀라는 백팔십칠 세에 라멕을 낳았
고 ²⁶라멕을 낳은 후 칠백팔십이 년을 지내며 자녀를 낳았으며 ²⁷그는 **구백육십구 세**를 살고 죽
었더라"(창세기 5:25-27). 무슨 뜻일까? 노아의 할아버지인 므두셀라가 죽으면 세상에 심판
이 임한다고 했다. 그런데 므두셀라가 구백육십구 세까지 살았으며 성경에 기록된 가장 장수
한 사람이라면 하나님은 심판을 즐기시는 분이실까? 아니면 어떻게 해서든지 우리에게 회개
할 시간과 기회를 주시는 분이실까?

가 시날 평지를 만나 거기 거류하며 ³서로 말하되 자, 벽돌을 만들어 견

고히 굽자 하고 이에 벽돌로 돌을 대신하며 역청으로 진흙을 대신하고

⁴또 말하되 자, 성읍과 탑을 건설하여 그 탑 꼭대기를 하늘에 닿게 하여

우리 이름을 내고 온 지면에 흩어짐을 면하자[85] 하였더니(창세기 11:1-4)

말을 한 김에 조금 더 해볼까? 아브라함의 자손들 중 야곱이 있었지. 사

실 야곱의 아들들이 다 문제였어. 그중에 요셉도 문제였지. 열일곱 살씩이

나 된 녀석이 아빠가 지어준 채색옷[86]을 입고서 밖에서 양을 치면서 고생하

는 형들의 잘못을 아빠한테 고자질이나 하고 꿈 이야기도 그렇고 철딱서니

---

[85] 이들의 의도와는 정반대로 바벨탑 사건으로 말미암아 그 땅의 백성들이 나뉘게 된다. 이 일은 노아의 아들 셈의 자손들 중 에벨의 자손들이 벌인 일이었다.: "¹노아의 아들 셈과 함과 야벳의 족보는 이러하니라 홍수 후에 그들이 아들들을 낳았으니… ²⁵에벨은 두 아들을 낳고 하나의 이름을 벨렉이라 하였으니 **그 때에 세상이 나뉘었음이요** 벨렉의 아우의 이름은 욕단이며… ³¹ **이들은 셈의 자손이니** 그 족속과 언어와 지방과 나라대로였더라 ³²이들은 그 백성들의 족보에 따르면 노아 자손의 족속들이요 홍수 후에 이들에게서 그 땅의 백성들이 나뉘었더라"(창세기 10:1-32). 창세기 10장에 등장하는 바로 이 에벨의 자손들의 족보가 창세기 11장에 등장한다.: "¹⁰셈의 족보는 이러하니라 셈은 백 세 곧 홍수 후 이 년에 아르박삿을 낳았고… ¹⁶에벨은 삼십사 세에 벨렉을 낳았고… ²⁶데라는 칠십 세에 아브람과 나홀과 하란을 낳았더라 ²⁷데라의 족보는 이러하니라 **데라는 아브람과 나홀과 하란을 낳고** 하란은 롯을 낳았으며 ²⁸하란은 그 아비 데라보다 먼저 고향 갈대아인의 우르에서 죽었더라"(창세기 11:10-28). 성경의 족보를 볼 때, 아브라함은 '바벨탑을 쌓았던 에벨의 자손'이었다. 즉 아브라함은 에벨 족속 중 하나였다. 이러한 사실은 앞 단원 '사라를 위한 변명'에서 사라가 육십오 세까지 바벨탑과 연관되는 것으로 여겨지는 지구라트(Ziggurat)가 가장 완전한 형태로 발견된 곳인 갈대아인의 우르에 살았다는 점과 연관된다.

[86] 이때 채색옷은 그저 고운 '꼬까옷(?)'을 의미하지 않는다. 이 당시 채색옷은 '상속자'만이 입을 수 있는 옷이었다고 전해진다. 즉 채색옷은 '장자권'을 상징했다. "유다는 형제보다 뛰어나고 주권자가 유다에게서 났으나 **장자의 명분은 요셉에게 있으니라**"(역대상 5:2). 물론 하나님의 섭리 가운데 요셉에게 장자의 명분이 있다는 사실을 이제는 우리 모두 알고 있다. 그러나 요셉에게 채색옷을 입힌 것은 '야곱의 실수'가 맞다. 다만 하나님께서 야곱의 실수마저도 하나님의 구원 역사 가운데 선하게 사용해 주신 것이다.: "우리가 알거니와 하나님을 사랑하는 자 곧 그의 뜻대로 부르심을 입은 자들에게는 모든 것이 합력하여 선을 이루느니라"(로마서 8:28).

가 없었지. **그래서, 나는** 요셉을 애굽으로 보내 훈련을 시켜 야곱의 온 가
족을 구원했어.

> [2]야곱의 족보는 이러하니라 요셉이 십칠 세의 소년으로서 그의 형들과
> 함께 양을 칠 때에 그의 아버지의 아내들 빌하와 실바의 아들들과 더불
> 어 함께 있었더니 그가 그들의 잘못을 아버지에게 말하더라 [3]요셉은 노
> 년에 얻은 아들이므로 **이스라엘이 여러 아들들보다 그를 더 사랑하므로**
> **그를 위하여 채색옷을 지었더니** [4]**그의 형들이 아버지가 형들보다 그를**
> **더 사랑함을 보고 그를 미워하여 그에게 편안하게 말할 수 없었더라** [5]요
> 셉이 꿈을 꾸고 자기 형들에게 말하매 그들이 그를 더욱 미워하였더라
> (창세기 37:2-5)

그 후 모세를 바로의 궁정에서 키운 뒤 광야에서 훈련시켰지. 왜 모세를
광야에서 40년간 준비시켰는지는 말하지 않아도 알겠지? 애굽과 가나안 땅
사이에 광야가 있잖아. 설마, 모세와 여호수아 정도는 알겠지. 그들을 통해
이스라엘 백성을 가나안 땅으로 인도하고, 그 땅을 그리고 그 땅의 모든 포
도원과 소출을 주었지. 이스라엘 백성을 가나안 땅까지 인도하는 내내 광야
에서는 만나를 내려주고 메추라기를 보내주어 양식으로 삼게 했잖아. 그리
고 더운 낮에는 구름 기둥으로, 추운 밤에는 불 기둥으로 인도해 주었지. 그
러니 생각을 해봐. 광야에서 생활하는 동안, 이스라엘은 스스로 자신의 삶
을 계획하고 결정할 필요가 없었어. 이스라엘이 스스로 자신의 삶을 계획하
고 무언가를 결정하기 시작한 것은 가나안 땅에 들어가서부터잖아.

²¹여호와께서 그들 앞에서 가시며 **낮에는 구름 기둥으로 그들의 길을 인도하시고 밤에는 불 기둥을 그들에게 비추사 낮이나 밤이나 진행하게 하시니** ²²낮에는 구름 기둥, 밤에는 불 기둥이 백성 앞에서 떠나지 아니하니라(출애굽기 13:21-22)

광야에서 그리고 가나안 수복 전쟁 가운데 나와 동행했던 여호수아가 살아있을 때까지는 그래도 괜찮았지. 그런데 광야에서 나와 동행했던 세대가 전부 죽은 뒤에, 이스라엘 스스로 자신의 삶을 계획하고 무언가를 결정하기 시작하자 무슨 일이 일어났는지 아니? 곧바로 사사 시대를 열더라. 그리고 사사 시대 내내 가치 있는 판단, 가치 있는 일을 하지 않더라. 그래도 블레셋 등 다른 민족의 압제가 있으면 나한테 오더라. **그래서 나는** 그때마다 사사를 보내주었어. 하지만 항상 그때뿐이더라. 나 여호와 하나님에게 아쉬운 것이 생기면 마치 굶주린 젖먹이가 엄마 품에 파고들듯이 내 앞에 와서 난리를 피우다가 볼일이 끝나면 '빛의 속도'로 사라지더라. 그런 일이 사사기 내내 반복되었지. 정말 많은 사사들을 거치면서 점점 더 안 좋은 상황으로 빠지더니 결국 망해 먹더라. **그래서 나는** 다윗을 보내주었어.

⁸**여호와의 종 눈의 아들 여호수아가 백십 세에 죽으매** ⁹**무리가 그의 기업의 경내 에브라임 산지 가아스 산 북쪽 딤낫 헤레스에 장사하였고** ¹⁰**그 세대의 사람도 다 그 조상들에게로 돌아갔고 그 후에 일어난 다른 세대는 여호와를 알지 못하며 여호와께서 이스라엘을 위하여 행하신 일도 알지 못하였더라** ¹¹**이스라엘 자손이 여호와의 목전에 악을 행하여 바**

알들을 섬기며 ¹²애굽 땅에서 그들을 인도하여 내신 그들의 조상들의 하
나님 여호와를 버리고 다른 신들 곧 그들의 주위에 있는 백성의 신들을
따라 그들에게 절하여 여호와를 진노하시게 하였으되 ¹³곧 그들이 여호
와를 버리고 바알과 아스다롯을 섬겼으므로 ¹⁴여호와께서 이스라엘에게
진노하사 노략하는 자의 손에 넘겨 주사 그들이 노략을 당하게 하시며
또 주위에 있는 모든 대적의 손에 팔아 넘기시매 그들이 다시는 대적을
당하지 못하였으며 ¹⁵그들이 어디로 가든지 여호와의 손이 그들에게 재
앙을 내리시니 곧 여호와께서 말씀하신 것과 같고 여호와께서 그들에게
맹세하신 것과 같아서 그들의 괴로움이 심하였더라 ¹⁶여호와께서 사사
들을 세우사 노략자의 손에서 그들을 구원하게 하셨으나 ¹⁷그들이 그 사
사들에게도 순종하지 아니하고 오히려 다른 신들을 따라가 음행하며 그
들에게 절하고 여호와의 명령을 순종하던 그들의 조상들이 행하던 길에
서 **속히 치우쳐 떠나서 그와 같이 행하지 아니하였더라**(사사기 2:8-17)

그때에 이스라엘에 왕이 없으므로 **사람이 각기 자기의 소견에 옳은 대
로 행하였더라**(사사기 21:25)

사사기가 끝날 즈음 자신들이 이방 민족에게 괴롭힘을 당하는 이유는
"왕이 없어서"라고 하면서 이스라엘 백성들이 와서 왕을 달라고 하더라. 원
래 사람이라는 존재가 그래. 자신이 직접 경험하고 겪어보기 전에는 절대
고집을 꺾지 않지. 하도 왕을 달라고 떼를 쓰길래 왕을 주었지. 처음에는 그
들의 원대로 골리앗처럼 키가 큰 사울을 주었어. 다윗이 골리앗을 쓰러뜨린

적이 있었지. 사실 그때 블레셋 진영에만 골리앗이 있었던 것이 아니야. 블레셋에는 '겁이 없는 골리앗'이 있었고 이스라엘 진영 왕의 장막 안에는 '겁이 많은 골리앗'이 있었지. 사람들이 그를 '사울'이라고 부르더라.

그 뒤에 골리앗과는 정반대의 외모를 가진 다윗을 주어 내 백성에게 평안을 주었지. 그런데 다윗 이후에 좀 살만해지니까 왕정 시대 내내 계속 망해 먹더라. 철 좀 들라고 미리 '요나'[87] 등을 보내 환경을 좀 부드럽게 만든

---

87 요나의 무덤이 니느웨에 있다는 말은 이 책 1부 서문에서 언급했었다. '니느웨'는 북방 이스라엘이 포로로 끌려간 '앗수르의 수도'이다. 그리고 앗수르를 이어 제국으로 부상한 '바벨론의 영토'와 '앗수르의 영토'는 상당 부분이 겹친다. 이 말이 의미하는 것이 무엇일까? 제국의 이름과 왕권을 가진 그룹이 바뀌었다고는 해도, 결국 두 제국의 구성원 대부분이 유사했다는 이야기다. "**¹우리가 바벨론의 여러 강변 거기에 앉아서 시온을 기억하며 울었도다 ²그 중의 버드나무에 우리가 우리의 수금을 걸었나니 ³이는 우리를 사로잡은 자가 거기서 우리에게 노래를 청하며 우리를 황폐하게 한 자가 기쁨을 청하고 자기들을 위하여 시온의 노래 중 하나를 노래하라 함이로다 ⁴우리가 이방 땅에서 어찌 여호와의 노래를 부를까**"(시편 137:1–4).: 앗수르와 바벨론과 같은 제국에 포로로 끌려간 사람들의 처지는 어떠했을까? 처참했을 것이 분명하다. 그런데, 고레스의 칙령과 전폭적인 지원에도 포로에서 풀려난 이스라엘 백성 중 99% 이상은 가나안 땅으로 복귀하지 않는다. 왜일까? 사실 성경에 기록된 이러저러한 정황을 살펴볼 때, 앗수르와 바벨론으로 끌려갔던 이스라엘 백성들의 처지는 나쁘지 않았던 것으로 보인다. 그 정도가 어느 정도였는지 우리는 조금만 생각을 해봐도 어렵지 않게 예측할 수 있다. 이스라엘 백성을 포로에서 풀어주면서 제국의 최고 권력자인 황제가 직접 나서서 집과 교회를 건축할 돈도 주고 안전도 보장해주고 예루살렘의 성전에서 빼앗아왔던 성전기물마저 다 돌려줬다. 그런데 성경에 기록된 내용을 중심으로 각 지파에서 예루살렘으로 돌아온 백성의 수를 자세히 계산해 보면 200명에서 300명당 1명만이 포로에서 귀환했음을 알 수 있다. 일련의 사실을 접하고 나면 이러한 질문이 나오는 것이 순서이다. 왜 앗수르와 바벨론의 지배층들은 유독 이스라엘 백성에게 호의적이었을까? 답은 간단하다. 지금 전 세계에 불고 있는 '한류열풍'을 생각해보면 된다. 시편 137편을 살펴보라. 바벨론의 강변에서 '제국의 지배자들'이 '자신들의 즐거움'을 위해서 '시온의 노래'를 청한다. 정작 언약 백성인 유대인들은 고향 땅에서 소홀히 했던 찬송이었다. 그런데 포로로 끌려갔더니 바벨론의 지배자들이 찬송을 불러 달라고 하면서 너무 좋아하는 것이다. 이 얼마나 황당한 상황인 동시에 다행이며 정말 많은 회한의 눈물로 통곡하게 만드는 일인가? 그런데 왜 바벨론의 지배자들은 시온의 노래를 좋아하고 이스라엘 문화에 익숙한 동시에 유대인들에게 호의적이었을까? 이유는 간단하다. 바벨론의 지배자들에게 시온의 노래가 익숙해서이다. 어떻게 이러한 일이 가능하냐고? 이 시온의 노래와 유대 문화를 미리 그 땅에 와서 죽을 때까지 전했던 선지자가 있었기 때문이다. 그가 누구냐고? 바로 '요나' 선지자다. 하나님의 일하심의 방식이 당대에 전부 이해될 수 있으리라 생각하는가? 진정으로 하나님과

뒤, 바벨론으로 포로로 보냈다가 다시 약속의 땅으로 데려왔지. 그런데 내가 황제로 세운 고레스의 전폭적인 지원에도 거의 돌아오지 않더라. 돌아와서도 잠깐 잠깐 내가 세운 선지자들 앞에서 괜찮은 흉내를 내다가 결국 또 말아 먹더라. **그래서 나는** 내 아들 예수 그리스도를 보냈어. 생각을 해봐. 다윗까지 보내주었는데 전부 말아먹은 애들이야. 제국의 왕을 시켜서 돌아가라고 이것저것 다 주어도 안 돌아왔던 애들이야. 그러니 이제 뭐가 남았겠어? 그래서 아들을 보냈지.

> [21]베냐민 지파를 그들의 가족별로 가까이 오게 하였더니 마드리의 가족이 뽑혔고 그중에서 기스의 아들 사울이 뽑혔으나 그를 찾아도 찾지 못한지라 [22]그러므로 그들이 또 여호와께 묻되 그 사람이 여기 왔나이까 여호와께서 대답하시되 그가 짐보따리들 사이에 숨었느니라 하셨더라 [23]그들이 달려 가서 거기서 그를 데려오매 **그가 백성 중에 서니 다른 사람보다 어깨 위만큼 컸더라** [24]사무엘이 모든 백성에게 이르되 너희는 여호와께서 택하신 자를 보느냐 모든 백성 중에 짝할 이가 없느니라 하니 모든 백성이 왕의 만세를 외쳐 부르니라(사무엘상 10:21-24)

> [10]이새가 그의 아들 일곱을 다 사무엘 앞으로 지나가게 하나 사무엘이 이새에게 이르되 여호와께서 이들을 택하지 아니하셨느니라 하고 [11]또

친밀하게 동행했던 선지자들의 깊이가 상상이 가는가? 우리 한국 교회는 위대한 선지자의 이야기를 '불순종' 혹은 '물고기 이야기'로 '동화화'(童話化)하는 수준에서 벗어나지 못하고 있다. 하나님의 은혜로 요나의 인물 설교 또한 출판할 수 있는 기회가 오기를 기도해 본다.

사무엘이 이새에게 이르되 네 아들들이 다 여기 있느냐 이새가 이르되 아직 막내가 남았는데 그는 양을 지키나이다 사무엘이 이새에게 이르되 사람을 보내어 그를 데려오라 그가 여기 오기까지는 우리가 식사 자리에 앉지 아니하겠노라 ¹²이에 사람을 보내어 그를 데려오매 **그의 빛이 붉고 눈이 빼어나고 얼굴이 아름답더라** 여호와께서 이르시되 이가 그니 일어나 기름을 부으라 하시는지라(사무엘상 16:10-12)

¹**바사 왕 고레스 원년에** 여호와께서 예레미야의 입을 통하여 하신 말씀을 이루게 하시려고 바사 왕 고레스의 마음을 감동시키시매 **그가 온 나라에 공포도 하고 조서도 내려 이르되** ²바사 왕 고레스는 말하노니 하늘의 하나님 여호와께서 세상 모든 나라를 내게 주셨고 나에게 명령하사 유다 예루살렘에 성전을 건축하라 하셨나니 ³이스라엘의 하나님은 참 신이시라 **너희 중에 그의 백성 된 자는 다 유다 예루살렘으로 올라가서 이스라엘의 하나님 여호와의 성전을 건축하라** 그는 예루살렘에 계신 하나님이시라 ⁴그 남아 있는 백성이 어느 곳에 머물러 살든지 **그곳 사람들이 마땅히 은과 금과 그 밖의 물건과 짐승으로 도와 주고 그 외에도 예루살렘에 세울 하나님의 성전을 위하여 예물을 기쁘게 드릴지니라** 하였더라(에스라 1:1-4)

⁷고레스 왕이 또 여호와의 성전 그릇을 꺼내니 **옛적에 느부갓네살이 예루살렘에서 옮겨다가 자기 신들의 신당에 두었던 것이라** ⁸바사 왕 고레스가 창고지기 미드르닷에게 명령하여 그 그릇들을 꺼내어 세어서 유다

총독 세스바살에게 넘겨주니(에스라 1:7-8)

왜 신약 성경이 아브라함과 다윗으로 시작되는지 아니? 아브라함이 '믿음의 조상'이라면 다윗은 '은혜의 상징'이라는 것은 알지? 복음이 무엇인지 아니? 믿음이 무엇인지 아니? 은혜가 무엇인지 아니? 아직도 '믿음의 조상, 아브라함'을 떠올리며 "아브라함은 무엇을 하나님 앞에서 잘했을까? 나도 그렇게 해야지." 혹은 "아브라함은 정말 대단한 사람인가 보다. 하지만 엄청 고생했을거야. 인생 뭐 별거 있나? 하나님, 저는 아브라함처럼 훌륭해지지 않아도 되니까 그냥 평탄한 삶을 주소서. 대신 착하게 살게요."라는 생각이나 기도가 나오니? 이 모든 것은 언약 백성 너희가 아니라 나 여호와 하나님의 주권으로 내가 정해서 내가 한 것이란다.

아브라함과 다윗의 자손 예수 그리스도의 계보라(마태복음 1:1)

[여기까지, 여호와 하나님의 독백을 마친다.]

잠시, 다윗 이야기를 조금 한 뒤에 아브라함으로 돌아가는 것이 독자에게 유익할 것 같다. 다윗이 먹고 살만해진(?) 다음에 있었던 이야기다. 다윗이 선지자 나단을 불러 이와 같이 말한다. "나는 백향목 궁에 살거늘 하나님의 궤는 휘장 가운데에 있도다." 설명할 필요도 없는 말이다. 다윗이 하나님을 위해 하나님의 집을 지어드리고 싶다는 의사(意思)를 선지자 나단에게 전한다.

¹여호와께서 주위의 모든 원수를 무찌르사 왕으로 궁에 평안히 살게 하신 때에 ²왕이 선지자 나단에게 이르되 볼지어다 **나는 백향목 궁에 살거늘 하나님의 궤는 휘장 가운데에 있도다** ³나단이 왕께 아뢰되 여호와께서 왕과 함께 계시니 마음에 있는 모든 것을 행하소서 하니라 ⁴그 밤에 여호와의 말씀이 나단에게 임하여 이르시되 ⁵가서 내 종 다윗에게 말하기를 여호와께서 이와 같이 말씀하시되 **네가 나를 위하여 내가 살 집을 건축하겠느냐** ⁶내가 이스라엘 자손을 애굽에서 인도하여 내던 날부터 오늘까지 집에 살지 아니하고 장막과 성막 안에서 다녔나니 ⁷이스라엘 자손과 더불어 다니는 모든 곳에서 내가 내 백성 이스라엘을 먹이라고 명령한 이스라엘 어느 지파들 가운데 하나에게 내가 말하기를 너희가 어찌하여 나를 위하여 백향목 집을 건축하지 아니하였느냐고 말하였느냐 ⁸그러므로 이제 내 종 다윗에게 이와 같이 말하라 만군의 여호와께서 이와 같이 말씀하시기를 **내가 너를** 목장 곧 양을 따르는 데에서 데려다가 내 백성 이스라엘의 주권자로 삼고 ⁹네가 가는 모든 곳에서 **내가 너와 함께 있어** 네 모든 원수를 네 앞에서 멸하였은즉 **땅에서 위대한 자들의 이름 같이 네 이름을 위대하게 만들어 주리라** ¹⁰내가 또 내 백성 이스라엘을 위하여 한 곳을 정하여 그를 심고 그를 거주하게 하고 다시 옮기지 못하게 하며 악한 종류로 전과 같이 그들을 해하지 못하게 하여 ¹¹전에 내가 사사에게 명령하여 내 백성 이스라엘을 다스리던 때와 같지 아니하게 하고 너를 모든 원수에게서 벗어나 편히 쉬게 하리라 여호와가 또 네게 이르노니 **여호와가 너를 위하여 집을 짓고** ¹²네 수한이 차서 네 조상들과 함께 누울 때에 **내가 네 몸에서 날 네 씨를 네 뒤에 세워 그**

의 나라를 견고하게 하리라 ¹³그는 내 이름을 위하여 집을 건축할 것이
요 나는 그의 나라 왕위를 영원히 견고하게 하리라 ¹⁴**나는 그에게 아버**
지가 되고 그는 내게 아들이 되리니 그가 만일 죄를 범하면 내가 사람의
매와 인생의 채찍으로 징계하려니와 ¹⁵**내가 네 앞에서 물러나게 한 사울**
에게서 내 은총을 빼앗은 것처럼 그에게서 빼앗지는 아니하리라 ¹⁶네 집
과 네 나라가 내 앞에서 영원히 보전되고 네 왕위가 영원히 견고하리라
하셨다 하라(사무엘하 7:1-16)

그 밤에 여호와 하나님께서 나단에게 임하시어 다윗에게 말을 전하라고
하신다. 하나님께서 다윗에게 주신 메시지는 아주 간단하다. "아가, 참아
라. 네가 어떻게 나를 위해 내 살 집을 건축하겠다고 하니? 세상은 그런 것
이 아니란다. 여호와 하나님 내가 너를 위해 집을 지어주는 것이란다. 내가
다윗 네 몸에서 날 네 씨를 네 뒤에 세워 그의 나라를 견고하게 해주고 내가
그에게 아버지가 되어주마. 그리고 다윗 네 마음은 내가 알았으니 이렇게
하자. 네 몸에서 날 네 아들을 나 여호와 하나님의 집을 건축할 만큼 지혜롭
고 강성하게 해주마. 그렇게 하면, 다윗 네 소원대로 나 여호와 하나님의 집
도 건축하고 너의 아들도 복을 받는 셈이 되겠구나. 그리고 내 집을 건축하
는 그 아이에게 내가 아버지가 되어주어 그가 잘못하는 경우 바른길로 인도
해 주마."

바로 이 지점에서 하나님께 은총을 받은 자의 인생이 묘사된다. "나는 그
에게 아버지가 되고 그는 내게 아들이 되리니 그가 만일 죄를 범하면 내가

사람의 매와 인생의 채찍으로 징계하려니와 내가 네 앞에서 물러나게 한 사울에게서 내 은총을 빼앗은 것처럼 그에게서 빼앗지는 아니하리라. 네 집과 네 나라가 내 앞에서 영원히 보전되고 네 왕위가 영원히 견고하리라." 이것이 구원받은 자의 인생인 동시에 구원받은 자가 소유하는 자유이다.[88]

하나님의 자녀된 자는 인생에서 범하는 실수로 그 신분의 변화가 일어나지 않는다. 생각해보면 당연한 이야기다. 무언가 실수를 했을 때, 그 실수가 원인이 되어 신분의 변화가 일어나는 인생에는 '진정한 자유'란 존재할 수 없다. "그래서 구원받은 자는 마음대로 살아도 되냐고?" 우리는 하나님의 말씀 중 "그는 내게 아들이 되리니 그가 만일 죄를 범하면 내가 사람의 매와 인생의 채찍으로 징계하려니와"를 마음에 새기고 외워야 한다.

"그래서 구원받은 자는 마음대로 살아도 되냐고?" CMF 캠퍼스에서 같은 질문을 받을 때마다 해주는 나의 대답은 이러하다. "나 같으면 절대 그런 멍청한 생각이나 시도(試圖) 자체를 하지 않겠다. 실수로 하는 일이야 어쩔 수 없겠지만 나 같으면 평소에 알아서 납작 엎드려서 기지. 절대 그러지 않겠다. 상대가 전지전능하신 동시에 그 고집에 있어서 영원하신 분이신데 내가 무슨 꼴을 당하려고?" 21세기 대한민국 땅에서 일어나는 현상을 기준으로 설명하자면, 잘못한 직원은 자르지만 잘못한 아들은 자르지 않고 끝까지 쫓아다니면서 그 잘못을 고칠 때까지 때려잡기 마련이다. 이것이 '사람의 매와 인생의 채찍'이다.

---

88 "[31]그러므로 예수께서 자기를 믿은 유대인들에게 이르시되 너희가 내 말에 거하면 참으로 내 제자가 되고 [32]진리를 알지니 **진리가 너희를 자유롭게 하리라**"(요한복음 8:31-32).: 이때 진리는 우리 주 예수 그리스도를 의미한다.

이것이 '복음'이고 '믿음과 은혜'의 원리다. 복음은 '아들 삼음'이다. '다른 관계'에 따른 '다른 법의 적용'을 의미한다. 그리고 이 모든 것의 시작은 우리가 아닌 하나님이시다. 이러한 배경에서, 그 '복음의 드러난 첫 적용대상'이 '아브라함'이다. 그러한 의미에서 '아브라함은 믿음의 조상'이 되는 것이다. 하나님의 본격적인 은혜와 구원의 시작을 그 인생과 존재 전체로 이 땅에 드러낸 하나님의 형상이기에 '아브라함은 믿음의 조상'이 되는 것이다.

> [1]그러므로 이제 **그리스도 예수 안에 있는 자에게는 결코 정죄함이 없나니** [2]이는 그리스도 예수 안에 있는 생명의 성령의 법이 죄와 사망의 법에서 너를 해방하였음이라(로마서 8:1-2)

> [4]때가 차매 하나님이 그 아들을 보내사 여자에게서 나게 하시고 율법 아래에 나게 하신 것은 [5]율법 아래에 있는 자들을 속량하시고 우리로 아들의 명분을 얻게 하려 하심이라 [6]**너희가 아들이므로 하나님이 그 아들의 영을 우리 마음 가운데 보내사 아빠 아버지라 부르게 하셨느니라**(갈라디아서 4:4-6)

아브라함이 조카 롯을 구하고 온 뒤의 일이다.

> [1]이 후에 여호와의 말씀이 환상 중에 아브람에게 임하여 이르시되 아브람아 두려워하지 말라 나는 네 방패요 너의 지극히 큰 상급이니라 [2]아브람이 이르되 주 **여호와여 무엇을 내게 주시려 하나이까 나는 자식이 없**

사오니 나의 상속자는 이 다메섹 사람 엘리에셀이니이다 ³아브람이 또 이르되 **주께서 내게 씨를 주지 아니하셨으니 내 집에서 길린 자가 내 상속자가 될 것이니이다** ⁴여호와의 말씀이 그에게 임하여 이르시되 그 사람이 네 상속자가 아니라 네 몸에서 날 자가 네 상속자가 되리라 하시고 ⁵그를 이끌고 밖으로 나가 이르시되 하늘을 우러러 뭇별을 셀 수 있나 보라 또 그에게 이르시되 네 자손이 이와 같으리라 ⁶**아브람이 여호와를 믿으니 여호와께서 이를 그의 의로 여기시고** ⁷또 그에게 이르시되 나는 이 땅을 네게 주어 소유를 삼게 하려고 너를 갈대아인의 우르에서 이끌어 낸 여호와니라 ⁸그가 이르되 **주 여호와여 내가 이 땅을 소유로 받을 것을 무엇으로 알리이까** ⁹**여호와께서 그에게 이르시되 나를 위하여 삼 년 된 암소와 삼 년 된 암염소와 삼 년 된 숫양과 산비둘기와 집비둘기 새끼를 가져올지니라** ¹⁰아브람이 그 모든 것을 가져다가 그 중간을 쪼개고 그 쪼갠 것을 마주 대하여 놓고 그 새는 쪼개지 아니하였으며 ¹¹솔개가 그 사체 위에 내릴 때에는 아브람이 쫓았더라 ¹²해 질 때에 아브람에게 깊은 잠이 임하고 큰 흑암과 두려움이 그에게 임하였더니 ¹³여호와께서 아브람에게 이르시되 너는 반드시 알라 네 자손이 이방에서 객이 되어 그들을 섬기겠고 그들은 사백 년 동안 네 자손을 괴롭히리니 ¹⁴그들이 섬기는 나라를 내가 징벌할지며 그 후에 네 자손이 큰 재물을 이끌고 나오리라 ¹⁵너는 장수하다가 평안히 조상에게로 돌아가 장사될 것이요 ¹⁶네 자손은 사대 만에 이 땅으로 돌아오리니 이는 아모리 족속의 죄악이 아직 가득 차지 아니함이니라 하시더니 ¹⁷**해가 져서 어두울 때에 연기 나는 화로가 보이며 타는 횃불이 쪼갠 고기 사이로 지나더라** ¹⁸그 날

에 여호와께서 아브람과 더불어 언약을 세워 이르시되 **내가 이 땅을** 애
굽 강에서부터 그 큰 강 유브라데까지 네 자손에게 주노니 [19]곧 겐 족속
과 그니스 족속과 갓몬 족속과 [20]헷 족속과 브리스 족속과 르바 족속과
[21]아모리 족속과 가나안 족속과 기르가스 족속과 여부스 족속의 땅이니
라 하셨더라(창세기 15장)

우리는 6절의 "아브람이 여호와를 믿으니 여호와께서 이를 그의 의로 여
기시고"만 기억하는 경향이 있다. 그러나 6절 앞뒤의 기사를 자세히 살펴보
면 이 단원 앞부분에서 언급했던 '호세아서'처럼 뭔가 논리적으로 맞지 않은
부분이 이어져 있음을 알 수 있다. 보이는가?

"아브람이 여호와를 믿으니 여호와께서 이를 그의 의로 여기시고"의 앞
에 나오는 아브라함의 발언을 살펴보라. 조카 롯을 구해오는 과정에서 가
나안 땅의 실력자 네 명의 왕과 원수가 되어버린 아브라함을 향하여 여호와
하나님께서 말씀하신다. "아브람아 두려워하지 말라 나는 네 방패요 너의
지극히 큰 상급이니라." 이에 대한 아브라함의 대답이다. "주 여호와여 무
엇을 내게 주시려 하나이까 나는 자식이 없사오니 나의 상속자는 이 다메섹
사람 엘리에셀이니이다." 물론 자식을 주시겠다고 갈대아 우르에서 이끌어
내신 하나님을 향한 원망 섞인 항변일 수는 있으나 아브라함의 이 말이 '믿
음의 언어'로 보이는가?

"아브람이 여호와를 믿으니 여호와께서 이를 그의 의로 여기시고"의 뒤

에 나오는 아브라함의 발언도 살펴보자. "나는 이 땅을 네게 주어 소유를 삼게 하려고 너를 갈대아인의 우르에서 이끌어 낸 여호와니라"라고 말씀하시면서 가나안 땅을 주시겠다고 약속해주시는 여호와 하나님께 아브라함이 질문한다. "주 여호와여 내가 이 땅을 소유로 받을 것을 무엇으로 알리이까?" 아브라함의 이 말이 어떤 의미로 들리는가? "하나님, 땅 주시겠다고 하는 당신의 말씀 무엇으로 보증하실건데요?"

"하나님, 땅 주시겠다고 하는 당신의 말씀 무엇으로 보증하실건데요?" 아브라함의 이 말에 하나님께서 이렇게 말씀하신다. "나를 위하여 삼 년 된 암소와 삼 년 된 암염소와 삼 년 된 숫양과 산비둘기와 집비둘기 새끼를 가져올지니라." 그리고 아브라함이 그 모든 것을 가져다가 그 중간을 쪼개고 그 쪼갠 것을 마주 대하여 놓았다고, 성경은 증언한다.

아브라함이 암소와 암염소 그리고 숫양을 가져다가 한 일은 당시 그 지역의 전형적인 계약 형식인 '저주 언약'의 방식을 따르고 있다. 이 저주 언약은 계약을 맺은 뒤에 행해졌던 일종의 의식으로서 '계약을 맺은 당사자 중, 어느 한쪽이 해당 계약을 어길 시 쪼개 놓은 동물처럼 그가 쪼개져도 할 말 없기'의 의미를 가진다고 전해진다.

그러니 아브라함이 여호와 하나님께 한 이야기는 자손과 땅을 주시겠다는 하나님 앞에서 증표를 구한 뒤에 "하나님 당신이 이 땅을 저와 제 후손들에게 주시지 않으시면, 여호와 하나님 당신이 이 동물들처럼 쪼개져도 문제 삼지 않겠다는 약속을 아브라함 내 눈앞에서 하시라."라는 요구였다. 생각해보면, 아브라함의 이러한 말과 행동은 무례를 넘어 모욕적이기까지 하다. 그런데 하나님께서는 아브라함의 마음에 맞는 방식으로 아브라함의 요구에 따라주신다. 우리는 이 부분에서도 훗날 언약 백성의 이름을 '이스라엘, 하나님을 이긴 자'로 주신 하나님의 마음을 엿볼 수 있다.

위에 인용한 성경 말씀에서 핵심적인 부분은 "해가 져서 어두울 때에 연기 나는 화로가 보이며 타는 횃불이 쪼갠 고기 사이로 지나더라"다. 원래 '저주 언약'은 계약의 양쪽 당사자가 손을 잡고 쪼개 놓은 동물 사이를 같이 걸어서 지나가는 방식으로 이루어졌다. 그런데, 아브라함을 위해서 행하신 이 '세리머니'(ceremony)에서 쪼개 놓은 동물 사이를 여호와 하나님 홀로 지나가신다. 왜? 너무도 당연한 일이다. 아브라함이 쪼개 놓은 동물 사이를 지나갔다면 아브라함의 자손인 우리 또한 하나님과의 언약을 어길 시에 쪼개진 동물처럼 되어도 할 말이 없는 것이다. 만약에 아브라함도 아브라함이 쪼개 놓은 동물 사이를 지나갔다면? 생각만 해도 끔찍한 일이다. 우리는 애시당초 그럴 능력 자체가 없는 존재다. 구원은 오로지 하나님으로부터 시작해서 하나님께서 이루어주시는 전적인 '하나님의 일'이다.

이것이 복음이다. 이것이 '믿음과 은혜의 원리'다. 그리고 이러한 일련의 사건들로 가득한 인생을 살아낸 아브라함을 향해 이러한 이유로 '믿음의 조상'이라고 칭하는 것이다.

이 책 2부에 나오는 '라합, 룻, 보아스'까지를 다 읽은 뒤 우리가 기억해야 할 지점이 이 부분이다. 과정이야 자세히 알 수 없지만, 우리는 결론적으로 망하지 않을 것이다. 우리는 분명히 회복될 것이다. 다만, 그 과정 중에 민망하고 기가막힌 일들을 겪게 될 것이다. 그러나 거기에서 끝이 아니다. 쪼개 놓은 동물 사이로 아브라함이 지나갔다면, 2007년부터 시작된 '심판의 부흥'과 어두워져만 가는 이 땅 가운데 우리는 정말 사형집행을 기다리는 사형수와 같은 꼴이었을 것이다. 쪼개 놓은 동물 사이로 아브라함이 지나갔다면, COVID-19가 휩쓸고 지나간 뒤 우리 한국 교회에는 아무것도 남지 않았을 것이다. 그러나 성경은 그렇게 말하고 있지 않다. 우리 한국 교회를 통해 수많은 영혼을 구원해 오신 우리 하나님께서는 우리를 절대 포기하지 않으실 것이다.

이제 '아브라함 1-믿음의 조상: 하나님을 위한 변명'의 마무리를 하려 한다. 이번 단원에 다룬 내용을 CMF의 다른 지역누가회[89]에서 설교한 적이 있다. 설교를 마친 뒤 '값싼 복음'[90]을 걱정하는 누가[91]가 있었다. 이번 단원에 해당하는 설교 내용만을 듣고서 의견을 피력했던 그 누가의 걱정은 정당했다. 나 또한 '값싼 복음'의 폐해를 심각하게 걱정하고 있었기에 그러한 의

---

89 젊은 세대의 언어로 하면 'TMI'(Too Much Information)일수도 있겠지만, 내가 사역하고 있는 CMF 내에는 3개의 '전문사역부'와 8개의 '지역 누가회'가 존재한다. 3개의 '전문사역부'에는 '학사학원사역부, 선교부, 사회부'가 있으며, 8개의 '지역 누가회'에는 '서울경기누가회, 강원누가회, 대전충남누가회, 충북누가회, 대구경북누가회, 부산경남누가회, 전북누가회, 광주전남누가회'가 있다.

90 '값싼 복음'에 대해서는 인터넷을 검색해볼 것을 권한다. 이 책에서 직접 설명하지 않고 가끔씩 검색을 권하는 이유는 관련 이슈에 대한 토론의 역사를 살펴볼 수 있는 유익을 독자들에게 선물하고 싶은 마음에서다.

91 예수님을 믿는 의료인들로 구성된 CMF에서 우리는 서로, 졸업한 '의사, 치과의사, 한의사, 간호사'의 경우는 '누가'라고, '의대생, 치대생, 한의대생, 간호대생'의 경우는 '작은누가'라고 부른다.

견 개진이 반가웠었다. 나를 통해 선포되는 다른 설교와 이번 단원이 만났을 때의 균형을 설명했었던 기억이 난다. 이 책에서 이 단원의 위치 또한 그 정도의 위치에 해당할 것이다.

하나님의 의로우심은 잘못을 지적하고 그것을 혼내고 벌주는 것만이 아니다. 우리네 인생 가운데 우리가 범하는 잘못을 지적하고 혼내고 벌주는 지점에서 하나님의 역할이 끝난다면 하나님은 재판관이시지 우리에게 아빠는 아니다. 생각해보라. 아들의 잘못을 지적하고 때리기만 하는 아빠가 과연 의롭고 훌륭한 아빠일까? 어쩌면, 우리는 하나님 아빠 아버지를 의롭지 못한 자신의 성질에 못 이겨 자녀를 때리기만 하는 아빠로 이해하고 있는지도 모른다.

아빠라면 자녀의 잘못을 지적하고 꾸중하기는 하지만 그 모든 것의 뒷감당을 하고 그 결과 아들을 바른길로 인도해야 하는 것이 마땅하다. 그리고 그러한 아빠만이 '의로운 아빠, 아빠다운 아빠'가 아니겠는가?

나의 어린 시절 어른들이 하셨던 말씀이 있다. "처녀가 아이를 배면, 의붓아비의 경우[92] 그 딸을 크게 꾸짖는다. 그리고 그 과정을 통하여, 동네 사람 전체가 그 처녀의 임신 사실을 알게 된다. 그러나 친아버지의 경우 조용히 딸을 데리고 다른 곳으로 이사를 간다."

---

[92] 이 표현은 모든 의붓아버지를 폄하하려는 의도가 아니다. 의붓아버지라고 해도 훌륭한 아버지들이 얼마든지 계시며 친아버지 중에도 패륜적인 사람들이 많다는 사실을 상담자인 나는 잘 알고 있다. 이러한 말이 만들어진 시대가 과거이며 이 땅에서 혈통만을 중시하던 문화 가운데 만들어진 예라는 사실을 감안해서 들어주기를 바라는 마음이다.

성경은 우리에게 묻고 있다. "너는 '혈육의 정'과 '기계적 정의'[93] 중에 무엇을 선택할래?" 그리고 답하고 있다. "하나님인 나는 너희의 아빠 아버지로서 '혈육의 정'을 선택하기로 결정했단다. 그리고 그 '정의'의 값은 '십자가'를 통해 치루었단다."

> [23]모든 사람이 죄를 범하였으매 하나님의 영광에 이르지 못하더니 [24]그리스도 예수 안에 있는 속량으로 말미암아 하나님의 은혜로 값 없이 의롭다 하심을 얻은 자 되었느니라 [25]이 예수를 하나님이 그의 피로써 믿음으로 말미암는 화목제물로 세우셨으니 **이는 하나님께서 길이 참으시는 중에 전에 지은 죄를 간과하심으로 자기의 의로우심을 나타내려 하심이니** [26]곧 이때에 자기의 의로우심을 나타내사 자기도 의로우시며 또한 예수 믿는 자를 의롭다 하려 하심이라(로마서 3:23-26)

그래서 하나님 아빠 아버지의 "지은 죄를 간과하심으로 자기의 의로우심을 나타내려 하심이니"라는 로마서의 증언이 성립하는 것이다. 가만히 생각해보면, 자식이 잘못할 때 두들겨 패기만 하는 아빠는 인간도 아니다. 성경에서 증언하는 하나님의 의로우심? '우리가 지은 죄를 간과하심'이다.

그래서 마음대로 죄를 지어도 되냐고? 그런 질문을 하는 사람이 있다면 그리고 최소한 내가 사역하는 CMF에 속한 지체가 그런 질문을 한다면 우

---

93 CMF 캠퍼스에서 처음 설교할 때는 '사회적 정의'라는 단어를 썼었다. 이번 책을 집필하는 가운데 '사회적 정의'라는 단어가 오해를 불러일으킬 소지가 있어 보여 '기계적 정의'로 바꾸었다.

리는 그 지체의 부정입학 여부를 조사해보아야 할지도 모른다. 머리가 있다면 그런 질문은 불가능하다.

> [6]우리가 아직 연약할 때에 기약대로 그리스도께서 경건하지 않은 자를 위하여 죽으셨도다 [7]의인을 위하여 죽는 자가 쉽지 않고 선인을 위하여 용감히 죽는 자가 혹 있거니와 [8]**우리가 아직 죄인 되었을 때에 그리스도께서 우리를 위하여 죽으심으로** 하나님께서 우리에 대한 자기의 사랑을 확증하셨느니라(로마서 5:6-8)

'기계적 정의' 대신 '혈육의 정'을 선택하신 우리 하나님 아빠 아버지의 선택은 그냥 이루어진 일이 아니다. 이 일은 우리가 죄인 되었을 때 우리 주 예수 그리스도께서 우리를 위하여 죽으심으로 이루신 일이다.

예를 들면 이와 같다. 아들이 지은 죄를 대신하여[94] 징역 3년을 살게 된 아빠가 있다고 해보자. 그런데 아들이 "만세, 아빠가 내 대신 감옥에 가게 되고, 나는 벌을 받지 않게 되다니! 또 죄를 지어서 우리 아빠의 형기를 3년에서 6년으로 늘려줘야지!"라고 한다면, 우리는 한 가지 사실은 분명히 알 수 있다. 그 말을 하는 패륜아는 감옥에 있는 그 아버지의 자식이 아님에 틀

---

94 21세기 대한민국의 법 감정과 법으로는 아버지가 대신 감옥에 가게 되는 이 상황 자체를 범죄로 볼 것이다. 하지만 성경이 기록된 때와 장소는 21세기 대한민국이 아니라는 점을 기억해야 한다. 또한 우리 한반도에서도 조선시대까지는 부모형제 혹은 자식이 죄를 짓고 도망가는 경우 아들이나 형제 혹은 아버지가 대신 감옥살이를 하는 것이 일반적이었다고 전해진다.

림없다!

'기계적 정의' 대신 '혈육의 정'을 선택하신 이러한 하나님의 마음을 보여주는 첫 번째 인생이 바로 아브라함이다. 그러한 이유로 아브라함을 '믿음의 조상'이라고 하는 것이다. 지금도 '믿음의 조상, 아브라함'이라는 말 앞에서 "아브라함은 무엇을 하나님 앞에서 잘해서 '믿음의 조상'으로 불리게 되었을까? 나도 그렇게 해야지." 혹은 "아브라함은 정말 대단한 사람인가 보다. 하지만 엄청 고생했을거야. 인생 뭐 별거 있나? 하나님, 저는 아브라함처럼 훌륭해지지 않아도 되니까 그냥 평탄한 삶을 주소서. 대신 착하게 살게요."라는 기도가 생각나는 독자는 없으리라 믿는다.

바벨탑을 건축한 '에벨의 자손' 중에서 아브라함을 선택해서 복을 주어 '믿음의 조상'이 되게 하신 하나님께서 아브라함에게 해주신 말씀과, 바벨탑을 쌓았던 자들이 했던 말을 비교하면서 '아브라함 1—믿음의 조상: 하나님을 위한 변명'을 마치고자 한다.

또 말하되 자, 성읍과 탑을 건설하여 그 탑 꼭대기를 하늘에 닿게 하여 **우리 이름을 내고** 온 지면에 흩어짐을 면하자 하였더니(창세기 11:4)

내가 너로 큰 민족을 이루고 네게 복을 주어 **네 이름을 창대하게 하리니** 너는 복이 될지라(창세기 12:2)

"네가 너의 노력으로 다른 사람을 착취해서, 너의 노력으로 너의 폭력과 권력의 방법으로, 너의 이름을 내겠다고? 아니, 내가 너의 이름을 창대하게 하고, 오고 가는 모든 세대 가운데 너의 이름을 높여 '믿음의 조상'이라 칭하게 할 것이니, 온 민족이 너를 '복'이라 칭송하게 될 것이란다."

아브라함 2

아브라함을 위한 변명:
그의 아들로 말미암아 매우 근심이 되었더니

[9]사라가 본즉 아브라함의 아들 애굽 여인 하갈의 아들이 이삭을 놀리는지라 [10]그가 아브라함에게 이르되 **이 여종과 그 아들을 내쫓으라** 이 종의 아들은 내 아들 이삭과 함께 기업을 얻지 못하리라 하므로 [11]**아브라함이 그의 아들로 말미암아 그 일이 매우 근심이 되었더니**(창세기 21:9-11)

순서대로 이 책을 읽어온 독자라면 내가 CMF 캠퍼스에서 하갈로 시작하여 사라를 거쳐 아브라함까지 설교를 하게 된 일련의 과정을 알 것이다. '아브라함 1-믿음의 조상: 하나님을 위한 변명'에 이어 아브라함에 대한 두 번째 '성경인물 설교'다. 본 단원에서는 본격적으로 '아브라함을 위한 변명'을 다루게 될 것이다.

이번 단원에서 주로 다루게 될 '아브라함을 위한 변명'은 '네 개의 사건'에 대한 것이다. 네 개의 사건을 차례대로 나열해보자면 이와 같다. 첫 번째 사건은, 여호와 하나님을 따라 약속의 땅에 도착한 뒤 기근을 피해 내려갔던 '애굽에서 아내인 사라를 팔아먹은(?) 것'이다. 두 번째 사건은, 네게브 땅에서 두 번째로 '사라를 아비멜렉에게 팔아먹은(?) 것'이다. 세 번째 사건은, 신학자들의 주장대로 여호와 하나님의 약속을 기다리지 못하고 '이스마엘이 태어나게 한 것'에 이어 이삭이 젖을 떼는 잔치 다음 날 아침 그의 아들 '이스마엘을 생모인 하갈과 함께 광야로 쫓아낸 것'이다. 네 번째 사건은, '왜 이 일이 변명을 해야 하는 사건이지?'라고 생각할 독자들이 많겠지만 하나님의 명령에 따라 '이삭을 죽이려 한 일'이다.

아브라함 하면 우리 머릿속에 떠오르는 '연관 검색어'가 있을 것이다. '믿음의 조상' 그리고 '이삭을 바침'이 그것이다. 물론, 이 두 가지는 서로 연결되어 있는 내용인 동시에 "이삭을 바칠 때, 아브라함은 얼마나 힘들었을까?"라는 공감을 불러일으키곤 한다.

하지만, 사실은 "이삭을 바칠 때, 아브라함은 얼마나 힘들었을까?"라는 공감보다는 현실적으로 이 사건은 다른 방식으로 소모되곤 한다. 특별히 스스로 신앙생활을 열심히 하고 있다고 생각하는 사람들에서 많이 나타나는 현상이다. 그들은 "와! 백 세에 얻은 아들인 이삭을 하나님께 바치다니 정말 아브라함은 대단해! 그런데 나에게 있어서 내 인생의 이삭은 무엇일까?"를 고민하는 경향이 있다.

내가 그동안 관찰해본 결과, 이러한 고민은 그렇게 좋은 고민은 아니다.

이러한 고민을 하는 사람들은 아브라함이 이삭을 바치는 사건을 보면서 '나에게 있어서 이삭은 무엇일까? 나는 하나님께 무엇을 바쳐야 할까?'를 생각한다. 그런데 내가 보기에 이러한 생각은 속된 말로 '택도 없는 소리'다.

이유는 간단하다. 그 이유는 보통 이런 생각을 하는 사람들이 가지는 '기본적인 전제' 때문이다. 스스로에게 답을 해보자. 보통 이러한 생각을 하는 사람들은 "그들의 인생에서 일이 잘 풀릴 때 이삭을 바칠 생각을 할까?" 아니면 "일이 잘 안 풀릴 때 이삭을 바칠 생각을 할까?"

이 질문에 대한 답에 이견을 가질 독자는 거의 없을 것이다. 이러한 사람들은 그들의 인생에서 자신이 원하는 그 무엇이 잘 안 풀릴 때 이런 생각을 한다. 인생이 답답하고 점점 꼬여갈 때 '내가 도대체 어떤 이삭을 안 바쳤기에 하나님께서 내 인생을 이렇게 안 풀리게 하실까?'라고 생각하는 경우가 대부분이다. 인생이 자신이 원하는 대로 잘 풀리고 있을 때, 이삭을 바치겠다는 사람은 없다.

그러니까, 누군가 하나님께 자신의 이삭을 바쳐야겠다고 생각하는 경우 그의 인생은 십중팔구 일이 제대로 잘 안 풀리거나 꼬여가는 중이다. 이런 일은 '아, 내가 무엇을 바쳐야지, 하나님께서 내가 원하는 것, 내가 바라는 것을 해 주실까?'라는 생각 가운데 일어난다.

그리고 그가 원하는 것, 그가 바라는 것은 항상 그가 생각하는 이삭보다 훨씬 더 큰 무엇이다. 이렇게 '하나님의 아빠 되심'을 모르는 사람이 하나님께 '백'을 바치고 '십'을 돌려받기를 기대하는 경우는 없다. 이런 생각을 하는 사람들은 일이 잘 안 풀릴 때 '내가 도대체 무엇을 하나님께 바쳐야지, 이 문제가 해결될까?'를 생각한다. 쉬운 말로 바꾸면 이런 이야기다. "그러니까, 내가 십이라는 이삭을 하나님께 어떻게 바쳐야, 백 혹은 천이라는 보상을 받을 수 있을까?"

이러한 태도는 신앙이 아니라 하나님과 거래 하려는 태도에 불과하다. '하나님의 아빠 되심'을 모르는 경우에 흔히 일어나는 일이다. 아빠와 아들 사이에 거래라니? 참으로 미숙하고 어린 신앙이다.

오해가 있을까 봐 덧붙인다. 나는 지금 이러한 형태의 신앙을 '무가치하다'거나 '신앙이 아니다'라고 비난하는 것이 아니다. 이와 비슷한 일, 아이를 키워본 아빠라면 누구나 한 번쯤 경험했을 일이다. 아이에게 빵을 준 뒤에 아빠가 조금 있다가 아이가 좋아할 만한 간식을 손에 들고 아이 앞에서 먹으려 하면, 아이가 와서 빵을 아주 작은 조각 떼어서 아빠의 손에 있는 간식과 바꾸자고 할 때가 있다. 물론, 정상적인 아빠라면 누구나 웃으며 바꾸어 준다. 행복한 추억이다. 하나님도 마찬가지실 것이다. 그러나 아이가 성인이 된 뒤에도 같은 행동을 한다면? 그때는 많이 생각해 볼 문제다.

[여기부터 이 단원의 화자(話者)는 아브라함과 나를 왔다갔다 할 것이다. '사라를 위한 변명'과 '아브라함 1—믿음의 조상: 하나님을 위한 변명' 단원을 통해, 이제는 이러한 '화자(話者)의 변화'에 어느 정도 익숙해졌으리라 믿는다. 한발 더 나아가, 본 단원은 완전한 아브라함의 시점뿐 아니라 아브라함의 바로 곁에서 아브라함을 관찰하는 듯한 시점 또한 섞여 있다. 쉽게 적응할 수 있으리라 믿는다. 이번에는 시점을 천천히 바꾸어 보도록 하겠다.]

처음 캠퍼스에서 선포될 설교를 준비하면서 '아브라함의 입장과 시선'으로 당시 상황을 보려고 노력했다. 설교를 준비하는 나 자신이 마치 '증강현실 안경'을 쓰고 당시를 헤매는 느낌이 들기도 했다.

그 과정에서 깨달은 바가 있었다. 내가 아브라함이라면… 정말 힘들었던 순간은… 이삭을 바치는 순간이 아니었을 것이다. 아브라함에게 있어 가장 힘든 순간은 이삭을 바칠 때가 아니라 이스마엘을 쫓아낼 수밖에 없었던 순간이었을 것이다.

생각해보면, 이스마엘을 쫓아내기 전까지 아브라함이 겪어내야 했던 수없이 많은 참혹한 경험은 아브라함 혼자서 겪었던 고난이 아니었다. 그 모든 것은 아브라함을 포함한 아브라함의 부족 전체가 같이 겪어낸 고난이었다.

다시 말하면 이스마엘을 쫓아내야 했던 순간은, 그 수없이 많은 참혹한 순간들을 지나 이제야 겨우 아브라함의 부족 전부가 먹고 살만해졌을 때에 일어났다. 이제는 굶어 죽거나 목이 말라 죽거나 혹은 안전의 문제로 몰살 당할 위험으로부터 벗어난 상황이었다. 그러니까 이제야 겨우 기반을 잡았는가 싶었는데, 내가 아닌 '내 아들 이스마엘'만이 그 '생모'와 함께 '사지'(死地)로 몰리는 것을 보아야 했다.

그것도 내 평생 사랑하는 사라의 살기 어린 요구로 나 아브라함은 안전하고 따뜻한 이 풍족한 내 장막에 앉아 '나'와 '사라'가 만든 결과인 '내 아들 이스마엘'과 그 '생모'를 사지로 몰아낸다(?).

다른 사람은 몰라도 아브라함 나는 평생 사지(死地)를 헤매온 사람으로서,

그것이 무엇을 의미하는지 너무도 생생히 잘 알고 있지 않은가? 그러니까, 목이 마른 갈증이 무엇인지 안전이 보장이 안 되는 상황에서 사람은 어떤 문제와 감정에 시달리게 되는지 그리고 배고픔이 무엇인지 극한 상황에서 느끼게 되는 고립감이 무엇인지에 대해 세밀한 느낌 하나하나까지 너무 잘 알고 있지 않은가? 이 모든 경험이 사람을 어떤 존재로 만드는지 또한 본능적으로 느끼지 않는가?

이러한 일들을 모르는 사람이 그 일을 하는 것과 그 모든 것을 세밀한 부분까지 잘 알고 있는 나 아브라함이 이 일을 하는 것은 전혀 다른 차원의 문제가 아니던가? 이게 사람이 할 짓인가? 평생 내가 아브라함 나 자신에게 해온 질문을 다시 하게 된다. **"내가 도대체 무슨 짓을 한 것이지?"**

'믿음의 조상, 아브라함'에게는 도대체 무슨 일이 있었던 것일까? 이제 그 이야기를 좀 더 자세히 시작해보자.

> [1]여호와께서 아브람에게 이르시되 **너는 너의 고향과 친척과 아버지의 집을 떠나 내가 네게 보여 줄 땅으로 가라** [2]내가 너로 큰 민족을 이루고 네게 복을 주어 네 이름을 창대하게 하리니 너는 복이 될지라 [3]**너를 축복하는 자에게는 내가 복을 내리고 너를 저주하는 자에게는 내가 저주하리니** 땅의 모든 족속이 너로 말미암아 복을 얻을 것이라 하신지라(창세기 12:1-3)

아브라함은 이때 여호와 하나님을 처음 만났다. 즉 아브라함 입장에서 하나님은 잘 알지 못하는 신이었다. 그런데 처음 만난 잘 모르는 신이 아브라함에게 이렇게 이야기한다. "너는 너의 고향과 친척과 아버지의 집을 떠나 내가 네게 보여 줄 땅으로 가라" 그렇게 하면, "내가 너로 큰 민족을 이루고 네게 복을 주어 네 이름을 창대하게 하리니 너는 복이 될지라" 칠십오 세까지 자식이 없어서 고통받고 있었던 아브라함에게 하나님께서 하신 말씀이다.

"너 나 따라와라. 그러면 큰 민족을 이루게 해줄게" 무슨 말인가? 자식이 있어야 큰 민족을 이룰 것 아닌가? 아브라함에게 있어서 하나님의 이 말씀은 결국 자식을 주시겠다는 이야기다. 그리고 한 가지를 더 약속해 주신다. "너를 축복하는 자에게는 내가 복을 내리고 너를 저주하는 자에게는 내가 저주하리니" 중요한 약속이다. "땅의 모든 족속이 너로 말미암아 복을 얻을 것이라." 그렇게 해서 따라나선 길이었다.

> [4]이에 아브람이 여호와의 말씀을 따라갔고 **롯도 그와 함께 갔으며** 아브람이 하란을 떠날 때에 칠십오 세였더라 [5]아브람이 그의 아내 사래와 **조카 롯과** 하란에서 모은 모든 소유와 얻은 사람들을 이끌고 가나안 땅으로 가려고 떠나서 마침내 가나안 땅에 들어갔더라(창세기 12:4-5)

눈에 띄는 인물이 있을 거다. 나와 함께 가나안 땅에 들어간 아이, 먼저 떠난 우리 형의 아들, 특별히 자식이 없었던 나 아브라함에게 있어서는 내 자식과 같은 내 조카 롯이지. 훗날 우리 둘이 헤어지기 전까지 우리는 모든 것을 함께했지.

내 조카 롯에게는 딸아이가 둘 있었어. 그렇다면 내 조카 롯의 아내가 두 딸아이를 낳는 모든 과정에서, 누가 함께 했을까? 누가 그 아이들을 낳는 과정을 곁에서 도왔을까? 그래, 바로 내 아내 사라야. 당연하잖아. 두 번 모두 우리 사라가 산파 역할을 했지. 내 조카 롯의 아내가 아이를 낳은 뒤, 우리 모두는 롯의 아내가 산고(産苦)의 순간보다 더 큰 소리로 통곡하는 울음소리를 들어야 했어.

우리 때는 수천 년 후의 너희들처럼 안전한 의료시설과 인력이 없었던 시절이야. 너희 땅에서도 그런 말이 있었잖아. 20세기 초중반까지만 해도 산모는 산통(産痛)이 와서 아이를 낳으러 방에 들어갈 때 자신이 신었던 고무신95을 뒤돌아보면서 '내가 다시 저 신을 볼 수 있을까?'라는 생각을 하면서 그 방에 들어간다는 말이 있잖아.96

죽음의 문턱을 넘나들며 아이를 낳던 시절이었지. 지독한 산고를 통해 아이가 태어난 뒤, 아들이 태어나면 축제가 벌어졌어. 하지만 딸이 태어나면, 산모는 죽음의 문턱을 넘나들던 순간보다 더 큰 소리로 통곡을 했어. 아들이 있어야 물리적 힘을 가질 수 있는 시절이었지. 아들이 있어야 사람대접을 받던 시절이었으니까 이상하게 생각하는 사람은 아무도 없었어. 우리 모두 산모의 반응을 당연하다고 여겼어.

나 아브라함의 조카 롯에게 딸아이가 둘 있었어. 수천 년 뒤, 너희가 사는 곳처럼 국가 공권력이 치안을 유지하고 가족의 생명을 지켜주던 시절이

---

95 남편이 애정을 담아 정표로 준 그 고운 꽃신

96 이 책에서 "너희 땅에서도 그런 말이 있었잖아." 혹은 "어른들의 말"이라고 표현되는 언급들 대부분은 어린 시절 우리 엄마가 나에게 들려주셨던 말들이다. 이 말 또한 마찬가지다.

아니었지. 그런데 내 조카 롯에게 딸아이가 태어날 때마다 조카 롯의 아내가 내는 통곡과는 비교할 수 없이 큰 소리로 내 가슴에 내 머리에 울리는 '소리 없는 통곡'이 있었어. 다른 사람들은 조카 롯의 아내가 딸아이를 낳은 뒤에 내는 그 통곡 소리를 들으면서 그러니까 산통으로 신음할 때보다도 더 큰 통곡 소리를 들으면서 '아, 딸이 태어났구나'라고 생각하게 되었지. 그리고 그런 산모의 통곡 소리를 당연하게 여기며 그냥 흘려들었지. 왜냐하면, 롯의 아내뿐이 아니라 그 시절에는 딸아이가 태어날 때마다 들리던 통곡 소리였으니까… 그런데 그 순간마다 나 아브라함은 '소리 없는 다른 통곡 소리'를 들어야만 했어.

천둥 같은 소리였지. 이제 막 태어난 딸아이에게 젖을 물리는 것조차 거부하며 울부짖는 조카 롯의 아내 곁에서 이제 막 태어난 어린 아기를 안고 소리 없이 눈에서 무언가를 하염없이 흘려 비록 '젖'은 아니지만 그래도 '수분'이 필요했을 갓난아이의 입을 적셔주던 내 아내 사라의 눈물이었지.

너희 땅에 할머니들이 하는 이야기가 있지. 아이를 못 낳는 여자는 '비계덩어리'라도 낳아보고 싶어 한다고…[97] 게다가, 당시는 국가체제가 개인의 안전을 보장해주던 시절이 아니었다고… 무조건 자식이 있어야 하는 시대였어. 조카 롯의 아내의 통곡 소리가 우리 부족의 텐트촌 전체에 울려 퍼질 때마다 겉으로는 사라가 내 앞에 죄인처럼 서 있었지만 그때마다 나는 사라 앞에 죄인이었어.

조카 롯의 아내뿐이 아니었어. 아들이 태어나든 딸이 태어나든, 사실은

---

[97] 이 말 또한 96)의 경우와 동일하다.

내가 우리 부족의 부족장이었기 때문에 우리 부족 가운데 아이가 태어날 때면 직접적이든 간접적이든 산모와 아이를 돕고 돌보는 역할을 누가 했을까? 당연한 일이잖아. 그 일은 항상 내 아내 사라의 몫이었어. 부족을 구성하는 사람의 수가 정말 중요한 시대였잖아. 아들이 태어나든 딸이 태어나든 부족 가운데는 기쁨이 있었지만 내 아내 사라에게 그날은 소리 없이 한 번씩 죽는(?) 날이었어.

그런데 처음 보는(?) 어떤 신이 내게 자신을 따라서 자신이 가라고 하는 땅에 가면, 자식을 주겠다고 하는 거야. 큰 민족을 이루게 해주겠다는 거야. 그렇게 고향을 떠난 일을 성경에서는 황송하게도 '믿음으로'라고 써주셨지만 입장을 바꾸어 놓고 생각을 좀 해봐. 너라면 안 따라가겠니?

사라가 나 아브라함에게 어떤 존재이니? 그냥 중매(?)를 하거나 때가 되어 결혼한 사이가 아니잖아. 이복 여동생인데 나하고 결혼한 아이가 사라야. 사라는 내가 열 한 살 때 태어난 이복 여동생이야. 이복 여동생이니까 우리 부부는 아빠가 같아. 당시는 이복남매끼리도 결혼하던 시대였지. 내 나이 열 한 살 때 태어난 사라를 내가 얼마나 예뻐했으면 우리 아빠가 열 살 차이가 나는 우리를 부부로 맺어주셨을까? 결혼에 대한 모든 권한이 부족장인 우리 아빠한테 있었던 시대잖아.[98]

그렇게 사랑해서 아빠가 우리를 부부로 맺어주셨는데 자식이 안 생기는

---

[98] 훗날 야곱이 레아와 라헬과 결혼하는 과정에서 야곱의 외삼촌 라반이 행사했던 권한을 생각해 보면 이해가 될 것이다.

거야. 나 아브라함의 나이 칠십오 세 우리 사라의 나이가 육십오 세까지 자식이 없는 거야. 상상을 해보라고. 사라는 얼마나 나 아브라함을 닮은 아들을 낳고 싶었을까? 나 아브라함은 얼마나 사라를 닮은 딸을 가지고 싶었을까? 이렇게 말을 하니까 느낌이 좀 오니?

그러니 우리 부족에 아이가 태어날 때마다, 사랑하는 우리 사라에게는 바로 그날이 소리 없이 한 번씩 가슴으로 죽는 날이야. 사라가 흘리는 눈물 한 방울 한 방울이 내 가슴에 구멍을 내는 것만 같았어. 그 눈물방울 하나하나가 그 어떤 것보다도 강하고 무겁게 다가오는 그 시절에 어떤 신이 그러니까 처음 보는 잘 모르는 신이 자신을 따라서 자신이 가라고 하는 땅으로 가면 자식을 주겠다는 거야. 사라가 엄마가 될 수 있다는 거야. 성경에서는 그 일을 '믿음으로'라고 칭해주셨지만 입장을 바꾸어 놓고 너라면 안 따라가겠어?

내가 '갈 바를 알지 못하고 나아갔다고' 성경에서 증언하니까 내 믿음이 좋아 보이니? 아니, 그 이야기의 실제 뜻은 우선 내가 그만큼 자식이 없어서 그 문제에 있어 절박했다는 이야기인 동시에, 하나님께서 처음 나를 부르실 때 내게 친절히(?) 자세히(?) 설명해주시지 않았다는 말이야. 뭘 알려주셨어야 갈 바를 알지. 어찌 되었든 하나님께서 불임으로 고통받던 우리 부부에게 가장 아픈 부분을 꼭 찍어서 "자식 줄게, 따라와"라고 말씀하셨지. 그래서 따라나선 거야.

> 믿음으로 아브라함은 부르심을 받았을 때에 순종하여 장래의 유업으로 받을 땅에 나아갈새 **갈 바를 알지 못하고 나아갔으며**(히브리서 11:8)

맨 처음 나 아브라함이 고향을 떠나 처음 만난 신이 지시한 땅으로 가겠다고 했을 때, 우리 가족들의 반응은 어떠했을지 상상이 가니? 내가 살던 땅이 갈대아 우르, 바벨탑의 온전한 원형이 보존된 곳이라는 것은 알지? 달을 숭배하는 신전이 있던 곳이라는 것도 전에 들어서 알고 있지? 대단한 도시였지. 그런 분위기의 도시에 살던 나 아브라함이 잘 알지도 못하는 처음 만난 신이 자식 주겠다고 했다면서 그 신이 지시한 땅으로 가겠다고 재산을 정리하고 떠날 준비를 했을 때, 나 아브라함의 가족들과 주변 친구들의 반응이 어떠했을 것 같니?

> ²여호수아가 모든 백성에게 이르되 이스라엘의 하나님 여호와께서 이같이 말씀하시기를 **옛적에 너희의 조상들 곧 아브라함의 아버지, 나홀의 아버지 데라가 강 저쪽에 거주하여 다른 신들을 섬겼으나** ³내가 너희의 조상 아브라함을 강 저쪽에서 이끌어 내어 가나안 온 땅에 두루 행하게 하고 그의 씨를 번성하게 하려고 그에게 이삭을 주었으며(여호수아 24:2-3)

가족들은 나 아브라함이 자식이 없어 극심한 스트레스를 받는 상황에서 헛것을 보거나 들었다고 생각했던 것 같아. 자식이 없어서 계속 고통스러워하더니 그 극심한 고통의 상황에서 헛것을 보았거나 들었다고 생각했던 것 같아. 그 이유로 아빠인 '데라'가, 나 아브라함을 따라나선 것 같아.

아빠인 데라의 입장에서는 자식이 없어 극심한 스트레스를 받던 자식이 어느 날 처음 들어보는 신을 만났다고 하는 거야. 그리고 이런저런 이야기를 하는데, 그 이야기가 횡설수설하는 것으로 들렸던 것 같아. 정말 걱정스러운 상황이지. 그런데 횡설수설에 그치지 않고, 아들이 모든 것을 정리해서 고향을 떠나겠다고 하는 거야.

기억하고 있지? 내 아내 사라가 내 이복 여동생이라는 것을… 내 아내도 우리 아빠에게는 딸이잖아. 처음에는 말려보았지만 그 고집을 꺾을 수 없다는 깨달음이 왔을 때, 아빠 입장에서는 그렇잖아. 아빠 입장에서는 '나는 이미 살 만큼 살았어. 그런데 내 아들과 딸이 이상해' 그리고 '진짜 떠날 것 같아'. 당시는 국가체제가 있어서 안전이 보장되던 시대가 아니잖아. 인류가 여행을 떠난 뒤에 안전하게 돌아온다는 보장이 생긴 시기는 너희들의 시대로부터도 50년 정도밖에 되지 않잖아.

아들과 딸, 이복남매를 부부로 맺어주었는데 평생 자식이 없었어. 그 문제로 스트레스를 받고 있다는 것은 알고 있었어. 그런데 어느 날 처음 보는 신이 자식을 주겠다고 했다면서 그 신이 지시한 땅으로 가겠다고 모든 재산을 정리하는 아들을 보면서 정상적인 아빠라면 어떤 선택을 할까? 아빠 입장에서는 당연히 이렇게 생각하지 않았겠어? '나는 살만큼 살았어' 그 상황에서 뭔가 횡설수설하면서 정신줄을 놓은 것만 같은 아들을 그냥 보내는 아빠가 있겠어? 당연히 따라가야지. 우리 부부의 아빠인 데라의 입장에서는 부부로 맺어준 아들과 딸 모두를 잃어버릴 수는 없으셨겠지.

[박영선 목사님은[99] '고향과 친척과 아버지의 집'을 떠나라는 하나님의 말씀에 아브라함이 처음에는 순종하지 못하고 아빠인 데라와 친척인 롯과 함께 고향을 떠났다[100]라고 하셨는데, 나의 생각에는 오히려 아브라함은 처음부터 '고향과 친척과 어버지의 집'을 떠나려는 마음이 있었지만[101] 아빠인 데라가 걱정이 되어서 따라온 것 같다. 아브라함과 사라의 아빠인 데라는 '자식을 먼저 보낸 아비'다. 데라는 아브라함의 조카 롯의 아빠인 하란을 먼저 떠나보낸 상황이었다.[102] 우리가 사용하는 언어를 살펴봐도 그렇다. 부모를 잃은 아이를 '고아'라고 한다. 남편을 잃은 아내를 '과부'라고 부른다. 아내를 잃은 남편을 '홀아비'라고 한다. 그러나 자녀를 잃은 부모를 부르는 호칭은 내가 아는 한 모든 언어권에 존재하지 않는다고 한다. 무슨 의미일까? 자식을 먼저 보낸 부모의 슬픔을 인간의 언어가 차마 담지 못한다는 것은 아닐까? 그런 슬픔을 당한 존재를 담기에 인간의 언어가 너무 버겁다는 이야기가 아닐까? 그리고 보면, 독생자를 우리에게 내어주신 전능자의 아픔이 "왜 온 인류의 죄악을 덮고도 남는지?" 어렴풋이 이해가 될 것이다.[103] 아무리

---

99 특별히 아브라함에 대한 시선에 있어서, 나는 간사 사역 초기부터 '박영선 목사님'께 큰 빚을 지고 있다.

100 아브라함 스스로 고향과 친척과 아버지의 집을 떠난 것이 아니라 '하나님의 열심'이 궁극적으로 아브라함을 고향과 친척과 아버지의 집을 떠나게 했다고 박영선 목사님은 말씀하신다. 나 또한 같은 생각이다. 다만 그 시작 부분에서 '아브라함'보다는 '아브라함과 사라의 아빠인 데라'의 요소가 더 커 보인다는 이야기다.

101 인생을 살아본 사람이라면 누구나 알듯이 '마음'과 '실행능력'은 전혀 다른 차원의 일이다. 이러한 '마음'을 주시는 분도 하나님이시고 그 '실행능력'을 주시는 분 또한 하나님이시다.

102 "하란은 그 아비 데라보다 먼저 고향 갈대아인의 우르에서 죽었더라"(창세기 11:28).

103 우리 주 예수 그리스도의 십자가의 공로가 "어떻게 온 인류의 죄악을 덮고도 남는지?"에 대한 삼위일체 하나님 쪽에서의 근거는 다음 기회에 설명할 수 있기를 기대한다. 이 부분에 대한 정확한 이해를 위해서는 삼위일체 하나님의 '사랑으로 온전히 하나되심'에 대한 지식이 필요하다.

생각을 해봐도, 내가 아브라함의 아빠 데라였다면 따라갔을 것이다. 아들과
딸이지 않은가?]

　어찌 되었든⋯, 가족들과 친척 친구들이 물었을 것이다. "아브라함 너에
게 말을 했다는 그 신이 누구냐?"라고. "그 신에 대해서 얼마나 알고 있나?"
라고. 우리 주 예수 그리스도를 통하여 구원의 은혜를 입고 21세기를 살고
있는 우리는 여호와 하나님에 대해 당시의 아브라함과는 비교도 안 될 만큼
의 지식을 가지고 있다. 하지만, 아브라함은 그 당시 자신에게 질문하는 가
족들과 친척들 그리고 친구들에게 무엇이라 답했을까? 얼마나 공감과 지지
를 받았을까?

　다시 한번 강조하지만, 우리는 여러 면에서 아브라함보다 훨씬 유리하
다. 우리는 하나님이 어떤 성품의 분이신지 어떻게 하나님을 대해야 하는지
하나님께서 우리에게 어떻게 반응하시는지에 대해서 아브라함보다 훨씬 많
은 지식을 가지고 있다. 하지만 이 당시 아브라함에게 있어서 하나님은 그
냥 난생 처음 보는 신이었다. 그냥 자식 주겠다면서 따라오라고 한 신이라
는 사실 말고는 아무것도 아는 게 없는 그야말로 '미지의 신'이었다. 그 상태
에서 가족들과 친척 그리고 친구들이 물었을 것이다. "그 신이 누구냐?"라
고. 아브라함은 그들의 질문에 뭐라고 대답했을까? 너무도 간단하다. "몰
라." 또 물었을 것이다. "그 신에 대해서 얼마나 알고 있나?"라고. 답은 간단
하다. "몰라."

　아브라함뿐이 아니다. 여자들 또한 아브라함을 따라나선다며 짐을 정리
하는 사라에게 물었을 것이다. "그 신이 아브라함에게 무엇이라고 했기에

잘 정착하고 있는 이곳을 떠나 생존과 안전에 있어 절대적인 위험에 노출되는 외지로 떠나느냐고?"

생각해보라. 사라는 짐을 정리하면서 가져갈 수 없는 물건들을 주변의 친구들에게 나누어주었을 것이다. 그러한 상황에서 친척과 친구들이 물어보았을 것이 분명하다. "그 신이 아브라함에게 뭐라고 했는데? 그 신이 누구인데?" 그 질문에 대해 아브라함에게 들은 것이 전부이었을 사라는 뭐라고 대답했을까? "그 신이 아브라함에게 큰 민족을 이루고 아브라함의 이름을 창대하게 해주겠다고 하셨대요." 사라가 대답할 내용은 이것밖에 없다.

사라에게서 이 이야기를 듣고 있었을 여인들의 표정이 상상이 가는가? 아마 자매들은 상상이 갈 것이다. 사라의 그 말을 듣는 순간 묘하게 일그러졌을 여인들의 표정이 그대로 떠오를 것이다.

아브라함과 사라는 고향을 떠날 때, 그들이 자란 곳의 모든 지인(知人)들과 그들이 살아왔던 갈대아 우르 전체의 어떤 공기를 뒤로 하고 그 도시를 떠났을까? '안쓰러움의 한숨?' '비웃음?' '냉소?' '짠하다는 듯한 표정?' 눈가와 눈빛은 '경멸의 빛'이 역력하지만 말로는 "그래 잘 가, 잘 되기를 바래. 자식들 많이 낳았으면 좋겠어." 등등의 '의례적인 말?'

이후의 일들은 우리 모두 잘 알고 있다. 그들은 여전히 고향을 떠난 뒤에도 10년간 아이가 없었다. 이삭은 25년 뒤에 태어났다. CMF 캠퍼스에서 했던 설명은 이와 같다. "여기 있는 지체들이 25살 때 하나님을 따라나섰다면 50살에 이삭이 태어났지."

³⁰사래는 임신하지 못하므로 자식이 없었더라 ³¹**데라가** 그 아들 아브람과 하란의 아들인 그의 손자 롯과 그의 며느리 아브람의 아내 사래를 데리고 **갈대아인의 우르를 떠나 가나안 땅으로 가고자 하더니** 하란에 이르러 거기 거류하였으며 ³²데라는 나이가 이백오 세가 되어 하란에서 죽었더라(창세기 11:30-32)

위에 인용된 성경 본문에 나오지? '아브라함이 그의 아버지 데라와 아내 사라 그리고 조카 롯을 데리고 갈대아인의 우르를 떠나 가나안 땅으로 가고자 하더니'가 아니지? 우리 부부의 아빠 데라가 그 아들 아브라함과 사라 그리고 롯을 데리고 갈대아인의 우르를 떠나 가나안 땅으로 가고자 했다고 나오지.

우리 아빠 입장에서는 당연한 이야기야. 앞뒤 사정과 처지를 보니 도저히 말릴 상황이 아니라는 판단을 하셨던 것 같아. 그렇게 노구(老軀)를 이끌고 떠나시더니 우리 아빠 데라는 하란에서 소천하셨지. 나 아브라함 때문에 떠난 고향 땅이었어. 객지에 아빠를 묻으면서 내 마음이 어땠을 것 같아? '죄책감?' 그래, 죄책감…, **"내가 도대체 무슨 짓을 한 것이지?"**

그래도 한가지 위로가 되는 지점이 있었다면, 우리 아빠가 고향을 떠나 가나안 땅에 이르기 전 거류하는 가운데 소천하셨던 그 땅을 마음에 들어하셨다는 점이지. 무엇을 통해서 그 사실을 알 수 있느냐고? 내 형 이름이 '하란'이잖아. 우리 '조카 롯의 아빠' 이름이 '하란'이잖아. 그런데 우리 아빠 데라가 소천하신 장소 이름이 '하란'이야. 그 이름 누가 지었을까? 말하지 않아도 알 수 있잖아. 그 땅이 정말 우리 아빠 데라의 마음에 안 들고 저주스러웠다면 먼저 보낸 아들의 이름으로 그 땅을 불렀을까?

  고향을 떠나자, 내가 맞닥뜨린 현실은 '기근'이었지. 물이 귀한 환경인 광야에서 평소의 광야보다도 더한 '기근'을 만나게 되었지. 사실 나 아브라함의 소천 이후에도 가만히 살펴보니, 하나님의 부르심을 받고 떠난 하나님의 사람들의 인생에 일상다반사로 일어나는 일이 '기근'이기는 하더라.
  하나님의 부르심을 받고 그 길로 나선 사람들이 항상 처음에 만나는 상황이 무엇인지 아니? 가장 처음에 당하는 상황은 믿고 의지하던 사람들이 이러저러한 일과 상황 가운데 내 주변에서 사라지기 시작한다는 것이지. 그 다음에는 재정이 끊기기 시작하지. 당연히 그 다음에는 건강에 문제가 생겨. 모든 부분을 정말 작정하고 쳐내기 시작하시지. 사역의 길에 들어서면 항상 있는 일이지. 사역의 길에 들어서면 하나님께서 처음 하시는 일이 바로 이거야. 사역의 길에 들어선 하나님의 사람들이 의지하는 모든 것을 다 쳐내서 기근에 맞닥뜨리게 하시지. 사실은 그래야 살 수 있어. 아니면, 세상적으로는 모르겠으되 하나님의 사람으로서의 생명은 끝이야. '기근'과 '광야'가 없는 하나님의 사람의 삶은 존재하지 않아.

  매일 매일 나에게 속한 식솔(食率)들의 생존을 책임져야 하는 족장으로서 그 수없이 많은 영혼 없는 동정심(?) "자식이 없는 것이 얼마나 힘들었으면 헛것을 듣고 잘 알지도 못하는 신이 큰 민족을 이루고 이름을 창대하게 해준다고 약속했다면서 멀쩡하게 잘 정착해서 일구어낸 고향을 떠났대? 참 안됐어. 쯧쯧, 그렇게까지 힘든 줄 몰랐어. 미리 알았으면 좀 잘해줄걸. 진짜 그렇게까지 스트레스를 받고 있는 줄은 몰랐어"와 적대적인 쪽의 비웃음을 뒤로 하고 온 길인데… 만난지 얼마 안 된 잘 알지도 못하는 그 신은 도와주지를 않아. 약속의 땅에 도착한 뒤 딱 한 번 나타났던[104] 그 신은 내가 절박할 때 답이 없어…

> [6]아브람이 그 땅을 지나 세겜 땅 모레 상수리나무에 이르니 그때에 가나안 사람이 그 땅에 거주하였더라 [7]**여호와께서 아브람에게 나타나 이르시되 내가 이 땅을 네 자손에게 주리라 하신지라** 자기에게 나타나신 여호와께 그가 그곳에서 제단을 쌓고 [8]거기서 벧엘 동쪽 산으로 옮겨 장막을 치니 서쪽은 벧엘이요 동쪽은 아이라 그가 그곳에서 여호와께 제단을 쌓고 여호와의 이름을 부르더니 [9]점점 남방으로 옮겨갔더라 [10]**그 땅에 기근이 들었으므로 아브람이 애굽에 거류하려고 그리로 내려갔으니** 이는 그 땅에 기근이 심하였음이라(창세기 12:6-10)

내가 헛것을 보고 들었나? 자식이 없어 고통받는 나에게 자식을 주겠다는 처음 만난 신을 따라나서 가나안 이곳까지 왔는데 자식은커녕 내가 책임져야 하는 인생 하나하나가 기근으로 쓰러져 가. 정말 내가 헛것을 보고 들었나? 아무리 불러도, 가나안 땅에 도착했을 때 딱 한 번만 나타났던 잘 알지 못하는 그 신은 다시는 응답하지 않는 거야. 정말 내가 헛것을 보고 들었나? 고향 땅에서 보였던 친척들과 친구들의 반응이 맞은 것은 아닐까? 내

---

[104] 기근을 피해 애굽에 도착하기 전까지를 말한다.

가 인간을 대상으로 '사기 치는 것'을 취미로 삼는 잘 알지도 못하는 어떤 신의 '사기'에 빠져 온 가족 그러니까 우리 온 부족의 목숨을 담보로 미친 짓을 한 걸까?

기근, 그래 기근, 버틸 만큼 버텨봤지. 처음에는 어리고 약한 가축부터 쓰러져 갔어. 이대로 가면 살아남을 가축이 없을 것 같아 보였지. 그때는 가축이 재산의 전부였던 시절이야. 가축이 없으면 생존할 수가 없는 환경이었지. 그런데 가축은 고사하고 내가 책임지고 내가 보호해야 하는 우리 부족 중 약한 사람 몇이 쓰러진 뒤, 아브라함 나는 결정해야 했어. 물론 일이 그 지경이 되기 전에, 한밤중에 홀로 광야에 나가 들짐승의 위험을 감수하면서까지 잘 알지 못하는 그 신에게 외쳤었지… 들개떼가 있는 곳에서 외쳤었지, 소리를 내서… 하지만, 나를 이곳으로 인도한 신은 응답이 없었어.

이 고립감. 이 두려움. 이 불안감, 사라의 눈에서 흐르는 눈물을 닦아 주려고 갈대아 우르를 떠나 자식을 주겠다던 처음 만난 신이 지시한 땅에 왔는데…, 사라의 눈에서 눈물이 마르는 날이 없었어. 거의 끝까지 버티다 온 곳이 애굽이었지. 애굽까지 가는 길? 그 과정에서도 몇 명을 잃었어. 그들을 아무도 모르는 그 황량한 땅에 묻고 겨우 애굽에 도착했지. 슬프고 잔혹한 현실, 자식을 주겠다던 처음 만나 잘 모르는 그 신이 초대한 곳에서 나는 혼자였어. 그 어떤 응답도 없었어.

사랑하고 정든 연약한 생명 몇 명을 알지도 못하는 황량한 땅에 묻는 처참한 시간을 지나 애굽 땅이 보이기 시작했어. 애굽 땅이 보이기 시작하면서 '아, 이제 살았구나'라는 생각이 들었을 것 같아? 아니, 그렇지 않았어.

애굽 땅이 보이기 시작하면서, 나 아브라함은 내 인생이 새로운 함정에 빠져들어 가고 있음을 깨닫기 시작했어.

불임으로 소리도 못 내고 우는, 내게는 언제나 10살 어린 애기 같은 사라에게 엄마가 될 수 있는 길이 열렸다고 설득해서 데리고 온 길이었지. 그런데 이제는 이 광야 한가운데서 '애기 때부터 나만 믿고 따라온 우리 사라'마저도 지키지 못하고 죽음에 몰아넣을 것만 같은 두려움이 나를 엄습했어. '왜 이 사실을 나는 이제야 깨달았을까?' 최악의 경우 우리 사라는 '지옥의 끝'을 보게 될지도 모른다는 두려움에 몸서리를 쳤지.

그래, 사라를 두 번 팔아먹은(?) 것에 대한 변명을 시작하는 중이야. 사람들은 나 아브라함이 자신의 목숨을 위해, 마누라를 팔아먹은 파렴치하고 비겁한 인간이라고 쉽게들 말하지. 하지만 내 머리와 내 가슴 속에 있었던 이야기를 들어보고, 판단해 주었으면 좋겠어.

"이는 그의 아내라 하여 나는 죽이고 그대는 살리리니" "원하건대 그대는 나의 누이라 하라 그러면 내가 그대로 말미암아 안전하고 내 목숨이 그대로 말미암아 보존되리라." 내가 우리 사라에게 한 말이지. 사라는 10살 어린 내 이복 여동생이었다고 했잖아. 어떻게 생각해보면 거짓말은 아니었지만 결국 거짓말이 되는 일이었지. 사람들은 "내 목숨이 그대로 말미암아 보존되리라"는 대목에서 나를 욕하곤 하지. 그런데 생각을 해봐. '사라의 목숨'은 '사라의 운명'은 내 목숨과 연결되어 있어.

극한 상황 처참한 인생을 살아본 적이 없는 사람들은 상상도 못할 거야.

'나 아브라함'과 '우리 사라'가 처한 경우의 수는 딱 둘밖에 없었어. 하나의 경우는 '나 아브라함이 생존해 있을 경우'의 우리 사라의 처지였고, 또 다른 하나의 경우는 '나 아브라함이 죽었을 경우' 사라의 처지였지. 현실적으로 두 가지의 경우의 수 말고는 아무것도 없었어.

먼저 나 아브라함이 죽었을 경우, 내 죽음 이후의 '사라의 처지'를 상상해 볼까? 사라의 아리따움을 보고 그 남편인 나를 죽이고 사라를 취하는 사람이 생길 경우 사라의 운명은 어떻게 될 것 같아? 그렇게 사라를 '폭력과 살인의 방법'으로 빼앗아 가는 자의 '인성'과 '삶의 방식'은 어떠할까? 사라는 그 자에게 어떤 취급을 받게 될 것 같아? 아니 어떤 취급을 떠나서, 사라를 평생 그의 장막에 거하며 살게 해줄까? 아니면 자신의 성적 욕망을 채운 뒤, 싫증을 느끼고 돈을 받고 사라를 다른 남자에게 팔아넘길까? 당연히 그런 인성의 인간이라면 사라를 다른 남자에게 팔겠지.

내가 사라의 남편이라고 밝히고 죽는 경우, 사라의 처지는 나를 죽이고 사라를 빼앗아 자신의 성적 욕구를 채운 자에게서 일정 기간이 지난 후 버림받을 것이 분명해 보였어. 그리고 그 후 불특정 다수의 남자들에게 매일 밤 돌려가며 강간을 당하는 상황이 벌어질 가능성이 커 보였어. 차라리 죽는 것이 나은 상황이 벌어질 가능성이 커 보였지.

사라가 자살을 하면 되지 않냐고? 어린 사람의 순진함은 덕목이지만 리더의 순진함은 민폐인 동시에 때로는 죄악이지.[105] 그 당시는 자살을 방지하

---

[105] 물론 애굽과 그랄 땅에서 사라를 누이라고 했던, 현실적으로 무능했던 아브라함이 할 소리는

는 기술 또한 발달한 시대였어. 왜냐고? 당연한 일 아니겠어? 사람이라는 존재는 '필요'가 있으면 결국 '해답'을 찾아내는 존재야. 그때는 죽는 것이 나은 삶이 많았지. 노예들이 자살하지 못하게 하는 여러 기술이 아주 뛰어났던 시대였다고…

사라에게 차라리 죽는 것이 나은 상황이 벌어질 확률이 커 보였지. 수천 년이 지나 비교적 안정된 국가체제에 살고 있는 사람들은 상상하거나 이해하기 힘든 상황이겠지. 그런데 말이야, 너희가 살고 있는 땅에서도 불과 70–80년 전 기가막힌 일이 있었다는 것을 기억해 주었으면 좋겠어. '일본군 성노예',[106] 있어서는 안 되는 일들이 소위 국가와 전쟁이라는 이름으로 자행되었던 시대가 있었지. 너희가 사는 21세기에도 마찬가지야. 그게 선악과 사건 이후 인간이 만들어가는 세상의 현실이야. 그때는 어찌 되었든 이러한 일들이 너희들이 살고 있는 21세기 때보다 훨씬 많았던 시절이지.

내가 사라의 남편이라고 밝히고 죽는 경우, 내 어린 이복 여동생이자 내 사랑하는 아내인 사라는 지옥의 끝을 보게 될 것이 분명해 보였어. 우리 부족에 아이가 태어날 때마다 소리 내지도 못하고 우는 사라의 모습이, 사라의 울음이 천둥소리같이 내 가슴을 찢어놓아서 따라나선 길이었는데, 나와 사라를 통해 큰 민족을 이루고 그 이름을 창대하게 해주겠다던 그 신은 아무리 불러도 보이지를 않았어. 내가 내 아내 우리 사라를 이곳에 데려오다

아니다. 논리를 펴다 보니 내가 넣은 말이다.

106 범죄와 연관된 이러한 명칭에는 반드시 '가해자'와 '가해자의 범죄행위'를 고발하는 내용이 들어가야 한다. 피해자의 호칭이 들어간 '종군위안부'는 이미 널리 쓰이는 명칭이어서 어쩔 수 없이 쓰이는 면이 있지만, 이런 점에서 바른 명칭이 아니다.

니 "내가 도대체 무슨 짓을 한 것일까?"

그냥 말이 나온 김에 남은 경우의 수를 설명하자면…, 나 아브라함을 '사라의 오빠'라 속여 내가 생존한 상태에서 사라를 빼앗기는 경우…, 그래 일이 그렇게 될 줄은 몰랐어. "가능성이 낮아 보였다"라기보다는 "그런 일이 없기를 바랬다"라고 하는 것이 맞을 거야.

그런 경우 우리 부족 모두는 너희 때는 이해가 되지 않을 수 있겠지만, 사라와 내가 부부였다는 사실에 대해 함구할 거야. 갈대아 우르에서 누군가 와서 일의 사정을 모르고 실수를 하지 않는 이상, 사라와 내가 부부였다는 사실은 알 수 없게 되는 것이지.

우리 때 '갈대아의 우르'에서 '애굽 땅'까지 누가 올 수 있을까? 설마 우리 부부와 우리 부족을 보고서 이 일이 가능하다고 생각하는 정신없는 사람은 없겠지? 확률적으로 평생을 두고 단 한 명도 볼 수 없었을 거야. 그러니 누군가 '갈대아 우르'에서 '애굽'까지 와서 말실수할 가능성도 아예 없는 시대였어.

이제 남은 가능성은 하나지. 우리 부족민들. 우리 부족 중에서 말실수가 있을 것이라고? 아니, 그런 일은 절대 없어. 왜? 우리가 살아낸 세계는 21세기를 사는 사람들은 상상조차 불가능할 만큼 살벌한 곳이거든. 이 일은 '물리적인 살육'과 연관되는 일이야. 몰살당하는 부족을 보는 것이 일상인 사람들의 입이 얼마나 무거운지 상상이 되지 않을 거야. 우리 부족 가운데 아무도 이 일에 대해서 실수하는 일은 없을 거야.

그래, 그렇게 사라를 보내고 예상되는 내 삶? 몰라서 묻는 것은 아니겠지? 살아도 죽은 것만 못한 삶이겠지. 하지만 오빠가[107] 있는 여자, 멀쩡히 오빠가 두 눈을 시퍼렇게 뜨고 있는데 아내를 버릴 수 있는 남자는 그 시대에도 쉽지 않아. 그리고 그 사라의 오빠라는 존재가 '부족장'이잖아. 그 수가 적든지 많든지 상관없이 그래도 사라의 오빠가 '부족장'인 것이잖아. 물론 피눈물 나는 삶이겠지만, 나를 부른 신은 보이지 않고 기근에 부족민 하나하나가 쓰러져 가는 상황에서 사라가 지옥의 끝을 피할수 있는 방법은 이 방법밖에 없어 보였어. 그래 물론 사라를 이 땅에 데려온 것은, 바로 나 아브라함이야.

그런데 극한(極限)의 기근 가운데서도 아무 반응도 없던 그 신이, 그러니까 나를 갈대아 우르에서 자식 주겠다고 불러낸 잘 모르는 그 신이 그렇게 대단한 신인지 바로의 궁전에서 처음 알게 되었지. 그렇게 내가 절규해도 대답을 하지 않으시더니, 사라가 바로의 궁전으로 끌려 들어갔을 때 나를 불러낸 그 신이 그렇게 대단한 능력을 가진 존재인지 처음 알게 되었어. 그런데, 그분은 왜 항상 내가 생각하는 시간과 다르게 움직이실까? 도대체 나한테 왜 이러실까? 정말 잘 모르겠어.

[14]아브람이 애굽에 이르렀을 때에 **애굽 사람들이 그 여인이 심히 아리따움을 보았고** [15]바로의 고관들도 그를 보고 바로 앞에서 칭찬하므로 그 여인을 바로의 궁으로 이끌어들인지라 [16]이에 바로가 그로 말미암아 아

---

107 사라를 아내로 데려간 사람은 평생 그렇게 알고 살 것이다.

브람을 후대하므로 아브람이 양과 소와 노비와 암수 나귀와 낙타를 얻
었더라 ¹⁷**여호와께서 아브람의 아내 사래의 일로 바로와 그 집에 큰 재**
앙을 내리신지라 ¹⁸바로가 아브람을 불러서 이르되 네가 어찌하여 나에
게 이렇게 행하였느냐 네가 어찌하여 그를 네 아내라고 내게 말하지 아
니하였느냐 ¹⁹네가 어찌 그를 누이라 하여 내가 그를 데려다가 아내를
삼게 하였느냐 네 아내가 여기 있으니 이제 데려가라 하고 ²⁰바로가 사
람들에게 그의 일을 명하매 그들이 그와 함께 그의 아내와 그의 모든 소
유를 보내었더라(창세기 12:14−20)

위에 인용한 성경 말씀을 보면서, 그때 분위기가 이해가 되니? "여호와께
서 아브라함의 아내 사라의 일로 바로와 그 집에 큰 재앙을 내리신지라" 이
게 무슨 말인지 아니? 끝장을 냈다는 이야기야. 생각을 해봐. 바로는 당시
애굽에서 신으로 불리웠던 존재야. 그런데 애굽 전역에서 신이라고 불리웠
던 그 존재가 하나님한테 얼마나 크게 당했으면 아브라함 우리 부족을 곱게
내보내 줬을까?

그냥 나 아브라함과 사라 그리고 우리 부족민 전체의 흔적을 없애는 것
이, 당시 그 시대 그 지역의 상식 아니었을까? 그렇잖아. 최고 권력자의 실
수와 실패의 흔적을 없애는 것이 상식이었을 것이 분명하잖아. 그런데, 바
로가 우리 모두를 곱게 내보내 줬어. 게다가 우리에게 주었던 그 많은 재산
과 사람들까지를 포함해서 말이야. 이게 무슨 말일까? 바로가 여호와 하나
님에게 엄청 당했다는 이야기야. 아주 압도를 당했다는 이야기지. 바로의
궁전에서 사라가 아니라 바로가 '지옥의 끝'을 봤다는 이야기지. 나 아브라

함은 그때 하나님에 대해서 아주 강한 인상을 받았었어. 이 응답을 잘 하지 않는 분이 뭔지는 잘 모르겠는데 "정말 정말 엄청난 분이구나!"까지는 알게 되었지.

그래도 이렇게 따지는 사람이 있을 거야. 사람들은 참 잘났으니까… 세상은 하나님의 부름을 받아서 기근에 처한 사람들과 잘난 사람들로 구분이 되지. 너희 시대에 하는 '축구'라는 스포츠가 있지? 축구장에 가면 양 팀에서 22명이 뛰지. 경기에서 지게 되는 경우, 그 축구 경기장에는 축구경기를 뛰는 11명과 잘난 사람 5만 명이 있게 마련이지. "야, 그렇게 뛰면 안돼. 아, 정말, 그 순간에는 이렇게 했어야지!" 단 한 번도 공을 만져본 적이 없는 사람들조차 말이 많지. 정말이야. 세상은 하나님께 부름을 받아 기근에 처한 사람들과 잘난 사람들로 구분이 되지. 그러니 꼭 이렇게 따지는 사람이 있을 거야. 사람들은 참 잘났으니까… "애굽에서는 그렇다 치고 그랄에 거주할 때는 왜 또 팔아먹었대? 그것도 두 번씩이나!" 그래, 그건 나 아브라함의 잘못이야. 내 잘못이 맞아. 깨끗이 인정할게.

그때는 이스마엘이 태어난 후였지. 그러니 어쩌면 그랄 땅에 살고 있었던 사람들의 눈에는 하갈이 나 아브라함의 아내로 보였을 거야. 왜냐하면, 내가 이스마엘을 아들이라고 데리고 돌아다니는데 이스마엘의 엄마는 하갈이니까… 그런데, 원래도 잘 응답하지 않으시던 하나님이 이스마엘을 낳고 나서, 13년간 보이지 않으셨어.

이게 무슨 말인지 아니? 이러한 하나님의 부재(不在)가 나 아브라함에게,

자식이 없어서 고통받고 있던 나 아브라함과 사라 우리 부부에게 자신을 따라오면 자식을 주겠다고 해놓고서 약속에 땅에 도착하자마자 직면했던 기근 때의 '두려움'을 상기시켰다는 것이야. 그 지독한 기근 가운데 견디다 견디다 못해 애굽에 내려가면서 당했던 그 고통스럽고도 처참한 순간들이 내 몸에 새겨져 있을 것 아니야? 그러니까 하나님께서 응답하지 않으실 때, 나 아브라함의 처지가 얼마나 잔인하고 처참한지 내 영혼에 새겨져 있을 것 아니냐고? 그런데 바로의 궁전에서도 나타나시고 비교적 자주 나타나시던 하나님께서, 이스마엘이 태어나고 나서 13년간 보이지 않으신 거야. 13년 동안 나 아브라함이 얼마나 두려움에 떨었을지 상상이 가니? '내가 또 뭘 잘못했다고 하나님께서 내게 보이지를 않으시지? 이제 다시 이 땅에 도착했던 시절로 돌아가게 되나?'

그런데 13년 만에 나타나셔서, 하나님께서 처음 하시는 말씀이 "나는 전능한 하나님이라 너는 내 앞에서 행하여 완전하라"였어. 이게 무슨 말인지 알지? "아브라함, 너 똑바로 해." 그리고 이어서 "너희 중 남자는 다 할례를 받으라 너희는 포피를 베어라 포피를 베지 아니한 자는 백성 중에서 끊어지리니 그가 내 언약을 배반하였음이니라"라고 하셨지. 그러면 입장을 바꾸어 놓고 한번 생각을 해보라고. 그 상황에서 너희들 같으면 하나님이 하시는 말씀 가운데 "할례"라는 소리가 귀에 들릴까? 아니면, "백성 중에서 끊어지리라, 그가 내 언약을 배반하였음이니라"라는 말씀이 귀에 들릴까? 당연히 나 아브라함의 입장에서는, 내가 무슨 언약을 배반하였는지 마음에 찔리지 않았겠어? 우리 이스마엘이 태어난 뒤 13년간, 하나님 이분이 나에게 나타나지를 않으셨는데 혹시?

하나님한테 나 아브라함이 혼이 난 거지. 그리고는 내 이름과 내 아내의 이름을 '아브람에서 아브라함', '사래에서 사라'로 바꾸어주셨어. 사람들은 하나님께서 나와 내 아내의 이름을 직접 바꾸어주셨다고 복 받았다고들 하지. 그런데 생각을 해보란 말이야. 하나님의 그 말씀이 아브라함 나의 귀에 제대로 들렸을까? "나는 전능한 하나님이라 너는 내 앞에서 행하여 완전하라" 13년 만에 내 앞에 나타나셔서 하신 첫 번째 말씀이 이것이라니까. 게다가 애굽의 바로의 궁전에서 '하나님의 능력'은 본 상태이잖아. '이분이 그 능력으로 나에게 진노하시면 나는 어떻게 될지?' 감이 잡힌 상태잖아. 그런데 13년 만에 나타나셔서 처음 던지신 말씀이 "아브라함, 너 똑바로 안 해?" 그리고 "끊어지리니" "배반하였음이라"였다고.

물론 지금 와서 생각해보면 혼이 난 것보다 받은 복이 훨씬 많았지만, 당시에는 아브라함 내가 심리적으로 위축되었었던 것 같아. 이스마엘을 낳고 13년간 하나님은 나에게 침묵하셨어. 입장을 바꾸어서 생각해 봐. 그 기간 동안 나는 내 고향 갈대아 우르를 떠나 직면했던 기근으로 가축과 부족민 하나하나를 황량한 땅에 묻었던 기억에 몸서리를 치고 있었어. '다시 그 시절로 돌아가게 되면 어떻게 하지?' 그것도 이번에는 '어린 아들'인 '이스마엘'과 같이…

그러한 나의 심리적인 상황에 하나님께서 다시 나타나셔서 "내년 이맘때 내가 반드시 네게로 돌아오리니 네 아내 사라에게 아들이 있으리라"고 하시더니 소돔과 고모라를 멸하시겠다고 말씀하시는 거야. 너희 같으면 하나님께서 나 아브라함을 향한 분풀이를 소돔과 고모라에게 하시는 것만 같은 느낌이 안 들었을까? 정말 너희 젊은 애들 말로 '뜨아'였었지. 무슨 용기였는지 "그 오십 의인을 위하여 용서하지 아니하시리이까?"로 시작해서 10명까지 말씀을 드렸지. 사실, 잘 기억도 안 나. 내 정신이 아니었어. 그 순간에도 내 조카 롯 생각이 나서, 내가 내 정신이 아니었는데도 어찌 되었든 하나님한테 주저리 주저리 이야기를 했었어.

> **아브라함이 또 이르되 주는 노하지 마옵소서** 내가 이번만 더 아뢰리이다 거기서 십 명을 찾으시면 어찌 하려 하시나이까 이르시되 내가 십 명으로 말미암아 멸하지 아니하리라(창세기 18:32)

내가 왜 하나님한테 "주는 노하지 마옵소서"라고 말한 것 같아? 하나님께서 화가 나 계신 것 같으니까… 그리고 이분이 얼마나 엄청난 힘을 가지고 있는지 이제는 잘 알고 있는 상태잖아. 그리고 그 다음날 아침에 있었던 일이 다음에 인용한 성경이야. 내가 아침에 일찍이 일어났다고 되어 있지? 이게 무슨 말인지 이제는 알겠지. 밤새 잠을 제대로 못 잤다는 이야기야.

> [27]아브라함이 그 아침에 일찍이 일어나 여호와 앞에 서 있던 곳에 이르러 [28]소돔과 고모라와 그 온 지역을 향하여 눈을 들어 연기가 옹기 가마의 연기같이 치솟음을 보았더라 [29]**하나님이 그 지역의 성을 멸하실 때 곧 롯이 거주하는 성을 엎으실 때에** 하나님이 아브라함을 생각하사 롯을 그 엎으시는 중에서 내보내셨더라(창세기 19:27-29)

이 말씀 중에 너희는 무엇이 보이니? 그래 그럴 거야. "하나님이 아브라함을 생각하사 롯을 그 엎으시는 중에서 내보내셨더라"가 보이겠지. "야, 하나님께서 아브라함을 얼마나 아끼고 아브라함에게 얼마나 잘해주셨으면, 하나님이 아브라함을 생각하사 소돔과 고모라에서 같이 죽을 수밖에 없었던 그 싸가지(?) 없는 롯을 소돔과 고모라를 엎는 중에서도 천사들을 보내셔서 롯의 손까지 잡아서 끌어내셨을까?"가 보일 거야.

> 그러나 롯이 지체하매 그 사람들이 롯의 손과 그 아내의 손과 두 딸의 손을 잡아 인도하여 성 밖에 두니 여호와께서 그에게 자비를 더하심이었더라(창세기 19:16)

그런데 있잖아. 사람은 서 있는 곳이 다르면 다른 것이 보이는 존재야. 내가 서 있는 곳에 너희가 서 있으면 무엇이 보이는지 아니? 도시 2곳과 그 온 지역에 유황과 불이 비같이 내렸어. 다 죽었다고. 그 상황에서 너희 같으면 13년 만에 나타나셔서 이삭을 낳을 것이라고 하신 말씀이 기억에 남겠니? 아니면 "나는 전능한 하나님이라 너는 내 앞에서 행하여 완전하라." "포피를 베지 아니한 자는 백성 중에서 끊어버리겠다"가 머릿속에 맴돌겠니? 생각을 좀 해보라고.

애굽의 궁전 이후 한동안 잘 나타나시던 분이 이스마엘이 태어난 뒤에는 13년간 한 번도 나타나지 않으시더니, 갑자기 나타나셔서 "내가 열이 받아서 13년간 아브라함 네 얼굴을 안 봤다. 너 똑바로 해라"라고 하신 뒤에 할례를 하라고 하시더니, "뭔가 잘못하면 끊어버리겠다. 배반을 한 자다.", 뭐 이런 말씀을 하시다가 이름을 바꾸라고 하시더니, 그 다음날 내 조카 롯이 사는 도시와 그 부근 온 지역을 불과 유황으로 다 날려버리셨어.

다 죽었어. 물론 소돔과 고모라 그 지역에 사는 그 인간들이 좋은 인간들이라는 이야기가 아니야. 정말 21세기 너희들 말대로 인성 쓰레기의 집합소가 그 지역이기는 했어. 하지만 하나님께서 정말 그렇게까지 하실 줄을 몰랐어. 그러니까 그 상황에서 너희 같으면 "이삭을 주겠다"라는 말씀이 귀에 들리겠니? 아니면, "포피를 베라. 끊어버리겠다. 배반한 자다."가 들리겠니?

그러니까 그 상황에서 너희가 나 아브라함이라면 어떨 것 같니? 다 죽었다고. 다 죽었다니까. 소돔과 고모라에 조카 롯이 살고 있어서 내가 아는 사람들도 거기에 있었어. 내가 소돔과 고모라에 조카 롯을 만나러 갔을 때 그곳에서 서로 안면을 튼 사람들도 있었다니까. 그 사람들도 다 죽었어. 소돔과 고모라에서 나온 이후 내 조카 롯이 어떤 처지가 되었는지 아브라함 내가 몰랐을 것 같아? 나는 두려움에 넋이 나가 있었던 거야.

아브라함 내가 선지자라고? 그래 하나님께서 그렇게 말씀해주셨지. 그런데 왜 애굽에서는 그렇게 말씀하시지 않고 그랄 땅에서만 나를 선지자라고 추켜세우시면서 내가 기도해야 그랄 왕 아비멜렉을 살려주시겠다고 하신 줄 아니? 생각을 해보라고, 내가 그랄에서만 아내를 팔아먹었니? 애굽에서도 팔아먹었잖아. 그런데 왜 애굽에서는 나를 향해서 선지자라고 하지 않으시고 그랄 땅에서만 아브라함 내가 선지자라고 하시면서 아브라함 내가 기도하지 않으면 아비멜렉과 그에게 속한 모든 사람이 다 죽을 줄 알라고 하신 줄 아니?

그러니까 애굽하고 그랄 땅 양쪽 모두에서 똑같은 사고를 쳤는데, 왜 하나님께서는 그랄 땅에서만 나 아브라함이 기도해야만 그 땅을 용서하시겠다고 한 줄 아느냐고? 그때는 몰랐는데 이제 와서 하나님하고 친해지고[108] 보니 알겠더라. 하나님은 원래 그런 분이시더라. 그리고 하나님이 어떤 분이신 줄 알고 보니까, 그랄 땅에서는 하나님께서 그러실 수밖에 없으셨겠더라.

내가 두려움에 넋이 나가 있으니까 정신 차리라고 겁먹지 말라고, 하나님 나는 너 아브라함에게는 그런 존재가 아니니 소돔과 고모라를 보고 겁먹지 말라고 그러신 것이지. 소돔과 고모라는 아브라함 너하고는 상관없는 일이라고, 내가 아브라함 너에게 화가 난 것이 아니라고, 용기를 주시려고 아브라함 나를 '선지자'라고 치켜세워주신 것이지.[109]

---

[108] "이에 성경에 이른 바 아브라함이 하나님을 믿으니 이것을 의로 여기셨다는 말씀이 이루어졌고 그는 하나님의 벗이라 칭함을 받았나니"(야고보서 2:23).

[109] 이 이유 말고도 하나님께는 의도가 하나 더 있었던 것 같다. 나는 이러한 하나님의 모습 속에서 묵직하고도 선이 굵으신 '하나님의 부성적 호의'를 깨닫곤 한다. 애굽의 바로를 생각할 때, 아브라함은 애굽에서 추방당한 뒤 다시는 바로를 볼 일이 없었다. 그러나 성경을 자세히 살펴보면, 그랄 왕 아비멜렉의 경우는 이 일 후에도 아브라함과 같은 지역에 거주했음을 알 수 있다. 즉 하나님의 입장에서는 아브라함을 보호하시기 위해서, 그랄 왕 아비멜렉에게 아브라함을 선지자로 각인시킬 필요가 있었다. 쉬운 표현으로 바꾸어 설명하자면, 아브라함과 같은 지역에 그랄 왕 아비멜렉이 거주하는 동안, 아비멜렉이 감히 아브라함의 영역을 침범할 생각의 싹마저도 확실히 잘라놓으실 필요가 있었다. 생각해보라. 이러한 과정이 없을 경우, 아비멜렉의 눈에 비친 아브라함은 자신의 목숨을 구걸하기 위해서는 자신의 아내마저도 내놓을 만큼 만만해 보이는 대상이 되는 것이다. 그런 꼴을 하나님께서는 볼 수 없으셨다는 이야기다. 한 조직의 책임감 있는 리더라면 다 아는 사실이 있다. 내 새끼는 내가 혼낼망정, 다른 부서의 상관이 내 새끼를 건드리는 꼴은 볼 수 없는 법이다. 하나님도 마찬가지이시다. 훈련의 목적이 아니라면, 당신의 자식을 무방비 상태로 세상에 내어놓는 법이 없으시다. 하나님의 이러한 의도가 성공했음을, 우리는 창세기 기사를 통해 확인할 수 있다.: "22그때에 아비멜렉과 그 군대

¹아브라함이 거기서 네게브 땅으로 옮겨가 가데스와 술 사이 그랄에 거류하며 ²그의 아내 사라를 자기 누이라 하였으므로 그랄 왕 아비멜렉이 사람을 보내어 사라를 데려갔더니 ³그 밤에 하나님이 아비멜렉에게 현몽하시고 그에게 이르시되 네가 데려간 이 여인으로 말미암아 네가 죽으리니 그는 남편이 있는 여자임이라 ⁴아비멜렉이 그 여인을 가까이 하지 아니하였으므로 그가 대답하되 주여 주께서 의로운 백성도 멸하시나이까 ⁵그가 나에게 이는 내 누이라고 하지 아니하였나이까 그 여인도 그는 내 오라비라 하였사오니 나는 온전한 마음과 깨끗한 손으로 이렇게 하였나이다 ⁶하나님이 꿈에 또 그에게 이르시되 네가 온전한 마음으로 이렇게 한 줄을 나도 알았으므로 너를 막아 내게 범죄하지 아니하게 하였나니 여인에게 가까이 하지 못하게 함이 이 때문이니라 ⁷이제 그 사람의 아내를 돌려보내라 **그는 선지자라 그가 너를 위하여 기도하리니 네가 살려니와 네가 돌려보내지 아니하면 너와 네게 속한 자가 다 반드시 죽을 줄 알지니라**(창세기 20:1-7)

"이제 그 사람의 아내를 돌려보내라. 그는 선지자라 그가 너를 위하여 기도하리니 네가 살려니와 네가 돌려보내지 아니하면 너와 네게 속한 자가 다 반드시 죽을 줄 알지니라." 이렇게까지 해주지 않으시면, 나 아브라함이

장관 비골이 아브라함에게 말하여 이르되 네가 무슨 일을 하든지 하나님이 너와 함께 계시도다 ²³그런즉 너는 나와 내 아들과 내 손자에게 거짓되이 행하지 아니하기를 이제 여기서 하나님을 가리켜 내게 맹세하라 내가 네게 후대한 대로 너도 나와 네가 머무는 이 땅에 행할 것이니라(창세기 21:22-23).

정신을 못 차릴 것 같으니까 두려움으로 정신 줄을 놓을 것 같으니까 이렇게까지 해주신 것이지.

그러니까 애굽 땅에서 아내를 한 번 팔아먹었으면 됐지, 왜 그랄 땅에서도 똑같이 똑같은 실수를 반복했느냐고? 어떻게 두 번이나 아내를 팔아먹었느냐고? 그래, 나 아브라함의 잘못이야. 나 아브라함의 잘못이 맞는데…, 내가 그 정도로 넋이 나가 있었다는 이야기야. 내가 잘했다는 이야기가 절대 아니야. 내 상태가 그냥 그랬다는 이야기야.

고향을 떠난 지 10년이 지났을 때의 이야기지. 이제 이스마엘이 태어난 일에 대한 변명을 하려는 거야. '사라를 위한 변명' 설교 때 들어서 알겠지만, 조카 롯을 구해오는 과정에서 그 땅의 유력자 네 왕과는 적대적 관계가 되었지. 사라와 나 아브라함 둘 모두에게 두려움이 엄습해왔어. 그래 지금은 어떻게 어떻게 버틴다고 해도, 지금도 나이 들어 버거운데 이대로 얼마나 더 버틸 수 있을까? 조카 롯을 구해오는 과정에서 나 아브라함은 내 체력의 한계와 내 육체적 현실을 절실히 깨닫게 되었어. 정말, 이대로 얼마나 더 버틸 수 있을까? 아들의 부재(不在)가 이렇게 강한 무게로 우리 부부를 눌러온 것은 처음이었던 것 같아.

솔직히 하나님을 알게 된 지 10년이 지났지만 아직 하나님이 익숙하지는 않았어. 생각을 해봐. 아기를 못 낳아서 피눈물을 흘리던 우리 부부에게 자식을 주시겠다고 불러놓으신 후, 적대적인 세력들 가운데 고립된 상황에서 그리고 기근으로 생존의 극한에 몰리는 상황에서 부르짖을 때 내 입장에서는 침묵하셨던 분이 하나님이야. 그러니까 나 아브라함을 외면하고 버려둔 것만 같은 이 하나님이라는 분을 어떻게 이해하고 어떻게 대해야 하는지 어찌할 바를 몰랐었어. 당연한 이야기 아니니?

그 상황에서 한가지, 아니 두 가지 분명한 사실이 있었어. 그러니까 잘 알지는 못하지만, 이분 하나님과 연관해서 우리 부부가 알고 있었던 것이 있었어. 특별히 우리 처지와 연관해서 알고 있던 사실은 두 가지였어.

그 첫째는, 아브라함 나에게는 퇴로가 없다는 사실이었어. 1-2년도 아니고 고향을 떠나온 지 10년이 지났어. "그 신이 아브라함에게 큰 민족을 이루고 그 이름을 창대하게 해주겠다고 하셨대요." 사라가 그 말을 할 때 그 말을 듣던 그 년놈들[110](?)의 표정이 아직도 생생한데 그 표정을 되씹던 세월이 10년이었어. 그리고 그 시간이 지나도록, 하나님은 우리 부부에게 자식을 주지 않으셨어. 우리가 맞닥뜨린 현실은 조카 롯을 구해오는 과정에서 그 땅의 유력자 네 왕과 적대적 관계가 되었음에도 조카 롯은 우리 부부를 떠났고 고향에서부터 이 땅에 같이 왔던 부족민들만 기근과 이러저러한 과정 가운데 여러 명 죽었다는 사실이었어.

사라가 먼저 말을 꺼냈지. 그 말을 하는 사라의 표정이 상상이 되니? 자신의 남편한테 자신의 여종과 동침을 하라고 말하는, 사라의 표정이 상상이

---

110 우리 엄마가 살아생전에 뭔가 마음에 들지 않는 대상을 지칭할 때 많이 쓰던 어법이다. "사투리에는 정이 있다"라는 말이 있다. 그 차원에서 읽어주었으면 하는 마음이다.

되니? 우리 둘은 태어나서 처음으로 서로의 눈을 피했어. 태어나서 평생 처음 있는 일이었지. 하갈과 처음 동침하던 날, 그리고 하갈의 임신을 알게 된 날, 이스마엘이 태어난 날…, 나는 무슨 생각을 하고 무슨 감정을 느끼고 있었을까?

두 번째 이유가 이스마엘이 태어난 계기와 더 가까운데…, 우리 부부를 약속의 땅에 불러놓은 뒤 우리 부부의 입장에서 절박한 순간마다 응답하지 않으셨던 잘 알지 못하는 그분에 대해 그때까지 우리가 알게 된 사실이 있었어. 바로의 궁정에서 처음 확인한 것이었는데, 고향 땅을 떠날 때 하나님께서 나 아브라함에게 처음에 해주셨던 약속이 있잖아. "너를 축복하는 자에게 복을 내리고 너를 저주하는 자를 저주하겠다." 바로 이 약속을 하나님이 지키셨다는 것이지.

> **너를 축복하는 자에게는 내가 복을 내리고 너를 저주하는 자에게는 내가 저주하리니** 땅의 모든 족속이 너로 말미암아 복을 얻을 것이라 하신지라(창세기 12:3)

그러니까 하나님께서는 창세기 12장 3절에 증언된 약속을 지키셨어. 이러한 과정들을 통해 우리 부부 입장에서는 뭔지는 모르겠지만, 특별히 응답하시는 시간과 관련해서는 우리 예상과는 전혀 다르게 행동하시지만 "이 분은 한번 하신 약속은 반드시 지키시는 분이시구나!"라는 사실을 알게 되었지.

그때부터 우리는 많지는 않지만 그분이 우리에게 약속하신 것을 묵상하기 시작했지. 그럴 수밖에 없잖아. 퇴로가 없는데… "이 분이 우리 부부에게 무슨 말씀을 하셨지? 무엇을 약속하셨었지?"를 묵상하게 되었지. 그런데 조카 롯을 구하고 온 다음, 그분이 우리에게 나타나셔서 하신 말씀이 이것이었어. "네 몸에서 날 자가 네 상속자가 되리라." "아브라함, 네 몸에서 날 자가 네 상속자가 되리라." 내가 "나는 자식이 없사오니 나의 상속자는 이 다메섹 사람 엘리에셀이니이다"라고 하나님한테 말씀을 드렸더니 "아니 그 사람 말고, 아브라함 네 몸에서 날 자가 네 상속자가 되리라."고 하셨어.

처음부터 "내 언약은 내가 내년 이 시기에 사라가 네게 낳을 이삭과 세우리라"라고 하셨으면, 이스마엘은 애시당초 태어나지 않았을 거야. 처음부터 하나님께서 그렇게 말씀하셨으면, 이스마엘이 왜 태어났겠냐고? 그런데 처음부터 그렇게 말씀하시지 않고 "아브라함 네 몸에서 날 자가 네 상속자가 되리라"라고만 하신 거야. 그러니까 우리 부부 입장에서는 우리가 상상할 수 있는 가능성을 모두 생각해보았지. 그렇지 않겠어? 너희 같으면 다른 방법이 있니? 그렇게 이스마엘이 태어난 거야.

비록 21세기를 살고 있는 너희들만큼은 하나님에 대해서 모르겠지만, 우리 부부가 알게 된 분명한 사실은 "어떤 경우에도 하나님은 한번 약속하신 것을 반드시 지키신다"라는 것이었거든.

그 와중에도 왜 "나는 자식이 없사오니 나의 상속자는 이 다메섹 사람 엘리에셀이니이다." 혹은 나중에 하나님께서 이삭 이야기를 하실 때 "이스마엘이나 하나님 앞에 살기를 원하나이다"라고 했냐고? 그것도 사라 앞에서! 왜 그렇게 속없이 이야기했냐고? 정말 몰라서 묻는 것은 아니지? 아브라함 나는 '우리 사라'보다 10살이 많아. 우리 사라에게 아들이 없는 상황에서 내가 죽으면 우리 사라는 어떻게 될 것 같아?

　물론 너희들은 성경을 읽어서, 일의 결국을 알고 있지. 우리 사라가 나 아브라함보다 먼저 소천한 사실에 대해서 잘 알고 있지. 그것도 사실 하나님의 배려야. 무슨 말이냐고? 사라가 나보다 먼저 가야, 내가 죽을 때 우리 사라에 대한 걱정 없이 나 아브라함이 편히 눈을 감을 수 있잖아. 우리 사라를 두고 나 아브라함이 평안히 눈을 감을 수 있을 것 같니? 사라를 나 아브라함보다 먼저 데려가신 것, 하나님의 배려이시지.

　생각을 해보라고. 너희 시대에도 여성들이 남성들보다 평균 수명이 길지? 그런데 나 아브라함은 우리 사라보다 10살이 많다고. 우리 부부가 각각 평균 수명에 맞추어 살게 되면 우리 사라는 아무도 없는 이 객지에서 나보다 20년 정도는 더 살아야 한다는 이야기야. 그래, 이 객지에서 아무도 없는 이 객지에서 그 적대적 환경에서 20년 정도 나 아브라함이 없는 상황에서 '우리 사라'를 지켜줄 남자가 있어야 할 것 아니야. 생판 남보다는 낫지 않겠니? 그래서 '다메섹 사람 엘리에셀'과 '이스마엘' 이야기를 하나님께 한 거야.

　하나님과의 그 대화의 과정 덕분에 알게 된(?) 받아낸(?) 하나님의 약속이 있었지. 그 약속이 이후의 내 생애 전체를 지배하게 되었지. 나 아브라함은 하나님의 그 약속을 부여안고 이후에 만나게 되는 모든 삶의 위기의 순간마다 이때 하나님께서 내게 약속하신 지점에서 모든 결정을 내렸어. 내가 아는 한, 그분은 한번 약속하신 것은 반드시 지키시는 분이셨으니까…

¹이 후에 여호와의 말씀이 환상 중에 아브람에게 임하여 이르시되 아브람아 두려워하지 말라 나는 네 방패요 너의 지극히 큰 상급이니라 ²아브람이 이르되 **주 여호와여 무엇을 내게 주시려 하나이까 나는 자식이 없사오니 나의 상속자는 이 다메섹 사람 엘리에셀이니이다** ³아브람이 또 이르되 주께서 내게 씨를 주지 아니하셨으니 내 집에서 길린 자가 내 상속자가 될 것이니이다 ⁴여호와의 말씀이 그에게 임하여 이르시되 그 사람이 네 상속자가 아니라 **네 몸에서 날 자가 네 상속자가 되리라** 하시고 (창세기 15:1-4)

¹⁵하나님이 또 아브라함에게 이르시되 네 아내 사래는 이름을 사래라 하지 말고 사라라 하라 ¹⁶내가 그에게 복을 주어 그가 네게 아들을 낳아 주게 하며 내가 그에게 복을 주어 그를 여러 민족의 어머니가 되게 하리니 민족의 여러 왕이 그에게서 나리라 ¹⁷아브라함이 엎드려 웃으며 마음속으로 이르되 백 세 된 사람이 어찌 자식을 낳을까 사라는 구십 세니 어찌 출산하리요 하고 ¹⁸아브라함이 이에 하나님께 아뢰되 **이스마엘이나 하나님 앞에 살기를 원하나이다** ¹⁹하나님이 이르시되 **아니라 네 아내 사라가 네게 아들을 낳으리니 너는 그 이름을 이삭이라 하라 내가 그와 내 언약을 세우리니** 그의 후손에게 영원한 언약이 되리라 ²⁰이스마엘에 대하여는 내가 네 말을 들었나니 **내가 그에게 복을 주어 그를 매우 크게 생육하고 번성하게 할지라 그가 열두 두령을 낳으리니 내가 그를 큰 나**

　　라가 되게 하려니와 ^{21}내 언약은 내가 내년 이 시기에 사라가 네게 낳을 이삭과 세우리라[111](창세기 17:15-21)

　하나님과 나눴던 이 대화 이후, 나 아브라함이 내 인생에서 무엇인가 중요한 판단을 내릴 때 근거가 되는 중요한 '하나님의 약속 두 가지'가 생겼지.

　한국 교회 성도들은 너무 신앙들이 좋아서 이스마엘과 연관된 약속은 눈에 들어오지 않겠지만, 나 아브라함은 우리 이스마엘에게도 아비야. 하나님께서 내게 해주신 두 가지 중요한 약속 중, 하나는 '이삭에 대한 것'이고 하나는 '이스마엘에 대한 것'이지.

　우리 이삭에 대한 약속은 "네 아내 사라가 네게 아들을 낳으리니 너는 그 이름을 이삭이라 하라 내가 그와 내 언약을 세우리니 그의 후손에게 영원한 언약이 되리라 내 언약은 내가 내년 이 시기에 사라가 네게 낳을 이삭과 세우리라"이고, 우리 이스마엘에 대한 약속은 "이스마엘에 대하여는 내가 네 말을 들었나니 내가 그에게 복을 주어 그를 매우 크게 생육하고 번성하게 할지라 그가 열두 두령을 낳으리니 내가 그를 큰 나라가 되게 하려니와"이지. 하나님의 이 두 약속이 이후 나 아브라함의 인생에서 모든 판단의 기준이 되었지.

---

111 "아니라 네 아내 사라가 네게 아들을 낳으리니 너는 그 이름을 이삭이라 하라 내가 그와 내 언약을 세우리니 그의 후손에게 영원한 언약이 되리라, 내 언약은 내가 내년 이 시기에 사라가 네게 낳을 이삭과 세우리라.": '아브라함 언약'은 처음부터 아브라함이 아니라 '이삭과 세운 언약'이었다. 우리는 이 사실을 기억해야 한다.

기억할지 모르겠지만, 지금 나는 우리 '이스마엘이 태어난 것'과 '하갈과 이스마엘을 쫓아낸 일'에 대한 변명을 하는 중이야. 그렇게 우리 이스마엘이 태어났지. 내 나이 86세에 처음 아들을 얻었지. "오, 내 아들 이스마엘. 오, 내 아들 이스마엘"이라는 말이 내 입에서 나도 모르게 뜨거운 눈물과 함께 터져 나오는데, 그 순간 4개의 눈동자와 내 눈이 마주쳤어. 그 4개의 눈동자의 주인은 누구였을까? 설마 모르지는 않겠지. 그 4개의 눈동자 중 2개는 우리 사라, 2개는 하갈의 것이었어.

사라의 무릎 아래에서 이스마엘이 태어나야, 이스마엘이 법적으로나마 사라의 자식이 될 수 있기에 사라가 하갈을 뒤에서 안은 자세로 출산을 하는 상황이었지. 정말이지, 그 순간이 잊혀지지가 않아. 내 나이 86세에 처음으로 자식을 얻으면서 "오, 내 아들 이스마엘. 오, 내 아들 이스마엘"이라는 말이 내 입에서 나도 모르게 뜨거운 눈물과 함께 터져 나오는데 그 순간 4개의 눈동자와 눈이 마주쳤지… 내 인생에서 눈물이 앞을 가리는 것이 그렇게 고마울 때가 없었지.

그때 내 나이 86세, 인생사에 대해서 알 만큼 알게 된 나이, 아니 더 이상 알 필요도 없는 나이일지도 모르지. 그 순간 나는 내 남은 인생의 안식이 송두리째 날아갔다는 사실을 알았어. 어차피 지금까지의 삶도 안식이 없는 '나그네의 삶'이었는데, 이제는 집안에서마저도 나는 나그네가 될 것이라는 사실을 깨닫는 순간이었지. 그래서 성경에서 이렇게 증언하는지도 몰라.

[8]믿음으로 아브라함은 부르심을 받았을 때에 순종하여 장래의 유업으로 받을 땅에 나아갈새 갈 바를 알지 못하고 나아갔으며… [13]이 사람들은

다 믿음을 따라 죽었으며 약속을 받지 못하였으되 그것들을 멀리서 보고 환영하며 또 **땅에서는 외국인과 나그네임을 증언하였으니** [14]그들이 이같이 말하는 것은 **자기들이 본향 찾는 자임을 나타냄이라** [15]그들이 나온 바 본향을 생각하였더라면 돌아갈 기회가 있었으려니와 [16]**그들이 이제는 더 나은 본향을 사모하니 곧 하늘에 있는 것이라** 이러므로 **하나님이 그들의 하나님이라 일컬음 받으심을 부끄러워하지 아니하시고** 그들을 위하여 한 성을 예비하셨느니라(히브리서 11:8-16)

생각을 해보라고. 이 땅이 좋았으면 입장을 바꿔 놓고 본향(本鄕)을 찾겠니? 철이 덜 든 '변화산에서의 베드로'처럼 "여기가 좋사오니"라고 했겠지. 오죽했으면 성경에서 베드로의 이 말에 "자기가 하는 말을 자기도 알지 못하더라"라고 했겠어… 과연, 이 땅에서 예수님과 함께 하는 삶이 현실적으로 좋고 평안하기만 할까? 혹시 그런 말을 하는 사람이 있다면, 그 사람은 사기꾼이거나 자기가 하는 말을 자기도 알지 못하는 사람이지.

두 사람이 떠날 때에 베드로가 예수께 여짜오되 **주여 우리가 여기 있는 것이 좋사오니** 우리가 초막 셋을 짓되 하나는 주를 위하여, 하나는 모세를 위하여, 하나는 엘리야를 위하여 하사이다 하되 **자기가 하는 말을 자기도 알지 못하더라**(누가복음 9:33)

시간이 지나 우리 사라에게서 우리 이삭이 태어났지. 내 나이 100세 우리 사라의 나이 90세, 기적이 일어난 것이지. '없는 것을 있는 것으로 부르시는 하나님' 왜 우리 이삭이 우리 주 예수 그리스도의 상징인지 아니?[112] 이 부분을 한번 묵상해보렴. 하지만 그 기적은 내 인생에 기쁨만 가져다주지는 않았어.

사라에게서 이스마엘을 내쫓으라는 말을 들었을 때 처음으로 우리 사라가 낯설어 보였어. 사라의 애기 때부터의 모습을 아는 나잖아. 내게는 항상 어리고 사랑스러운 우리 사라였는데 내 앞에 있는 이 여인은 누구일까? 아니, 나는 누구일까? 그런데 이스마엘을 내보내라는 사라의 말 가운데, 사라를 통해 말씀하시는 '하나님의 음성'이 느껴졌어. 그리고 하나님이 직접 오셔서 내게 말씀하셨지.

하지만 이 단원 초반에도 언급했지만, 이건 정말 못 할 짓이었어. "이러고도 내가 사람이라고 할 수 있을까?" 아이를 못 낳는 우리 사라의 소리 없는 통곡을 웃음으로 바꾸고 싶어 따라나선 이 길인데, 이제는 우리 아들 이삭의 이름인 '웃음'이 내게도 온전한 웃음이 될 수 있을까?

하지만 아브라함 나는 믿는 구석이 있었어. 이제는 그것이 무엇인지 알겠지? 바로 하나님, 그분은 한번 약속하신 것은 반드시 지키시는 분이셨지. 하나님께서 나에게 말씀하신 적이 있잖아. "이스마엘에 대하여는 내가 네

---

112 이 주제에 대한 일부 설명은 이미 이 책의 여러 곳에 나누어져 있다. '할례의 본래적 의미'와 '진정한 아브라함의 자손은 누구인가?' 그리고 '새창조'에 더해 '삼위일체 하나님, 성자 하나님이신 우리 주 예수 그리스도의 성육신 이후의 양성(신성과 인성) 교통론'까지를 이해해야 어느 정도 이 주제에 대해서 알 수 있을 것이다. 방금 내가 언급한 언뜻 어려워 보이는 용어들을 공부해보고 싶은 성도들에게는 『기독교 강요』를 권한다. 하나님의 은혜로 이삭에 대한 '성경인물 설교'를 출판할 기회가 있기를 기도한다. 이미 CMF 캠퍼스에서 선포된 이삭에 대한 설교문을 살펴볼 때, 이삭의 삶은 어떤 점에서는 우리 현대인들을 정말 많이 닮아있음을 알 수 있다.

말을 들었나니 내가 그에게 복을 주어 그를 매우 크게 생육하고 번성하게 할지라 그가 열두 두령을 낳으리니 내가 그를 큰 나라가 되게 하겠다."

사실 '다른 길, 다른 선택지'는 어차피 없었어. 하나님을 믿는 수밖에. 인생을 살아봐. 이런 경우가 숱하게 있지. 믿음이 좋아서 하나님을 따라간다고? 아니, 다른 선택지가 없는 경우가 더 많아. 그리고 이건 비밀인데, 다른 선택지가 없는 그 상황일 때 오히려 우리 하나님께 너무 감사한 경우가 많다고 하면 이해가 되려나? 하나님의 손안에 내 인생이 있다는 것이 얼마나 감사한 일인지 몰라. 정말이야. 내 인생이 하나님의 손안에서 놀고 있다는 사실이 얼마나 감사한 일인지 몰라. 내가 내 인생을 책임져야 한다면 어떨 것 같아? 그건 정말 끔찍한 일이야.

하갈의 어깨에 떡과 물 한 가죽 부대를 메워 주며 하나님의 말씀을 전했지. "여종의 아들도 네 씨니 내가 그로 한 민족을 이루게 하리라." 그 말을 들은 하갈이 무슨 말을 했을 것 같아? 사실은 별말이 없었지. 그 시절은 그런 시대이니까… 하지만 21세기였다면, 하갈은 나 아브라함에게 무슨 말을 했을까? 정말 내 입으로 뱉기는 했지만 이게 정말 사람이 할 소리인가? 이대로 나가면 확률적으로 100% 죽을 수밖에 없는 상황에서, 사지(死地)로 아들과 그 생모를 쫓아내는 상황에서 쫓아내는 놈이 할 소리는 아니잖아. 하갈의 어깨에 떡과 물 한 가죽 부대를 메워 주며 "여종의 아들도 네 씨니 내가 그로 한 민족을 이루게 하리라." 하갈 입장에서는 어떠했을까? "내가 아직도 당신 아브라함의 여종이면 당신의 아들 우리 이스마엘도 종이냐? 그래서 우리는 이렇게 사지로 막 몰아내도 되는 존재냐? 그래, 백번 양보해서 아브라함 너는 네 씨를 사지로 쫓아내냐?"

그때 그 말을 듣는 하갈의 눈빛이 잊혀지지가 않아. 갈대아 우르에서 약속의 땅으로 가자고 장밋빛 꿈을 심어주며 부족을 데려와 척박한 이 약속의 땅에서 다 죽일 뻔했지. 그리고는 그 절망의 한가운데를 통과하며 **"내가 도대체 지금 무슨 짓을 한 것이지?"**를 수없이 되뇌이며 살아왔었는데 "이제 다시 장밋빛 미래를 약속했던, 하갈과 내 아들 이스마엘을 내 손으로 사지로 몰아넣고 있어. 도대체 나란 인간은 무엇일까? **내가 도대체 무슨 짓을 저지른 것이지?** 우리 사라를 웃게 하고 싶던, 내 꿈이 욕심이었나?"

하지만 내가 문제를 만든 장본인이니 결국 내가 해결해야 했어. 하나님께서 내게 오셔서 나를 위로하고 안심시켜 주시지 않았다면 결정을 내리기가 쉽지 않았을 거야. 항상 그래. 이 정도의 상황이 되면, 하나님 그분은 직접 그리고 바로바로 오시지. 근데 너한테는 왜 바로바로 안 오시냐고? 내입으로 '사실'(fact)을 꼭 말해줘야 할까? 네 상황이 아직 그 정도가 아니어서 그래. 잔인하다고? 정말 많이 미안한데, 사실이 그래.

> [11]아브라함이 그의 아들로 말미암아 그 일이 매우 근심이 되었더니 [12]하나님이 아브라함에게 이르시되 **네 아이나 네 여종으로 말미암아 근심하지 말고 사라가 네게 이른 말을 다 들으라 이삭에게서 나는 자라야 네 씨라 부를 것임이니라** [13]그러나 **여종의 아들도 네 씨니 내가 그로 한 민족을 이루게 하리라** 하신지라 [14]아브라함이 아침에 일찍이 일어나 떡과 물 한 가죽부대를 가져다가 하갈의 어깨에 메워 주고 그 아이를 데리고 가게 하니 하갈이 나가서 브엘세바 광야에서 방황하더니(창세기

21:11-14)

이스마엘이 그렇게 나간 뒤 어떻게 되었냐고? 성경을 통해 이미 다 알고 있잖아. 세상적으로 볼 때 대박이 났지. 상식적으로 불가능한 일이었어. 그렇게 광야로 쫓겨나면 100% 죽는 일이야. 그 일을 통해서도 하나님께서는 한 번 약속하신 것은 반드시 지키신다는 것을 다시 한번 나 아브라함에게 각인시키셨지. 이제 남은 것은 내 아들 이삭을 하나님께 바친 이야기이겠지…

사람들이 나 아브라함을 향해 '믿음의 조상'이라는 칭송을 할 때마다 인용하는 사건이지. 자신들이 무엇을 칭찬하고 있는지도 모르고 정말 정신줄 놓고 하는 이야기들이지. 그런데, 가만히 생각을 해보렴. 자기 살겠다고 하나님한테 칭찬받겠다고 자식을 번제로 드리는 아빠는 미친놈이야. 그건 인간도 아니야. 제정신을 가지고 생각을 해보라고! 정말 그런 인간이 있다면, 그게 인간일까? 그런 명령을 들었을 때, 차라리 자신이 죽는 게 정상이지 않겠니? 사람들은 참 성경을 성경에 나오는 인생들의 이야기를 별생각 없이 피상적(皮相的)으로 보는 것 같아. 거기에 더해, 그들의 욕심과 욕망이 정상적인 사고와 눈을 가리는 것 같아.

이 단원 앞에서도 언급했듯이, 사람들이 "나도 아브라함처럼 이삭을 바치는 믿음을 가져야지"라고 나설 때는 그의 인생이 잘 풀릴 때가 아니야. 그 자신의 인생이 잘 풀리지 않거나 어떤 부질없는 욕망에 사로잡혀 있을 때가 대부분이야. 아무리 신앙적인 언어로 포장을 해봤자 하나님께는 통하지 않

262 하나님을 위한 변명

는 일이지. 겉모양이 같다고, 겉으로 보이는 행동이 같은 행동이라고, 같은 가치를 가지는 일인줄 아니? 아니, 천만의 말씀이지. 겉으로는 같아 보이는 일도 하나님 앞에서 한쪽은 하나님의 마음에 합한 하나님의 기뻐하시는 일인 반면, 한쪽은 하나님께 냄새나는 역겨운 일인 경우가 다반사지.

자신이 원하는 일이 잘 되지 않고 자꾸만 일이 꼬여 갈 때, 어떤 사람들은 '도대체 내가 하나님 앞에서 안 바친 이삭이 무엇일까?'라고 생각하면서 자신의 인생에서 이삭을 찾아 다니는 경향이 있지. 왜? 그 이삭을 바쳐야 하나님께서 자신이 원하는 그것을 해주실 것 같으니까… 자식을 바쳐서라도 자신이 원하는 것을 받고 싶은 그러한 '저급한 행태'를 소위 신앙의 이름으로 하는 사람들이 꽤 있지. 하나님도 참 힘드실 것 같아. 사람들은 정말 성경에 증언된 '하나님의 사람들의 인생들'을 너무나 피상적으로만 보는 것 같아.

'이삭을 바친 일'을 내가 '이스마엘과 하갈을 내보낸 것'과 같은 맥락의 일이라고 하면 싫어하는 사람들이 꽤 있을 거야. 어차피 잘난 사람들이니까… 사람들은 뭔가 환상에 잡혀 있는 것 같아. 그래서 경건의 모양은 있지만 경건의 능력은 없는 것 같아. 그래서 사도 바울이 디모데에게 그렇게 권면한 것 같아. "경건의 모양은 있으나 경건의 능력은 부인하니 이같은 자들에게서 네가 돌아서라."

> 경건의 모양은 있으나 경건의 능력은 부인하니 이같은 자들에게서 네가
> 돌아서라(디모데후서 3:5)

지금 내 말에 속이 부글부글 끓고 항의하고 싶은 사람들이 있을 거야. 나 아브라함이 내 아들 이삭을 바친 것은 다르냐고? 당연하지. 성경을 자세히 좀 보라고. "내가 무언가 하나님께 원하는 게 있어서, 그러니까 내 인생이 꼬이고 문제가 생겨서 해결해야 하는 일이 있거나 정말 가지고 싶은 것이 있어서 이삭을 바쳤다고 나오니?" "없잖아!" 그런 이야기는 흔적도 없잖아. 이삭을 바칠 때, 나 아브라함은 '내 인생의 황금기'였어.[113] 부족한 것이 아무 것도 없었다고! 그것이 '21세기에 천박하게 이삭으로 하나님과 거래를 시도 하는 사람들'과 나 '아브라함'의 차이야.

이삭을 바친 것? 그 일이 나 아브라함에게는 그렇게 어려운 일이 아니었다고 하면 이해가 될까? 이미 '이스마엘'을 통해서 배웠잖아. 이스마엘을 내 보낸 것이 우리 이삭이 젖떼던 때야. 이삭을 바치라고 하실 때 우리 이삭의 나이와 이스마엘을 내보낼 때 나이가 비슷했지. 이스마엘을 내보낸 뒤, 하나님께서 이스마엘에게 베푸신 은혜를 통해 한번 하신 약속은 반드시 지키 시는 하나님을 나는 내 눈으로 다시 한번 똑똑이 목격했어. 하나님은 다른 것은 몰라도 한번 하신 약속은 반드시 지키시는 분이야.

---

[113] 아브라함에게 있어서, 이 시기는 아비멜렉과 그 군대 장관 비골이 아브라함에게 와서 조약을 맺자고 했던 때다. 즉 주변 모든 족속들이 아브라함과 화친을 맺고 싶어 안달이던 시절이었 다. 성경은 '그 일 후에'라는 표현으로 아브라함이 이삭을 바친 시기를 특정해서 밝히고 있다. : "**그 일 후에** 하나님이 아브라함을 시험하시려고 그를 부르시되 아브라함아 하시니 그가 이르 되 내가 여기 있나이다 [2]여호와께서 이르시되 네 아들 네 사랑하는 독자 이삭을 데리고 모리아 땅으로 가서 내가 네게 일러 준 한 산 거기서 그를 번제로 드리라 [3]아브라함이 아침에 일찍이 일어나 나귀에 안장을 지우고 두 종과 그의 아들 이삭을 데리고 번제에 쓸 나무를 쪼개어 가지 고 떠나 하나님이 자기에게 일러 주신 곳으로 가더니"(창세기 22:1-3).

게다가 하나님께서 이삭에게 약속해 주신 것은 이스마엘에게 약속해 주신 것과는 비교 자체가 안 되는 다른 차원의 것이었어. 정말 엄청난 것이었어. 그래, 나 아브라함은 이삭이 죽어도 다시 살아날 것이라는 사실을 알고 있었어. 그래서 이삭과 함께 산에 올라가면서 사환에게 "저 산에서 제사를 드린 뒤, **우리가** 돌아올 것이다"라고 한 거야. "나 아브라함이 아니라, 우리"라고 한 거야. 생각해보니, 나 아브라함이 '믿음의 조상'답기는 하네.

> 이에 아브라함이 종들에게 이르되 너희는 나귀와 함께 여기서 기다리라 내가 아이와 함께 저기 가서 예배하고 **우리가 너희에게로 돌아오리라** 하고(창세기 22:5)

> [17]아브라함은 시험을 받을 때에 믿음으로 이삭을 드렸으니 그는 약속들을 받은 자로되 그 외아들을 드렸느니라 [18]**그에게 이미 말씀하시기를 네 자손이라 칭할 자는 이삭으로 말미암으리라 하셨으니** [19]그가 하나님이 능히 **이삭을 죽은 자 가운데서 다시 살리실 줄로 생각한지라** 비유컨대 그를 죽은 자 가운데서 도로 받은 것이니라(히브리서 11:17-19)

하나님이 말씀하셨잖아. "네 자손이라 칭할 자는 이삭으로 말미암으리라" 생각을 해보라고. 하나님의 말씀을 대충 흘려듣지 말고 나 아브라함처럼 되씹고 되씹고 묵상을 해보라고. 다시 한번 강조하지만, 우리 하나님은 한번 하신 말씀은 반드시 지키시는 분이야. 하나님께서는 분명히 나 아브라함에게 "네 자손이라 칭할 자는 이삭으로 말미암으리라"라고 하셨어. 그런데 하나님께서 이삭을 바치라고 하셨을 때, 우리 이삭은 아직 장가를 든 상태가 아니었어. 이삭에게는 자식이 없었다고. 그런데 나 아브라함의 자손이라 칭할 자는 이삭으로 말미암는다고 하나님께서 말씀하셨잖아. 이게 무슨 뜻이겠어? 과정이야 나 아브라함이 알 수 있는 방도는 없지만 "우리 이삭은 절대 죽지 않는다"라는 이야기가 되는 거야.

생각해보면, 인생의 여정에서 내가 항상 가지고 있었던 불만이기는 한데…, 하나님께서 나를 외면하고 나를 버리셨다는 생각을 했던 때가 많았지. 하지만 나이가 들어갈수록 깨닫게 되는 것은… 그 시기, 하나님께서 나를 외면하고 나를 버리셨던 것이 아니라 내가 하나님을 외면하고 내가 하나님을 멀리했던 시간이었던 것 같아… 자주 하는 이야기지만, 하나님은 하루가 천년 같은 분이시기 때문에 그분의 시간이 우리에게는 너무 힘들어. 우리는 절박한데 하나님은 한가하시기만 한 것 같은 때가 많지. 그래서 원망스럽지. 하지만 하나님 그분은 한가하게 계시는 분이 아니시지.

그리고 어쩌면 나는 알고 있었던 것 같아. 하나님과 평생을 동행해 본 경험이 있는 사람이라면 알고 있는 사실(?), 아니 감각이 있지. 이런 감각이 있는 자는 하나님께 복을 받은 자이지. 하나님의 섭리에 대해서 느끼는 자는 여호와 하나님께 복을 받은 자가 분명하지.[114] 하나님께서 이삭을 바치라고

---

[114] 그러므로 섭리에 대한 무지가 모든 것들 가운데 최고의 비참함이고 그것을 아는 것은 최상의 복이다. (Inst.1.17.11: 『기독교 강요』 1권 17장 11절)

하실 즈음, 내게는 그럴 때가 되었다는 느낌이 있었어.

나도 알았어. 이스마엘을 내보낸 뒤 나에게 남은 것은 이삭뿐이었어. 자연스럽게 이삭은 나의 모든 것이 되어갔지. 이삭이 하나님을 향한 나의 감각과 시야를 가려가고 있다는 사실을 알고 있었지. 동시에 내 존재 한 켠에서 '경고 사인(sign)'이 있었어. 이 코스(course)로 가면 위험하다. 내 의식의 한편에서는 이삭을 바치라고 하실 줄 알았지. 왜 모르겠어. 알고 있었어. 그리고 그 결론? 응, 그 결론도 사실은 알고 있었어. 밖으로 공식적으로 확정적으로 말하는 것은 내가 하나님의 자리를 차지하는 참람한 일이 될 터이니 표현하지 못했을 뿐이야. 나 아브라함 정도로 하나님과 동행한 사람이 왜 모르겠어? 당연히 알지.

일이 그렇게 흘러갔지. 이삭을 바친 것? 하나님과 나 아브라함 사이에 있었던 '세리머니'(ceremony)였다고 하면 아직은 이해하지들 못하겠지. 사람들은 이삭을 바친 것을 엄청 크게 말하고 하나님과 나 아브라함 사이에 가장 중요한 일이라고 하는데, 중요한 일이긴 하지만 사실은 가장 중요한 일 정도까지는 아니야. 비유하자면, 뭐랄까? 이미 결혼하기로 예식장까지 잡은 커플(couple)이 하는 '프로포즈 이벤트'(propose event) 정도의 일이라고 하면 이해할 수 있을런지…

무슨 이야기냐 하면 이런 거야. 한 커플이 있다고 해보자고. 한 커플이 있는데 청첩장도 이미 돌렸어. 예식장도 이미 잡았어. 신혼집도 이미 구해서 살림살이도 다 넣어놓은 상태야. 그런데 21세기 대한민국 땅에서 안 할 경우 '대역죄'에 해당하는 '프로포즈'(propose)를 신랑 놈이 아직 안 한 거야.

그런 상황에서 어느 날 갑자기 신랑이 신부가 될 여자친구에게 데이트 (date) 날짜를 잡으면서 예쁘게 하고 나오라는 거야. 그러면 자매 입장에서 모르겠어? 모를 리가 없잖아. 감(感)이 올 것 아니야. 아니, 감이 안 오는 것 이 이상하잖아. 당연히 "아, 오늘 남자친구가 프로포즈를 하려는가 보다." 모르는 게 더 이상하잖아.

그러니까 평소와 다른 복장으로 나오라고 하면서, 평소와는 달리 특별한 장소로 데이트 장소를 잡으면 당연히 감이 오잖아. 물론 여자친구 입장에서 는 남자친구가 할 프로포즈가 어떤 내용일지는 몰라. 하지만 그날 프로포즈 를 할 것이라는 것 정도는 당연히 알잖아.

그러니까 같은 이치야. 나 아브라함이 하나님께서 이삭을 바치라고 하실 때를 왜 몰랐겠어? 하나님께서 나 아브라함에게 이삭을 바치라고 하신 시 기? 몰랐을 것 같아? 정확한 날짜와 정확한 방법은 알 수 없지만, 대충 그 정도 시기 정도 '언저리'는 당연히 알았지. 그러니까 나 아브라함의 감으로 는 대충 우리 이삭의 나이가 이스마엘이 하갈과 같이 쫓겨나던 나이 즈음이 되면 그러실 것 같았어. 나 아브라함이라고! 내가 왜 몰랐겠어. 모르는 게 이상하지.

그러니까 결혼을 앞둔 서로 사랑하는 커플이 어느 날 데이트를 하는데, 남자친구가 여자친구에게 "누구야, 오빠는 이제 우리 누구의 남자친구 더 이상 못할 것 같아. 우리 연애 이 정도에서 그만두자."라고 하면, 남자친구 를 믿는 여자친구가 예상하는 남자친구의 다음 대사는 무엇일 것 같냐고?

당연한 것 아니냐고? "누구야, 오빠는 이제 우리 누구의 남자친구 더 이상 못할 것 같아. 이제 오빠 우리 누구의 남편하자." "우리 연애 이 정도에서 그만두자. 우리 이제 결혼하자"가 예정된 수순이잖아.

남자친구가 앞부분 '멘트'(ment)를 할 때, 서로를 정말 정말 사랑하는 커플의 경우 정상적인 여자친구의 표정은 무엇이어야 할까? 남자친구의 멘트가 끝난 뒤, 2-3초 정도 빙긋이 웃으면서 속으로는 '우리 오빠가 어디서 멘트를 컨닝했구나. 애쓴다. 그런데 표정 연기는 좀 더 연습해야겠다.' 말로는 "오빠 좋으면 좋다고 이야기를 해. 내가 다 받아줄게." 정도가 예비부부의 정상적인 모습이잖아.

'남자친구' 못하겠다고 하면 다음 대사는 뻔한 거잖아. "남편" 하겠다고 하겠지. 그러니 모리아 산까지 가는 길에 나 아브라함의 표정이 어떠했을 것 같니? 하나님께서 우리 이삭을 나 아브라함에게 바치라고 하셔. 내가 못 알아들었을까? 당연히 알아듣지. 그런데 모리아 산까지 가는 길에 고민하면서 갔다고? 왜 고민을 해?

프로포즈 받으러 나가는 새신부가 고뇌하면서 그 장소에 나가는 것 봤어? 그래서 우리 이삭의 "불과 나무는 있거니와 번제할 어린 양은 어디 있나이까"라는 질문에 이렇게 대답한 거야. "내 아들아 번제할 어린 양은 하나님이 자기를 위하여 친히 준비하시리라" 이것도 해석을 해주어야 하니? 그러니까 "야, 네 남자친구가 너한테 오늘 프로포즈 하려나 보다. 남자친구가 뭐 준비했대?" 답은 "몰라, 그것을 내가 어떻게 알아? 알아서 준비하겠지. 어찌 되었든 중요한 것은 오늘 프로포즈를 한다는 사실이지. 그리고 우리는 부부가 될 거야. 내가 아는 것은 거기까지야. 그 외에 더 자세한 것은 잘 몰라."

> ⁷이삭이 그 아버지 아브라함에게 말하여 이르되 내 아버지여 하니 그가 이르되 내 아들아 내가 여기 있노라 이삭이 이르되 **불과 나무는 있거니와 번제할 어린 양은 어디 있나이까** ⁸아브라함이 이르되 **내 아들아 번제할 어린 양은 하나님이 자기를 위하여 친히 준비하시리라** 하고 두 사람이 함께 나아가서(창세기 22:7-8)

그리고 이러한 나 아브라함의 반응에 하나님께서 하신 이 말씀의 뜻이 무엇인지 아니?

> ¹⁵여호와의 사자가 하늘에서부터 두 번째 아브라함을 불러 ¹⁶이르시되 여호와께서 이르시기를 내가 나를 가리켜 맹세하노니 네가 이같이 행하여 네 아들 네 독자도 아끼지 아니하였은즉 ¹⁷내가 네게 큰 복을 주고 네 씨가 크게 번성하여 하늘의 별과 같고 바닷가의 모래와 같게 하리니 네 씨가 그 대적의 성문을 차지하리라 ¹⁸또 네 씨로 말미암아 천하 만민이 복을 받으리니 이는 네가 나의 말을 준행하였음이니라 하셨다 하니라 (창세기 22:15-18)

창세기 22장 15절에서 18절 말씀을 분위기를 느끼면서 여러 번 읽어보라고. 무슨 분위기인 것 같아? 지금 언약을 맺는 분위기이잖아. 내용은 뭐 같아? 간단하게 표현하면, 이런 내용이지. "아브라함 너는 그리고 네 자손은 내 신부 즉 어린 양의 신부가 될 자격이 있구나."

그러니까 이삭을 바친 사건? 하나님과 나 아브라함 사이에 있었던 '세리머니'(ceremony)가 맞아. 그런데, 아브라함 나와 하나님이 맺은 언약은 사실 누구와 맺은 언약이라고? 그래, 맞아. 아브라함 언약은 실질적으로는 우리 '이삭과 맺으신 언약'이었어. 그래서 나중에 알게 되었지.

생각해보면 어쩌면 이삭을 바친 사건은 하나님의 '이삭을 향한 위로'였는지도 몰라. "이삭아, '너의 아빠 아브라함'과 '나 하나님' 사이는 이런 사이란다. 그리고 이삭, 너는 듣고 자랐겠지." 꼭 그런 사람들이 있지. 겉으로는 위해주는 척하면서 꼭 부정적인 이야기를 전해주는 사람들이 있는 것이 세상이지. "야 이삭, 너는 정말 열심히 살아야 해. 너 이삭 때문에 너의 상속권을 보호하기 위해서 하나님께서 너의 아빠에게 명령해서 네 이복형인 이스마엘을 광야로 하갈과 함께 쫓아냈다고. 그렇게 나가면 100% 죽을 수밖에 없는데도 그렇게 너 이삭 때문에 그러니까 바로 너 이삭 때문에! 겨우 열다섯밖에 되지 않았던 네 이복형 이스마엘과 그 어미 하갈을 하나님께서 너의 아비 아브라함에게 명령해서 사지로 몰아냈다고! 그러니 너는 정말 잘 살아야 해. 그 몫까지 잘 살아야 한다고." 이게 얼마나 이삭에게 잔인한 이야기인지 따로 설명하지 않아도 되리라 믿는다.

"하지만, 그 하갈과 이스마엘도 너의 아버지 아브라함의 하나님인 내가 너의 아버지 아브라함에게 약속한 대로 번성하게 해주었단다. 너도 봤지?

그리고 시간이 지나 이제 너 이삭도 이스마엘이 쫓겨나던 때의 나이가 되었구나. 너의 아비 아브라함에게는 비슷한 요구일 수도 있겠구나. 네 아비 아브라함은 이스마엘 생각이 나겠지. 그리고 이삭 너와 이스마엘에게 한 나의 약속도 생각이 날 것이다. 이번 일을 통하여 네가 알게 되었으면 좋겠다. 나 여호와와 네 아비 아브라함이 걸어온 길을 그리고 너를 통하여 이루고자 하는 인류 전체의 구원을 향한 위대한 첫 걸음을…"

'아브라함 언약'의 당사자는 엄밀히 말해 '이삭'이다. 이미 앞부분에서 인용했듯이, 하나님은 아브라함에게 이삭과 언약을 맺겠다고 말씀하셨다. 나는 그동안 하나님과 이삭이 언약을 맺는 장면이 성경에 직접 나오지 않는 것만 같아 이상했다. 그런데 이번 설교 원고를 쓰는 과정에서 깨닫게 되었다. '아브라함이 이삭을 바치는 장면'이 결국 '하나님과 이삭이 언약을 맺는 세리머니'였다는 것을…

동시에 이삭을 바치는 이 세리머니는 이스마엘에게도 커다란 위로로 작용했던 것 같다. 생각해보면 그렇다. 이스마엘에게 있어서 열다섯 살 나이에 광야로 내쫓긴 일은 평생 씻을 수 없는 상처가 되었을 것이다. 이 일은 이스마엘의 나이 서른 즈음까지는 정말 큰 상처이었을 것이다.

당연히 이스마엘도 '이삭을 번제로 바치려 했던 사건'을 듣게 되었을 것이다. 이스마엘 자신은 그래도 장작 위에 묶인 채, 칼에 찔릴 뻔한 꼴은 당하지 않았다. 아브라함이 이삭을 바친 사건은 이스마엘 입장에서는 어떤 면에서인가 '이삭에 대한 동질감'이 느껴진 사건이었을 것이다.

하나님의 일하심은 이렇게 세심한 부분이 많다. 물론 우리의 눈이 어두워서 발견하지 못할 뿐이지, 하나님의 속성과 일하심을 묵상할수록 그 은혜와 긍휼이 한량이 없다. 그 결과, 이삭과 이스마엘은 그들의 아버지의 장례식에 평안히 나란히 설 수 있게 되었다!

> [7]아브라함의 향년이 백칠십오 세라 [8]그의 나이가 높고 늙어서 기운이 다하여 죽어 자기 열조에게로 돌아가매 [9]**그의 아들들인 이삭과 이스마엘이 그를 마므레 앞 헷 족속 소할의 아들 에브론의 밭에 있는 막벨라 굴에 장사하였으니** [10]이것은 아브라함이 헷 족속에게서 산 밭이라 아브라함과 그의 아내 사라가 거기 장사되니라(창세기 25:7-10)

이 단원 초반에서 언급했던 아브라함을 위한 변명 네 가지에 대한 이야기가 마무리되었다. 그렇다면 이후에 아브라함의 삶은 어떻게 되었을까? 이 땅을 떠나기 전, 아브라함의 처지가 궁금할 성도들을 위해 인용한다.

> 아브라함이 나이가 많아 늙었고 여호와께서 그에게 범사에 복을 주셨더라(창세기 24:1)

아브라함이 처음 하나님의 부르심을 받았을 때 나이가 칠십오 세였다. 이스마엘이 태어난 때의 나이가 팔십육 세였다. 이삭이 태어난 때의 나이가 백 세였다. 이삭을 바칠 때의 나이가 이스마엘이 광야로 쫓겨날 때의 나이와 비슷하다고 한다면 이때 아브라함의 나이는 백열다섯이다. 그리고 아브라함은 향년 백칠십오 세에 소천했다고 전해진다.

생각해보면, 하나님과 이 땅에서 백 년간의 동행이었다. '성경인물 설교'를 들은 CMF 지체들이 가장 많이 묻는 질문 중 하나가 이것이다. "간사님, 왜 하나님의 사람들 중에는 평탄한 삶이 없나요?"

이 책에서 여러 번 반복적으로 언급하지만 내 생각은 이러하다. '성경 기자'는 정말 '동화작가' 같은 면이 있는 것 같다. 모든 동화는 이러저러한 모험이 끝난 뒤 "그렇게 왕자님과 공주님은 결혼해서 행복하게 살았답니다"로 끝이 난다. 그런데 "행복하게 살았답니다"에 대한 자세한 기록은 동화책에 나오지 않는다. 성경에 나오는 하나님의 사람들의 인생 또한 비슷한 경우가 많은 것 같다. 성경에 나오는 하나님의 사람들의 인생 가운데 "행복하게 살았답니다"의 기간이 몇 년이었는지를 추적하는 일은 독자들의 몫으로 남긴다.

진실을 이야기하자면, 하나님께서는 하나님의 사람들을 고생하게 하는 것이 본심이 아니시다. 하나님의 목표는 하나님의 사람들을 통해 이루시고자 하시는 '구원역사'와 그 과정을 통해 이루어지는 '하나님 당신의 사람들의 성숙'에 있다. 우리는 그 과정을 '고난과 환란'이라고 한다.[115]

---

[115] 이러한 과정을 성경은 '형통'이라고 한다. 이 부분은 이 책 앞부분에서 언급한 적이 있으므로 성경 말씀만 인용한다. : "¹요셉이 이끌려 애굽에 내려가매 바로의 신하 친위대장 애굽 사람 보디발이 그를 그리로 데려간 이스마엘 사람의 손에서 요셉을 사니라 ²여호와께서 요셉과 함께 하시므로 그가 형통한 자가 되어 그의 주인 애굽 사람의 집에 있으니"(창세기 39:1-2). "¹⁷이 말로 그에게 말하여 이르되 당신이 우리에게 데려온 히브리 종이 나를 희롱하려고 내게로 들어왔으므로 ¹⁸내가 소리 질러 불렀더니 그가 그의 옷을 내게 버려두고 밖으로 도망하여 나갔나이다 ¹⁹그의 주인이 자기 아내가 자기에게 이르기를 당신의 종이 내게 이같이 행하였다 하는

하나님께서는 이러한 과정마저도 하나님의 본심이 아니라고 말씀하신다. 내가 가장 많이 사랑하는 성경 말씀 중 한 구절로 1부를 마치고자 한다.

주께서 인생으로 고생하게 하시며 근심하게 하심은 본심이 아니시로다

(예레미야애가 3:33)

말을 듣고 심히 노한지라 ²⁰이에 요셉의 주인이 그를 잡아 옥에 가두니 그 옥은 왕의 죄수를 가두는 곳이었더라 요셉이 옥에 갇혔으나 ²¹여호와께서 요셉과 함께 하시고 그에게 인자를 더하사 간수장에게 은혜를 받게 하시매 ²²간수장이 옥중 죄수를 다 요셉의 손에 맡기므로 그 제반 사무를 요셉이 처리하고 ²³간수장은 그의 손에 맡긴 것을 무엇이든지 살펴보지 아니하였으니 이는 여호와께서 요셉과 함께 하심이라 **여호와께서 그를 범사에 형통하게 하셨더라**"(창세기 39:17-23).

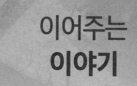

이어주는
이야기

하박국

진노 중에라도 긍휼을 잊지 마옵소서: 응답받은 기도

[1]시기오놋에 맞춘 선지자 하박국의 기도라 [2]여호와여 내가 주께 대한 소문을 듣고 놀랐나이다 **여호와여 주는 주의 일을 이 수년 내에 부흥하게 하옵소서 이 수년 내에 나타내시옵소서** 진노 중에라도 긍휼을 잊지 마옵소서(하박국 3:1-2)

이 책의 1부 '이 또한 지나가리라'와 2부 '당신의 여종을 덮으소서'를 '이어 주는 이야기'는 '하박국−진노 중에라도 긍휼을 잊지 마옵소서: 응답받은 기도'다. 이 책은 CMF 캠퍼스에서 선포된 7명의 '성경인물 설교'를 엮어 구성했다. 이 책을 통하여 나는 2021년 이후 대한민국 땅에서 수고로운 삶을 살아내야 하는 우리네 인생을 성경에 증언된 '하나님의 사람들의 인생을 통하여 조망(眺望)'해보고자 했다.[1]

---

1 내가 설교 뒤에 가장 기쁘게 듣는 피드백(feedback)은 이것이다. "간사님, 설교 가운데 성경 말

나는 '우리가 처한 상황'을 살필 때 '숲 전체를 조망하는 마음'을 가지려 노력했다. 그리고 그러한 시대의 흐름 가운데, 각각의 인생을 살아내야 하는 우리 각자의 '삶에 대한 태도'를 이야기할 때는 '나무 밑의 잔디를 쓰다듬는 마음'을 담고자 했다.

본서를 마지막까지 읽게 되는 독자는 2부 내용을 통해서 현재 대한민국의 '부동산문제'가 성경적으로도 왜 심각한 문제인지 알게 될 것이다. 동시에 이 땅에 있는 우리는 '대한민국의 끝없는 경쟁의 원인'[2]이 되고 있는 부동산문제를 해결할 수준이 되지도 못할뿐더러 그럴 생각조차 없다는 사실에 동의할 것이다.

이대로 갈 경우 우리를 기다리는 것은 공멸뿐인 것 같은데 우리는 이대로 마지막을 기다려야만 할까? 이런 위기의 순간, 그렇다면 교회는 이 땅의 희망이 되고 있는가? 이제는 이런 질문, 이런 말마저도 어색하고 생뚱맞아 보이는 것이 현실이다. 도대체 우리 한국 교회는 어쩌다가 이 지경까지 오게 되었을까? 아니, **우리 한국 교회는 지금 도대체 '어느 지점을 통과'하는 중일까?** 그에 대한 나름의 답을 이 책의 1부와 2부를 이어주는 이야기인 '하박국—진노 중에라도 긍휼을 잊지 마옵소서: 응답받은 기도'에 담았다.

씀과 우리 실제 생활이 이어지는 것이 너무 좋았어요. 제가 어디에 서 있는지 그리고 어느 방향을 봐야 하는지 성경을 좀 더 자세히 읽어봐야겠어요."

2 지금 이 땅의 젊은 세대들의 삶의 질을 가장 떨어뜨리는 요소 한 가지를 짚자면 바로 이것이다. 우리에게는 이 땅에서 자라나는 새로운 세대의 삶의 질을 진지하게 개선시킬 의지도 능력도 없다.

'하박국서'는 선지자 하박국의 인생에 대해 알려주는 내용이 많지 않다. 성경을 통해 우리가 하박국에 대해 알 수 있는 정보는 그가 '선지자'였다는 것과 '하나님께 질문을 잘하는 사람'이었다는 것 그리고 '자신이 살고 있던 시대의 언약 백성의 현실을 통탄해 마지않았던 인물'이었다는 것 정도일 것이다. 물론 하박국서 마지막에 이르러 우리는 '그 통탄해 마지않던 과정'을 거쳐, 처음보다 성장해 있는 하박국을 만나게 된다. 그렇다면 인물에 대한 정보가 많지 않음에도 불구하고 '이어지는 이야기'의 인물설교 대상으로, 왜 '하박국'을 선택했는가? 그것은 '부흥'이라는 단어가 하박국에 나오기 때문이다.[3]

이야기의 시작은 1907년 이 땅에 있었던 '평양 대부흥'과 연관된다. 1907년 '평양 대부흥' 100주년을 맞게 되는 2007년을 기점으로, 2007년이 되기 수년 전부터 "주여 주는 주의 일을 이 수년 내에 부흥하게 하옵소서"라는 찬양이 전국에 울려 퍼진 적이 있다. 내 경우 2005년부터 시작한 CMF 간사

---

3   חָיָה, 부흥: 'piel형'으로서 'to preserve, revive, 살리다, 소생시키다, 생생하게 진행시키다, 죽었던 것을 다시 소성케 하다'는 뜻이다. 선지자의 기도 중 나오는 "이 수년 내에 부흥하게 하옵소서"라는 말의 뜻은, 하나님께 '바벨론'을 심판하심으로서 '유다'를 속히 회복시켜 달라는 말인 동시에, 그 일이 속히 일어나기 위해서 반드시 거쳐야 하는 과정 즉 하나님께서 '바벨론'을 심판하시기 전에 반드시 거쳐야 하는, '바벨론'을 통한 '유다'에 대한 심판을 속히 시행해 달라는 이야기이기도 하다. 이 단어는 구약 전체에서 단 한 번 사용되었다.: 참고로 나도 익숙하지 않은 히브리어 원어를 굳이 찾아 부흥에 대해 이러한 방식으로 설명하는 이유는, 우리가 정말 많이 그리고 흔히 사용하는 부흥이라는 단어에 대한 독자들의 관점을 '성경적으로 교정하기 위함'이다. '아, 구약성경 전체에 부흥이라는 단어가 하박국에만 딱 한 번 나왔구나. 그러니까 우리가 교회에서 흔히 사용하는 부흥이라는 단어의 성경적인 뜻은 당연히 하박국에 나오는 단어가 기준이 되겠구나.' 독자들의 마음에 이러한 생각이 떠오른다면 내 의도는 성공한 것이다.

사역 초반, 운전 중에 정말 많이 들었던 찬양이다. 특별히 사역 중에 어려운 일이 생기거나 마음이 어려울 때 캠퍼스를 오가는 길에 차 창문을 닫고서 볼륨을 높였던 기억이 생생하다.

　나쁜이 아니었다. 기억을 더듬어보면 알겠지만 2007년이 되기 수년 전부터 교계의 원로 혹은 어른이라고 불리는 소위 '대형교회 목사님들'의 '다수의 청중을 동원한 회개 기도회'가 있었다. 이때의 회개 기도를 보면 진정한 회개라기보다는 '부흥' 그것도 '한국 교회의 숫자적 부흥'을 불러오기 위한 '수단으로서의 회개'라는 인상에 못내 씁쓸했던 기억이 선명하다. 어찌 되었든 그러한 부흥 집회에서 빠지지 않고 집회의 클라이맥스(climax)에 울려 퍼지던 찬양이 내가 마음이 어려울 때 차 창문을 닫고 볼륨을 높였던 바로 그 찬양이었다. 나도 그러했지만, 우리 모두는 그 당시 우리가 도대체 무슨 기도를 하나님께 올려 드리고 있었는지 상상도 못했다.

　내가 보기에 그 시절을 돌이켜 생각해보면 전부는 아닐지 몰라도 우리 한국 교회에 부흥을 달라고 기도했던 적지 않은 집회의 경우, 이러한 특징을 가지고 있었다. 첫째 '하나님의 때'와는 상관없이 우리들이 2007년이라는 시간을 정해놓고, 둘째 '하나님의 방식'과 상관없이 우리의 열정적인 기도와 찬양의 결과로 '숫자적 부흥'을 달라는 내용이었다. 물론, 셋째 '하나님의 뜻'과도 상관없이 '부흥'이라는 단어의 뜻조차 우리가 이미 마음속으로 규정해 놓은 상태였다.

　이와 같이 하나님을 '자신의 뜻'에 따라 조종(?)하기 위한 기도를 우리의

'믿음의 선배들'은 교리를 통하여 '우상숭배'라고 고백했다.[4] 오해하지 않았으면 한다. 나는 그 당시 우리의 기도 '모두'가 그러한 '요소'를 가지고 있었다는 이야기가 아니다. 그 당시 누구의 기도가 '우상숭배'이었는지는 하나님만이 아신다.

인류 역사에서 가장 오래된 것 중 하나가 '주문'과 '부적'이라고 한다. 선악과 사건 이후 하나님을 떠난 인류는 자신에게 '이래라 저래라' 간섭하시는 하나님이 싫었다. 그러한 하나님을 자신들의 마음에 두기를 싫어했다.[5]

타락한 인류는 '자신들이 욕망하는 바'를 '자신들이 원하는 때'에 들어줄 '자신보다 능력이 큰 존재'가 필요했을 뿐이다. 그 결과 '타락한 인류'는 자신들의 욕망을 자신들이 원하는 때에 들어줄 자신보다 능력이 크다고 상상되는 '신이라는 존재'를 만들어냈다. 그리고는 그 신(神)을 '자신의 욕망'을 위해 '자신이 원하는 때'에 사용할 수 있는 패스워드(password)로 '주문'과 '부적'이라는 '요소'를 만들어 내었다. 즉 2007년 당시 '주문'과 '부적'을 사용하는 '타락한 인류의 마음'으로 기도한 사람들이 있다면, 그 사람들의 기도는 '우상숭배'가 맞다.

---

4 '단순히 우상만을 예배하든지, 하나님을 우상으로 예배하든지 그곳에는 조금도 차이가 없다' (1.11.9).: (1.11.9). 이 표시는 세계 공용으로 쓰이는 표기로서 『기독교 강요』 1권 11장 9절에서 인용했다는 표시다.

5 "또한 그들이 마음에 하나님 두기를 **싫어하매** 하나님께서 그들을 그 상실한 마음대로 내버려두사 합당하지 못한 일을 하게 하셨으니"(로마서 1:28).

사람이 귀를 돌려 율법을 듣지 아니하면 그의 기도도 가증[6]하니라(잠언
28:9)

그때로부터 20년 가까운 세월이 지났다. 그리고 우리 모두는 '한국 교회
의 숫자적 부흥'을 위한 '회개 기도회의 결과'를 잘 알고 있다. 이 땅의 모든
'대학생 선교단체'는 그 '기도회를 기점'으로 '숫자가 격감'하기 시작했다. 최
근 일부 발표에 의하면 대학교에 입학하는 이 땅의 청년들의 복음화율은
3%[7]라고 한다. 이미 우리가 발을 디디고 살고 있는 대한민국은 20대 이하
만을 놓고 볼 때 '미전도종족'이 되었다.

게다가 2020년 초 '신천지에 의한 코로나 사태'를 접하면서, 대한민국 전
국민은 신천지의 규모를 알게 되었다. 인터넷을 검색해보기만 해도 쉽게 알
수 있지만 20만 명을 웃도는 신천지 신도 중 60%가 20대 청년이라고 알려
졌다. 숫자를 단순 계산해볼 때 신천지에 빠진 20대의 숫자는 2007년 이후
'학원복음화협의회'에 소속된 건전한 대학생 선교단체에서 감소한 대학생들
의 숫자와 비슷해 보인다.

---

6 성경에서 '가증한 것'이라고 할 경우, '우상'을 의미한다.

7 물론, 다른 통계 또한 많이 존재한다. 그러나 한국갤럽이 조사해서 2021년 발표한 '한국인의
종교' 통계를 볼 경우, 대한민국의 19-29세 사이 연령 중 종교를 가지고 있다고 응답한 비율이
22%인 것으로 보아(60대 이상은 59%), 최근 대학교에 입학하는 이 땅의 청년들의 복음화율이
3%라는 일부 발표를 터무니없는 발표로만 치부하기에 무리가 있어 보인다. 내 생각에도 3%보
다는 좀 많기는 할 것 같지만, 공개적으로 "나는 예수 믿는 사람이다"라고 밝히는 신입생의 비
율은 현장에서 볼 때 3% 정도임에 틀림없다.

그렇다면 정말 하나님은 이 땅에 부흥을 달라던 그 시절 '젊은 영혼들의 기도'에도, 응답하지 않으신 것일까? 자신들이 기도하는 내용이 무엇을 의미하는지 충분한 지식은 당연히 없었겠지만, 이 땅의 '젊은 청년들'의 '순수한 기도'마저도 하나님은 외면하셨던 것일까?

아니다. 하나님은 절대 그런 분이 아니시다. '사랑과 은혜가 풍성하신 하나님'께서는 결코 그 시절 '젊은 청년들의 순수하고도 간절한 기도'를 외면하지 않으셨다. 하나님은 분명히 그 시절 우리의 기도에 응답하셨다!

구체적인 사건들을 이 책에서 언급하지는 않겠다. 하지만 우리 모두는 2007년 이후 일어난 우리 한국 교회와 관련된 여러 일들을 잘 알고 있다. 이때부터 '소수에 의해 회자'되던 '개독교'라는 명칭이 인터넷상에서 기독교에 대한 '적대감과 폄하'를 담은 '고유명사'가 되어 일상적으로 쓰이게 되었다. 더 슬픈 현상은 처음에는 '적대감과 폄하'를 담았던 이 단어의 의미가 이제는 '조롱과 폄하'를 담게 되었다는 점이다.

사실 적대감은 자신과 입장은 다르지만 그래도 인정할 만한 상대에게 가지게 되는 감정이다. 이제 대한민국에서 우리 한국 교회는 그 정도의 위치도 못 되는 것 같다. 이제는 교회에 기가막힌 일이 일어나도 사람들은 이전만큼 화를 내지 않는다. 2007년 이후 이러한 류(類)의 기사들을 인터넷에서 관련 검색어를 잘 선정해서 검색해보면 전국적인 규모의 언론들을 도배했던 '한국 교회'와 연관된 '추한 소문'들은 헤아리기조차 힘이 들 정도이다.

여기까지 2007년 부흥과 연관된 이와 같은 설명을 처음 접하는 지체라면 '저게 무슨 말이야?'라는 의문이 드는 것이 정상이다. 1907년 평양 대부흥

100주년을 기념해서 2007년부터 이 땅에 부흥을 달라는 우리의 기도에 하나님께서는 분명히 응답하셨다. 이 단원의 제목이 '하박국, 진노 중에라도 긍휼을 잊지 마옵소서: 응답받은 기도'였음을 기억하기 바란다. 우리 모두는 2007년 이후 우리 한국 교회에 일어난 일을 잘 알고 있다. 모든 교회와 선교단체는 분명히 '외형적'으로 2007년부터 쇠퇴의 길을 걷고 있다. 2007년을 기점으로 교회가 한국 사회를 걱정하는 것이 아니라 한국 사회가 교회를 '진심으로' 걱정해주고 있다. 그런데 이러한 현상이 '부흥'을 달라는 우리들의 기도에 대한 '하나님의 응답하심'이라니, '무슨 말인가?' 싶을 것이다.

하나님께서는 2007년부터 분명히 '부흥'을 달라는 '우리의 기도'에 응답하셨다. 여기까지 이야기를 듣고 나면, 머리가 명석한 독자라면 '혹시 하박국에 언급된 부흥이라는 단어가 성경에서 쓰일 때는 우리가 일상적으로 알고 있는 그 뜻과 뭔가 차이가 있는 것은 아닐까? 게다가 분명히 이번 단원 초두(初頭)에서 저자는 하박국에 쓰인 부흥이라는 단어가 구약 전체를 통틀어 단 한 번밖에 쓰이지 않았다는 사실을 강조했지 않은가?'라는 생각을 가지게 될 것이다.

그리고 보니 선지자 하박국은 '부흥'을 이야기하면서 하나님의 '진노'와 '긍휼'을 이야기하고 있다. 사람은 항상 보고 싶은 것만 보고 듣고 싶은 것만 듣는 특성이 있다. 성경의 그 증언, 그 문장 중에서 우리들의 눈에는 '부흥'이라는 단어만 눈에 들어왔을 것이다. 우리가 무슨 뜻인지 모르고 은혜롭게 불렀던 찬양의 가사 "여호와여 주는 주의 일을 이 수년 내에 부흥하게 하옵소서 이 수년 내에 나타내시옵소서 진노 중에라도 긍휼을 잊지 마옵소서"라는 하박국 선지자의 기도는 알면 알수록 무서운 기도이다. 이제는 이상한(?) 문장이 하나 덧붙여져 있다는 것이 보이는가? "진노 중에라도 긍휼을 잊지 마옵소서" 아니 왜? 부흥을 이야기하면서 '진노'와 '긍휼'을 이야기하지?

하박국 선지자의 이 기도는 결국 '바벨론을 심판하심으로서 하나님의 백성인 유다를 회복시키실 하나님의 구원의 날이 속히 임하기 위해' 하나님의 주권 가운데 반드시 거쳐야 하는 일이라면, 갈대아 사람 즉 바벨론을 일으켜 이스라엘을 정결케 하시겠다는 '하나님의 심판'을 속히 시행하시라는 간구이다. 그리고 이러한 일련의 과정을, 성경은 '부흥'이라고 표현한다.

그러기에 선지자는 바로 이어서 "진노 중에라도 긍휼을 잊지 마옵소서"라고 하나님 아빠 아버지에게 간청한다. 하나님은 무엇을 세우시기 전에 기존의 비뚤어진 것을 무너뜨리시는 분이시다. 물론 그 상대가 이방인일 경우 하나님께서는 철저히 모든 것을 하나도 남기지 않고 진멸하신다. 언약 백성인 이스라엘을 통하여 약속의 땅인 가나안을 정복하실 때, 하나님께서 언약 백성에게 호흡이 있는 것은 그것이 갓난아이라 할지라도 하나도 남기지 말고 진멸하라고 하신 명령을 기억한다면 쉽게 이해가 될 것이다.

그러나, 언약 백성을 향한 하나님의 방법은 이와는 다르다. 언약 백성의 경우 하나님께서는 모든 것이 파괴된 것만 같을 때 다음 시대를 열어갈 '남은 자'를 당신의 긍휼과 은혜로 남기신다. 성경에서는 이를 '그루터기' 혹은 '모퉁이 돌'이라고 표현한다.

그런 의미에서, 이 땅의 부흥은 분명히 2007년부터 이미 시작되었다. 하나님께서는 기도할 당시 비록 자신이 무슨 기도를 하고 어떤 내용의 찬양을 올려드리고 있는지조차 몰랐을지라도, 우리의 간절한 기도에 응답하셨다. 2021년 우리는 우리가 십수 년에서 거의 이십 년 전에 했던 기도의 '응답의 시대'를 지나는 중이다.

사람들은 기적이 바로 눈앞이나 주변에서 일어나면 기적으로 보지 않으려는 경향이 있다. 독자들 중 상당수는 기적에 대한 내 말에 쉽게 동의가 되지 않을 것이다. "하나님, 제 눈앞에 기적을 한번 보여주시기라도 하세요." 라는 심정일 것이다. 하지만, 2021년 우리는 분명히 '하나님의 기적의 시대'를 통과하는 중이다.[8]

"하나님께서는 부흥을 달라는 우리의 기도에 분명히 응답하셨고, 우리는 그 시기를 통과하는 중이다"라는 나의 이 말을 기억하는 것은 매우 중요하다. 2021년 대한민국에서 우리 한국 교회가 처한 처지가 처참할수록 그 처참함이 우리의 '절망의 근거'가 될 수 없다. 오히려 기가 막힌 이 상황은 '하나님께서 우리와 함께 하신다'라는 증거가 된다. 이러한 시대적 흐름은 하나님의 은혜의 시대가 언제일지는 모르나, 그날이 어제보다는 오늘 더 가까웠다는 증거다. 도대체 무슨 말을 하느냐고? 2021년 대한민국에서 우리 한

---

8 "[53]예수께서 이 모든 비유를 마치신 후에 그곳을 떠나서 [54]고향으로 돌아가사 그들의 회당에서 가르치시니 그들이 놀라 이르되 이 사람의 이 지혜와 이런 능력이 어디서 났느냐 [55]이는 그 목수의 아들이 아니냐 그 어머니는 마리아, 그 형제들은 야고보, 요셉, 시몬, 유다라 하지 않느냐 [56]그 누이들은 다 우리와 함께 있지 아니하냐 그런즉 이 사람의 이 모든 것이 어디서 났느냐 하고 [57]예수를 배척한지라 예수께서 그들에게 말씀하시되 선지자가 자기 고향과 자기 집 외에서는 존경을 받지 않음이 없느니라 하시고"(마태복음 13:53-57).

국 교회가 처한 처지가 처참할수록 하나님의 은혜의 시대가 가까웠다는 증거라니 도대체 이게 논리적으로 맞기나 한 이야기냐고? 이 부분은 이미 아브라함에 대한 인물설교 중에 "복음이란 무엇인가?"라는 주제로 자세히 설명했다.

CMF 캠퍼스에서 했던 설교 중에 나는 '이사야서'와 '예레미야서'의 차이를 언급한 적이 있다. 당시 했던 설명을 옮기자면 이러하다. '예레미야의 메시지(message)'는 성전을 버리고 바벨론에 항복한 뒤 포로로 온전히 잡혀가라는 이야기다. 하나님의 뜻을 돌이키기에 언약 백성인 유다의 상황이 이미늦었기 때문이다. 반면, 예레미야에 비해 시대가 앞선 '이사야의 메시지'는'성전을 성전답게 지키라'이다. 이사야 시대에는 아직 늦지 않았다는 이야기다. 아직 기회가 있다는 이야기다.

예레미야는 자신을 선지자로 부르시는 하나님의 부르심에 못 가겠다고하지만, 이사야 선지자는 "내가 누구를 보내며 누가 우리를 위하여 갈꼬"라는 하나님의 탄식에 "내가 여기 있나이다 나를 보내소서"라고 나선다. 예레미야와 이사야의 이러한 차이는 바로 앞에서 설명했다. 나는 CMF 캠퍼스에서 예레미야를 설교해달라는 아이들의 요청을 거절하고 이사야를 설교했었다. 이유는 간단했다. 내가 보기에 우리 한국 교회는 아직 예레미야까지는 가지 않았기 때문이다. 우리에게는 이사야 때와 같이 아직 희망이 있다.아직 기회가 있다.[9]

---

9   물론, 하박국은 예레미야와 저작 시기가 겹치는 것으로 알려져 있다. 그러나 나는 하박국의 저

이미 2007년부터 우리 한국 교회에는 1907년 '평양 대부흥'의 100주년을 기점으로 하나님께서 주신 '부흥'이 시작되었다. 이제 우리 한국 교회는 '그루터기'가 남기까지 줄기가 하나하나 잘려져 나갈 것이다. 물론, 기가 막히고 고통스러운 일들의 연속일 것이다. 그러나 그 과정이 다 지난 뒤에 하나님의 은혜로 남게 될 그루터기에 새싹이 돋아날 것이다. 새순이 뚫고 나올 것이다.

이사야의 주제가 '성전을 성전답게' 이듯이, 우리 또한 너무 당연한 이야기인 까닭에 약간은 어색하고 약간은 뜬금없어 보이고 솔직히 말하면 슬프고 처참한 심정이지만 '교회를 교회답게, 신자를 신자답게' 해야 하는 시기로 들어가고 있다.

여기서 주저앉을 수는 없다. 우리는 '하나님의 은혜'로 다시 살아나야 한다. 여기서 우리 '한국 교회'를, 우리네 '신앙의 여정'을 끝낼 수는 없다. 우리는 반드시 하나님의 은혜로 '남은 자'가 되어야 한다. 그리하여 '심판의 부흥기'를 마치고, '회복의 부흥기'를 맞아 반드시 '새싹'을 '새순'을 틔울 준비를 해야 한다.

1907년 평양 대부흥을 추억하자면, 우리 민족처럼 외국인 선교사가 들어오기 전 '우리네 힘'으로 성경을 '우리말'로 번역해서 읽고 가르쳤던 민족이 없다. 우리 민족처럼 '구한말'과 '일제강점기' 그리고 '6·25'와 '군사 독재 시절'을 거쳐 '산업화와 민주화 시기' 내내 교회가 전부는 아닐지라도 '민족의 아픔'을 같이했던 교회 또한 전 세계를 통틀어 희귀하다. 여기서 '믿음의

작 시기보다는 하박국의 '그루터기'와 '남은 자 사상'에 주목했다.

세대'를 멈출 수는 없다. 우리는 반드시 이 시기를 '하나님의 은혜'로 견디어 내고 '다른 세대'가 아닌 '믿음의 다음 세대'를 잉태해야 한다.[10]

> 그러나 내가 가는 길을 그가 아시나니 **그가 나를 단련하신 후에는** 내가 순금 같이 되어 나오리라(욥기 23:10)

그리고, 그 과정이야 민망하고 처참할지라도 우리는 비교적 쉽게 이 일의 결론을 예측할 수 있다. 스스로 믿는 자라고 자부하는 사람 중에 얼마가 될지는 모르나, 우리 한국 교회에는 그루터기로 남을 하나님께서 선택하신 하나님의 사람들이 충분히 있음에 틀림이 없다.[11] 그러지 않고서야, 하나님께서 2007년부터 부흥을 달라고 했던 우리의 기도에 응답하실 이유가 없다. 우리는 우리 하나님의 별명을 다시 한번 기억할 필요가 있다. 하나님 그분이 시작하셨다면 반드시 하나님께서는 마침이 되어 주실 것이다.

> 나는 알파와 오메가요 처음과 마지막이요 시작과 마침이라(요한계시록

---

10 "⁸여호와의 종 눈의 아들 여호수아가 백십 세에 죽으매 ⁹무리가 그의 기업의 경내 에브라임 산지 가아스 산 북쪽 딤낫 헤레스에 장사하였고 ¹⁰그 세대의 사람도 다 그 조상들에게로 돌아갔고 그 후에 일어난 **다른 세대**는 여호와를 알지 못하며 여호와께서 이스라엘을 위하여 행하신 일도 알지 못하였더라 ¹¹이스라엘 자손이 여호와의 목전에 악을 행하여 바알들을 섬기며"(사사기 2:8-11).: 신앙의 대물림이 성공한 경우 성경은 '다음 세대'라는 말을 쓴다. 반면 신앙의 대물림이 실패한 경우 '다른 세대'라고 한다.
11 "그러나 내가 이스라엘 가운데에 **칠천 명을 남기리니** 다 바알에게 무릎을 꿇지 아니하고 다 바알에게 입맞추지 아니한 자니라"(열왕기상 19:18).: 성경에서 삼과 칠과 십이 '완전수'라는 이야기를 설교 중에 들은 기억이 있을 것이다. 칠천은 칠에 십을 세 번 곱한 '완전수'이다.

22:13)

2007년부터 하나님께서 이 일을 시작하셨다. 그러니 결국 이 일을 시작하신 하나님께서는 나오미의 말처럼[12], 이 일을 성취하시기 전에는 쉬지 아니하실 것이다.

> 이에 시어머니가 이르되 내 딸아 이 사건이 어떻게 될지 알기까지 앉아있으라 그 사람이 오늘 이 일을 성취하기 전에는 쉬지 아니하리라 하니라(룻기 3:18)

하박국서는 선지자의 하나님을 향한 '두 번의 질문'과 하나님의 '두 번의 응답' 그리고 선지자 하박국의 '반응'으로 구성된다. 그 첫 번째 질문이다. 그런데 가만히 살펴보면 선지자의 첫 번째 질문은 말이 질문이지, 질문이라기보다는 하나님을 향한 선지자의 '항의'로 보인다.

> [1]선지자 하박국이 묵시로 받은 경고라 [2]여호와여 내가 부르짖어도 주께서 듣지 아니하시니 어느 때까지리이까 내가 강포로 말미암아 외쳐도 주께서 구원하지 아니하시나이다 [3]**어찌하여 내게 죄악을 보게 하시며 패역을 눈으로 보게 하시나이까 겁탈과 강포가 내 앞에 있고 변론과 분쟁이 일어났나이다** [4]이러므로 율법이 해이하고 정의가 전혀 시행되지

---

12 이 책 2부 '룻과 보아스' 이야기에 나오는 핵심 성경 구절 중 하나다.

못하오니 이는 악인이 의인을 에워쌌으므로 정의가 굽게 행하여짐이니
이다(하박국 1:1-4)

하박국 초반부에 나오는 선지자 하박국의 '하나님을 향한 항의'는 묘하게
우리를 닮았다. 생각해보면 잘못을 하고 사고를 친 것은 하나님이 아니라
이스라엘 백성이다. 게다가 지금 하나님께 항의를 하고 있는 선지자 하박국
은 이스라엘 백성 중 한 명이다. 즉 하박국은 사고를 친 언약 백성의 일원(一
員)이지만, 하나님은 이스라엘 백성이 아니시다.

그런데도 선지자는 자신이 포함된 이스라엘 백성(비록 자신이 이스라엘 백성
의 패역에 직접적으로 가담하지 않았다고는 해도…)의 죄악으로 인해 망가진 현실
앞에서, 하나님에게 항의를 하고 짜증을 낸다. 그것도 분위기로 봐서는, 거
의 경계 없이 막 나가는 모양새다.

마치 언약 백성인 이스라엘의 망가진 이 모든 상황이 하나님의 탓 인양
선지자는 하나님께 온갖 짜증을 쏟아낸 뒤, 하나님의 대답을 기다린다. 가
만히 선후 관계를 생각해보면, 말이 안 되는 상황이다. 그런데 선지자에게
응답하시는 하나님의 표현방식으로 볼 때, 이러한 상황이 하나님께는 별로
문제가 되지 않는 것 같다. 인생을 살아가며 다양한 인간관계를 맺어보면
알게 되는 일이지만, 제삼자가 볼 때는 이상해 보이는 '대화의 패턴(pattern)'
도 두 사람의 관계를 알고 나면 충분히 그럴 수 있는 일이라고 고개가 끄덕
여지는 경우가 많다. 또한, 두 사람의 역사를 알고 나면 같은 문장의 대화가
'전혀 다른 의미'로 이해되는 경우가 다반사(茶飯事)다.

표현방식은 부드러우셨다. 하지만 선지자를 향한 하나님의 응답을 가만히 머릿속으로 상상해보면 내용에 있어서는 '아주 무서운 이야기'이다. 표면적으로 볼 때, 하나님은 하나님께 직접 불평을 늘어놓으며 짜증을 내고 있는 선지자에게 화를 내시거나 "하박국, 너 나한테 혼난다"라는 등의 반응을 보이시지 않는다. 오히려 분위기로 봐서는 초보를 놀리는 고수(?)의 여유와 초보를 엄청 아끼는 분위기가 느껴진다.

내용에 너무 놀라지 말고, 내 설명을 염두에 두면서 다시 하박국 1장을 읽어볼 것을 권한다. 아이를 여럿 키우고 난 뒤 늦게 생긴 늦둥이를 키우는 부모처럼 하나님은 우리를 대하실 때 여유가 있으시다. 생각해보면, 하나님께서 키워내신 하나님의 자녀의 수가? 아, 엄청 많구나… 패역한 언약 백성을 향한 '심판의 내용'이야 어쩔 수 없지만, 선지자를 향한 '하나님의 반응'이 갑자기 확 이해가 된다.

'하박국의 첫 번째 질문'과 이에 대한 '하나님의 첫 번째 응답'을, 양쪽 모두에 나오는 단어인 '강포'를 바탕으로 쉽게 바꾸어 말하면 이와 같다. "하나님, 언약 백성 내에 만연한 강포를 왜 그냥 놔두셔서 제가 이 꼴을 보게 하시나요?", "하박국아, 내가 그냥 손 놓고 있다고 생각하지 마라. 내가 그렇지 않아도 언약 백성 너희들과는 비교도 안 될 정도로 강포한 민족을 통해서, 네 눈앞에서 강포를 행하는 애들뿐 아니라 언약 백성 자체를 전부 싹쓸이하려고 한다. 그러니 하박국아, 너무 걱정하지 마라. 네 눈앞에서 강포를 행하는 언약 백성들은 다시는 그 짓을 못 할 거란다. 왜냐하면 그 인간들이 다른 민족에게 강포를 당하느라고, 강포? 그런 일은 하려고 꿈도 꾸지 못하게 될 거란다."

> ⁵여호와께서 이르시되 너희는 여러 나라를 보고 또 보고 놀라고 또 놀랄지어다 너희의 생전에 내가 한 가지 일을 행할 것이라 누가 너희에게 말할지라도 너희가 믿지 아니하리라 ⁶**보라 내가 사납고 성급한 백성 곧 땅이 넓은 곳으로 다니며 자기의 소유가 아닌 거처들을 점령하는 갈대아 사람을 일으켰나니** ⁷그들은 두렵고 무서우며 당당함과 위엄이 자기들에게서 나오며 ⁸그들의 군마는 표범보다 빠르고 저녁 이리보다 사나우며 그들의 마병은 먼 곳에서부터 빨리 달려오는 마병이라 마치 먹이를 움키려 하는 독수리의 날음과 같으니라 ⁹**그들은 다 강포를 행하러 오는데 앞을 향하여 나아가며 사람을 사로잡아 모으기를 모래 같이 많이 할 것이요** ¹⁰왕들을 멸시하며 방백을 조소하며 모든 견고한 성들을 비웃고 흉벽을 쌓아 그것을 점령할 것이라 ¹¹그들은 자기들의 힘을 자기들의 신으로 삼는 자들이라 이에 바람 같이 급히 몰아 지나치게 행하여 범죄하리라(하박국 1:5-11)

하나님의 첫 번째 응답을 접한 하박국은 속된 말로 식겁했던 것 같다. '내가 하나님께 너무 나갔나?' 선지자의 말이 전문용어(?)로 '급(急) 공손'해진다. 물론 형식상으로는 그렇지만 '내용'은 여전히 하나님을 향한 '항의'다. 일단 하박국은 하나님 앞에서 '하나님의 속성'을 언급한다. 쉬운 표현으로 하자면 "하나님, 하나님은 그런 분이 아니시잖아요. 원래 우리 사이가 그런 사이가 아니잖아요. 그런데 왜 이렇게 말씀하세요?"라고 분위기 전환을 모색

하면서, 하나님께 질문을 던진다. 하박국의 두 번째 질문이다.

> [12]선지자가 이르되 **여호와 나의 하나님, 나의 거룩한 이시여 주께서는 만세 전부터 계시지 아니하시니이까 우리가 사망에 이르지 아니하리이다** 여호와여 주께서 심판하기 위하여 그들을 두셨나이다 반석이시여 주께서 경계하기 위하여 그들을 세우셨나이다 [13]**주께서는 눈이 정결하시므로 악을 차마 보지 못하시며 패역을 차마 보지 못하시거늘** 어찌하여 거짓된 자들을 방관하시며 악인이 자기보다 의로운 사람을 삼키는데도 잠잠하시나이까 [14]주께서 어찌하여 사람을 바다의 고기 같게 하시며 다스리는 자 없는 벌레 같게 하시나이까 [15]그가 낚시로 모두 낚으며 그물로 잡으며 투망으로 모으고 그리고는 기뻐하고 즐거워하여 [16]그물에 제사하며 투망 앞에 분향하오니 이는 그것을 힘입어 소득이 풍부하고 먹을 것이 풍성하게 됨이니이다 [17]**그가 그물을 떨고는 계속하여 여러 나라를 무자비하게 멸망시키는 것이 옳으니이까**(하박국 1:12-17)

하나님께서 얼굴을 돌리신 것만 같은 시대, 하나님께서 불의한 세상을 그대로 방임하시고 손을 놓고 계시는 것만 같은 시대, 하나님 앞에서 신실한 자의 뼈는 녹는 것만 같다. "하나님, 하나님이 살아 계신다면 세상이 도대체 왜 이 모양입니까? 이게 하나님 당신이 말씀하시는 정의란 말입니까?" 생각해보면, 하박국이 못할 소리를 한 것도 아니다.

그런데 하나님의 첫 번째 응답이 기가 막히다. "응, 그렇지 않아도 하박국 네가 말한 대로 언약 백성인 이스라엘이 그 모양 그 꼴이어서 내가 전쟁에 아주 능한 갈대아 쪽 바벨론의 군대를 일으켜서 유다 백성을 싹쓸이할 생각이란다. 그런데, 걔네들 엄청 사납고 잔인하단다. 하박국아, 걱정하지 마라. 내가 언약 백성인 이스라엘의 버르장머리를 이번에 제대로 확실히 고쳐주마."

허걱…, 정말 21세기 대한민국 20대의 용어로 '허걱'이다. 내가 보기에 선지자의 심리는 하나님의 이 말씀을 처음 접했을 때 겁이 나기보다는 화가 나기도 하고 기가 막히기도 하고 '이해할 수가 없었다'보다는 '이해하기 싫었다'라는 표현이 맞을 것이다. '이게 말이 돼? 이게 어떻게 정의야? 아무리 언약 백성인 유대인들이 하나님께 불순종하고 죄를 지었다고 해도, 이방 신들을 섬기는 바벨론의 갈대아 사람들보다는 의로울 것 아닌가?' 말이야 얌전히 기록되었지만 성경에 증언된 하나님을 향한 선지자의 두 번째 질문 가운데 선지자의 이러한 마음이 고스란히 담겨져 있다. "하나님, 어찌하여 거짓된 자들을 방관하시며 악인이 자기보다 의로운 사람을 삼키는데도 잠잠하시나이까?"[13] "하나님, 그가 그물을 떨고는 계속하여 여러 나라를 무자비하게 멸망시키는 것이 옳으니이까?"

겉으로는 약간 공손을 떨었지만(?), 하나님께 두 번째 질문을 한 뒤 선지자 입장에서는 자신이 한 말이기는 하지만 자신의 말이 너무 기특하고 마음에 들었던 것 같다. 아무리 생각해봐도 논리적으로 하나님을 외통수(?)에 몰

---

13 당연히 하박국의 말 중 '악인'은 '바벨론의 갈대아 사람들'을 의미하고 '의로운 사람'은 '언약 백성'을 뜻한다.

아닣은 것 같은 기분이었던 것 같다. 그리고 하나님께 한껏 쏟아내고 보니 기분도 좀 나아졌던 것 같다. 의기양양해진 선지자가 하나님의 응답을 기다린다.

"하나님, 이것이 옳으니이까?" 인생을 잘살아 보겠다고 자신을 수없이 뒤돌아보며 살아온 신앙인들이 흔히 빠지는 오류가 이 부분인 것 같다.[14] 첫 번째 질문과 두 번째 질문에서 선지자는 '도덕적 관점'으로만 하나님을 보는 시각에서 크게 벗어나지 못한다. 그것도 피조물의 '제한된 관점'에서의 도덕적 관점을 벗어나지 못하고 있다. 우리는 하박국 3장에 이르러서야 비로소 '성장한 선지자'를 만나게 된다. 하박국 3장에 이르러 선지자 하박국은 비로소 '주권자 하나님'을 찬양한다. 선지자의 이러한 모습을 통해, 우리는 하박국의 중요한 주제가 '하나님의 주권'임을 알 수 있다.

내가 사역하는 CMF 지체들은 대한민국의 대표 모범생들이다. 자신을 둘러싼 사회에 순응적이지 않은 경우, 오기 힘든 곳이 의대 치대 한의대 간호대라는 사실을 생각해볼 때 이해가 되는 부분이다. 이런 모범생들이 흔히 빠지는 실수 중 하나는 항상 완벽하려고 한다는 점이다. 물론 칭찬할 만한 태도이기는 하지만 그 완벽을 자신을 넘어 주변에도 요구하는 경우 문제가 심

---

14 항상 그렇지만, 내가 하는 이야기는 남 이야기가 아니다. 나는 피조물이다. 피조물은 직접적이든 간접적이든 '시공간을 통한 자신의 경험'을 넘어서지 못하는 존재다. 그러니 이 책에서 누군가를 비난하는 것처럼 들리는 부분이 있다면, 내 인생에도 정도의 차이는 있을지언정 '동일한 요소'가 있었다는 이야기다. 다시 한번 강조하지만, 우리는 우리 스스로 우리의 미래를 열어갈 능력이 없는 존재다. 우리 모두는 '예수님이 필요한 존재'다.

각해진다. 더군다나 그 완벽함이라는 것의 기준은, 항상 자신이기 마련이다. 이럴 경우, 그의 인생에 하나님의 자리는 점점 사라지게 된다.

우리는 성경을 통하여 당신의 사람들을 대하실 때 기다려주시는 하나님을 배워야 한다. 내가 3년간 성경인물 설교를 하면서 알게 된 점은, 모든 하나님의 사람은 성경에 기록된 기사에서조차 성장하고 있다는 것이다. 그리고 우리의 아빠 되시는 하나님은 항상 늦둥이를 대하시듯이 여유를 가지고 그들을 기다려 주신다. 그런 점에서 믿는 자의 삶에서 중요한 점은 '속도'가 아니라 '바른 방향'인 것 같다. 항상 그렇지만 우리가 급하지, 천년이 하루 같으신 분은 바쁘시지 않은 것 같다.[15]

어찌 되었든, 선지자 하박국은 자신의 두 번째 질문이 스스로 생각하기에 마음에 들었던 것 같다. 선지자의 두 번째 질문의 마지막이 "옳으니이까?"로 끝났다는 사실을 우리는 기억해야 한다. 이어지는 성경 본문을 보면 '선지자의 당당한 모습'이 더욱 도드라진다. 하박국은 하나님께 두 번째 질문을 한 뒤, 파수하는 곳인 성루에 서서 하나님의 답변을 기다린다. 나는 성경 곳곳에서 좀 컸다고 팔씨름을 걸어오는 아들을 흐뭇하게 바라보는 아빠의 모습을 한 하나님을 느낄 때가 있다. 동시에 당신의 사랑하는 자녀를 흐뭇하게만 바라볼 수만은 없는 엄중한 상황 때문에, 마음을 다잡고 아들에게

---

15 "'사랑하는 자들아 **주께는 하루가 천 년 같고 천 년이 하루 같다는** 이 한 가지를 잊지 말라 ⁹주의 약속은 어떤 이들이 더디다고 생각하는 것 같이 더딘 것이 아니라 오직 주께서는 너희를 대하여 오래 참으사 아무도 멸망하지 아니하고 다 회개하기에 이르기를 원하시느니라"(베드로후서 3:8-9).

심각한 이야기를 해주어야 하는 아빠의 안타까운 모습에 마음이 아플 때가 많다. 우리가 평소에 잘하고 살았으면 되었는데, 우리는 항상 그러지를 못 한다.

> 내가 내 파수하는 곳에 서며 성루에 서리라 **그가 내게 무엇이라 말씀하 실는지 기다리고 바라보며 나의 질문에 대하여 어떻게 대답하실는지 보 리라** 하였더니(하박국 2:1)

"그가 내게 무엇이라 말씀하실는지 기다리고 바라보며 나의 질문에 대하 여 어떻게 대답하실는지 보리라." 선지자 하박국의 이 모습을 보고 나는 하 박국 외에 또 다른 한 인물을 떠올렸다. 우리 민족이 존경하는 '이순신 장군 의 시'다.

> 한산섬 달 밝은 밤에 수루(戍樓)에 혼자 앉아
> 큰 칼을 옆에 차고 깊은 시름 하는 차에
> 어디서 일성호가(一聲胡笳)는 남의 애를 끊나니.

이순신 장군의 시를 보며 독자들도 선지자 하박국의 태도와 마음이 느껴 졌으리라 믿는다. 어쩌면 그 당당함과 자신이 속한 민족을 위한 애끓는 마 음은 이순신 장군과 하박국 선지자 둘 다 동일했을 것 같다.

나는 성루에 서서 하나님의 답변을 기다리는 하박국의 모습에서 하나님의 뜻에 온전히 순종하기 전 하나님 앞에서 펄펄 뛰던 요나의 모습을 엿보았다.[16] 이 책 1부 서문에서 요나의 무덤이 니느웨에 있으며 그 사실은 결국 요나가 하나님의 뜻에 따라 니느웨의 선교사로서의 삶에 그의 생이 다할 때까지 충성했다는 것을 의미하는 것이라고 했었다. 그리고 이 말을 덧붙였었다. "하나님과의 정서적 거리가 요나처럼 가까운 하나님의 사람들만 그 혹독하고 잔인한 세월을 이겨낼 수 있는 것이다. 그런 사람들만 하나님과 동행하며 나그네 된 이 땅의 삶을 하나님 편에서 끝까지 살아낼 수 있다."

인간적으로 볼 때 선지자의 삶은 잔인하다. 그러나 구약에 증언된 선지자들과 하나님 사이의 '환상적인 호흡(케미)'은(는) 믿는 자들의 입장에서는 부러운 지점이다.[17]

하박국 '선지자의 두 번째 질문'에 대한 '하나님의 두 번째 응답'이다. 쉽게 표현하자면 이런 이야기다. "하박국아, 너무 열 내지 말고 내가 지금부터

---

16 "¹요나가 매우 싫어하고 성내며 ²여호와께 기도하여 이르되 여호와여 내가 고국에 있을 때에 이러하겠다고 말씀하지 아니하였나이까 그러므로 내가 빨리 다시스로 도망하였사오니 주께서는 은혜로우시며 자비로우시며 노하기를 더디하시며 인애가 크시사 뜻을 돌이켜 재앙을 내리지 아니하시는 하나님이신 줄을 내가 알았음이니이다 ³여호와여 원하건대 이제 내 생명을 거두어 가소서 사는 것보다 죽는 것이 내게 나음이니이다 하니 ⁴여호와께서 이르시되 네가 성내는 것이 옳으냐 하시니라 ⁵요나가 성읍에서 나가서 그 성읍 동쪽에 앉아 거기서 자기를 위하여 초막을 짓고 그 성읍에 무슨 일이 일어나는가를 보려고 그 그늘 아래에 앉았더라"(요나 4:1-5).

17 방금 쓴 문장에서 '케미'라는 비교적 오래된 신조어가 낯선 독자는 인터넷에 '케미'라고 검색해 보기를 권한다. 자라나는 세대와 소통하며 믿음의 다음 세대를 세우고 싶다면 이런 단어들 외워야 한다. 한가지 조언을 더 하자면, 이러한 단어들은 빠르게 변하고 생성되는 경향이 있으니 6개월에 한 번씩은 새로운 '신조어'를 외우기를 권한다. 세상에 쉬운 것이 없다. '초성어'도 마찬가지다.

하는 말을 판에 받아쓰면서 마음을 좀 가라앉히고 생각을 좀 해보렴. 바벨론이 악한 것 나도 안단다. 언약 백성보다 더 악한 바벨론은 내가 반드시 벌할 것이란다. 그러니 기다려라. 의인은 믿음으로 사는 것이란다."

> [2]여호와께서 내게 대답하여 이르시되 너는 이 묵시를 기록하여 판에 명백히 새기되 달려가면서도 읽을 수 있게 하라 [3]이 묵시는 정한 때가 있나니 그 종말이 속히 이르겠고 결코 거짓되지 아니하리라 **비록 더딜지라도 기다리라 지체되지 않고 반드시 응하리라** [4]보라 그의 마음은 교만하며 그 속에서 정직하지 못하나 **의인은 그의 믿음으로 말미암아 살리라** [5]그는 술을 즐기며 거짓되고 교만하여 가만히 있지 아니하고 스올처럼 자기의 욕심을 넓히며 또 그는 사망 같아서 족한 줄을 모르고 자기에게로 여러 나라를 모으며 여러 백성을 모으나니(하박국 2:2-5)

이어지는 하박국 2장 6절에서 20절 성경 본문은 인용하지 않겠다. 이 부분에는 바벨론이 유다를 멸망시킨 이후 '바벨론에 임할 5가지의 재앙'이 언급되어 있다. 바벨론에 임할 5가지의 재앙을 언급하시면서 하나님께서 반복해서 쓰신 말씀은 '화 있을진저'이다. 이 말은 악인을 향해 심판을 선언하실 때 주로 쓰시는 표현으로, 악과 악인의 '유한성'을 강조하는 동시에 '조롱'의 의미를 담고 있다. 쉽게 말하면 이런 선언이다. "바벨론 너희 세상이 영원할 것 같지? 하지만 전능자인 여호와 내 때가 이를 것이다. 그때가 되면 너희는 너희가 뿌린 그대로 거둘 것이다. 그리고 그 결과 이 세상에서 너희의 흔적은 사라지게 될 것이다."

하나님의 '두 번째 응답'에서 독자들의 눈에 띄는 첫 번째 말씀은 하박국 2장 4절 후반부의 "의인은 그의 믿음으로 말미암아 살리라"일 것이다. 우리 한국 교회 성도들이 정말로 사랑하는 말씀이다. 동시에 대부분의 신자들은 이 말씀을 대할 때 로마서를 떠올리겠지만, 이 말씀은 하박국에 먼저 증언되어 있으며 신약성경에서는 총 3번 인용되었다. 이 말씀이 인용되어 있는 로마서와 갈라디아서 그리고 히브리서 말씀을 차례로 살펴보자. 먼저 로마서 말씀이다.

> [16]내가 복음을 부끄러워하지 아니하노니 이 복음은 모든 믿는 자에게 구원을 주시는 하나님의 능력이 됨이라 **먼저는 유대인에게요 그리고 헬라인에게로다** [17]복음에는 하나님의 의가 나타나서 믿음으로 믿음에 이르게 하나니 기록된 바 **오직 의인은 믿음으로 말미암아 살리라** 함과 같으니라(로마서 1:16-17)

우리 한국 교회 성도들이 가장 많이 알고 있는, 로마서 1장에 나오는 말씀이다. 로마서에서의 "오직 의인은 믿음으로 말미암아 살리라"라는 말씀은 바로 앞의 문맥으로 볼 때, 모든 믿는 자에게 구원을 주시는 하나님의 능력은 유대인과 헬라인을 구분하지 않는다는 점을 강조하는 가운데 인용되고 있다. 즉 로마서에 인용된 "오직 의인은 믿음으로 말미암아 살리라"라는 말씀은, 구원을 이루는 복음의 능력은 '혈통적 유대인과 이방인을 구분하지 않고' 오직 믿음으로만 가능함을 증언하고 있다. 다음은 갈라디아서 말씀이다.

⁵너희에게 성령을 주시고 너희 가운데서 능력을 행하시는 이의 일이 **율법의 행위에서냐 혹은 듣고 믿음에서냐** ⁶아브라함이 하나님을 믿으매 그것을 그에게 의로 정하셨다 함과 같으니라 ⁷**그런즉 믿음으로 말미암은 자들은 아브라함의 자손인 줄 알지어다** ⁸또 하나님이 이방을 믿음으로 말미암아 의로 정하실 것을 성경이 미리 알고 먼저 아브라함에게 복음을 전하되 모든 이방인이 너로 말미암아 복을 받으리라 하였느니라 ⁹**그러므로 믿음으로 말미암은 자는 믿음이 있는 아브라함과 함께 복을 받느니라** ¹⁰무릇 율법 행위에 속한 자들은 저주 아래에 있나니 기록된 바 누구든지 율법 책에 기록된 대로 모든 일을 항상 행하지 아니하는 자는 저주 아래에 있는 자라 하였음이라 ¹¹또 하나님 앞에서 아무도 율법으로 말미암아 의롭게 되지 못할 것이 분명하니 **이는 의인은 믿음으로 살리라 하였음이라**(갈라디아서 3:5-11)

이 책 2부에 나오는 설명이다. 나는 이 책 2부에서 이사야서 5장 7절에서 10절 말씀¹⁸을 설명하는 과정 중, 갈라디아서 3장 15절과 16절¹⁹ 그리고

---

18 "⁷무릇 만군의 여호와의 포도원은 이스라엘 족속이요 그가 기뻐하시는 나무는 유다 사람이라 그들에게 정의를 바라셨더니 도리어 포학이요 그들에게 공의를 바라셨더니 도리어 부르짖음이었도다 ⁸가옥에 가옥을 이으며 전토에 전토를 더하여 빈 틈이 없도록 하고 이 땅 가운데에서 홀로 거주하려 하는 자들은 화 있을진저 ⁹만군의 여호와께서 내 귀에 말씀하시되 정녕히 허다한 가옥이 황폐하리니 크고 아름다울지라도 거주할 자가 없을 것이며 ¹⁰열흘 갈이 포도원에 겨우 포도주 한 바트가 나겠고 한 호멜의 종자를 뿌려도 간신히 한 에바가 나리라 하시도다"(이사야 5:7-10).

19 "¹⁵형제들아 내가 사람의 예대로 말하노니 사람의 언약이라도 정한 후에는 아무도 폐하거나 더하거나 하지 못하느니라 ¹⁶이 약속들은 아브라함과 그 자손에게 말씀하신 것인데 여럿을 가리켜 그 자손들이라 하지 아니하시고 오직 한 사람을 가리켜 네 자손이라 하셨으니 곧 그리스도

29절을 인용했다.[20] 그때 인용한 갈라디아서 3장 말씀들 사이에 "이는 의인은 믿음으로 살리라 하였음이라."라는 인용 구절이 나온다. 이사야서에 언급된 '이스라엘 족속'이 바로 21세기 대한민국 땅에서 수고로운 삶을 살아내는 '우리 한국 교회 성도들'이라는 점을 설명하는 과정에서 언급한 내용이다. "결국, 누가 진정한 아브라함의 자손인 이스라엘 족속인가?"를 설명했던 2부 내용 일부를 인용한다.

[맞는 말씀이다. 만군의 여호와 하나님께서 가꾸시고 기르시고 기뻐하시는 당신의 자녀는 언약 백성이다. 당연히 신약시대의 여호와 하나님께서 기뻐하시는 언약 백성은 우리 주 예수 그리스도를 통하여 구원받은 바로 우리다. 21세기를 사는 지금도 오직 언약 백성인 아브라함의 자손만이 구원받을 수 있다. 특별히 바울 서신서는 이러한 사실을 잘 설명하고 있다. 바울 서신서의 주요 내용은 결국 "누가 진정한 아브라함의 자손인가? 누가 진정한 언약 백성인가?"이다. "누가 진정한 아브라함의 자손인가?" 바로 '우리 주 예수 그리스도를 통하여 구원받은 자'가 '진정한 아브라함의 자손'이다. 유대교 신학자이었던 사도 바울은 다메섹으로 가던 길에서 우리 주 예수 그리스도를 만남으로 이 모든 사실을 깨닫게 되었다. 여러 혈통적 유대인들이 아브라함의 자손이 아니라, 오직 한 사람 우리 주 예수 그리스도를 통하여 구원받은 자가 아브라함의 자손이다.]

라"(갈라디아서 3:15-16).
20 "너희가 그리스도의 것이면 곧 아브라함의 자손이요 약속대로 유업을 이을 자니라"(갈라디아서 3:29).

갈라디아서에 증언된 "의인은 믿음으로 살리라"라는 말씀은, 문맥상 믿음을 율법의 맞은편에 위치해서 설명하는 가운데 인용된 말씀으로 우리 한국 교회 성도들이 이해하고 있는 "의인은 믿음으로 살리라"라는 말씀의 뜻에 가장 가깝다. 동시에 사도 바울은 갈라디아서에서 "의인은 믿음으로 살리라"라는 말씀을 율법의 맞은편 개념으로 인용하면서 앞뒤로 "누가 진정한 아브라함의 자손인 이스라엘 족속인가?"를 설명하여, 다시 한번 믿음과 언약 백성을 연결시키는 주도면밀함을 보이고 있다.

자세히 집중해서 책을 읽어온 독자라면 내 표현 중 낯선 부분이 있을 것이다. [갈라디아서에 증언된 "의인은 믿음으로 살리라"라는 말씀은, 문맥상 믿음을 율법의 맞은편에 위치해서 설명하는 가운데 인용된 말씀으로 우리 한국 교회 성도들이 이해하고 있는 "의인은 믿음으로 살리라"라는 말씀의 뜻에 가장 가깝다.] 바로 이 부분이다. '문맥상 믿음을 율법의 맞은편에 위치해서 설명하는 가운데 인용된 말씀'이라니? 그렇다면, 믿음과 율법이 맞은 편에 위치하지 않는 때가 있다는 말인가? 그렇다.

믿음에 대해서는 이미 이 책의 1부 '아브라함의 인물설교'에서 설명했다. 다시 한번 강조하지만, 성경에 나오는 단어들의 뜻은 우리 성도들이 잘 알고 있는 뜻보다 훨씬 깊고도 많은 뜻을 담고 있는 '큰 단어'다. 성경 말씀을 읽을 때 우리는 이것을 기억해야 한다. 성경에 나오는 단어 하나하나는 21세기 바로 이 땅을 살고 있는 우리가 알고 있는 그 단어의 뜻을 반드시 그 안에 포함한다. 하지만 성경에 증언된 대부분의 단어는, 우리가 알고 있는 뜻과는 비교도 되지 않을 만큼 큰 단어다. 즉 믿음이라는 단어는 단순히 율법이라는 단어의 반대편에만 존재할 정도의 크기가 아니다. 이 경우 상상력이 필요하다. 먼저 믿음과 율법이라는 종이 카드(?)를 서로 반대편에 위치하게 한 뒤, 믿음이라는 종이 카드가 점점 커지는 상상을 해보기를 바란다. 믿음이라는 종이 카드가 계속 커지게 되면 어떻게 될까? 믿음이라는 종이 카드에 율법이라는 종이 카드가 점점 포함되기 시작할 것이다. 이 뜻이 오해 없이 전달되었으면 좋겠다.

나는 CMF에서 이렇게 설명하곤 한다. "좋은 비유인지는 잘 모르겠는데, 그 의미의 크기가 얼마나 차이가 있냐면 '이번 주말에 시간을 내서 이 아이들하고 좀 놀아주세요.'와 '이 아이들의 아빠가 되어 주세요.' 차이와 같은 것이란다. 그 아이들의 아빠가 된다는 것은 이번 주말에만 시간을 내는 정도의 차원을 넘어서는 것이거든. 즉 성경에 나오는 단어는 '존재적 의미'를 가지는 경우가 많은데, 당연히 존재에는 비교도 안 될 정도의 행위들이 전부 다 포함되는 것이란다. 그래서 야고보서의 행위 없는 믿음은 죽은 믿음이라는 말씀이[21] 오직 의인은 믿음으로 말미암아 살리라는 로마서의 말씀과

---

[21] "[14]내 형제들아 만일 사람이 믿음이 있노라 하고 행함이 없으면 무슨 유익이 있으리요 그 믿음이 능히 자기를 구원하겠느냐 [15]만일 형제나 자매가 헐벗고 일용할 양식이 없는데 [16]너희 중에 누구든지 그에게 이르되 평안히 가라, 덥게 하라, 배부르게 하라 하며 그 몸에 쓸 것을 주지 아니하면 무슨 유익이 있으리요 [17]이와 같이 **행함이 없는 믿음은 그 자체가 죽은 것이라** [18]어떤 사람은 말하기를 너는 믿음이 있고 나는 행함이 있으니 행함이 없는 네 믿음을 내게 보이라 나는 행함으로 내 믿음을 네게 보이리라 하리라 [19]네가 하나님은 한 분이신 줄을 믿느냐 잘하는도다 귀신들도 믿고 떠느니라 [20]아아 허탄한 사람아 행함이 없는 믿음이 헛것인 줄을 알고자 하느냐 [21]우리 조상 아브라함이 그 아들 이삭을 제단에 바칠 때에 행함으로 의롭다 하심을 받은 것이 아니냐 [22]네가 보거니와 믿음이 그의 행함과 함께 일하고 행함으로 믿음이 온전

전혀 모순이 되지 않는 것이란다. 정말 성경 말씀은 일점 일획도 버릴 것이 없는 동시에, 우리 눈에는 정반대로 보이는 언급이라 할지라도 사실은 전혀 모순되는 표현이 아니란다. 사랑을 무엇이라고 생각하니? '사랑은 솜사탕이다'라는 표현도 맞는 이야기지? 동시에 '사랑은 눈물의 씨앗이다'라는 말도 맞는 이야기지? 그런데 우리는 이 두 표현을 서로 모순되는 표현이라고 하거나 사랑에 대한 이러한 정의에 오류가 있다고 하지 않잖아. 왜 그럴까? 그것은 사랑이라는 단어가 인간의 언어로 표현하기에 너무 큰 단어여서 그렇단다. 유한한 인간의 감정인 사랑을 표현할 때도 인간의 언어의 한계가 그렇게 분명한데 하물며 무한하신 하나님의 속성과 사역을 증언하는 성경 말씀이야 말할 것도 없지. 그 무한하신 삼위일체 하나님의 속성과 사역을 우리의 구원을 위해서 유한한 우리 인간의 언어로 계시해주신 하나님의 사랑과 위대하심을 묵상해보렴."

> ³⁶**너희에게 인내가 필요함은** 너희가 하나님의 뜻을 행한 후에 약속하신 것을 받기 위함이라 ³⁷잠시 잠깐 후면 오실 이가 오시리니 지체하지 아니하시리라 ³⁸나의 **의인은 믿음으로 말미암아 살리라** 또한 뒤로 물러가면 내 마음이 그를 기뻐하지 아니하리라 하셨느니라 ³⁹우리는 뒤로 물러가 멸망할 자가 아니요 오직 영혼을 구원함에 이르는 믿음을 가진 자니

하게 되었느니라 ²³이에 성경에 이른 바 아브라함이 하나님을 믿으니 이것을 의로 여기셨다는 말씀이 이루어졌고 그는 하나님의 벗이라 칭함을 받았나니 ²⁴이로 보건대 사람이 행함으로 의롭다 하심을 받고 믿음으로만은 아니니라 ²⁵또 이와 같이 기생 라합이 사자들을 접대하여 다른 길로 나가게 할 때에 행함으로 의롭다 하심을 받은 것이 아니냐 ²⁶**영혼 없는 몸이 죽은 것 같이 행함이 없는 믿음은 죽은 것이니라**"(야고보서 2:14-26).

라(히브리서 10:36-39)

신약성경에 세 번째 인용된 부분은 히브리서 말씀이다. 히브리서에 인용된 "의인은 믿음으로 말미암아 살리라"라는 말씀은 환난 중에 고통받고 있는 신자들을 향해서 좀 더 참고 인내하라는 권면 중에 인용되고 있다. 그런 점에서 히브리서에 인용된 "의인은 믿음으로 말미암아 살리라"라는 말씀은 하박국에 증언된 "의인은 그의 믿음으로 말미암아 살리라"라는 말씀과 문맥상의 뜻이 가장 비슷하다고 할 수 있다.

하박국 2장 4절 하반부에 나오는 '믿음'의 히브리어 원어는 '에무나'이다. '에무나'의 기본적인 의미는 '견고하게 하다' 또는 '강하게 버티다'이다. 물론 '에무나'는 '신뢰하다, 확실하다, 믿다'의 의미 또한 포함하는 단어다.

"의인은 그의 믿음으로 말미암아 살리라.", "의인은 그의 강하게 버팀으로 말미암아 살리라." 무슨 의미일까? 당장 눈에 보이는 것은 온통 절망뿐이어도 눈에 보이지 않는 '하나님의 주권'과 '하나님의 부성적 호의와 사랑'에 기대어 하나님 편에서 강하게 버틸 때, 하나님께서는 그러한 그의 삶을 통해 생명을 강하게 버티는 그가 속한 그 땅에 주시겠다는 이야기다. 이러한 하나님의 사람을 목도(目睹)하게 되는 경우, 우리는 성경의 '믿음은 바라는 것들의 실상이요 보이지 않는 것들의 증거'라는 말씀이 살아 숨 쉬는 것을 느끼게 될 것이다.

¹믿음은 바라는 것들의 실상이요 보이지 않는 것들의 증거니 ²선진들이

이로써 증거를 얻었느니라(히브리서 11:1-2)

하나님의 '두 번째 응답'에서 눈에 띄는 두 번째 말씀은 하박국 2장 14절 "물이 바다를 덮음 같이 여호와의 영광을 인정하는 것이 세상에 가득함이니라"일 것이다. 이 말씀은 세대에 따라 다르겠지만 우리 세대는 정말 많이 불렀던 CCM 가사로 기억할 것이다.

이는 **물이 바다를 덮음 같이 여호와의 영광을 인정하는 것이 세상에 가득함이니라**(하박국 2:14)

이 말씀은 '바벨론에 임할 5가지의 재앙' 중 3번째와 4번째 재앙 사이에 언급된 말씀이다. 이와 거의 같은 말씀이 이사야에도 언급되고 있다.[22] 이사야에 나오는 말씀 또한 CCM 가사로 널리 알려져 있다. 하박국의 이 말씀은 언약 백성을 정결케 하는 하나님의 도구로 사용된 이방 민족을 하나님께서 무섭게 심판하시는 상황 가운데 주시는 말씀이다. 이 말씀의 의미는 이러하다. "이 모든 상황은 하나님의 주권 가운데 이루어지는 것이다. 그 사실을 세상 전체가 알게 될 것이다."

---

22 "그때에 이리가 어린 양과 함께 살며 표범이 어린 염소와 함께 누우며 송아지와 어린 사자와 살진 짐승이 함께 있어 어린 아이에게 끌리며 7암소와 곰이 함께 먹으며 그것들의 새끼가 함께 엎드리며 사자가 소처럼 풀을 먹을 것이며 8젖 먹는 아이가 독사의 구멍에서 장난하며 젖 뗀 어린 아이가 독사의 굴에 손을 넣을 것이라 9내 거룩한 산 모든 곳에서 해 됨도 없고 상함도 없을 것이니 이는 **물이 바다를 덮음 같이 여호와를 아는 지식이 세상에 충만할 것임이니라**"(이사야 11:6-9).

그렇다면, 왜 이 말씀을 바벨론에 임할 심판을 선포하시는 중간에 언급하셨을까? 쉽게 예상할 수 있다. 이 땅을 향한 하나님의 심판은 하나님의 백성들을 잠시 하늘에 올려놓고 시행되는 것이 아니다. 하나님께서 우리가 아닌 이방을 향한 심판을 선포하실 때조차 우리 모두 두려움에 떨며 힘들어하는 이유가 여기에 있다. 어찌 되었든 이 땅을 향한 하나님의 심판이 시작되면 그 땅에 같이 거주하는 우리 또한 그 아픔을 완벽하게 피해갈 수는 없는 법이다. 그러한 상황에서 주시는 말씀이 바로 "이는 물이 바다를 덮음 같이 여호와의 영광을 인정하는 것이 세상에 가득함이니라"다.

즉 그러한 시기에 하나님께서 이 모든 일이 하나님의 주권 아래에 이루어지는 일이라는 점을 분명히 알려 줄 테니 그 신호가 눈에 띄거든 잘 버티라는 이야기다. 물론 당하는 동안에는 크게 위로가 되지 않을 것 같지만, 하나님께서는 그렇게 말씀하신다.

하박국 3장은 "시기오놋에 맞춘 선지자 하박국의 기도라"로 시작하는 '하박국의 찬양'이다. 자료를 찾아보면 '시기오놋'의 뜻은 정확히 알려지지 않은 것 같다. 다만 이런저런 '어근(語根)에 대한 연구'를 통하여 시기오놋은 음악의 한 장르로서 '리듬에 맞추어 열정적으로 부르는 노래의 한 형식' 정도로 이해되고 있는 것 같다. 내 생각에는 시기오놋에 대한 이러한 의견이 마음에 와닿는다. 왜냐하면, 하박국 3장 내용을 우리 세대가 그렇게 열정적으로 그리고 신나게 불렀기 때문이다.

우리 세대가 '해맑게 불렀던 CCM 찬양 중에는 하박국 3장의 내용인지 모르고 불렀던 아주 유명한 찬양이 있다. "비록 무화과나무가 무성하지 못하며 포도나무에 열매가 없으며 감람나무에 소출이 없으며 밭에 먹을 것이 없으며 우리에 양이 없으며 외양간에 소가 없을지라도 나는 여호와로 말미암아 즐거워하며 나의 구원의 하나님으로 말미암아 기뻐하리로다." 이 찬양의 배경을 아는 순간, 이 찬양을 불렀던 모든 성도는 소름이 돋았을 것이다. 쉽게 표현하면, 우리 모두는 "하나님, 죽여주시옵소서!"라고 신나게 리듬에 맞추어 춤을 추며 찬양을 했던 것이다.

우리 한국 교회는 부흥이 '심판의 부흥'으로부터 시작되는지도 모르고, 1907년 평양 대부흥 100주년을 기념해 2007년부터 부흥을 달라는 기도에 이어, 하박국 3장을 가사 삼아 신나게 모두 한마음이 되어 율동에 맞추어 찬양을 했었다.

하박국 3장에 나오는 이 상황이, 정말 초토화되어 아무것도 없는 상황인지도 모르고 "비록 무화과나무가 무성하지 못하며 포도나무에 열매가 없으며 감람나무에 소출이 없으며 밭에 먹을 것이 없으며 우리에 양이 없으며 외양간에 소가 없을지라도 나는 여호와로 말미암아 즐거워하며 나의 구원의 하나님으로 말미암아 기뻐하리로다"라고 가장 흥겨운 분위기로 즐겁게 한목소리로 목청을 높였었다. 그리고 우리 하나님은 우리의 기도와 찬양에 응답해 버리셨다. 이 일을 어이할꼬…

우리는 모르고 한 기도이며 모르고 부른 찬양이지만, 하박국은 이 모든 상황을 정확하게 인식한 다음 이 찬양을 하나님께 올려 드린다. "비록 무화과나무가 무성하지 못하며 포도나무에 열매가 없으며 감람나무에 소출이

없으며 밭에 먹을 것이 없으며 우리에 양이 없으며 외양간에 소가 없을지라
도 나는 여호와로 말미암아 즐거워하며 나의 구원의 하나님으로 말미암아
기뻐하리로다" 결국 하박국의 '하나님을 향한 찬양'은 '하나님의 주권'과 '하
나님의 구원하심'에 대한 '믿음'으로 말미암는다. 분명히 하박국 3장에 나오
는 선지자는 하박국 1장 때보다 성장해 있다.

언젠가 CMF 지체에게서 요한계시록의 주제가 무엇인지 질문을 받은 적
이 있다. "간사님, 요한계시록은 무시무시한 책이잖아요. 요한계시록은 무
서운 책 맞지요?" 성경의 마지막을 장식하는 요한계시록의 주제는 '역사의
종말에 결국 교회가 승리한다'는 것이다. 그런 의미에서, 요한계시록은 '무
서운 이야기'가 아니다. 요한계시록은 하나님의 자녀인 우리에게는 '희망의
책'이다. 아무리 현재 우리 눈앞에 보이는 현실이 절망적일지라도 '최후에는
결국 교회가 승리한다'라는 이야기가 담긴 책이 요한계시록이다. '역사의 종
말에는 결국 어린양의 피로 깨끗하게 함을 받은 교회가 승리한다!'

아무리 우리가 직면하고 있는 눈앞의 현실이 절망적이어도 '하나님의 주
권'과 '하나님의 아빠 아버지로서의 사랑과 호의'를 믿고 '믿음'으로 강하게
버틸 때, 그러한 우리네 인생을 통하여 하나님께서는 이 땅에 '새로운 생명
을 잉태'해주실 것이다. 그리고 교회의 지체된 우리에게 '최후의 승리'를 안
겨주실 것이다. 이것이 '요한계시록의 주제'다.

그리고 하박국 선지자 또한 같은 맥락 같은 믿음으로 3장에서 하나님을
찬양한다. "비록 무화과나무가 무성하지 못하며 포도나무에 열매가 없으며

감람나무에 소출이 없으며 밭에 먹을 것이 없으며 우리에 양이 없으며 외양
간에 소가 없을지라도…"

하박국 1장과 2장, 선지자와 하나님 사이에 '두 번의 질문'과 '두 번의 답
변'이 오갔다. 그리고 하박국 3장에 나오는 선지자의 반응으로 보아, 하박국
은 두 번에 걸친 하나님의 답변에 '자신과 자신의 민족이 처한 상황'을 수긍
한 것으로 보인다. 하박국 1장과 2장에서 보였던 펄펄 뛰던 혹은 펄펄 끓는
듯하던 선지자의 모습은 3장에 이르러 '강인한 결기'로 바뀌어 있다.

선지자의 마음 가운데 각오가 선 것으로 보인다. '그래, 처음 내가 하나
님께 제기했던 문제, 언약 백성 내에 만연해진 패역을 정리하는 방법이 이
방법밖에 없다면… 그래, 이미 언약 백성 내에 일상화된 겁탈과 강포 그리
고 변론과 분쟁을 뿌리 뽑을 수 있는 가장 확실한 방법이 갈대아 사람을 일
으켜 언약 백성을 싹쓸이하는 것이라면… 그리고 주권자이신 하나님께서
선택하신 방법이 그 길이라면 어쩔 수 없지 않은가? 이미 언약 백성들은 스
스로의 힘으로 미래를 열어갈 힘을 상실했지 않은가? 이미 우리는 자정 능
력을 잃지 않았는가? 일이 이 지경이 되었으면, 리모델링(remodeling) 수준
으로는 안 되겠지. 이제는 전부 부수고, 새로 지어야 하겠지. 그리고 주인이
신 하나님께서 그 일을 시작하시겠다고 하시지 않는가? 그런데 내가 뭐라
고?'

역사적 단계가 이 정도에 이르면 하나님의 백성들이 해야 할 일은 한 가
지다. 스스로 '남은 자'가 되는 동시에 교회의 '그루터기'를 남기는 일에 매진

해야 한다. 내가 CMF에서 우리 한국 교회의 다음 세대를 남기기 위해 '학사학원사역부 간사'로 평생을 버틴 이유가 여기에 있다.

CMF 학사학원사역부의 중요한 사역 정신 중 하나는 '물 근원을 맑게'이다. 나는 '도종환 시인'의 '스승의 기도[23] 첫 구절을 마음에 품고 사역에 임한다. "날려 보내기 위해 새들을 키웁니다." 의대 치대 한의대 간호대에 입학하는 젊은 세대가 CMF에서 잘 성장하여 우리 한국 교회 곳곳에 잘 날라가

---

23 스승의 기도 – 도종환

날려보내기 위해 새들을 키웁니다.
아이들이 저희를 사랑하게 해 주십시오.
당신께서 저희를 사랑하듯
저희가 아이들을 사랑하듯
아이들이 저희를 사랑하게 해 주십시오.

저희가 당신께 그러하듯
아이들이 저희를 뜨거운 가슴으로 믿고 따르며
당신께서 저희에게 그러하듯
아이들을 아끼고 소중히 여기며
거짓없이 가르칠 수 있는 힘을 주십시오.

아이들이 있음으로 해서 저희가 있을 수 있듯
저희가 있음으로 해서
아이들이 용기와 희망을 잃지 않게 해 주십시오.

힘차게 나는 날개짓을 가르치고
세상을 올곧게 보는 눈을 갖게 하고
이윽고 그들이 하늘 너머 날아가고 난 뒤
오래도록 비어 있는 풍경을 바라보다
그 풍경을 지우고 다시 채우는 일로
평생을 살고 싶습니다.

아이들이 서로 사랑할 수 있는 나이가 될 때까지
저희를 사랑할 수 있게 해 주십시오.
저희가 더더욱 아이들을 사랑하게 해 주십시오.

서 정착하여 하나님의 자녀답게 지역 교회를 섬기는 지체들이 늘어가는 것이 하나님 앞에서 내가 누릴 수 있는 영광이다.

비록 선지자의 마음 한가운데 각오가 섰지만, 하박국이 수긍한 내용은 간단한 현실이 아니다. 스스로 미래를 열어갈 능력마저 상실한 언약 공동체를 '회복하기 위해서 하시는 일'이라고는 하지만, 그리고 언약 공동체를 '바로 세우기 위해 벌이는 공사'이기는 하지만, 일단 바벨론을 통해 '기존의 건물을 부수는 과정'은 피할 수 없는 일이다.

우리 또한 마찬가지다. 우리는 분명히 우리가 지금 살고 있는 100년이 지난 낡은 건물 대신 바르고 번듯한 새 건물을 달라고 하나님께 기도를 했었다. 그리고 2007년을 기점으로 하나님으로부터 기도 응답을 받기 시작했다. 그렇다면 우리는 그 과정을 각오해야 하는 것이다. 새 건물을 받기로 했다면, 공사 기간 해외여행을 다녀온 뒤 이미 모든 것이 정리되어있는 건물에 입주하는 것이 아니다. 그런데 너무나 많은 성도들이 하나님께 기도하면서, 그 사이에 자신은 해외여행을 다녀올 생각을 하는 것 같다. 하지만 하나님의 역사 가운데 그런 일은 단연코 없다!

새 건물을 받기로 했으면, 기존 건물이 무너지는 과정에서 일어나는 모든 것을 직접 겪어내야 하는 것이 하나님 나라의 역사다. 그리고 건축가가 아닌 나는 새 건물을 지을 능력이 없더라도, 내부 정리를 하는 수고는 다른 사람이 대신해 줄 수 있는 것이 아니다.

다시 한번 정리하자면, 우리는 1907년 평양 대부흥 100주년인 2007년

이 되기 수년 전부터 하나님께 우리가 100년 이상 사용해온 집을 대신할 '새집을 달라고 기도'했다. 그리고 하나님께서는 우리가 하나님께 말씀드렸던 2007년부터 중장비를 동원해 낡은 집을 부수고 계시는 중이다. 우리가 힘든 이유는 그 모든 시공간에 빠짐없이 함께해야 한다는 것이다. 이 부분에서의 면제는 하나님의 나라에서는 존재하지 않는다. 우리는 하나님께서 우리를 '시공간적 존재'로 만드셨음을 기억해야 한다. 우리는 시공간을 통해서, 하나님을 배우고 인생을 배우며 성장해가는 존재다. 새집 달라는 우리의 기도에 2007년부터 응답하신 하나님의 방법 또한 마찬가지다. 이 기간을 통과하는 것은 우리들의 몫이다.[24]

어쩌면 우리는 그동안 보아왔던 기가막힌 일들을 뛰어넘는 그 어떤 민망한 일들을 보게 될지도 모른다. 아니, 보게 될 것이다. 그러나 눈에 보이는 그 모든 현실 가운데 절망할 필요는 없다. 우리는 절망적인 현실 뒤로 투영된 하나님의 주권과 호의를 볼 수 있어야 한다. 이러한 기간에 취해야 할 최선의 태도는 '도망가지 않는 것'이다. 내 경험으로는, 이러한 역사적 단계에서는 너무 잘하려고 해서도 안 된다.[25] 왜냐하면, 너무 잘하려고 하는 경우

---

24 이 부분을 구원론적으로 설명하면 이러하다. "칭의(稱義)는 100% 하나님의 일이다. 그리고 성화(聖化)는 100% 하나님의 일인 동시에 100% 사람의 일이다. 그러므로 성화는 100% 하나님의 은혜로만 가능하다." "이 기간을 통과하는 것은 우리들의 몫이다."라는 위의 문장이 칭의와 성화를 설명한 앞의 세 개의 문장 중 어느 부분에 해당하는지 따로 설명할 필요는 없으리라 믿는다.

25 내 생각에는, 새집이 눈에 보이기 시작하는 '역사적 단계'에서는 잘하려고 하는 것이 맞다. 그러나 중장비를 동원해 헌 집을 부수는 기간, 내가 사는 공간에 먼지 하나 없게 하려는 것은 불가능할뿐더러 오히려 삶을 무너뜨리는 일이다. 인생을 살아본 모든 분들이 아는 사실, 우리네 삶은 우리의 계획대로 되지 않는다. 동시에 우리의 삶은 우리 것이 아니며 우리가 결정하는 것이 아니다. 우리의 인생이 헌 집을 부수는 역사적 단계에 태어났다면, 우리는 그 기간에 맞는

우리네 실력으로는 견딜 수가 없어 결국 무너지기 때문이다. 이 기간에는 도망가지 않고 오직 하나님 앞에서 몸부림치는 것이 최선이다.

생각이 여기까지 이른 선지자는 기도 중에 이 말을 잊지 않는다. "하나님, 진노 중에라도 긍휼을 잊지 마옵소서!" 내가 하박국이었다면 "제발! 제발! 제발!" 세 번을 덧붙였을 것 같다.

> [1]시기오놋에 맞춘 선지자 하박국의 기도라 [2]여호와여 내가 주께 대한 소문을 듣고 놀랐나이다 여호와여 주는 주의 일을 이 수년 내에 부흥하게 하옵소서 이 수년 내에 나타내시옵소서 **진노 중에라도 긍휼을 잊지 마옵소서**(하박국 3:1-2)

하박국 3장을 하박국의 '거룩한 용사(우리를 구원하시는 여호와 하나님)에 대한 찬양시'라고 설명하는 신학자들은 3장을 선지자 하박국의 간청(2절) 거룩한 용사의 신현(3-15절) 빛 가운데 시내 광야에 오시는 주님(3-7절) 번개로 혼돈의 바다와 강을 정복하시는 주님(8-11절) 구원자와 심판자로 오시는 주님(12-15절) 선지자 하박국의 찬양의 서원(16-19절)으로 구분한다. 하박국 3장 16절 말씀이다.

내가 들었으므로 내 창자가 흔들렸고 그 목소리로 말미암아 내 입술이

생활 방식에 순종해야 하는 것이다.

316 하나님을 위한 변명

떨렸도다 무리가 우리를 치러 올라오는 환난 날을 내가 기다리므로 썩이는 것이 내 뼈에 들어왔으며 **내 몸은 내 처소에서 떨리는도다**(하박국 3:16)

하박국 선지자가 들은 주된 내용은 '언약 백성을 하나님께서 정결하게 하시는 과정'에서 도구로 쓰인 '바벨론에 대한 하나님의 심판 내용'이다. 하지만 앞에서도 언급했지만, 문제는 바벨론을 통한 '언약 백성의 심판 과정'에도 그리고 하나님께서 '바벨론을 심판하시는 과정'에도 언약 백성은 그 현장에 있어야 한다. 그러니 분명히 하나님께서는 선지자에게 '바벨론에 대한 심판'을 주로 말씀하셨지만, 선지자는 창자가 흔들리고 입술이 떨리고 썩이는 것이 뼈에 들어와 온 몸이 처소에서 떨렸다. 어찌 되었든 바벨론이 하나님에게 혼나기 전에도 바벨론이 하나님한테 혼나는 과정에도 언약 백성인 유다 또한 같은 장소에 있어야 한다는 이야기 아닌가? 새 집을 지어주시는 것은 알겠지만, 그 기간 내내 공사현장에서 24시간 내내 먹고 자야 한다는 것은 간단한 문제가 아니다.

한 가지 덧붙이고 싶은 내용이 있다. 하박국의 기록 시기는 '유다의 마지막 선한 왕'인 '요시야 왕'의 통치 기간으로 알려진다. 이러한 사실은 우리에게 정말 많은 것을 생각하게 한다. 하나님께서는 하나님 앞에 충성한 '유다의 마지막 성군 요시야'를 유다의 멸망 전 '하나님의 처소'로 데려가신다. 하나님 입장에서는 차마 요시야에게 요시야 자신이 그토록 사랑했던 조국(祖國) 유다의 멸망을 보여주실 수가 없었다는 이야기다. 이것이 성경이 증언하는 '피할 길' 중 하나이다. 우리는 성경 말씀에 나오는 단어들을 자의(自意)로 함부로 해석하는 경향이 있는데 생각할수록 소름이 돋는 일이다.

> **요시야와 같이 마음을 다하며 뜻을 다하며 힘을 다하여 모세의 모든 율법을 따라 여호와께로 돌이킨 왕은 요시야 전에도 없었고 후에도 그와 같은 자가 없었더라**(열왕기하 23:25)

> 요시야 당시에 애굽의 왕 바로 느고가 앗수르 왕을 치고자 하여 유브라데 강으로 올라가므로 **요시야 왕이 맞서 나갔더니 애굽 왕이 요시야를 므깃도에서 만났을 때에 죽인지라**(열왕기하 23:29)

> 사람이 감당할 시험 밖에는 너희가 당한 것이 없나니 **오직 하나님은 미쁘사 너희가 감당하지 못할 시험 당함을 허락하지 아니하시고** 시험 당할 즈음에 또한 피할 길을 내사 너희로 능히 감당하게 하시느니라(고린도전서 10:13)

이제 하박국을 마무리하려 한다. "간사님, 그게 옳은 것인가요?" 나는 CMF 사역 내내, 어떤 '사회적 이슈'에 대해 약간은 불만이 섞인 혹은 'CMF 내의 어떤 현상'에 대해 약간은 공분(?)이 섞인 질문을 가끔씩 받았다. 질문을 하는 그 아이는 아마 나에게 감정적 흥분까지는 아니어도, 자신과 비슷한 '감정 상태의 동조' 혹은 '그것이 왜 옳지 않은지?'에 대한 논리적인 답변을 기대했을 것이다.

몇 년 전부터 보통 그런 질문을 접하는 경우 (물론 젊은 시절에는, 질문을 하는 아이의 의도와 기대 혹은 예상을 절대 실망시키지 않았다.), 내 대답은 "미안해" 혹은 "내가 안 그랬어"이다. 순간, 질문을 한 아이는 '허망하다는 표정' 혹은 '갑자기 빵 터지는 반응'을 보인다. 그도 그럴 것이, 질문을 하는 아이와 나 양쪽 모두 이슈가 된 그 일과 직접적인 연관이 있는 경우는 거의 없었다. 뿐만 아니라, 그 일이 되어가는 과정에서 받는 영향이라고 해봤자 '자신이 옳다고 생각하는 방향' 혹은 '옳지 않다고 생각하는 방향'으로 흘러가는 일의 흐름에 따른 정서적 반응이 전부인 경우가 대부분이었다. 그런 일에 대해 내가 "미안해"라고 뜬금없는 사과를 하거나 "내가 안 그랬어"라고 딴청을 피우니, 질문을 던진 아이 대부분은 허망한 표정을 짓거나 웃음을 터뜨리곤 했다.

사실, "미안해" 혹은 "내가 안 그랬어"라는 내 대답에는 추가적인 말이 숨겨져 있다. 말하지 않은 추가적인 말은 "피조물인 사람에게 옳음이 있을까? 피조물인 사람에게 있어서 모든 입장 모든 면에서의 선함이 가능이나 한 것일까?"이다. 오해가 없기를 바란다. 허무주의의 입장에서 하는 말이 아니다.

나는 그 순간 질문자에게 이 말을 하고 있는 것이다. "하나님께서 옳다고 해주셔야, 하나님께서 선하게 인도해 주셔야, 그 인생이 그 일이 옳음이 되지. 너는 너의 존재보다 큰 것을 이야기하는구나."

그에 더해 "미안해" 다음에 숨겨진 말은 "앞선 세대로서 물론 내가 그 일을 저지른 것은 아니지만, 일이 이 지경이 되도록 막지 못해(물론, 그럴 능력도 없지만) 이러한 기가 막힌 상황을 젊은 네가 눈으로 보게 해서 미안하단다"이다. 물론, 나에게서 "미안해"라는 말을 듣고 있는 그 아이 또한 피조물이기에 내 나이가 되었을 때 나와 마찬가지로 그 일을 막지 못할 것이라는 사실 또한 잘 알고 있다. 모든 순간 모든 삶에 임하시기를 기도하는 '하나님의 은혜'에 기대어서 질문에 답할 뿐이다.

나는 지금 앞에 언급된 질문을 던진 그 아이의 질문이 잘못되었다거나 의미 없는 일이라고 말하는 것이 아니다. 그 아이의 질문은 정당하며 동시에 그 나이 때에는 반드시 해야 하는 질문이다. 우리나라의 옛말에 "벼는 익을수록 고개를 숙인다"라는 나이가 들어갈수록 고개가 숙여지는 속담이 있다. 그러나 우리는 이 속담을 대할 때마다, 한 가지 사실을 더 기억해야 한다. '익기 전에 고개를 숙인 젊은 벼'는 늦여름과 초가을 태풍을 거치는 과정에서 진흙탕에 누워 썩게 마련이다.

무슨 말을 하려고 하는가? 방금 우리가 다룬 하박국 1장과 2장에서 선지자는 하나님께 두 번 뻣뻣하게 고개를 쳐들고 항의하며 따지고 질문을 한다. 수년 전 대한민국 버전으로 표현하자면 이러하다. "하나님, 이게 나라입니까?" 하나님께서는 내용이야 어쩔 수 없지만 따뜻하게 대답하신다. "응, 나라 맞단다. 왜냐하면, 너의 아빠 아버지인 나에게는 계획이 다 있기 때문이란다. 아빠의 계획은 이러이러한 과정을 거치는 것이란다." 그렇게 하나님 아빠 아버지의 계획을 다 듣고 난 뒤, 선지자는 하나님 아빠의 말에 수긍한다.

선지서 하박국은 '선지자 하박국의 성장드라마'다. 하나님의 자녀인, 우리 모두는 이러한 과정을 통하여 성장한다. 그 과정을 통하여, 우리는 '하나님의 크심'과 그분의 '깊고도 넓으신 뜻과 사랑'을 조금씩 조금씩 알아간다. 그 시간을 통과하는 가운데 우리는 '하나님의 주권과 하나님의 계획하심'에 눈 뜨게 된다.

이러한 과정과 이러한 시간이 많아지고 길어질수록, 우리는 우리네 인생과 우리를 둘러싼 현실에 여유를 가지게 된다. 세상을 보는 '새로운 눈'이 열린 것이다. 그렇다. "결국 진리가 우리를 자유하게 한다." "진리이신 우리주 예수 그리스도의 은혜가 우리를 자유롭게 한다".[26] 하박국 마지막에 이르러 선지자가 소리 높여 노래한다.

> [17]비록 무화과나무가 무성하지 못하며 포도나무에 열매가 없으며 감람나무에 소출이 없으며 밭에 먹을 것이 없으며 우리에 양이 없으며 외양간에 소가 없을지라도 [18]나는 여호와로 말미암아 즐거워하며 나의 구원의 하나님으로 말미암아 기뻐하리로다 [19]주 여호와는 나의 힘이시라 나의 발을 사슴과 같게 하사 나를 나의 높은 곳으로 다니게 하시리로다 이 노래는 지휘하는 사람을 위하여 내 수금에 맞춘 것이니라(하박국 3:17-19)

우리 세대에게는 너무도 익숙한 CCM 찬양 가사 뒤에 언급된 "나의 발을 사슴과 같게 하사"의 뜻을 설명한 뒤 하박국을 마치려 한다.

---

26 "[31]그러므로 예수께서 자기를 믿은 유대인들에게 이르시되 너희가 내 말에 거하면 참으로 내 제자가 되고 [32]진리를 알지니 진리가 너희를 자유롭게 하리라"(요한복음 8:31-32).

"나의 발을 사슴과 같게 하사" 이 구절에서 언급된 사슴은 우리가 상상하는 '꽃사슴(?)'이 아니라고 한다. 가나안의 고지대 척박한 황무지에 가보면 바위와 돌멩이 사이를 위아래로 자유자재로 뛰노는 우리에게 익숙한 사슴과는 약간 모양이 다른 사슴이 있다. "나의 발을 사슴과 같게 하사"라는 표현은, 바로 그 사슴의 '강하고 단단하게 특화된 발'을 강조한 표현이다.

하나님은 우리네 인생 가운데 장애물이나 고난을 제거해 주시기보다는, 그 장애물과 고난을 극복할 힘과 능력 그리고 인내심을 주시는 것 같다. 오랜 고난의 시간을 통과한 성경에 등장하는 인물들이 다 그렇다. 나를 통해 선포되었던 성경인물 설교 전부를 들었던, CMF 지체들과 했던 이야기와 약속이 있다. "간사님, 왜 성경인물 중에 나오는 하나님의 사람들은 평탄한 인생이 없어요? 혹시 간사님이 고생한 인물들만 골라서 설교하신 것 아니에요?" "글쎄 3년간 벌써 우리가 60명 정도의 인물을 만나보았는데, 아직 평탄한 인생을 살다간 하나님의 사람을 본 적이 없지? 왜 그럴까? 나도 잘 모르겠네. 어찌 되었든 간사님은 정말 평탄한 인생을 살다간 하나님의 사람을 만날 때까지, 하나님께서 허락하신다면 끝까지 성경인물 설교를 해볼게. 성경 전체를 통해서 전수조사를 해보는 거야. 그런데 끝까지 만나지 못하게 되면 어떻게 하지?"

오랜 고난의 시간을 통과한 대표적인 인물 중 하나인 요셉을 생각해 볼 때, 하나님은 요셉의 '노예됨'과 '치욕적인 누명에 의해 죄수가 되는 일'을 막아주시지 않는다. 오히려 그 고난을 통해 요셉의 존재가 성장하고, 그 성장의 결과 요셉 스스로 당면한 현실을 극복할 수 있는 '길과 기회 그리고 능력'

을 공급해주시는 것을 볼 수 있다. 이것이 우리에게 주시는 하나님의 '긍휼과 배려의 방식'인 것 같다.

정말 하나님은 우리 스타일로 일하시지 않는 것 같아, 나도 불만이다. 나는 CMF 자매들에게 이 이야기를 이렇게 표현한다. "그러니까 이 오빠가 나만 사랑하고 절대 나를 포기하지 않는 것도 알겠고, 이 오빠가 전지전능하신 것도 알겠어. 그런데 결정적인 문제는 이 오빠가 내 스타일이 아니라는 것이야. 그리고 전지전능하신 이 오빠가 자꾸 자기 방식으로 나를 끌어가려고 해. 이 경우 너는 어떻게 할래? 21세기 성인지 감수성(性認知 感受性) 이런 말 하려고 하지 말고, 성경이 쓰여진 시대의 감수성으로 상상들을 해보렴. 어떻게 하는 것이 현명할까?"

> [29]피곤한 자에게는 능력을 주시며 무능한 자에게는 힘을 더하시나니 [30]소년이라도 피곤하며 곤비하며 장정이라도 넘어지며 쓰러지되 [31]오직 여호와를 앙망하는 자는 새 힘을 얻으리니 독수리가 날개치며 올라감 같을 것이요 달음박질하여도 곤비하지 아니하겠고 걸어가도 피곤하지 아니하리로다(이사야 40:29-31)

> 의인은 고난이 많으나 여호와께서 그의 모든 고난에서 건지시는도다(시편 34:19)

그럼에도 불구하고, 내 마음 한가운데는 아직도 이 질문이 남아 있다. 내가 아직 성화(聖化)가 덜 되어서 그럴 것이다. "어차피 건져내실 고난이라면, 고난을 주시지 않을 수는 없으시나?" 이것이 내 평생에 하나님에 대한 불만과 불평이었다. 그런데 시간이 갈수록 점점 하나님께 설득되려 하는 나 자신을 보면서, 이런 생각이 든다. '이러면 안 되는데 어쩌려고 내가 이러지?' 이러한 은혜가 우리 모두에게 임하기를 기도한다.

2부
—
당신의 여종을
덮으소서

서문

하나님의 마음

누워서 침 뱉는 얘기겠지만, 솔직히 한국 교회는 천박하다. (이 책에 나오는 이러한 표현은 항상 나를 포함한다. 나 또한 우리 한국 교회의 한 지체이며 공동의 책임을 지고 있는 존재이기 때문이다.) 2020년 초봄부터 전 세계를 강타하고 있는 COVID-19는 이 땅에 살고 있는 존재들의 민낯을 하나하나 드러내고 있는 중이다. 이번 기회에, 우리는 세계 각국에 사는 사람들과 해당 국가의 사회 시스템의 실질적인 기초체력을 서로 확인하는 중이다.

전 세계적으로 코로나 시기에 종교 문제가 불거지는 국가로는, 우리 대한민국과 이스라엘 정도가 있는 것 같다. 코로나 첫해, 이스라엘 내부 근본주의 유대교인들이 벌인 일은 인터넷을 검색해보면 쉽게 확인할 수 있을 것이다.

우리 대한민국은 각 종파의 성향이 수면 위로 드러나는 기회가 된 것 같다. 하지만 그 어떤 상황에서도 세상은 하나님의 주권 아래에 있음을 믿는다. 교회 입장에서는 억울한 측면이 분명히 존재하겠지만, 지금 코로나로 어려운 이 시기에 대한민국의 걱정거리가 되고 있는(그 걱정이 정당하다고 생각되든 정당하지 않다고 생각되든 상관없이) 우리 한국 교회는 우리만의 시선이 아닌 타인의 시선으로도 우리 자신을 들여다볼 때가 되었다. 왜 하나님께서는 '이 시기에 우리 한국 교회에 이러한 상황을 허락하셨는지?' 정직하게 성찰할 때다.

> **¹범사에 기한이 있고 천하 만사가 다 때가 있나니** ²날 때가 있고 죽을 때가 있으며 심을 때가 있고 심은 것을 뽑을 때가 있으며 ³죽일 때가 있고 치료할 때가 있으며 헐 때가 있고 세울 때가 있으며 ⁴울 때가 있고 웃을 때가 있으며 슬퍼할 때가 있고 춤출 때가 있으며 ⁵돌을 던져 버릴 때가 있고 돌을 거둘 때가 있으며 안을 때가 있고 안는 일을 멀리 할 때가 있으며 ⁶찾을 때가 있고 잃을 때가 있으며 지킬 때가 있고 버릴 때가 있으며 ⁷찢을 때가 있고 꿰맬 때가 있으며 잠잠할 때가 있고 말할 때가 있으며 ⁸사랑할 때가 있고 미워할 때가 있으며 전쟁할 때가 있고 평화할 때가 있느니라 ⁹일하는 자가 그의 수고로 말미암아 무슨 이익이 있으랴 ¹⁰ 하나님이 인생들에게 노고를 주사 애쓰게 하신 것을 내가 보았노라 ¹¹**하나님이 모든 것을 지으시되 때를 따라 아름답게 하셨고** 또 사람들에게는 영원을 사모하는 마음을 주셨느니라 **그러나 하나님이 하시는 일의 시종을 사람으로 측량할 수 없게 하셨도다**(전도서 3:1-11)

우리는 삼위일체 하나님의 주권과 전지전능하심과 더불어 '때를 따라 당

신의 자녀에게 최선의 것'을 허락하시는 하나님의 '부성적 호의'(父性的 好意)를 기억해야 한다.[1]

게다가 우리에게 '부성적 호의'를 가지고 계시는 우리 하나님은 '뜻하신즉 이루시고, 이루신즉 그 모든 행사가 선하신 분'이시다. 즉, 우리에게 '부성적 호의'를 가지신 하나님께서 지금 이 시기에 우리에게 허락하시는 상황과 우리가 원하는 것이 서로 엇갈릴 때, 우리는 멈추어 서서 우리가 선 자리를 진지하게 성찰해야 한다. 이러한 일을 정말 잘했던 인물이 바로 '다윗'이다. 어느 신학자의 말처럼 다윗은 어떤 면에서는 십계명 전체를 어긴 자이지만 동시에 십계명 전체를 준수한 자인 동시에 '하나님의 마음에 합한 자'[2]였다. 이러한 평가는 의도한 바가 좌절될 때마다 멈춰서서 자신을 성찰했던 다윗의 진지한 태도와 연관된다.

> [4]그들이 산에 있는 아비나답의 집에서 하나님의 궤를 싣고 나올 때에 아효는 궤 앞에서 가고 [5]다윗과 이스라엘 온 족속은 잣나무로 만든 여러 가지 악기와 수금과 비파와 소고와 양금과 제금으로 여호와 앞에서 연주하더라 [6]그들이 나곤의 타작 마당에 이르러서는 소들이 뛰므로 웃사가 손을 들어 하나님의 궤를 붙들었더니 [7]여호와 하나님이 웃사가 잘못

---

1   하나님의 '부성적 호의'라는 이 표현은 창세기의 '창조기사'와 연관되어 많이 언급되는 신학 용어다. 정확한 개념을 알고 싶은 독자는 '칼빈'의 『기독교 강요』를 읽어보기 바란다.

2   "폐하시고 다윗을 왕으로 세우시고 증언하여 이르시되 내가 이새의 아들 다윗을 만나니 **내 마음에 맞는 사람**이라 내 뜻을 다 이루리라 하시더니"(사도행전 13:22).: 개역한글에는 '내 마음에 합한 사람'이라로 번역되어 있다. 나의 20대 시절 한창 성경을 통독했던 기억 때문인지, 내게는 '내 마음에 맞는 사람'이라보다는 '내 마음에 합한 사람'이라는 표현이 가슴에 와 닿는다.

함으로 말미암아 진노하사 그를 그 곳에서 치시니 그가 거기 하나님의 궤 곁에서 죽으니라 ⁸여호와께서 웃사를 치시므로 다윗이 분하여 그 곳을 베레스웃사라 부르니 그 이름이 오늘까지 이르니라 ⁹**다윗이 그날에 여호와를 두려워하여 이르되 여호와의 궤가 어찌 내게로 오리요 하고 ¹⁰ 다윗이 여호와의 궤를 옮겨 다윗 성 자기에게로 메어 가기를 즐겨하지 아니하고 가드 사람 오벧에돔의 집으로 메어 간지라 ¹¹여호와의 궤가 가드 사람 오벧에돔의 집에 석 달을 있었는데 여호와께서 오벧에돔과 그의 온 집에 복을 주시니라 ¹²어떤 사람이 다윗 왕에게 아뢰어 이르되 여호와께서 하나님의 궤로 말미암아 오벧에돔의 집과 그의 모든 소유에 복을 주셨다 한지라 다윗이 가서 하나님의 궤를 기쁨으로 메고 오벧에돔의 집에서 다윗 성으로 올라갈새**(사무엘하 6:4-12)

한국 교회의 치부가 드러날 때마다 우리가 흔히 말하는 '일부 기독교' 혹은 '일부 교회'라는 변명은 아주 비겁하다. 코로나를 통해 이 땅에 드러나고 있는 한국 교회의 모습은 분명히 다수의 모습이기 때문이다. 어디서부터 잘못되었는지 어디부터 손을 대야 할지 그 끝간 데를 알 수 없다. 그렇다고 실망하거나 절망할 필요는 없다. 우리 자신의 희망 없음은 이미 성경이 증언하고 있는 바이다. 잘했다고 할 수는 없지만, 하나님께서 예상하지 못하신 일도 아니기 때문이다.

성경에 나오는 증언들을 쉬운 표현으로 바꾸자면 "응, 너희들이 그럴 거라고 이미 말했잖아. 그게 원래 너희들의 본모습이야. 그래서 내가(예수님) 온 거야."이다. 지금 이 땅에 하나하나 까발려지고 있는 한국 교회의 모습은 한국 교회에 얼마나 우리 주 예수 그리스도의 은혜가 필요한지를 보여준다. 이를 신학적으로는 '중보자의 필연성'('우리 의[義]'로는 안된다. 우리에게는 예수 님이 필요하다.)이라고 한다. 그러니 심각하게 생각하되, 함부로 절망할 필요 는 없다.

> 내가 어려서부터 늙기까지 의인이 버림을 당하거나 그의 자손이 걸식함 을 보지 못하였도다(시편 37:25)

엄마가 내 곁을 떠나기 25일 전, 나는 우리 엄마에게 엄마가 일전에 내게 말했던 당신의 '자서전'에 대해 상의했다. 엄마가 생각한 자서전의 제목은 "나는 전주 이씨의 딸이다"였다. 엄마는 교회에서 자랐다. 그러나 장손이셨 던 외할아버지께서 9살에 소천하신 후, 교회에서 냉정하게 쫓겨났다.[3] 엄마 의 최종학력은 초등학교 졸이 되었다.[4] 물론 너무도 당연한 이야기이만, 이 모든 것은 엄마와 아빠에게서 조각조각 전해 들은 것이지, 내가 직접 엄마 가 다녔던 초등학교를 찾아가 학적부를 확인한 것은 아니다.

---

3 "과부에게 토색하고 고아의 것을 약탈하는 자는 화 있을진저"(이사야 10:2 후반절).: 우리 엄마 와 CMF 지체들이, 본인과 그들의 할머니와 엄마가 겪었던 사연들에 대해 내게 들려준 일들을 구체적으로 지면에 옮기기보다는 그러한 행동에 대해 경고한 성경 말씀을 인용하는 것으로 '쫓 겨난 과정'을 대신한다.

4 나는 이 책의 원고를 절반 정도 완성할 때까지도 우리 엄마의 최종학력을 '초등학교 중퇴'로 알 고 있었다. 그러나 우리 아빠와 자세한 대화 뒤에, 엄마는 초등학교 2학년 중퇴 후 동기들보다 두세 살 늦은 나이로 5학년에 편입하여 졸업했다는 사실을 알게 되었다. 이후 아빠와 결혼하기 전까지, 세 군데의 방직공장에서 일했다는 사실 또한 알게 되었다.

엄마의 장례식은 '천주교식'으로 치루어졌다. 아빠가 내게 사역자인 둘째 아들의 입장이 곤란하지 않은지를 물으셨다. 나는 괜찮다고 했다. 한국 교회는 엄마한테서 평생 소중한 무언가를 송두리째 빼앗아간 존재였다. 그런데, 아들인 나마저도 엄마의 장례식장에 찾아오실 살아생전의 엄마 친구들의 처지와 마음을 빼앗는 존재가 될 수는 없었다.

내 입장에서는 외할아버지가 가장 사랑하셨던 막내딸의 가장 사랑하는 둘째 아들에게 신실하신 하나님께서 돌려주신 신앙이며 사역자의 자리였지만, 엄마에게는 어디까지나 어린 시절 당신에게서 모든 것을 빼앗아 간 교회가 의사가 된 당신의 가장 사랑하는 아들을 연이어 빼앗아 간 것이라는 점을 나는 잘 알고 있었기 때문이다.

나는 외할아버지에게서 물려받아야 할 가장 소중한 유산인 신앙을 신실하신 하나님을 통해 넘치게 돌려받았지만, 엄마에게 있어서 이러한 현실이 인생의 온 희망이었던 아들마저 교회에 빼앗기는 것이라는 점을 잘 이해하고 있었다. 하지만 나는 어느 목사 어느 장로 어느 권사의 입에서도 자신의 아들이 의사가 된 뒤 신학을 하고 사역자의 길에 나선 뒤에 "내 한(恨) 많고 억울한 인생에 하나님께서 주신 보상은 바로 우리 뚱내미(나의 아명[兒名])다."라는 살가운 고백을 들어본 적이 없다.

나는 외할아버지를 만나본 적이 없지만, 우리 엄마를 통해서 들은 외할아버지의 이미지는 의인이셨다. 그리고 외할아버지의 자손인 우리 엄마를 지키기 위해 하나님께서 보내주신 첫 번째 사람은 '우리 아빠'였다. 어린 시

절 내 생활기록부에 적힌 존경하는 사람은 항상 우리 아빠였다. 어린 시절
에는 막연히 그냥 우리 아빠가 좋아서 그렇게 썼지만, 나이가 들수록 자신
이 사랑한 여인을 한결같이 사랑하고 지켜 준 아빠의 삶을 존경하게 되었
다. 그리고 두 번째로 하나님께서 우리 엄마에게 보내준 사람은 바로 나,
'뚱내미'였다고 믿는다.

　내가 엄마의 삶을 제대로 알기 시작한 것은 의과대학 본과 3학년 때였다.
그때부터 어린 시절 내 방황과 나를 감싸던 알 수 없는 감정들과 이야기들
이 조금씩 꿰어 맞추어지기 시작했다. 성경이 다시 보이기 시작했다. 그때
만났던 하나님은 정말 속이 깊으신 하나님이셨다. 우리 하나님은 시공간을
넘어 의리가 있으신 분이셨다. 그런 하나님이 나는 안쓰러웠다. 우리 엄마
와 50년이 넘는 세월을 같이 하면서, 시편 37편 25절은 내가 가장 사랑하는
성경 구절이 되었다.

> 내가 어려서부터 늙기까지 의인이 버림을 당하거나 그의 자손이 걸식함
> 을 보지 못하였도다(시편 37:25)

　CMF 간사가 된 뒤, 우리 엄마 이야기를 CMF 지체들에게 한 적이 있다.
그날 이후 여러 지체들이 비슷한 사연을 가지고 내게 왔다. 대부분이 자신
의 할머니 혹은 엄마가 겪은 일이었다. 적지 않은 수였다. 문득 그런 생각이
들었다. 나에게 자신의 할머니 혹은 엄마가 겪은 일을 개인적으로 들려줄
정도의 CMF 지체들이 이만큼 많다는 것은 무엇을 의미하는 것일까? 그렇

게 가련한 처지에 몰렸던 그 할머니들과 엄마들의 자손들이 대한민국 땅에서 의사가 되었으며 동시에 신앙의 대물림이 성공했다는 것을 의미한다.

엄마의 삶을 알게 된 뒤 우리 엄마와는 상황이 다를지라도, 성경에 나오는 연약한 처지의 여인들의 삶이 남의 이야기로 보이지 않았다. 비록 삼 형제 중 둘째로 자라났지만, 성경에 나오는 가련한 처지의 여인들이 내 엄마로 내 누이들로 느껴졌다. 그 여인들이 겪어내야 했을 삶의 세밀한 부분들이 보이기 시작했다. 그 삶이 내 가슴으로 느껴질수록 나를 압도하는 깊고도 묵직한 그리고 먹먹하고 따뜻한 손길이 있었다. 하나님 당신이었다. 참 좋으신 하나님…

내가 어려서부터 늙기까지 의인이 버림을 당하거나 그의 자손이 걸식함을 보지 못하였도다(시편 37:25)

라합 1

'당신의 딸' 라합의 마음 속 '부르짖음, 체아카'를 들으시는 하나님

딸이 있는 아빠의 눈에는 세상이 다르게 보인다. 내가 그랬다. 삼 형제 중 둘째로 자란 내게 딸이 생겼다는 사실을 알게 된 순간, 나는 머릿속에 엄청난 변화가 일어나는 느낌을 받았다. 딸아이가 아직 걷지도 못하는 갓난아기 때인데도 어두운 밤길 가로등의 밝기가 눈에 보이기 시작했다. 그것은 시작에 불과했다. 딸 가진 아빠는 이렇듯 세상을 다르게 본다.

우리 대한민국을 포함한 전 세계가 지금 직면하고 있는 문제의 핵심은 '하나님의 형상' 중 절반이 '전능자이신 하나님의 딸'이라는 점이다. 처음 이 말을 접하는 사람은 "지금 무슨 말을 하는가?" 싶을 것이다.

결론을 미리 이야기하자면 이렇다. 성경에 증언된 기생 라합의 기사는 "사회경제적 이유로 어느 사회가 구조적으로 그 땅에 태어나는 딸들을 기생으로 혹은 기생과 별반 다르지 않은 처지로 만드는 경우 하나님은 그 땅을 어떻게 하시는가?"에 관한 이야기다. 하나님께서 하나님의 형상인 딸들을 이 땅에 보내셨을 때 "당신의 딸들이 이 땅에서 처하게 되는 상황을 얼마나 심각하게 보시는가?"에 관한 이야기가 라합의 기사다.

이 땅에 태어난 딸들이 마땅히 누려야 할 권리인, 사랑을 받으며 자란 뒤 사랑하는 청년을 만나 사랑을 하고 때로는 싸우기도 하고 가정을 이루어 자신과 자신이 사랑하는 사람을 닮은 아이를 낳고 때로는 힘들기도 하고 때로는 기쁘기도 하며 그 모든 수고의 과정을 통하여, 하나님의 마음을 배우고 성숙해가는 가운데 하나님을 닮아가는 인생의 정당한 여정을 겪어내지 못하게 하는 사회가 되었을 때 "하나님께서 그 땅의 거민(居民)들을 어떻게 처분하시는가?"에 관한 이야기가 '기생 라합 이야기의 주제'다.

우선 독자들의 입장에서는 '기생'이라는 단어와 존재가 멀게 느껴질 수도 있다. '21세기 대한민국에서? 에이, 우리와는 상관없는 일 같은데…'라는 생각이 들 수도 있다. 물론, 다양한 상황과 정도에 있어서 천차만별의 차이가 있을 것이다. 하지만 이 땅에서의 현실적인 처지가 이유가 되어, 하나님의 형상으로서의 존엄성이 침해당하는 우리 자신을 포함한 우리 이웃들을 생각하면 얼추 이해될 것이다.

이야기를 살펴보는 가운데 알게 되겠지만, 이 이야기는 일부 기득권층 혹은 특권층이 그 사회의 대부분의 땅을 차지하게 될 때를 '전제'로 하고 있다. 그러한 독점의 결과로 그 땅에 태어나는 상당수의 딸들이 위에서 언급한 한 여인으로서의 정당한 권리를 누리지 못하고 경제적 착취의 대상이 되는 경우를 이야기하고 있다. 즉 그 땅에 태어나는 딸들이 자신의 '인격적 존엄성'을 지키지 못하고, 심지어 경제적 이유로 자신의 '성적 결정권'마저 박탈당하게 되는 상황이 사회적으로 일상화되는 경우, 하나님께서는 그 땅의 거민 전체를 몰살시키겠다는 경고의 메시지를 담고 있다.

이쯤에서 한가지 확인하고 지나가야 할 것이 있다. '일부 기득권층 혹은 특권층' 혹은 '그 사회의 대부분의 땅을 차지하게 될 때'라는 단어에서 벌써 거부감을 느끼고 "이거 글을 쓴 필자의 정치적 성향이 혹시"라는 어설픈 선입견은 갖지 마시라. 내가 사역하는 CMF 또한 전국적인 공동체이고 워낙 다양한 성향의 지체들이 모여 있는 곳인 데다가 모임이 커질수록 개인적으로 친밀하게 교제하는 것이 원천적으로 쉽지 않아서인지, 같은 시공간에서 친밀하게 교제해 보지 않은 상대를 피상적으로 몇 가지 단서만 가지고 쉽게 예단하고 판단하는 현상을 자주 접하게 된다.

물론 생각하는 것은 각자의 자유이겠지만, 이러한 태도는 성경을 통한 하나님의 메시지를 선택적으로 가감(加減)해서 받아들이게 되는 심각한 결과를 가져올 수도 있다.[5] 특별히, 저자가 '걸프전 참전용사'라는 사실을 기억해주기 바란다. 우리 한국 교회에서 심심치 않게 들리는 '종북좌빨' 혹은 '좌파' 등의 말들로 성경에서 선포되는 하나님의 경고를 함부로 외면하는 것은 하나님 앞에 '반역적인 사고'다. 동시에 그것은 본인 앞에 닥친 분명한 현실

---

5 "[18]내가 이 두루마리의 예언의 말씀을 듣는 모든 사람에게 증언하노니 만일 누구든지 이것들 외에 더하면 하나님이 이 두루마리에 기록된 재앙들을 그에게 더하실 것이요 [19]만일 누구든지 이 두루마리의 예언의 말씀에서 제하여 버리면 하나님이 이 두루마리에 기록된 생명나무와 및 거룩한 성에 참여함을 제하여 버리시리라"(요한계시록 22:18-19).

을 상대방을 비난하는 가운데 쉽게 회피하고자 하는 비겁하고도 무책임한 태도이다.

상식적으로 생각해 볼 때, 성경에서 증언하는 기생 라합의 주제는 너무도 당연한 이야기다. 하나님께서 당신의 딸들을 이 땅에 보낼 때마다 기생 라합과 같은 처지에 몰리게 된다면, 라합의 아빠 아버지 되시는 하나님께서는 이 땅을 어떻게 하실까? 결과는 물어보지 않아도 뻔하다. 어느 아빠가 자신의 딸을 강간한 자들을 그냥 두겠는가? 더구나 그 아빠는 전지전능하신 하나님이시다. 그런 의미에서 나는 우리 대한민국을 포함한 전 세계가 지금 직면하고 있는 위기의 핵심은 '하나님의 형상' 중 절반을 차지하는 '전능자이신 하나님의 딸'을 존귀하게 여기지 않는 것이라고 말한 것이다.

너희가 아들이므로 하나님이 그 아들의 영을 우리 마음 가운데 보내사 **아빠 아버지라 부르게 하셨느니라**(갈라디아서 4:6)

물론, 우리가 발을 디디고 살고 있는 대한민국의 상황이 빠르게 변하고 있다. 그 결과, 지금의 20대를 볼 때 '하나님의 딸'이라는 표현 또한 성별 구분 없이 '하나님의 자녀'로 바꾸어 표현하는 것이 더 합당해 보인다. 다만, '문제의 핵심은 하나님의 형상 중 절반이 전능자이신 하나님의 딸이라는 점'이라고 말한 이유는 인류 역사 가운데 전통적으로 착취 받고 피해자의 위치에 있었던 존재가 주로 여성이었기 때문이다. 그리고 기생 라합이 살았던 시대 또한 그러했다.

그런 맥락에서, '하나님의 딸'이라는 표현은 '자신을 방어할 힘이 없는 하나님의 형상 모두'를 가리키는 것으로 이해하면 될 것이다. 특별히 이 말은 '여혐, 남혐'으로 나뉘어 싸우고 있는 21세기 대한민국의 가련한 젊은이들을 위해 기록해둔다. 이러한 현상은 이 땅의 젊은이들의 처지가 본능적으로 끌리게 마련인 이성(異性)에게마저 웃어줄 여유가 없어질 만큼 각박하고 절박하다는 것을 의미한다. 가슴 아프고 안쓰러운 일이다.

> 하나님이 자기 형상 곧 **하나님의 형상대로 사람을 창조하시되 남자와 여자를 창조하시고**(창세기 1:27)

기생 라합의 이야기는 대한민국 국민 전체가 목숨을 걸다시피하는 '부동산문제'를 저변에 깔고 있다. 여호수아서에 증언된 '라합 이야기'는 '아간에 대한 기사' 바로 앞에 위치한다. 성경의 이러한 배치는 매우 의도적이다. 여호수아서 6장과 7장 일부를 인용한다.

> [25]여호수아가 기생 라합과 그의 아버지의 가족과 그에게 속한 모든 것을 살렸으므로 그가 오늘까지 이스라엘 중에 거주하였으니 이는 여호수아가 여리고를 정탐하려고 보낸 사자들을 숨겼음이었더라 [26]여호수아가 그 때에 맹세하게 하여 이르되 누구든지 일어나서 이 여리고 성을 건축하는 자는 여호와 앞에서 저주를 받을 것이라 그 기초를 쌓을 때에 그의 맏아들을 잃을 것이요 그 문을 세울 때에 그의 막내아들을 잃으리라 하였더라 [27]여호와께서 여호수아와 함께 하시니 여호수아의 소문이 그 온

땅에 퍼지니라 ^{7:1}이스라엘 자손들이 온전히 바친 물건으로 말미암아 범
죄하였으니 이는 유다 지파 세라의 증손 삽디의 손자 갈미의 아들 아간
이 온전히 바친 물건을 가졌음이라 여호와께서 이스라엘 자손들에게 진
노하시니라(여호수아 6:25-7:1)

²⁴여호수아가 이스라엘 모든 사람과 더불어 세라의 아들 아간을 잡고 그
은과 그 외투와 그 금덩이와 그의 아들들과 그의 딸들과 그의 소들과 그
의 나귀들과 그의 양들과 그의 장막과 그에게 속한 모든 것을 이끌고 아
골 골짜기로 가서 ²⁵여호수아가 이르되 네가 어찌하여 우리를 괴롭게 하
였느냐 여호와께서 오늘 너를 괴롭게 하시리라 하니 **온 이스라엘이 그
를 돌로 치고 물건들도 돌로 치고 불사르고** ²⁶**그 위에 돌 무더기를 크게
쌓았더니 오늘까지 있더라 여호와께서 그의 맹렬한 진노를 그치시니 그
러므로 그 곳 이름을 오늘까지 아골 골짜기라 부르더라**(여호수아 7:24-
26)

　성경 본문을 살펴보면 분명히 대비되는 두 인물이 있을 것이다. '기생 라
합' 그리고 '우리 주 예수 그리스도께서 오신 유다 지파에 속한 세라의 증손
삽디의 손자 갈미의 아들 아간'이 바로 그들이다. 특별히 이스라엘 백성 중
에 '누구의 증손 누구의 손자 누구의 아들'이라는 아간에 대한 표현은, 그가
이름만 대면 다른 설명이 필요 없이 당시 사람들 거의 모두가 알아볼 수 있
을 정도의 '명문가 출신'이었음을 의미한다.
　성경은 그러한 명문가 출신의 아간을 이방의 이름 없는 한 여인과 대비

하고 있다. 당시는 여인과 어린아이는 온전한 사람으로 취급받지 못하던 시절이었다. 게다가 그 여인의 신분은 '기생'이었다.

물론 지금은 성도들 대부분이 아는 이름이지만 이름 없는 그 여인은 언약 백성의 일원으로 받아들여진다. 그리고 우리 주 예수 그리스도께서는 이여인의 혈통을 통하여 이 땅에 오신다. 반면 바로 이어지는 명문가 출신의 상속자, 아간은 이방인처럼 돌로 쳐 죽임을 당한다. 그의 시체와 그가 살았을 때 그에게 속했던 모든 것들 위에는 돌무더기가 쌓인다. 그가 묻힌 자리는 지금도 사망과 죽음의 대명사로 잘 알려진 '아골 골짜기'라 불린다.

우리는 성경에서 이름 없는 이방인이었다가 언약 백성의 일원이 된 여인과 그녀에게 속한 가족들의 이야기를 듣는다. 바로 이어 언약 백성의 명문가의 상속자이었다가 이방인처럼 죽임을 당하고 언약 백성에서 제외된 한 사내와 그 사내에게 속한 집안 전체의 이야기를 접하게 된다. 이 두 이야기가 나란히 나오는 이유는 무엇일까? 성경은 우리에게 무슨 이야기를 해주고 싶은 것일까?

두 인물의 이야기 가운데 공통점은 무엇이고 다른 점은 무엇일까? 두 이야기는 '인간의 탐욕'을 다루고 있다. 한쪽은 '인간의 탐욕의 희생양'이 된 여인의 이야기인 반면 다른 한쪽은 탐욕을 부릴 수 있는 위치에 있던 인물이 저지른 '은밀한 탐욕의 결과'를 다루고 있다. 아간의 탐욕이 어떻게 수십명의 동료들과 자신 그리고 가족들을 죽음에 이르게 하는지를 보여주고 있다. 결국, 두 이야기는 '인간 탐욕의 피해자와 가해자의 이야기'다.

[4]백성 중 삼천 명쯤 그리로 올라갔다가 아이 사람 앞에서 도망하니 [5]**아이 사람이 그들을 삼십육 명쯤 쳐죽이고** 성문 앞에서부터 스바림까지 쫓아가 내려가는 비탈에서 쳤으므로 백성의 마음이 녹아 물 같이 된지라(여호수아 7:4-5)

우리는 여호수아서에서 언약 백성인 이스라엘을 통해 가나안 땅에서 토해냄을 당하는 가나안 족속을 만나게 된다. 그런데 훗날 이스라엘은 하나님의 도구로 사용된 앗수르와 바벨론을 통해 가나안 땅에서 토해냄을 당하게 된다. 두 사건 모두 탐욕이 원인이었다.

그러므로 땅에 있는 지체를 죽이라 곧 음란과 부정과 사욕과 악한 정욕과 탐심이니 **탐심은 우상 숭배니라**(골로새서 3:5)

21세기는 욕망을 긍정하는 시대다. 우리 모두 잘 알고 있는 사실이다. 그런데 나는 CMF에서 20대 아이들로부터 이러한 반박을 받은 경험이 있다. 벌써 7년 전의 일이다. 그날 나는 뭔가로 머리를 제대로 얻어맞은 느낌이었다. 동시에 새로운 눈이 뜨여진 계기가 되었다.

그날은 우리 CMF 아이들[6]과 '오찬호'의 '우리는 차별에 찬성합니다. 괴

---

6 내가 쓰는 표현 중 'CMF 아이들'이라 함은, CMF에서 내가 간사로 사역을 시작한 2005년 이후에 CMF에서 만난 의대생 치대생 한의대생 간호대생들을 지칭한다. 물론, 지금은 의대 교수가 되어 있는 아이들도 꽤 있다. 이러한 표현을 고집하는 이유는 CMF 간사로서 나의 정체

물이 된 이십대의 자화상'이라는 책을 2주간 같이 소리를 내어 읽은 뒤 토론을 했던 날이었다. 토론은 나름 유익했다. 자정을 넘겨 토론을 마친 뒤, 집에 가려는 나를 CMF 아이들 서너 명이 잡았다. 할 말이 있다는 것이었다. 그리고는 새벽이 깊도록 아이들의 진짜 이야기를 들었다.

"간사님, 저희한테 요즈음 20대는 욕망과 그에 따른 차별을 긍정하는 세대라고 하시는데요. 저희가 가지고 있는 그 가치관, 저희 20대들끼리 만든 것일까요? 사실 저희는 간사님 말씀대로, 학교와 학원에서 만들어진 애들이잖아요. 저희한테 욕망과 차별을 긍정하라고 삶으로 가르치신 것은 우리 엄마들이고 우리 선생님들이고 우리가 만난 어른들 아닌가요? 그래도 저희 세대는 거짓말은 하지 않아요. 그래서 이전 세대보다도 더 욕망과 차별을 긍정하는 것처럼 보이는 것뿐이에요. 저희는 솔직하기라도 하잖아요. 그런데 우리 부모님 세대는 겉으로는 그럴듯한 말씀들을 하시지만, 사실 행동으로나 삶으로는 저희보다 더하지 않나요? 저희는 부모님 세대의 말을 믿지 않아요. 저희보고 욕망과 차별을 긍정하는 세대라고 하시는데 저희는 부모님 세대의 행동을 보고 배운 것뿐이에요. 그래요. 저희는 욕망과 차별에 솔직해요. 하지만 우리 부모님 세대처럼 파렴치하지는 않아요. 우리는 우리 부모님 세대보다 과하지는 않다고요."

성 때문이다. 내가 사역자로서 항상 마음에 품고 있는 성경 구절을 인용한다. "그리스도 안에서 일만 스승이 있으되 아버지는 많지 아니하니 그리스도 예수 안에서 내가 복음으로써 너희를 낳았음이라"(고린도전서 4:15).

탐욕과 욕망을 긍정하는 사회가 시간이 지남에 따라 궁극적으로 만들어
내는 풍경은 어떤 모습일까? 언약 백성이 가나안 땅에서 토해냄을 당하기
전, 하나님께서 선지자 이사야를 통하여 경고하신 말씀이다. 이 당시 언약
백성이 만들어낸 사회의 모습은 기생 라합을 만들어낸 가나안 족속이 가나
안 땅에서 토해냄을 당할 때의 모습과 흡사하다.

> [7]무릇 만군의 여호와의 포도원은 이스라엘 족속이요 그가 기뻐하시는
> 나무는 유다 사람이라 그들에게 정의를 바라셨더니 도리어 포학이요 그
> **들에게 공의를 바라셨더니 도리어 부르짖음이었도다** [8]**가옥에 가옥을 이**
> **으며 전토에 전토를 더하여 빈 틈이 없도록 하고 이 땅 가운데에서 홀로**
> **거주하려 하는 자들은 화 있을진저** [9]만군의 여호와께서 내 귀에 말씀하
> 시되 정녕히 허다한 가옥이 황폐하리니 크고 아름다울지라도 거주할 자
> 가 없을 것이며 [10]열흘 갈이 포도원에 겨우 포도주 한 바트가 나겠고 한
> 호멜의 종자를 뿌려도 간신히 한 에바가 나리라 하시도다(이사야 5:7-
> 10)

맞는 말씀이다. 만군의 여호와 하나님께서 가꾸시고 기르시고 기뻐하시
는 당신의 자녀는 언약 백성이다. 당연히 신약시대의 여호와 하나님께서
기뻐하시는 언약 백성은 우리 주 예수 그리스도를 통하여 구원받은 바로
우리다.

21세기를 사는 지금도 오직 언약 백성인 아브라함의 자손만이 구원받을
수 있다. 특별히 바울 서신서는 이러한 사실을 잘 설명하고 있다. 바울 서신

서의 주요 내용은 결국 "누가 진정한 아브라함의 자손인가? 누가 진정한 언약 백성인가?"이다. "누가 진정한 아브라함의 자손인가?" 바로 '우리 주 예수 그리스도를 통하여 구원받은 자'가 '진정한 아브라함의 자손'이다. 유대교 신학자이었던 사도 바울은 다메섹으로 가던 길에서 우리 주 예수 그리스도를 만남으로, 이 모든 사실을 깨닫게 되었다. 여러 혈통적 유대인들이 아브라함의 자손이 아니라, 오직 한 사람, 사람이 되신 성자 하나님 우리 주 예수 그리스도를 통하여 구원받은 자가 아브라함의 자손이다.[7]

> [15]형제들아 내가 사람의 예대로 말하노니 사람의 언약이라도 정한 후에는 아무도 폐하거나 더하거나 하지 못하느니라 [16]이 약속들은 아브라함과 그 자손에게 말씀하신 것인데 여럿을 가리켜 그 자손들이라 하지 아니하시고 **오직 한 사람을 가리켜 네 자손이라 하셨으니 곧 그리스도라** (갈라디아서 3:15-16)

> 너희가 **그리스도의 것이면 곧 아브라함의 자손이요** 약속대로 유업을 이을 자니라(갈라디아서 3:29)

이사야는 성경에서 자주 사용되는 전형적인 '언어유희'(word play)를 사용하여, 약속의 땅에서 토해냄을 당하기 전 언약 백성이 만든 사회상을 고발

---

7 이에 대한 설명은, 이 책의 1부 '아브라함 1-믿음의 조상: 하나님을 위한 변명'에서 이미 다루었다. 나는 이 책에서 기회가 될 때마다, 구원론에 대한 설명에 정성을 들였다. 그 이유는 따로 설명하지 않아도 알 수 있으리라 믿는다.

한다. 여호와 하나님께서 언약 백성에게 '정의'(미쉬파트)를 바라셨더니 도리어 돌아온 것은 '포악'(미쉬파흐)이요, 그들에게 '공의'(체다카)를 바라셨더니 돌아온 것은 그 땅의 포악에 고통으로 몸부림치는 가련한 자들의 '부르짖음'(체아카)이었다.

바로 이어 고통으로 몸부림치는 부르짖음을 가져온 '포악의 실체'가 드러난다. "가옥에 가옥을 이으며 전토에 전토를 더하여 빈 틈이 없도록 하고 이 땅 가운데에서 홀로 거주하려 하는 자들은 화 있을진저" 21세기 대한민국에서는 이 상황이 어떤 상황인지 굳이 따로 설명할 필요는 없을 것이다.

나와 같은 세대만 되어도 가지고 있는 추억이 있다. 어린 시절 동네마다 존재했던 '공터'가 이제는 보이지 않는다. 지금 대한민국에는 공터가 없어졌다. 젊은 세대에게는 공터라는 단어조차 생소할 것이다. 공터라는 말이 품고 있는 '정서적 함의(含意)'를 이해하고 느끼기 힘들 것이다.

한 아이를 키우기 위해서는 한 동네가 필요하다고 한다. 맞는 이야기다. 그리고 그러한 동네의 중심에는 항상 '공터'가 있었다. 그곳에는 동네 형들과 누나들, 언니들과 오빠들, 그리고 동생들이 있었다. 뭐든지 좋았다. 이런저런 모양의 돌멩이 하나하나 나뭇가지 하나 낡은 플라스틱 바가지 하나하나 모두 창의적인 놀이의 재료가 되고 도구가 되었다. 그 시절 그 동네 아이들 내부에는 하나의 사회가 형성되어 있었다. 그 가운데 갈등과 힘의 이동(?)이 있었고 다양한 모양의 타협과 화해 그리고 중재가 있었다. 그 과정을 통해 자라나는 정(情)과 사회성(社會性)이 아이들을 키우고 다듬어갔다. 그 공통의 추억이 어린 시절 고향에 대한 그리움과 힘든 세상을 살아내는 힘이 되었다.

그러나 '가옥에 가옥을 이으며 전토에 전토를 더하여 빈 틈이 없도록 하고 이 땅 가운데에서 홀로 거주하려 하는 자들'이 다수가 된, 21세기 대한민국의 도시에는 더 이상 공터가 들어설 자리가 없다. 그 자리에는 콘크리트 구조물이 서 있고, 혹시라도 비어있는 곳이라 할지라도 울타리와 함께 '저 노른자위 땅의 값은 얼마'라는 이야기만이 맴돌 뿐이다.

그 결과, 21세기 대한민국의 아이들은 공터를 대신한 '가상공간' 즉 '가상공터'에서 놀이를 한다. 나에게는 딸 하나 아들 하나가 있다. 상당히 오래전 아들이 '마이크가 달린 컴퓨터용 헤드폰(headphone)'을 사달라고 했다. 그런 경우, 나는 보통 이유를 묻지 않고 아들이 원하는 것을 사준다. 이유는 간단하다. 아들이 아빠보다 현대 문명의 기기에 대해서 잘 알기 때문이다. 마이크가 달린 컴퓨터용 헤드폰이 도착한 뒤, 어느 날 거실 컴퓨터에 앉아서 화면을 보고 소리를 지르고 있는 아들을 봤다. 옆에 가서 가만히 살펴봤다. 정황상 분명히 다른 공간에 아들의 학교 친구가 있었다. 아들은 그 친구와 가상공간에서 같은 일을 하는 중이었다. 그 집중력이 기특했다. 조용히 컵에 우유를 따라 아들의 마우스(mouse) 옆에 놔줬다.

나는 식음을 전폐하지 않는 정도의 '게임에의 몰입'마저 '중독'으로 모는 세대에 우려감을 가지고 있다. 게임을 하는 아이들을 가만히 살펴보면 알 수 있는 것이 있다.[8] 혼자서 하는 게임을 오래 하는 아이는 찾아보기 힘들

---

8 나는 게임을 하지 않는다. 하지만 게임을 하는 아이들을 비난하거나 방해하지 않는다. CMF

다. 집에 있는 아이가 게임을 오래 한다면, 대부분의 경우 가상공간에서 친구와 같은 게임을 하고 있다는 이야기다.

왜 그럴까? 게임 중독이어서? 아니다. 사람이 그리워서 그렇다. 우리는 하루종일 공부만 하는 아이를 향해 찬사를 보내지, '공부중독'이라고 비난하지 않는다. 소위 '스카이캐슬(sky castle) 세대'[9] 엄마들의 논리대로 한다면, 어린 시절 하루종일 공터에서 놀던 우리 세대는 그 시절 어떤 중독에 빠져 있었던 것일까? 솔직히 말해보자. 그 시절 그 아이들은 지금 전부 잘못되었나? 정신과적으로, 중독의 주요 정신 역동적 기전은 '회피 혹은 도피'다. 자신의 아이가 게임 중독에 빠졌다고 생각된다면, 내 아이는 내 아이를 둘러싼 무엇이 힘들어서 도망가려고 하는지를 살펴볼 일이다. 그 아이가 회피하고 싶은 그 환경은 누가 만든 것일까?

이러한 사회 구조적 패턴(pattern)의 결과를, 이사야 선지자가 여호와 하나님께 들은 대로 선포한다. "정녕히 허다한 가옥이 황폐하리니 크고 아름

아이들이 예배 후, 같이 모여 게임을 하러 간다고 할 때마다 해주는 이야기는 이것이다. "이왕이면, 이기고 오렴." 내 경험으로 볼 때, 집중력이 좋은 아이들이 공부도 그리고 게임도 잘한다. 당연한 이야기다.

9 한 가지 상기하고 싶은 '잔인한 이야기'가 있다. 소위 '스카이캐슬 세대'의 전성기에 중고등학교 시절을 보낸 아이들은 지금 COVID-19로 경기가 위축되어있는 시기에 대학을 졸업하고 사회에 나가야 하는 처지에 놓여 있다. 알고 싶은 것이 있다. 그렇게 마음껏 욕심을 부리고 자식을 자기 인생의 대리 만족과 자아성취의 도구로 보았던 엄마들의 눈에는 지금 무엇이 보일까? 분명한 사실은 그렇게 그 엄마들이 욕심을 부릴 때, 우리 하나님께서는 COVID-19가 전 세계를 휩쓸고 있는 지금 이 시기를 보고 계셨다는 점이다.

다울지라도 거주할 자가 없을 것이며, 한 쌍의 소가 열흘이 걸려야 쟁기질을 할 수 있는 면적의 포도원에서 포도주가 겨우 22리터가 나겠고, 220리터의 종자를 뿌려도 간신히 22리터의 열매가 날 것이다."

이제 가나안 땅에서 처음 토해냄을 당한 아모리 족속과[10] 두 번째로 토해냄을 당한 언약 백성의 '동일한 이유'가 어렴풋이 그려지기 시작할 것이다.

물론, 아모리 족속과 언약 백성은 그 운명에 있어서 차이가 있었다. 여호수아를 통한 '정복 전쟁'[11]으로 행해진 아모리 족속을 그 땅에서 토해내는 경우는 어린 아기까지를 포함한 그 땅 거민 전체를 진멸하는 방식으로 이루어졌다.[12] 반면 언약 백성의 경우는 회복을 전제로 가나안에서 바벨론으로 옮겨지는 방식으로 이루어졌다.

당신의 자녀를 향한 하나님의 편애는 끝이 없다. 우리는 이때 "누구를 벌하시는가?"라는 관점이 아니라 누구를 용서하시려고 "하나님께서는 대가를 치르시는가?"를 보아야 한다. "자신의 것을 가지고,[13] 누구의 빚을 갚아줄

---

10 성경은 가나안 땅에서 토해냄을 당한 가나안 족속을 통칭하여 '아모리 족속'으로 부르곤 한다.

11 엄밀히 말하자면 '수복 전쟁'이다. 그 이유는 뒤에서 설명하겠다.

12 21세기의 관점에서 볼 때, 이러한 사실은 끔찍하게 느껴질 것이다. 우리는 이러한 조치에서 하나님께서 '죄의 전염력'을 얼마나 심각하게 보시는지를 알 수 있다.

13 "⁸저물매 포도원 주인이 청지기에게 이르되 품꾼들을 불러 나중 온 자로부터 시작하여 먼저 온 자까지 삯을 주라 하니 ⁹제십일시에 온 자들이 와서 한 데나리온씩 받거늘 ¹⁰먼저 온 자들이 와서 더 받을 줄 알았더니 그들도 한 데나리온씩 받은지라 ¹¹받은 후 집 주인을 원망하여 이르되 ¹²나중 온 이 사람들은 한 시간밖에 일하지 아니하였거늘 그들을 종일 수고하며 더위를 견딘 우리와 같게 하였나이다 ¹³주인이 그 중의 한 사람에게 대답하여 이르되 친구여 내가 네게 잘못한 것이 없노라 네가 나와 한 데나리온의 약속을 하지 아니하였느냐 ¹⁴네 것이나 가지고 가라 나중 온 이 사람에게 너와 같이 주는 것이 내 뜻이니라 ¹⁵내 것을 가지고 내 뜻대로 할 것이 아니냐 내가 선하므로 네가 악하게 보느냐"(마태복음 20:8-15).

것인가?"라는 문제는 전적으로 빚을 대신 갚아주는 존재의 의지와 연관이된다. 동시에 누군가의 빚을 대신 갚아준 사람을 향해 "왜 그 옆에 있는 사람의 빚은 갚아주지 않느냐?"라고 비난하는 것은 참으로 이상한 일이다.

> 기록된 바 **내가 야곱은 사랑하고** 에서는 미워하였다 하심과 같으니라
> (로마서 9:13)

하나님은 근거 없이 누구를 벌하시거나, 죄에 대한 대가를 치르심이 없이 누군가를 죄 없다고 하시지 않는다. 하나님은 '사랑의 하나님'이신 동시에 '공의의 하나님'이시다. 하나님께서 야곱의 죄악에도 불구하고 야곱을 사랑하심은 '우리 주 예수 그리스도를 통한 십자가 사역'으로 가능한 일이다. 하나님께서는 '하나님의 자녀의 죗값'을 당신이 직접 치르셨다.

구약시대의 인물인 '야곱의 죗값'도 우리 주 예수 그리스도의 십자가를 통하여 치르셨다는 이야기에 어리둥절 해하는 독자가 있을 것이다. 스스로 계신 무한하신 창조주 하나님의 사역은 시공간에 매이지 않는 영원의 사역이시다. 우리는 '시공간' 또한 '삼위일체 하나님의 피조물'임을 기억할 필요가 있다. 그러므로 구약 백성들도 오직 우리 주 예수 그리스도의 은혜로 구원받는다. 삼위일체 하나님의 우리를 향한 모든 은혜는 항상 '아들을 통하여 성령 안에서' 이루어진다. 이와 같이 '성부 하나님의 사랑으로 시작된 구원'이 '성자 하나님이신 우리 주 예수 그리스도를 통하여' '성령 하나님 안에서' 삼위일체 하나님의 일하심으로 이루어지심을 신학적으로는 '경륜적 삼

위일체론'이라고 한다.[14]

> [16]네 자손은 사대 만에 이 땅으로 돌아오리니 **이는 아모리 족속의 죄악**
> **이 아직 가득 차지 아니함이니라** 하시더니 [17]해가 져서 어두울 때에 연
> 기 나는 화로가 보이며 타는 횃불이 쪼갠 고기 사이로 지나더라 [18]그
> 날에 여호와께서 아브람과 더불어 언약을 세워 이르시되 내가 이 땅
> 을 애굽 강에서부터 그 큰 강 유브라데까지 네 자손에게 주노니(창세기
> 15:16-18)

하나님께서는 아브라함에게 창세기 15장에서 가나안 땅을 약속하시면
서, 아직 그 땅을 아브라함과 그 자손에게 주시지 않는 이유에 대해 "이는
아모리 족속의 죄악이 아직 가득 차지 아니함이니라"라고 설명하신다. 이때
언급된 '아모리 족속의 죄악'이 바로 가나안 땅에서 가나안 족속이 토해냄을
당한 죄악이다. 그리고 기생 라합과 같은 피해자를 양산하는 '사회 구조적
죄악'이 바로 아모리 족속의 죄악이다. 그렇다면, 아모리 족속의 죄악이라
칭해지는 이 죄악의 구체적인 모습은 무엇일까?

훗날 언약 백성 또한 바로 이 '아모리 족속의 죄악'으로 말미암아 가나안
땅에서 토해냄을 당한다. 그리고 이스라엘과 유다의 멸망 직전 즉 포로기
직전 집중적으로 보내심을 받은 선지자들의 언약 백성을 향한 메시지는 바

---

14 '존재적 삼위일체론'과 '경륜적 삼위일체론'에 대해 알고 싶은 독자에게는 칼빈의 『기독교 강
요』를 권한다. 나는 총신대학교 신학대학원 시절 문병호 교수님의 『30주제로 풀어 쓴 기독교
강요』의 도움을 많이 받았다.

로 이 '아모리 족속의 죄악'에서 돌이키라는 것이었다.

결론을 이야기하자면, 아모리 족속의 죄악은 이번 단원 성경인물 설교의 주인공인 '라합'을 '사회 구조적으로 기생이 되게 한 죄'다. 이 죄는 하나님께서 그 땅에 거주하는 거류민 전체를 싹쓸이하는 조건이 된다. 앞에서도 언급했지만, 하나님께서 당신의 딸들을 보내실 때마다 그 땅의 거민들이 그 딸들을 '기생 라합'되게 하는 경우, 라합의 아빠 아버지이신 하나님께서 그 땅을 멸하시는 것은 당연한 일이다.

선지자 이사야는 언약 백성을 향해 이러한 '아모리 족속의 죄악'에서 돌이키라고 반복해서 외친다. 요즈음 대한민국의 상황을 볼 때 그리고 우리들 자신을 되돌아볼 때, 이사야 당시 언약 백성들은 이사야를 통해 선포된 하나님의 말씀을 알아들었을까? 흔히 하는 말로, 어림 택도 없었을 것 같다. 아니, 알아들었어도 외면했을 것이다. 지금 우리 한국 교회 성도들도 마찬가지인 것 같다.[15]

---

15 사람들은 재산을 가진 경우와 재산이 없는 경우 다른 가치 판단을 하는 경향이 있다. 나는 아직 재산이 없던 사람이 재산이 생긴 뒤에도 같은 말을 하는 경우를 본 적이 없다. 그런 점에서 가난은 '도덕적 우월성'을 의미하지 않는다. 슬픈 일이다. 위의 "지금 우리 한국 교회 성도들도 마찬가지인 것 같다."라는 언급은, 부동산을 과하게 소유하고 있는 성도들뿐 아니라 부동산을 소유하지 못한 성도 또한 '아모리 족속의 죄악'을 고발하는 성경 말씀으로부터 자유롭지 못하다는 것을 의미한다. 내가 하려는 말이 무엇인지 전달되었으리라 믿는다. 정말 잔인하고 야박한 이야기지만, 나는 지금 이 땅에서 현재 부동산을 소유하지 못해 고통받는 사람마저도 그 중심을 볼 때 '아모리 족속의 죄악'으로부터 자유롭지 못하다는 말을 하는 중이다. 이렇게까지 야박하게 말하는 이유는 간단하다. 우리 모두 이 '아모리 족속의 죄악'으로부터 벗어나야 하기 때문이다. 하나님 앞에서 우리 다음 세대에게 살길을 열어주어야 하기 때문이다.

그래서 하나님께서는 선지자들에게 이런 말씀을 덧붙여 주신다. "그들이 듣든지 아니 듣든지 너는 내 말로 고할지어다." 성경을 자세히 살펴보면, 하나님께서는 경고 없이 당신의 백성을 치시지 않는다. 물론 그 수없이 많은 경고를 우리가 외면하거나 못 알아들어서 문제지만…

> ³내게 이르시되 인자야 내가 너를 이스라엘 자손 곧 패역한 백성, 나를 배반하는 자에게 보내노라 그들과 그 조상들이 내게 범죄하여 오늘까지 이르렀나니 ⁴이 자손은 얼굴이 뻔뻔하고 마음이 굳은 자니라 내가 너를 그들에게 보내노니 너는 그들에게 이르기를 주 여호와의 말씀이 이러하시다 하라 ⁵그들은 패역한 족속이라 **그들이 듣든지 아니 듣든지 그들 가운데에 선지자가 있음을 알지니라** ⁶인자야 너는 비록 가시와 찔레와 함께 있으며 전갈 가운데에 거주할지라도 그들을 두려워하지 말고 그들의 말을 두려워하지 말지어다 그들은 패역한 족속이라도 그 말을 두려워하지 말며 그 얼굴을 무서워하지 말지어다 ⁷그들은 심히 패역한 자라 **그들이 듣든지 아니 듣든지 너는 내 말로 고할지어다**(에스겔 2:3-7)

> 가옥에 가옥을 이으며 전토에 전토를 더하여 빈 틈이 없도록 하고 이 땅 가운데에서 홀로 거주하려 하는 자들은 화 있을진저(이사야 5:8)

성경 말씀을 접할 때, 우리는 현재 이곳에(here and now) 시선을 두어야 한다. 우리가 발을 디디고 살고 있는, 바로 이 땅의 현실을 성찰해야 한다. 하나님은 실제적인 분이시지, 어린 시절 교장 선생님의 훈화(?)처럼 피상적으로 말씀하시는 분이 아니시다. 사변적인 말씀으로 '당신의 뜻'과 '당신의 어떠하심'을 드러내시지 않으신다. 하나님께서는 한 민족을 택하사 그 민족과 그 주변 민족들의 '구체적인 삶의 모습과 여정' 가운데 하나님의 뜻과 하나님 당신의 어떠하심을 우리에게 계시하신다.

설교자의 정당한 의무는 이스라엘 백성과 그 주변 민족들의 삶의 모습과 여정 가운데 계시된[16] 하나님의 뜻과 속성을 이해한 뒤, 현재 우리가 살고 있는 이 땅의 모습과 여정이 하나님의 뜻과 하나님의 어떠하심에 비추어 얼마나 멀리 떨어져 있는지를 비추는 것이다. 이러한 작업의 목적은 따로 언급하지 않아도 될 것이다.

지금까지는 기생 라합의 일생을 둘러싼 '신학적 의미'를 주로 다루었다. 배경 설명을 한 셈이다. 이제 기생 라합의 이야기 속으로 조금 더 들어가 보기로 하자.

여호수아 6장 말씀이다. 이스라엘 백성은 하나님의 명령대로 여리고 성을 처음 엿새 동안은 매일 한 번씩 일곱 번째 날은 일곱 번을 돌고 나서 소리를 질렀다. 그러자 성벽이 무너져 여리고 성은 이스라엘 백성에게 정복당하였다.

이스라엘 백성은 일주일간 여리고 성을 매일 돌았다. 그리고 기생 라합

---

16 성경 말씀

의 집은 성벽에 있었다. 라합과 '라합의 집에 모여 있었을 라합의 가족들'은 이스라엘 백성들이 매일 여리고 성을 도는 동안 그 행렬을 창문 밖으로 엿볼 수 있었을 것이다. 일주일 뒤에 언약 백성들이 소리를 지르자 성벽이 무너졌다. 그리고 라합과 라합의 가족들은 구원받았다.

이 사실은 무엇을 의미할까? 여리고 성벽이 무너질 때, 기생 라합의 집이 위치한 성벽은 무너지지 않고 남아 있었다는 이야기다. 우리는 성경을 무심코 읽는 습관이 있지만, 성벽이 무너질 때 라합의 집이 있는 성벽까지 무너졌다면 그 안에 있는 라합과 그녀의 가족들은 생존할 수 없었을 것이다. 이는 두 정탐꾼이 라합에게 한 약속을 하나님께서 인정하셨다는 뜻이다.

> [12]또 여호수아가 아침에 일찍이 일어나니 제사장들이 여호와의 궤를 메고 [13]제사장 일곱은 양각 나팔 일곱을 잡고 여호와의 궤 앞에서 계속 행진하며 나팔을 불고 무장한 자들은 그 앞에 행진하며 후군은 여호와의 궤 뒤를 따르고 제사장들은 나팔을 불며 행진하니라 [14]그 둘째 날에도 그 성을 한 번 돌고 진영으로 돌아오니라 엿새 동안을 이같이 행하니라 [15]일곱째 날 새벽에 그들이 일찍이 일어나서 전과 같은 방식으로 그 성을 일곱 번 도니 그 성을 일곱 번 돌기는 그 날뿐이었더라 [16]일곱 번째에 제사장들이 나팔을 불 때에 여호수아가 백성에게 이르되 외치라 여호와께서 너희에게 이 성을 주셨느니라(여호수아 6:12-16)

> [22]여호수아가 그 땅을 정탐한 두 사람에게 이르되 그 기생의 집에 들어

가서 너희가 그 여인에게 맹세한 대로 그와 그에게 속한 모든 것을 이끌어 내라 하매 ²³정탐한 젊은이들이 들어가서 라합과 그의 부모와 그의 형제와 그에게 속한 모든 것을 이끌어 내고 또 그의 친족도 다 이끌어 내어 그들을 이스라엘의 진영 밖에 두고 ²⁴무리가 그 성과 그 가운데에 있는 모든 것을 불로 사르고 은금과 동철 기구는 여호와의 집 곳간에 두었더라 ²⁵**여호수아가 기생 라합과 그의 아버지의 가족과 그에게 속한 모든 것을 살렸으므로 그가 오늘까지 이스라엘 중에 거주하였으니** 이는 여호수아가 여리고를 정탐하려고 보낸 사자들을 숨겼음이었더라(여호수아 6:22-25)

두 정탐꾼의 약속은, 여호수아 '여호와는 구원이시다'라는 뜻의 이름을 가진 '하나님의 사람'에 의해 구체적으로 실현되었다. 우리는 그녀의 이후의 삶에 대해 여호수아서가 아니라 '룻기'와 '역대상'을 통하여 알 수 있다.

¹⁶나오미가 아기를 받아 품에 품고 그의 양육자가 되니 ¹⁷그의 이웃 여인들이 그에게 이름을 지어 주되 나오미에게 아들이 태어났다 하여 그의 이름을 오벳이라 하였는데 그는 다윗의 아버지인 이새의 아버지였더라 ¹⁸베레스의 계보는 이러하니라 베레스는 헤스론을 낳고 ¹⁹헤스론은 람을 낳았고 람은 암미나답을 낳았고 ²⁰암미나답은 나손을 낳았고 **나손은 살몬을 낳았고** ²¹**살몬은 보아스를 낳았고** 보아스는 오벳을 낳았고 ²²오벳은 이새를 낳고 **이새는 다윗을 낳았더라**(룻기 4:16-22)

룻기 4장 20절에 '살몬'이 보이는가? 역대상 2장 11절에 언급된 유다 자손의 방백[17]인 나손의 아들 '살마'가 바로 '살몬'이다. 이 살몬이 '라합의 남편'이다. 그리고 룻기에 나오는 '모압 여인 룻'의 남편이 되는 '보아스'가 바로 '라합의 아들'이다.

> [10]람은 암미나답을 낳고 암미나답은 나손을 낳았으니 **나손은 유다 자손의 방백이며** [11]나손은 살마를 낳고 **살마는 보아스를 낳고** [12]보아스는 오벳을 낳고 오벳은 이새를 낳고 [13]이새는 맏아들 엘리압과 둘째로 아비나답과 셋째로 시므아와 [14]넷째로 느다넬과 다섯째로 랏대와 [15]여섯째로 오셈과 일곱째로 다윗을 낳았으며(역대상 2:10–15)

이들을 통해 다윗과 우리 주 예수 그리스도께서 이 땅에 오시게 된다. 하나님께서는 라합을 '유다 명문가의 안주인'이 되게 하신다. 여호수아서에서 언급된 라합과 대비되는 인물인 아간이 '유다의 명문가 출신'이었음을 생각하면 하나님의 분명한 손길과 하나님의 강력한 의지가 느껴지는 대목이다.

신약성경을 여는 마태복음 첫 부분에 나오는 우리 주 예수 그리스도의 족보를 살펴보면, 이러한 사실이 좀 더 확연하게 드러난다. "살몬은 라합에게서 보아스를 낳고."

---

17 방백은 동네에서 비교적 흔히 접할 수 있는 어느 정도의 지위와 재산이 있는 정도의 지역 유지에게 붙이는 명칭이 아니다. 이스라엘 내에 몇 안 되는 지도층에게 붙이는 호칭이다.

> ³ … 베레스는 헤스론을 낳고 헤스론은 람을 낳고 ⁴람은 아미나답을 낳
> 고 아미나답은 나손을 낳고 나손은 살몬을 낳고 ⁵**살몬은 라합에게서 보**
> **아스를 낳고** 보아스는 룻에게서 오벳을 낳고 오벳은 이새를 낳고 ⁶이새
> 는 다윗 왕을 낳으니라 … (마태복음 1:3 후반절−6 상반절)

이와 같은 성경의 순서와 구조를 볼수록, 하나님의 의도와 의지는 분명
해진다. 약속의 땅이 비로소 언약 백성에게 주어지는 기사가 기록된 성경이
여호수아서이다. 이토록 감격스러운 소식을 전하면서 성경은 그 시작 부분
에 '이방인'이었다가 '예수님의 계보'에 들어온 기생 라합과 '언약 백성'이었
다가 '이방인'처럼 돌에 맞아 죽게 된 아간의 이야기를 의도적으로 연결시켜
놓는다.

이러한 배열을 통하여 성경은 '아모리 족속이 가나안 땅에서 진멸되는
죄'가 무엇인지를 분명히 한다. 그런데 성경에서 그려내고 있는 이러한 모
습은 '21세기 대한민국의 현실'과 매우 흡사하다. '기생 라합과 아간'의 이야
기는 결국 '탐욕의 희생자'와 '탐욕을 부릴 수 있는 위치에 선 자의 욕심'을
하나님께서 어떻게 보시는지에 대한 메시지다. 그러므로 기생 라합과 아간
의 이야기를 통한 하나님의 경고는 21세기 대한민국에 살고 있는 우리를 향
한 메시지다.

우리는 "하나님과 재물을 겸하여 섬길 수 없다."라고 하셨던 예수님의 말
씀을 기억해야 한다. 오해가 없었으면 한다. 예수님의 이 말씀은 재정관리
를 하지 말라는 이야기가 아니다. 우리 주 예수 그리스도께서는 망대를 세

우는 자의 비유 또한 강조하셨다. 성경 말씀은 해당 주제에 대해 언급하는 말씀 전체를 종합적으로 살펴볼 때 오해가 가장 적다.

> ¹³집 하인이 두 주인을 섬길 수 없나니 혹 이를 미워하고 저를 사랑하거 나 혹 이를 중히 여기고 저를 경히 여길 것임이니라 **너희는 하나님과 재 물을 겸하여 섬길 수 없느니라** ¹⁴바리새인들은 돈을 좋아하는 자들이라 이 모든 것을 듣고 비웃거늘(누가복음 16:13-14)

> ²⁸너희 중의 누가 망대를 세우고자 할진대 자기의 가진 것이 준공하기까 지에 족할는지 **먼저 앉아 그 비용을 계산하지 아니하겠느냐** ²⁹그렇게 아 니하여 그 기초만 쌓고 능히 이루지 못하면 보는 자가 다 비웃어 ³⁰이르 되 이 사람이 공사를 시작하고 능히 이루지 못하였다 하리라(누가복음 14:28-30)

탐욕과 책임 있는 재정관리의 경계는 아마도 자신이 의도했든 의도하지 않았든 관계없이 내가 하는 사회경제적 행위가 '다른 하나님의 형상을 해치 는 결과를 가져오느냐? 그렇지 않느냐?'의 차이로 나누어질 것이다. 쉽게 표현하면, 책임 있는 재정관리는 '재물을 하나님의 형상을 살리는 수단'으로 볼 때만 가능하다. 내가 재물을 섬기는 것이 아니라 재물이 하나님의 형상 을 섬기도록 통제할 때만 가능하다.

하나님께서는 추수 때에 밭에 있는 곡식 전체를 꼼꼼히 다 거두지 말고

모퉁이를 남겨두는 동시에 떨어진 이삭도 줍지 말 것을 요구하셨다. 효율을 강조하는 21세기의 시대정신으로는 낯선 모습일 것이다. 이러한 하나님의 명령이 낯설게 느껴지는 것은, 우리가 살고 있는 사회가 하나님으로부터 그만큼 멀어졌다는 것을 증명한다. 성경을 통해 명령하시는 하나님의 이러한 마음은 세상이 야박해져서 그렇지, 이 땅에서도 새로운 이야기가 아니다. 이 땅에 살던 우리 조상들도 열매를 거둘 때 '까치밥'은 남겨두었다.

> [9]너희가 너희의 땅에서 곡식을 거둘 때에 **너는 밭 모퉁이까지 다 거두지 말고 네 떨어진 이삭도 줍지 말며** [10]네 포도원의 열매를 **다 따지 말며** 네 포도원에 **떨어진 열매도 줍지 말고** 가난한 사람과 거류민을 위하여 버려두라 나는 너희의 하나님 여호와이니라(레위기 19:9-10)

'백일 떡'의 기원을 들어본 독자들이 있을 것이다. 산모와 태아의 건강과 위생이 열악했던 시절에 시작된 이야기다. 당시에는 태어난 지 100일이 지나야 비로소 아이가 생존할 가능성이 어느 정도 생긴 것으로 여겼다고 한다. 즉, 가족이 생겼다고 말할 수 있었다고 한다. 이를 기념해 우리 조상들은 백일 떡을 만들어서 돌렸다. 그런데 백일 떡을 돌리는 모습이 좀 특이하다.

아이가 태어난 지 100일이 되는 날, 한 사람의 하루 식량이 될 정도 크기의 떡 100개를 만드는 것이 백일 떡이라고 한다. 이렇게 만들어진 떡을 이른 아침부터 집 앞에 서서 그 집 앞을 지나가는 사람이 부자든 가난한 사람이든 상관없이 처음 지나가는 사람부터 100번째 지나가는 사람까지 하나씩 나누어주었다고 한다.

먹을 것이 귀한 시기, 굶는 사람이 지천이던 시절이었다. 이렇게 한 사람의 하루 분량 식량에 해당하는 떡을 백 사람에게 나누어줌으로써 그 떡으로 하루를 연명하게 된 사람이 100일 된 아이에게 가지게 되는 고마운 마음과 복을 비는 기원(祈願)을 백일 된 아이의 삶에 안기고자 했던 것이 백일 떡의 시작이라고 한다.

백일 떡과 비슷한 전통이 성경에도 나온다. 아래 인용하는 전도서 말씀의 배경은 각자 찾아볼 것을 권한다. 요즘같이 쉽게 여러 정보에 접근할 수 있는 세상에서 이러한 배경을 찾아보는 습관을 들이는 경우, 정말 많은 것을 풍성히 누릴 수 있을 것이다.

> ¹너는 네 떡을 물 위에 던져라 여러 날 후에 도로 찾으리라 ²일곱에게나 여덟에게 나눠 줄지어다 무슨 재앙이 땅에 임할는지 네가 알지 못함이니라(전도서 11:1-2)

앞에서도 언급했지만, 나에게는 딸 하나 아들 하나가 있다. 정신과 레지던트 시절 두 아이를 선물로 얻었다. 그즈음 우리 부부가 레지던트로 수련을 받던 예수병원은 전국에서 수술적 치료가 필요한 외국인 노동자들이 한참 몰리던 때였다. 이유는 간단했다. 당시 외래 진료 봉사를 받을 수 있는 곳은 다른 지역에도 여러 곳 있었지만, 수술이 필요한 경우 문제를 해결해 주는 종합병원이 예수병원 말고는 없었기 때문이다.

두 아이의 백일과 첫 돌 때 친척들이 돌 반지와 팔찌를 준 것이 있었다. 어느 날 저녁, 정신과 의국에 앉아서 성경을 읽다가 전도서 11장 1절과 2절 말씀이 내 눈에 들어왔다. 문득 수술을 받고 난 뒤, 각자의 숙소로 돌아가야 하는 외국인 노동자들의 삶이 내 가슴에 들어왔다. 다음날 친척들이 준 돌 반지와 팔찌는 정작 본인들의 동의 없이 외국인 노동자를 담당하는 과장님의 손으로 넘어갔다. "이걸 처분해서 수술을 받고 각자의 숙소로 돌아가야 하는 외국인 노동자의 차비로 좀 전해주세요." 이 일을 굳이 기록하는 이유는 딸아이와 아들내미에게 늦게나마 돌 반지와 팔찌의 행방을 알려주기 위함이다.[18]

우리는 지금 기생 라합 이야기를 하는 가운데 계속 '땅 이야기, 부동산 이야기'를 하고 있다. 이전 미국의 대선 포스터를 '패러디'(parody)하자면 이러하다. "바보야, 문제는 부동산이야." 왜 부동산이 문제인가? 21세기 대한민국의 끝을 알 수 없는 경쟁과 그 생존 경쟁으로 인해 시작된 '젊은이들의 불행'은 '소수에 의한 부동산의 독점 현상'에서 시작됐기 때문이다.

모두가 공정을 말하는 시대가 되었다. '공정사회?' 땅을 빼고 이야기하면 안 된다. '세금 문제?' 우리나라 GNP의 절반 정도를 차지하는 부동산과 자본에 의한 '불로소득'에 대한 과세현실을 빼고는 허공에 떠도는 이야기에 불

---

18 이 책의 원고 초안에서 이 부분을 접한 딸아이가 했던 말이다. "나는 엄마 아빠가 레지던트 하느라 바빠서 백일하고 돌잔치를 안한줄 알았네."

과하다. 이러한 사실은 자신의 노력으로 전문직에 오른 사람들의 과도한 노동의 결과 받는 급여에 대한 세금과 상속세를 비교해보면 지금 우리는 무엇을 놓치고 있는지를 알 수 있을 것이다.

우리 대한민국에서 전문직이라고 하면[19] 보통 1–3억 정도의 연봉을 받는 것으로 알려져 있다. 그런데 전문직을 가지게 된 사람들은 그 사람의 배경이 어찌 되었든 자신의 노력으로 그 자리에 오른 사람들이다. 공부할 수 있는 환경을 제공해준 부모님이 있다고 하더라도, 결국 공부는 자신이 하는 것이다. 즉, 전문가들은 다른 직군에 비해 대단히 오랜 시간 많은 자원을 투입해서 그 자리에 오른 사람들이다.

또한, 전문직은 일의 특성상 근무시간이 한정되어 있지 않고 밤낮을 가리지 않는 경우가 다반사이며 고도의 정신집중을 요구하게 마련이다. 그러한 연유로 전문직은 '격무'일 수밖에 없다. 그리고 이들은 30대 후반 혹은 40이 되어서야 비로소 1–3억 정도 되는 연봉을 가져가기 시작한다.

그런데 대한민국은 '1인당 GNP'가 '3만 달러' 정도 되는 나라다. 단순히 산수를 하자면, '4인 가족'을 기준으로 할 때 평균 가계수입이 '12만 달러'인 곳이 대한민국이다. 여기에 평균 과세부담률을 감안할 경우, 대한민국 4인

---

19 물론 이제는 그마저도 소위 '있는 집 자식들'이 전문직에 절대적 다수가 진입하는 시대가 되었다. 그런 점에서 이 이야기 또한 서민들과 부모의 지원을 충분히 받을 수 없는 젊은이들에게는 남의 나라 이야기 혹은 상처를 후벼 파는 이야기라는 사실을 잘 알고 있다. 그러나 나 또한 노동자의 자식으로 태어나 의사가 된 인생이니 나의 인생을 감안해서 용서하고 듣기를 바라는 마음이다. 지금 우리에게 필요한 것은, 누군가를 향한 비난이 아니라 일의 원인을 파악하여 개선하는 것이다.

가정의 평균 가계수입은 세금을 제외하고도 연평균 1억 정도를 가볍게 넘긴다. 그런데 우리 주변에서 그 정도의 수입을 올리는 가정을 흔하게 볼 수 없다.

1인당 GNP가 3만 달러인 대한민국에서 오랜 세월 많은 자원을 투입해서 전문직에 오른 사람들이 올리는 수입은 단순 계산으로만 볼 때 대한민국 4인 가정의 평균 수입과 별반 큰 차이가 없어 보인다. 그것도 단순직에 해당하는 직군에 비해서 상대적으로 늦은 나이에 수입을 올리기 시작하는데도 그러하다. 상황이 이러한데도 소위 정의를 부르짖는 사람들은 전문직의 수입을 문제 삼는다. 그리고 포털의 댓글을 보면 이러한 전문직은 항상 시기와 질투의 대상이 되는 것을 알 수 있다. 뭔가 이상하지 않은가? 대한민국의 그 많은 돈은 다 어디 갔을까?

최저시급을 정하는 시기마다 온 나라가 시끄러운 곳이 대한민국이다. 하지만 '소상공인 자영업자의 매출 중 가장 큰 비용을 차지하는 고정비용이 무엇인지' 이제는 알 만한 사람은 다 아는 사실이 되었다. 그러나 누구도 그 부분에는 손을 댈 엄두조차 내지 못한다. 아니, 말조차 꺼내려 하지 않는 것 같다. 그냥 누구나 조물주 위에 건물주라는 이야기만 할 뿐, 이러한 현실을 당연한 일로 받아들이는 분위기다. 왜일까? 진짜 가진 자 진짜 힘을 가진 자의 밥그릇을 건드리는 것은 세상사를 조금만 알아도 알 수 있는 금기에 해당하니까…

요즈음 입시제도의 공정성을 가지고 말들이 많다. 그런데 사실 '입시 불공정'과는 비교도 안 될 만큼 더 큰 불공정은 바로 "부모가 부동산을 소유했느냐? 하지 않았느냐?"의 차이다. 의대? 서울대?, 아니, 서울에 건물을 가진 부모의 자녀는 입시에 목을 맬 이유가 없다. 서울에 건물만 가지고 있으면 서울대와 의대 출신들을 평생 '소작농'으로 부릴 수 있는데, 왜 힘들게 입시에 목을 매겠는가? 게다가 그 지주는 유능한 소작농인 의사보다 세금도 적게 낸다. 그리고 다른 소작농들은 지주가 아니라 유능한 소작농인 의사에게 질투와 분노를 표출하는 것이 현실이다. 누구나 지주에게는 은혜를 바라지 공정을 외치지 않는다. 시기와 질투는커녕 선망의 눈망울을 보낸다.

결국, 이 땅의 현실 또한 기생 라합과 야간의 기사를 통하여 성경이 분명한 의지를 가지고 증언하고 있듯이 문제는 '부동산'이다. 다시 한번 말하지만, 부동산 부자들이 입시에 신경 쓰는 것을 본 적이 있는가? 어차피 '소작농 출신인 그들'끼리 목숨 걸고 핏대 올리며 싸워서 살아남은(입시를 통과한) 자들을 평생 소작농으로 부릴 수 있는데, 그럴 이유가 없다. 게다가 '우수한 소작농'이 많을수록, 소작료에는 도움이 된다.

그렇다면, 이러한 사회는 무엇을 지지할까? 당연히 입시 제도를 치열하게 만들어 공정한 것처럼 보이게 하고 자신의 자식들은 그것과는 전혀 상관없는 세상에 살면서 '로마 시대 검투사들'의 싸움 같은 그 싸움판에서 살아남은 자들을 평생 소작농으로 부리면서 살면 된다.

'입시?' 서울에 아파트 한 채 정도 대출을 끼고 사서 가지고 있는 전문직 부모를 둔 자식들이 가장 치열하게 참여하는 '검투사의 싸움'이다. '서민은?' 그 검투사를 부러워하는 힘없는 종들쯤 될 것이다. 이 둘의 처지는 사실 크게 다르지 않다. '부동산 부자는?' 몰라서 묻는 것은 아니리라 생각한다. 영화에서 검투사들이 싸우는 경기장 센터(center) 단상에서 구경하는 귀족 일가를 본 기억이 있을 것이다. 그곳에 앉아 있는 남녀의 복장을 영화에서 봤을 것이다. 그곳에 앉아 있는 사람들이 21세기 대한민국으로 치면 일부 소수 부동산을 독점한 계층이다.

　물론, 언론도 그리고 그 누구도 이 사실을 이야기하지 않는다. 아니, 오히려 그 반대의 논리를 지속적으로 열심을 내어 집요하게 설파한다. 돈이 그들에게서 나오기 때문이다. 항상 그렇지만, 돈은 소리를 내게 마련이다. 우리 주 예수 그리스도께서 다시 오실 때까지 세상에 공짜는 흔치 않을 것이다. 이러한 상황이 이러한 사회경제적 구조가 하나님께서 가나안 족속을 그 땅에서 어린아이까지 전멸시키신 조건이다. 그리고 21세기 대한민국은 이미 그 조건을 충족한 상태다.

　여호수아서를 지나 선지서에 이르게 되면, 성경의 메시지는 세월이 흘러 '가나안 족속'의 자리에 '언약 백성인 이스라엘'이 사람만 바꾸어 서게 된 상황을 고발한다. 동시에 그들을 정결케 하기 위해, 하나님께서 선택하신 심판에 대한 이야기로 구성된다.

　CMF에서는 이런 이야기를 한 뒤에, 내가 항상 해주는 이야기가 있다. 균형을 잡기 바라는 마음에서 하는 말이었다. 꼭 이런 이야기를 하고 나면 집을 소유하는 모든 경우를 죄처럼 말하는 지체들이 나온다.[20] 일부러 악담

---

20 시간이 갈수록 이런 오해를 하는 지체들마저 없어지는 현실이 슬프다. 이제는 세대가 노골적

을 하려는 것은 아니다. 평생 CMF에서 사역해 본 경험이 그러하다. 나는 학생 시절과 수련의 시절 집을 소유하는 것을 죄악시하고 집을 사는 선배들을 정죄하던 지체들 치고, 훗날 전문의가 된 뒤 입만 열면 '캡투자'가 어떻고 '주식'이 어떻고를 입에 달고 살지 않는 경우를 거의 보지 못했다. 내 전공인 정신과적 입장에서는 너무도 당연한 현상이지만 정신과 이론과 현실이 이렇게까지 잘 맞는 경우는 보지 못했다.

그러니 지금까지의 이야기는 부동산을 소유하지 말라는 것이 아니다. 우리는 반드시 내 땅 내 집을 가지고 있어야 한다. 그것이 하나님의 뜻이며 그래야만 하나님의 형상으로서 나의 존엄을 지킬 수 있다. 동시에 하나님께서 내게 허락하신 가족들의 정당한 권리가 보호받을 수 있다. 그래서 여호수아서 중반부터 그렇게 많은 성경 분량을 할애하여, 마치 오늘날의 부동산 등본 열람집처럼 어디서부터 어디까지는 어느 지파 누구네 가족 땅 어디서부터 어디까지는 어느 지파 누구네 가족 땅이라고 자세히 기술되어 있는 것이다.

동시에 하나님께서는 타인의 땅을 침범하는 경우를 향해 경고하셨다.[21]

으로 예수님의 때를 닮아가는 것 같다. "[13]집 하인이 두 주인을 섬길 수 없나니 혹 이를 미워하고 저를 사랑하거나 혹 이를 중히 여기고 저를 경히 여길 것임이니라 **너희는 하나님과 재물을 겸하여 섬길 수 없느니라** [14]바리새인들은 돈을 좋아하는 자들이라 이 모든 것을 듣고 비웃거늘 [15]예수께서 이르시되 너희는 사람 앞에서 스스로 옳다 하는 자들이나 너희 마음을 하나님께서 아시나니 사람 중에 높임을 받는 그것은 하나님 앞에 미움을 받는 것이니라"(누가복음 16:13-15).

21 "네 선조가 세운 옛 지계석을 옮기지 말지니라"(잠언 22:28). "[10]**옛 지계석을 옮기지 말며 고아들의 밭을 침범하지 말지어다** [11]대저 그들의 구속자는 강하시니 그가 너를 대적하여 그들의 원

다시 한번 이야기하지만, 우리는 능력이 된다면 반드시 내 집과 내 땅을 가져야 한다. 동시에 다른 사람이 그의 집과 그의 땅을 가지는 것을 방해하는 행위를 해서는 절대 안 된다. 이때 다른 사람이 자신의 집과 자신의 땅을 가지는 것을 방해하는 행위가 현대적인 의미에서 무엇인지는 굳이 설명하지 않아도 되리라 본다.

이쯤 해서, 앞에서 언급한 여호수아를 통한 정복 전쟁이 "왜 정복 전쟁이 아닌 수복 전쟁인지?"를 설명하고 갈 필요가 있겠다. 매끄러운 설명을 위해서 앞부분에서 언급되었던 문단 일부를 인용한다.

[이제 가나안 땅에서 처음 토해냄을 당한 아모리 족속과 두 번째로 토해냄을 당한 언약 백성의 '동일한 이유'가 어렴풋이 그려지기 시작할 것이다.

물론, 아모리 족속과 언약 백성은 그 운명에 있어서 차이가 있었다. 여호수아를 통한 '정복 전쟁'으로 행해진 아모리 족속을 그 땅에서 토해내는 경우는 어린 아기까지를 포함한 그 땅 거민 전체를 진멸하는 방식으로 이루어졌다. 반면 언약 백성의 경우는 회복을 전제로 가나안에서 바벨론으로 옮겨지는 방식으로 이루어졌다.

당신의 자녀를 향한 하나님의 편애는 끝이 없다. 우리는 이때 "누구를 벌하시는가?"라는 관점이 아니라 누구를 용서하시려고 "하나님께서는 대가를 치르시는가?"를 보아야 한다. "자신의 것을 가지고, 누구의 빚을 갚아줄 것

한을 풀어 주시리라"(잠언 23:10-11).

인가?"라는 문제는 전적으로 빚을 대신 갚아주는 존재의 의지와 연관이 된다. 동시에 누군가의 빚을 대신 갚아준 사람을 향해 "왜 그 옆에 있는 사람의 빚은 갚아주지 않느냐?"라고 비난하는 것은 참으로 이상한 일이다.]

> 기록된 바 내가 **야곱은 사랑하고** 에서는 미워하였다 하심과 같으니라
> (로마서 9:13)

하나님께서 누구를 사랑하고 누구를 미워하시는가의 문제는 전적으로 '하나님의 주권'에 해당하는 문제다. 그러나 하나님께서는 누군가를 사랑하여 구원하여 주실 때, 아무 근거 없이 죄 없다고 하시지 않으신다. 삼위일체 하나님께서는 당신이 구원하여 주시는 자녀의 죗값을, 이 땅에 오셔서 '다 이루신 지상 사역'과 '십자가 사역'을 통하여 대신 치루셨다.

> 예수께서 신 포도주를 받으신 후에 이르시되 **다 이루었다**[22] 하시고 머리를 숙이니 영혼이 떠나가시니라(요한복음 19:30)

마찬가지다. 하나님께서는 누군가를 미워하실 때, 그리하여 그를 그 땅에서 멸하시고 그가 그때까지 누리던 모든 것을 하나님께서 기뻐하시는 하나님의 사람에게 넘기실 때도 아무 근거 없이 그 권리를 넘기시지 않는다.

---

22 이때 우리 주 예수 그리스도의 "다 이루었다"는 말씀은 당신의 지상 사역을 통하여 "율법의 요구를 다 이루셨다"라는 뜻이다.

하나님께서 일하시는 이러한 방식은 특별히 우리 한국 교회 성도들이 새겨들을 대목이다. 어쩌다 간증을 듣다 보면, 사회상식과 전혀 동떨어진 상식도 없고 근거도 없는 도둑놈 심보(?)가 그 마음 저변에 깔려있는 것을 볼 때가 있다. 그러한 간증에 감격하여 "아멘"을 외쳐대는 성도들을 보고 있자면 마음이 참 착잡하다.

간증하는 사람도 그 말도 안 되는 간증에 "아멘"을 외치는 사람도 그 '상식 없음'과 '자신의 욕망에 마음이 어두워져 있는 것'이 자유일지 모른다. 그러나 우리 하나님마저 그 몰상식한 사람들과 동류(同類)로 여기심을 받을까 두렵다. 그런 분들에게 꼭 들려주고 싶은 십계명을 인용한다. 굳이 지면을 통해서 어떤 경우의 간증과 일을 두고 이 말을 하는지 밝힐 필요는 없을 것 같다.

너는 네 하나님 여호와의 이름을 망령되게 부르지 말라 여호와는 그의 이름을 망령되게 부르는 자를 죄 없다 하지 아니하리라(출애굽기 20:7)

비록 가나안 거민의 가나안 땅에서의 토해냄이 '아모리 족속의 죄악'에 의한 것이라고 해도, 하나님께서는 그 당시 그 지역 사람들의 상식에 맞추어서 '절차적 정당성과 합법성'을 확보하신다. 당시 가나안과 그 부근의 사람들은 특정 강이 물을 공급하는 땅은 그 '강의 신이 소유한 땅'이라고 믿었다고 전해진다. 그리고 '다른 신'이 특정 강을 말리는 경우 그 '신'이 '강의 신'을 이긴 것이므로 '강의 신이 소유한 땅의 소유권'이, 그 강을 말린 신에게 이전된 것으로 믿었다.

아래 인용한 이사야서 말씀에서도, 이러한 세계관을 엿볼 수 있다. 남방 유다 13대 왕 히스기야 시대에 '앗수르의 산헤립 왕'이 유다를 침범한다. 산헤립은 여호와 하나님을 모욕하며 애굽 또한 자신이 정복할 것이라는 협박을 한다. 이때 하나님께서 이사야를 통하여 하신 말씀이 아래 본문이다. 여기에서 산헤립은 히스기야와 우호적인 관계에 있었던 애굽을 정복하겠다는 말을 "내 발바닥으로 애굽의 모든 하수를 말리리라"라고 표현한다.

> [21]아모스의 아들 이사야가 사람을 보내어 히스기야에게 이르되 이스라엘의 하나님 여호와께서 말씀하시되 네가 앗수르의 산헤립 왕의 일로 내게 기도하였도다 하시고 [22]여호와께서 그에 대하여 이같이 이르시되 처녀 딸 시온이 너를 멸시하며 조소하였고 딸 예루살렘이 너를 향하여 머리를 흔들었느니라 [23]네가 훼방하며 능욕한 것은 누구에게냐 네가 소리를 높이며 눈을 높이 들어 향한 것은 누구에게냐 곧 이스라엘의 거룩하신 이에게니라 [24]네가 네 종을 통해서 주를 훼방하여 이르기를 내가 나의 허다한 병거를 거느리고 산들의 꼭대기에 올라가며 레바논의 깊은 곳에 이르렀으니 높은 백향목과 아름다운 향나무를 베고 또 그 제일 높은 곳에 들어가 살진 땅의 수풀에 이를 것이며 [25]내가 우물을 파서 물을 마셨으니 **내 발바닥으로 애굽의 모든 하수를 말리리라** 하였도다(이사야 37:21-25)

이 본문을 읽고, "성경에서 '강의 신'을 인정한 것이냐?"라는 질문은 하지 않았으면 좋겠다. CMF에서 사역을 하다 보면, 소위 의대에 들어오는 아이들의 '성경에 대한 무지(無知)'가 심각하다는 것을 알 수 있다. 누군가의 말처럼 이런 질문을 하지 않을 만큼 성경을 알고 배운 아이들은 의대에 못 들어오는 것이 현실인지도 모르겠다. 목사님의 아들인 CMF 아이의 "간사님, 솔로몬이 다윗의 아들이었어요?" "유대인과 이스라엘 사람들은 다른 민족인가요?"라는 질문을 일상처럼 받아들인지 오래되었다.

여리고 성 전투를 앞두고, 하나님께서는 가나안 거민 전체가 볼 수 있도록 가나안 땅에 물을 공급하는 요단강을 공개적으로 말리신다. 이 모든 것은 '강이 마르는 현상'을 신과 신의 싸움으로 인식하는 세계관과 문화를 가진 가나안 족속 앞에서 하신 일이다. 때는 요단강의 홍수 때였다.

> ¹⁴백성이 요단을 건너려고 자기들의 장막을 떠날 때에 제사장들은 언약궤를 메고 백성 앞에서 나아가니라 ¹⁵**요단이 곡식 거두는 시기에는 항상 언덕에 넘치더라** 궤를 멘 자들이 요단에 이르며 궤를 멘 제사장들의 발이 물 가에 잠기자 ¹⁶곧 위에서부터 흘러내리던 물이 그쳐서 사르단에 가까운 매우 멀리 있는 아담 성읍 변두리에 일어나 한 곳에 쌓이고 아라바의 바다 염해로 향하여 흘러가는 물은 온전히 끊어지매 백성이 여리고 앞으로 바로 건널새 ¹⁷**여호와의 언약궤를 멘 제사장들은 요단 가운데 마른 땅에 굳게 섰고** 그 모든 백성이 요단을 건너기를 마칠 때까지 모든 이스라엘은 그 마른 땅으로 건너갔더라(여호수아 3:14-17)

여호수아 3장 본문을 중심으로 전후 성경 말씀을 살펴보면 '여호와의 언약궤를 멘 제사장들[23]이라는 표현이 반복적으로 쓰이고 있다. 바로 앞의 설명과 연결하여 생각해보면 성경이 무엇을 강조하고 있는지 알 수 있을 것이다.

> 요단 서쪽의 아모리 사람의 모든 왕들과 해변의 가나안 사람의 모든 왕들이 **여호와께서 요단 물을 이스라엘 자손들 앞에서 말리시고 우리를 건너게 하셨음을 듣고 마음이 녹았고** 이스라엘 자손들 때문에 정신을 잃었더라(여호수아 5:1)

바로 위 성경 본문에 등장하는 인물들의 마음이 녹은 이유를 이제 쉽게 예측할 수 있을 것이다. 그들이 보기에 이 전쟁은 이미 끝난 전쟁이었다. 가나안에 살고 있던 그들의 상식으로는 이미 가나안 땅의 소유권은 '여호와의 언약궤를 멘 제사장들'이 속한 이스라엘로 넘어간 것이었다.

이제 이러한 질문이 가능하다. "그런데 전지전능하신 하나님의 힘으로 가나안 땅에 물을 공급하는 요단강을 말리기만 하면 언약 백성인 이스라엘

---

23 나는 '여호와의 언약궤를 멘 제사장들'이라는 성경 본문을 볼 때마다, 총신대학교 신학대학원 구약학 교수이신 '김지찬 교수님'을 떠올린다. '여호와의 언약궤를 멘 제사장들'이라는 말씀을 하실 때의 김지찬 교수님의 얼굴 표정과(약간 한쪽 눈을 가늘게 뜨시면서 고개를 살짝 한쪽으로 기울이신다) 어투가 생생하다. 이 책의 2부 내용 중 신학적인 배경 설명 부분은 대부분 김지찬 교수님에게 배운 내용이다. 이 책의 2부에 소개된 신학적 설명의 자세한 내용을 알고 싶은 독자들에게 '생명의 말씀사'에서 출간된 김지찬 교수님의 『여호와의 날개 아래 약속의 땅을 향하여, 구약 역사서 이해—문예적 신학적 서론』을 권한다. CMF 학생 시절부터 교제하기 시작하여 총신대학교 신학대학원 재학 시절 많은 가르침과 사랑을 주신 김지찬 교수님께 감사한 마음이다.

이 가나안 땅을 차지하는데 충분한 조건이 되나요? 그렇다면 힘만 더 세면 얼마든지 무엇이든지 다 빼앗을 수 있다는 말씀인가요? 그러니까 성경이 말씀하시는 정의는 힘인가요?"

이제 앞에서 여호수아를 통해서 가나안 땅을 차지하게 하신 전쟁이 '정복 전쟁'이 아니라 '수복 전쟁'이라고 한 이유를 본격적으로 설명하고자 한다. 우리 모두 특별한 법률적 지식이 없다 해도 아는 사실이 있다. 우리 마음의 양심에 새겨져 있는 내용이다. "범죄는 상속권을 박탈시킨다." 성경의 증언을 자세히 살펴보면, 언약 백성이 애굽에서 종살이를 하는 동안 가나안 땅의 거민들은 그들이 지은 '아모리 족속의 죄악'으로 말미암아 상속권이 박탈되었음을 알 수 있다.

> 네 자손은 사대 만에 이 땅으로 돌아오리니 **이는 아모리 족속의 죄악이 아직 가득 차지 아니함이니라** 하시더니(창세기 15:16)

'아모리 족속의 죄악'으로 말미암아 가나안에 살고 있던 가나안 족속 전체의 상속권이 박탈되었다. 드디어 가나안 땅에 살고 있는 족속의 죄악이 그들의 상속권을 박탈할 만큼의 조건을 갖추게 되었다. 그렇다면 이제 나와야 하는 다음 질문은 당연히 이것이다. "그러면 그 땅의 소유권은 어떻게 되나요? 혹시 남은 자가 있나요? 그러니까 가나안 족속 말고, 가나안 땅에 대한 상속자가 더 있나요?" 있다!!!

여기까지 인내심을 가지고 차근차근 글을 따라온 독자라면 마음속에 떠오르는 외침(?)이 있을 것이다. '설마? 아브라함의 자손? 생각해보면 사라를 위한 변명 단원에서, 사라가 했던 말 중에 [내가 죽으면서 아브라함이 산 땅이 우리 후손들이 합법적으로 가나안 땅 전체의 주인이 되는 합법적 근거가 되었지]라는 말이 있었는데?'

맞다. 이제 가나안 땅의 상속자는 애굽에서 '종살이 하느라 죄를 짓지 못하고 있었던' 아브라함의 자손밖에 남지 않는다. '애굽에서 종살이 하느라 죄를 짓지 못하고 있었던 아브라함의 자손'이라는 표현을 묵상해보기 바란다. 하나님께서는 우리가 믿지 않은 사람들보다 더 의로운 존재여서 우리를 선택하신 것이 아니다. 그러한 연유로 "교회에 다니는 사람이 더하더라"라는 비난은 상당수가 사실이다. 물론 가슴 아픈 말이다. 누가 뭐래도 교회의 재료는 죄인이다. 하나님은 '하나님의 기뻐하신 뜻'에 따라 우리를 선택하셨다.

그리고 하나님 백성의 호구짓(?)은 항상 그렇지만 시간차를 두고 유한한 우리들의 눈에는 너무도 기이한 결과를 낳는다. 긴 본문이지만 전체를 인용한다.

[1]사라가 백이십칠 세를 살았으니 이것이 곧 사라가 누린 햇수라 [2]**사라가 가나안 땅 헤브론 곧 기럇아르바에서 죽으매** 아브라함이 들어가서 사라를 위하여 슬퍼하며 애통하다가 [3]그 시신 앞에서 일어나 나가서 헷 족속에게 말하여 이르되 [4]나는 당신들 중에 나그네요 거류하는 자이니 당신들 중에서 내게 매장할 소유지를 주어 내가 나의 죽은 자를 내 앞에서 내어다가 장사하게 하시오 [5]헷 족속이 아브라함에게 대답하여 이르

되 [6]내 주여 들으소서 당신은 우리 가운데 있는 하나님이 세우신 지도자이시니 우리 묘실 중에서 좋은 것을 택하여 당신의 죽은 자를 장사하소서 우리 중에서 자기 묘실에 당신의 죽은 자 장사함을 금할 자가 없으리이다 [7]아브라함이 일어나 그 땅 주민 헷 족속을 향하여 몸을 굽히고 [8]그들에게 말하여 이르되 나로 나의 죽은 자를 내 앞에서 내어다가 장사하게 하는 일이 당신들의 뜻일진대 내 말을 듣고 나를 위하여 소할의 아들 에브론에게 구하여 [9]그가 그의 밭머리에 있는 그의 막벨라 굴을 내게 주도록 하되 충분한 대가를 받고 그 굴을 내게 주어 당신들 중에서 매장할 소유지가 되게 하기를 원하노라 하매 [10]에브론이 헷 족속 중에 앉아 있더니 그가 헷 족속 곧 성문에 들어온 모든 자가 듣는 데서 아브라함에게 대답하여 이르되 [11]내 주여 그리 마시고 내 말을 들으소서 내가 그 밭을 당신에게 드리고 그 속의 굴도 내가 당신에게 드리되 내가 내 동족 앞에서 당신에게 드리오니 당신의 죽은 자를 장사하소서 [12]아브라함이 이에 그 땅의 백성 앞에서 몸을 굽히고 [13]그 땅의 백성이 듣는 데서 에브론에게 말하여 이르되 당신이 합당히 여기면 청하건대 내 말을 들으시오 내가 그 밭 값을 당신에게 주리니 당신은 내게서 받으시오 내가 나의 죽은 자를 거기 장사하겠노라 [14]에브론이 아브라함에게 대답하여 이르되 [15]내 주여 내 말을 들으소서 땅 값은 은 사백 세겔이나 그것이 나와 당신 사이에 무슨 문제가 되리이까 당신의 죽은 자를 장사하소서 [16]**아브라함이 에브론의 말을 따라 에브론이 헷 족속이 듣는 데서 말한 대로 상인이 통용하는 은 사백 세겔을 달아 에브론에게 주었더니** [17]마므레 앞 막벨라에 있는 에브론의 밭 곧 그 밭과 거기에 속한 굴과 그 밭과 그 주위에 둘린 모든 나무가 [18]성 문에 들어온 모든 헷 족속이 보는 데서 아브라함의 소유로 확정된지라 [19]그 후에 아브라함이 그 아내 사라를 가나안 땅 마므레 앞 막벨라 밭 굴에 장사하였더라 (마므레는 곧 헤브론이라) [20]이와 같이 그 밭과 거기에 속한 굴이 헷 족속으로부터 아브라함이 매장할 소유지로 확정되었더라(창세기 23장)

인용한 성경의 마지막 구절을 반복한다. "이와 같이 그 밭과 거기에 속한 굴이 헷 족속으로부터 아브라함이 매장할 소유지로 확정되었더라."

이때부터, 가나안 땅의 상속자는 '가나안 족속'과 '아브라함의 자손들'이 된다. 그리고 후에 가나안 족속은 '아모리 족속의 범죄'로 말미암아 상속권이 박탈된다. 그렇다면 이제 가나안 땅의 상속자는 누구만 남는가?

생각해보면 기가 막힌 이야기다. 아이가 없어 고통받던 부부가 있었다. 당시 그들의 나이는 75세와 65세였다. 이복남매끼리 결혼한 사이로[24] 정말 금슬(琴瑟)이 좋은 부부였다. 아이가 없는 것을 빼고는 모든 것에 부족함이 없었다. 그런 부부에게 하나님께서 먼저 나타나셔서 아이를 주겠다고 하면서 데리고 온 곳이 가나안 땅이다. 어찌 보면, 참으로 야속한 이야기다.

아이가 없어 고통받던 부부에게 아이를 주겠다고 하시면서 데려온 곳이, 가나안 땅이다. 게다가 하나님께서는 밤에 아브라함을 데리고 나가셔서, 별보다 많은 자손을 주겠다고 '시청각 교육'도 시켜 주셨다.

---

24 우리나라도 고려 시대까지는 '근친결혼'을 했다고 알려진다. 혹시나 하는 마음에 언급해 둔다.

그를 이끌고 밖으로 나가 이르시되 하늘을 우러러 뭇별을 셀 수 있나 보라 또 그에게 이르시되 네 자손이 이와 같으리라(창세기 15:5)

과학자들의 말을 빌리면, 우리 우주에는 70억 개의 은하계가 있으며 은하계 하나마다 70억 개 정도의 별이 있다고 한다. 물론 내가 직접 세어본 것은 아니다. 하지만 미세먼지가 없던 시절을 보냈던 연배의 사람들은 다 알고 있다. 날이 좋은 날 밤 마당에 있는 평상에 누워 밤하늘을 보면 정말 셀수 없이 많은 별이 보였다. 그런데 아브라함에게 하나님께서는 별을 '단 두개'만 주셨다. 그것도 그 중 하나는 아브라함 마음대로 챙긴(?) 것이라고 엄청 뭐라고 하시고 나중에는 사막으로 그 어미 하갈과 이스마엘을 쫓아내라고 하신다.

성경은 사라가 죽었을 때, 아브라함이 머물렀던 땅이 헤브론이었다고 증언한다. 헤브론은 하나님께서 아브라함에게 아브라함이 밟는 모든 땅을 다 주겠다고 하신 곳이다.

> [16]내가 네 자손이 땅의 티끌 같게 하리니 사람이 땅의 티끌을 능히 셀 수 있을진대 네 자손도 세리라 [17]**너는 일어나 그 땅을 종과 횡으로 두루 다녀 보라 내가 그것을 네게 주리라** [18]이에 아브람이 장막을 옮겨 헤브론에 있는 마므레 상수리 수풀에 이르러 거주하며 거기서 여호와를 위하여 제단을 쌓았더라(창세기 13:16-18)

아브라함의 입장에서 생각해 보자. 10살이나 어린 이복여동생과 결혼하여 자식이 없는 것을 빼고는 부족함이 없이 살고 있었다. 그러던 어느 날 하나님께서 아브라함에게 나타나셨다. 자식을 주시겠단다. 그런 하나님의 말씀을 따라 고향을 떠난 뒤 산전수전을 다 겪었다. 당연한 이야기지만, 아브라함이 겪은 산전수전은 부부가 함께 겪은 일이다. 그렇게 고생만 시킨 사랑하는 아내가 죽었는데 막상 아내를 매장할 땅이 한 평도 없다. 게다가 사라가 죽을 당시 그 장소는 하나님께서 아브라함이 밟는 곳은 전부 주겠노라고 하셨던 헤브론이었다. 우리 같으면 어땠을까?

아브라함은 달랐다. 우리는 성경 본문을 통하여, 이미 오랜 세월 하나님과 동행하는 가운데 '변화된 아브라함'을 만나게 된다. 우리는 오랜 시간 하나님을 알게 된 아브라함의 태도 가운데 민첩함과 노련함이 묻어나는 것을 느낄 수 있다.

아브라함은 하나님을 원망하거나 무엇을 요구하지 않았다. 아브라함은 바로 가나안 족속들 앞에서 공개적으로 땅을 매입한다. 여러 번의 밀당(?) 끝에 아브라함은 하나님께서 자신에게 주시겠다고 한 바로 그 땅을 기준 시가보다도 몇 배 비싼 가격에 매입한다. 성경은 이 사실을 담담하면서도 분명한 어조로 기록한다. "이와 같이 그 밭과 거기에 속한 굴이 헷 족속으로부터 아브라함이 매장할 소유지로 확정되었더라." "아브라함의 소유지로 확정되었더라!" 시간이 흘러 '하나님의 때'가 되자, '아모리 족속의 죄악'으로 말미암아 가나안 땅의 상속자는 아브라함의 자손밖에 남지 않게 된다!

하나님께서는 '여호와의 언약궤를 멘 제사장들'이 요단강 물을 밟자, 가나안 땅에 물을 공급하는 요단강을 가나안 족속 전체가 보는 앞에서 말려 버리신다. 하나님께서는 가나안 족속의 세계관과 상식을 통하여, 아브라함이 사라를 잃고도 믿음으로 행했던 그 사실을 상기 시키신다. "이와 같이 그 밭과 거기에 속한 굴이 헷 족속으로부터 아브라함이 매장할 소유지로 확정되었더라."

그렇게 '가나안 땅의 유일한 상속자들인 언약 백성'은 '마른 땅'을 건너 '자신들의 소유지'에 입성한다. 유일한 합법적인 상속자들이 돌아온 것이다. 성경은 이 부분을 이렇게 기록한다. "여호와의 언약궤를 멘 제사장들은 요단 가운데 마른 땅에 굳게 섰고 그 모든 백성이 요단을 건너기를 마칠 때까지 모든 이스라엘은 그 마른 땅으로 건너갔더라."

기생 라합에 대한 인물설교는 이번 단원과 다음 단원 두 번에 걸쳐 이루어질 것이다. 라합의 이야기는 가나안 땅의 거민들이 그들의 죄악으로 말미암아 그 땅에서 멸절당하는 이야기를 담고 있다. 동시에 멸절당할 수밖에 없는 그 땅의 거민들이 회복될 수 있는 길에 대한 상세한 안내이기도 하다. 그 '회복될 수 있는 길'에 대한 이야기를 하고, 기생 라합에 대한 나머지 이야기는 다음 단원에서 이어가고자 한다.

"그들에게 정의를 바라셨더니 도리어 포학이요 그들에게 공의를 바라셨더니 도리어 부르짖음이었도다."[25] 그들에게 '미쉬파트'를 바라셨더니 도리

---

[25] "무릇 만군의 여호와의 포도원은 이스라엘 족속이요 그가 기뻐하시는 나무는 유다 사람이라

어 '미쉬파흐'요, 그들에게 '체다카'를 바라셨더니 도리어 '체아카'였도다. 이
사야를 통한 하나님의 탄식이다. 이 탄식 가운데 회복을 향한 답이 있다.

성경은 여호와 하나님의 지혜를 어떻게 표현하고 있을까? 성경에서 '지
혜'하면 떠오르는 인물이 있을 것이다. 그렇다. 바로 솔로몬이다. 우리는 여
호와 하나님께서 솔로몬에게 약속하신 지혜의 엄청남을 익히 들어서 잘 알
고 있다. "내가 네 말대로 하여 네게 지혜롭고 총명한 마음을 주노니 네 앞
에도 너와 같은 자가 없었거니와 네 뒤에도 너와 같은 자가 일어남이 없으
리라."

나는 가끔 하나님께 이렇게 기도하곤 한다. "하나님, 저에게 솔로몬에게
약속하신 지혜 다음의 지혜를 허락하여주소서." 하나님의 형상인 사람 중에
최고의 지혜를 하나님께서는 이미 솔로몬에게 약속하셨으니, 나는 나의 지
혜를 구하는 기도가 성경적이라고 생각한다. 물론, 나는 솔로몬의 삶을 부
러워하지 않는다. 그 이유는 훗날 하나님의 은혜로 솔로몬에 대한 인물 설
교를 출판할 기회가 생긴다면 밝히겠다.

> [7]나의 하나님 여호와여 주께서 종으로 종의 아버지 다윗을 대신하여 왕
> 이 되게 하셨사오나 종은 작은 아이라 출입할 줄을 알지 못하고 [8]주께서

그들에게 정의를 바라셨더니 도리어 포학이요 그들에게 공의를 바라셨더니 도리어 부르짖음
이었도다"(이사야 5:7).

택하신 백성 가운데 있나이다 그들은 큰 백성이라 수효가 많아서 셀 수도 없고 기록할 수도 없사오니 ⁹누가 주의 이 많은 백성을 재판할 수 있사오리이까 **듣는 마음을 종에게 주사** 주의 백성을 재판하여 선악을 분별하게 하옵소서 ¹⁰솔로몬이 이것을 구하매 그 말씀이 주의 마음에 든지라 ¹¹이에 하나님이 그에게 이르시되 네가 이것을 구하도다 자기를 위하여 장수하기를 구하지 아니하며 부도 구하지 아니하며 자기 원수의 생명을 멸하기도 구하지 아니하고 오직 송사를 듣고 분별하는 지혜를 구하였으니 ¹²**내가 네 말대로 하여 네게 지혜롭고 총명한 마음을 주노니 네 앞에도 너와 같은 자가 없었거니와 네 뒤에도 너와 같은 자가 일어남이 없으리라** ¹³내가 또 네가 구하지 아니한 부귀와 영광도 네게 주노니 네 평생에 왕들 중에 너와 같은 자가 없을 것이라 ¹⁴네가 만일 네 아버지 다윗이 행함 같이 내 길로 행하며 내 법도와 명령을 지키면 내가 또 네 날을 길게 하리라 ¹⁵솔로몬이 깨어 보니 꿈이더라 이에 예루살렘에 이르러 여호와의 언약궤 앞에 서서 번제와 감사의 제물을 드리고 모든 신하들을 위하여 잔치하였더라 ¹⁶**그 때에 창기 두 여자가 왕에게 와서 그 앞에 서며** ¹⁷한 여자는 말하되 내 주여 나와 이 여자가 한집에서 사는데 내가 그와 함께 집에 있으며 해산하였더니 ¹⁸내가 해산한 지 사흘 만에 이 여자도 해산하고 우리가 함께 있었고 우리 둘 외에는 집에 다른 사람이 없었나이다 ¹⁹그런데 밤에 저 여자가 그의 아들 위에 누우므로 그의 아들이 죽으니 ²⁰그가 밤중에 일어나서 이 여종 내가 잠든 사이에 내 아들을 내 곁에서 가져다가 자기의 품에 누이고 자기의 죽은 아들을 내 품에 뉘었나이다 ²¹아침에 내가 내 아들을 젖 먹이려고 일어나 본즉 죽었기

로 내가 아침에 자세히 보니 내가 낳은 아들이 아니더이다 하매 [22]다른
여자는 이르되 아니라 산 것은 내 아들이요 죽은 것은 네 아들이라 하고
이 여자는 이르되 아니라 죽은 것이 네 아들이요 산 것이 내 아들이라
하며 왕 앞에서 그와 같이 쟁론하는지라 [23]왕이 이르되 이 여자는 말하
기를 산 것은 내 아들이요 죽은 것은 네 아들이라 하고 저 여자는 말하
기를 아니라 죽은 것이 네 아들이요 산 것이 내 아들이라 하는도다 하고
[24]또 이르되 칼을 내게로 가져오라 하니 칼을 왕 앞으로 가져온지라 [25]왕
이 이르되 산 아이를 둘로 나누어 반은 이 여자에게 주고 반은 저 여자
에게 주라 [26]**그 산 아들의 어머니 되는 여자가 그 아들을 위하여 마음이**
불붙는 것 같아서 왕께 아뢰어 청하건대 내 주여 산 아이를 그에게 주시
고 아무쪼록 죽이지 마옵소서 하되 다른 여자는 말하기를 내 것도 되게
말고 네 것도 되게 말고 나누게 하라 하는지라 [27]왕이 대답하여 이르되
산 아이를 저 여자에게 주고 결코 죽이지 말라 저가 그의 어머니이니라
하매 [28]온 이스라엘이 왕이 심리하여 판결함을 듣고 왕을 두려워하였으
니 **이는 하나님의 지혜가 그의 속에 있어 판결함을 봄이더라**(열왕기상
3:7-28)

하나님께서 솔로몬에게 최고의 지혜를 약속하신 기사 바로 뒤에 유명한
'솔로몬의 재판'이 이어진다. 성경의 이러한 배치는 분명한 의도를 가짐을
알 수 있다. 왜냐하면 솔로몬의 재판에서 솔로몬이 보여준 모습이 바로 솔
로몬에게 약속하신 '여호와 하나님의 지혜의 구체적인 모습'이기 때문이다.

솔로몬의 재판을 자세히 살펴보면, 솔로몬에게는 '자식을 잃을 위기에 처

한 가련한 창기 신분의 어미의 마음'과 더불어 그 '반대편에 서 있는 창기의 못된 마음' 또한 '들을 수 있는 능력'이 생겼음을 알 수 있다.

이것이 여호와 하나님의 지혜이다. 눈치가 빠른 독자는 내가 솔로몬의 지혜를 언급한 이유를 이미 알고 있을 것이다. 솔로몬에게 '듣는 마음'을 주신 분은 하나님이시다. 그러니 솔로몬에게 듣는 마음을 주신 하나님 아빠 아버지께서 소수에게 집중된 부동산의 독점 현상의 결과, 창기 신세로 몰린 '당신의 딸' 라합의 마음속의 '부르짖음, 체아카'를 들으시는 것은 당연한 일이다.[26]

이번 단원 내내 언급한 이 땅의 현실을 되돌릴 수 있는 시작점이 여기에 있다. 결국 여호와 하나님의 지혜인 '듣는 마음'에 답이 있다. 정신과 진단명 중에 이러한 듣는 마음이 결여되어 있는 대표적인 인격장애가 '반사회성 인격장애'이다. 보통의 사람들이 다른 사람에게 직접적인 해를 끼치지 못하는 이유는 간단하다. 사람들은 일반적으로 눈앞의 상대방이 느끼는 감정을 동일하게 느끼는 경향이 있다.

그러한 이유로 평범한 사람들은 다른 사람의 배에 칼을 찌르지 못한다.[27] 그러나 반사회성 인격장애의 경우는 상대방의 배에 칼을 꽂아 넣는 중에도 상대방이 느끼는 고통을 느끼지 못하는 특성이 있다. 그래서 그러한 범죄가 가능한 것이다. 내가 전해주는 이 사실에 섬뜩함을 느끼는 독자들이

---

26 "귀를 지으신 이가 듣지 아니하시랴 눈을 만드신 이가 보지 아니하시랴"(시편 94:9).
27 끔찍한 이야기이지만, 이해를 돕기 위해서 예를 드는 것이니 용서하고 듣기 바란다. 참고로, 이 예는 내가 정신과 레지던트 수련 기간에 배운 내용이다.

있으리라 믿는다. 우리가 살고 있는 사회 전체는 점차 타인의 고통을 느끼지 못하는 방향으로 가고 있다. 끔찍한 일이다.

이 '듣는 마음'의 다른 이름이 바로 '공감'이다. 바로 앞에 예로 들었던, 반사회성 인격장애자에게 없는 기능이 바로 '공감'이다. 이러한 인격을 가진 사람들의 특성 중 하나는 자신의 고통에는 평균적인 사람들이 느끼는 고통보다도 더 예민하다는 것이다. 법정에서 판사가 흉악범죄자에게 중형을 선고하는 경우 난리가 나는 이유가 여기에 있다. 내 설명을 듣는 가운데, 우리가 살고 있는 이 땅의 모습이 떠오르는 독자들이 많으리라 믿는다.

'듣는 마음'의 다른 이름인 '공감'은 21세기 대한민국을 살아내는 우리 모두에게 너무도 익숙한 단어가 되어 있다. 이유는 간단하다. 진정한 공감이 희귀한 사회가 되었기 때문이다. 우리는 '룻과 보아스의 이야기'에 이르러 '공감의 대가(大家)'를 자세히 만나게 될 것이다.

이제 성경에 나오는 '듣는 마음의 대가들' 중 '라합의 아들 보아스'를 소개한 뒤, 이번 단원을 마치려 한다. 당신의 딸 라합의 마음속 '부르짖음, 체아카'를 들으시는 하나님의 은혜로 비로소 사람다운 삶을 살게 된 '귀부인 라합'의 아들 보아스의 이야기다. 자세한 내용은 이 책 2부 후반부에서 만나게 될 것이다.

그 어느 곳에도 의지할 곳이 없었던 가련한 여인, 라합의 아들로 태어난 인물이 보아스다. 그가 한 어린 과부, 언약 백성 가운데 그 어느 곳에도 의

지할 곳 없는 한 가련한 이방 여인 '룻'의 마음속 서러운 '부르짖음, 체아카'
를 듣는다.[28]

당연한 이야기다. 라합을 어머니로 둔 자가 어찌 그 '서러운 어린 이방의
과부' 모압 여인 룻의 마음속 부르짖음을 듣지 못하겠는가? 그런 점에서 우
리 삶 가운데 존재하는 아픔과 결핍은, 세상을 구원하시는 하나님의 은혜의
통로이다. 보아스 '그의 들음'을 통하여 하나님의 구원이 이스라엘에 임한
다. 하나님 아빠 아버지께서는 사사기 내내 아무것도 남아 있지 않은 이스
라엘에 '라합의 아들 보아스'와 '그의 아내 룻'을 통하여 '다윗'을 보내신다.

> [4]람은 아미나답을 낳고 아미나답은 나손을 낳고 나손은 살몬을 낳고 [5]**살
> 몬은 라합에게서 보아스를 낳고 보아스는 룻에게서 오벳을 낳고 오벳은
> 이새를 낳고 [6]이새는 다윗 왕을 낳으니라**(마태복음 1:4-6 상반절)

이 책 2부 후반부에서 자세히 언급하겠지만, 룻을 처음 본 보아스가 룻에
게 건넨 말들 중 특별히 "여호와께서 네가 행한 일에 보답하시기를 원하며
이스라엘의 하나님 여호와께서 그의 날개 아래에 보호를 받으러 온 네게 온
전한 상 주시기를 원하노라"라는 언급은, 그냥 인사치레로 하는 가벼운 말
이 아니다.

---

28 이것이 룻기의 주제다. 그리고 보아스가 모압 여인 룻에게 베푼 '인애'는 '우리 주 예수 그리스
도의 대속의 은혜'를 상징한다.

이 말을 룻에게 건네는 순간 언약 백성의 '유력자인 보아스'는 룻을 보면서 누구를 떠올렸을까? 그렇다. 바로 그의 엄마 '그 누구보다도 고귀한 여인 라합'이었을 것이다. 그렇게 놓고 보면 피조물인 우리네 인생의 아픔은 누군가의 아픔을 들을 수 있는 훈련의 통로이자, 우리의 아빠 아버지 되시는 하나님의 은혜의 통로인 것이 분명하다.

> 여호와께서 네가 행한 일에 보답하시기를 원하며 이스라엘의 하나님 여호와께서 그의 날개 아래에 보호를 받으러 온 네게 온전한 상 주시기를 원하노라 하는지라(룻기 2:12)

이 말을 반복하듯이 하는 이유는 이것이다. 전 세계적으로 우리 대한민국 사람들만큼 열심히 사는 사람들이 드물다. 어쩌면 당연한 상황이다. 우리가 살고 있는 이 땅은 가진 것이라고는 '인적 자원'이 전부인 곳이다.

이 단원 중반에도 각주를 통해 언뜻 언급했지만, 이 땅은 거대한 '좌절의 웅덩이'가 여러 번 '특정 세대'에 패여져 있는 곳이다. 앞에 언급했던 각주 내용을 반복한다.

[한가지 상기하고 싶은 '잔인한 이야기'가 있다. 소위 '스카이캐슬 세대'의 전성기에 중고등학교 시절을 보낸 아이들은 지금 COVID-19로 경기가 위축되어있는 시기에 대학을 졸업하고 사회에 나가야 하는 처지에 놓여 있다. 알고 싶은 것이 있다. 그렇게 마음껏 욕심을 부리고 자식을 자기 인생의 대리 만족과 자아성취의 도구로 보았던 엄마들의 눈에는 지금 무엇이 보일

까? 분명한 사실은 그렇게 그 엄마들이 욕심을 부릴 때, 우리 하나님께서는 COVID-19가 전 세계를 휩쓸고 있는 지금 이 시기를 보고 계셨다는 점이다.]

이들은 앞으로 어떻게 될까? 소위 '스카이캐슬 세대'는 어떤 인생들을 살게 될까? 가만히 지난 역사를 돌아보면 정확하지는 않겠지만, 어렴풋이 예측할 수 있는 부분이 있다. 우리 모두는 한 세대 전에 이 땅에 불어닥친 IMF에 대한 기억이 있다. 그 당시 이제 막 사회에 진출해야 하는 처지에 있었던 'IMF 세대' 중 상당수가 그동안 어떤 삶을 살았는지에 대한 경험을 가지고 있다. 물론, 그때만큼 상황이 나쁘지는 않을 것 같다. 하지만 'IMF 세대'가 어린 시절 살아온 인생과 '스카이캐슬 세대'가 살아내야 했던 어린 시절은 비교 대상이 안 될 정도의 인생이다. 어쩌면 '어린 시절의 기대 혹은 간절함'과 '이들이 맞게 되는 현실'과의 간극은 오히려 '스카이캐슬 세대'가 클지도 모른다.

좌절은 사람으로 하여금 안 보이던 것을 볼 수 있게 만든다. 지금 전 세계를 휩쓸고 있는 '한류열풍'을 실질적으로 기획하고 주도하고 있는 디렉터 (Director)급의 인물들은 그 나이대가 'IMF 세대'다. 많은 평론가들의 지적처럼 지금의 '한류 열풍의 자양분'은 잔인하게도 'IMF 세대가 집단적으로 겪어낸 좌절과 절망 속'에서 피어났다. '뛰어난 감수성과 능력'이 '좌절과 절망'을 만나 극한의 아름다움을 피어낸 것이다.

나는 이러한 현상에 대해 우리 CMF 내의 몇몇 아이들에게 이런 말을 했었다.

"참, 아이러니인 동시에 잔인한 일인 것 같아. 나는 고등학교 시절의 방황 덕분에 6년이나 '사회적 나이'를 지체하게 되었지. 그리고 그 덕분에, 나이는 IMF 세대인데 IMF 세대와는 다른 삶을 살게 되었어. 그러니까 폭탄을 피한 셈이지. 하지만 내 동기들 그리고 나보다 몇 살 많은 형들은 거의 평생 한가지 직업을 가진 사람들이 많지 않아. 평생 변변한 직업 한번 가져보지 못하고 이 직업 저 직업을 전전한 사람들이 대부분이야. 그 세대는 가정 배경이 좋든지 서울대 혹은 의대를 나온 경우를 빼고는 거의 인생이 잘 풀리지 못했어. 물론 의대를 나와도 몇 년 후배들보다는 못하지만 그래도 생계 걱정은 하지 않잖아. 나보다 6살이나 어린 의대 동기들 중에 의대 교수가 엄청 많아. 왜인지 아니? IMF 때문에 전국에 있는 모든 대학병원들이 의대 교수를 못 뽑다가 IMF가 끝나고 병원 사정이 회복이 되자, 지난 몇 년간 못 뽑았던 의대 교수들을 한꺼번에 충원을 했지. 그래서 다른 학번보다 내 의대 동기들 중에 의대 교수가 된 애들이 몇 배가 되지. 이번 COVID-19 때도 정도의 차이는 있겠지만, 비슷한 일이 안 일어날까? 모든 조직은 그해 졸업자를 뽑지, 몇 년 전 졸업자를 뽑지는 않아. 그런데 생각을 해봐. 어느 특정 학번이 다른 학번에 비해 더 똑똑하거나 뛰어날까? 아니겠지. 그러면 기회를 잃은 그 학번 중 재능이 뛰어난 인물들은 어떤 삶을 살게 될까? 구체적인 삶의 내용이야 각자가 가진 가족 자원 등 배경에 따라 다르겠지만, 그 학번에 해당하는 세대만이 가지게 되는 공통의 역사와 문화가 생기게 마련이지. IMF 세대의 좌절과 절망의 핏값(?)에서 피어난 한류열풍의 혜택을 대한민국이 누리게 되었듯이, 어쩌면 20-30년 뒤에는 '스카이캐슬 세대'의 좌절과 절망에서 피어난 보석(?) 덕분에 대한민국이 살게 될지도 모르지… 생각할수록 잔인한 일이네. 그렇다면 피어 보지도 못하고 지게 될 수없이 많은 이 세대의 인생들을 어떻게 품을 수 있을까? 아이러니 하게도 피어 보지도 못한 인생들은 자신과 다른 사람들의 마음을 들을 수 있는 감수성이 뛰어날 가능성이 높은데, 정작 다른 사람들의 마음을 들어야 하는 사람들은 현실 세계에서 기회를 얻어 피어난 사람들이잖아. 그렇게 놓고 보면 이번 COVID-19로 타격을 입게 되는 세대 중에 하나님의 은혜로 하나님께서 주신 기회와 하나님의 지혜를 모두 가진 사람들이 나오는 경우, 이 땅은 하나님의 진정한 치유의 능력을 경험하게 되는 것일까?"

라합 2

인자하고 진실하게 너를 대우하리라

¹²그러므로 이제 청하노니 **내가 너희를 선대하였은즉 너희도 내 아버지의 집을 선대하도록 여호와로 내게 맹세하고 내게 증표를 내라** ¹³그리고 나의 부모와 나의 남녀 형제와 그들에게 속한 모든 사람을 살려 주어 우리 목숨을 죽음에서 건져내라 ¹⁴그 사람들이 그에게 이르되 네가 우리의 이 일을 누설하지 아니하면 우리의 목숨으로 너희를 대신할 것이요 **여호와께서 우리에게 이 땅을 주실 때에는 인자하고 진실하게 너를 대우하리라**(여호수아 2:12-14)

"인자하고 진실하게 너를 대우하리라."

이것은 라합의 인생에 있어서 처음 듣는 이야기였을 것이다. 어쩌면, 잠시 멍했을지도 모른다. '인자?…, 진실?…, 그게 뭐였지?' 물론, 그 단어의 뜻은 잘 알고 있었다. '하지만, 내 인생에? 인자와 진실? 그런 일이 가능이

나 한 걸까? 도대체 내가 지금 무슨 말을 들은 것이지?' 혼란스러움에 '버그[29]가 생긴 것만 같은 그녀의 의식과는 달리, 그녀 앞에서 이 말을 하는 두 사내의 표정은 진지했다. 생각해보면 그들은, 그녀의 집에 들어올 때부터 뭔가 남달랐다. 지금까지 그녀가 겪어온 자들과는 전혀 '다른 결'의 느낌을 주는 사람들이었다.[30] 라합은 그들의 말을 믿기로 했다.

사실 그녀에게는, 그들을 믿는 것 말고 특별히 다른 대안 또한 없었다. 이러한 상황에서 두 사내가 '자신들의 목숨을 담보'로 라합에게 약속을 하고 있다. "네가 우리의 이 일을 누설하지 아니하면 우리의 목숨으로 너희를 대신할 것이요 여호와께서 우리에게 이 땅을 주실 때에는 인자하고 진실하게 너를 대우하리라." 그리고 그녀와 그녀의 가족들에게 새로운 세상이 열리기 시작했다.

> [5]**살몬은 라합에게서 보아스를 낳고** 보아스는 룻에게서 오벳을 낳고 오벳은 이새를 낳고 [6]이새는 다윗 왕을 낳으니라(마태복음 1:5-6 상반절)

교회사를 공부해보면, 여호수아가 파견한 두 정탐꾼 중 한 명은 훗날 라

---

[29] 버그(bug): 컴퓨터 프로그램이나 스마트폰 앱(app=application)의 오작동을 일으키는 원인이 되는 프로그램(program)상의 오류

[30] 당연한 이야기다. 여호수아가 파견한 두 정탐꾼을 만나기 전, 라합은 항상 같은 공간을 공유하는 남성들에게 있어서 성적 욕구 해소의 도구에 불과했을 것이다. 라합 그녀는 항상 그녀의 눈 앞에 나타나는 남성들의 '노리개'에 불과했다. 노리개로 취급되는 대상을 향해서, 자신의 목숨을 담보로 맹세를 하는 사람은 존재하지 않는다. 즉, 라합은 그녀의 인생에서 처음 자신을 인격적인 하나님의 형상으로 대하는 사내들을 만나게 된 것이다. 그러니, 라합의 눈에 두 정탐꾼은 분명히 뭔가 지금까지 만났던 사내들과는 다른 존재였을 것이다.

합의 남편이 되는 '살몬'이라고 한다. 살몬은 자신의 목숨을 담보로 라합에게 한 약속 "인자하고 진실하게 너를 대우하리라"라는 약속을, 그의 존재와 전 생애를 통하여 지켰다. 이 사실을 접한 절대 다수의 사람들은 라합과 결혼한 살몬을 대단하다고 생각할 것이다. 물론, 맞는 생각이다. 그러나 평생 상담자로 살아온 내 눈에는 조금은 '다른 차원의 살몬의 대단함'이 보인다.

성경에서는 이혼을 엄격히 금지하고 있다. 그러나 혼인에 대한 성경 전체의 정신을 살펴보면, 이미 일어난 이혼에 책임이 없는 무책(無責)배우자의 재혼을 성경이 지지함을 알 수 있다. 유책(有責)배우자에게는 '원칙적'으로 합법적 재혼의 권리가 없다.[31]

나는 초혼에서 결과적으로 이혼을 '당한' 무책(無責)배우자인 자매가 재혼하는 과정에 상담자로 여러 번 함께했었다. 지금은 여러 자녀들의 엄마 아빠가 되어 있는 부부들의 연애와 결혼 과정을 옆에서 지켜보면서 알게 된 사실은 이것이다. 상처가 없는 자매에게 구애(求愛)하는데 들어가는 정성과 마음의 크기에 비해, 상처가 있는 자매의 마음을 여는데 들어가는 정성과 마음의 크기는 차원이 다르다는 것이다. 상처가 있는 자매에게 사랑에 대한 믿음을 다시 심어주는 일은 정말 차원이 다른 일이라는 사실을 알게 되었다.

상처는 사람의 마음을 세상으로부터 닫게 하는 힘이 강했다. 그렇게 닫힌 마음을 사랑으로 여는 일은 아무나 할 수 있는 여정이 아니었다. 내가 목

---

31 이와 연관된 성경 윤리를 자세히 알고 싶은 독자에게는 고려신학대학원 '신원하 교수님'의 저서들을 구입해서 공부해 볼 것을 권한다.

격했던 자매들 모두 다시 마음을 여는 것을 너무도 힘들어 했었다. 살몬에게 마음을 여는 과정에서 라합은 어떠했을까? 살몬은 그 시간을 어떻게 라합과 함께 견디어 내었을까? 어찌 되었든, 살몬은 그가 젊어서 취한 아내[32]와 더불어 구약시대 우리 주 예수 그리스도를 상징하는 대표적인 인물 중하나인 '보아스'를 낳아 키웠으며 그들 부부의 수고로 사사기 이후 이스라엘은 다윗을 맞이하게 된다.

그녀를 짓밟던 그 땅의 쓰레기들은 언약 백성의 '수복 전쟁'을 통하여 그녀의 눈에서 그리고 그 땅에서 모두 사라졌다. 일평생 적극적으로 그녀를 지키는 일에 나서지는 않았지만, 여리고 성 출신으로는 '그녀'와 '그녀의 피붙이들'만 남아 새로운 세계에 진입하고 있었다. 그녀에게는 무슨 일이 있었던 것일까?

익숙함은 우리로 하여금 중요한 사실을 놓치게 한다. "내가 너희를 선대하였은즉 너희도 내 아버지의 집을 선대하도록 여호와로 내게 맹세하고 내게 증표를 내라." 라합이 두 정탐꾼에게 던진 이 말 "내가 너희를 선대하였은즉", 어느 지역 어느 구석에서 최하층민으로 매일 밤 불특정 다수의 남성에게 유린당하던 여성의 말이라고 믿어지는가?

인기를 끌고 있는 "복면가왕"이라는 음악프로그램을 알 것이다. 모든 선

---

32 "네 샘으로 복되게 하라 네가 젊어서 취한 아내를 즐거워하라"(잠언 5:18), "정탐한 젊은이들이 들어가서 라합과 그의 부모와 그의 형제와 그에게 속한 모든 것을 이끌어 내고 또 그의 친족도 다 이끌어 내어 그들을 이스라엘의 진영 밖에 두고"(여호수아 6:23).

입관을 제거하고 오로지 '노래 실력'으로만 '싱어'(singer)의 실력을 평가해보
자는 취지의 프로그램이라는 것도 잘 알 것이다. "복면가왕"이라는 프로그
램을 볼 때마다 익숙함이 얼마나 우리의 눈을 어둡게 하는지 느끼곤 했다.
기생 라합의 이야기는 교회를 오랜 시간 출입한(?) 성도들에게는 익숙한 이
야기다. 그래서인지 그녀가 던진 "내가 너희를 선대하였은즉 너희도 내 아
버지의 집을 선대하도록 여호와로 내게 맹세하고 내게 증표를 내라"라는 그
녀의 말의 무게를 우리는 잘 느끼지 못하고 지나가는 것 같다.

　그러나 그 자리에서 라합의 말을 직접 들은 두 정탐꾼에게는 그녀의 말
이 간단하게 들리지 않은 것 같다. 게다가 라합은 지금 둘 앞에 맹세의 대상
으로 '여호와 하나님'을 들이밀고 있다. '여호와 하나님'의 이름이 이방 여인
의 입에서 나왔을 때 두 정탐꾼은 느낌이 어땠을까?

　우선 우리는, 여호수아가 파견한 정탐꾼 둘의 이스라엘 내에서의 위치를
상상해볼 필요가 있다. 수백만 명에 이르는 민족 전체의 운명이 걸린 전쟁
이 코앞에 있었다. 게다가 사십 년 동안 매일 내리던 '만나'가 끊어진 상황이
었다. 전쟁에 대해서 조금만 지식이 있다면 결국 전쟁은 '보급'에서 시작해
서 '보급'으로 끝난다는 사실을 잘 알 것이다. 사십 년간 하늘로부터 내리던
보급이 끊긴 상황에서 파견된 '단 두 명의 정탐꾼'이었다. 이스라엘 내에서
의 그 두 정탐꾼의 위치와 신망(信望) 그리고 그들이 그때까지 살아온 인생
에 대해서 더 이상의 설명이 필요할까?

　¹²또 그 땅의 소산물을 먹은 다음 날에 **만나가 그쳤으니** 이스라엘 사람

들이 다시는 만나를 얻지 못하였고 그 해에 가나안 땅의 소출을 먹었더라 **13여호수아가 여리고에 가까이 이르렀을 때에**(여호수아 5:12-13 상반부)

그러한 위치의 두 사람이 자신들의 목숨을 걸고 이방의 이름 없는 한 가련한 여인에게 맹세를 한다. "네가 우리의 이 일을 누설하지 아니하면 우리의 목숨으로 너희를 대신할 것이요 여호와께서 우리에게 이 땅을 주실 때에는 인자하고 진실하게 너를 대우하리라."

두 정탐꾼의 약속 중 "우리의 목숨으로 너희를 대신할 것이요"라는 말은 굳이 안 해도 되는 말이었다. 그런데 그 지위 높은 두 엘리트가 진지하게 라합에게 맹세를 한다. 당연히 두 정탐꾼은 이스라엘 내에서 지위와 배경뿐 아니라, 그 지혜와 물리적인 민첩성까지 모두 검증된 인재들이었음에 틀림없다. 그런 두 사람이 아이와 여인은 사람으로 취급하지도 않던 문화권에서 자신들의 목숨을 걸고 진지하게 맹세를 한다.

두 정탐꾼은 라합에게서 어떤 느낌을 받았던 것일까? 아래에 인용된 두 명의 정탐꾼이 여호수아에게 보고한 내용은, 다른 누구의 말도 아닌 '라합의 신앙고백'을 그대로 옮긴 것이다. "여호와께서 이 땅을 너희에게 주신 줄을 내가 아노라 우리가 너희를 심히 두려워하고 이 땅 주민들이 다 너희 앞에서 간담이 녹나니" 라합의 이 고백은 두 정탐꾼의 입을 통해 여호수아에게 이렇게 전달된다. "진실로 여호와께서 그 온 땅을 우리 손에 주셨으므로 그 땅의 모든 주민이 우리 앞에서 간담이 녹더이다."

⁸또 그들이 눕기 전에 라합이 지붕에 올라가서 그들에게 이르러 ⁹말하되 **여호와께서 이 땅을 너희에게 주신 줄을 내가 아노라 우리가 너희를 심히 두려워하고 이 땅 주민들이 다 너희 앞에서 간담이 녹나니** ¹⁰이는 너희가 애굽에서 나올 때에 여호와께서 너희 앞에서 홍해 물을 마르게 하신 일과 너희가 요단 저쪽에 있는 아모리 사람의 두 왕 시혼과 옥에게 행한 일 곧 그들을 전멸시킨 일을 우리가 들었음이니라 ¹¹우리가 듣자 곧 마음이 녹았고 너희로 말미암아 사람이 정신을 잃었나니 너희의 하나님 여호와는 위로는 하늘에서도 아래로는 땅에서도 하나님이시니라 (여호수아 2:8-11)

²³그 두 사람이 돌이켜 산에서 내려와 강을 건너 눈의 아들 여호수아에게 나아가서 그들이 겪은 모든 일을 고하고 ²⁴또 여호수아에게 이르되 **진실로 여호와께서 그 온 땅을 우리 손에 주셨으므로 그 땅의 모든 주민이 우리 앞에서 간담이 녹더이다** 하더라(여호수아 2:23-24)

이제 이야기를 여호수아서 시작 부분으로 거슬러 가보자. 여호와 하나님의 종 모세가 죽은 후, 하나님께서는 모세의 수종자였던 눈의 아들 여호수아에게 가나안 수복 전쟁을 명하신다.

¹여호와의 종 모세가 죽은 후에 여호와께서 모세의 수종자 눈의 아들 여호수아에게 말씀하여 이르시되 ²내 종 모세가 죽었으니 이제 너는 이 모든 백성과 더불어 일어나 이 요단을 건너 내가 그들 곧 이스라엘 자손에

게 주는 그 땅으로 가라 ³내가 모세에게 말한 바와 같이 너희 발바닥으로 밟는 곳은 모두 내가 너희에게 주었노니 ⁴곧 광야와 이 레바논에서부터 큰 강 곧 유브라데 강까지 **헷 족속의 온 땅과**³³ 또 해 지는 쪽 대해까지 너희의 영토가 되리라(여호수아 1:1-4)

여호와 하나님의 명령과 함께 격려를 받은 여호수아는 비로소 언약 백성에게 전쟁 준비를 명한다.

> ⁹**내가 네게 명령한 것이 아니냐 강하고 담대하라 두려워하지 말며 놀라지 말라 네가 어디로 가든지 네 하나님 여호와가 너와 함께 하느니라** 하시니라 ¹⁰**이에 여호수아가 그 백성의 관리들에게 명령하여 이르되** ¹¹진 중에 두루 다니며 그 백성에게 명령하여 이르기를 양식을 준비하라 사흘 안에 너희가 이 요단을 건너 너희의 하나님 여호와께서 너희에게 주사 차지하게 하시는 땅을 차지하기 위하여 들어갈 것임이니라 하라(여호수아 1:9-11)

그리고, 눈의 아들 여호수아는 두 명의 정탐꾼을 여리고에 파견한다. 우

---

33 "¹⁶아브라함이 에브론의 말을 따라 에브론이 헷 족속이 듣는 데서 말한 대로 상인이 통용하는 은 사백 세겔을 달아 에브론에게 주었더니 ¹⁷마므레 앞 막벨라에 있는 에브론의 밭 곧 그 밭과 거기에 속한 굴과 그 밭과 그 주위에 둘린 모든 나무가 ¹⁸성 문에 들어온 모든 헷 족속이 보는 데서 아브라함의 소유로 확정된지라 ¹⁹그 후에 아브라함이 그 아내 사라를 가나안 땅 마므레 앞 막벨라 밭 굴에 장사하였더라 (마므레는 곧 헤브론이라) ²⁰이와 같이 그 밭과 거기에 속한 굴이 헷 족속으로부터 아브라함이 매장할 소유로 확정되었더라"(창세기 23:16-20).

리는 두 명이라는 숫자에서 자연스럽게 이전에 모세가 파견한 정탐꾼 열둘 중 '바른말을 한 정탐꾼의 숫자'를 떠올리게 된다. 모세가 파견한 정탐꾼 중 바른말을 했던 두 명 중 한 사람인 여호수아의 입장에서 볼 때, 둘이면 충분하다는 생각을 했던 것 같다.[34] 우리는 이 대목에서 '전쟁은 여호와께 속한 것'이라는 '다윗의 고백'[35]을 다시 한번 마음에 새길 필요가 있다.

여호수아가 여리고에 정탐꾼 두 명을 파견했다는 소식은 바로 여리고 왕에게 전해진다. 당연히 여리고 왕은 사람들을 보내 두 정탐꾼을 잡으려 시도한다. 하지만 라합이 이미 두 정탐꾼을 지붕에 숨긴 후였다. "이제 청하노니 내가 너희를 선대하였은즉 너희도 내 아버지의 집을 선대하도록 여호와로 내게 맹세하고 내게 증표를 내라. 그리고 나의 부모와 나의 남녀 형제와

---

34 "온 회중이 소리를 높여 부르짖으며 백성이 밤새도록 통곡하였더라 ²이스라엘 자손이 다 모세와 아론을 원망하며 온 회중이 그들에게 이르되 우리가 애굽 땅에서 죽었거나 이 광야에서 죽었으면 좋았을 것을 ³어찌하여 여호와가 우리를 그 땅으로 인도하여 칼에 쓰러지게 하려 하는가 우리 처자가 사로잡히리니 애굽으로 돌아가는 것이 낫지 아니하랴 ⁴이에 서로 말하되 우리가 한 지휘관을 세우고 애굽으로 돌아가자 하매 ⁵모세와 아론이 이스라엘 자손의 온 회중 앞에서 엎드린지라 ⁶그 땅을 정탐한 자 중 눈의 아들 여호수아와 여분네의 아들 갈렙이 자기들의 **옷을 찢고** ⁷이스라엘 자손의 온 회중에게 말하여 이르되 우리가 두루 다니며 정탐한 땅은 심히 아름다운 땅이라 ⁸여호와께서 우리를 기뻐하시면 우리를 그 땅으로 인도하여 들이시고 그 땅을 우리에게 주시리라 이는 과연 젖과 꿀이 흐르는 땅이니라 ⁹다만 **여호와를 거역하지는 말라 또 그 땅 백성을 두려워하지 말라** 그들은 우리의 먹이라 그들의 보호자는 그들에게서 떠났고 여호와는 우리와 함께 하시느니라 그들을 두려워하지 말라 하나 ¹⁰온 회중이 그들을 돌로 치려 하는데 그 때에 여호와의 영광이 회막에서 이스라엘 모든 자손에게 나타나시니라"(민수기 14:1-10).

35 "⁴⁷또 여호와의 구원하심이 칼과 창에 있지 아니함을 이 무리에게 알게 하리라 **전쟁은 여호와께 속한 것인즉** 그가 너희를 우리 손에 넘기시리라 ⁴⁸블레셋 사람이 일어나 다윗에게로 마주 가까이 올 때에 다윗이 블레셋 사람을 향하여 빨리 달리며 ⁴⁹손을 주머니에 넣어 돌을 가지고 물매로 던져 블레셋 사람의 이마를 치매 돌이 그의 이마에 박히니 땅에 엎드러지니라"(사무엘상 17:47-49).

그들에게 속한 모든 사람을 살려 주어 우리 목숨을 죽음에서 건져내라." 라합의 이 말은 그녀가 여리고 왕이 보낸 사람들을 속여 따돌린 뒤에 두 정탐꾼에게 한 말이다.

> 그가 이미 그들을 이끌고 지붕에 올라가서 **그 지붕에 벌여 놓은 삼대에 숨겼더라**(여호수아 2:6)

여호수아서 2장 6절에 나오는 삼대에 대해서 찾아보면, 그 당시 사람들은 삼대의 줄기에서 뽑아낸 실을 물에 적시고 말리는 과정을 통하여 마직물을 만들어내었다고 한다. 그리고 평평하게 만들어진 지붕은 삼대 줄기를 말리기에 적합한 장소였다. 알려지기로는 완전히 건조되기 전의 삼대 줄기는 그 냄새가 상상을 초월할 만큼 엄청 고약했다고 한다. 삼대 줄기의 냄새에 대한 설명을 듣고 나면, 여리고 왕이 보낸 사람들이 라합의 이야기만을 듣고 그녀의 집 옥상을 수색하지 않은 이유가 납득이 된다. '설마, 저 고약한 냄새가 진동하는 삼대 줄기 밑에 사람이? 에이, 불가능한 일이지' 여리고 왕이 보낸 사람들은 확률이 희박한 일에 굳이 고약한 삼대 말리는 냄새를 맡는 수고까지 더하고 싶지는 않았을 것이다. 오히려 정탐꾼들이 성문을 닫을 때쯤 나갔다는 라합의 말에 마음이 급했을 것이다. 여리고 왕이 보낸 사람들의 시선은 성 밖을 향했다.

> ²어떤 사람이 여리고 왕에게 말하여 이르되 보소서 이 밤에 이스라엘 자손 중의 몇 사람이 이 땅을 정탐하러 이리로 들어왔나이다 ³여리고 왕이

라합에게 사람을 보내어 이르되 네게로 와서 네 집에 들어간 그 사람들을 끌어내라 그들은 이 온 땅을 정탐하러 왔느니라 ⁴그 여인이 그 두 사람을 이미 숨긴지라 이르되 과연 그 사람들이 내게 왔었으나 그들이 어디에서 왔는지 나는 알지 못하였고 ⁵**그 사람들이 어두워 성문을 닫을 때쯤 되어 나갔으니 어디로 갔는지 내가 알지 못하나 급히 따라가라 그리하면 그들을 따라잡으리라** 하였으나 ⁶그가 이미 그들을 이끌고 지붕에 올라가서 그 지붕에 벌여 놓은 삼대에 숨겼더라 ⁷**그 사람들은 요단 나루터까지 그들을 쫓아갔고 그들을 뒤쫓는 자들이 나가자 곧 성문을 닫았더라**(여호수아 2:2-7)

라합이 두 정탐꾼을 숨긴 삼대를 말릴 때 났다는 냄새를 생각할 때, 당연히 삼대를 말리는 것과 같은 일은 자신과 자신의 가족들의 생존을 위해 억척을 떠는 이들의 몫이었을 것이다. 그런 맥락을 가진 삼대를 널어놓은 옥상에 숨어 있는 동안 두 정탐꾼은 무슨 생각을 했을까? '저 여인을 사람들이 기생이라고 하던데…' 서둘러 자신들 둘을 옥상에 숨기던 그녀의 표정과 몸짓이 삼대의 냄새와 함께 그들을 압도하고 있을 때, 여리고 왕이 보낸 사람들을 따돌린 그녀가 옥상에 올라와서 그들에게 던진 말이 이것이다. "이제 청하노니 내가 너희를 선대하였은즉 너희도 내 아버지의 집을 선대하도록 여호와로 내게 맹세하고 내게 증표를 내라 그리고 나의 부모와 나의 남녀 형제와 그들에게 속한 모든 사람을 살려 주어 우리 목숨을 죽음에서 건져내라."

'아니, 저 여인에게 부모와 남녀 형제가 있었어? 그런데 왜?' 그녀의 말을 듣자마자, 두 정탐꾼의 머리에 떠오른 생각 혹은 의문은 이것이었을 것이다. 생각해보면 그녀는 그녀의 가정에서 그녀의 가정을 지키는 일에, 그러니까 생존의 최전선에 나서기에 가장 부적절한 사람이 아니었을까? 상식적으로는 최후방에 있어야 하는 사람이 아니었을까? '나의 부모와 나의 남녀 형제'라는 그녀의 표현을 볼 때, 그녀의 가정 내에는 사지 멀쩡한(?) 사내들이 있었다는 이야기다. 아무리 어려운 사회라고 해도, 사지 멀쩡한 사내들이 목숨을 걸고 생계를 위해 나섰다면 여리고 성에서의 라합의 인생은 달랐을 것이다. 아니, 그들이 라합의 '반의반'만이라도 치열하게 살았다면 과연 라합이 기생의 처지에 내몰렸을까? 물론 '사회 구조적 문제'를 전적으로 '개인의 문제'로 치환하여 '한 개인 개인'을 비난하려고 하는 말은 아니다.

이러저러한 핑계와 사정을 댄다고 할지라도, 라합은 그녀의 가정에서 가정을 지키기 위해 돈을 벌어오는 일에 가장 적합하지 않은 인물이지 않았을까? 그런데 세상을 살아보면 그러지를 못한다. 가정에서도 교회에서도 CMF에서도 항상 그렇다. 그 일을 감당하기에 가장 적절하지 않은 인물이 그 일을 떠맡아 애쓰며 수고하며 진을 빼면서 살아내는 것이 현실이다. 그리고 당연히 그 일을 감당해야 하는 인간들은 '뒷짐을 지고' '자신의 욕망'에 따라 '자신의 일'을 하며 살다가 나중에 나타나 '잘난 말'과 '잘난 짓'을 한다.

이런 부류의 사람들이 얼굴을 내미는 경우는 대표적으로 두 가지다. 일이 생각보다 잘 풀렸을 때와 무언가 피치 못할 사정으로 일이 어그러지거나 민망한 일이 발생했을 때이다. 일이 잘 풀렸을 때, 이들은 그 일에 '숟가락

을 없는 재주'가 뛰어나다. 동시에 무언가 민망한 사태가 발생한 경우, 이들
은 '정의의 사자'로 변한다. 이러한 현상을 나는 "세상에는 딱 두 종류의 인
간이 있는데, 세상에는 일하는 사람과 잘난 사람 두 종류의 인간이 존재한
다"라고 표현한다.

　멀리 갈 것도 없다. 출석하는 교회에 종합병원에 근무하는 지체가 있다
면 질문해 보라. 오랜 기간 동안 지병으로 고생하시다가 소천하신 환자분의
자녀 중, 누가 환자분의 생전에 옆에서 간병을 한 자녀이며 누가 생전에 얼
굴 한번 보이지 않다가 이제 나타나서 저 난리를 피우면서 의료진에게 "살
인자"라고 행패를 부리는 자녀인지[36] 다른 과 모르는 환자의 일이라고 해도
종합병원에 근무해본 의료진은 단번에 알아볼 수 있다.

　오랜 기간 환자분의 옆에서 간병을 해온 자녀는 소리를 내기보다는 소
리 죽여 흐느끼는 경우가 많다. 그리고 거의 100% 환자분의 옆에서 땀 흘
려온 자녀, 같이 땀 흘린 의료진을 향해 진심으로 고마움을 표현한다. 같
이 땀 흘린 사람들만이 '인생의 한계'를 알게 마련이다. 그러나 땀 흘려보지
않은 자는, 되지도 않는 '명분을 주장'하기 마련이다. 이러한 현상은 비단 병
원에서만 일어나지 않는다. 우리네 신앙생활과 일상생활 모두에서 일관되
게 일어나는 일이다.

　이러한 현실이 어린 의료진들을 철들게 하기도 하고, 혹은 잘못됐다고
생각하는 존재를 닮아가는 계기가 된다. 시집살이를 혹독하게 당한 며느리

36　물론 이러한 일은 시대가 변하고, 종합병원에 보안 요원 제도가 생기면서 확연히 줄어들었다.

가 나중에 무서운 시어머니가 되는 것과 같은 원리다. 같은 현상을 보고 자신의 삶에 어떻게 적용할지는 각자의 몫인 동시에 그 적용의 방향에 따라 그의 삶은 정반대 방향을 향하게 마련이다.[37]

두 정탐꾼이 자신들의 목숨을 걸고 이방의 이름 없는 한 가련한 여인에게 맹세를 한다. "네가 우리의 이 일을 누설하지 아니하면 우리의 목숨으로 너희를 대신할 것이요 여호와께서 우리에게 이 땅을 주실 때에는 인자하고 진실하게 너를 대우하리라" 두 정탐꾼의 목숨을 걸겠다는 약속 후, 라합은 그들을 창문을 통해 줄로 달아 내린다. 라합이 두 정탐꾼을 성벽 아래로 내려보낼 때, 당연히 억척스러워 보였을 그녀의 팔을 보면서 그들은 어떤 인상을 받았을까? 무엇을 느끼고 무엇을 보고 무슨 생각을 했을까?

---

37 나의 고등학교 시절, 우리 아빠가 나에게 써주셨던 『논어』 술이편에 나오는 내용을 인용한다. 子曰, "三人行, 必有我師焉, 擇其善者而從之, 其不善者而改之.": 자왈, "삼인행, 필유아사언, 택기선자이종지, 기불선자이개지." 반면교사(反面敎師)라는 사자성어는 잘 알 것이다. 인용한 한자의 뜻을 알고 싶은 독자는 인터넷에서 쉽게 검색할 수 있다. 신학교에는 이런 말이 회자되곤 한다. "성경을 잘 모르는 사람과 성경만 읽는 사람 중 누가 더 위험할까?" 어쩌면 급격한 세속화를 겪고 있는 우리 한국 교회의 현실을 생각할 때, 한가하고 배부른 소리일 수도 있다. 솔직한 심정은 '제발, 성경 좀 읽었으면…'이지만, '일반은총영역' 또한 관심을 가져야 하는 영역임을 언급해 두고 싶은 마음에 논어를 인용했다. 오해하지 않았으면 한다. '일반은총영역'에는 구원은 없다. 다만 하나님께서 우리 주 예수 그리스도께서 다시 오실 그날까지, 이 땅이 급격히 타락하는 것을 막기 위하여 허락하신 요소가 '일반은총영역'에 가득하다. 이러한 '일반은총영역'을 허락하신 하나님의 목적은 항상 한결 같으시다. 당신의 자녀들이 위험에 빠지지 않게 하기 위해서다. "²⁸내가 왕벌을 네 앞에 보내리니 그 벌이 히위 족속과 가나안 족속과 헷 족속을 네 앞에서 쫓아내리라 ²⁹그러나 그 땅이 황폐하게 됨으로 들짐승이 번성하여 너희를 해할까 하여 일 년 안에는 그들을 네 앞에서 쫓아내지 아니하고 ³⁰네가 번성하여 그 땅을 기업으로 얻을 때까지 **내가 그들을 네 앞에서 조금씩 쫓아내리라**"(출애굽기 23:28-30). "이같이 한즉 하늘에 계신 너희 아버지의 아들이 되리니 이는 하나님이 그 해를 악인과 선인에게 비추시며 비를 의로운 자와 불의한 자에게 내려주심이라"(마태복음 5:45).

> 라합이 그들을 창문에서 줄로 달아 내리니 그의 집이 성벽 위에 있으므
> 로 그가 성벽 위에 거주하였음이라(여호수아 2:15)

두 정탐꾼의 진지한 약속 후, 라합은 '그들의 목숨'과 '자신의 가족들의 목
숨'이 하나로 연결됨을 느꼈던 것 같다. 라합이 두 정탐꾼에게 마음을 담아
중요한 정보와 조언을 건넨다. 비로소, 그들 세 명이 한배를 탄 공동운명체
가 되는 순간이었다.

> 라합이 그들에게 이르되 **두렵건대 뒤쫓는 사람들이 너희와 마주칠까 하
> 노니** 너희는 산으로 가서 거기서 사흘 동안 숨어 있다가 뒤쫓는 자들이
> 돌아간 후에 너희의 길을 갈지니라(여호수아 2:16)

라합의 도움으로 무사히 탈출할 수 있었던 두 정탐꾼에게 배인 '삼대 말
리는 냄새'는 당연히 여호수아에게 그들이 보고하는 과정에서도 여호수아
의 코를 찔렀을 것이다. 나는 '봉준호 감독'의 영화 "기생충"을 직접 보지는
못했다. 하지만 여러 평론가들의 글을 읽으면서 강하게 동의했던 내용이 있
다. 그것은 바로 '냄새'에 대한 이야기였다. 냄새는 지울 수 없는 흔적을 남
기게 마련이다. 여호수아와 두 정탐꾼 사이에 '삼대 말리는 냄새'에 대한 이
야기가 오가는 과정을 통해, 여호수아 또한 '라합 그녀의 삶의 정황에 대한
정보'를 가지게 되었을 것이 분명하다.

라합에게 험한 꼴을 선사했던 그 땅의 모든 쓰레기들을 언약 백성의 수
복 전쟁을 통하여 전부 죽이신 뒤, 하나님께서는 라합을 '유다의 방백 집안'

과 혼인을 시키신다. 우리 모두 알고 있는 사실이다. 언약 백성의 여리고 성 정복 후 라합에게 일어난 모든 일은 하나님께서 하신 일이 맞다. 하나님께서 창조하신 이 우주 가운데 하나님의 손을 벗어난 일은 존재할 수 없다.[38]

맞는 말이다. 그러나 우리에게 인생을 주시고 시공간을 선물로 주신 하나님 앞에서 "결국 모든 것은 하나님께서 하실 것인데, 뭐 나까지 수고롭게 나설 필요가 있나?"라는 태도를 가진 사람 치고, 눈앞에 보이는 이익에 느린 사람을 보지 못했다.[39]

---

[38] 이 말을 '이 세상에서 일어나는 모든 일은 하나님의 뜻이다'라고 오해하면 안된다. '이 세상에서 일어나는 모든 일은 하나님의 뜻이다'라고 할 경우, 이미 일어난 범죄 또한 하나님의 뜻이라는 오류가 발생하기 때문이다. '일본제국주의'에 의해 우리 민족에게 가해진 끔찍한 범죄행위에 대해 '이 세상에서 일어나는 모든 일은 하나님의 뜻이다'라는 논리를 적용하는 사람들이 가끔씩 보인다. 그러한 사람들의 논리를 그대로 인정하게 되는 경우, 독립운동에 일평생 헌신했던 우리 선열들은 하나님의 뜻에 대항한 분들이 되고 만다. 즉, 독립운동은 하나님의 뜻에 대한 반역행위라는 참람한 논리가 세워지게 된다. 이러한 논리를 펴는 사람들은 우리 하나님을 범죄자로 모는 패륜아들이다. 그들에게 적용되는 성경 말씀이다. "너는 네 하나님 여호와의 이름을 망령되이 일컫지 말라 나 여호와는 내 이름을 망령되이 일컫는 자를 죄 없는 줄로 인정하지 아니하리라"(신명기 5:11). 일본제국주의에 의해 우리 민족에게 가해진 끔찍한 범죄행위와 같은 일들에 대한 신학적 표현은 '하나님의 허용하심'이다. 우리는 '하나님의 뜻'과 '하나님의 허용하심'을 구분할 수 있어야 한다. 이러한 '하나님의 뜻'과 '하나님의 허용하심'을 합쳐 '하나님께서 창조하신 이 우주 가운데 하나님의 손을 벗어난 일은 존재할 수 없다'라는 고백이 가능하게 된다. 범죄는 하나님에 의해서 '적극적으로 작정된 것이 아니라는 면'에서 신학적으로는 '비본래적' 혹은 '비본질적'이라고 표현한다. 이때 '적극적으로 작정된 것이 아니다'라는 표현이 바로 '허용'에 해당한다. 이와 연관된 내용을 더 알고 싶은 독자에게는 칼빈의 『기독교 강요』를 추천한다.

[39] 이러한 태도를 신학적으로 '교만'이라고 한다. 교회와 선교단체에서 흔히 들리는 이야기가 있다. "제가 능력이 안돼서…" 이러한 말은 상당수(전부라고 하지 않은 것을 주목하기 바란다.) 겸손이 아니라 교만이다. 신학적으로 겸손은 자신을 낮추는 것이 아니라 '하나님께서 자신에게 주신 자리를 지키는 것'을 말한다. 즉, 자신을 향한 하나님의 주권을 겸손하게 받아들이는 것을 진정한 겸손이라고 하며, 그 자리를 벗어나는 과정에서 자신을 낮추거나 높이는 것 양쪽 모두를 교만이라고 한다. 가만히 생각해보면 너무도 당연한 이야기다. 자신의 인생을 하나님 없이 자신이 결정하는 것은 분명 교만이다.

언약 백성의 여리고 성 수복 후, 라합에게 일어난 모든 일은 하나님께서 하신 일이 분명히 맞다. 그러나 동시에 우리가 주목해야 할 부분이 있다.[40] 여리고 성 정복 후 라합에게 일어난 모든 일 가운데 두 정탐꾼은 무슨 역할을 했을까? 그리고 여호수아는 어떤 역할을 했을까? 두 정탐꾼은 라합과 지낸 짧은 시간 동안, 그 공간에서 라합의 어떤 모습을 본 것일까? 여호수아와 두 정탐꾼, 그들의 마음 한가운데 도대체 '무슨 감정'과 '무슨 깨달음'이 일어났던 것일까?

여호수아는 언약 백성에게 주어진 약속의 땅을 수복하기 위한 '전쟁의 책임자'였다. 더군다나, 이 전쟁 직전에 사십 년간 내리던 만나가 그쳤다. 아무리 하나님께서 여호수아에게 "오직 강하고 극히 담대하라"고 격려하셨다지만, 이 사실을 거꾸로 생각해보면 '오죽 여호수아의 처지가 불안하고 힘이 들었으면 하나님께서 그렇게까지 말씀해주셨을까?'[41] 싶지 않은가? 그렇

---

40 신자들이 흔히 하는 질문인 동시에 궁금해하는 부분이 이런 부분이다. 구원론에 나오는 신학적인 표현을 빌어 설명을 대신하면 이와 같다. "칭의(稱義)는 100% 하나님의 일이다. 그리고 성화(聖化)는 100% 하나님의 일인 동시에 100% 사람의 일이다. 그러므로 성화는 100% 하나님의 은혜로만 가능하다." 이 책에서 두 번째 언급하는, 따옴표 안의 문장을 외우기를 권한다. 그리고 때때로 마음에서 꺼내어 묵상해보기를 권한다.

41 하나님과 동행하는 삶을 살아보면 그리고 성경에 등장하는 하나님의 사람들의 인생을 살펴보면 하나님께서 누군가에게 과잉(?) 친절을 베푸시는 것만 같은 때는 두 가지의 경우이다. 첫째는, 그의 삶이 너무 안쓰럽고 힘들 때이다. 두 번째는, 그를 통하여 하나님께서 이루시고자 하시는 일을 모두 이루신 후이다. 이때, '하나님께서 이루시고자 하시는 일'은 어떠한 '프로젝트'(project)가 아니다. 비전(?) 혹은 일은 하나님의 사람을 성숙시키고 훈련 시키는 수단인 경우가 대부분이다. 하나님께서는 하나님과 동행하는 삶을 통해 하나님께서 하나님의 사람에게 이루시고자 하시는 성숙을 이루신 후에는 그에게 평안을 주시는 것을 볼 수 있다. "아브라함이 나이가 많아 늙었고 여호와께서 그에게 범사에 복을 주셨더라"(창세기 24:1). 반면 하나님께서 목표하시는 그의 성숙이 완성되지 않았는데도, 하나님께서 적극적으로 나서셔서 위로와 은혜

게 심리적으로 쫓기는 상황에서도, 여호수아는 라합과 그녀의 가족을 위해 세밀하게 명령하는 것을 잊지 않는다.

물론 그 경황이 없는 와중에도, 여호수아를 잡아 세워주신 분은 하나님이시다. 인생을 살아본 독자 중에는 이런 경험이 있는 분들이 있을 것이다. 정말 중요한 일을 앞둔 상황에서 '일의 결과가 원하는 방향으로 확정되었음'이 보일 때가 있다. 이 일의 결과는 더 이상 볼 것도 없이 확정된 일이다. 그러나 그 결과가 세상 모두에게 공표되기 전, 그리고 그 일이 진행되는 모든 과정에서 실수 없이 처리해야 할 일들이 엄청날 때가 있다. 그 긴장의 순간을 어떻게 표현해야 할까? '두근거림?' '기대?' 아니, 너무 밝은 색채로 표현이 가벼워 보인다. '떨림?' '중간중간 숨이 멎는듯한 느낌?' '다리가 풀리는 것 같으면서도 등줄기와 가슴 깊은 곳에서 솟아나는 무언가 강렬한 힘의 느낌?' 조금 비슷하게 표현이 되었나? 잘 모르겠다. 결국, 이러한 일은 겪어보아야 알 수 있다.

모세에게 홍해를 갈라 마른 땅으로 건너게 해주신 하나님께서는 동일한 기적을 여호수아에게도 선물하신다. 모세의 사후, 여호수아에게 "오직 강하고 극히 담대하라"고 말씀하신 여호와 하나님께서 여호수아에게 주신 이 선물의 의미는 이미 앞 단원에서 충분히 설명했다.

너희의 하나님 여호와께서 요단 물을 너희 앞에서 마르게 하사 너희를

를 부어주실 때가 있다. 이것은, 그즈음 '그'의 처지가 매우 어렵고 절박하다'라는 반증이 된다.

건너게 하신 것이 너희의 하나님 여호와께서 **우리 앞에 홍해를 말리시고 우리를 건너게 하심과 같았나니**(여호수아 4:23)

이 책을 차근차근 읽어온 독자들이라면, 여호와 하나님께서 요단강을 갈라 이스라엘로 마른 땅으로 건너게 해주신 의미를 잘 알 것이다. 이 일은 요단강 서쪽의 왕들과 가나안 사람들에게는 '마음을 녹이는 일'이었다. 반면, 여호수아에게는 '하나님께서 모세에게 베푸셨던 은혜가 동일하게 그에게도 지속될 것'이라는 메시지로 받아들여졌을 것이다. 그러니 전쟁을 앞두고 할례를 행하라는 하나님의 명령은, 여호수아와 이스라엘 백성에게 무리한 요구가 아니었다. 그러나 여호수아와 이스라엘 백성은, 현실적으로 이것저것 처리해야 할 일이 넘쳐나는 중이었다.

여호와의 언약궤를 멘 제사장들은 요단 가운데 마른 땅에 굳게 섰고 그 모든 백성이 요단을 건너기를 마칠 때까지 모든 이스라엘은 그 마른 땅으로 건너갔더라(여호수아 3:17)

[1]**요단 서쪽의 아모리 사람의 모든 왕들과 해변의 가나안 사람의 모든 왕들이 여호와께서 요단 물을 이스라엘 자손들 앞에서 말리시고 우리를 건너게 하셨음을 듣고 마음이 녹았고** 이스라엘 자손들 때문에 정신을 잃었더라 [2]그 때에 여호와께서 여호수아에게 이르시되 너는 부싯돌로 칼을 만들어 이스라엘 자손들에게 다시 할례를 행하라 하시매 [3]여호수아가 부싯돌로 칼을 만들어 할례 산에서 이스라엘 자손들에게 할례를

행하니라(여호수아 5:1-3)

그렇게 급박하고 경황이 없었을 전쟁의 와중에, 여호수아와 이스라엘 백
성들은 라합과 그녀의 가족들을 전쟁의 한복판인 이스라엘의 진영 밖 안전
한 곳으로 안내하여 보호하는 것을 잊지 않았다. 물론 진영 밖으로 인도했
다는 것은, 이스라엘 백성이 아직 라합과 그녀의 가족을 언약 백성으로 받
아들이지 않았기 때문이라고 말할 수도 있을 것이다. 그러나 여리고성 전체
가 무너지면서도 무너지지 않고 남아 있는 성벽은, 라합의 집이 위치한 곳
뿐이었다. 이보다 더한 '하나님의 의지와 징표'는 이스라엘 백성에게 존재하
지 않았을 것이다.

[15]일곱째 날 새벽에 그들이 일찍이 일어나서 전과 같은 방식으로 그 성
을 일곱 번 도니 그 성을 일곱 번 돌기는 그날뿐이었더라 [16]일곱 번째에
제사장들이 나팔을 불 때에 여호수아가 백성에게 이르되 외치라 여호와
께서 너희에게 이 성을 주셨느니라 [17]이 성과 그 가운데에 있는 모든 것
은 여호와께 온전히 바치되 **기생 라합과 그 집에 동거하는 자는 모두 살
려 주라 이는 우리가 보낸 사자들을 그가 숨겨 주었음이니라** [18]너희는
온전히 바치고 그 바친 것 중에서 어떤 것이든지 취하여 너희가 이스라
엘 진영으로 바치는 것이 되게 하여 고통을 당하게 되지 아니하도록 오
직 너희는 그 바친 물건에 손대지 말라 [19]은금과 동철 기구들은 다 여호
와께 구별될 것이니 그것을 여호와의 곳간에 들일지니라 하니라 [20]이에
백성은 외치고 제사장들은 나팔을 불매 백성이 나팔 소리를 들을 때에

크게 소리 질러 외치니 성벽이 무너져 내린지라 백성이 각기 앞으로 나아가 그 성에 들어가서 그 성을 점령하고 [21]그 성 안에 있는 모든 것을 온전히 바치되 남녀 노소와 소와 양과 나귀를 칼날로 멸하니라 [22]**여호수아가 그 땅을 정탐한 두 사람에게 이르되 그 기생의 집에 들어가서 너희가 그 여인에게 맹세한 대로 그와 그에게 속한 모든 것을 이끌어 내라 하매** [23]**정탐한 젊은이들이 들어가서 라합과 그의 부모와 그의 형제와 그에게 속한 모든 것을 이끌어 내고 또 그의 친족도 다 이끌어 내어 그들을 이스라엘의 진영 밖에 두고** [24]무리가 그 성과 그 가운데에 있는 모든 것을 불로 사르고 은금과 동철 기구는 여호와의 집 곳간에 두었더라(여호수아 6:15-24)

여리고 성은 19세기 후반에 첫 발굴이 시작되어 20세기 후반에는 성의 구체적인 모습이 세상에 알려지게 되었다. 관련 자료와 논문은 인터넷에서 쉽게 검색할 수 있다. 이렇게 발굴이 된 여리고 성에 대한 논쟁을 살펴보면, 대략 두 가지 견해가 있는 것 같다. 성경에 대한 고고학적 논쟁이 대부분 그렇지만, 우리는 서로 상반되는 양쪽 진영의 주장을 살펴보는 가운데 해석을 달리하는 양쪽 모두가 공통적으로 인정하거나 전제하고 있는 사실을 확인할 수 있다.

여리고 성에 대한 성경의 증언에 대해, 고고학적 논쟁을 벌이고 있는 양쪽 진영 모두가 인정하고 있는 사실은 이 정도인 것으로 보인다. 첫 번째 사실은, 여리고 성은 어느 한순간에 무너졌다. 두 번째 사실은, 내벽과 외벽으로 구성된 여리고 성의 경우 외벽 안쪽에 칸을 막아 주거(住居) 기능을 하도록 했는데 오직 한 부분만 무너지지 않은 것이 확인되었다. 세 번째 사실은, 여리고 성이 지어지던 당시 기술로는 성벽이 강하지 않아 적의 공격으로 성벽이 무너지는 경우 사다리나 기타 타격 무기에 의해 성벽이 안쪽으로 무너지게 마련이었다. 그런데, 여리고 성의 경우 이상하게도 성벽 중 외벽이 안쪽이 아닌 바깥쪽으로 무너졌다. 이로 인해, 외벽보다 높은 내벽과 성 밖의 평지 사이에 완만한 계단과 같은 구조물이 형성되었다. 결과적으로 같이 무너져내린 내벽과 외벽에 의해 완만한 언덕이 형성되어, 성 외부와 내부를 오고 가는 것을 막는 장벽이 완전히 사라졌다. 네 번째 사실은, 여리고 성의 폐허에서 발견된 곡식을 담는 항아리들은 곡물이 가득 차 있는 상황에서 불타 있었다.

여리고 성에 대한 성경의 기록에 대해 상반된 입장을 보이고 있는 양쪽 진영은 이러한 사실에 대해 서로 다른 해석을 내놓는다. 양쪽 진영의 엇갈리는 지점은 '여리고 성 전투와 성벽이 무너진 시점의 순서'다.

성경의 증언을 믿지 않는 쪽의 주장은 이와 같다. 여리고 성은 이스라엘이 여리고 성에 도착하기 전 이미 지진에 의해 무너져 있었다. 즉 지진이라는 재난으로 인해, 여리고 성에 거주하던 대부분의 주민들은 이미 사망한 상태였다. 이 재난에서 살아남은 라합의 가족을 살려준 이스라엘 입장에서 나중에 후손들에게 이미 전투능력을 상실한 여리고 성을 정복했던 이야기를 포장하는 과정에서 나온 이야기가 성경에 기록된 내용이다. 곡식을 담는 항아리들 속의 곡물들이 불타 있었던 것은 이스라엘 백성들이 여리고 성에 도착하기 전 지진으로 일어난 화재에 의한 것이다. 그리고 마침 지진이 일어난 시기가 추수가 끝난지 얼마 되지 않은 시기였기 때문에 항아리들에 곡물이 가득 차 있었던 것이다. 이러한 부류의 논쟁을 접할 때마다 느끼는 점이지만, 하나님을 믿지 않는 것은 '정말 대단한 믿음(?)'이다. 그분들의 신념과 열심은 정말 대단하다. 이 논쟁은 성경의 증언을 부정하는 쪽의 주장만을 다루는 것으로도 충분하리라 믿는다.

> [14]백성이 요단을 건너려고 자기들의 장막을 떠날 때에 제사장들은 언약궤를 메고 백성 앞에서 나아가니라 [15]**요단이 곡식 거두는 시기에는 항상 언덕에 넘치더라** 궤를 멘 자들이 요단에 이르며 궤를 멘 제사장들의 발이 물 가에 잠기자 [16]곧 위에서부터 흘러내리던 물이 그쳐서 사르단에 가까운 매우 멀리 있는 아담 성읍 변두리에 일어나 한 곳에 쌓이고 아라바의 바다 염해로 향하여 흘러가는 물은 온전히 끊어지매 백성이 여리고 앞으로 바로 건널새(여호수아 3:14-16)

> **무리가 그 성과 그 가운데에 있는 모든 것을 불로 사르고** 은금과 동철 기구는 여호와의 집 곳간에 두었더라(여호수아 6:24)

여호수아가 파견한 두 정탐꾼과 라합 사이에 붉은 줄을 창문에 매다는 것으로 피차간에 군호(軍號)를 삼은 것은 여호와 하나님께서 여호수아에게 여리고 성을 돌라고 명령하시기 전의 일이었다.

[1]이스라엘 자손들로 말미암아 여리고는 굳게 닫혔고 출입하는 자가 없더라 [2]여호와께서 여호수아에게 이르시되 보라 내가 여리고와 그 왕과 용사들을 네 손에 넘겨 주었으니 [3]너희 모든 군사는 그 성을 둘러 성 주위를 매일 한 번씩 돌되 엿새 동안을 그리하라 [4]제사장 일곱은 일곱 양각 나팔을 잡고 언약궤 앞에서 나아갈 것이요 일곱째 날에는 그 성을 일곱 번 돌며 그 제사장들은 나팔을 불 것이며 [5]제사장들이 양각 나팔을 길게 불어 그 나팔 소리가 너희에게 들릴 때에는 백성은 다 큰 소리로 외쳐 부를 것이라 **그리하면 그 성벽이 무너져 내리리니** 백성은 각기 앞으로 올라갈지니라 하시매(여호수아 6:1-5)

여리고 성을 점령하는 방법에 대한 하나님의 말씀을 처음 들었을 때, 여호수아는 라합과의 약속을 기억했을까? 성경에 기록이 되어 있지 않으니 알 길이 없다. 하지만 여호수아가 파견했던 두 정탐꾼은 당연히 라합과의 약속이 떠올랐을 것이다. '여리고 성벽이 무너져 내린다면…, 우리와 집 창문에 붉은 줄을 내걸기로 약속한 그 여인과 그 여인의 가족들은?' 여호수아를 통해 하나님의 말씀을 듣고 두 정탐꾼이 구체적으로 어떤 반응을 보였는지는 알 수 없다. 한 가지 분명한 사실은 두 정탐꾼이 라합과의 약속을 변경시키기 위해서 라합과 추가로 접촉을 시도하거나 접촉을 하지는 않았던 것으로 보인다. 하지만 적잖이 당황스러웠을 것이 분명하다. 어찌해야 하나?

굳이 이 부분을 짚고 넘어가는 이유는 이와 같다. 여호수아에게 하나님께서 여리고 성을 돌 것을 명령하신 후 그리고 이러저러한 과정을 거쳐 실제로 여리고 성이 라합의 집만을 빼고 전부 무너져 내리는 순간까지 두 정탐꾼이 했을 고민과 혼란스러움을 묵상해보기 바라는 마음에서이다.

성경에 증언된 여러 인생 이야기 가운데 일어나는 이런 경우에 대한 묵상은 이 땅에서 안개 속을 걷는 것만 같은 신자들에게 많은 유익과 위안을 준다. 동시에 안개 속에서 안개가 걷힐 때까지 버티는 힘이 되기도 한다. 두 정탐꾼이 여리고 성을 돌라는 하나님의 명령을 여호수아를 통해 들은 뒤 그리고 라합과의 약속을 비로소 지킬 수 있게 되기까지 그들이 겪을 수밖에 없었을 혼란과 번민은 하나님 앞에서 인생을 정말 잘 살아내려 애쓰는 성도들이라면 반드시 겪게 되는 일이다.

다행히 그리고 드디어 두 정탐꾼은 라합과의 약속을 지킬 수 있게 되었다. 여리고 성이 무너져 내리는 날, 두 정탐꾼의 눈에는 창문에 붉은 줄이 내걸린 라합의 집을 지탱하고 있는 성벽만 보였을 것이다. 드디어 여리고 성의 성벽이 라합의 집이 있는 부분만을 남기고 무너져내리자 두 정탐꾼은 환희에 찼을 것이다. 왜 아니겠는가? 자신들이 라합에게 한 약속을 하나님께서 분명한 어조로 그리고 강한 의지를 가지고 승인해주신 현장을 바로 눈앞에서 목도했는데 어느 피조물이 환희에 가득 차지 않았겠는가?

하지만 그렇다고 해도, 두 명의 정탐꾼을 통해 언약 백성이 '라합과 그녀의 가족들을 살려주겠다고 한 약속'은 '유다의 유력한 방백 집안과의 혼인'까지를 포함한 약속은 아니었다. 어떻게 이러한 일이 가능했을까?

내가 보는 관점은 이러하다. 첫 번째, 언약 백성 중 라합을 처음 접한 두 명의 정탐꾼과 그 둘의 보고를 따로 상세히 받았을 여호수아가 가지게 된 그녀에 대한 '특별한 인상'과 연관이 있을 것으로 보인다. 두 번째, 하나님께서 언약 백성에게 여리고 성을 돌라는 명령과 함께 여리고 성이 무너져 내릴 것이라는 말씀을 하신 이후, 라합의 집만을 제외하고 여리고 성 전체가 무너져 내린 것 또한 무시하지 못할 이유가 되었을 것이다.

인생을 살다 보면 '때와 시기를 통한' 하나님의 이러한 '은혜 베푸심'에 혀를 내두를 때가 있다. 일의 순서가 사람들의 마음을 바꾸는 일은 흔하다. 두 정탐꾼은 이미 라합과 약속을 한 후에, 하나님께서 여리고 성을 무너뜨리시는 방식으로 여리고 성을 이스라엘 백성에게 넘기실 것이라는 사실을 알게 되었다.

라합과의 약속 이전에 하나님의 계획을 들었더라면 두 정탐꾼은 라합의 집 창문에 붉은 줄을 내거는 방식의 약속은 하지 않았을 것이다. 라합과 그녀의 가족을 구원하는 일에 다른 방법을 시도했을 것이다. 당연히 여리고 성 전체가 무너지는 가운데 라합의 집을 지탱하는 성벽만 무너지지 않는 일 또한 일어나지 않았을 것이다. 당연히 성벽을 무너뜨리는 방식으로 여리고 성을 넘겨주시겠다는 하나님의 말씀 이후 여리고 성이 라합의 집만 제외하고 무너지기 전까지의 혼란스러움과 노심초사 또한 겪지 않았을 경험이었다.

이 모든 과정은, 두 정탐꾼과 라합이 맺은 약속을 아는 모든 사람들의 마음속에 '라합에 대한 특별한 마음들이 커가는 시간들'이었을 것이다. 이렇게 커져 버린 그들의 마음에 하나님께서 확인 도장을 찍어 버리신다. 여리고 성 전체가 무너지는 가운데 딱 한 곳, 라합의 집을 지탱하는 성벽만 우뚝 솟아있는 모습을 보는 순간 그들의 가슴은 마구 요동쳤을 것이 분명하다. '세상에, 어떻게 이런 일이? 도대체, 저 여인이 하나님께 누구길래?'

이 책 서두에서도 인용했지만, 전도서 3장 11절의 "하나님이 모든 것을 지으시되 **때를 따라** 아름답게 하셨고 또 사람들에게는 영원을 사모하는 마음을 주셨느니라 그러나 하나님이 하시는 일의 시종을 사람으로 측량할 수 없게 하셨도다"라는 말씀 중 "하나님이 모든 것을 지으시되 **때를 따라** 아름답게 하셨다"라는 말씀은 인생의 어려움을 통과할수록 그리고 그러한 경험이 쌓일수록 고개가 숙여지는 말씀이다. 그러지 않고서야, 어떻게 '라합'과 '유다의 유력한 방백 집안과의 혼인'이라는 일이 가능했겠는가? **때를 따라** 아름답게 하시는 우리 하나님의 은혜의 세심하심을 묵상해보길 바란다.

'하나님의 은혜'는 피조물인 하나님의 사람이 '연단의 시기'를 충분히 통과한 후 임하시는 것 같다. 물론 정확한 표현은, '연단의 시기' 또한 '하나님의 은혜의 시간'이며 앞 문장에서 표현된 하나님의 은혜는 '우리 눈에 보여 비로소 아둔한 우리가 깨닫게 되는 하나님의 은혜'일 것이다. 성경과 인생을 접할수록 알게 되는 사실이다. 우리는 하나님께서 우리를 시공간적 존재로 지으셨으며 시공간을 통과하는 가운데 우리네 인생을 살아내도록 하셨다는 사실을 깊이 묵상해야 한다.

여호수아가 파견한 두 정탐꾼을 만났을 때, 이미 라합 그녀에게는 '영적인 통찰과 깊이'가 있었다. 그녀는 '책임감'이 있었다. 그녀는 '신중한 성격'

의 소유자였다. 우리는 라합과 맺은 두 정탐꾼의 약속이 여리고 성 전투가 본격적으로 벌어질 때까지 누설되지 않았음을 주목해야 한다. 그리고 이스라엘 백성이 여리고 성을 칠 일간 돌고 있는 와중에도 그 약속은 새어나가지 않았다.

약속이나 비밀이라는 것이 가지는 특성이 있다. 그것은 그 비밀을 아는 사람의 수가 늘어날수록 지켜지지 않는다는 사실이다. 그러나 라합과 두 정탐꾼 사이의 비밀스러운 약속은, 라합이 그녀의 가족들을 한 집 안에 모으는 과정에서도 새어나가지 않았다. 이러한 일련의 사실들이 의미하는 것은 무엇일까? 비록 라합의 가족 그들이 일평생 자신의 딸 혹은 자신의 누이를 지키는 일에 적극적이지 않은 책임감 없는 성격의 소유자들이었을지언정, 그녀와 관련된 피붙이들은 그녀의 삶의 무게를 알고 있었고 그녀가 내린 결정을 신뢰하고 있었다는 이야기다.

우리가 한 가지 더 유념해야 할 점이 있다. 유다 공동체는 '체면 문화가 지배하는 공동체'이다. 그들의 체면 문화는 유교문화권에 속하는 우리와 비교할 때도 상상을 초월한다는 것쯤은 잘 알 것이다. 그런 문화적 배경을 가진 민족 가운데, 라합은 '유다의 유력한 방백 집안'의 안주인이 되었다.

이게 가능하기나 한 일일까? 이러한 상황을 종합적으로 고려해 볼 때, 여리고 성에서의 라합 그녀의 처지가 기가 막혔던 것은 사실이지만 언약 백성 중 그녀를 처음 접한 '두 명의 정탐꾼'과 '여호수아' 그리고 여리고 성 정복 이후 '언약 백성들'의 눈에 그녀는 '유다의 유력 명문가 집안의 안주인'이 되기에 손색이 없어 보였다는 이야기가 된다.

21세기 이 땅에 살고 있는 젊은이들의 언어를 고려해서 표현하자면, 라합 그녀는 그녀의 처참했던 과거의 처지 때문에 그 값(?)이 많이 깎였다는 것을 감안해도 그녀는 당시 이스라엘 백성들의 눈에 '유다의 유력 명문가 집안의 안주인'이 되기에 손색이 없었다는 이야기다.

> ¹⁰람은 암미나답을 낳고 암미나답은 나손을 낳았으니 **나손은 유다 자손의 방백이며** ¹¹나손은 살마를 낳고 **살마는 보아스를 낳고** ¹²보아스는 오벳을 낳고 오벳은 이새를 낳고 ¹³이새는 맏아들 엘리압과 둘째로 아비나답과 셋째로 시므아와 ¹⁴넷째로 느다넬과 다섯째로 랏대와 ¹⁵여섯째로 오셈과 일곱째로 다윗을 낳았으며(역대상 2:10-15)

> ³ … 베레스는 헤스론을 낳고 헤스론은 람을 낳고 ⁴람은 아미나답을 낳고 아미나답은 나손을 낳고 나손은 살몬을 낳고 ⁵**살몬은 라합에게서 보아스를 낳고** 보아스는 룻에게서 오벳을 낳고 오벳은 이새를 낳고 ⁶이새는 다윗 왕을 낳으니라 … (마태복음 1:3 후반절-6 상반절)

그러한 그녀를 통해 '다윗'과 '우리 주 예수 그리스도'께서 오신다. 사실관계를 분명히 하자면, 구원받은 자인 우리 모두는 라합 그녀에게 그리고 그녀의 치열한 삶에 '사랑의 빚'을 지고 있다.

흔히 "역사는 반복된다"라고 말들을 한다. 얼핏 생각해보면, 이 말은 맞는 것처럼 보인다. 그러나 그렇지 않을 때가 있다. 겉으로 볼 때 역사는 반복되는 것처럼 보인다. 그렇지만 하나님께서 은혜를 베푸시면, 다람쥐 쳇바퀴 도는 것처럼 보이는 역사 가운데 '결정적인 변화'가 숨겨져 있게 마련이다.

약속의 땅인 가나안 땅을 정탐하기 위해 모세가 보낸 열두 정탐꾼 중 열 명은 그 땅에서 '눈에 보이는' 포도송이와 석류 그리고 무화과와 더불어 '그들이 눈으로 본 현실에 대한 인식'을 가져왔다. 그러나 여호수아가 보낸 두 명의 정탐꾼은 눈에 보이지 않는 '기생 라합의 하나님을 향한 신앙고백'[42]을 가져왔다.

> [23]또 에스골 골짜기에 이르러 거기서 포도송이가 달린 가지를 베어 둘이 막대기에 꿰어 메고 또 석류와 무화과를 따니라 [24]이스라엘 자손이 거기서 포도를 베었으므로 그 곳을 에스골 골짜기라 불렀더라 [25]사십 일 동안 땅을 정탐하기를 마치고 돌아와 [26]바란 광야 가데스에 이르러 모세와 아론과 이스라엘 자손의 온 회중에게 나아와 그들에게 보고하고 그 땅의 과일을 보이고 [27]모세에게 말하여 이르되 당신이 우리를 보낸 땅에 간즉 과연 그 땅에 젖과 꿀이 흐르는데 이것은 그 땅의 과일이니이다 [28]그러나 그 땅 거주민은 강하고 성읍은 견고하고 심히 클 뿐 아니라 거기서 아낙 자손을 보았으며 [29]아말렉인은 남방 땅에 거주하고 헷인과 여부스인과 아모리인은 산지에 거주하고 가나안인은 해변과 요단 가에 거주하더이다(민수기 13:23-29)

---

42 "믿음으로 기생 라합은 정탐꾼을 평안히 영접하였으므로 순종하지 아니한 자와 함께 멸망하지 아니하였도다"(히브리서 11:31).

⁸또 그들이 눕기 전에 라합이 지붕에 올라가서 그들에게 이르러 ⁹말하되 여호와께서 이 땅을 너희에게 주신 줄을 내가 아노라 우리가 너희를 심히 두려워하고 이 땅 주민들이 다 너희 앞에서 간담이 녹나니 ¹⁰이는 너희가 애굽에서 나올 때에 여호와께서 너희 앞에서 홍해 물을 마르게 하신 일과 너희가 요단 저쪽에 있는 아모리 사람의 두 왕 시혼과 옥에게 행한 일 곧 그들을 전멸시킨 일을 우리가 들었음이니라 ¹¹**우리가 듣자 곧 마음이 녹았고 너희로 말미암아 사람이 정신을 잃었나니 너희의 하나님 여호와는 위로는 하늘에서도 아래로는 땅에서도 하나님이시니라** (여호수아 2:8-11)

모세가 보낸 열두 정탐꾼 중 대부분은 그 땅의 '사람을 두려워하였지만', 기생 라합의 신앙고백을 들은 여호수아가 보낸 두 정탐꾼은 '여호와 하나님을 의지하는 고백'을 하게 되었다. 믿음은 믿음을 부른다.⁴³ 동시에 불신앙은 불신앙을 부른다. 모세가 파견했던 열두 정탐꾼 중 열 명의 불신앙이 부른 '전염력'을 살펴보고 가자. 특별히 스스로 예수를 믿는다고 생각하는 이

---

43 이때의 믿음은 단순한 고백이 아니다. 삶과 존재를 담은 '믿음의 고백'은 힘이 세다. 그런 의미에서 구한말과 일제 강점 시기 우리 믿음의 선배들이 고백했던 "예수 천국, 불신 지옥"은 바른 신앙고백이다. 우리 주 예수 그리스도를 구주로 고백하는 순간, 집안과 자신이 소속된 공동체로부터 쫓겨나고 심한 경우 참수까지 당하는 상황에서 했던 고백이 "예수 천국, 불신 지옥"이다. 이와 같이 삶과 존재를 담은 '믿음의 고백'은 힘이 세다. 그러나 21세기 대한민국에서 누군가 외치는 "예수 천국, 불신 지옥"은 그가 서 있는 삶의 자리에 따라 우리 믿음의 선배들이 했던 고백과는 전혀 다른 무게와 의미를 가질 수 있다. 21세기, 대한민국에서 우리 한국 교회가 처한 상황은 '믿음에 대한 고백'이 없어서가 아니다. 그 고백을 하는 성도가 선 삶의 자리와 무게가 달라서이다. "예수 천국, 불신 지옥"이라고 같은 말을 외치더라도 누군가의 고백은 믿음을 부르는 반면, 누군가의 "예수 천국, 불신 지옥"은 불신앙과 비아냥을 낳게 된다.

들마저도, 수중에 돈 좀 있다고 하는 이들 모두가 부동산과 주식 이야기만 하는 21세기 요즈음 대한민국에서 새겨들을 이야기다. 돈을 쫓는 전염력은 힘이 세다.

> ³⁰갈렙이 모세 앞에서 백성을 조용하게 하고 이르되 우리가 곧 올라가서 그 땅을 취하자 능히 이기리라 하나 ³¹그와 함께 올라갔던 사람들은 이르되 **우리는 능히 올라가서 그 백성을 치지 못하리라 그들은 우리보다 강하니라** 하고 ³²이스라엘 자손 앞에서 그 정탐한 땅을 악평하여 이르되 **우리가 두루 다니며 정탐한 땅은 그 거주민을 삼키는 땅이요 거기서 본 모든 백성은 신장이 장대한 자들이며** ³³**거기서 네피림 후손인 아낙 자손의 거인들을 보았나니 우리는 스스로 보기에도 메뚜기 같으니 그들이 보기에도 그와 같았을 것이니라**(민수기 13:30-33)

위에 인용한 성경 말씀 중, 민수기 13장 33절에 나오는 '네피림'이라는 단어는 창세기 6장 노아의 홍수 전 타락한 인류의 모습을 묘사하는 과정에서 처음 등장한다.

> ¹사람이 땅 위에 번성하기 시작할 때에 그들에게서 딸들이 나니 ²**하나님의 아들들이 사람의 딸들의 아름다움을 보고 자기들이 좋아하는 모든 여자를 아내로 삼는지라** ³여호와께서 이르시되 나의 영이 영원히 사람과 함께 하지 아니하리니 이는 그들이 육신이 됨이라 그러나 그들의 날은 백이십 년이 되리라 하시니라 ⁴**당시에 땅에는 네피림이 있었고 그 후**

에도 하나님의 아들들이 사람의 딸들에게로 들어와 자식을 낳았으니 그
들은 용사라 고대에 명성이 있는 사람들이었더라(창세기 6:1-4)

네피림에 대한 창세기의 설명을 보면 그들은 믿는 자들인 '하나님의 아들
들'과 불신자들인 '사람의 딸들' 사이에서 태어난 자들이다.[44] 네피림은 당시
에 용사라 불릴 만큼 21세기를 기준으로 묘사하자면 사회적 경제적 기반이
뛰어난 동시에 개인적인 능력과 매력으로 인지도가 높았던 사람들이었다.
이러한 네피림이 태어나게 된 배경에는, 하나님의 아들들의 하나님의 관점
과는 전혀 상관없는 혼인 풍습이 있었다. 그들은 그들의 눈에 예뻐 보이는[45]

---

44 '하나님의 아들들'과 '사람의 딸들'에 대해 다른 해석도 존재한다. 그러나 성경의 앞뒤 문맥을
볼 때, 하나님의 아들들은 하나님께서 아벨 대신에 아담과 하와에게 준 셋의 계열에서 태어난
믿음의 자손들을 뜻하고, 사람의 딸들은 아벨을 죽인 가인의 자손들인 불신자들로 보는 것이
타당하다. 성경뿐이 아니다. 고고학자들이 완벽하게 뜻이 복원되지 않은 고대문자의 뜻을 알
아내기 위해 가장 흔하게 쓰는 방법이 '문맥'이다. 예를 들면 이와 같다. 최근에 발견된 고대문
자 중 모르는 단어가 있다고 해보자. 그 단어의 뜻을 알아내는 방법은 이러하다. 그 단어가 포
함되어 있는 문장을 최대한 많이 찾아낸 뒤 이미 뜻을 알고 있는 단어가 많이 포함된 문장만을
따로 추리면 된다. 그러한 문장의 수가 많을수록 모르는 단어의 뜻은 명확해지게 마련이다.

45 "그들의 눈에 예뻐 보이는"이라는 표현의 정확한 뜻은 '그 시대의 시대정신에 충실한'이다. 요
즘 대한민국을 압도하기 시작한 시대정신은 '공정'인 것 같다. 이러한 시대정신은 공적인 분
야에만 머무르지 않는다. 지금 대한민국의 20대의 연애와 결혼에서 흔히 사용되는 '공정거래'
라는 표현은 이러한 시대정신을 반영하고 있다. 나는 공적인 분야에서의 '공정'을 부정적으로
보지는 않는다. 공적인 분야에서 추구되는 공정은 우리 사회를 좀 더 좋은 사회로 만들어줄 것
이다. 그러나 하나님 아빠 아버지와 그분의 자녀 된 우리의 관계는 '공정한 관계'가 아니다. 공
정을 기준으로 했다면 우리 모두는 이미 하나님 앞에서 죽었어야 할 존재들이다. 사람은 모
든 분야에서 공정할 수 있는 능력이 애시당초 없는 존재다. 윤리학을 공부하다 보면, 서로 다
른 가치가 상충할 때가 있다. 이렇게 서로 다른 가치가 상충할 경우 "어느 가치를 먼저 적용할
것인가?"가 윤리학에서 중요한 논점이자 지혜가 필요한 부분이다. 이러한 경우 때문에 윤리학
학자들은 항상 '겸손한 윤리학'을 강조한다. 그런데 21세기 대한민국의 '공정'은 이미 그 겸손함
을 잃고 자신의 '정적'(政敵) 혹은 자신과는 생각과 입장이 다른 사람들을 향한 공격의 도구로
만 쓰이는 것 같다. '공정'만이 최고가치인 것처럼 외쳤던 세대가 훗날 그 부메랑을 어찌 뒷감
당할 수 있을지 걱정된다.

사람의 딸들의 외면적 아름다움과 매력만을 결혼의 기준으로 삼았다.

히브리어로 네피림은 '용사'를 뜻한다. 그러나 네피림의 어원이 되는 '나팔' 동사는 '떨어지다, 넘어지다, 추락하다'라는 뜻을 갖고 있다. 히브리어에서 어미에 붙는 '임'은 '민족'이나 '사람들' 혹은 '자(者)들'을 뜻한다. 즉 '나팔' 동사에 '임'이라는 어미가 이어진 '네피림'의 정확한 뜻은 '넘어지는 자들, 떨어지는 자들, 추락하는 자들'이다. 이런 방식의 '언어유희'(word play)는 성경에서 흔하다. 성경은 이러한 언어유희를 통해서 그러한 삶을 살아가는 사람들을 조롱하고 있다. "너의 욕심대로 네가 살아가는 시대의 기준대로 마음껏 욕심을 채우며 살아가면 네가 용사가 될 것만 같지? 사회경제적으로 안정되고 명성을 누리며 살아갈 것 같지? 아니, 그런데 너는 사실 '넘어지는 자, 떨어지는 자, 추락하는 자'가 될 거란다." 그리고는 하나님께서는 당신께서 은혜를 베푸신 노아의 가족 외의 모든 자(者)들을 그 땅에서 싹쓸이하셨다.

이러한 '네피림'을 향해, 모세가 보낸 열두 정탐꾼 중 열 명이 이와 같은 한심한 보고를 했던 것이다. "거기서 네피림 후손인 아낙 자손의 거인들을 보았나니 우리는 스스로 보기에도 메뚜기 같으니 그들이 보기에도 그와 같았을 것이니라."

¹온 회중이 소리를 높여 부르짖으며 백성이 밤새도록 통곡하였더라 ²이스라엘 자손이 다 모세와 아론을 원망하며 온 회중이 그들에게 이르되

우리가 애굽 땅에서 죽었거나 이 광야에서 죽었으면 좋았을 것을 ³어찌
하여 여호와가 우리를 그 땅으로 인도하여 칼에 쓰러지게 하려 하는가
우리 처자가 사로잡히리니 애굽으로 돌아가는 것이 낫지 아니하랴 ⁴이
에 서로 말하되 우리가 한 지휘관을 세우고 애굽으로 돌아가자 하매 ⁵모
세와 아론이 이스라엘 자손의 온 회중 앞에서 엎드린지라 ⁶그 땅을 정탐
한 자 중 눈의 아들 여호수아와 여분네의 아들 갈렙이 자기들의 옷을 찢
고 ⁷이스라엘 자손의 온 회중에게 말하여 이르되 우리가 두루 다니며 정
탐한 땅은 심히 아름다운 땅이라 ⁸여호와께서 우리를 기뻐하시면 우리
를 그 땅으로 인도하여 들이시고 그 땅을 우리에게 주시리라 이는 과연
젖과 꿀이 흐르는 땅이니라 ⁹다만 여호와를 거역하지는 말라 또 그 땅
백성을 두려워하지 말라 그들은 우리의 먹이라 그들의 보호자는 그들에
게서 떠났고 여호와는 우리와 함께 하시느니라 그들을 두려워하지 말라
하나 ¹⁰온 회중이 그들을 돌로 치려 하는데 그 때에 여호와의 영광이 회
막에서 이스라엘 모든 자손에게 나타나시니라 ¹¹여호와께서 모세에게
이르시되 **이 백성이 어느 때까지 나를 멸시하겠느냐 내가 그들 중에 많**
은 이적을 행하였으나 어느 때까지 나를 믿지 않겠느냐 ¹²내가 전염병으
로 그들을 쳐서 멸하고 네게 그들보다 크고 강한 나라를 이루게 하리라
(민수기 14:1-12)

지난 단원에서 나는 '아모리 족속의 죄악'을 언급하면서 이 죄가 하나님
께서 그 땅에서 그 땅의 거류민 전체를 싹쓸이하는 죄에 해당한다는 사실을
이야기한 적이 있다. 그런데 성경을 자세히 살펴보면 하나님 앞에서 싹쓸이

당하는 죄악이 하나 더 있다.

바로 앞에 인용한 성경 말씀에 나와 있는 바와 같이, 하나님의 백성이 하나님 나라의 백성으로서의 '정체성과 소명을 잃었을 때'가 그 조건이다. 여기에서 중요한 점은, 결국 "하나님을 두려워할 것인가? 아니면 사람을 두려워할 것인가?"의 문제이다. 라합은 모세가 보낸 열두 정탐꾼 중 열 명처럼 사람을 두려워하지 않고 하나님을 두려워했다. 그 결과 그녀에게는 새로운 세상이 열리게 된다.

> 이제 내가 사람들에게 좋게 하랴 하나님께 좋게 하랴 사람들에게 기쁨을 구하랴 **내가 지금까지 사람들의 기쁨을 구하였다면 그리스도의 종이 아니니라**(갈라디아서 1:10)

> **사람을 두려워하면 올무에 걸리게 되거니와** 여호와를 의지하는 자는 안전하리라(잠언 29:25)

라합에게 새로운 세상이 열리게 된 이 일은 여호수아가 두 정탐꾼을 여리고 성에 보내면서 시작되었다. 라합과 두 정탐꾼의 만남에 이은 두 정탐꾼의 여리고 성으로부터의 안전한 탈출 그리고 창문에 붉은 줄을 매다는 약속이 가능했던 이 모든 것은 라합의 집이 성벽에 있었던 것과 연관된다.

주변을 경계하며 극도의 긴장 가운데 자신들의 '동선'을 드러내지 않아야 했던 두 정탐꾼의 입장에서는 여리고 성에 도착하는 즉시 자신들의 몸을 숨길 곳이 필요했을 것이다. 기생 라합의 '기가 막힌 처지'는 역설적으로 '여호와 하나님의 구원'을 만나는 통로가 되었다. 이러한 역설은 '믿는 자의 삶' 가운데 흔하게 일어난다.

> [1]눈의 아들 여호수아가 싯딤에서 두 사람을 정탐꾼으로 보내며 이르되 **가서 그 땅과 여리고를 엿보라** 하매 그들이 가서 라합이라 하는 기생의 집에 들어가 거기서 유숙하더니 [2]어떤 사람이 여리고 왕에게 말하여 이르되 **보소서 이 밤에 이스라엘 자손 중의 몇 사람이 이 땅을 정탐하러 이리로 들어왔나이다**(여호수아 2:1-2)

> [14]그 사람들이 그에게 이르되 네가 우리의 이 일을 누설하지 아니하면 우리의 목숨으로 너희를 대신할 것이요 여호와께서 우리에게 이 땅을 주실 때에는 인자하고 진실하게 너를 대우하리라 [15]**라합이 그들을 창문에서 줄로 달아 내리니 그의 집이 성벽 위에 있으므로 그가 성벽 위에 거주하였음이라**(여호수아 2:14-15)

신학자 중에는 '예수님의 족보'에 들어간 라합의 직업이 '기생'이었다는 사실이 불편했는지 라합의 직업이 우리나라로 치면 '주막집 여주인' 혹은 '숙박업을 하는 여주인'에 해당한다고 주장하는 이들이 있다. 이러한 주장을 하는 일부 신학자들의 마음은 충분히 이해가 간다. 그러나 라합의 직업은 히브리 원어를 살펴볼 때 '기생[46]이 맞다'라는 것이 신학자들의 중론이다. 또

---

[46] 정확히는 '매춘부'가 맞다. 우리말 성경에서는 표현을 순화시킬 의도로 '기생'이라는 단어를 사

한 "그녀의 집이 성벽에 위치하고 있었다"라는 성경의 증언을 볼 때 그녀의 기생으로서의 삶은 '생존을 위한 것'이 분명하다.

앞에서도 잠시 언급했지만, 당시 성벽은 외벽과 내벽으로 구성되어 있었던 것으로 알려져 있다. 그리고 그 외벽과 내벽 사이에는 조그만 공간이 생기는데 그 공간에는 그 지역에서 가장 하층민이 '거주공간'을 만들어 생존했던 것으로 전해진다. 당연한 이야기다. 성은 '전쟁을 대비한 구조물'이다. 전쟁시, 적의 집중 공격에 직접 노출되는 곳에 살고 싶은 사람은 없다. '우리 집 창'을 넘어 칼을 든 무장한 적이 살기를 띠고 들어오거나 불덩어리와 돌덩어리가 내 잠자리를 직접 타격하는 경우를 상상해보면 쉽게 이해가 될 것이다.

라합은 이렇듯 그 지역의 '최하층민'이었다. 당시 가나안 지역은 1% 미만의 '귀족 제사장 계층'이 거의 전 토지를 소유하고 있었다고 전해진다. 시대와 장소를 구분할 것 없이 어느 한 사회의 부(富)가 소수 특권층에게 집중되면 항상 일어나는 현상이 있다. 그것은 사회 전체가 부를 독점한 소수 특권층의 '실질적인 노예'가 된다는 점이다.

그리고 그러한 사회에서는 착취가 사회 구조적으로 '일상화'되기 마련이다. 더 무서운 점은 이때 일어나는 일상화된 착취는 '갑질'만이 아니라 '을질'[47]까지도 포함한다는 데 있다. '일상화'라는 단어의 의미는 '가진 자'는 부도

용한 것 같다.

47 '갑질'과 '을질' 모두 어떠한 행동을 비하하는 의미인 '질'이 붙어있다는 면에서 부정적인 의미를 가지고 있다는 것을 쉽게 알 수 있을 것이다. 결국 갑질과 을질 모두 '권력 관계'를 전제로 하는

덕하고 '가지지 못한 자'는 도덕적이라는 의미가 절대 아니다. 이러한 사회에서 '가지지 못한 자'는 힘이 없어서 누군가를 착취하지 못할 뿐이지 가진 자와 '심성'에 있어서는 동일할 뿐 아니라, 현실적인 굶주림까지 더해져 자신의 손에 아주 작은 힘만 쥐어져도 즉시 그 독기를 발산하기 마련이다.

항상 그렇지만 돈은 소리를 낸다. 이러한 사회구조를 가진 사회에서 일상화된 '사회 구조적 착취 현상'은 시간이 흐르면서 그 사회의 '상식'이 된다. 그 결과 '사회 구조적 착취 현상'은 그 시대 그 지역 모든 사람들의 정신을 지배하는 '시대정신'을 이루게 된다.

게다가 '대중민주주의 체제'를 채택하고 있는 현대사회에서의 시대정신이 이러한 '사회 구조적 착취 현상'을 당연시하게 될 때, 이러한 일상적인 착취는 '도덕적 권위'마저 가지는 경향이 있다. 탐욕과 욕망을 긍정하는, 21세기 대한민국 땅에서 가난을 '불편함'을 넘어 '자신과 가족에게 짓는 죄'로 여기는 흐름이 형성된 것은 이와 무관하지 않다. 사회가 이 정도에 이르면 사람들은 과정보다는 결과에 집착하게 된다. 물론 이러한 현상은 정도의 차이와 다른 모양을 가졌을 뿐 인류 역사상 어느 시대나 만연했던 것 같다.

[13]내가 또 해 아래에서 지혜를 보고 내가 크게 여긴 것이 이러하니 [14]곧

단어이다. '갑질'이 우월한 권력을 이용해서 을에게 행하는 부당한 행동을 통칭하는 것과 같이, '을질'의 경우 또한 비록 권력 관계 혹은 권리관계에서는 약자이지만 상대방의 작은 약점 혹은 틈을 포착했을 때 그것을 이유 삼아 갑에게 횡포를 부리는 행동을 통칭한다는 면에서 결국 그 순간 그 지점에서는 '갑질과 동의어'라고 보아도 무관할 것 같다. 결국 이 둘 모두 '힘의 원리'를 숭상한다는 면에서 착취가 사회 구조적으로 '일상화'되어 있는 사회상이 가장 잘 반영된 신조어라고 할 것이다.

작고 인구가 많지 아니한 어떤 성읍에 큰 왕이 와서 그것을 에워싸고 큰 흉벽을 쌓고 치고자 할 때에 [15]**그 성읍 가운데에 가난한 지혜자가 있어서 그의 지혜로 그 성읍을 건진 그것이라 그러나 그 가난한 자를 기억하는 사람이 없었도다** [16]그러므로 내가 이르기를 **지혜가 힘보다 나으나 가난한 자의 지혜가 멸시를 받고 그의 말들을 사람들이 듣지 아니한다** 하였노라(전도서 9:13-16)

더군다나 요즈음은 사회를 지배하는 이러한 상식과 논리를 공교육과 시험이라는 제도를 통하여 모든 자라나는 세대에게 학습시켜 '체화'(體化)시킨다. 그리고 이러한 시대 정신을 성공적으로 체화한 개인에게는 여러 '사회적 보상'이 따르게 된다. 이러한 사회적 보상의 대표적인 예가 '학벌'이다. 내가 사역하고 있는 CMF 지체들은 이러한 '학습 과정과 체화'에 있어 이 땅에서는 일단 성공한 사람들이다.

이전 시대에는 지배계층이 사회경제적으로 하부 계층을 구성하는 사람들을 무력으로 억누르거나 감시했지만 지금은 그럴 필요도 없다. 공교육을 통하여 지배계층의 논리를 체화한 세대는 자신을 24시간 365일 '열정'이라는 '이름' 하에 스스로가 스스로를 감시하면서 그 사회의 지배구조를 '온 몸'과 '온 인생'으로 떠받친다.

이러한 체제가 얼마나 잔인한지는 우리 대한민국의 자살률이 시간이 갈수록 높아지는 것을 보면 어느 정도 가늠할 수가 있다. 이전 시대처럼 하층민에게 직접 채찍을 휘두르는 사회에서는 아무리 애를 써도 자신의 처지가 나아질 기미가 보이지 않는 경우 사람들은 자신에게 채찍을 휘두르는 눈에 보이는 지배계층을 향해 '민란'을 일으키곤 했다. 역사 시간에 배웠던 내용과 사극의 한 장면을 떠올리면 쉽게 상상이 될 것이다.

그러나 공교육을 통해 '지배계층의 논리가 체화된 세대'는 자신이 자신을 365일 24시간 착취를 해도 상황이 나아지지 않거나 도무지 희망이 보이지 않는 경우, 선배 세대들과는 다른 대상에게 화풀이를 하게 된다. 그들은 선배 세대들이 지배계층을 향해 일으켰던 '민란'을 '자기 자신'에게 일으킨다. 우리는 그러한 현상을 '자살'이라고 부른다.

사람은 생각하지 않으면서 살 때 사는 대로 생각하게 되는 존재다. 이러한 사회는 구성원 전체가 자신이 가진 힘의 크기만큼 타인을 착취하면서 살게 마련이다. 게다가 '대중민주주의 체제'를 통하여 이러한 시대정신은 '도덕적 정당성'마저 획득한 상태다. 사회구성원 대부분이 그러한 생각을 가지게 된 과정이 비록 공교육과 시험을 통한 것이라 할지라도, 이미 그러한 논리를 체화한 사람이 다수를 차지하는 경우 많이 가진 존재는 선한 존재라는 '도덕적 정당성'을 가지게 된다. 대입이 되었든, 취업이 되었든 '시험을 통해 확보된 차별'은 '공정'이 된다. 이제 만인에 의한 만인을 향한 투쟁이 일상화된다.

무서운 일이다. 21세기 대한민국의 '갑질 문화'와 그에 못지않은 '을질 문화'를 생각하면 이해가 될 것이다. 힘이 정의가 되어 버린 사회에서 사람들은 다른 이보다 유리한 위치를 차지하는 순간 언제든지 '갑질'이든 '을질'이든 할 준비가 되어 있다. 인생을 살아보면 알게 되겠지만 '을질'은 '갑질'보다 잔인하게 마련이다. 이러한 사회에서는 '가진 자'도 '가지지 못한 자'도 '진정한 의미에서의 평안'과 '자부심을 동반한 행복'은 희귀하게 된다. 모두가 행복을 꿈꾸지만, 그 행복은 현재가 아닌 미래에만 존재한다고 상상하는 허상이 된다.

> 가난한 자를 학대하는 가난한 자는 **곡식을 남기지 아니하는 폭우 같으**
> **니라**(잠언 28:3)

이번 단원에서 여러 번 인용했던 여호수아서 2장 말씀 중 일부를 인용한다. "너희가 요단 저쪽에 있는 아모리 사람의 두 왕 시혼과 옥에게 행한 일 곧 그들을 전멸시킨 일을 우리가 들었음이니라." 기생 라합은 여리고의 운명을 알고 있었다. 생각해보면 '참 질긴 인생'이다. 성경 기사를 살펴볼 때, 라합의 주된 관심은 '자신과 자신의 피붙이인 가족의 생존'이었던 것으로 보인다.

> ³여리고 왕이 라합에게 사람을 보내어 이르되 네게로 와서 네 집에 들어 간 그 사람들을 끌어내라 그들은 이 온 땅을 정탐하러 왔느니라 ⁴그 여 인이 그 두 사람을 이미 숨긴지라 이르되 과연 **그 사람들이 내게 왔었으 나 그들이 어디에서 왔는지 나는 알지 못하였고** ⁵**그 사람들이 어두워 성 문을 닫을 때쯤 되어 나갔으니 어디로 갔는지 내가 알지 못하나 급히 따 라가라 그리하면 그들을 따라잡으리라** 하였으나 ⁶그가 이미 그들을 이 끌고 지붕에 올라가서 그 지붕에 벌여 놓은 삼대에 숨겼더라 ⁷그 사람들 은 요단 나루터까지 그들을 쫓아갔고 그들을 뒤쫓는 자들이 나가자 곧

성문을 닫았더라 [8]또 그들이 눕기 전에 라합이 지붕에 올라가서 그들에게 이르러 [9]말하되 **여호와께서 이 땅을 너희에게 주신 줄을 내가 아노라** 우리가 너희를 심히 두려워하고 이 땅 주민들이 다 너희 앞에서 간담이 녹나니 [10]이는 너희가 애굽에서 나올 때에 여호와께서 너희 앞에서 홍해 물을 마르게 하신 일과 **너희가 요단 저쪽에 있는 아모리 사람의 두 왕 시혼과 옥에게 행한 일 곧 그들을 전멸시킨 일을 우리가 들었음이니라** [11]우리가 듣자 곧 마음이 녹았고 너희로 말미암아 사람이 정신을 잃었나니 너희의 하나님 여호와는 위로는 하늘에서도 아래로는 땅에서도 하나님이시니라(여호수아 2:3-11)

그녀의 직업이 기생이었던 것을 생각해보면 일면 예측 가능한 일이다. 그렇게 해서라도 살아남아야 했던 그녀의 인생이 안쓰러웠다. 동시에 그녀의 억척스러움이 묵직하게 느껴졌다. 내가 느끼는 이 감정을 두 정탐꾼 또한 동일하게 느꼈을 것이다.

앞에서 말했듯이 "세상은 일하는 사람과, 잘난 사람으로 구성된다." 혹시 있을지 모를 라합을 향한 '비난(?)' 혹은 "그녀가 조국(祖國)을 배신한 것 아니냐?"라는 문제 제기에 대한 반박이다. 사실 반박의 가치조차 없다. 그녀의 조국은 그녀를 강간한 것 말고는 그녀에게 해준 것이 없다. 이미 그녀의 이름뿐인 조국은, 조국으로서의 자격을 상실했다.

가진 것이 없다는 이유로 기생의 처지로 내몰린 인생이었다. 무기력하고 능력 없는 집에 태어났다는 것이 이유가 아닌 이유가 되어, 유린당해야 했던 인생이었다. 어쩌면 여리고 성의 남성들과 여행객들을 향해 가슴속 깊이 외면해두었던 혹은 깊이깊이 눌러놓았을 '분노와 모멸감'이 그녀를 강하게 했을지도 모른다.

그러지 않고서야, 어떻게 여리고 왕이 보낸 사람들에게 "그 사람들이 내게 왔었으나 그들이 어디에서 왔는지 나는 알지 못하였고 그 사람들이 어두워 성문을 닫을 때쯤 되어 나갔으니 어디로 갔는지 내가 알지 못하나 급히 따라가라 그리하면 그들을 따라잡으리라"라고 말할 용기를 낼 수 있었겠는가?

참고로 성경은 그녀의 이러한 거짓말을 정죄하지 않는다. 오히려 이러한 그녀의 말과 행동을 '믿음'이라고 한다. 우리는 성경의 이러한 표현들에서 하나님의 형상을 유린하는 존재들에 대한 '하나님 아빠 아버지의 분노'를 읽을 수 있어야 한다.

> ²⁴이로 보건대 사람이 행함으로 의롭다 하심을 받고 믿음으로만은 아니니라 ²⁵또 **이와 같이 기생 라합이 사자들을 접대하여 다른 길로 나가게 할 때에 행함으로 의롭다 하심을 받은 것이 아니냐** ²⁶영혼 없는 몸이 죽은 것 같이 행함이 없는 믿음은 죽은 것이니라(야고보서 2:24-26)

"네가 우리의 이 일을 누설하지 아니하면 우리의 목숨으로 너희를 대신할 것이요 여호와께서 우리에게 이 땅을 주실 때에는 인자하고 진실하게 너를 대우하리라." "믿음은 믿음을 부른다." 이방의 한 미천한 처지의 가련한 여인이 보인 예상치 못한 하나님을 향한 '믿음의 고백'에 두 명의 정탐꾼이 '믿음의 언어'로 화답한다.

두 정탐꾼이 라합에게 한 약속을 가만히 살펴보면 "만일 여호와께서 우리에게 이 땅을 주신다면"이라고 표현하지 않았음을 알 수 있다. 두 정탐꾼은 라합에게 "여호와께서 우리에게 이 땅을 주실 때에는"이라고 말한다. 우리는 이 표현을 통해서 여호와 하나님께서 자신들에게 그 땅을 주실 것이라는 믿음에 한발 다가서는 두 정탐꾼의 모습을 보게 된다.

두 정탐꾼이 라합에게 구원의 약속을 할 때 이스라엘은 아직 여리고 성을 수복하기 위한 '전투 계획'을 구체적으로 세운 상태가 아니었다. 이미 전투 계획이 구체적으로 세워졌다면 정탐꾼을 보낼 이유는 없는 것이다. 더군다나 두 정탐꾼이 라합을 만났을 당시는 아직 하나님께서 여호수아에게 여리고 성 주위를 행진한 뒤에 소리를 지르면 여리고 성을 무너뜨려 주겠다고 말씀하시기 전이었다.

성경의 증언을 통해 일의 모든 과정을 알고 있는 우리는 "여리고성 수복을 위한 전투 계획은 결국 여호와 하나님께서 직접 세워주시고 시행해주셨다"는 사실을 알고 있다. 그러나 두 정탐꾼과 라합이 '붉은 줄'로 군호를 약속하던 때는 '전투 계획' 자체가 없던 때였다. 그러니 이스라엘이 세워야 하는 '여리고 성 수복을 위한 전투 계획'에 이제는 "라합과 그녀의 가족을 살려야 한다"라는 변할 수 없는 '상수'(常數)가 생긴 셈이다.

물론 앞에서 언급했듯이, 여리고 성을 행진한 뒤 한꺼번에 소리를 지르면 여리고 성벽을 무너뜨리는 방식으로 여리고 성을 넘겨주시겠다는 하나님의 말씀이 있은 뒤, 라합의 집이 위치한 곳을 제외한 여리고 성 전체가 무너질 때까지 두 정탐꾼은 가슴 조마조마한 시간을 보냈을 것이다.

하지만 라합에게 구원을 약속하는 순간 두 정탐꾼은 약속을 지킬 수 있다고 믿었을 가능성이 높다.[48] 그들이 보기에 어차피 이 전쟁은 '하나님의 전쟁'이었다. 그들은 자신들이 경험해 왔던 하나님께서 항상 그러셨듯이 "자신들이 약속한 이 구원을 이루어주실 것이다"라고 믿었을 것이다. 하나님께서 그녀와 그녀의 가족을 살리실 요량이 아니고서야, 어떻게 이렇게 중요한 전쟁의 정탐에 무슨 연유로 그녀가 결정적인 기여를 하도록 하셨겠는가? 그런 점에서 두 정탐꾼은 우리 하나님의 성품을 잘 알고 있었음에 틀림없다.

[12]그러므로 이제 청하노니 내가 너희를 선대하였은즉 너희도 내 아버지의 집을 선대하도록 여호와로 내게 맹세하고 내게 증표를 내라 [13]그리고 나의 부모와 나의 남녀 형제와 그들에게 속한 모든 사람을 살려 주어 우리 목숨을 죽음에서 건져내라 [14]그 사람들이 그에게 이르되 **네가 우리의 이 일을 누설하지 아니하면 우리의 목숨으로 너희를 대신할 것이요 여호와께서 우리에게 이 땅을 주실 때에는 인자하고 진실하게 너를 대우**

---

48 나는 앞이 잘 보이지 않는 선택의 순간마다, '하나님과의 첫 만남'을 추억한다. 그 이후 하나님께서 나를 인도해오신 내 개인의 신앙 역사를 묵상하곤 한다. 내가 가장 많이 했던 말 중에 하나는 이것이다. "지금에 와서 죽이시려면 그때 죽이셨어야지." 내가 자주 묵상했던 말씀 중 하나이다. "[36]주의 종이 사자와 곰도 쳤은즉 살아 계시는 하나님의 군대를 모욕한 이 할례 받지 않은 블레셋 사람이리이까 그가 그 짐승의 하나와 같이 되리이다 [37]또 다윗이 이르되 여호와께서 나를 사자의 발톱과 곰의 발톱에서 건져내셨은즉 나를 이 블레셋 사람의 손에서도 건져내시리이다 사울이 다윗에게 이르되 가라 여호와께서 너와 함께 계시기를 원하노라"(사무엘상 17:36-37). 다윗도 마찬가지였을 것이다. "하나님의 군대를 모욕한 이 할례 받지 않은 블레셋 사람의 손에 나를 죽이실 생각이셨으면 사자의 발톱과 곰의 발톱에 죽이셨겠지." 물론 죽이셔도 상관없는 일이다. 주인의 뜻이 그러하실진데, 내가 뭐라고…

하리라(여호수아 2:12-14)

여호수아가 보낸 두 정탐꾼이 라합에게 '군호'를 건넨다. 라합의 집 창문에 매달린 '붉은 줄'이 그것이다. 두 정탐꾼이 라합에게 '붉은 줄'을 창문에 매고 가족들과 함께 집 안에 모여 있으라고 한 것은 하나님께서 모세를 통하여 이스라엘 백성들에게 '유월절 양의 피'를 문설주에 바르고 집 안에 가족들이 함께 모여 있으라고 명령하셨던 역사를 상기시킨다.

> [17]그 사람들이 그에게 이르되 네가 우리에게 서약하게 한 이 맹세에 대하여 우리가 허물이 없게 하리니 [18]우리가 이 땅에 들어올 때에 **우리를 달아 내린 창문에 이 붉은 줄을 매고 네 부모와 형제와 네 아버지의 가족을 다 네 집에 모으라** [19]누구든지 네 집 문을 나가서 거리로 가면 그의 피가 그의 머리로 돌아갈 것이요 우리는 허물이 없으리라 그러나 누구든지 너와 함께 집에 있는 자에게 손을 대면 그의 피는 우리의 머리로 돌아오려니와 [20]네가 우리의 이 일을 누설하면 네가 우리에게 서약하게 한 맹세에 대하여 우리에게 허물이 없으리라 하니 [21]라합이 이르되 너희의 말대로 할 것이라 하고 그들을 보내어 가게 하고 붉은 줄을 창문에 매니라(여호수아 2:17-21)

> [21]모세가 이스라엘 모든 장로를 불러서 그들에게 이르되 너희는 나가서 너희의 가족대로 어린 양을 택하여 유월절 양으로 잡고 [22]우슬초 묶음을 가져다가 그릇에 담은 피에 적셔서 **그 피를 문 인방과 좌우 설주에 뿌리**

고 아침까지 한 사람도 자기 집 문 밖에 나가지 말라 ²³여호와께서 애굽 사람들에게 재앙을 내리려고 지나가실 때에 문 인방과 좌우 문설주의 피를 보시면 여호와께서 그 문을 넘으시고 멸하는 자에게 너희 집에 들어가서 너희를 치지 못하게 하실 것임이니라(출애굽기 12:21-23)

두 정탐꾼의 약속은 "여호와는 구원이시다"라는 뜻의 이름을 가진 하나님의 사람 '여호수아'에 의해 실현된다.

¹⁶일곱 번째에 제사장들이 나팔을 불 때에 여호수아가 백성에게 이르되 외치라 여호와께서 너희에게 이 성을 주셨느니라 ¹⁷이 성과 그 가운데에 있는 모든 것은 여호와께 온전히 바치되 **기생 라합과 그 집에 동거하는 자는 모두 살려 주라** 이는 우리가 보낸 사자들을 그가 숨겨 주었음이니라(여호수아 6:16-17)

이제 언약 백성을 통한 약속의 땅 수복 전쟁이 시작된다. 첫 번째 전투인 여리고 성 전투를 통하여 라합과 그의 피붙이들이 구원받는다. 그리고 그 구원의 와중에 라합의 기생 시절 라합을 유린 했던 모든 자들이 언약 백성을 통하여 하나님의 손에 단 한 명도 빠짐없이 죽임을 당한다. 라합에게 '권리를 주장했다'라고 해도 웃기는 이야기이지만, 어찌 되었든 이제 '라합에게 권리를 주장할 수 있는 자'는 그 땅에 존재하지 않게 되었다.

²⁰이에 백성은 외치고 제사장들은 나팔을 불매 백성이 나팔 소리를 들

을 때에 크게 소리 질러 외치니 성벽이 무너져 내린지라 백성이 각기 앞으로 나아가 그 성에 들어가서 그 성을 점령하고 **²¹그 성 안에 있는 모든 것을 온전히 바치되 남녀 노소와 소와 양과 나귀를 칼날로 멸하니라**(여호수아 6:20-21)

이렇게 라합의 주변을 깔끔하게 정리해주신 뒤, 하나님께서는 라합을 '유다의 방백 나손의 아들 살마'와 짝지어 주신다. 그리고 그녀를 통하여 '다윗'과 '우리 주 예수 그리스도'께서 이 땅에 오시게 된다.

이러한 일련의 사실들이 의미하는 것은 무엇인가? 구원받은 우리 모두는 라합 그녀의 삶에 '복음의 빚'을 졌다는 것이다. 라합 그녀가 깨닫고 있었는지는 알 수 없으나, 하나님의 형상 중 그녀만큼 인류 역사에 위대한 발자취를 남긴 인생이 흔치 않다는 이야기다. 사실 이것이 전형적인 하나님의 사람들의 인생이다. 여리고 성 전투 이전에도 그리고 이후에도 라합 그녀는 자신에게 주어진 삶에 충실했을 것이다. 곁에서 보기에 어쩌면 억척스러워 보이기도 했을 것이다. 어쩌면 그녀의 눈에도 그녀를 둘러싼 모든 이들의 눈에도 외면적인 모습으로는 거기까지만 보였을지 모른다. 그러나 우리 모두는 두 정탐꾼에게 했던 그녀의 고백을 통하여 여리고 성 전투 전후로 그녀의 중심에 들어온 하나님을 향한 신앙고백을 보고 있다. 그리고 그로인해 변화된 그녀의 인생과 그녀의 인생이 남긴 흔적을 알고 있다.

¹⁰람은 암미나답을 낳고 암미나답은 나손을 낳았으니 **나손은 유다 자손의 방백이며** ¹¹나손은 살마를 낳고 **살마는 보아스를 낳고** ¹²보아스는 오

벳을 낳고 오벳은 이새를 낳고 ¹³이새는 맏아들 엘리압과 둘째로 아비나답과 셋째로 시므아와 ¹⁴넷째로 느다넬과 다섯째로 랏대와 ¹⁵여섯째로 오셈과 일곱째로 **다윗을 낳았으며**(역대상 2:10-15)

보아스와 룻 1

나는 이방 여인이거늘 당신이 어찌하여 내게 은혜를 베푸시며 나를 돌보시나이까?

룻이 엎드려 얼굴을 땅에 대고 절하며 그에게 이르되 **나는 이방 여인이 거늘 당신이 어찌하여 내게 은혜를 베푸시며 나를 돌보시나이까** 하니 (룻기 2:10)

이 책에서 여러 번 언급되었지만, 어린 시절 동화는 항상 '왕자님과 공주님의 결혼식'으로 끝이 났다. 어떤 어린이도 왕자님과 공주님의 결혼 이후의 삶을 상세히 들어본 적이 없다. 나는 유다의 방백 살마와 결혼한 이후의 '라합의 삶'이 궁금했다. '성경 기자'[49]가 마치 '동화 작가'와 같다는 생각을 했

---

49 나는 총신대학교 신학대학원 시절 '조직신학 수업내용'을 정리해서 소리 내어 암기했다. 그렇게 암기한 내용을 코로나 이전까지 겨울마다 열렸던 CMF '집중훈련학교' 기간 중에 '교리학교'라는 이름으로 강좌를 열어 20-30시간씩 전했다. 교리학교는 총신대학교 신학대학원 '문병호 교수님'의 『30주제로 풀어쓴 기독교 강요』를 기본 교재로 진도를 나가는 가운데, 질문이 나오면 진도에 구애받지 않고 답을 하는 형식으로 진행되었다. 이 책에서도 마찬가지로 본문을 진행하는 도중 설명이 필요하다고 생각되는 경우, 내가 외워서 전하고 있는 내용 중 일부를 중간중간 요약해서 각주에 첨부했다. : '성경 기자': "성경은 100% 삼위일체 하나님의 작품인 동시

다. 언약 백성의 일원이 된 라합의 가족들은 방백 집안과 혼인한 라합 덕분에 평안한 삶을 살 수 있었을 것이다. 우리는 라합과 함께 구원받은 라합의 친족들의 자손에 대한 흔적을 선지서에서 접할 수 있다.[50] 그러나 나는 그들 전체보다는 언약 백성이 된 이후의 라합의 삶이 궁금했다.

　그러던 중, 룻기에 나오는 '유력한 자 보아스'가 '라합의 아들'이라는 사실을 알게 되었다. 룻의 '성경인물 설교'를 준비하는 중이었다. 이후, 룻기에는

에, 100% 성경 기자의 작품이다. 그러므로 성경은 100% 참 하나님의 말씀이다." 우리는 앞의 문장 중 세 번째 언급인 "그러므로 성경은 100% 참 하나님의 말씀이다."라는 고백까지 가야 한다. 이것이 성경에 대한 바른 신앙고백이다. 인간 성경 저자를 '성경 기자'라고 표현한 이유는 그의 역할이 '증인'이기 때문이다. 또한 '성경 기자'라는 표현에는 인간 성경 저자가 단순히 하나님의 말씀을 '받아쓰기'만을 하지 않았다는 것을 의미한다. 성경 본문에는 성경이 기록된 그 시대를 오롯이 살아낸 성경 기자들의 삶과 성격이 그대로 드러난다. 그럼에도 불구하고, 구원받은 하나님의 백성에게 성경을 통해 계시되는 '하나님의 어떠하심(속성)'과 '하나님의 뜻'은 전혀 훼손되지 않고 우리에게 전달된다. 왜냐하면, 삼위일체 하나님은 살아계시며 살아있는 자의 하나님이시며 '말씀의 영'이신 성령 하나님의 '영감'으로 쓰여진 성경을 구원받은 하나님의 백성이 읽을 때 그의 안에 내주하시는 성령 하나님께서 그 백성에게 말씀을 깨닫고 수납할 수 있는 빛을 비추어주시기 때문이다. 요약하면 성경은 성령 하나님의 '영감'으로 쓰여졌으며, 성령 하나님의 '조명'으로 그 뜻을 깨닫게 된다. 성경에 오류가 없다는 신앙고백이 가능한 이유는 성경의 저자가 오류가 없으신 삼위일체 하나님이시기 때문이다. 성경에 쓰인 '고백'이라는 말의 헬라어 원어의 뜻은 '같이(함께) 말하다'이다. 누구와 같이(함께) 말하는가? 구원받은 우리 안에 내주하시는 성령 하나님과 같이(함께) 말하는 것이 바로 고백이다. 무한하신 삼위일체 하나님의 속성과 뜻을 유한한 인간의 언어로 주신 것은 하나님의 은혜인 동시에 하나님의 위대하심을 의미한다. 그런 점에서, 세상에 없는 것들까지도 증언하는 성경 말씀은 '공개된 비밀'인 '신비'다. 이 신비는 오직 '믿음'으로만 받아들일 수 있으며, 구원받은 하나님의 형상의 '고백'을 통해서만 표현될 수 있다.

50 "그 때에 대제사장 엘리아십이 그의 형제 제사장들과 함께 일어나 양문을 건축하여 성별하고 문짝을 달고 또 성벽을 건축하여 함메아 망대에서부터 하나넬 망대까지 성별하였고 ²그 다음은 여리고 사람들이 **건축하였고** 또 그 다음은 이므리의 아들 삭굴이 건축하였으며"(느헤미야 3:1-2). "⁷스룹바벨과 예수아와 느헤미야와 아사랴와 라아먀와 나하마니와 모르드개와 빌산과 미스베렛과 비그왜와 느훔과 바아나와 함께 나온 이스라엘 백성의 명수가 이러하니라 … ³⁶ 여리고 자손이 삼백사십오 명이요"(느헤미야 7:7,36).

단 한 번도 언급된 적이 없는 '라합의 강한 흔적'이 나를 압도하기 시작했다. 라합의 강한 흔적은 다름 아닌 '라합의 아들 보아스'였다. 보아스는 라합이 그녀의 가족들을 구원해준 언약 백성에게 남긴 선물이었다!

우리는 지금 라합이 남긴 그 선물 앞에, 그녀의 이전 형편과 같은 처지의 여인이 엎드려 있는 것을 보고 있다. 언약 백성이 되기 전의 라합처럼, 어느 누구에게도 의지할 곳 없는 모압 여인 룻이 땅에 엎드려 자신에게 '헤세드'[51]를 보이는 보아스에게 묻는다. "나는 이방 여인이거늘 당신이 어찌하여 내게 은혜를 베푸시며 나를 돌보시나이까?"

이방 여인 룻의 질문에 대한 보아스의 답이다.

> [11]보아스가 그에게 대답하여 이르되 네 남편이 죽은 후로 네가 시어머니에게 행한 모든 것과 네 부모와 고국을 떠나 전에 알지 못하던 백성에게로 온 일이 내게 분명히 알려졌느니라 [12]**여호와께서 네가 행한 일에 보답하시기를 원하며 이스라엘의 하나님 여호와께서 그의 날개 아래에 보호를 받으러 온 네게 온전한 상 주시기를 원하노라** 하는지라(룻기 2:11-12)

보아스의 말을 언뜻 들으면, 보아스는 지금 룻의 선행 때문에 그녀에게

---

51 '헤세드'(인애[仁愛]): 연약한 자가 위기에 처했을 때, 힘이 있는 자가 그럴 의무가 없음에도 불구하고 자발적으로 베푸는 보호 혹은 충성을 말한다. 이는 우리 주 예수 그리스도의 구원 사역과 연결되는 개념이다.

호의를 베푸는 것처럼 보인다. 하지만 정말 그 이유가 전부였을까? 혹시 보아스의 눈에는 다른 사람의 눈에는 보이지 않는 그 어떤 것이 보였던 것은 아닐까? 보아스의 인생에는 다른 사람은 보지 못하는 것을 볼 수 있는 어떤 사연이 있었던 것은 아닐까?

나는 신학을 공부한 '정신과 전문의'다. CMF 사역 초반, 정신과 전문의가 '학원사역부 간사'가 되었다는 이야기가 CMF 내에 퍼져나갔다. 이후 전국에서 쇄도하는 상담에 한때는 매일 몇 시간씩 이어지는 통화로 귀 모양이 변형될 정도로 많은 인생의 뒷이야기들을 듣게 되었다. 그 당시 내가 가장 많이 들었던 이야기의 시작은 이것이었다. "간사님, 사실은 있잖아요, 간사님, 사실은 있잖아요, 저희 집이요. …"

그 많은 사연들이 나를 철들게 했다. 보이지 않던 것들이 보이기 시작했고 무엇보다도 하나님의 형상인 사람을 알게 되었다. 하나님의 형상인 사람을 알게 될수록, 성경에 나타난 하나님의 이해되지 않던 모습들이 조금씩 이해되기 시작했다. 사람은 정말 아는 만큼 보는 존재다.

피조물인 우리는 다른 이의 인생을 보는 데 있어서 생각보다 수준이 높지 않다. 우리는 인생의 아주 단편적인 한 부분만을 볼 수 있는 존재다. 피조물인 우리는 자신이 직접 겪거나 자신이 깊이 사랑하는 이의 경험이 아닌 것에는 반응하지 않는 존재다. 그래서 사람마다 같은 문장을 접할 때조차 보는 것이 천차만별이다. '하나의 문장'을 백 사람이 읽고 난 뒤에는 '백 개의 이야기'가 세상에 나오게 마련이다. 그 틈 사이로 역사하시는 따뜻한 '하나님의 손'52을 발견하는 것은 피조물이 누릴 수 있는 가장 큰 축복 가운데 하나다.

사연이 없는 인생을 살아낸 사람이 룻의 질문에 답하는 보아스의 말을 언뜻 들으면, 보아스는 그저 룻의 선행 때문에 그녀에게 호의를 베푸는 것처럼 보일 것이다. 혹은 보아스의 좋은 성품이 호의의 원인이라 생각할 것이다. 하지만 보아스 뒤에 어리는 '라합의 그림자'를 볼 수 있다면, 룻과 보아스의 대화는 '전혀 다른 이야기'가 된다. 이때 '전혀 다른 이야기'라는 표현은 '라합의 그림자' 뒤에 숨어 있는 '하나님의 보이지 않는 손'을 염두에 둔 말이다.

    ¹⁰룻이 엎드려 얼굴을 땅에 대고 절하며 그에게 이르되 **나는 이방 여인**

---

52 '하나님의 손': 온 우주를 창조하신 삼위일체 하나님은 지금도 당신이 창조하신 온 우주를 유지하시고 통치하신다. '창조주 하나님'에 대한 바른 신앙고백은 지금도 당신이 창조하신 온 우주를 통치하시는 '섭리주 하나님'에 대한 신앙고백까지를 포함할 때 비로소 완성된다. 마태복음 10장 29절에 증언된 우리 주 예수 그리스도의 말씀처럼, 참새 한 마리도 하나님의 허락 없이는 땅에 떨어지지 않는다. 이러한 주권자 하나님의 '보이지 않는 손'을 '섭리'라고 한다. 하나님은 이 순간에도 당신의 보이지 않는 손인 섭리를 통하여 이 세상을 통치하신다. 그리고 '보이지 않는 하나님의 손'인 '섭리'가 가장 많이 사용하시는 '보이는 하나님의 손'이 있는데 그것은 바로 '하나님의 사람'이다. 하나님은 '하나님의 사람들'을 사용하여 '하나님 나라의 역사'를 이루어가신다. 이러한 하나님의 섭리를 볼 수 있는 자는 복된 사람이다. 참고로, 십여 년 전부터 스스로를 소위 지적이라고 여기는 성도들을 중심으로 '유신 진화론'이 우리 한국 교회 내에 퍼지면서 세력을 형성하는 중이다. 그들은 자신들이 무슨 말을 하고 있는지 모르고 있다. 그들은 오늘도 당신이 창조하신 온 우주를 유지하시고 통치하시는 하나님의 보이지 않는 손인 '섭리'의 자리에 '과학이라는 이름'으로 '아주 긴 시간'과 '우연' 그리고 '진화'를 넣고 있다. 그들은 하나님의 주권에 깃들여 있는 '필연'을 알지 못한다. 이러한 '유신 진화론'은 '이신론'(deism)의 아류에 해당하는 사상이다. 결국, 이러한 '유신 진화론'이 어떻게 하나님의 주권과 우리 주 예수 그리스도의 구원을 부정하는 자리에까지 이르게 되는지 설명할 수 있는 기회가 오기를 기도한다.

이거늘 당신이 어찌하여 내게 은혜를 베푸시며 나를 돌보시나이까 하니 [11]보아스가 그에게 대답하여 이르되 네 남편이 죽은 후로 네가 시어머니에게 행한 모든 것과 네 부모와 고국을 떠나 전에 알지 못하던 백성에게로 온 일이 내게 분명히 알려졌느니라 [12]여호와께서 네가 행한 일에 보답하시기를 원하며 **이스라엘의 하나님 여호와께서 그의 날개 아래에 보호를 받으러 온 네게 온전한 상 주시기를 원하노라** 하는지라(룻기 2:10-12)

보아스가 룻에게 진짜 하고 싶었던 이야기는 이것이었을 것이다. "이스라엘의 하나님 여호와께서 그의 날개 아래에 보호를 받으러 온 네게 온전한 상 주시기를 원하노라."

룻기 본문을 따라가다 보면, 보아스가 룻에게 "이제 내 딸아 두려워하지 말라 내가 네 말대로 네게 다 행하리라 네가 현숙한 여자인 줄을 나의 성읍 백성이 다 아느니라"라고 말하는 장면이 나온다. 보아스의 "내 딸아"라는 표현을 볼 때, 두 사람은 나이 차이가 상당했던 것으로 보인다.

이러한 상황에서, 룻이 얼굴을 땅에 대고 절을 하며 자신에게 '작은 친절'을 베푼 보아스에게 묻는다. "나는 이방 여인이거늘 당신이 어찌하여 내게 은혜를 베푸시며 나를 돌보시나이까?" 그 자리에 있었던 사람들에게는 평범해 보이는 말이었을 것이다. **그러나 룻의 이 질문에, 보아스는 순간 가슴 속에 치밀어오르는 그 무엇에 숨이 막혔을지도 모른다.**

보아스는 그 순간 누가 떠올랐을까? 보아스의 사연을 알게 된 뒤로, 우리는 쉽게 예상할 수 있다. 보아스는 그 순간 그리운 얼굴이 눈앞에 떠오르는 것을 느꼈을 것이다. 땅에 엎드려 있는 룻의 모습에 겹쳐 보이는 존재가 있었을 것이다. 보아스와 룻이 결혼하여 자식을 낳게 되는 과정 어디에도 라합의 이름이 나오지 않는 것을 볼 때, 이때는 이미 '라합의 사후(死後)'였을 것이다.

방백 집안의 상속자로 자란 보아스였다. 그런 보아스 앞에서, 이 작은 친절이 뭐라고 어린 이방 여인이 얼굴에 흙이 묻도록 고개를 조아리며 땅에 엎드리는 것이다. 그렇게 엎드린 룻의 작은 몸을 보며 보아스는 누가 떠올랐을까? 룻의 작은 등과 땅에 닿은 얼굴을 보며 자신의 아버지와 혼인하기 전의 모친(母親)의 모습이 겹쳐 보이는 것은 어쩌면 당연한 일이었을 것이다. 보아스 입장에서는 대단한 친절을 베푼 것도 아니었을 것이다. 이때까지 보아스가 룻에게 베푼 친절은 아래 본문에 나오는 정도였다. 그런데 이게 뭐라고? 어쩌면 보아스의 가슴 한쪽이 저려왔을지도 모를 일이다.

> [8]보아스가 룻에게 이르되 **내 딸아 들으라 이삭을 주우러 다른 밭으로 가지 말며 여기서 떠나지 말고 나의 소녀들과 함께 있으라** [9]**그들이 베는 밭을 보고 그들을 따르라 내가 그 소년들에게 명령하여 너를 건드리지 말라 하였느니라 목이 마르거든 그릇에 가서 소년들이 길어 온 것을 마실지니라** 하는지라(룻기 2:8-9)

이러한 상황 가운데 보아스의 입에서 나온 말이다. "여호와께서 네가 행한 일에 보답하시기를 원하며 이스라엘의 하나님 여호와께서 그의 날개 아래에 보호를 받으러 온 네게 온전한 상 주시기를 원하노라." '여호와 하나님께서 내 어머니에게도 그러하셨듯이, 룻 너에게도 반드시 그렇게 해주시기를…', 진심이었다.

오랜 세월 신앙생활을 한 분들에게도 '보아스와 룻'이 '라합의 아들과 며느리'였다는 사실이 많은 경우 익숙하지 않을 것이다. 신학대학원 시절 '구약학 시간'에 룻기를 자세히 배운 적이 있다. 수업시간에 외국의 어느 목사님이 룻기를 가리켜 '사사기와 사무엘서 사이에 끼어 있는 진주'라고 극찬했다는 이야기를 들었다. 그때는 '아, 룻기가 성경에서 정말 중요한 책인가보다' 정도의 느낌이었다.

어떻게 보면, 룻기는 그냥 한 가정의 가족사 일부를 기록한 책일 수도 있다. 물론 그 한 가정의 가족사라는 것이 '다윗의 가족사'이며, 성자 하나님이신 '우리 주 예수 그리스도께서 이 땅에 오시는 통로가 된 가정의 가족사'라는 점에서 '그냥 한 가정의 가족사'라는 표현이 부적절해 보일 수 있다. 하지만 라합을 중심에 두고 생각한다면, 룻기는 '라합이 며느리를 얻는 과정'을 서술한 이야기다.

> [13]이에 보아스가 룻을 맞이하여 아내로 삼고 그에게 들어갔더니 여호와께서 그에게 임신하게 하시므로 그가 아들을 낳은지라 [14]여인들이 나오미에게 이르되 찬송할지로다 여호와께서 오늘 네게 기업 무를 자가 없게 하지 아니하셨도다 이 아이의 이름이 이스라엘 중에 유명하게 되기를 원하노라 [15]이는 네 생명의 회복자이며 네 노년의 봉양자라 곧 너를

사랑하며 일곱 아들보다 귀한 네 며느리가 낳은 자로다 하니라 [16]나오미가 아기를 받아 품에 품고 그의 양육자가 되니 [17]그의 이웃 여인들이 그에게 이름을 지어 주되 **나오미에게 아들이 태어났다 하여 그의 이름을 오벳이라 하였는데** 그는 다윗의 아버지인 이새의 아버지였더라 [18]베레스의 계보는 이러하니라 베레스는 헤스론을 낳고 [19]헤스론은 람을 낳았고 람은 암미나답을 낳았고 [20]암미나답은 나손을 낳았고 나손은 살몬을 낳았고 [21]살몬은 보아스를 낳았고 보아스는 오벳을 낳았고 [22]오벳은 이새를 낳고 이새는 다윗을 낳았더라(룻기 4:13-22)

라합을 중심에 두고 생각한다면, 룻기는 '라합이 며느리를 얻는 과정을 서술한 이야기'라는 표현이 어색하게 들릴 수도 있다. 이러한 어색함은 룻기에 기록된 '나오미'라는 존재 때문이다. 위에 인용한 성경을 살펴보면 '룻'이 '라합의 아들인 보아스'와 혼인하여 아들을 낳았지만, 여인들은 룻을 향하여 "나오미의 일곱 아들보다 귀한 네 며느리"라고 노래하며 "나오미에게 아들이 태어났다"라고 외친다. 21세기를 살아내는 우리가 보기에 룻에게서 태어난 아기는 분명히 '라합의 손자'다. 그런데 베들레헴의 여인들은 룻이 낳은 '다윗의 할아버지인 오벳'을 가리켜 "나오미에게 아들이 태어났다"라고 합창한다.

도대체 이게 무슨 말일까? 도대체 왜들 이럴까? 이 일을 이해하려면 하나님께서 언약 백성에게 주신 '계대 결혼'의 전통을 이해해야 한다. 우선 보아스가 룻을 아내로 맞이하는 과정에서 장로들과 모든 백성들 앞에서 선언한 내용을 살펴보자.

⁹보아스가 장로들과 모든 백성에게 이르되 **내가 엘리멜렉과 기룐과 말론에게 있던 모든 것을 나오미의 손에서 산 일에 너희가 오늘 증인이 되었고** ¹⁰또 말론의 아내 모압 여인 룻을 사서 나의 아내로 맞이하고 그 죽은 자의 기업을 그의 이름으로 세워 그의 이름이 그의 형제 중과 그 곳 성문에서 끊어지지 아니하게 함에 너희가 오늘 증인이 되었느니라 하니 (룻기 4:9-10)

보아스가 선언한 내용의 근거가 되는 하나님의 명령은 신명기에 기록되어 있다.

⁵**형제들이 함께 사는데 그 중 하나가 죽고 아들이 없거든 그 죽은 자의 아내는 나가서 타인에게 시집 가지 말 것이요 그의 남편의 형제가 그에게로 들어가서 그를 맞이하여 아내로 삼아 그의 남편의 형제 된 의무를 그에게 다 행할 것이요** ⁶그 여인이 낳은 첫 아들이 그 죽은 형제의 이름을 잇게 하여 그 이름이 이스라엘 중에서 끊어지지 않게 할 것이니라(신명기 25:5-6)

21세기 우리들의 입장에서는 해괴하고도 민망한 동시에 망측한 일로 보이는 명령이다. 이러한 '계대 결혼 제도'를 여호와 하나님께서 언약 백성에게 명령하신 이유는 간단하다. 이 명령을 통해서 '지키고 싶은 사람'이 있기 때문이다.

CMF 내에서 성경 본문이 이해가 되지 않는다며 질문이 들어올 때마다 내가 자주 하는 말이다. 성경을 읽을 때 우리는 '하나님의 표정'과 '하나님께서 지금 보호하고 지키고 싶은 대상이 누구인지?'를 자세히 살펴야 한다. 이것만 잘해도 우리는 비교적 쉽게 하나님께서 왜 이러시는지를 알 수 있다. 우리의 '아빠 아버지 되시는 우리 하나님'은 항상 지키고 싶은 대상이 있다.

그 관점에서 위에 인용한 신명기 말씀을 살펴보면 '계대 결혼을 통해 하나님께서 지키고자 하시는 대상'이 보일 것이다. 하나님께서 '계대 결혼 제도'를 명령하실 때의 사회에서는 여성은 '계약의 주체'가 될 수 없었다고 한다. 계약의 주체가 될 수 없다는 것은 여성의 경우 혼자서는 모든 경제 활동이 불가능했다는 것을 의미한다. 즉 그 시절, 여성은 남자 없이는 생존이 불가능한 시대였다.

그 시대 여성의 모든 경제 활동은 반드시 아버지나 남편 혹은 아들을 통해서만 가능했다고 전해진다. 이러한 사회에서 남편이 아내에게 아들을 남기지 않고 사망을 하면 무슨 일이 벌어질까? 친정에 아버지 혹은 오빠마저 없는 경우, 이러한 처지의 여인에게는 죽음 혹은 성매매 외에는 다른 선택지가 거의 없었다.

이러한 시대적 배경을 알게 되면, 도대체 하나님께서는 왜 '지금의 우리 입장에서는 해괴하고 민망해 보이는' 이러한 명령을 주셨는지 이해할 수 있을 것이다. 성경이 기록될 당시의 문화를 배경으로 주어진 하나님의 명령들은 이러한 하나님의 애틋한 시선을 따라갈 때 하나님의 본마음을 알 수 있다. 이러한 하나님의 진심을 21세기 대한민국의 사회문화적 맥락에 적용하는 것은 우리들의 몫이다. 우리는 하나님께서 주신 율법 뒤에 숨겨진 '하나님의 따뜻한 마음'을 배워야 한다.

　20대 젊은 청년들의 상담자로 평생 살아온 나는 이 땅의 '미혼자들'[53]의 성문화가 어떻게 어느 방향으로 빠르게 변화되어왔는지 잘 알고 있다. 정신의학을 공부한 다음에 신학까지 전공한 나에게는 정말 못하는 소리들이 없었다. 한동안 자존심이 상할 때도 많았다. 동성(同姓)인 형제들은 그렇다 치고, 자매들마저도 너무도 허물없이 적나라한 내용들을 이야기하는 것이 어느 순간 자존심이 상했던 적이 있다. 아내에게 이 부분에 대해 불평을 털어놓은 적이 있다. "그래도 나도 남자인데, 얘네들 너무한 것 아니냐?" 아내가 별 관심 없다는 듯이, 툭 한마디를 던졌던 기억이 생생하다. "그러니까 면도도 좀 자주 하고 꾸미고 좀 다녀요."

　특별히 오랜 시간 사귄 여자친구가 결혼 적령기에 들어간 뒤, 엄마가 결혼을 반대한다고 찾아오는 청년 의사들에게 보여주는 성경 구절을 소개하고 넘어가야겠다. 우리 하나님께서 명령하신 내용 중 하나다.

　[9]만일 그를 자기 아들에게 주기로 하였으면 그를 딸 같이 대우할 것이요
　[10]만일 상전이 다른 여자에게 장가 들지라도 그 여자의 음식과 의복과

---

53 '처녀 총각'이라는 표현을 쓰지 않은 것은 의도적인 것이다. 무슨 의미인지 충분히 전달되었으리라 믿는다.

동침하는 것은 끊지 말 것이요 [11]그가 이 세 가지를 시행하지 아니하면,
여자는 속전을 내지 않고 거저 나가게 할 것이니라(출애굽기 21:9-11)

인생을 좀 살아본 독자라면 지금 이 상황이 어떤 상황인지 바로 느낌이
올 것이다. 쉽게 표현하자면 주인집 도령과 여종 사이에 정분(情分)이 난 상
태에서 벌어진 일이다. 그 상황에서 주인집 도령이 귀족 집안의 다른 처자
와 혼인하게 된 경우이다. 이 경우 귀족 집안의 다른 처자와 혼인하기 전에
주인집 도령과 정분이 났던 여종의 권한에 대해서 하나님께서 못 박아 명
령하신다. 눈에 띄는 대목이 있을 것이다. "아니, 성경에 이런 말씀이? 혼인
후에도 혼인 전에 정분이 났던 여종에 대해 동침하는 것도 끊지 말라고?"
이 말씀을 접하는 지체들 백(百)이면 백(百)이 보이는 반응이다. 우리 한국
교회는 정말 하나님을 모른다. 한국 교회는 자신의 의를 세우는 가운데 타
인에게 번듯해 보이는 데 관심이 많다. 나는 이것을 '신앙의 유교화'라고 생
각한다.

21세기 대한민국의 성인지 감수성을 기준으로 볼 때, 하나님의 이 명령
을 액면 그대로 옮기기에는 불편한 면이 분명히 존재한다. 그러나 위에 인
용한 성경 본문을 통해 우리 모두는 지금 하나님께서 누구를 지키고 싶으신
지 분명히 인식하고 있다. 그렇다면 우리에게는 우리네 삶 가운데 21세기
지금의 방식으로 그 존재를 보호하는 것이 '바른 적용'이다.

다시 한번 강조하지만, 성경에 기록된 율법을 읽을 때 우리는 항상 우리
하나님께서 그 명령 가운데 지키고 싶은 존재가 누구인지를 상상해봐야 한
다. 동시에 우리는 그 명령을 주시는 전능자가 '지키고 싶은 그 존재의 아빠'

임을 잊어서는 안된다.

그런 맥락 때문에 남녀문제로 찾아오는 미혼의 젊은이들에게 내가 강조하는 것은 '책임'이다. CMF 사역 초반 "간사님, 손은 잡아도 되지요? 키스는요?"라고 질문해오는 미혼남녀들을 향해 의미심장한 웃음을 지어 보였다. 상담자로 평생을 살아온 나는 순진하지 않다. 그리고 나를 찾아온 그 젊은이가 내가 제시하는 선을 지키지 않을 것을 너무도 잘 알고 있다. 한가한(?) 도덕군자처럼 조언하기에, 나는 21세기 대한민국에서 이미 벌어지고 있는 성문화와 현실을 상담자로서 너무도 많이 들었다.

그래서 나는 이렇게 조언했다. "성관계의 순간이 결혼이다. 그런 점에서 혼전순결은 논리적으로 존재할 수 없는 허상의 개념이다. 하나님 앞에서는 성관계의 순간이 결혼이기 때문에, 혼전에는 100% 순결할 수밖에 없다. 그러므로 남자친구와 여자친구가 성관계까지 맺은 이후에 헤어졌다면, 하나님 앞에서는 헤어진 것이 아니라 이혼한 것이다."

이 말을 해준 뒤, 나는 위에 언급한 성경 말씀을 근거로 친정 아빠의 심정으로 명령하시는 하나님의 마음을 전했다. "이 시대에 혼전순결을 지키는 것이 얼마나 힘든 일인지 잘 알고 있다. 그 힘든 상황에도 불구하고 그것을 지켰을 때, 우리의 아빠 아버지 되시는 하나님은 춤을 추실 것이다. 그러나 이미 그 선을 넘었다면, 상대가 전능자이신 하나님의 자녀라는 사실을 기억하고 행동해라. 그리고 너의 선택에 대해서 일평생을 두고 책임을 져라. 어차피 책임을 지지 않으려고 해도 네가 구원받은 하나님의 백성이라면, 하나님께서는 너를 평생 추적하실 것이다. 물론 네가 구원받지 않은 자라면, 하나님께서는 너를 내버려 두심으로 심판을 시작하실 것이다."

> 그러므로 하나님께서 그들을 **마음의 정욕대로 더러움에 내버려 두사** 그들의 몸을 서로 욕되게 하게 하셨으니(로마서 1:24)

얼핏 보면, 지금 나는 성윤리(性倫理)를 이야기하는 것처럼 보일 것이다. 그렇게만 보였다면 글의 표면만을 읽은 셈이 된다. 나는 지금 윤리를 뛰어넘는 '하나님의 마음'을 설명하는 중이다. 우리는 하나님의 이 마음을 배워야 한다. 이 마음은 보아스가 룻에게 품었던 마음이다. 그리고 두 정탐꾼이 라합에게 보여주었던 인자와 진실한 마음이다.

간사 사역 초반 방언에 대해서 질문을 받은 적이 있었다. 질문을 받고 내 경험을 이야기했다. 내가 방언을 받았을 당시 내 영적 상태는 바닥을 칠 때였다. 내 이야기를 듣고 정말 많은 지체들이 나와 동일한 경험을 고백해왔었다.

나와 경험을 공유했던 지체들을 포함하여, 우리 모두에게 방언을 받았던 순간을 규정하라고 한다면 '하나님의 위로'였다. 영적으로 바닥을 칠 때, "이러고도 내가 기독교인(Christian)이라고 할 수 있을까?"라는 자괴감이 드는 순간에 하나님께서 주신 위로가 방언이었다. "아니란다. 너는 내 자녀란다." 그런 의미에서 은사는 '모자란 자식을 향한 하나님의 배려의 손길'인 경우가 대부분이다. 사도 바울의 고백을 기억하면 이해가 될 것이다. 사도 바울의 고백은 겸손을 포장한 말이 아니다.

> **오호라 나는 곤고한 사람이로다** 이 사망의 몸에서 누가 나를 건져내랴
> (로마서 7:24)

> [8]맨 나중에 만삭되지 못하여 난 자 같은 내게도 보이셨느니라 [9]나는 사도 중에 가장 작은 자라 나는 하나님의 교회를 박해하였으므로 사도라 칭함 받기를 감당하지 못할 자니라 [10]**그러나 내가 나 된 것은 하나님의 은혜로 된 것이니** 내게 주신 그의 은혜가 헛되지 아니하여 내가 모든 사도보다 더 많이 수고하였으나 내가 한 것이 아니요 오직 나와 함께 하신 하나님의 은혜로라(고린도전서 15:8−10)

내가 방언을 받았을 당시의 경험과 사도 바울의 이야기를 이어서 한 이유는 무엇일까? 하나님께서 신명기를 통해 명령하신 '계대 결혼 제도'는 '기업 무름'인 '고엘'의 정신과 연결된다. 히브리어로 '고엘'은 '속전(贖錢)'을 주고 구제하다, 도로(다시) 사다'라는 뜻을 가지는 '가알' 동사에서 유래했다고 한다. 이러한 어원을 가진 '고엘'은 '구속, 구원'의 의미와 함께 '보수(보복)할 자, 기업을 무를 자'의 뜻을 가진다.

성경은 세 가지 영역에서 '기업 무름'을 명령한다. 관련된 성경 구절 중 첫 번째 말씀을 인용하면 아래와 같다. 젊은 세대에게는 바로 앞 문단에서 설명한 내용 중 '보수할 자'라는 표현이 낯설 것이다. 바로 아래에 인용한 성

경 본문은 '개역개정'이다. '개역한글'에서는 '보수하는 자'로 번역된 부분이
'개역개정'에서는 '보복하는 자'로 번역되어 있음을 확인할 수 있을 것이다.[54]
문맥을 따라 읽으면 뜻을 이해하는 데 문제가 없으리라 믿는다.

> [18]만일 사람을 죽일 만한 나무 연장을 손에 들고 사람을 쳐죽이면 그는
> 살인한 자니 그 살인자는 반드시 죽일 것이니라 [19]**피를 보복하는 자는
> 그 살인한 자를 자신이 죽일 것이니 그를 만나면 죽일 것이요** [20]만일 미
> 워하는 까닭에 밀쳐 죽이거나 기회를 엿보아 무엇을 던져 죽이거나 [21]악
> 의를 가지고 손으로 쳐죽이면 그 친 자는 반드시 죽일 것이니 이는 살
> 인하였음이라 **피를 보복하는 자는 살인자를 만나면 죽일 것이니라** [22]악
> 의가 없이 우연히 사람을 밀치거나 기회를 엿봄이 없이 무엇을 던지거
> 나 [23]보지 못하고 사람을 죽일 만한 돌을 던져서 죽였을 때에 이는 악의
> 도 없고 해하려 한 것도 아닌즉 [24]회중이 친 자와 피를 보복하는 자 간에
> 이 규례대로 판결하여 [25]피를 보복하는 자의 손에서 살인자를 건져내어
> 그가 피하였던 도피성으로 돌려보낼 것이요 그는 거룩한 기름 부음을
> 받은 대제사장이 죽기까지 거기 거주할 것이니라 [26]그러나 살인자가 어
> 느 때든지 그 피하였던 도피성 지경 밖에 나가면 [27]**피를 보복하는 자가
> 도피성 지경 밖에서 그 살인자를 만나 죽일지라도 피 흘린 죄가 없나니**

---

54 "[18]만일 사람을 죽일만한 나무 연장을 손에 들고 사람을 쳐죽이면 이는 고살한 자니 그 고살자
를 반드시 죽일 것이니라 [19]**피를 보수하는 자가 그 고살자를 친히 죽일 것이니 그를 만나거든
죽일 것이요**"(민수기 35:18-19, 개역한글).: '보수하는 자'는 '보복하는 자'를 의미하고, '고살
자'는 '고의로 살인한 자'를 의미한다.

[28]이는 살인자가 대제사장이 죽기까지 그 도피성에 머물러야 할 것임이라 대제사장이 죽은 후에는 그 살인자가 자기 소유의 땅으로 돌아갈 수 있느니라(민수기 35:18-28)

현대 국가 체제와 같은 사법제도가 완성되지 않았을 때 하나님께서 주신 명령이다. 우리는 이 말씀을 읽을 때도 '지금 하나님께서 지키고 싶은 대상이 누구일까?'를 생각해보면 하나님의 마음이 어디에 있는지 쉽게 이해할 수 있다. 하나님의 이 마음을 21세기 대한민국의 사회제도와 상황에 맞추어서 적용하면 된다.

'기업 무름'에 대한 두 번째 성경 말씀이다.

[23]토지를 영구히 팔지 말 것은 토지는 다 내 것임이니라 너희는 거류민이요 동거하는 자로서 나와 함께 있느니라 [24]너희 기업의 온 땅에서 그 토지 무르기를 허락할지니 [25]만일 네 형제가 가난하여 그의 기업 중에서 얼마를 팔았으면 **그에게 가까운 기업 무를 자가 와서 그의 형제가 판 것을 무를 것이요** [26]만일 그것을 무를 사람이 없고 자기가 부유하게 되어 무를 힘이 있으면 [27]그 판 해를 계수하여 그 남은 값을 산 자에게 주고 자기의 소유지로 돌릴 것이니라 [28]그러나 자기가 무를 힘이 없으면 그 판 것이 희년에 이르기까지 산 자의 손에 있다가 희년에 이르러 돌아올지니 그것이 곧 그의 기업으로 돌아갈 것이니라(레위기 25:23-28)

성경에서는 각자 자신의 땅을 가지는 것을 매우 중요하게 여긴다. 동시에 결과적으로 남의 땅을 빼앗게 되는 토지 독점 현상은 그 땅에서 거민 전체를 싹쓸이하는 조건이 된다는 것을 앞 단원에서 이미 충분히 설명하였다. 우리는 각자의 땅을 가지고 있어야 한다. 그래야만 하나님의 형상으로서의 자신과 가족들의 존엄성을 지킬 수 있는 동시에, 타인을 존중할 수 있다.

앞에 인용한 성경 말씀은 이렇게 중요한 방어막이 되는 땅을 잃게 되었을 때 주신 하나님의 명령이다. 21세기 대한민국 상황을 보면, 내가 사역하는 CMF에 가장 많이 존재하는 의사면허 또한 땅이라고 할 수 있을 것이다.

'기업 무름'에 대한 세 번째 성경 말씀이다.

> [47]만일 너와 함께 있는 거류민이나 동거인은 부유하게 되고 그와 함께 있는 네 형제는 가난하게 되므로 그가 너와 함께 있는 거류민이나 동거인 또는 거류민의 가족의 후손에게 팔리면 [48]**그가 팔린 후에 그에게는 속량 받을 권리가 있나니** 그의 형제 중 하나가 그를 속량하거나 [49]또는 그의 삼촌이나 그의 삼촌의 아들이 그를 속량하거나 그의 가족 중 그의 살붙이 중에서 그를 속량할 것이요 그가 부유하게 되면 스스로 속량하되 [50]자기 몸이 팔린 해로부터 희년까지를 그 산 자와 계산하여 그 연수를 따라서 그 몸의 값을 정할 때에 그 사람을 섬긴 날을 그 사람에게 고용된 날로 여길 것이라 [51]만일 남은 해가 많으면 그 연수대로 팔린 값에서 속량하는 값을 그 사람에게 도로 주고 [52]만일 희년까지 남은 해가 적

으면 그 사람과 계산하여 그 연수대로 속량하는 그 값을 그에게 도로 줄지며 [53]주인은 그를 매년의 삯꾼과 같이 여기고 네 목전에서 엄하게 부리지 말지니라 [54]그가 이같이 속량되지 못하면 희년에 이르러는 그와 그의 자녀가 자유하리니 [55]이스라엘 자손은 나의 종들이 됨이라 그들은 내가 애굽 땅에서 인도하여 낸 내 종이요 나는 너희의 하나님 여호와이니라(레위기 25:47-55)

가난 때문에 종이 된 친족에 대한 내용이다. 위에 인용된 세 영역에서의 '기업 무르는 자'의 의무와 '계대 결혼'에 대한 하나님의 명령이 구체적으로 연결되는 예가 바로 '보아스와 룻의 결혼'이다. 그런 점에서 보아스의 행위는 '우리의 친족' 되시는 '우리 주 예수 그리스도의 대속 사역'을 상징한다.

세 가지 영역에서 '기업 무름'을 명령하고 있는 성경을 인용하기 전, 내가 했던 말을 기억해보자. "내가 방언을 받았을 당시의 경험과 사도 바울의 이야기를 이어서 한 이유는 무엇일까?" 나는 나 자신이 영적으로 바닥을 칠 때, "이러고도 내가 기독교인(Christian)이라고 할 수 있을까?"의 순간에 하나님께서 주신 위로가 방언이었다고 간증했다. 하나님의 어조는 단호하셨었다. "아니란다. 너는 내 자녀란다."

신학적으로 볼 때 바로 앞 문단의 간증은 당연한 이야기다. 이 책 1부에서 이미 자세히 다루었듯이, 복음이란 '구원의 근거와 원인이 구원받는 우리 쪽이 아니라 하나님께 있음'이다. 나의 '기독교인(Christian)다움'은 오직

하나님의 은혜로 말미암는다.[55]

복음이란 '우리의 하나님의 자녀됨'이 '우리에게 근거 없음'이다. 약간 의아해하는 독자가 있을 것이다. "계대 결혼 제도는 '기업 무름'인 '고엘'의 정신과 연결된다는 점을 신학적으로 설명하는 단원이 아니었나?" 맞다. 그 이야기 중, 지금 우리 한국 교회가 당면한 상황에 필요한 부분을 말하려는 중이다.

'계대 결혼'은 초혼자(初婚者)를 위한 제도가 아니다. '계대 결혼'은 그 책임이 누구에게 있든 결혼 후 원하는 결과를 얻지 못한 사람을 위한 제도이다. 성경에서 명령하고 있는 '기업 무름' 또한 마찬가지다. '기업 무름'의 세 영역 또한 어느 부분에서의 실패를 전제하고 있다. 그뿐이 아니다. '계대 결혼'과 '기업 무름'은 '우리 주 예수 그리스도의.대속 사역'의 그림자다.

> [7]의인을 위하여 죽는 자가 쉽지 않고 선인을 위하여 용감히 죽는 자가 혹 있거니와 [8]**우리가 아직 죄인 되었을 때에** 그리스도께서 우리를 위하여 죽으심으로 하나님께서 우리에 대한 자기의 사랑을 확증하셨느니라 (로마서 5:7-8)

---

55 "그러나 내가 나 된 것은 하나님의 은혜로 된 것이니 내게 주신 그의 은혜가 헛되지 아니하여 내가 모든 사도보다 더 많이 수고하였으나 내가 한 것이 아니요 오직 나와 함께 하신 하나님의 은혜로라"(고린도전서 15:10).

우리 주 예수 그리스도를 통한 구원은 '우리의 의인됨'이 아니라 '우리의 죄인됨'을 전제한다.

> 예수께서 들으시고 그들에게 이르시되 건강한 자에게는 의사가 쓸 데 없고 병든 자에게라야 쓸 데 있느니라 **나는 의인을 부르러 온 것이 아니요 죄인을 부르러 왔노라 하시니라**(마가복음 2:17)

복음은 '우리의 성공'이 아닌 '우리의 실패'를 전제하고 있다. 이렇게 놓고 보면 우리 주 예수 그리스도께서 이루신 구원도 계대 결혼도 기업 무름도, 모두 '우리의 실패와 좌절을 전제'하고 있다. 이것은 성경에 나오는 하나님의 사람들 모두에서 공통적으로 보이는 모습이다. 내가 지금 하는 말을 마음에 들어하지 않는 사역자가 꽤 될 것이다. 그분들이 싫어하는 부분은 '기독교인의 좌절과 낙심'이다.[56] 이러한 분들이 지금 내가 하는 말과 비슷한 결의 이야기가 나올 때마다, 꺼내 드는 성경 말씀은 이것이다.

> 내게 능력 주시는 자 안에서 내가 모든 것을 할 수 있느니라(빌립보서 4:13)

그러나 성경은 반드시 그 말씀의 앞뒤 문맥을 살펴야 한다.

---

[56] 우리 한국 교회에 은연중에 만연해 있는 '기독교 승리주의'의 위험성에 대해서는 인터넷을 검색해볼 것을 권한다.

¹²나는 비천에 처할 줄도 알고 풍부에 처할 줄도 알아 모든 일 곧 배부름과 배고픔과 풍부와 궁핍에도 처할 줄 아는 일체의 비결을 배웠노라 ¹³내게 능력 주시는 자 안에서 내가 모든 것을 할 수 있느니라 ¹⁴그러나 너희가 내 괴로움에 함께 참여하였으니 잘하였도다(빌립보서 4:12-14)

대부분의 성경 말씀은 인생의 괴로움과 아픔을 전제로 한다. 물론 성경이 인생의 즐거움을 노래하지 않는다는 말이 아니다. 내가 보기에 우리 한국 교회는 너무 믿음이 좋은 것 같다. 앞에서도 언급했듯이, 이러한 현상은 우리 민족이 가지고 있는 유교 문화적 배경과 무관하지 않아 보인다. 강단에서 울려 퍼지는, 혹은 신앙의 후배들에게 조언하는 어른들의 신앙 이야기에는 현실적이고 치열한 '과정'이 잘 보이지 않는다.

그 결과, 태어난 지 얼마 안 되는 '신앙의 아이'마저도 뛰지 못하면 안 될 것만 같은 분위기다. 마치 신앙의 용사들만이 기독교인(Christian)인 것 같다. 이러한 분위기는 결국 '위선적 태도'를 곧 '은혜로 인식'하는 폐단을 낳게 마련이다. 물론, 이러한 흐름은 유교적 색채가 강했던 세대에서는 어느 정도 '순기능'을 했던 것으로 보인다.

형식은 내용을 담는 그릇이라는 말이 있다. 때로는 제복이 사람을 강하게 만들기도 한다. 분명히 상당 기간 한국 교회에 흐르던 이러한 분위기가 성도들의 신앙 훈련에 도움이 되었던 시기가 있었다. 사람이라는 존재가 그렇다. 오랫동안 같은 행동을 반복하면 습관이 된다. 습관이 지속되면 성격이 되기 마련이다. 분명히 그렇게 성장했던 세대가 있었다. 특별히 유교 문화의 특성인 겉으로 번듯해 보이는 것이 곧 선(善)이던 시대에는 이러한 모습이 덕(德)이었을 것이다. 그 시대에는 겉에 보이는 틀이 먼저 형성된 다음, 일생 동안 내용이 자라나 내면을 채웠을 것이다.

그런데 세대가 바뀌었다. 지금의 젊은 세대는 유교 문화적 배경보다는 태어난 이후 '이성과 효율'을 중심으로 '사고하고 행동하도록' 교육받고 자란 세대이다. 이들에게 있어서 '채워지지 않은 형식'은 더 이상 덕(德)이 아니라 '위선인 동시에 거짓'이다. 그리고 이 땅의 젊은 세대에게 이렇게 사고(思考)하고 행동하도록 가르친 것은 다름 아닌 유교적 배경을 가진 앞세대다.

"지금 무슨 말을 하려는가?" 싶은 독자들이 있을 것이다. 거칠게 표현해서, 이제는 "믿습니까?"의 유통기한이 끝났다는 이야기를 하는 중이다. 이제는 "그냥 믿어." 혹은 "믿음을 가져."라고 말하는 사역자가 젊은 세대의 눈에는 '사기꾼'으로 보인다는 '불편한 진실'을 알려주는 중이다.

이렇게 상황 파악을 못하는 사이, 새로 대학에 진입하는 우리 젊은 세대의 복음화율은 3%가 되지 않는다. 이제 우리 민족은 미전도종족으로 가고 있다.

3년 전 여름이었다. 여름 CMF전국학생수련회를 마친 뒤, 수련회 기간 중 같은 조였던 아이들이 1박 2일로 하는 '조별 애프터 모임'을 관찰하고 있었다.[57] 나는 조별 애프터 모임을 하는 아이들에게 질문이 들어오지 않는 한, 입은 다물고 지갑을 연다. 아이들은 그런 나에게 자신들이 노는 모습을 편

---

[57] '조별 애프터 모임'은 같은 조 아이들끼리 정해서 다양한 장소에서 한다. 내 서재가 있는 모지역의 '누가의집'은 CMF 내에서 아이들이 가장 많이 찾는 조별 애프터 모임 장소이다.

안하게 보여준다. 웃고 떠드는 가운데 자신들의 이야기를 스스럼없이 한다.

그날도 그랬다. 다른 점이 있었다면 그날 조별 애프터 모임을 하고 있었던 아이들은 그 해에 같은 조였던 것이 아니라 2년 전 같은 조였다고 했다. 오랜 시간 교제의 끈을 놓지 않았다며 엄청 칭찬을 해주었다. 평생 '기독의료인'으로서의 외로운 길을 가는 데 있어 믿음의 친구의 중요성은 두말할 필요가 없다. 그 해 여름 EBS[58] 조장을 했다는 자매가 나에게 질문을 했다. EBS 조모임 중에 조원에게 받았던 질문이라고 했다.

질문을 요약하면 이러하다. "방학 때마다 수련회에 참석해서 하나님을 위하여 그리고 자신의 신앙을 위하여 이런저런 결단과 결심을 하지만 매학기마다 어김없이 학기가 시작되면 그 모든 결단과 결심은 실패하게 되는데, 다음 수련회에 참석해야 하나요?" "응, 당연하지." "그런데 간사님, 왜 계속 실패하게 될까요?" "응, 그거 하나님께서 일부러 그러시는 거야." "예?", 눈이 동그래지는 아이를 보는 순간, 나는 참 나쁜 간사라는 생각을 했다. '오늘도 또 순진한 한 어린 영혼의 동심을 파괴하는구나' 싶었다.

정말이지, CMF 아이들은 참 착하다. 조장을 했다는 아이는 내 말에 동조를 해주고 싶었던 것 같다. "아 간사님, 이 질문을 한 지체가 실패가 반복

---

58 여름과 겨울, 일 년에 두 번 열리는 CMF전국학생수련회에는 3개의 트랙(track)이 존재한다. 그중 EBS는 'Evangelical Bible Study'의 약자로, 원래는 초신자와 아직 예수님을 믿지 않는 지체들을 위한 '복음전도집회'였으나, 시간이 흐를수록 신입생들이 많이 오는 트랙이 되어 가고 있다. EBS에 참여하는 구성원의 이러한 변화는 대학에 입학하는 아이들의 성경과 복음에 대한 낮은 이해도와 관련이 있다.

되면서 하나님이 원망스럽다고도 했어요." "음… 그 소리는… 그니까… 그 아이는 자신이 무슨 말을 하고 있는지 모르고 그 소리를 했을 거야." 사실을 이야기하자면, 실패가 반복되면서 하나님이 원망스럽다고 한 아이는 솔직한 심정을 표현한 것이다.

"그런데 간사님, 왜 하나님은 우리를 실패하게 하신다고 하세요?"[59]

나는 이쯤에서 진지하게 설명을 해줄 필요를 느꼈다.

"응, 그건 그래야 우리의 존재와 삶을 하나님의 것으로 채울 수 있으니까 그렇단다. 그렇지 않으면 우리는 자신의 열심과 결단으로 우리 인생과 존재를 채우려고 하겠지. 그것을 자신의 영광, 자기 의라고 부른단다. 결국, 망하는 길이지.

하나님께서 우리를 구원하신 목적 중 하나는 우리를 온전한 하나님의 형상으로 회복시키기 위함이란다. 그러려면 우리의 존재와 인생은 우리 것이

---

59 "그런데 간사님, 왜 하나님은 우리를 실패하게 하신다고 하세요?": 내가 EBS 조장을 한 아이에게 건넨 "하나님은 우리를 실패하게 하신다"라는, 이 표현은 신학적으로 바른 표현이 아니다. 이 표현을 신학적으로 바르게 수정하면 이와 같다. "하나님은 우리의 실패를 허용하신다." 쉽게 설명하면 이와 같다. 아이의 경우, 수저를 잡을만한 힘이 조금만 생겨도 직접 수저를 들고 밥을 먹으려는 경향이 있다. 미역국에 밥을 말은 뒤, 이 단계에 이른 아이의 손에 수저를 들려주면 어떤 일이 벌어질까? 당연히 아이의 입에 들어가는 밥의 양보다는 흘리는 양이 많을 것이다. 효율성만을 따진다면, 이 단계의 아이의 경우에는 아이의 손에 수저를 들려주기보다는 엄마가 직접 밥을 떠먹여 주는 것이 낫다는 판단이 들 수도 있다. 이것이 단기간만을 볼 때 이성적인 동시에 효율적인 판단이다. 그러나 아이가 직접 수저로 밥을 먹는 과정에서 필연적으로 생길 수밖에 없는 실패와 손실을 피할 목적으로 계속 엄마가 직접 밥을 떠먹여 주는 경우, 어떤 일이 발생할까? 그 아이는 평생 수저질을 제대로 할 수 없을 것이다. 이러한 비효율과 실패를 견디어 주고 흘린 밥을 치워주는 것이 엄마의 사랑인 동시에 허용이다. 피조물인 엄마도 이러할진대, 우리를 키우시는 하나님은 어떠하실까? 우리는 우리를 시공간적 존재로 만드신 후, 우리의 실패와 비효율을 허용해 주시는 하나님의 마음과 경륜을 묵상할 필요가 있다.

아닌 하나님의 것으로 채워져야 한단다. 그러니까 예수님께서 말씀하신 그림 언어로 표현하자면, 포도나무 가지가 포도나무에 접붙임을 받아 포도나무의 모든 진액으로 자신을 채우듯이[60] 온전히 하나님의 것으로만 우리 인생과 존재를 채워야 하는데 우리는 틈만 나면 우리 자신의 열심과 결단으로 우리 인생을 채우려 들지.

그러니 하나님 입장에서 생각을 해보렴. 내가 구원을 해서 내 자녀를 삼았는데 이놈이 헛소리를 하면서 헛짓을 하는 거야. 쉽게 표현을 하자면, 자신의 것으로 자신의 열심과 결단으로 자신의 인생과 존재를 채우겠다고 나서는 거야. 그러면 하나님 입장에서는 어떻게 하셔야 할까? 그 헛소리와 헛짓을 그때마다 실패시켜야겠지.[61]

그렇게 해야 그러한 일이 반복되면서, 하나님의 자녀 된 구원받은 그 헛소리를 하는 놈이 점점 하나님의 은혜로 깨닫게 되겠지. 뭘 깨달을까? '아, 나에게는 예수님이 필요하구나. 아, 나는 정말 예수님이 필요한 존재구나'

---

60 "나는 참포도나무요 내 아버지는 농부라 ^{2}무릇 내게 붙어 있어 열매를 맺지 아니하는 가지는 아버지께서 그것을 제거해 버리시고 무릇 열매를 맺는 가지는 더 열매를 맺게 하려 하여 그것을 깨끗하게 하시느니라 ^{3}너희는 내가 일러준 말로 이미 깨끗하여졌으니 ^{4}내 안에 거하라 나도 너희 안에 거하리라 가지가 포도나무에 붙어 있지 아니하면 스스로 열매를 맺을 수 없음 같이 너희도 내 안에 있지 아니하면 그러하리라 ^{5}나는 포도나무요 너희는 가지라 그가 내 안에, 내가 그 안에 거하면 사람이 열매를 많이 맺나니 나를 떠나서는 너희가 아무 것도 할 수 없음이라 ^{6}사람이 내 안에 거하지 아니하면 가지처럼 밖에 버려져 마르나니 사람들이 그것을 모아다가 불에 던져 사르느니라"(요한복음 15:1–6).

61 다시 설명하지만, 이 또한 하나님께서 실패시키시는 것이 아니라 애시당초 우리 인생에는 이러한 시도를 성공시킬 능력이 없다. 그 결과 실패하는 것일 뿐이다. 실패의 원인은 하나님에게 있는 것이 아니라, 우리에게 있다. 나는 '유한한 인간의 언어'로 '무한하신 하나님의 속성과 사역'을 설명하는 과정에서 좀 더 효과적인 의사소통과 의미전달을 위해서 소위 '수사학적 기법'을 사용하고 있는 것이다.

를 깨닫게 되겠지.

　그러한 과정을 우리는 죽을 때까지 반복하게 될 거란다. 사람은 안다고 바뀌는 존재가 아니야. 우리는 시공간을 통과해야만 배울 수 있는 존재로 만들어졌지. 우리는 수없이 많은 실패를 반복하는 가운데 점점 우리의 존재와 인생이 하나님의 것으로 채워지는 존재지. 그래서 하나님께서 일부러 그러시는 거야.

　한 가지를 덧붙이자면, 성경에 왜 하나님은 당신의 영광을 우리와 나누지 않으신다고 증언되어 있는지 아니?[62] 하나님이 욕심이 많으셔서? 아니야. 방금 이야기했던 것과 같은 맥락이 바로 그 이유야. 하나님께서 우리의 인생 가운데 당신의 영광을 나누어주시면, 어떤 일이 발생할까? 그 즉시 우리는 우리의 인생을 우리의 영광으로 채우려 들겠지. 재난적 상황이 발생하게 되는 것이지."

　사실, 그 자매에게는 여기에 기술한 내용보다 훨씬 자세히 이런저런 예를 '시장 언어(?)'를 섞어가면서 설명했다. 결과는 다행히 성공적이었던 것으로 보였다.

　평소 질문을 받을 때, 나는 모범생처럼 답하지 않았다. 약간의 수사학적 일탈(?)을 통해 도발한다. 내가 이러는 까닭은 간단하다. 질문을 한다는 것

62　"나는 여호와이니 이는 내 이름이라 나는 내 영광을 다른 자에게, 내 찬송을 우상에게 주지 아니하리라"(이사야 42:8). "나는 나를 위하며 나를 위하여 이를 이룰 것이라 어찌 내 이름을 욕되게 하리요 내 영광을 다른 자에게 주지 아니하리라"(이사야 48:11).

은, 진지한 관심의 표현이다. 질문을 하는 아이는 하나님에게 관심이 있다는 이야기다. 하나님에 대한 관심이 희귀한 시대다. 우리는 이 아이들로부터 시작해야 한다. 얼핏 일탈로 보이는 나의 수사법은 얼마 남지 않은 이 아이들을 얻기 위함이다.

더군다나 이 아이들이 겪어내야 하는 신앙의 여정은, 한 세대 앞의 선배들보다 힘들 것이 분명하다. 혹자는 이렇게 말하곤 한다. "너희 앞세대 신앙의 선배들은 전세금을 빼서 교회당 건물을 지었다." 감사한 역사다. **그러나, 앞세대 선배들이 그 힘든 과정에서 누렸던 '신앙의 자부심'이 박탈된 세대가 지금의 젊은 세대다.** 앞선 신앙의 선배들은 교회 밖으로부터 적대적 대접을 받았을지언정 조롱은 받지 않았다. 교회를 향한 이러한 사회 전반적인 분위기에 더하여, 교회에 사랑을 요구하는 사람들은 기하급수적으로 늘어가지만 그에 반응해야 하는 위치에 몰린 아이들은 갈수록 소수가 되어 가고 있다. 그 과정에서 불씨에 해당하는 얼마 되지 않는 아이들이 소모된다.

> [19]내가 모든 사람에게서 자유로우나 스스로 모든 사람에게 종이 된 것은 더 많은 사람을 얻고자 함이라 [20]유대인들에게 내가 유대인과 같이 된 것은 유대인들을 얻고자 함이요 율법 아래에 있는 자들에게는 내가 율법 아래에 있지 아니하나 율법 아래에 있는 자 같이 된 것은 율법 아래에 있는 자들을 얻고자 함이요 [21]율법 없는 자에게는 내가 하나님께는 율법 없는 자가 아니요 도리어 그리스도의 율법 아래에 있는 자이나 율법 없는 자와 같이 된 것은 율법 없는 자들을 얻고자 함이라 [22]약한 자들에게 내가 약한 자와 같이 된 것은 약한 자들을 얻고자 함이요 내가 여

러 사람에게 여러 모습이 된 것은 아무쪼록 몇 사람이라도 구원하고자 함이니 [23]내가 복음을 위하여 모든 것을 행함은 복음에 참여하고자 함이라(고린도전서 9:19-23)

결국 사도 바울의 이러한 태도 또한 사도 바울과 같은 시절을 살아내고 있었던 '하나님의 형상들의 마음 속, 부르짖음'을 듣는 노력이었다. 누군가 속마음을 이야기한다는 것은, 말하는 사람의 지난 시간, 그가 원하는 그 무언가가 좌절되거나 실패했다는 것을 의미한다. 그러한 시공간을 통과한 하나님의 형상에게 회복의 기회를 제공하는 것이 바로 '기업 무를'인 '고엘'의 정신이다. 이것이 '복음의 원리'다.

성경 전체에는 이와 같이 '아픈 손가락을 향한 하나님의 마음'이 가득하다. 그리고 '기업 무를'인 '고엘'의 정신 중 '계대 결혼 제도'를 통한 회복을 다룬 이야기가 바로 '룻기'다.

룻기에서 표면적으로 너무 이른 나이에 좌절과 실패를 경험한 인물로 등장하는 사람은 바로 룻이다. 그러나 독자들은 이제 겉으로는 유력자로 보일지 모르나, 보아스의 삶 또한 룻과 크게 다르지 않았음을 어렴풋이 느끼기 시작했을 것이다.

이 둘의 첫 만남에서 보아스의 작은 친절을 경험한 룻이 땅에 엎드려 보아스에게 묻는다. "나는 이방 여인이거늘 당신이 어찌하여 내게 은혜를 베푸시며 나를 돌보시나이까?" 이제 우리는 이 질문에 답할 수 있다. 그리고

'유력한 자' 보아스를 그렇게 준비시킨 것은 다름 아닌 우리 하나님의 보이지 않는 따뜻한 손길인 '하나님의 섭리'였음을 말할 수 있다. 이 이야기는 가련했지만 위대했던 여인 라합으로부터 시작된 일이었다. 이 모든 것이 하나님께서 하신 일이다.

　이 단원을 시작하면서, 나는 유다의 방백 나손의 아들 살마와 결혼한 이후의 라합의 삶이 궁금하다고 했다. 물론 성경은 결혼한 이후의 라합의 삶에 대해 직접적으로 기록하고 있지 않다. 그러나 우리는 이제 라합의 아들 '유력한 자' 보아스의 인품과 그의 삶을 통해서 그녀의 삶을 느낄 수 있다.

　이 단원을 통하여 독자들은 룻기를 읽을 신학적 준비를 마친 셈이 되었다. 이제 이어지는 단원을 통하여, 보아스와 룻이 펼치는 '한편의 아름다운 인생 이야기'에 본격적으로 들어가 보도록 하자.

보아스와 룻 2

나는 당신의 여종 룻이오니
당신의 옷자락을 펴 당신의 여종을 덮으소서

[7]보아스가 먹고 마시고 마음이 즐거워 가서 곡식 단 더미의 끝에 눕는지라 룻이 가만히 가서 그의 발치 이불을 들고 거기 누웠더라 [8]밤중에 그가 놀라 몸을 돌이켜 본즉 한 여인이 자기 발치에 누워 있는지라 [9]이르되 네가 누구냐 하니 대답하되 **나는 당신의 여종 룻이오니 당신의 옷자락을 펴 당신의 여종을 덮으소서 이는 당신이 기업을 무를 자가 됨이니이다** 하니(룻기 3:7-9)

"기도해 볼게요"라는 말의 뜻을 깨닫는데, 25년이 넘는 세월이 걸렸다.

이 책 서문에서 밝혔듯이, 나는 성경을 읽다가 회심했다. 1990년 어느 화창한 봄날이었다. 반복해서 신약성경을 읽던 때였다. 요한복음 1장 14절 "말씀이 육신이 되어 우리 가운데 거하시매 우리가 그의 영광을 보니 아버지의 독생자의 영광이요 은혜와 진리가 충만하더라"라는 말씀을 읽는데, 갑자기 성경 66권이 내 눈앞에서 일렬로 서더니 한꺼번에 하나로 꿰어지는 느낌을 받았다. "아, 우리 주 예수 그리스도께서 그 분이시구나."[63] 한꺼번에 온 우주의 비밀이 내 안으로 밀려 들어오는 느낌이었다. 한순간에 정말 많은 부분들을 깨닫게 되는 순간이었다.

훗날 총신대학교 신학대학원 '조직신학 시간'에 다시 한번 놀랐다. 수업 시간에 흐르는 눈물을 감추려 무던히 애썼던 기억이 생생하다. 그 수업을 받기 20년 전 회심하는 순간, 내 안으로 한꺼번에 밀려 들어와 깨달았던 내용을 조직신학 교수님이 그대로 녹음해서 읽어주듯이 2시간 내내 말씀하시는 것이었다.

회심한 이후, 내 삶은 완전히 달라지기 시작했다. 이전에는 내가 우리 주 예수 그리스도를 따라나섰다고 믿었다. 하지만 시간이 갈수록, 그분이 나를 이곳까지 들고 오셨다는 사실을 깨달아가는 중이다.

"이전에는 내가 우리 주 예수 그리스도를 따라나섰다고 믿었다. 하지만 시간이 갈수록, 그분이 나를 이곳까지 들고 오셨다는 사실을 깨달아가는 중이다"라는 내 고백은 얼핏 겉으로 보기에 은혜로운 고백이기는 하다. 하지만, 이 고백은 낭만적인 이야기는 아니다.

회심한 이후, 내가 겪어내야 했던 한국 교회는 내 힘으로 헤쳐나가기에는 너무나 '잔인한 곳'이었다. 돌아볼수록, 내가 걸어온 이 길은 사람의 힘으로 올 수 있는 길이 아니었다. 정말이지, 온전히 하나님의 손에 들려서 떠밀

---

63 "아, 우리 주 예수 그리스도 그분이 하나님이시구나!"

려 온 길이었다.

교회에서 일상적으로 오가는, 겉으로는 은혜로워 보이는 말들이 다른 뜻을 가지고 있다는 사실을 나는 너무 늦게 깨달았다. 나는 교회에서 오가는 은혜로운 인사말들을 액면 그대로 믿었다. 그리고 나 또한 내뱉은 말들을 액면 그대로 실천하려 애썼다. 그런데 뭔가 이상했다. 학생 시절 우연히 전국에 퍼져 있는 CMF의 어느 회의에 놀러 가서, 선배 누가들[64]이 "우리는 하나다"라고 말하는 것을 들었다. "우리는 한 가족이다"라는 말을 들었다. 그 외에도 많은 이야기들이 오가는 것을 지켜보았다.

나는 그 말들을 정말 액면 그대로 믿고 사역을 시작했다. 그렇게 오갔던 말들을 액면 그대로 믿은 이후에 일어난 민망한 일들은 일일이 언급할 필요가 없으리라 생각한다. 간사 초반, 나는 사역하는 곳에서 마치 돈키호테(?)가 된 듯한 느낌을 받았다.

"기도해 볼게요"의 원뜻이 교회에서는 '거절' 혹은 '나는 당신과의 관계가 손상되기를 원하지 않는 동시에 책임을 지거나 부담이 되는 일 또한 하기 싫으니 더 이상 나를 귀찮게 하지 말아달라'를 의미한다는 사실을, 회심 후 25년 정도가 지나서 알게 되었다.

동시에 내가 뱉은 말을 액면 그대로 실천하려고 애를 쓸 때, 왜 그렇게

---

64 CMF에서는 졸업한 지체들을 누가복음과 사도행전을 쓴 '사랑받는 의사 누가'의 이름을 따서 '누가'라고 부른다. 아직 졸업하지 않은 지체들은 '작은 누가'라고 한다.

교회 생활을 오래 하신 분들마다 당황하는 빛이 역력했는지 상당한 시간이 지나서야 이해되기 시작했다. 왜 자신이 내뱉은 말과 행동이 다른 분들이 나를 향해 다른 꿍꿍이 혹은 다른 의도가 있어서 저렇게까지 열심을 내는 것이라고, 있지도 않은 소문을 내는지 최근에야 깨닫게 되었다. 나에게만 왜 신앙의 역사가 길지 않은 아이들이 몰려서 그 많은 수의 아이들을 감당하느라 오랜 시간 헉헉댔는지 이해하게 되었다.

한국 교회는 잠언 25장 14절에 나오는 '비 없는 구름과 바람' 같았다. 이곳에서 오랜 시간 나는 물을 구했었고 어느 순간 내 안에 샘솟고 있는 생수를 발견했다.

> 선물한다고 거짓 자랑하는 자는 비 없는 구름과 바람 같으니라(잠언 25:14)

> 나를 믿는 자는 성경에 이름과 같이 그 배에서 생수의 강이 흘러나오리라 하시니(요한복음 7:38)

앞 단원의 제목은 "보아스와 룻 1-나는 이방 여인이거늘 당신이 어찌하여 내게 은혜를 베푸시며 나를 돌보시나이까?"이었다. 그리고 이번 단원의 제목은 "보아스와 룻 2-나는 당신의 여종 룻이오니 당신의 옷자락을 펴 당신의 여종을 덮으소서"다.

보아스가 베푼 작은 친절에, 룻이 질문을 던진다. "나는 이방 여인이거늘 당신이 어찌하여 내게 은혜를 베푸시며 나를 돌보시나이까?" 이에 대한 보아스의 대답은 앞 단원에서 살펴보았다. "네 남편이 죽은 후로 네가 시어머니에게 행한 모든 것과 네 부모와 고국을 떠나 전에 알지 못하던 백성에게로 온 일이 내게 분명히 알려졌느니라 여호와께서 네가 행한 일에 보답하시기를 원하며 이스라엘의 하나님 여호와께서 그의 날개 아래에 보호를 받으러 온 네게 온전한 상 주시기를 원하노라."

그 후 몇 주의 시간이 흘렀다. 지난 몇 주간 추수한 곡식을 타작하는 때가 왔다. 바로 그 타작마당에서 룻이 보아스에게 요구한다. "나는 당신의 여종 룻이오니 당신의 옷자락을 펴 당신의 여종을 덮으소서 이는 당신이 기업을 무를 자가 됨이니이다."

보아스가 룻에게 처음 언급한 "여호와께서 그의 날개 아래에 보호를 받으러 온"에서의 "날개"와 룻이 보아스에게 요구한 "당신의 옷자락을 펴 당신의 여종을 덮으소서"에서의 "옷자락"은 우리말 성경에서는 서로 다른 단어로 번역되었지만, 히브리어 원어로는 '카나프'라는 똑같은 단어다.

즉 룻은 보아스가 사용했던 단어를 그대로 사용하여, 보아스에게 촉구하고 있는 중이다. "보아스 당신이 이전에 밭에서 '보이지 않는 하나님의 손'인 '하나님의 선하신 섭리'에 기대어서 내게 축복을 하셨지요. 그러니 이제는 당신의 말씀대로 당신이 '보이는 하나님의 손'이 되어서 내게 '헤세드 즉 인애'를 베푸실 차례입니다."

룻의 요구 이후, 보아스의 행동은 룻기에 잘 나타나 있다. 보아스는 분명히 룻에게 "기도해 볼게요"라고 하지 않았다. 보아스는 자신이 내뱉은 말대로 행동했다. 보아스는 분명히 한국 교회에서 일상적으로 쓰이는 어법을 따르지 않았다. 그 결과 이스라엘은 다윗을 얻게 되었고 온 인류는 우리 주 예수 그리스도의 구원을 보게 되었다. 우리 한국 교회는 이 땅을 향한 '하나님의 구원의 통로'가 될 수 있을까?

룻기는 세 번의 장례식으로 시작하여 하나의 결혼식과 한 아이의 출생으로 이야기를 맺는다. 늦은 감이 있지만, 룻기에 나오는 등장인물부터 정리하도록 하자. 먼저, 앞 단원에서 인용했던 성경 구절을 떠올려 보자. 보아스가 말한 "내가 엘리멜렉과 기룐과 말론에게 있던 모든 것을 나오미의 손에서 산 일에 너희가 증인이 되었고"[65]에서 엘리멜렉은 나오미의 '죽은 남편'이며 기룐과 말론은 나오미의 '죽은 두 아들'이다.

> [1]사사들이 치리하던 때에 그 땅에 흉년이 드니라 **유다 베들레헴에 한 사람이 그의 아내와 두 아들을 데리고 모압 지방에 가서 거류하였는데** [2]그 사람의 이름은 엘리멜렉이요 그의 아내의 이름은 나오미요 그의 두 아들의 이름은 말론과 기룐이니 유다 베들레헴 에브랏 사람들이더라 그들

---

65 "⁹보아스가 장로들과 모든 백성에게 이르되 내가 엘리멜렉과 기룐과 말론에게 있던 모든 것을 나오미의 손에서 산 일에 너희가 오늘 증인이 되었고 ¹⁰또 말론의 아내 모압 여인 룻을 사서 나의 아내로 맞이하고 그 죽은 자의 기업을 그의 이름으로 세워 그의 이름이 그의 형제 중과 그곳 성문에서 끊어지지 아니하게 함에 너희가 오늘 증인이 되었느니라 하니"(룻기 4:9-10).

이 모압 지방에 들어가서 거기 살더니(룻기 1:1-2)

성경에 나오는 지명과 인물 이름의 뜻을 살펴보는 것은 때때로 많은 유익을 주곤 한다. 나오미의 죽은 남편인 엘리멜렉의 이름 뜻은 '나의 하나님은 왕'[66]이다. 나오미의 두 아들 말론의 뜻은 '병든'이며 기룐은 '약한'을 의미한다. 왜 아들들의 이름을 이렇게 지었는지는 알 수 없다.

때는 사사들이 치리(治理)하던 사사 시대였다. '사사 시대' 하면 떠오르는 말씀이 있을 것이다. "그 때에 이스라엘에 왕이 없으므로 사람이 각기 자기의 소견에 옳은 대로 행하였더라." 이 책 앞부분에서도 여러 번 언급한 적이 있지만, 나는 평소 성경을 읽을 때 항상 하나님의 표정을 살필 필요가 있다고 말하곤 한다.

CMF에서는 이렇게 예를 들어 설명한다. 친한 미혼의 젊은 남녀가 있다. 같은 학과 친구들은 둘을 '친남매'라고 놀리기도 한다. 그런데 사실은 둘이 처음 알게 된 때부터, 오랜 시간 남자아이가 몰래 여자아이를 사랑하고 있었다고 가정해보자. 그러던 어느 날 여자아이가 남자아이에게 이렇게 말한다. "야, 누구야, 외로워 죽겠다. 어디 좋은 남자 없냐? 내가 보니까 무슨 과에 아무개 오빠가 엄청 괜찮아 보이던데 네가 보기에는 어떠니?" 쓰고 보니

---

[66] 생각해보면 엘리멜렉이 흉년을 당하여 약속의 땅을 떠나 모압 땅으로 이거(移居)하였음에도 불구하고, 결과적으로 그의 이름이 언약 백성 중에서 끊어지지 않은 것을 보면 그의 하나님이 왕이신 것은 분명하다.

좋은 비유였는지는 잘 모르겠다. 여자아이가 방금 언급한 말을 하는 순간 남자애가 느꼈을 '감정의 무한대'를 상상해보면 사사기 시절 하나님의 표정이 어느 정도 상상이 될 것이다. 하나님은 전지전능하시다. 능력이 많으시면 느끼는 것 또한 많으실 수밖에 없다.

내 주변에는 오랜 시간 질병으로 고생하는 지체들이 있다. 그 지체들 중 한 명이 했던 이야기다. "형, 남들은 나를 보면서 끔찍할 거야. 그런데 사실 정말 몸이 안 좋을 때는 나는 의외로 괜찮다. 왜인지 알아? 정말 죽을 만큼 몸이 안 좋을 때는 그 고통을 느낄 체력조차 없어서인지 정작 나는 지낼만 해."

그런데 전능자이신 우리 하나님께서 사사기에서 반복해서 하시는 넋두리가 바로 이것이다. "그때에 이스라엘에 왕이 없으므로… 그때에 이스라엘에 왕이 없으므로…, 사실은 내가 이스라엘의 왕인데…" 수줍은(?) 전능자의 고백이 아프게 다가온다.

사사들이 치리하던 때, 유다 '베들레헴'에마저 흉년이 들었다. 베들레헴의 뜻은 '떡 방앗간'이다. 떡 방앗간에마저 흉년이 들자 아비멜렉은 그의 아내 나오미와 두 아들 말론과 기룐을 데리고 모압 지방으로 이민(?)을 간다. 현실적인 어려움 앞에서 약속의 땅을 떠난 엘리멕렉의 선택을 성경은 직접적으로 비난하지는 않는다. 나 또한 약속의 땅을 떠난 뒤 처참한 상황에 빠지게 된 한 가족을 향해 이런저런 평을 할 생각은 없다.

이러한 태도는 성경의 서술 방식이기도 하다. 성경은 어쩔 수 없는[67] 현실 앞에서 하나님의 말씀을 지키지 못한 하나님의 백성들을 직접적으로 비난하기보다는, 그의 선택이 가져온 결과를 무덤덤하게 서술하는 방식으로 안타까운 마음을 간접적으로 표현한다.

CMF에서 여러 번 받았던 질문을 예로 들어 설명하자면 이러하다. 내가 사역 현장에서 받았던 질문이다. "간사님, 야곱은 아내가 넷이잖아요. 그런데 성경을 보면 이 사실을 가지고 야곱을 직접적으로 비난하거나 잘못했다고 하지 않던데요. 그렇다면 성경은 일부다처제(一夫多妻制)도 인정하는 것인가요?"

성경은 분명히 일부일처제(一夫一妻制)를 지지한다.[68] 그런데 이스라엘 열두지파의 직접적인 시조(始祖)가 되는 야곱에게는 아내가 넷 있었다. 성경의 기록을 통하여 우리 모두는 일이 그렇게 된 모든 과정을 잘 알고 있다. 물론이 일은 야곱이 처음부터 의도했던 것은 분명히 아니다.

이런 경우 성경은 야곱을 직접 비난하는 대신, 아내가 넷이 되었을 때 그로 인해 야곱이 당하게 되는 기가 막힌 처지를 담담하게 기술하는 방식으로

---

67 정말 어쩔 수 없었는지는 논외로 했으면 한다. 내가 평생을 상담자로 살아오면서 깨닫게 된 사실 중 하나가 이것이다. 개별 인생의 고통과 아픔은 결코 수치화할 수 없다. 동시에 그렇게 유익하지도 않다. 왜냐하면 사람들이 고통과 아픔을 수량화하고 싶은 유혹에 빠지는 경우는 대부분 그 아픔을 겪고 있는 대상을 향해 '호들갑'을 떤다는 말을 하고 싶을 때다. 이러한 시도는 '잔인한 일'이다. 이러한 수량화는 고통과 아픔을 겪고 있는 본인이 자신을 성찰한 뒤, 주저앉아 있는 자리를 떨치고 일어나려는 경우를 제외하고는 거의 무익하다.

68 "이러므로 남자가 부모를 떠나 그의 아내와 합하여 둘이 한 몸을 이룰지로다"(창세기 2:24).

안타까운 마음을 표현한다. 이러한 성경의 기술 방식은 야곱의 삶을 '선례(先例) 삼아', 야곱과는 전혀 다른 상황임에도 아내를 여럿 두는 것을 정당화할지도 모르는 패역한 후대들을 경계하려는 의도로 보인다. 세상에는 이런 식으로 하나님의 사람들을 비난하며 자신의 삶을 정당화하려는 정신없는 자들이 있게 마련이다.[69]

야곱이 가장 사랑했던 아들 요셉과 그의 형들 사이에 일어난 일뿐이 아니다. 라헬의 사후에 야곱이 레아를 통해 얻은 첫째 르우벤이 라헬의 몸종 출신이었던 빌하에게 했던 일들을 생각해보라. 이것이 일부일처제를 지지하는 성경의 전형적인 서술 방식이다.

> [19]**라헬이 죽으매** 에브랏 곧 베들레헴 길에 장사되었고 [20]야곱이 라헬의 묘에 비를 세웠더니 지금까지 라헬의 묘비라 일컫더라 [21]이스라엘이 다시 길을 떠나 에델 망대를 지나 장막을 쳤더라 [22]이스라엘이 그 땅에 거주할 때에 **르우벤이 가서 그 아버지의 첩 빌하와 동침하매 이스라엘이 이를 들었더라** 야곱의 아들은 열둘이라(창세기 35:19-22)

라헬이 죽은 뒤에 일어난 일이다. 라헬이 살아있었다면 어림도 없는 일이다. '빌하'는 라헬의 몸종 출신이었다. 르우벤은 야곱이 레아를 통해 얻은 장자였다. 당시에는 다른 부족을 정복한 경우, 승리한 부족의 추장이 정복

---

69 하나님의 사람으로서의 삶이 어려운 이유 중 하나가 바로 이것이다. 구체적인 예는 덧붙이지 않겠다.

당한 부족의 추장의 아내와 동침하는 풍습이 있었다고 전해진다. 이것으로 해당 부족을 자신들이 완전히 복속시켰음을 만방에 알렸다고 한다. 자신의 배다른 형제들의 어머니이자 이모였던 라헬이 죽은 뒤에, 르우벤이 라헬의 몸종 출신인 빌하에게 보인 행동은 당시의 이러한 풍습과 무관하지 않다. 얼마나 많은 암투와 시기와 질투가 아내가 넷인 야곱의 인생을 둘러쌌을지를 엿볼 수 있는 대목이다.

우리는 '일부일처제'를 옹호하는 성경의 이러한 경계방식을 배워야 한다. 물론 쉽지 않다. 우리는 누군가를 비난하는 일에는 익숙하지만, 성경에서 가르치는 정신을 수호하는 데는 익숙하지 않다. 성경은 야곱을 비난하는 대신 아내가 여럿이 되었을 때 야곱의 삶에 어떤 어려운 일들이 벌어지는지를 있는 그대로 기록함으로써 성경의 정신을 지키고자 한다. 성경의 정신을 벗어난 삶에 진정한 평안을 기대하는 것은 모래에 물이 고이기를 바라는 것보다도 어리석은 일이다.

성경의 기록을 보면, 르우벤은 그 누구보다도 '자신의 어머니인 레아'가 '아버지 야곱'에게 사랑받기를 원했던 것으로 보인다. 아래 인용한 성경 말씀에 나오는 '합환채'는 두 갈래로 갈라진 뿌리가 사람의 몸을 닮았다고 해서 '부부의 금슬'을 좋게 하는 힘이 있다고 알려진 약초이다.

[14]밀 거둘 때 르우벤이 나가서 들에서 합환채를 얻어 그의 어머니 레아에게 드렸더니 라헬이 레아에게 이르되 언니의 아들의 합환채를 청구하

노라 [15]레아가 그에게 이르되 네가 내 남편을 빼앗은 것이 작은 일이냐 그런데 네가 내 아들의 합환채도 빼앗고자 하느냐 라헬이 이르되 그러면 언니의 아들의 합환채 대신에 오늘 밤에 내 남편이 언니와 동침하리라 하니라 [16]저물 때에 야곱이 들에서 돌아오매 레아가 나와서 그를 영접하며 이르되 내게로 들어오라 내가 내 아들의 합환채로 당신을 샀노라 그 밤에 야곱이 그와 동침하였더라 [17]하나님이 레아의 소원을 들으셨으므로 그가 임신하여 다섯째 아들을 야곱에게 낳은지라 [18]레아가 이르되 내가 내 시녀를 내 남편에게 주었으므로 하나님이 내게 그 값을 주셨다 하고 그의 이름을 잇사갈이라 하였으며(창세기 30:14-18)

반면 성경은 하나님의 백성이 어려운 현실에도 불구하고 하나님의 말씀을 끝까지 지키는 경우 두고두고 기쁨에 들뜬 하나님의 표정을 감추지 않는다. 이러한 분위기를 물씬 풍기는 성경의 특정 부분을 인용하지는 않겠다. 독자들이 직접 성경을 일독하면서 찾아보기를 권한다.[70] 하나님의 표정을

---

70 CMF에서 내가 여러 번 받았던 질문이다. "간사님, 간사님은 어떻게 저희가 하는 질문 대부분에 답을 하세요?" "응, 처음부터 그랬던 것은 아니야. 처음에는 너희들이 하는 질문에 답하는 비율이 지금보다도 훨씬 낮았었는데 시간이 갈수록 높아졌어. 너희들이 하는 질문이 보니까 대충 100개 안팎에서 정리되는 것 같더라. 답하지 못하는 질문은, 보통 공부해서 몇 달 뒤에 답을 해주겠다고 했는데, 지나고 보니까 대부분 3년 정도 뒤에 만족스럽게 답하게 되는 것 같아. 즉, 여기 있는 너희들은 선배들의 덕을 본 셈이지. 간사님이 어떤 특정 주제에 대한 성경적 해답을 찾는 방법은 간단해. 그 주제를 A4지에 크게 써서 눈에 보이게 붙여 놓은 뒤에, 그 앞에서 그 주제를 염두에 두면서 신구약 66권을 한번 통독하면 그 이슈(issue)에 대한 균형 잡힌 성경적인 답을 알 수 있어. 오전 4시간 오후 4시간 저녁 4시간, 그렇게 하루종일 읽으면 대충 한번 정독하는데 2주 정도가 걸리는데, 그렇게 질문 20개 정도를 같은 방식으로 소화하고 나면 나중에는 그렇게까지 하지 않아도 된단다."

상상하면서 성경을 소리 내어 일독하면 아주 쉽게 아주 많은 곳에서 기쁨에 들떠 계시는 하나님을 만날 수 있을 것이다. 하나님의 형상의 입에서 나오는 하나님의 말씀을 읽는 소리보다 아름다운 소리는 세상에 존재하지 않는다.

그렇게 흉년이 든 약속의 땅을 떠나 모압 지방으로 이주한 나오미와 엘리멜렉 그리고 기룐과 말룐에게 예상치 못한 상황이 닥친다. 기근을 피해 모압 지방으로 왔건만, 나오미는 그녀의 인생에 '진정한 흉년' 즉 '진정한 기근'을 마주하게 된다. '경제적 기근'을 피해 모압 땅으로 왔건만 모압 땅에서 그녀를 기다린 것은 진정한 '인생의 기근'이었다. 이제 나오미의 가정에는 자녀를 낳을 수 없는 세 과부만이 남게 된다. 이제 그들은 그들만의 힘으로는 가정의 미래를 열어나갈 자손을 생산할 능력을 상실하게 되었다. 그들은 스스로 미래를 열어나갈 수 없게 되었다.

> [3]**나오미의 남편 엘리멜렉이 죽고** 나오미와 그의 두 아들이 남았으며 [4]그들은 모압 여자 중에서 그들의 아내를 맞이하였는데 하나의 이름은 오르바요 하나의 이름은 룻이더라 그들이 거기에 거주한 지 십 년쯤에 [5]**말론과 기룐 두 사람이 다 죽고 그 여인은 두 아들과 남편의 뒤에 남았더라**(룻기 1:3-5)

나오미의 가정에 닥친 일은 사실 21세기 대한민국 땅에서 수고로운 삶을 살아내는 우리들의 이야기이기도 하다. 항상 그렇지만, 우리에게는 우리네 '인생의 기근'을 역전시키거나 반전시킬 능력이 없다. 모든 기근으로부터의 구원은 오직 하나님으로만 가능하다.

> [6]그 여인이 모압 지방에서 **여호와께서 자기 백성을 돌보시사 그들에게**
> **양식을 주셨다 함을 듣고** 이에 두 며느리와 함께 일어나 모압 지방에서
> 돌아오려 하여 [7]있던 곳에서 나오고 두 며느리도 그와 함께 하여 **유다**
> **땅으로 돌아오려고 길을 가다가**(룻기 1:6-7)

위에 증언된 나오미의 모습을 보면서 나는 '돌아온 탕자'를 떠올렸다. 나오미를 돌아온 탕자와 비교한 것은, 나오미를 폄하하거나 비난하고자 하는 의도가 아니다. '인생의 기근'을 만나 바닥을 치는 순간 하나님 아버지의 은혜의 품으로 돌아가야겠다는 현명한 생각을 했다는 점에서, 나오미의 선택은 '돌아온 탕자'를 닮았다. 우리네 인생에서 이러한 태도는 정말 중요하다. 이것이 살길이다. 모든 기근으로부터의 구원은 오직 하나님으로만 가능하다.

베들레헴을 향하여 모압에서는 셋이 출발한다. 그러나, 베들레헴에는 두 사람이 도착한다. 이러한 과정을 통하여 성경은 은연중에 '선택받은 자들'에 의해 끊임없이 이어지는 하나님 나라의 역사를 잔잔하게 그려낸다.

이 책을 읽는 독자들의 삶 가운데 각자가 했던 선택들을 뒤돌아보는 시간을 가져보기를 권한다. 내가 한 것만 같았던 선택 뒤에 숨어 계시는 하나님의 보이지 않는 손길을 묵상하는 것은 정말 유익하다.

> [8]나오미가 두 며느리에게 이르되 **너희는 각기 너희 어머니의 집으로 돌**

아가라 너희가 죽은 자들과 나를 선대한 것 같이 여호와께서 너희를 선대하시기를 원하며 ⁹여호와께서 너희에게 허락하사 각기 남편의 집에서 위로를 받게 하시기를 원하노라 하고 그들에게 입 맞추매 그들이 소리를 높여 울며 ¹⁰나오미에게 이르되 아니니이다 우리는 어머니와 함께 어머니의 백성에게로 돌아가겠나이다 하는지라 ¹¹나오미가 이르되 내 딸들아 돌아가라 너희가 어찌 나와 함께 가려느냐 내 태중에 너희의 남편 될 아들들이 아직 있느냐 ¹²내 딸들아 되돌아 가라 나는 늙었으니 남편을 두지 못할지라 가령 내가 소망이 있다고 말한다든지 오늘 밤에 남편을 두어 아들들을 낳는다 하더라도 ¹³너희가 어찌 그들이 자라기를 기다리겠으며 어찌 남편 없이 지내겠다고 결심하겠느냐 내 딸들아 그렇지 아니하니라 여호와의 손이 나를 치셨으므로 나는 너희로 말미암아 더욱 마음이 아프도다 하매 ¹⁴그들이 소리를 높여 다시 울더니 오르바는 그의 시어머니에게 입 맞추되 룻은 그를 붙좇았더라 ¹⁵나오미가 또 이르되 **보라 네 동서는 그의 백성과 그의 신들에게로 돌아가나니** 너도 너의 동서를 따라 돌아가라 하니 ¹⁶룻이 이르되 내게 어머니를 떠나며 어머니를 따르지 말고 돌아가라 강권하지 마옵소서 어머니께서 가시는 곳에 나도 가고 어머니께서 머무시는 곳에서 나도 머물겠나이다 **어머니의 백성이 나의 백성이 되고 어머니의 하나님이 나의 하나님이 되시리니** ¹⁷어머니께서 죽으시는 곳에서 나도 죽어 거기 묻힐 것이라 만일 내가 죽는 일 외에 어머니를 떠나면 여호와께서 내게 벌을 내리시고 더 내리시기를 원하나이다 하는지라 ¹⁸나오미가 룻이 자기와 함께 가기로 굳게 결심함을 보고 그에게 말하기를 그치니라(룻기 1:8-18)

나오미는 두 며느리와 함께 베들레헴을 향해 출발했다. 오르바는 '목 등, 뒷 목'을, 룻은 '풍성하게 하다. 친구'라는 뜻이다. 여기에서도 우리는 두 며느리의 이름 뜻을 통하여, 오르바와 룻 각각의 선택을 어느 정도 예측할 수 있다.

룻기는 사사기와 사무엘서 사이에 위치한다. 사사기의 마지막 부분은 정말 '막장 중에 막장'을 달린다. 사사기의 마지막 부분을 장식하고 있는 '미가의 신상 이야기'와 그에 얽힌 '단 지파 이야기' 그리고 이어지는 에브라임에 거류하는 '어느 레위인의 첩 이야기'에는 성적으로 문란한 현대사회에서도 찾아보기 힘든 내용들이 증언되어 있다.

결국 '어느 레위인의 첩 이야기'에 이르러서는 이스라엘 내부에서 일어난 내전으로 '베냐민 지파'가 거의 없어질 뻔한 이야기가 기록되어 있다. 이때의 내전으로 베냐민 지파에는 남자 육백 명만 남게 된다.

> [47]베냐민 사람 육백 명이 돌이켜 광야로 도망하여 림몬 바위에 이르러 거기에서 넉 달 동안을 지냈더라 [48]**이스라엘 사람이 베냐민 자손에게로 돌아와서 온 성읍과 가축과 만나는 자를 다 칼날로 치고 닥치는 성읍은 모두 다 불살랐더라**(사사기 20:47-48)

성경은 '베냐민 지파'와 '이스라엘의 나머지 11 지파' 사이에 일어난 내전 바로 앞에 나오는 '미가의 신상 이야기'를 증언하는 가운데, 이 일에 관여된 핵심 인물이 '모세의 직계 후손'임을 넌지시 언급하고 지나간다.

> ³⁰단 자손이 자기들을 위하여 그 새긴 신상을 세웠고 **모세의 손자요 게르솜의 아들인 요나단과 그의 자손은 단 지파의 제사장이 되어** 그 땅 백성이 사로잡히는 날까지 이르렀더라 ³¹하나님의 집이 실로에 있을 동안에 미가가 만든 바 새긴 신상이 단 자손에게 있었더라(사사기 18:30-31)

　모세의 손자가 '단 지파의 제사장'이 되었다. 이 지점에서 우리는 한 가지 사실을 확인하고 지나가야 한다. 하나님께서는 제사장 직분을 모세가 아니라 '아론 자손의 계열'에게 주셨다. 엄밀히 말해 제사장 직분은 레위 지파가 아니라 '아론의 자손들'이 감당하는 일이다. 레위 지파 중 아론의 자손이 아닌 자들은 제사장이 아니라 제사장의 일을 돕도록 되어 있다.

> ¹**여호와께서 아론에게 이르시되 너와 네 아들들과 네 조상의 가문은 성소에 대한 죄를 함께 담당할 것이요 너와 네 아들들은 너희의 제사장 직분에 대한 죄를 함께 담당할 것이니라** ²너는 네 형제 레위 지파 곧 네 조상의 지파를 데려다가 너와 함께 있게 하여 너와 네 아들들이 증거의 장막 앞에 있을 때 그들이 너를 돕게 하라(민수기 18:1-2)

　'미가의 신상과 단 지파 이야기'를 설교할 때, CMF에서 나왔던 질문이다. "간사님, 그래서 모세의 손자는 구원받았나요?" 나는 하나님이 아니다. 구원은 전적으로 하나님의 일이다. 그러므로 확정적인 답은 피조물인 나의 몫이 아니다. 그러나 성경에 증언된 내용을 통해 추측할 수는 있다.

나는 질문을 받고 직접적인 답을 하기보다, 요한계시록 7장에 증언된 '인침을 받은 자 십사만 사천 명의 명단'을 읽어주었다. 독자들도 자세히 읽어볼 것을 권한다. 단 지파가 명단에 나오는가? 인침을 받은 자들의 명단에 단 지파는 보이지 않는다. 그렇다면 단 지파의 제사장 노릇을 했던 모세의 손자는 어찌 되었을까?

> [4]내가 인침을 받은 자의 수를 들으니 이스라엘 자손의 각 지파 중에서 인침을 받은 자들이 십사만 사천이니 [5]유다 지파 중에 인침을 받은 자가 일만 이천이요 르우벤 지파 중에 일만 이천이요 갓 지파 중에 일만 이천이요 [6]아셀 지파 중에 일만 이천이요 납달리 지파 중에 일만 이천이요 므낫세 지파 중에 일만 이천이요 [7]시므온 지파 중에 일만 이천이요 레위 지파 중에 일만 이천이요 잇사갈 지파 중에 일만 이천이요 [8]스불론 지파 중에 일만 이천이요 요셉 지파 중에 일만 이천이요 베냐민 지파 중에 인침을 받은 자가 일만 이천이라 [9]이 일 후에 내가 보니 각 나라와 족속과 백성과 방언에서 아무도 능히 셀 수 없는 큰 무리가 나와 흰 옷을 입고 손에 종려 가지를 들고 보좌 앞과 어린 양 앞에 서서 [10]큰 소리로 외쳐 이르되 **구원하심이 보좌에 앉으신 우리 하나님과 어린 양에게 있도다** 하니 [11]모든 천사가 보좌와 장로들과 네 생물의 주위에 서 있다가 보좌 앞에 엎드려 얼굴을 대고 하나님께 경배하여 [12]이르되 아멘 찬송과 영광과 지혜와 감사와 존귀와 권능과 힘이 우리 하나님께 세세토록 있을지어다 아멘 하더라(요한계시록 7:4-12)

사사기 마지막 부분을 읽다 보면 누구나 이런 생각을 하게 마련이다. "이제 끝났구나. 이제 '하나님의 나라'는 정말 끝이 났구나. 그렇게 많은 '하나님의 사람들'이 '하나님의 은혜'로 그 많은 고초를 겪으며 세운 하나님 나라였는데 너무 허망하게 끝이 났구나. 엊그제 여호수아를 통한 하나님의 은혜가 약속의 땅에 임하는가 싶더니 이렇게 짧은 시간에 끝이 나고 말았구나."

그러한 맥락에서 볼 때, 만약에 '룻기'가 없는 상황에서 사사기에 이어 바로 사무엘상이 이어진다면 성경을 읽는 독자들은 모두 어리둥절할 것이 분명하다. 사무엘상은 다윗에게 기름을 붓는 역할을 담당한 '사무엘이 태어나는 과정에 대한 기사'로 시작된다. '한나'와 '사무엘'과 '다윗'을 모르는 사람은 없으리라 믿는다.[71]

사사기의 마지막 부분과 사무엘상의 처음 부분의 분위기는 완전히 정반대 방향을 향하고 있다. 사사기 마지막의 분위기는 분명히 이러했다. "아, 이제 끝이 났구나. 이제 하나님 나라는 완전히 끝이 났구나. 이제 이스라엘은 그 스스로 미래를 열어나갈 능력 자체를 완전히 상실했구나." 그러나 사무엘상이 시작되는 부분에서 우리는 다윗의 기운을 느낀다. 사무엘상은 불임으로 고통받는 '한나'라는 여인을 통해 사무엘이 태어나는 것으로 시작한다.[72] 이 부분을 읽는 성도라면 누구나 사사기 마지막 부분과는 정반대로 생

---

71 CMF 사역의 경험으로 볼 때, ['한나'와 '사무엘'과 '다윗'을 모르는 사람은 없으리라 믿는다.]보다는 '믿고 싶다'가 정확한 표현이다. 지금 20대의 성경 지식은 심각한 상황이다. 자녀가 있는 독자들은 '설마'라고 하지 말고, 지금 눈앞에 보이는 자녀에게 질문해 볼 것을 권한다. 물론 다윗은 알 것이다. 그러나 한나와 사무엘은 이야기가 다를지도 모른다.

72 룻기 마지막에서, 우리는 남편을 잃어 고통받는 '과부'만 있던 나오미의 집안에 다윗의 할아버

명의 기운이 움트는 것을 온몸으로 느끼게 된다. 물론, 이 모든 것은 하나님의 은혜로 이루어진 일이며 보이지 않는 하나님의 손이 섭리하신 결과다.

하나님의 자녀인 우리 각각의 인생은 하나님 나라 전체 역사의 일부이다. 우리는 성경에 기록된 과거 역사에 대해서는, 여러 경로를 통하여 어느 정도의 지식을 가질 수 있다. 하지만 매일매일 온 존재로 살아내야 하는, 현시대의 흐름에 대해서는 제한된 시각을 가질 수밖에 없다. 현시대에 대해 우리에게 허락된 것은 "하나님 앞에서 하나님의 부성적(父性的)인 호의를 믿고, 어떤 자세로 우리에게 닥친 현실을 살아낼 것인가?" 정도이다. 그리고 우리 스스로 우리의 미래를 기약할 수 없는 위기의 시대에, 믿음의 사람이라면 어떤 삶의 자세를 가져야 하는지에 대한 안내서가 바로 '룻기'다.

룻기를 자세히 읽어보면 알 수 있겠지만, 룻기에는 하나님의 일하심이 직접적으로 언급되어 있지 않다. 룻기에는 '때'와 '우연'을 통해 역사하시는 '보이지 않는 하나님의 손'인 '하나님의 섭리'가 주로 묘사되어 있다. 구체적으로는 '보이는 하나님의 손'인 '하나님의 사람들'이 '여호와 하나님'을 이야기한다. 그리고 '하나님의 성품을 닮은 인생'과 '그렇지 않은 인생'이 비교되어 나온다. 그런 점에서 룻기에 펼쳐진 이야기는, 21세기 대한민국 땅을 살아가는 우리네 인생과 같은 설정이다.

지 '오벳'이 태어나는 것을 본다.

사사기의 마지막 부분과 사무엘상의 첫 부분에 대한 이 정도 이야기를 듣고 나면, 당연히 궁금해지는 부분이 있어야 한다. 룻기에 나오는 '어느 인생'이 죽음의 냄새가 가득한 사사기 후반부의 분위기를 생명이 움트는 사무엘상의 분위기로 '반전을 만들어낸 계기'가 되었을까?

룻기는 언약 백성인 이스라엘의 '민족적 차원의 절망이 희망으로 바뀌는 과정'에 대한 이야기를 '한 가정의 규모로 축소'해서 보여주고 있다. 룻기 초반부에 등장하는 세 번의 장례식과 마지막 부분에 등장하는 하나의 결혼식과 한 아이의 출생은, 사사기 후반부와 사무엘상에서는 민족적 규모로 확대되어 표현된다.

룻기는 나오미라는 인물의 시선을 담고 있다. 룻기 초반, 베들레헴에 닥친 기근을 피해 모압으로 거주지를 옮겼던 나오미였다. 그곳에서 나오미는 남편과 두 아들을 잃고 이제는 스스로 미래를 열어갈 수 없는 처지의 과부가 되어 고향 땅인 베들레헴으로 돌아온다. 나오미와 동행한 며느리 룻 또한 자녀가 없는 젊은 과부였기에, 이들 가정은 스스로 미래를 창출(創出)할 수 없는 처지였다. 이들의 처지는 사사기 후반부에 증언된 언약 백성 이스라엘의 처지만큼이나 처참한 상황이었다.

그러나 룻기는 다윗의 할아버지인 오벳의 출생으로 마무리된다. 룻기 말미에 이르러 베들레헴 여인들이 외친다. "나오미에게 아들이 태어났다!" 생명의 기운이 움트는 순간이었다. 도대체 이 두 장면 사이에는 어떤 인생 이야기가 놓여 있는 것일까?

'풍성하게 하다, 친구'를 뜻하는 룻의 이름과 같이 나오미의 삶은 룻의 '헤세드, 인애'를 통하여 가득 채워진다. 나는 그것이 궁금했다. "룻은 왜 나오미를 따라나섰을까?" 물론 "어머니의 백성이 나의 백성이 되고 어머니의 하나님이 나의 하나님이 되시리니"라는 룻의 신앙고백이 룻이 나오미를 따라나선 첫 번째 이유이다. 성경이 증언하는 내용이다. 그리고 "나오미가 룻이 자기와 함께 가기로 굳게 결심함을 보고 그에게 말하기를 그치니라"가 나오미 쪽에서 룻과 끝까지 동행한 이유이다.

나오미는 어떤 사람이었을까? 내가 보기에 그녀는 아마도 대단히 현실적인 사람이었던 것 같다. 나오미를 비난할 목적이 아님을 미리 밝혀두고 이야기하자면, 나오미는 그녀의 신앙에도 불구하고 그녀가 믿는 가치를 추구하기보다는 현실에 좌우되는 사람이었던 것이 분명하다. 베들레헴에 흉년이 들자, 나오미의 남편은 약속의 땅을 떠나 모압 지방으로 삶의 거처를 옮긴다. 엘리멜렉은 이 결정을 혼자 하지는 않았을 것이다. 그런 점에서 '부부는 닮는다'라는 옛 어른들의 말씀은 세상을 살아갈수록 가슴에 와닿는 표현이다.

이러한 나오미의 성품은 "그 여인이 모압 지방에서 여호와께서 자기 백성을 돌보시사 그들에게 양식을 주셨다 함을 듣고 이에 두 며느리와 함께 일어나 모압 지방에서 돌아오려 하여"라는 성경의 증언에서도 잘 드러난다.

고향에 돌아온 뒤, 그녀는 자신을 알아보는 고향의 옛 지인들에게 "나를 나오미라 부르지 말고 나를 마라라 부르라 이는 전능자가 나를 심히 괴롭게 하셨음이니라 내가 풍족하게 나갔더니 여호와께서 내게 비어 돌아오게 하셨느니라 여호와께서 나를 징벌하셨고 전능자가 나를 괴롭게 하셨거늘 너희가 어찌 나를 나오미라 부르느냐"[73]라고 반응한다. 이러한 일련의 반응들을 볼 때, 나오미는 '대단히 현실적인 사람'이었음에 틀림없다.

> [19]이에 그 두 사람이 베들레헴까지 갔더라 베들레헴에 이를 때에 온 성읍이 그들로 말미암아 떠들며 이르기를 이이가 나오미냐 하는지라 [20]나오미가 그들에게 이르되 **나를 나오미라 부르지 말고 나를 마라라 부르라**[74] 이는 전능자가 나를 심히 괴롭게 하셨음이니라 [21]내가 풍족하게 나갔더니 여호와께서 내게 비어 돌아오게 하셨느니라 여호와께서 나를 징벌하셨고 전능자가 나를 괴롭게 하셨거늘 너희가 어찌 나를 나오미라 부르느냐 하니라(룻기 1:19-21)

현실적인 성품에 더해 자신을 따라온 룻이 이삭을 줍는 일을 마치고 돌아왔을 때, 룻의 하루를 묻는 나오미의 질문의 순서와 언급들은 '대단히 체

---

73 나오미의 이 발언을 접하는 순간, 이러한 의문이 드는 독자가 있을 것이다. '원래 나오미가 베들레헴을 떠나 모압 지방으로 옮겨간 이유가 기근 때문이 아니었나? 그렇다면, "내가 풍족하게 나갔더니"라는 나오미의 이 말은 뭔가 사실과 다른 말이 아닌가?' 답은 당연히 '나오미의 말이 맞다'이다. 나오미는 분명히 남편과 두 아들과 더불어 '나오미의 곁을 지켜주는 하나님의 형상들'의 차원에서는 풍족한 상태'로 베들레헴을 떠난 것이 맞다. 그리고 모압에서 다시 베들레헴으로 돌아올 때는 분명히 가족 중 그녀의 곁을 지켜주는 남자가 단 한 명도 없는 비어 있는 상태로 돌아왔다. 즉 바로 위의 질문이 머리에 떠올랐다면, 우리가 얼마나 자본주의적 사고에 익숙해졌는지 스스로를 돌아볼 일이다. 물론, '사람의 빈곤' 뒤에는 자연스럽게 '경제적 빈곤'이 따르게 마련이다.
74 '나오미'는 '기쁨'을 뜻하는 반면, '마라'는 '쓰다'는 뜻을 가진다.

계적이고 주도면밀한 그녀의 성격'을 드러낸다.[75]

모압에서 베들레헴으로 돌아오는 길 중에 나오미가 두 며느리에게 권했던 말이다. "너희는 각기 너희 어머니의 집으로 돌아가라 너희가 죽은 자들과 나를 선대한 것 같이 여호와께서 너희를 선대하시기를 원하며 여호와께서 너희에게 허락하사 각기 남편의 집에서 위로를 받게 하시기를 원하노라."

이러한 그녀의 첫 번째 권유에 두 며느리가 나오미에게 입을 맞추며 소리 높여 운다. 나오미가 다시 한번 권한다. "내 딸들아 돌아가라 너희가 어찌 나와 함께 가려느냐 내 태중에 너희의 남편 될 아들들이 아직 있느냐. 내 딸들아 되돌아 가라 나는 늙었으니 남편을 두지 못할지라 가령 내가 소망이 있다고 말한다든지 오늘 밤에 남편을 두어 아들들을 낳는다 하더라도 너희가 어찌 그들이 자라기를 기다리겠으며 어찌 남편 없이 지내겠다고 결심하겠느냐 내 딸들아 그렇지 아니하니라 여호와의 손이 나를 치셨으므로 나는 너희로 말미암아 더욱 마음이 아프도다." 이 부분을 읽으면서 나는 그런 생각을 했다. 나오미는 21세기 대한민국의 표현을 빌리자면 인성이 정말 괜찮았던 사람이구나.

그래서 궁금했다. 나오미 정도의 사람이 왜 말리지 않았을까? 그러니까 대단히 현실적인 동시에 일을 추진함에 그 정도 수준의 주도면밀함까지 가

---

75 이 부분에 대한 성경 구절은 이 단원 중반부에 인용되어 있다.

지고 있는 사람이 왜 룻을 말리지 않았을까? 나오미처럼 사람을 아끼는 인성을 가진 사람이 그렇게 아끼고 사랑하는 룻이 따라오겠다고 하는데, 왜 끝까지 말리지 않았을까?

룻과 같이 자식이 없는 이방인 출신의 젊은 과부가 이스라엘과 같은 문화권에 들어오게 될 경우 어떤 상황에 몰리게 될지는 뻔하지 않은가? 그런데 왜 끝까지 말리지 않았을까? 나오미는 이스라엘의 일반적인 사람들의 속성을 모르지 않았을 것이다. 그런데 왜 이방 여인 그것도 젊은 과부 신세인 룻의 이스라엘행을 끝까지 막지 않았을까?

성경에 기록된 나오미의 권유는 이러했다. "너희는 각기 너희 어머니의 집으로 돌아가라" 그래서, 들었던 생각이다. 혹시 룻에게는 돌아갈 '어머니의 집의 처지'가 '이스라엘 행'보다 나을 것이라는 보장이 없었던 것은 아닐까?[76]

베들레헴에 온 뒤 밭에 가서 이삭을 줍겠다고 나선 룻의 모습이 인상적

---

76 나는 모압 지방의 결혼 풍습을 알지 못한다. 그런 점에서 어디까지나 내 자유로운 상상이라는 전제하에, 처음에는 이런 생각을 해보았다. 물론 야곱의 결혼식 날 라헬 대신 레아가 야곱의 텐트에 들어갔던 것과 같이(어찌 되었든, 시대는 다르다고 해도 비슷한 지역이니까) 모압 지방 또한 신부에게 신랑을 선택할 권한이 없었다고 한다면 할 말이 없다. 하지만 모압 지방의 결혼 풍습이 신부가 신랑을 자유롭게 선택하거나 고집을 피울 수 있는 문화였다면 어땠을까? 룻이 처음 말론과 결혼하겠다고 나섰을 때 반대가 있었을까? 모압인들도 당연히 유대인들이 이방인을 어떻게 생각하는지 잘 알고 있었을 것이다. 그런 상황에서 유대인 말론과의 혼인에 룻의 친정 부모님이 기쁜 마음으로 응할 수 있었을까? 쉽지 않았을 것이다. 그렇다면 만에 하나 말론과의 결혼이 친정 부모님의 극렬한 반대에도 룻이 고집을 피워서 한 결혼이었다면? 그러한 과정이 있었다면 시아버지와 남편 그리고 시동생(룻기 1장 2절과 5절, 말론과 기론의 이름 순서를 근거로 나는 말론을 형으로 보았다. 성경에 등장하는 인물들의 이름 순서는 하나님께 쓰임 받는 중요도를 강조하는 경우를 제외하고는, 보통 나이순을 따른다. 물론 말론과 기론의 이름이 4장 9절처럼 순서가 바뀐 곳도 있다. 같은 맥락으로 룻과 오르바의 이름 순서 또한 오르바가 먼저 언급되어 있기는 하다.)을 잃은 뒤, 모압 땅에서 룻의 처지는 어떠했을까?

이었다. 특별히 그녀가 아침부터 해가 질 때까지 잠시 집에서 쉰 외에 계속 이삭을 주웠다는 보아스의 사환의 증언이 눈에 들어왔다. 룻이 하루 동안 주운 보리가 한 에바쯤 되었다는 성경의 증언을 생각해볼 때,[77] 룻은 최소한 곱게 자란 부잣집 딸은 아니었던 것 같다고 한다면 나의 논리적 비약일까?

생각해보면 이삭을 줍는 행위는 이삭을 줍는 자의 가난과 비천함 그리고 의지할 곳이 없음을 만천하에 드러내는 수치스러운 일이었을 것이다. 그러나 룻은 낯선 베들레헴 땅에서 이러한 수치를 마다하지 않고 늙고 힘없는 그의 시어머니 나오미와 자신을 위해 최선을 다했다.

이삭을 줍는다는 것은 일면(一面) 다른 이들이 남겨둔 음식을 주워 생활한다는 것을 의미한다. 좀 심하게 말하자면 '빌어먹는 것'이다. 그러나 그녀에게 이러한 사실은 문제 되지 않은 것 같았다. 오히려 그녀에게는 이러한 제도와 문화가 보이지 않는 '하나님의 날개의 보호'를 의미했던 것 같다.

왜 이 부분을 강조하는지 질문을 받은 적이 있다. 자신의 출신이 흙수저라고 주저앉지 말라는 이야기를 해주고 싶었다. 현재 살아내는 삶이 너무 버겁다고 좌절하지는 말라는 이야기를 하고 싶었다. 우리 모두 알고 있듯이 '다윗'과 '우리 주 예수 그리스도'는 룻의 계보를 통하여 이 땅에 오셨다. 나의 어렵고 기가 막힌 지금의 처지가 하나님의 사랑과 은혜를 받지 못하고 있다는 증거가 될 수 없다. 나의 비루한 처지가 하나님의 역사하심을 제한

---

77 한 에바는 22리터쯤 된다. 아무리 보아스의 배려가 있었다고 해도 단 하루에 이삭을 주워서 22리터의 보리를 확보했다? 그 시절을 직접 살아보지 않아서 잘은 모르지만 내 생각으로 그리 쉬운 일로 보이지는 않았다.

하는 근거가 될 수 없다. 오히려 나의 그러한 조건이 하나님의 은혜의 통로라는 사실은 성경에 등장하는 인물들을 살펴보면 볼수록 선명해진다.[78]

나오미가 모압 지방에서 그의 며느리 모압 여인 룻과 함께 돌아왔는데 **그들이 보리 추수 시작할 때에 베들레헴에 이르렀더라**(룻기 1:22)

룻기 1장은 나오미와 룻이 '보리 추수 시작할 때'에 베들레헴에 이르렀다는 내용으로 마무리된다. 우리는 이 증언에서 표면적으로는 숨겨진 '하나님의 보이지 않는 손길인 섭리'를 느낄 수 있다. 바로 이어지는 룻기 2장 초반부, 나오미와 룻을 위한 '하나님의 보이지 않는 손길인 섭리'가 점점 그 모습을 드러내기 시작한다. 이러한 현상을 표현하는 유한(有限)한 우리의 언어에는 '우연'[79]과 '(때)마침'이라는 말이 있다.

---

[78] 이 문단의 내용과 정반대의 주장을 하는 것이 바로 '기독교 승리주의'다. 기독교 승리주의는 성경적 근거가 없는 전통에 불과하다. 예수님의 말씀이다. "너희가 전한 전통으로 하나님의 말씀을 폐하며 또 이같은 일을 많이 행하느니라 하시고"(마가복음 7:13).

[79] 전지전능하신 하나님의 속성과 사역을 설명하는데 '우연'이라는 표현이 정당할까? 성경의 이러한 어법을 신학적으로는 '맞추어주심'(라틴어, accomodatio)이라고 한다. 뜻하신즉 이루시고 이루신즉 그 모든 행사가 옳으신 분이신, 전지전능하신 하나님의 입장에서는 우연이란 존재할 수 없다. 그러나 하나님께서는 우리의 눈높이에 맞추어주시기 위해서 '우연'이라는 단어를 당신에게 사용해 주신다. 노아의 홍수에 대한 기사에서도 그리고 사울이 여호와 하나님께 범죄함으로 사울에게 심판을 선언하셨을 때도 성경은 하나님께서 '한탄하셨다'라거나 '후회하셨다'라는 표현을 사용한다. "⁶땅 위에 사람 지으셨음을 한탄하사 마음에 근심하시고 ⁷이르시되 내가 창조한 사람을 내가 지면에서 쓸어버리되 사람으로부터 가축과 기는 것과 공중의 새까지 그리하리니 이는 내가 그것들을 지었음을 한탄함이니라 하시니라 ⁸그러나 노아는 여호와께 은혜를 입었더라"(창세기 6:6-8). "사무엘이 죽는 날까지 사울을 다시 가서 보지 아니하였으니 이는 그가 사울을 위하여 슬퍼함이었고 여호와께서는 사울을 이스라엘 왕으로 삼으신 것을 후회하셨더라"(사무엘상 15:35). 자유주의 신학자 중 일부는 이러한 성경의 표현을 근거 삼아, 삼위일체 하나님의 전지전능하심을 부정하려는 시도를 한다. 그들의 주장은 이러하다. "한탄

¹나오미의 남편 엘리멜렉의 친족으로 유력한 자가 있으니 그의 이름은 보아스더라 ²모압 여인 룻이 나오미에게 이르되 원하건대 내가 밭으로 가서 내가 누구에게 은혜를 입으면 그를 따라서 이삭을 줍겠나이다 하니 나오미가 그에게 이르되 내 딸아 갈지어다 하매 ³룻이 가서 베는 자를 따라 밭에서 이삭을 줍는데 **우연히 엘리멜렉의 친족 보아스에게 속한 밭에 이르렀더라 ⁴마침 보아스가 베들레헴에서부터 와서 베는 자들에게 이르되** 여호와께서 너희와 함께 하시기를 원하노라 하니 그들이 대답하되 여호와께서 당신에게 복 주시기를 원하나이다 하니라(룻기 2:1-4)

가난한 자들을 위해 이삭을 줍는 '법'을 제정하신 분은 하나님이시다. 이러한 마음을 가지신 하나님께서 나오미와 룻을 보리 추수 시작할 때에 맞추어 베들레헴에 도착하도록 역사하신다. 만에 하나 나오미와 룻이 보리와 밀 추수가 다 끝난 뒤에 베들레헴에 도착했다면, 이후에 이 두 과부의 처지는

이나 후회라는 말의 뜻은, 일이 그렇게 될 줄 몰랐다거나, 이미 이루어진 일을 되돌릴 능력이 없음을 의미한다. 즉, 하나님은 모든 것을 아시거나 모든 것을 하실 수 있는 분이 아니시다." 이렇게 주장하는 자들은 '하나님 아빠 아버지'의 '아빠 되심의 은혜'를 모르기 때문에 이러한 말을 하는 것이다. 하나님의 자녀가 아니니 하나님의 아빠 되심을 모르고 하는 헛소리에 불과하다. 갓난아기와 어린아이에게 어른 수준의 논리적인 말을 하는 아빠는 제대로 된 아빠가 아니다. 마찬가지다. 성경의 기록은 무한하시며 전지전능하신 하나님께서 유한한 당신의 자녀들의 언어로 삼위일체 하나님 당신의 어떠하심과 뜻을 계시해주신 말씀이다. 그리고 하나님의 자녀 된 우리 하나님의 형상들은 하나님의 은혜로 하나님께서 알려주시면 그 비밀을 알 수 있는 존재이다. 그런 점에서 우리는 성경을 읽을 때 성경의 기록들이 하나님께서 우리에게 들려주시는 'baby talk', 아기에게 하는 형식의 말씀이라는 사실을 잊어서는 안 된다.

어찌 되었을까? '처음이요 마지막'[80]이라는 하나님의 별명처럼 하나님의 은혜는 시작하면 끝을 보게 마련이다.

　보리 추수 시작할 때에 맞추어 두 여인을 베들레헴에 도착하게 하신 하나님의 은혜의 손길은 이어지는 룻의 발길을 '우연히' 나오미의 남편이자 룻의 시아버지인 엘리멜렉의 친족인 보아스에게 속한 밭에 이르게 하신다. 하나님의 은혜는 항상 그렇지만, 한번 시작하시면 완벽하게 끝장을 보시는 것 같다.

　우연히 룻의 발길을 엘리멜렉의 친족 보아스에게 속한 밭에 이르게 하신 그때, 하나님께서는 보아스의 발길을 동일한 밭으로 인도하신다. 성경은 이 사실을 '마침 보아스가 베들레헴에서부터 와서 베는 자들에게 이르되'라고 표현한다.

　이제 인용하는 룻기 2장의 이야기는 룻과 보아스의 첫 만남을 묘사하고 있다.

　　[5]보아스가 베는 자들을 거느린 사환에게 이르되 이는 누구의 소녀냐 하니 [6]베는 자를 거느린 사환이 대답하여 이르되 이는 나오미와 함께 모압 지방에서 돌아온 모압 소녀인데 [7]그의 말이 나로 베는 자를 따라 단 사이에서 이삭을 줍게 하소서 하였고 **아침부터 와서는 잠시 집에서 쉰 외**

80　"내가 볼 때에 그의 발 앞에 엎드러져 죽은 자 같이 되매 그가 오른손을 내게 얹고 이르시되 두려워하지 말라 **나는 처음이요 마지막이니**"(요한계시록 1:17).

에 지금까지 계속하는 중이니이다 ^{8}보아스가 룻에게 이르되 **내 딸아 들으라 이삭을 주우러 다른 밭으로 가지 말며 여기서 떠나지 말고 나의 소녀들과 함께 있으라** ^{9}그들이 베는 밭을 보고 그들을 따르라 내가 그 소년들에게 명령하여 너를 건드리지 말라 하였느니라 목이 마르거든 그릇에 가서 소년들이 길어 온 것을 마실지니라 하는지라 ^{10}룻이 엎드려 얼굴을 땅에 대고 절하며 그에게 이르되 **나는 이방 여인이거늘 당신이 어찌하여 내게 은혜를 베푸시며 나를 돌보시나이까** 하니 ^{11}보아스가 그에게 대답하여 이르되 네 남편이 죽은 후로 네가 시어머니에게 행한 모든 것과 네 부모와 고국을 떠나 전에 알지 못하던 백성에게로 온 일이 내게 분명히 알려졌느니라 ^{12}여호와께서 네가 행한 일에 보답하시기를 원하며 이스라엘의 하나님 여호와께서 그의 날개 아래에 보호를 받으러 온 네게 온전한 상 주시기를 원하노라 하는지라 ^{13}룻이 이르되 내 주여 내가 당신께 은혜 입기를 원하나이다 나는 당신의 하녀 중의 하나와도 같지 못하오나 당신이 이 하녀를 위로하시고 마음을 기쁘게 하는 말씀을 하셨나이다 하니라 ^{14}식사할 때에 보아스가 룻에게 이르되 **이리로 와서 떡을 먹으며 네 떡 조각을 초에 찍으라** 하므로 룻이 곡식 베는 자 곁에 앉으니 그가 볶은 곡식을 주매 룻이 배불리 먹고 남았더라 ^{15}룻이 이삭을 주우러 일어날 때에 보아스가 자기 소년들에게 명령하여 이르되 **그에게 곡식 단 사이에서 줍게 하고 책망하지 말며** ^{16}**또 그를 위하여 곡식 다발에서 조금씩 뽑아 버려서 그에게 줍게 하고 꾸짖지 말라** 하니라 ^{17}룻이 밭에서 저녁까지 줍고 그 주운 것을 떠니 **보리가 한 에바쯤 되는지라** ^{18}그것을 가지고 성읍에 들어가서 시어머니에게 그 주운 것을 보이

고 그가 배불리 먹고 남긴 것을 내어 시어머니에게 드리매 ¹⁹시어머니가
그에게 이르되 오늘 어디서 주웠느냐 어디서 일을 하였느냐 너를 돌본
자에게 복이 있기를 원하노라 하니 룻이 누구에게서 일했는지를 시어머
니에게 알게 하여 이르되 **오늘 일하게 한 사람의 이름은 보아스니이다**
하는지라 ²⁰나오미가 자기 며느리에게 이르되 그가 여호와로부터 복 받
기를 원하노라 그가 살아 있는 자와 죽은 자에게 은혜 베풀기를 그치지
아니하도다 하고 나오미가 또 그에게 이르되 **그 사람은 우리와 가까우
니 우리 기업을 무를 자 중의 하나이니라** 하니라 ²¹모압 여인 룻이 이르
되 그가 내게 또 이르기를 내 추수를 다 마치기까지 너는 내 소년들에게
가까이 있으라 하더이다 하니 ²²나오미가 며느리 룻에게 이르되 내 딸아
너는 그의 소녀들과 함께 나가고 다른 밭에서 사람을 만나지 아니하는
것이 좋으니라 하는지라 ²³이에 룻이 보아스의 소녀들에게 가까이 있어
서 보리 추수와 밀 추수를 마치기까지 이삭을 주우며 그의 시어머니와
함께 거주하니라(룻기 2:5-23)

나오미와 엘리멜렉 그리고 두 아들이 모압 땅에 오지 않았다면 그리고
두 아들 중 하나가 룻과 결혼하지 않았다면, 룻은 보아스에게 "당신의 옷자
락을 펴 당신의 여종을 덮으소서 이는 당신이 기업을 무를 자가 됨이니이
다"라는 주장을 할 수 없었을 것이다. 약속의 땅을 떠나 모압으로 이주한 한
가족으로 인하여 룻은 베들레헴에 권리가 생겼다.

우리는 세상을 바라볼 때 "누구누구가 결단을 한 뒤, 절치부심하여 이러
저러한 열매를 맺게 되었다"라는 이야기를 기대한다. 그러나 인생을 살다

보면 그런 일은 그렇게 흔하지 않다. 세상일은 참… 신묘막측(神妙莫測)하다.

어쩌면 우리에게 허락된 것은, 하나님 아빠 아버지의 눈으로 세상과 인생을 바라보는 가운데 하나님께서 허락하신 사람들에게 신실하며 하나님께서 선물로 주신 시간에 성실한 것 정도인 것 같다. 그러나 우리는 우리 존재보다도 큰 것을 이루려 하는 경향이 있다. 우리는 흔히 일의 결과를 통제하고 싶은 욕망을 가진다. 그리하여 절치부심 최선을 다했음에도 원하는 혹은 예상하는 결과가 나오지 않을 경우, 하나님을 원망하며 "하나님께서 살아계신다면 어떻게?"를 쉽게 외친다.

성경은 이러한 우리의 욕망과 성향을 '하나님처럼 되고자 하는 마음'이라고 경고한다. 하나님께서 선물로 주신 시공간을 최선을 다해 통과하는 것은 분명 '우리의 일'이다. 그러나 그 결과는 '하나님의 일'이다. 하지만 우리는 마음이 절박할수록 결론을 통제하려고 한다. 이럴 때일수록 필요한 것은 한 발짝 물러서서 자신의 인생을 성찰하고 하나님의 부성적 호의를 신뢰하는 것이다.

> [4]뱀이 여자에게 이르되 너희가 결코 죽지 아니하리라 [5]너희가 그것을 먹는 날에는 너희 눈이 밝아져 하나님과 같이 되어 선악을 알 줄 하나님이 아심이니라(창세기 3:4-5)

인류 역사에 죄가 들어오던 순간의 뼈아픈 기록이다. "너희가 그것을 먹는 날에는 너희 눈이 밝아져 하나님과 같이 되어 선악을 알 줄 하나님이 아심이라" 뱀의 이 말을 쉽게 해석하면 이와 같은 뜻이다. "첫 번째, 하나님은 아담과 하와 너희 편이 아니다. 두 번째, 하나님은 아담과 하와 너희에게 최선의 것을 주시는 분이 아니다."

그렇다면 진실은 무엇일까? 당연히 원죄를 불러온 뱀의 논리를 정반대로 뒤집으면 된다. "첫 번째, 하나님은 항상 우리 편이시다. 두 번째, 하나님은 항상 우리에게 때를 따라 최선의 것을 주시는 분이시다." 두 번째에 '때를 따라'를 삽입한 이유는 '2부 서문, 하나님의 마음'에 인용했던 전도서 3장 11절을 참고하면 이해가 될 것이다.

새로운 안식처를 찾아 고향으로 돌아간 룻의 동서 오르바의 이후의 삶은 알 수 없다. 하지만 낯선 땅 베들레헴에 들어선 이후 새로운 안식처인 보아스를 남편으로 얻은 룻의 이야기는 우리 모두 잘 알고 있다.

사람들은 인생의 고난에 직면할 때, 룻처럼 하나님과의 동행을 선택하기보다는 하나님께 원망을 쏟아내거나 도망치는 경향이 있다. 인생을 살아보면 우리의 영적 실존적 운명을 가르는 중요한 선택의 시기에는 항상 하나님이 아닌 다른 쪽을 선택할 합리적인 이유가 하늘에 차고도 넘치게 마련이다. 이때 우리는 자신에게 속으면 안된다. 이런 시기, 사람들은 겉으로 보기에 주변의 말에 넘어간 것처럼 보이지만, 사실은 그의 내면의 목소리에 부합하는 외부의 목소리만 수집하는 경향이 있다.

이때가 하나님께서 주시는 용기가 절실히 필요한 시기다. 우리 인생의 중요한 고비마다 하나님을 포기하지 않는 것은 생명을 향한 유일한 선택이

다. 보통 이런 말을 들으면 "간사님, 어느 쪽이 하나님을 선택하는 것인가
요? 그것을 어떻게 알 수 있나요?"라고 물어오곤 한다.

답은 간단하다. 당사자는 이미 알고 있다. 다만 그 일에 직면하여 두려움
이나 분노[81]에 압도되어 앞이 잘 보이지 않을 뿐이지, 어느 쪽이 하나님을
선택하는 길인지는 하나님과 그 자신은 알게 마련이다. 마음을 어둡게 하는
욕심과 두려움을 걷어낸다면 충분히 알게 마련이다. 지금 그 지점을 통과하
고 있을지 모를 독자들을 위해 한마디를 덧붙이자면, 하나님을 따르는 성도
들의 인생에 있어 동트기 직전이 가장 어둡기 마련이다.

그 어두움 속에서 우리가 하나님을 선택하는 사이, 하나님께서는 당신의
일을 하신다. 우리는 일의 시작과 경과를 잘 모른다. 하지만 우리가 알지 못
하는 그 시간에도, 우리의 아빠 되시는 하나님은 모든 것을 준비해 주시곤
한다.

룻과 나오미가 보리 추수할 때 베들레헴에 도착한 것은 하나님의 계획하
심 가운데 일어난 일이다. 우연으로 표현되었지만 하나님 편에서 보면, 룻
이 보아스의 밭에서 이삭을 줍게 된 것은 우연이 아니다. 또한, 룻이 보아스
의 밭에서 이삭을 줍는 바로 그 시각에 마침 보아스가 자신의 밭에 이른 것
모두 하나님께서 준비하신 섭리 가운데 이루어진 일이다. 우리가 어둠에 헤
맬 때 하나님께서는 우리의 길을 내신다. 이 모든 것을 경험하는 동시에 깨

81　두려움은 분노를 부른다. 무언가에 분노하고 있을 때, 우리는 가만히 앉아 자신의 내면을 성찰
　　해야 한다. 그리고 솔직히 자신에게 질문해야 한다. "내가 지금 무엇을 두려워하고 있지?" 바
　　로 그것이 지금 느끼는 '분노의 원인'이다.

닫는 자에게 복이 있다.

　룻기를 통해, 우리는 '아브라함의 조카 롯의 자손'인 '모압 여인 룻'과 '아브라함의 자손'인 '보아스'를 통하여 다윗을 내신 하나님을 만나게 된다. 삶의 현실적인 모든 기반이 있는 갈대아인의 우르를 떠나 약속의 땅을 향하여 가는 여정에 아브라함과 동행한 이는 아브라함의 조카 롯이었다. 이 대목에서도 우리는 아브라함의 외로움을 덜어주었던 조카 롯에 대한 하나님의 배려와 신실하심이 묵직하게 느껴진다.

　룻기 3장은, 이 단원 초반부에 언급한 나오미의 '현실적이면서도 주도면밀한 성격'이 돋보이는 부분이다. 동시에 우리는 보아스의 '사려 깊음과 배려심'에 혀를 내두르게 된다. 보아스의 이러한 성품은 그의 모친 라합을 언급하는 가운데 어느 정도 설명되었다고 생각한다.

　　[1]룻의 시어머니 나오미가 그에게 이르되 **내 딸아 내가 너를 위하여 안식할 곳을 구하여 너를 복되게 하여야 하지 않겠느냐** [2]네가 함께 하던 하녀들을 둔 보아스는 우리의 친족이 아니냐 보라 그가 오늘 밤에 타작 마당에서 보리를 까불리라 [3]그런즉 너는 목욕하고 기름을 바르고 의복을 입고 타작 마당에 내려가서 그 사람이 먹고 마시기를 다 하기까지는 그에게 보이지 말고 [4]그가 누울 때에 너는 그가 눕는 곳을 알았다가 들어가서 그의 발치 이불을 들고 거기 누우라 그가 네 할 일을 네게 알게 하리라 하니 [5]룻이 시어머니에게 이르되 어머니의 말씀대로 내가 다 행하

리이다 하니라 [6]그가 타작 마당으로 내려가서 시어머니의 명령대로 다 하니라(룻기 3:1-6)

릇에게 혼처를 마련해주기 위해 나오미가 나선다. "그가 누울 때에 너는 그가 눕는 곳을 알았다가 들어가서 그의 발치 이불을 들고 거기 누우라 그가 네 할 일을 네게 알게 하리라." 이러한 나오미의 언급 중 "그가 네 할 일을 네게 알게 하리라"라는 말로 미루어볼 때, 나오미는 '라합과 보아스 모자'를 이전부터 아주 잘 알고 있었던 것 같다.

우리도 그렇지 아니한가? 같은 공간에서 오랫동안 같은 시기를 보냈던 사람들은 서로를 잘 알게 마련이다. 21세기 대한민국의 20대 언어로 '찐친'(진짜 친한 친구)이 어떤 일이나 무슨 말을 했다는 이야기를 전해 들었을 때, 우리가 흔히 보이는 반응이 있다. "응, 그렇게 말했다니 그렇게 행동했다니, 다른 건 모르겠고 그 아이가 맞네. 그 아이가 분명하네."

그런데, 릇에게 혼처를 마련해주겠다며 나오미가 릇에게 한 명령은 생각할수록 간단한 내용이 아니다. 한밤중에, 그것도 타작마당은 남자들만의 공간으로 전해진다. 그곳에 목욕하고 기름을 바른 뒤 곱게 챙겨입고 가라는 것이다. 거기에 더해, 술에 취해 잠자리에 든 보아스의 이불 속으로 들어가 그의 곁에 누우라는 것이 나오미가 릇에게 한 명령의 내용이었다.

15절에 나오는 "네 겉옷을 가져다가 그것을 펴서 잡으라"라는 보아스의 말로 미루어볼 때, 보아스의 이불 속으로 들어갔을 때 릇의 복장은 속옷 차림이었던 것으로 보인다. "그가 타작 마당으로 내려가서 시어머니의 명령대로 다 하니라"라는 6절의 증언으로 보아, 이러한 룻의 복장은 나오미가 시킨 것이 분명하다.

타작마당에서 룻이 할 일을 자세히 명령한 뒤, 나오미는 "그가 네 할 일을 네게 알게 하리라"라고 말을 맺는다. 우리는 나오미가 현실적인 동시에 주도면밀한 성격의 소유자였음을 기억해야 한다. 조금 전에도 언급했듯이, 나오미는 모압으로 이거(移居)하기 전 라합과 보아스 모자를 아주 잘 알았을 것이다. 당시는 국가에 의해 치안과 안전이 보장되던 시절이 아니었다. 그러한 시절, 보아스는 나오미의 죽은 남편인 엘리멜렉의 기업 무를 자로서 베들레헴에 거주하는 가까운 친족이었다. 즉, 나오미가 룻에게 건넨 "그가 네 할 일을 네게 알게 하리라"는 말은 근거 없는 말이 아니었을 것이다.

룻기 내내, 보아스는 룻을 향하여 "내 딸아"[82]라는 호칭을 사용한다. 이것을 근거로, 나는 '보아스의 나이가 나오미와 룻의 중간쯤 되지 않았을까?'라는 추측을 해본다. 그렇다면, 나오미의 나이는 라합과 보아스의 중간쯤이었을 것이다.

친족 혹은 같은 지역 공동체에 의해서 생명이 보존되던 시절이었다. 그런 시절, 같은 베들레헴에 거주하는 가까운 친족인 '라합과 보아스 모자'와 '나오미'의 관계는 어떠했을까? 나오미 부부가 모압으로 옮겨가기 전, 이들 사이에는 어떤 추억과 세월이 있었을까? 이러한 상상은 나오미가 룻에게 했던 명령의 의미와 분위기를 이해하는데 도움이 된다.

---

[82] 성경에 나오는 "내 아들아" 혹은 "내 딸아"와 같은 호칭은 나이 차이가 상당한 경우에 사용된다.

나는 앞 단원을 "유다의 방백 나손의 아들 살마와 결혼한 이후의 라합의 삶이 궁금했다"라는 말로 시작했다. 성경에 직접적인 언급은 없지만, 이제 베들레헴에 정착한 이후의 라합의 삶이 어렴풋이 느껴지기 시작한 독자들이 있을 것이다. '라합과 보아스 모자'를 오랜 시간 겪어본 나오미였다. 이러한 나오미의 입에서 나온 '보아스에 대한 믿음'은 이렇게 표현되었다. "그가 네 할 일을 네게 알게 하리라." 나는 삶을 살아오면서 어떤 특정 인물에 대해 이보다 더 큰 믿음과 신뢰를 본 적이 없다.

> [7]보아스가 먹고 마시고 마음이 즐거워 가서 곡식 단 더미의 끝에 눕는지라 룻이 가만히 가서 그의 발치 이불을 들고 거기 누웠더라 [8]밤중에 그가 놀라 몸을 돌이켜 본즉 한 여인이 자기 발치에 누워 있는지라 [9]이르되 네가 누구냐 하니 대답하되 **나는 당신의 여종 룻이오니 당신의 옷자락을 펴 당신의 여종을 덮으소서 이는 당신이 기업을 무를 자가 됨이니이다** 하니 [10]그가 이르되 내 딸아 여호와께서 네게 복 주시기를 원하노라 네가 가난하건 부하건 젊은 자를 따르지 아니하였으니 네가 베푼 인애가 처음보다 나중이 더하도다 [11]그리고 이제 내 딸아 두려워하지 말라 내가 네 말대로 네게 다 행하리라 네가 현숙한 여자인 줄을 나의 성읍 백성이 다 아느니라 [12]참으로 나는 기업을 무를 자이나 기업 무를 자로서 나보다 더 가까운 사람이 있으니 [13]이 밤에 여기서 머무르라 아침에 그가 기업 무를 자의 책임을 네게 이행하려 하면 좋으니 그가 그 기업 무를 자의 책임을 행할 것이니라 만일 그가 기업 무를 자의 책임을 네게 이행하기를 기뻐하지 아니하면 여호와께서 살아 계심을 두고 맹세하

> **노니 내가 기업 무를 자의 책임을 네게 이행하리라 아침까지 누워 있을
> 지니라** 하는지라 [14]룻이 새벽까지 그의 발치에 누웠다가 사람이 서로 알
> 아보기 어려울 때에 일어났으니 보아스가 말하기를 **여인이 타작 마당에
> 들어온 것을 사람이 알지 못하여야 할 것이라** 하였음이라 [15]보아스가 이
> 르되 **네 겉옷을 가져다가 그것을 펴서 잡으라** 하매 그것을 펴서 잡으니
> 보리를 여섯 번 되어 룻에게 지워 주고 성읍으로 들어가니라(룻기 3:7-
> 15)

나오미의 명령에 따라 타작마당에 간 룻과 보아스 사이에 일어난 일이
다. 내가 보기에, 보아스가 룻에게 던진 말 중에 가장 배려심 깊은 말은 이
말이 아닌가 싶다. "네가 현숙한 여자인 줄을 나의 성읍 백성이 다 아느니
라."

한밤중, 목욕을 한 뒤 기름을 바르고 단장을 한 여인과 단 둘이 있는 상
황이었다. 시어머니의 장담(?)이 있었다고는 하나, 자신을 어찌 대할지 알
수 없는 남자가 홀로 자고 있는 이불 속으로 들어온 상황이었다. 이러한 상
황에서, 보아스가 룻에게 '잊지 않고' 던진 말이다. 앞에서도 언급했지만, 보
아스가 룻에게 보리를 여섯 번 되어 주는 과정에서 한 말이 "네 겉옷을 가져
다가 그것을 펴서 잡으라"이었던 것으로 볼 때, 룻의 몸 상태가 그 순간 어
떠했을지는 추측이 가능하다.

룻에게 이 상황이 어떤 감정을 불러일으켰을까? 여성으로서 느낄 수 있
는 부끄러움과 수치심, 가장 크게는 두려움 등등, 우리는 룻이 느꼈을 감정
을 어렵지 않게 예측할 수 있다. 이 일은 혹여나 상대가 '위선적이거나 의롭

지 못한 남성'인 경우, 성적인 착취와 더불어 사회적 매장을 가져오게 될 것이 분명했다. 즉, 오직 상대방의 의로움과 호의에 기대어 매우 위험한 상황에 무방비로 노출되는 것을 의미했다.

인생을 좀 살아본 독자들은 알 것이다. 사람은 함께 일하는 가운데 스트레스에 노출되기 전에는 그 사람의 특성을 알 수 없다. 그 인물의 특성을 넘어 그 사람의 가치는 '평소 그 사람의 말이나 행동'과는 별 상관이 없다. 그 사람의 가치는 극한의 상황 혹은 그 사람의 인생의 행로(行路)를 바꿀지도 모르는 직접적인 이익과 연관된 일에 직면했을 때 '그의 선택'에서 드러난다. 최종적으로는 견제받지 않는 힘을 가지게 되었을 때 그의 모습이 진짜 그의 모습이다. 그리고 이 모든 것은 그 자신조차도 자신을 모르는 경우가 거의 100%이다.

세상을 살아가면서 타인을 해치지 않을 수 있는 가장 기본적인 방법은, 자신을 믿지 않는 것으로부터 시작한다. 보아스는 그날 밤 타작마당에서 견제받지 않는 힘을 가진 상황이었다. 이러한 정황 속에서 보아스가 룻에게 이 말을 '잊지 않고' 던진다. "네가 현숙한 여자인 줄을 나의 성읍 백성이 다 아느니라" 사실 보아스의 이 말은 룻 뿐 아니라 보아스 자신에게 던진 말이기도 했을 것이다.

내가 보기에, 보아스가 룻에게 던진 말 중 두 번째로 배려심 깊은 말은 이것이다. "여인이 타작 마당에 들어온 것을 사람이 알지 못하여야 할 것이라" 보아스의 이러한 '인자와 진실한 태도'는, 결국 그의 엄마 라합을 영예롭게 했다. 룻을 향한 보아스의 '인자와 진실된 배려'는 그의 모친 라합이 다윗과 예수님의 조상이 되는 길을 열었다.

두 정탐꾼이 라합에게 했던 "인자하고 진실하게 너를 대우하리라"라는 약속은 일회성으로 끝나지 않았다. 이 약속은 대를 이어 사람과 사람 사이를 건너 흐르기 시작한다. 이것이 하나님 나라의 역사가 흘러가는 전형적인 방식이다.

하나님의 형상을 향한 '인자와 진실한 사랑'은 멈추어 서는 법이 없다. 항상 하나님의 은혜 가운데, 이러한 사랑은 진실한 사랑이 필요한 하나님의 형상에게 흘러가게 마련이다. 이러한 일은 보통 한 사람과 한 사람 사이의 '인자와 진실'로 시작된다. 그 후 하나님의 은혜로 하나님의 때를 만나게 되면 온 땅에 흘러넘치게 된다. 이것이 도도히 흐르는 하나님 나라의 일관된 역사다.

두 정탐꾼이 하나님의 형상인 라합에게 보인 '인자와 진실'은, '보아스'를 지나 그의 어머니와 같이 궁핍과 가련한 처지에 몰린 '룻과 나오미'에게 흐른다. 하나님의 사람들이 삶으로 실천하는 이러한 '인자와 진실'의 흐름을 하나님께서는 절대 놓치지 않으신다. 그리고 우리 모두는 그 결과를 잘 알고 있다.

이후 룻기 4장의 증언을 보면 나오미의 예상처럼, 보아스는 이 일을 성취하기 전에는 쉬지 않고 자신이 해야 할 일을 한다. 무엇이 보아스를 쉼 없이 움직이게 만들었을까? 타작마당에서 자다가 깨어 룻을 발견한 순간 보아스의 마음은 어떠했을까? 더군다나 자다가 무언가에 깜짝 놀라 깨어난 보아스에게, 룻이 던진 "당신의 옷자락을 펴 당신의 여종을 덮으소서."라는 말은 "(기업을 무를 자로서) 결혼해 주세요."라는 의미다. 21세기 대한민국의 젊은 세대가 흔히 쓰는 언어로 말하자면 이런 상황이다. "세상에, 깜빡이도 안 켜고 갑자기 이렇게 쑥 들어오면 어떡해?"

3장 9절에서 룻이 언급한 '옷자락'과 2장 12절에서 보아스가 언급한 '날개'가 같은 단어라는 사실은 앞에서 언급했다. 즉, 룻은 보아스가 2장 12절에서 룻에게 건넸던 덕담인 "여호와께서 네가 행한 일에 보답하시기를 원하며 이스라엘의 하나님 여호와께서 그의 날개 아래에 보호를 받으러 온 네게 온전한 상 주시기를 원하노라"를 근거로, 보아스에게 "당신의 옷자락을 펴 당신의 여종을 덮으소서 이는 당신이 기업을 무를 자가 됨이니이다"라고 요구하고 있는 것이다.

이제 '보이지 않는 하나님의 날개 아래'에 있던 룻은 '눈에 보이는 보아스의 옷자락 아래'에 따뜻하고 안전하게 쉼과 안식을 누리게 될 것이다. 앞 단원에서 비교적 자세히 설명했듯이, '기업 무를 자'라는 표현은 '우리 주 예수 그리스도께서 우리 죄를 대속해주신 십자가의 구원의 방식'을 상징한다. 우리가 아직 죄인 되었을 때 우리 주 예수 그리스도께서는 '우리의 기업 무를 자'가 되어 주셨다. 우리 주 예수 그리스도께서는 '성육신 후 이 땅에서 이루신 모든 지상 사역'과 '십자가에서의 죽음'을 통하여 우리의 기업을 다시 사셔서 우리에게 돌리셨다.[83]

---

83 우리 주 예수 그리스도께서는 '성육신 후 이 땅에서 이루신 모든 지상 사역'과 '십자가에서의 죽

음'을 통하여 우리의 기업을 다시 사셔서 우리에게 돌리셨다. : 이 문장 중 '성육신 후 이 땅에서 이루신 모든 지상 사역' 부분을 설명할 필요가 있다. 우리 한국 교회 성도들은 '우리 주 예수 그리스도의 십자가'에 감격한 나머지 성자 하나님이신 우리 주 예수 그리스도의 '성육신과 지상 사역'을 깊이 묵상하지 않는 경향이 있다. 이러한 현실은 우리 주 예수 그리스도께서 우리를 구원해주신 은혜의 절반을 놓치게 되는 안타까운 일이다. 성경에 증언된 '대속(代贖)의 원리'는 '양은 양'으로 '소는 소'로 갚는 것이다. 마찬가지다. 하나님의 형상인 사람의 죄는 오직 사람으로만 대신 갚을 수 있다. 즉, 사람이 아니고서는 사람을 대신할 수 없다. 동시에 죄가 있는 존재는 다른 사람의 죄를 대신할 수 없다. 왜냐하면, 그의 죽음은 어떤 명분을 댄다고 해도 그 자신의 죄로 말미암은 것이기 때문이다. 결론적으로, 사람의 죄에 대한 대속(代贖)은 '오직 죄가 없는 사람으로만' 가능한 것이다. 그런데, 문제는 성경의 증언대로 죄 없는 사람은 존재할 수 없다는 점에 있다. "기록된 바 의인은 없나니 하나도 없으며"(로마서 3:10). 이 점 때문에 성자 하나님이신 우리 주 예수 그리스도께서 직접 우리의 구원에 나서신 것이다. 오직 하나님만이 죄가 없으시다. "예수께서 이르시되 네가 어찌하여 나를 선하다 일컫느냐 하나님 한 분 외에는 선한 이가 없느니라"(누가복음 18:19). (누가복음에 증언된 이 말씀이, 우리 주 예수 그리스도의 신성을 부정하거나 예수님의 선하심을 부정하는 근거 구절이 될 수 없다. 이 부분은 나중에 다른 책에서 설명할 기회가 있을 것이다.) 왜 성자 하나님이신 우리 주 예수 그리스도는 사람이 되셨을까? 왜 하나님은 사람이 되셔야만 했을까? '사람이 아니고서는 사람을 대신할 수 없고, 선하신 하나님이 아니고서는 죄 문제를 해결할 수 없기에, 성자 하나님이신 우리 주 예수 그리스도께서는 사람이 되셨다.' 이것이 성자 하나님이신 우리 주 예수 그리스도께서 성육신하신 이유이다. 삼위일체 하나님께서는 당신의 백성들의 죄 문제를 '대속의 방법'으로, 즉 '기업 무름의 방식'으로 해결하기로 작정하셨다. 그러려면 하나님께서는 사람이 되셔야 했다. 그리고 그 일을 우리 주 예수 그리스도께서 하셨다. 그러므로 성육신 이후 우리 주 예수 그리스도에 대한 바른 신앙고백은 이러하다. '우리 주 예수 그리스도는 성육신 이후 100% 참 하나님이신 동시에 우리와 동일본질이신 100% 참 사람이시다. 그러므로, 우리 주 예수 그리스도는 우리를 위한 삼위일체 하나님이시다.' 이렇게 성육신하신 우리 주 예수 그리스도께서는 사람이 되셔서 이 땅에서의 지상 사역을 통하여 율법의 모든 요구를 다 이루셨다. "예수께서 신 포도주를 받으신 후에 이르시되 다 이루었다 하시고 머리를 숙이니 영혼이 떠나가시니라"(요한복음 19:30). 요한복음에 증언된 십자가에서의 우리 주 예수 그리스도의 '다 이루었다'라는 말씀은 '이 땅에서의 지상 사역을 통하여 율법의 모든 요구를 다 이루었다'라는 뜻이다. 이러한 우리 주 예수 그리스도의 '지상 사역'과 '십자가 사역'의 의를 전가 받아 우리는 의롭다 칭함을 받는다. 구원받는다. 아담과 하와의 반역에 의한 죄값, 즉 원죄는 우리 주 예수 그리스도의 십자가의 공로로 그 죄값이 치루어졌다. 그렇지만 '의롭다'라는 것은 하나님의 뜻에 순종함을 의미하는 것이지, 단순히 아무 죄도 짓지 않았음을 의미하지 않는다. 그러므로, 우리는 우리 주 예수 그리스도의 지상 사역과 십자가 사역의 의를 동시에 전가 받아 의롭다 칭함을 받는 것이다. 우리는 우리 주 예수 그리스도의 십자가 사역을 통하여 '죄 없다' 칭함을 받는 동시에, 우리 주 예수 그리스도께서 지상 사역 중 모든 율법의 요구를 이루신 의를 전가 받아 '의롭다' 칭함을 받는 것이다. 생각해 보라. 생명의 근원이시며 전지전능하신 우리 주 예수 그리스도께서 왜 이 땅에 오셔서 배고프셔야 했으며 피곤하여 뱃고물에 기대에 곤히 주무셔야 했을까? 우리를 구

타작마당에서 보아스가 룻의 청혼을 받고 했던 이야기를 상기해보자. "내 딸아 여호와께서 네게 복 주시기를 원하노라 네가 가난하건 부하건 젊은 자를 따르지 아니하였으니 네가 베푼 인애가 처음보다 나중이 더하도다." 대부분의 경우, 이 부분을 그냥 별생각이 없이 지나치기 마련이다. 하지만 치밀하게 성경을 읽는 독자라면 궁금한 점이 있을 것이다.

"네가 베푼 인애가 처음보다 나중이 더하도다." 이러한 보아스의 칭찬에서 룻이 베푼 '처음 인애(仁愛)'는 무엇이고 '나중 인애'는 무엇일까? 그리고 왜 '나중 인애'가 '처음 인애'보다 크다고 하는 것일까?

그 해답은 보아스의 칭찬 가운데 있다. 바로 "네가 가난하건 부하건 젊은 자를 따르지 아니하였으니"라는 말에 주목할 필요가 있다. 보통 이스라엘에서 보리와 밀의 추수는 연이어 이루어지며 약 7주 정도가 걸린다고 한다. 룻은 이 기간 내내 보아스의 밭에서 이삭을 주웠을 것이다. 외지인(外地人)을 볼 기회가 별로 없었을 시대였던 점을 생각해볼 때, 룻의 이러한 성실한 모습이 베들레헴의 청년들의 눈에 들었던 것 같다. 보아스가 한 말 중에 '따르지'라는 표현이 쓰인 구약의 말씀을 인용하면 다음과 같다.

> 리브가가 일어나 여자 종들과 함께 낙타를 타고 **그 사람을 따라가니** 그 종이 리브가를 데리고 가니라(창세기 24:61)

원하시기 위해서! 왜 생수에 근원 되시는 우리 주 예수 그리스도께서 목마르셔야 했을까? 우리를 구원하시기 위해서! 우리 주 예수 그리스도의 성육신과 지상 사역을 오랜 시간 묵상해보기를 권한다.

[39]나발이 죽었다 함을 다윗이 듣고 이르되 나발에게 당한 나의 모욕을 갚아 주사 종으로 악한 일을 하지 않게 하신 여호와를 찬송할지로다 여호와께서 나발의 악행을 그의 머리에 돌리셨도다 하니라 다윗이 아비가일을 자기 아내로 삼으려고 사람을 보내어 그에게 말하게 하매 [40]다윗의 전령들이 갈멜에 가서 아비가일에게 이르러 그에게 말하여 이르되 다윗이 당신을 아내로 삼고자 하여 우리를 당신께 보내더이다 하니 [41]아비가일이 일어나 몸을 굽혀 얼굴을 땅에 대고 이르되 내 주의 여종은 내 주의 전령들의 발 씻길 종이니이다 하고 [42]아비가일이 급히 일어나서 나귀를 타고 그를 뒤따르는 처녀 다섯과 함께 **다윗의 전령들을 따라가서 다윗의 아내가 되니라**(사무엘상 25:39-42)

위에 인용한 성경 말씀에서 '따르다'라는 단어가 쓰인 용례를 볼 때, 보리와 밀 추수 기간 보아스의 밭에서 이삭을 주웠던 룻은 이미 베들레헴의 여러 젊은이들로부터 청혼을 받았던 것으로 보인다. 그리고 보아스는 그 사실을 잘 알고 있었던 것 같다.

그런데 만약에 룻이 기업 무를 자가 아닌 청년들 중 한 명의 청혼을 받아들였다면, 룻의 죽은 남편 말론의 이름은 이스라엘 가운데 끊어지게 된다. 또한 룻이 결혼하여 낳은 아이 또한 나오미와는 아무 관계가 없게 된다. 그 결과 룻은 새로운 남편의 그늘 아래 쉴 곳을 얻을 수 있었겠지만, 베들레헴 여인들이 오벳이 태어났을 때 외쳤던 것과 같이 '나오미의 생명의 회복자이며 노년의 봉양자'는 존재할 수 없게 된다.

이러한 사실들을 알게 되면, 이제 룻이 나오미에게 베푼 '처음 인애'는 무엇이고 '나중 인애'는 무엇인지 선명하게 보일 것이다. 그리고 왜 보아스가 룻에게 '나중 인애'가 '처음 인애'보다 크다고 칭찬했는지 이해가 될 것이다.

룻이 나오미에게 베푼 '처음 인애'는 자신의 고향을 떠나 알지 못하던 백성에게로 와서 나오미를 봉양한 것이다. 그리고 '나중 인애'는 추수하는 밭에서의 여러 청혼을 거절하고 나오미가 권한 '계대 결혼'에 나선 것을 의미한다. 룻이 베푼 '나중 인애'는 죽은 남편의 이름을 이스라엘 가운데 잇는 일인 동시에 의지할 곳 없는 시어머니 나오미의 생전에 모든 것을 책임지는 행위였다. 이러한 이유들 때문에 보아스는 당연히 룻이 베푼 '나중 인애'가 '처음 인애'보다 크다고 칭찬한 것이다.

> [16]룻이 시어머니에게 가니 그가 이르되 내 딸아 어떻게 되었느냐 하니 룻이 그 사람이 자기에게 행한 것을 다 알리고 [17]이르되 **그가 내게 이 보리를 여섯 번 되어 주며 이르기를 빈 손으로 네 시어머니에게 가지 말라 하더이다** 하니라 [18]이에 시어머니가 이르되 **내 딸아 이 사건이 어떻게 될지 알기까지 앉아 있으라 그 사람이 오늘 이 일을 성취하기 전에는 쉬지 아니하리라** 하니라(룻기 3:16-18)

이제 나오미는 룻에게 앞으로 일어날 일련의 과정을 가만히 지켜보라고 권면한다. "내 딸아, 이 사건이 어떻게 될지 알기까지 앉아 있으라"라는 나오미의 이 표현은 시편 46편 10절[84]의 "너희는 가만히 있어 내가 하나님 됨

---

84 "이르시기를 너희는 가만히 있어 내가 하나님 됨을 알지어다 내가 뭇 나라 중에서 높임을 받으

을 알지어다"와 출애굽 당시 모세가 이스라엘 백성에게 외쳤던 출애굽기 14장 13절과 14절[85]에 증언된 "너희는 두려워하지 말고 가만히 서서 여호와께서 오늘 너희를 위하여 행하시는 구원을 보라 … 너희는 가만히 있을지니라"와 같은 표현이다.

우리네 인생에는 하나님의 뜻에 즉각 반응해야 하는 때가 있는 반면, 하나님께서 우리를 위해 일하시는 동안 잠잠히 기다리고 있어야 할 때가 있다. 기근에 직면하여 약속의 땅을 떠나 풍요로운 모압 땅에 들어가 살았던 나오미였다. 이러했던 이전의 나오미를 생각할 때, '인생의 고난'은 '영적인 유익'을 남기는 것 같다. 우리는 이 대목에서 고난 가운데 '영적으로 성장한 나오미'를 만나게 된다.

그렇게 놓고 보면, 나오미가 가장 잘한 것 중 하나는 인생의 기근을 만나 '여호와 하나님께서 은혜를 베풀고 계시는 자리'인 베들레헴으로 돌아온 것이다. 이 점은 우리가 배워야 할 부분이다.

물론 나오미는 고향인 베들레헴으로 돌아오는 순간까지도, 너무 야박한 평가라는 생각이 들기는 하지만[86] 완벽하게 훌륭하지는 못했다. 나오미는

리라 내가 세계 중에서 높임을 받으리라 하시도다"(시편 46:10).

85 "13모세가 백성에게 이르되 너희는 두려워하지 말고 가만히 서서 여호와께서 오늘 너희를 위하여 행하시는 구원을 보라 너희가 오늘 본 애굽 사람을 영원히 다시 보지 아니하리라 14여호와께서 너희를 위하여 싸우시리니 너희는 가만히 있을지니라"(출애굽기 14:13-14).

86 '우리 또한 같은 상황에 처했다면 다른 이야기를 할 수 있었을까?'라는 생각을 해볼 때, 내가 너무 잘난 말을 혹은 재수 없는 이야기를 하는 것으로 느껴지지만 그러하다.

며느리 둘에게 어머니의 집[87]뿐 아니라, 적극적으로 권면하지는 않았지만 그들의 신들에게 돌아가는 것을 인정하는 듯한 언급[88]을 했던 것을 볼 수 있다.

남편을 잃고 두 아들마저 잃은 뒤 나오미는 무슨 생각을 했을까? 하나님의 보복? 처음에는 그렇게 생각했던 것 같다. 어찌 되었든, 기근을 맞아 약속의 땅을 떠난 뒤에 일어난 일이었다. 그러니 나오미의 입장에서는 충분히 그렇게 생각했을 수밖에 없었을 것이다. "나를 나오미라 부르지 말고 나를 마라라 부르라 이는 전능자가 나를 심히 괴롭게 하셨음이니라", "내가 풍족하게 나갔더니 여호와께서 내게 비어 돌아오게 하셨느니라 여호와께서 나를 징벌하셨고 전능자가 나를 괴롭게 하셨거늘 너희가 어찌 나를 나오미라 부르느냐"[89]라는 나오미의 말을 볼 때 더욱 그러하다.

그러나 룻기 후반부로 갈수록, 우리는 '나오미의 영성'이 회복되고 있음을 알 수 있다. 그렇다면 나오미를 향한 누구의 '인자와 진실'이 나오미를 영적으로 회복시키고 있었을까? 우리 모두는 잘 알고 있다.

---

87 물론, 이 부분은 훌륭한 동시에 상식적인 결정이다.

88 "나오미가 또 이르되 보라 네 동서는 그의 백성과 그의 신들에게로 돌아가나니 너도 너의 동서를 따라 돌아가라 하니"(룻기 1:15).

89 "²⁰나오미가 그들에게 이르되 나를 나오미라 부르지 말고 나를 마라라 부르라 이는 전능자가 나를 심히 괴롭게 하셨음이니라 ²¹내가 풍족하게 나갔더니 여호와께서 내게 비어 돌아오게 하셨느니라 여호와께서 나를 징벌하셨고 전능자가 나를 괴롭게 하셨거늘 너희가 어찌 나를 나오미라 부르느냐 하니라"(룻기 1:20-21).

나는 CMF에서 가족 구원을 위해 혹은 친한 친구의 구원을 위해 상담해 오는 지체들에게 이런 말을 해준다. 우선 가족 구원을 위해서 조언을 구하는 지체들에게는 이렇게 말한다. "응, 다른 것을 다 떠나서, 옳은 말만 하지 말고 싸가지 있게 굴어야 한단다. 우리 대한민국에서 예수님을 모르는 사람은 아무도 없단다. 심지어 단 한 번도 교회 문턱에 가보지 않은 사람도 '예수 믿으면 구원받는다'라는 기독교 교리에 정통한 것이 대한민국이란다. 집에서 맞는 말만 하지 말고 싸가지 있게 굴어라. 그러면 된단다. 그런데 이거 아마 엄청 힘들걸?"이라고 해준다. 예상할 수 있듯이, 이 말을 듣는 지체의 얼굴에는 절망의 빛이 깊게 드리운다.

친한 친구의 구원을 위해서 조언을 구하는 지체들에게 해주는 말은 이것이다. "응, 맛있는 것 많이 사주고 잘해주면 된단다. 복음의 내용은 전하지 않아도 되냐고? 응, 그럴 필요 없단다. 이미 그 아이도 다 들은 가닥이 있어서 잘 알고 있을 거란다. 그냥 잘해주렴. 그러면 언젠가 진지하게 질문해 올 때가 있을 거란다. 왜냐하면 인생이 쉽지 않거든. 반드시 살다 보면 삶의 위기는 오게 마련이고, 힘든 일이 생길 때 생각나는 사람 찾아가고 싶은 사람이 되어 있어야 한단다. 그리고 너를 찾아올 그때를 위해서, 할 말을 준비해두렴. 사실 그때 할 말을 잘 준비해두지 못했다 하더라도 그때는 믿게 될 거야. 왜냐하면 위기를 맞아, 너를 찾아왔다는 것 자체가 믿겠다는 이야기거든. 그리고 그 발길을 인도하신 분이 하나님이신데 당연히 믿지 않겠니? 그러니 평소에 맛있는 것을 많이 사주고 잘해주고 절대 재수 없는 인간이 되면 안 된단다."

룻기는 세 번의 장례식으로 시작하여 하나의 결혼식과 한 아이의 출생으로 이야기를 맺는다. 룻기 초반 우리는 아이를 출산할 수 없는 '세 과부'를 만나게 된다. 자신들의 미래를 스스로 열어갈 능력이 아예 없는, 이제 막 베들레헴[90]에 도착한 '두 과부'를 만나게 된다.

이들의 처지는 '남 이야기'가 아니다. 21세기 대한민국 땅에 발을 디디고 살고 있는 우리 한국 교회의 모습이 바로 이 두 과부의 모습이다. 인정하기 싫겠지만, 이 두 과부의 처지가 정확히 우리 한국 교회의 처지다. 마음이 참 어렵고 많이 아프지만 이것이 현실이다.

룻기의 이야기가 진행될수록, 우리는 룻과 보아스를 통해 펼쳐지는 '인자와 진실, 인애(仁愛)'의 구체적인 모습을 목격하게 된다. 이러한 하나님의 형상을 향한 '인자와 진실' 가운데, 희망 없는 시대를 살려내는 비밀이 숨겨져 있다. 이러한 삶의 태도 안에, 이 땅의 흐름을 어두움이 아닌 희망으로 반전시킬 아주 단순하고도 분명한 하나님의 해법이 담겨있다.

> [7]무릇 만군의 여호와의 포도원은 이스라엘 족속이요 그가 기뻐하시는 나무는 유다 사람이라 그들에게 정의를 바라셨더니 도리어 포학이요 그들에게 공의를 바라셨더니 도리어 부르짖음이었도다 [8]가옥에 가옥을 이으며 전토에 전토를 더하여 빈 틈이 없도록 하고 이 땅 가운데에서 홀로 거주하려 하는 자들은 화 있을진저 [9]만군의 여호와께서 내 귀에 말씀하

---

90   "그 여인이 모압 지방에서 여호와께서 자기 백성을 돌보시사 그들에게 양식을 주셨다 함을 듣고 이에 두 며느리와 함께 일어나 모압 지방에서 돌아오려 하여"(룻기 1:6).: 룻기에 나오는 '떡방앗간'이라는 뜻의 베들레헴은 이제 막 하나님의 돌봄의 은혜가 임하기 시작한 장소다.

시되 정녕히 허다한 가옥이 황폐하리니 크고 아름다울지라도 거주할 자
가 없을 것이며 [10]열흘 갈이 포도원에 겨우 포도주 한 바트가 나겠고 한
호멜의 종자를 뿌려도 간신히 한 에바가 나리라 하시도다(이사야 5:7–
10)

2부 첫 번째 단원에서 인용했던 성경 말씀이다. 나는 CMF에서 매해 여
름과 겨울 두 번 열리는 CMF전국학생수련회 중, 여름마다 열리는 '비전학
교 트랙(track)'을 2008년부터 맡아왔었다. 코로나 이전 해인 2019년까지 수
련회 일주일 동안 전할 메시지를 기획하고 강사를 섭외하는 일을 해왔다.
몇 년 전부터는, 내가 주강사를 직접 맡아 말씀을 전했다.

이 과정에서 나는 해마다 '비전학교 기획의도'라는 제목으로 그 해 여름
'CMF전국학생수련회 비전학교'에서 선포될 메시지를 정리해서, CMF 내
부망에 공개해왔다. 다음 해 비전학교에서 선포될 메시지는 항상 그 해 비
전학교가 끝난 다음 주부터 준비를 시작했다. 비전학교는 'CMF의 역사와
정신'을 CMF 학생들에게 일주일간 소개하는 트랙이다. 'CMF 출신 학사학
원사역부 전임간사'가 전국에 나 혼자만 있는 까닭에 이 일을 전담해서 하
게 되었다.

비전학교에서 선포되는 메시지를 기획하는 방식은 이러했다. 나는 먼저
말씀이 선포되기 전 1년간의 '전 세계 상황'을 살펴봤다. 물론 이 일은 1년
내내 비전학교를 염두에 두고 생활한다는 것을 의미한다. 다음으로, 21세
기 마지막 남은 분단국가인 우리 '대한민국의 현실'을 살펴봤다. 마지막으

로, 우리 '한국 교회'와 하나님께서 우리 CMF에 맡겨주신 영역인 '의료사회'를 조망했다. 그리고 나서는, 이렇게 조망한 현실과 성경의 메시지를 비교하는 작업을 했다.

해마다 이러한 과정을 통하여 우리는 지금 어디에 서서 어느 방향을 바라보고 있는지를 성찰했다. 그리고 그 자리와 시선이 하나님께서 주신 말씀과 얼마나 동떨어져 있는지를 묵상했다. 해마다 반복되는 일이 여기까지에 이르면, 자연스럽게 우리는 어느 자리를 향해 발걸음을 옮겨야 하는지 어느 곳을 바라봐야 하는지 방향이 보이기 시작했다. 하나님의 은혜에 기대어 또 한해를 살아내야만 가능했던 이러한 과정을 십 년 넘게 반복했다.

CMF 전국학생수련회 비전학교 메시지를 기획하는 과정에서 나는 우리가 발을 디디고 살고 있는 21세기 대한민국의 현실에 눈을 뜨기 시작했다. 성경뿐 아니라 많은 사회학자들과 과학자들의 지적 수고에 상당한 도움을 받았다. 10년이 넘는 세월 동안 이 방식으로 비전학교 메시지를 작성하는 일에 빠져 사는 가운데, 어느 순간부터인가 이제는 나 자신의 시선과 고유한 눈이 열리고 있다는 사실을 알게 되었다.

여러 분야 중, 우리 민족과 연관해서는 '진보는 왜 그렇게 세상을 보는지? 보수는 어떤 역사를 통하여 오늘의 시선을 형성했는지?' 알게 되었다. 특별히 '한국 교회사'를 공부하는 과정에서 우리 민족의 아픔을 많이 알게 되었다. 한국 교회사는 '우리 민족의 근대사'를 모르고서는 불가능한 공부였다. 그 굴곡진 역사 가운데 함께 하신 우리 하나님의 한량없이 따스한 손길과 은혜에 남모를 눈물 또한 많이 흘렸다. 이러한 과정을 통해서[91] 내가 만나게 된 하나님은 '속이 참 깊으신 분, 정말 따스한 분, 선이 참 굵으신 분'이셨다.

2020년 코로나 사태가 터진 이후, 나는 한 가지 사실을 더 알게 되었다. 나는 비전학교 메시지를 준비하는 과정에서 알게 된 이 땅의 현실이 우리 대한민국만의 상황인 줄 알았었다. 그런데 코로나는 전 세계에 살고 있는 존재들의 민낯을 한꺼번에 드러냈다.

　그 과정에서 나는 지난 10년이 넘는 세월 동안 우리 대한민국의 현실인 줄로만 알았던 일들이 사실은 전 세계적인 현상임을 깨달아가는 중이다. 아니, 오히려 우리 대한민국은 다른 나라들보다는 나은 상황이었음을 알아가는 중이다. 선악과 사건 이후의 인류 역사는 하나님을 등진 '반역의 역사'임을 생각할 때, 이는 너무도 당연한 현상이다. 항상 그렇지만, 사람이라는 존재는 무언가 하나를 알게 될 때마다 내가 얼마나 많은 부분을 모르고 있었는지를 깨닫게 되는 존재인 것 같다.

　2020년 초부터 나는 주변에 이런 말을 반복적으로 했다. "뭔지는 모르겠는데 지금 하나님께서 바쁘게 움직이고 계시는 것이 분명해. 뭔가 새로운 판을 짜고 계시는데 그것이 무엇인지 잘 모르겠어. 물론 나중에는 알게 되겠지…" 2020년 초봄부터 우리는 세계 각국의 사회 시스템의 실질적인 기

---

91 나의 개인적인 신앙 역사와 우리 엄마에게 베풀어주신 하나님의 은혜의 성품은 인류 역사 어디에나 똑같이 드러나 있었다.

초 체력과 그곳에 사는 사람들의 마음속에 감추어진 민낯을 서로 확인하는 중이다. 지금은 분명히 하나님의 시간이다. 그리고 이 시간 하나님께서는 감추인 것들을 드러내기로 작정하신 것 같다.

르네상스와 산업혁명 이후, 전 세계는 인구 증가뿐 아니라 과학기술의 발달에 힘입어 모든 부분에서 '확대 재생산을 전제'로 사회 시스템을 만들어왔다. 그러나 나라마다 시기적인 차이만 있을 뿐, 이제 전 세계는 '수축 사회'로 진입하는 중이다. 이웃 나라인 일본의 경우는 이미 상당 기간 전에 수축 사회에 진입한 것으로 알려진다. 우리 대한민국의 경우는 2015년경부터 실질적인 수축 사회로 진입했다고 한다. 이 원고 초안을 집필하고 있는 기간, 인터넷에는 2021 대입결과를 바탕으로 지방 국립대에도 불어닥친 '정원미달사태'에 대한 기사가 메인화면을 장식하고 있다. 우리 대한민국은 이제야 조금씩 일반 대중들도 느끼기 시작하는 것 같다.

나는 인구 감소에 의한 수축 사회에 대한 이야기를 7-8년 전부터 비전학교에서 해왔었다. 이유는 간단하다. 이러한 현실이 "하나님의 사람으로서 우리는 이 땅에서 어떻게 살아야 하는가?"와 연관되기 때문이었다. 처음 메시지를 접한 지체들은 "지금 내가 무엇을 들었지? 저게 무슨 소리야?" 정도의 반응들이었다. 그러던 반응이 3-4년 전부터는 사뭇 진지해지고 있던 중이었다. 나는 2023년 정도가 되면 일반 대중들도 피부에 와닿기 시작할 것이라고 했다. 그런데 그 시기가 2년 정도 앞당겨진 것 같다.

이제 우리는 이사야서 5장 8절 말씀 "가옥에 가옥을 이으며 전토에 전토를 더하여 빈 틈이 없도록 하고 이 땅 가운데에서 홀로 거주하려 하는 자들은 화 있을진저"에 등장하는 인물과, 같은 의도가 있든 없든 상관없이 이 땅에 홀로 거주하게 생겼다.

　현실을 냉정히 말한다면, 내가 7–8년 전부터 CMF 비전학교에서 경고했던 바와 같이 대한민국은 망해 가는 나라다. 미래를 이어나갈 다음 세대가 사라져 가는 나라를 향해 국운이 상승하고 흥하는 나라라고 하는 사람은 없다. 만에 하나 그런 사람이 있다면, 그 사람은 힘든 현실에서 도피하여 헛된 망상에 빠져 사는 사람이든지 정직한 사람이 아니다.

　대한민국은 망해 가는 나라다. 그런데 성경을 살펴보면, 하나님께서는 '한 민족의 흥망성쇠의 최종 책임'을 그 민족 전체에 묻기보다는 그 민족 가운데 거하는 '믿는 자들'에게 물으셨음을 알 수 있다. 그러므로 아무리 대한민국 전체가 하나님 앞에서 패역한 사회라 하더라도 대한민국 가운데 거하는 하나님의 백성 가운데 의인들이 존재한다면, 대한민국은 절대로 망하지 않는다. 이것이 성경의 정신이다. 일례(一例)로, 소돔과 고모라가 멸망한 이유는 분명하다. 아무리 소돔과 고모라의 패역이 하늘을 찔렀어도 의인 10명만 그 안에 있었다면 소돔과 고모라는 절대 망하지 않았을 것이다. 하기야 의인 10명이 소돔과 고모라에 있었다면 소돔과 고모라가 그 꼴까지 가지도 않았을지도 모르겠다.

> [32]아브라함이 또 이르되 주는 노하지 마옵소서 내가 이번만 더 아뢰리이다 거기서 십 명을 찾으시면 어찌 하려 하시나이까 이르시되 **내가 십 명**

으로 말미암아 멸하지 아니하리라 [33]여호와께서 아브라함과 말씀을 마치시고 가시니 아브라함도 자기 곳으로 돌아갔더라(창세기 18:32-33)

수축 사회를 예견한 사회학자들이 한목소리로 하는 이야기를 들어보면, 그들이 하나님을 믿는지 믿지 않는지는 모르겠으나 그 해결 방법은 성경의 정신과 대단히 유사하다.[92] 우리 대한민국이 현재 직면한 인구문제와 부동산문제 그리고 사회문제를 거의 모두 정확하게 예견했던 전문가들이 한목소리로 제시하는 대안은 한가지로 수렴된다.

"우리 대한민국 모든 국민들이 이타적인 존재가 되면 된다. 이제 우리는 확대 재생산을 전제로 설계된 사회 시스템을 버리고 성장 신화를 버리고 저성장 혹은 마이너스 성장 사회에 적응해야 한다. 확대 재생산을 전제로 형성된 가치관과 생각 또한 완전히 바꾸어야 한다. 물론, 수축 사회의 중요한 특징으로 아주 소수 지역과 소수의 사람들에게는 엄청난 부가 집중될 것이다. 이러한 양극화는 수축 사회의 중요한 특징이다. 그러나 이 방향으로 가면, 시간이 얼마 지나지 않아 공멸(共滅)하게 될 것이다. 이제는 생각을 바꾸고 생활 패턴(pattern)을 바꾸고 가치관을 바꾸어야 재난적 상황을 맞이하지 않을 수 있다."

물론, 이러한 대안을 밝힌 전문가들도 알고 나도 알고 지금 이 책을 읽고

---

[92] 나는 십여 년 전부터 여러 책과 탐사기사 전문 저널에서 관련 내용들에 대한 도움을 받았다. 가장 최근에는 '메디치미디어 출판사'에서 출판된 『수축 사회』(홍성국 저)에서 도움을 받았다.

있는 독자들 또한 모두 알고 있는 사실이 하나 있다. 바로 앞에서 밝힌 대안은 절대 실현되지 않을 것이다. 사람들은 각자도생(各自圖生)을 선택할 것이다. 태어난 이후 경쟁만을 교육받은 가련한 젊은 세대에서는 끊임없는 긴장과 이전투구(泥田鬪狗) 혹은 자포자기(自暴自棄)가 만연할 것이다. 보아스 같은 사람은 쉽게 만나지 못할 것이다. 룻과 같은 여인은 희귀할 것이다. 우리모두 알고 있는 사실이다. 이 책을 자세히 읽어온 독자라면 당연히 이 땅의미래가 걱정될 것이다.

언제부터인가 대한민국에는 '호구'(虎口)라는 말이 '일상 언어'가 되어 있다. 그 누구도 손해를 보려고 하지 않는다. 사실 살아보면, 겉으로는 손해처럼 보이지만 실상은 손해가 아닌 경우가 의외로 흔하다. 그러나 모두의 시선은 눈앞의 '유불리'에 고정되어 있는듯하다. 게다가 언제부터인가 자신의권리를 주장하지 않는 것은, 현재 자신이 누리고 있는 시민적 권리를 제공하는 사회에 '무임승차하는 부도덕한 일'이라는 논리가 공교육을 통해 젊은세대에게 이미 주입된 상황이다.

내가 보기에 교육감 선거의 결과에 따라 해당 지역 아이들의 가치관이바뀌는 것 같다.[93] 그래서인지 지금의 20대는 3–4년 정도의 터울만 생겨도서로 다른 가치관을 가진 경우가 많다. 앞세대가 보기에 고만고만한 나이

---

93 교육감 선거의 결과에 따라 해당 지역 아이들의 가치관이 바뀐다는 것은 무엇을 의미할까? 우리 대한민국의 젊은 아이들은 성실한 동시에 배운 내용에 대한 흡수율이 좋은 특성을 가졌다는 것을 의미한다. 게다가 이 아이들은 배운 그대로 행동한다. 물론 혹자는 스스로 생각할 능력을 이야기할 수도 있다. 그러나 우리 대한민국의 젊은 세대는 다른 어떤 국가의 젊은 세대들보다도 앞세대의 겉모습이 아닌 '속에 있는 진짜 모습을 그대로 닮은 아이들'임에 틀림없다.

차이의 아이들이 서로를 향해서 세대 차이를 이야기한다.

나는 평생 CMF에서 젊은 세대를 양육하면서 우리 대한민국의 세대 간의 변화를 눈앞에서 목격한 당사자다. 당연한 일이지만, CMF 내에는 의대교수가 우리나라 성씨 '김씨'만큼이나 흔하다. 의대 아이들의 경우, 졸업하고 시간이 좀 지나면 누구나 어느 대학병원 교수나 종합병원 과장이나 개원가의 원장이 된다.

특별히 내가 요즈음 20대의 가치관을 이야기할 때, 의대 교수인 지체들이 가끔씩 묻는 말이 있다. "간사님, 우리도 평생 20대를 보아 왔는데요." "선생님, 선생님은 의대 교수이니까, 자신에게 점수를 주는 교수 앞에서는 아이들이 선생님한테 맞추게 마련이에요. 생각해보세요. 말을 하기 시작하면서부터 출제자의 의도를 파악하는 훈련을 해온 아이들이에요. 그리고 그 출제자의 의도 즉 상대방의 의도를 가장 잘 파악한 애들이 들어오는 곳이 바로 우리 CMF잖아요. 그 아이들이 선생님 앞에서 자신의 모습을 있는 그대로 내보일까요? 아니면 의대 교수인 선생님한테 본능적으로 맞출까요? 이것이 바로 평생 20대 아이들을 만나도, 선생님이 지금 20대 아이들의 본모습을 볼 수 없는 이유에요. 하지만 그 아이들에게 점수를 줄 권한도 없고 인사권도 없는 제 앞에서는 다르지요. 게다가 처음에는 아니지만 몇 개월만 같이 지내면 쉽게 저에게 기어오르는 아이들인데 당연히 제 앞에서는 자신들의 본모습을 보이지요. 그리고 저는 정말 거의 뭐라고 하지 않거든요. 생각해보세요. 저도 지금의 20대와 세대가 달라요. 그러니 어느 세대의 가치관이 저에게 편할까요? 그래서, 저는 스스로를 이렇게 달랜답니다. 나는 관

찰자다. 나는 관찰자다. 그리고 학자는 논문으로 말해야 하듯이, 설교자는
설교로 말해야 하는 것이다.”

언제부터인가 우리는 일상적으로 '호구'라는 말을 사용하면서 살고 있다.
그런데, 가만히 생각해보자. 하나님 앞에서의 '헌신'과 '소위 호구짓'은 서로
다른 부분이 있나? 룻기에 나오는 '인애'(仁愛)와 '호구짓'은 무슨 차이가 있
나? 룻기에 언급된 '헤세드'와 '호구짓'은 서로 다른 단어인가?

물론, 사람이 하는 일에 부작용이 없을 수는 없다. 하나님께서 은혜를 주
시지 않는다면 아무리 선한 의도로 행한 일이라 할지라도 부작용이 있게 마
련이다. 오죽했으면 “지옥으로 가는 길은 인간의 선의로 포장되어 있다”라
고 했을까? 그리고, 학교에서 권리 주장 교육을 시킬 수 밖에 없었던 현실과
의도는 충분히 이해한다. 필요한 일이기도 했다. 하지만 21세기 대한민국
에 흐르는 '시대정신'은 참으로 걱정스럽다.

그렇다면 우리는 이대로 망해야 하는가? 자식이 있는 아빠에게 이 질문
을 한다면… 참, 뭐라고 해야 할까? 이 책을 쓰기 시작할 때, 나는 '라합과
보아스와 룻'까지만을 다룰 계획이었다. 그러나 글을 써 내려갈수록 이런
생각이 들었다. 독자 중에 이 땅을 살아가는 자신과 타인에게 보아스와 룻
의 모습을 기대하는 사람이 얼마나 될까? 아니, 그게 가능하리라 엄두나 낼
수 있을까?[94] 그렇다면 이 책은 정해진 끝을 향하는 장송곡(?)이 되어야 하

---

94 물론, 누군가의 인생을 책임져 본 적이 없는 젊은이 중에 자신 있게 답하는 지체가 있을 수 있

는가? 나에게는 이번에 대학에 입학한 딸과 고등학교 3학년이 된 아들이 있다. 아빠에게 이 땅의 현실은 곧 내 자식들의 미래다.

고민이 되었다. 생각이 많아졌다. 결국, 여러 생각 중에 원래 쓰기로 마음먹었던 '라합과 보아스와 룻'을 1부로 묶기로 했다. 그리고 '이어지는 이야기'로 '하박국'을 다룬 다음, 2부를 추가하기로 했다. 2부에서는 '하갈과 사라와 아브라함'을 다루리라 마음먹었다. (앞에서도 밝혔듯이, 이 책의 원고 초안은 이렇게 쓰여졌다. 그리고 퇴고 과정에서 1부와 2부의 순서가 '이어지는 이야기'를 중심으로 뒤바뀌게 되었다.)

'라합과 보아스와 룻' 부분을 읽은 뒤 절망하게 될 독자들에게 '하갈과 사라와 아브라함'의 인생을 통하여 "복음이란 무엇인가?"라는 주제로 이 땅에 임할 희망을 노래하리라 마음먹었다. 생각해보라. 우리들만으로도 이 땅에 희망이 있었다면, 성자 하나님이신 우리 주 예수 그리스도께서는 무엇하시러 이 땅에 오시는 그 '사랑의 수고'를 하셨겠는가? 이 책의 처음 부분에서 언급했듯이, 우리 모두에게는 예수님이 필요하다!

이제, 우리는 '소위 호구짓'을 똑똑하게(?) 피해 가는 '아무개'와 21세기 대한민국의 시대정신으로는 '호구의 대명사'에 해당하는 '보아스'를 비교하는 성경 기사를 접하게 될 것이다.

다. 기특하고 기쁜 일이다. 하나님께서도 엄청 기뻐하실 것이 분명하다. 딸 바보인 아빠의 경우, 딸아이가 세 살 정도 되었을 때 "엄마, 나는 나중에 아빠하고 결혼할 거야."라는 말을 할 경우, 평생에 자랑거리와 추억을 선물 받는 것이다. 하나님도 마찬가지이실 것이다.

¹보아스가 성문으로 올라가서 거기 앉아 있더니 마침 보아스가 말하던 기업 무를 자가 지나가는지라 보아스가 그에게 이르되 **아무개여 이리로 와서 앉으라** 하니 그가 와서 앉으매 ²보아스가 그 성읍 장로 열 명을 청하여 이르되 당신들은 여기 앉으라 하니 그들이 앉으매 ³보아스가 그 기업 무를 자에게 이르되 모압 지방에서 돌아온 **나오미가 우리 형제 엘리멜렉의 소유지를 팔려 하므로** ⁴내가 여기 앉은 이들과 내 백성의 장로들 앞에서 그것을 사라고 네게 말하여 알게 하려 하였노라 만일 네가 무르려면 무르려니와 만일 네가 무르지 아니하려거든 내게 고하여 알게 하라 네 다음은 나요 그 외에는 무를 자가 없느니라 하니 **그가 이르되 내가 무르리라 하는지라** ⁵보아스가 이르되 **네가 나오미의 손에서 그 밭을 사는 날에 곧 죽은 자의 아내 모압 여인 룻에게서 사서 그 죽은 자의 기업을 그의 이름으로 세워야 할지니라** 하니 ⁶그 기업 무를 자가 이르되 **나는 내 기업에 손해가 있을까 하여 나를 위하여 무르지 못하노니 내가 무를 것을 네가 무르라 나는 무르지 못하겠노라** 하는지라(룻기 4:1-6)

이야기는 점차 마지막을 향하고 있다. 보아스보다 기업 무르는 순서에서 앞서는 아무개의 반응이 눈에 띌 것이다. 룻기는 등장인물의 이름 하나하나를 공들여 증언하고 있다. 그런데 보아스보다 기업 무르는 순서가 앞서는 인물의 이름을 '아무개'로 칭한 것은, 분명한 '성경의 가치 판단'이 들어간 일이다. 무슨 의도일까? **아무개와 같은 인생은 이름조차 언급할 가치조차 없다는 이야기다.**

아무개로 칭해지는 그는 단순히 '땅을 사는 일'에는 적극적이었다. 아마도 아무개의 귀가 번쩍 뜨였을지도 모를 일이다. '땅이 있다고?' 물론 아무개 또한 기업 무르는 자로서 엘리멜렉의 땅을 살 경우, 나오미를 부양해야 한다는 사실을 잘 알고 있었을 것이다. 그러나 자녀를 생산할 수 없는 늙은 과부인 나오미를 부양하는데 들어가는 비용은, 엘리멜렉의 땅에서 나올 소출에 비하면 매우 소소한 비용이었을 것이다. 성경에 직접 언급되어 있지는 않지만, 룻의 존재를 안 뒤 바로 태도를 바꾸는 아무개의 모습을 볼 때 아무개는 대단히 셈이 빠른 사람으로 보인다. 그러니 아무개가 처음 엘리멜렉의 땅을 사겠다고 적극적으로 나서는 순간, 아무개의 머릿속 계산기는 빛의 속도로 작동했을 것이 분명하다.

그러나 엘리멜렉의 땅을 살 경우, 부양해야 하는 젊은 과부가 한 명 더 존재한다는 사실을 알게 된 아무개는 곧바로 태도를 바꾼다. 아무개에게 있어서, 룻의 존재는 부양해야 할 사람이 한 명 더 늘어나는 정도의 이야기가 아니었다. 룻이 있는 상황에서 '기업 무름의 방식으로 엘리멜렉의 땅을 산다는 것'은 젊은 과부인 룻에게 '남편으로서의 의무 또한 감당해야 한다는 것'을 의미했다. 이러한 상황은, 장차 젊은 여인인 룻에게 아들이 태어날 수도 있다는 것을 뜻했다. 룻에게서 만에 하나 아들이 태어나기라도 한다면, 엘리멜렉에게 산 그 땅은 태어난 아이의 소유로 확정되는 것이 기업 무름의 방식이었다. 동시에 아무개는 나오미와 룻 그리고 새로 태어난 아이가 장성하기까지 필요한 모든 비용과 안전을 제공해야 하는 의무를 지게 된다는 것을 의미했다. 아무개의 말처럼 이 일은 그의 기업에 엄청난 손해를 끼칠 수 있는 일이었다.

그렇게 자신의 기업을 위태롭게 할 수 있다는 이유로, 룻과의 계대 결혼을 거부했던 아무개의 말을 통해 우리는 당시 사람들의 일반적인 상식과 살아가는 법칙을 알 수 있다. 그렇다면 나오미와 룻은 이러한 분위기와 그때 그 시절 사람들의 속성을 몰랐을까? 그럴 리가 없다. 극한 상황을 헤치고 온 그들이었다. 그렇다면 매사에 사려 깊은 성격이 엿보이는 보아스는 어떠했을까? 보아스가 일을 성취하는 과정을 살펴볼 때, 보아스는 이러한 과정과 이러한 결과를 예측하고 있었던 것으로 보인다. 또한 보아스는 이 일을 이루기까지 아무개에게 어떤 순서로 이야기해야 하는지 정확히 이해하고 있었던 것이 분명하다. 이러한 지혜는 가련한 사람의 서러움을 '듣는 마음' 뿐 아니라, 욕심에 사로잡힌 사람의 단견(短見) 또한 '들을 수 있는 마음'에서 가능하다.

이제 '아무개'라 칭(稱)해지는 기업 무를 자가 보아스에게 신을 벗어 준다. 그런데 성경을 자세히 살펴볼 때, 하나님께서 이스라엘에게 이와 연관된 명령을 처음 주실 때와는 분위기가 너무 다르다. 아래 인용한 룻기 4장의 증언과 신명기 25장에 드러난 분위기를 비교해볼 것을 권한다. 우리 한국 교회는 둘 중 어느 쪽 어투의 목사님을 존경하고 사랑하는지 스스로 한 번씩 돌아볼 일이다. 우리 한국 교회가 존경하고 사랑하는 목사님들의 메시지는 어느 쪽을 닮았는가? 결국, 우리 한국 교회는 은혜로운 방식이라는 이름으로 어느 시대를 닮았는가?

[7]옛적 이스라엘 중에는 모든 것을 무르거나 교환하는 일을 확정하기 위

하여 사람이 그의 신을 벗어 그의 이웃에게 주더니 이것이 이스라엘 중에 증명하는 전례가 된지라 **⁸이에 그 기업 무를 자가 보아스에게 이르되 네가 너를 위하여 사라 하고 그의 신을 벗는지라**(룻기 4:7-8)

⁸그 성읍 장로들은 그를 불러다가 말할 것이며 그가 이미 정한 뜻대로 말하기를 내가 그 여자를 맞이하기를 즐겨하지 아니하노라 하면 **⁹**그의 형제의 아내가 장로들 앞에서 **그에게 나아가서 그의 발에서 신을 벗기고 그의 얼굴에 침을 뱉으며 이르기를 그의 형제의 집을 세우기를 즐겨 아니하는 자에게는 이같이 할 것이라** 하고 **¹⁰**이스라엘 중에서 그의 이름을 신 벗김 받은 자의 집이라 부를 것이니라(신명기 25:8-10)

세 번의 장례식으로 시작한 룻기는 축복받는 결혼식과 한 아이의 출생에 환호하는 베들레헴 여인들의 노랫소리로 마무리된다. 룻기 마지막에 이르러 우리는 침울하고 우울했던 어두운 분위기에서 새로운 희망의 기운이 넘치는 분위기로의 반전을 마주하게 된다.

⁹보아스가 장로들과 모든 백성에게 이르되 내가 엘리멜렉과 기룐과 말론에게 있던 모든 것을 나오미의 손에서 산 일에 너희가 오늘 증인이 되었고 **¹⁰**또 말론의 아내 모압 여인 룻을 사서 나의 아내로 맞이하고 그 죽은 자의 기업을 그의 이름으로 세워 그의 이름이 그의 형제 중과 그 곳 성문에서 끊어지지 아니하게 함에 너희가 오늘 증인이 되었느니라 하니 **¹¹**성문에 있는 모든 백성과 장로들이 이르되 **우리가 증인이 되나니 여호**

와께서 네 집에 들어가는 여인으로 이스라엘의 집을 세운 라헬과 레아 두 사람과 같게 하시고 네가 에브랏에서 유력하고 베들레헴에서 유명하게 하시기를 원하며 ¹²여호와께서 이 젊은 여자로 말미암아 네게 상속자를 주사 네 집이 다말이 유다에게 낳아준 베레스의 집과 같게 하시기를 **원하노라** 하니라(룻기 4:9-12)

이렇게 보아스는 롯과의 '계대 결혼'을 위한 절차를 모두 마무리했다. 그런데 성경을 좀 아는 독자라면 눈에 거슬리는 지점이 있을 것이다. 롯과 혼인하게 된 보아스를 향한 성문에 있는 모든 백성과 장로들의 축복이 묘하다.

첫 번째 부분은 "여호와께서 네 집에 들어가는 여인으로 이스라엘의 집을 세운 라헬과 레아 두 사람과 같게 하시고"이다. 베들레헴은 유다 지파에 속한 지역이다. 유다의 모친은 레아다. 그리고 야곱과의 혼인 순서뿐만 아니라 태어난 순서도 레아가 라헬보다 먼저다. 그런데 베들레헴의 모든 백성들과 장로들이 보아스와 롯을 축복하면서 라헬을 레아보다 앞세운다.

왜 그랬을까? 우리는 롯이 사별한 남편과 십 년간의 결혼생활을 했었다는 것을 기억할 필요가 있다. 그런데 십 년간의 결혼생활에도 롯에게 자식이 없었다. 물론, 불임의 원인이 말론에게 있었을 수도 있다.⁹⁵ 그러나 모르는 일이었다. 그리고 보아스와 롯의 결혼을 축하하는 순간에는 아직 오벳이 태어나기 전이었다. 그렇다면, 훗날 성경의 증언을 통해 일의 결국을 알

---

95 물론, '하나님의 섭리 가운데 일어난 일이다'가 정답이다.

고 있는 우리와 달리 보아스와 룻의 계대 결혼을 축하하는 베들레헴의 백성들과 장로들의 입장에서 최선의 축복은 무엇이었을까? 오랜 시간 동안 불임으로 고통받다가 하나님의 은혜로 요셉을 출산한 라헬과 같이, 룻 또한 지난 고통의 시간을 모두 잊고 출산의 축복을 누리기를 바라는 마음들이 아니었을까?[96] 더구나 이번 단원 초두(初頭)에 야곱을 예로 들어 일부일처제를 설명하는 과정에서 인용했던 성경 구절을 살펴볼 때, 베들레헴에는 라헬의 묘와 묘비가 있었다.

두 번째 부분은 "여호와께서 이 젊은 여자로 말미암아 네게 상속자를 주사 네 집이 다말이 유다에게 낳아준 베레스의 집과 같게 하시기를 원하노라"이다. 유다와 다말은 원래 시아버지와 며느리 사이다. 굳이 그 좋은 날 축복의 순간에 '다말'의 이름을 언급할 필요가 있었을까? 나는 처음 이 본문을 접할 때 의아스럽기도 하고 사람들이 야속하게 보이기까지 했다. 앞에서도 언급했듯이, 보아스와 룻의 나이 차이는 상당했던 것으로 보인다. 아무리 그러기로서니 이건 좀 너무 하지 않은가?

하지만, 내 처음 생각이 짧았던 것 같다. 지금 베들레헴에서 보아스에게 축복하고 있는 백성들과 장로들은 다름 아닌 다말이 유다에게 낳아준 베레

---

96 "¹라헬이 자기가 야곱에게서 아들을 낳지 못함을 보고 그의 언니를 시기하여 야곱에게 이르되 내게 자식을 낳게 하라 그렇지 아니하면 내가 죽겠노라 ²야곱이 라헬에게 성을 내어 이르되 그대를 임신하지 못하게 하시는 이는 하나님이시니 내가 하나님을 대신하겠느냐"(창세기 30:1-2), "²²하나님이 라헬을 생각하신지라 하나님이 그의 소원을 들으시고 그의 태를 여셨으므로 ²³그가 임신하여 아들을 낳고 이르되 하나님이 내 부끄러움을 씻으셨다 하고 ²⁴그 이름을 요셉이라 하니 여호와는 다시 다른 아들을 내게 더하시기를 원하노라 하였더라"(창세기 30:22-24).

스의 후손들[97]이었다. 더군다나, 유다와 다말의 사고는 유다가 막내인 셀라
가 장성했음에도 불구하고 다말에게 '계대 결혼의 의무'를 행하지 않았음으
로 인하여 생긴 일이었다.

> [24]석 달쯤 후에 어떤 사람이 유다에게 일러 말하되 네 며느리 다말이 행
> 음하였고 그 행음함으로 말미암아 임신하였느니라 유다가 이르되 그를
> 끌어내어 불사르라 [25]여인이 끌려나갈 때에 사람을 보내어 시아버지에
> 게 이르되 **이 물건 임자로 말미암아 임신하였나이다 청하건대 보소서**
> **이 도장과 그 끈과 지팡이가 누구의 것이니이까** 한지라 [26]유다가 그것들
> 을 알아보고 이르되 **그는 나보다 옳도다** 내가 그를 내 아들 셀라에게 주
> 지 아니하였음이로다 하고 다시는 그를 가까이 하지 아니하였더라 [27]해
> 산할 때에 보니 쌍태라 [28]해산할 때에 손이 나오는지라 산파가 이르되
> 이는 먼저 나온 자라 하고 홍색 실을 가져다가 그 손에 매었더니 [29]그 손
> 을 도로 들이며 그의 아우가 나오는지라 산파가 이르되 네가 어찌하여
> 터뜨리고 나오느냐 하였으므로 **그 이름을 베레스라 불렀고** [30]그의 형 곧
> 손에 홍색 실 있는 자가 뒤에 나오니 그의 이름을 세라라 불렀더라(창세
> 기 38:24-30)

그런데 자신들의 조상도 하지 못했던 '계대 결혼의 의무'를 수없이 많은

---

97 "[18]베레스의 계보는 이러하니라 베레스는 헤스론을 낳고 [19]헤스론은 람을 낳고 람은 암미나
답을 낳고 [20]암미나답은 나손을 낳고 나손은 살몬을 낳고 [21]살몬은 보아스를 낳고 보
아스는 오벳을 낳고 22오벳은 이새를 낳고 이새는 다윗을 낳았더라"(룻기 4:18-22).

난관과 현실적인 손해를 감수하면서까지 하겠다고 나서는 인물이, 그들의 눈앞에 나타난 것이다. 그러한 보아스를 보면서 사람들은 유다의 후손으로서 마음 한구석에 가지고 있었던 '부채감'이 해소되는 뿌듯함을 느꼈던 것 같다. 비록 자신들은 엄두를 내지 못할지라도, 누군가의 진심을 알게 되었을 때 전염되는 가슴 뜨거움은 그때나 지금이나 마찬가지인 것 같다. 이러한 뿌듯함은 보아스와 룻에게 오벳이 태어났을 때 베들레헴 지경의 여인들의 소리 높인 노랫소리 가운데에서도 드러난다.

> [13]이에 보아스가 룻을 맞이하여 아내로 삼고 그에게 들어갔더니 여호와께서 그에게 임신하게 하시므로 그가 아들을 낳은지라 [14]여인들이 나오미에게 이르되 **찬송할지로다 여호와께서 오늘 네게 기업 무를 자가 없게 하지 아니하셨도다 이 아이의 이름이 이스라엘 중에 유명하게 되기를 원하노라 [15]이는 네 생명의 회복자이며 네 노년의 봉양자라 곧 너를 사랑하며 일곱 아들보다 귀한 네 며느리가 낳은 자로다** 하니라 [16]나오미가 아기를 받아 품에 품고 그의 양육자가 되니 [17]그의 이웃 여인들이 그에게 이름을 지어 주되 나오미에게 아들이 태어났다 하여 그의 이름을 오벳이라 하였는데 그는 다윗의 아버지인 이새의 아버지였더라(룻기 4:13-17)

이제 한 아이가 태어나고, 베들레헴 여인들의 환호성이 귓가에 어른거리는 가운데 다윗의 계보가 이어지며 룻기가 마무리된다. 베들레헴 여인들의 환호성은 이해가 되는 면이 많다. 생각해보면, 치안(治安)뿐 아니라 의료(醫

療) 또한 발달 되지 않은 시대였다. 항생제가 발견되기 전, 인류는 작은 상처에도 며칠 사이 염증이 크게 번져 죽음에 이르는 일이 흔했다고 전해진다. 사망원인은 소위 패혈증에 의한 쇼크 혹은 다발성 장기부전이었을 것이다. 누구나 수일 사이 남편을 잃고 의지할 곳 없는 과부가 될 수 있는 시대였다.

어느 여인이나 이러한 재난적 위험에 노출된 시대, 보아스와 룻의 '계대 결혼'과 '오벳의 출생'은 베들레헴 여인들에게 있어 눈물 나는 그녀들의 '평생의 로망'이 눈앞에서 실현되는 순간이었을 것이다. 그녀들의 눈앞에서 '사문화(死文化)되었던 계대 결혼'이 살아나는 순간이었다. 처음이 어렵지, 눈앞에 실제로 그렇게 살아내는 인생이 보이게 되면 따라 하는 사람들이 생기게 마련이다.

'섬기는 자, 일하는 자, 예배자'라는 뜻을 가진 보아스와 룻의 아들 '오벳'은, 나오미의 '생명의 회복자요, 노년의 봉양자'가 된다. 보아스는 오벳을 보면서 무슨 생각을 했을까? 오벳이 성장해가는 모습을 보면서 무슨 생각을 했을까? 분명히 자신의 아들인데 자신의 아들로서의 삶이 아닌 그의 친척 엘리멜렉의 아내인 나오미의 '생명의 회복자요, 노년의 봉양자'로서의 삶을 살아가는 오벳을 보면서, 보아스는 무엇을 배웠을까? 물론 보아스는 신약시대에 와서야 '예수님의 상징'임이 드러난 '고엘[98] 제도'와 '헤세드'라는 개념을 알고 있었을 것이다. 보아스는 이 개념을 삶으로 실천하는 과정에서 무

---

98 히브리어 고엘: 구속하다. 몸값을 치르고 다시 찾다.

엇을 보고 무엇을 느끼고 무엇을 배웠을까?

이 말은 하는 이유는 이것 때문이다. 우리 한국 교회는 '이천 년 교회사 가운데 가장 무식한 교회'라는 말을 총신대학교 신학대학원 시절 많이 들었었다. 물론 교수님들께서는 전도사님들에게 공부에 열심을 내라는 자극으로 하신 말씀일 것이다.

나는 교수님들의 말씀에 한마디를 덧붙이고 싶다. 시간이 갈수록 느끼는 점이다. 시간이 갈수록, 이 땅은 사회경제적 상황만 양극화되는 것이 아닌 것 같다. 성경에 대한 지식에 있어서도, 특별히 젊은 세대에서 양극화가 심해짐을 보고 있다. 내 기억에 이전 세대는 성경에 대해 아주 특출난 지식을 가지고 있는 지체는 적었지만, 그래도 어느 정도 기본들은 했었던 것 같다. 그런데 시간이 갈수록, 성경에 대한 지식 또한 이 땅의 현실처럼 양극화되고 있다는 느낌을 받는다. 내가 관찰하기로는 젊은 세대의 경우 다수는 성경을 아예 모른다. 반면 극소수는 정말 많이 안다.

그런데, 극소수 또한 대부분 머리만 있는 것 같아 안타깝다. 성경에 대한 지식이 지적 만족 수준에서 끝난다면 이는 오히려 독이 될 수 있다. 특별히 대한민국에서 인지적 능력이 뛰어나다고 하는 사람들이 모여있는 곳이 CMF다. 그래서인지, 나는 CMF 내에서 성경에 대해 지적으로 탁월한 지체들을 나이와 관계없이 접하곤 한다. 그러나 그러한 지체들 중에 성경에 대해 잘 모르는 지체들보다 '실존적으로 하나님을 잘 아는 지체'는 희귀해 보인다.

그런 점에서, 보아스가 자신의 아들 오벳의 삶을 보면서 누린 축복 중 가장 큰 것은 이것이었을 것이다. 룻과 결혼하기 전과 오벳이 태어나기 전부터, 보아스는 분명히 '고엘 제도'에 대한 지식이 있었다.[99]

그러나 오벳이 태어난 뒤, 오벳을 양육하는 수고의 땀을 흘리는 가운데 알게 된 '고엘 제도'의 깊이는, 전혀 다른 차원의 것이었을 것이다.

하나님의 뜻을 알아가는 가운데, 하나님을 닮아가는 것이 피조물로 태어난 하나님의 형상이 누릴 수 있는 가장 큰 특권이자 은혜다. 하나님께서 사랑의 수고를 하는 보아스에게 허락하신 가장 큰 축복은 바로 이것이었을 것이다. 사람은 하나님의 뜻을 행하려고 할 때만, 하나님의 교훈을 깨달아 알 수 있는 존재다. 이것이 빠진 지식은 오히려 독이다. 동시에 '하나님 없는 영적 탐욕'만큼 '추한 탐욕'은 없다.

> [16]예수께서 대답하여 이르시되 내 교훈은 내 것이 아니요 나를 보내신 이의 것이니라 [17]**사람이 하나님의 뜻을 행하려 하면** 이 교훈이 하나님께로부터 왔는지 내가 스스로 말함인지 알리라(요한복음 7:16-17)

보아스는 성인이 된 뒤에 아빠인 살몬(살마)이 대단하다는 생각을 했을 것이다. 그의 아빠가 그러한 인생 역정을 지닌 엄마에게서 태어난 보아스 자신을 얼마나 사랑했는지 뒤돌아보게 되었을 것이다. 자본주의 체제처럼 이

---

99 "참으로 나는 기업을 무를 자이나 기업 무를 자로서 나보다 더 가까운 사람이 있으니"(룻기 3:12).

러저러한 '스타트업'[100]이 있던 시절도 아니었다. 그러므로 당연히 유력자로 불린 보아스의 재산은 '그의 아버지 살몬'에게서 물려받은 것이었을 것이다.

보아스는 룻을 보면서 자신의 엄마 라합이 생각났을 것이다. 동시에 오벳을 보면서, 그의 아빠인 살몬의 삶과 보아스 자신의 인생을 보는 눈이 깊어졌을 것이다. 이전에는 보이지 않던 것들이 보이는 동시에 같은 일에도 더 깊이 느끼고 감사하는 마음이 날이 더해지는 만큼 깊어 갔을 것이다. 그것이 피조물로서 받을 수 있는 인생 최고의 축복임을 분명히 인식했을 것이다.

이전에 라합 이야기에서 언급했던 말이다. "믿음은 믿음을 부른다." 그런데 룻과 보아스의 이야기를 보니 "다함이 없는 사랑인 인애(仁愛)는 생명을 잉태한다." 생각해보면 그 정도의 아빠와 엄마를 둔 보아스가 룻과 오벳을 섬김으로, 오벳을 나오미의 '생명의 회복자요, 노년의 봉양자'로 성장시키는 일에 있어서야…, 그렇다. "믿음은 믿음을 부른다. 그리고 다함이 없는 사랑인 헤세드는 생명을 잉태한다." 그리고 우리 하나님은 결단코 당신의 백성 중 희귀하지만 이러한 사랑을 헛되이 보내시는 법이 없다. 결국, 희귀한 그 사랑이 '새로운 시대를 여는 열쇠'가 된다.

CMF에서 흔히 듣는 질문이다. "간사님, 저 하나가 변한다고 세상이 바

---

100 스타트업: 스타트업 컴퍼니(startup company). 혁신적인 아이디어(idea)를 가지고 설립된 신생 벤처기업을 뜻하는 말로, 미국 실리콘밸리에서 생겨난 용어로 알려져 있다. 혁신적인 아이디어와 첨단기술이 결합되어 시대를 선도하는 제품을 선보이는 기업의 대명사 정도로 생각하면 된다.

뀔까요?" 답은 너무 간단하다. "응, 네가 하나님의 사람이라면 너 하나로도 충분하단다. 그러니, 너부터 시작하렴."

이제 '보아스와 룻의 이야기' 첫 번째 단원의 제목에 대한 답을 '나의 삶'과 연결 지으며 두 단원에 걸친 보아스와 룻의 이야기를 마치려 한다. "나는 이방 여인이거늘 당신이 어찌하여 내게 은혜를 베푸시며 나를 돌보시나이까?" 우리 모두 알고 있듯이, 룻이 보아스에게 처음 건넨 질문이다. 답은 간단하다. 겉으로는 베들레헴의 유력자로 불리지만, 보아스 자신이 평생 '이방인의 삶'을 살았으니까…

생각해보면, 라합의 아들로 태어난 보아스는 소위 정통 유대인들의 입장에서 보면 '절반만 유대인'이었을 것이다. 보아스의 아들인 오벳은 '사분의 일만 유대인의 피'를 받은 셈이 된다. 그러한 배경에서 다윗이 태어났다. 그리고 그 혈통을 타고 우리 주 예수 그리스도께서 이 땅에 오셨다. 성경은 구약시대부터 혈통적 유대인을 유대인으로 증언하지 않은 셈이다.

> [28]무릇 표면적 유대인이 유대인이 아니요 표면적 육신의 할례가 할례가 아니니라 [29]오직 이면적 유대인이 유대인이며 할례는 마음에 할지니 영에 있고 율법 조문에 있지 아니한 것이라 그 칭찬이 사람에게서가 아니요 다만 하나님에게서니라(로마서 2:28-29)

나와 가까운 CMF 내의 지기(知己)들이 '성경인물 설교문'을 미리 받아보고 항상 하는 말은 이것이다. "결국 최관호와 그 주변의 삶이 투영되어 있구만" 당연한 이야기다. 앞에서 설명했듯이, 성경 기자들도 동일한 방식으로 하나님께 사용 받았다.

"나는 이방 여인이거늘 당신이 어찌하여 내게 은혜를 베푸시며 나를 돌보시나이까?" 왜 이 질문이 내 눈에 깊게 새겨졌을까? 내가 사랑한 '우리 엄마의 어린 시절이 이방인과 같은 삶이었기 때문'에 그렇다.

나는 의사가 된 뒤, 십여 년간 계절마다 우리 엄마 옷을 사드렸다. 처음에는 소심(?)하게 옷을 고르던 엄마는 시간이 갈수록 대담해지기 시작했다. 솔직한 속마음은 '저렇게 비싼 옷이 왜 필요할까?' 싶었지만, 항상 가는 백화점에 들러 마네킹에 입혀 있는 옷을 벗겨 왔다.

내가 그렇게 한 이유는 엄마가 자주 했던 이야기 때문이었다. 어린 시절 학교에서 가져오는 생활기록부에 있는 부모님 학력란에, 엄마는 항상 '중졸'이라고 쓰라고 했었다. 하지만 의대 본과 3학년 이후, 엄마의 최종 학력이 중졸이 아닌 것을 알게 된 뒤 우리 엄마는 나에게 어린 시절 교복을 입은 또래가 맞은편에서 걸어올 때 도망쳤던 이야기를 해주었다.

"나는 그래서 정말 예쁘고 좋은 옷을 입고 싶어."

의사가 되고 통장에 돈이 들어오기 시작한 해부터 백화점에 단골집이 생겼다. 글을 써 내려가는 과정이 나에게는 엄마와의 추억을 그리고 엄마의 삶을 하나하나 소화해서 이제는 곱게 내 방 액자에 걸어놓는 작업이라는 느낌이 든다. 생각할수록, 우리 엄마의 삶은 우리 아빠를 만난 이후로 점점 이 방인과 같은 삶에서 소위 21세기 대한민국 젊은이들의 언어로 '인싸'[101]로 바뀌어 갔음을 깊이 깨닫는 중이다. 이 모든 것이 하나님의 은혜다.

이방인의 가장 큰 아픔은 '공감받지 못하는 것'이다. 피조물인 우리는 자 신과 다른 처지 다른 배경의 사람을 이해하지 못한다. 아니, 그럴 의사(意思) 도 능력(能力)도 없다. 나는 '신학을 공부한 정신과 전문의'이다. 이 말은 자 랑이 아니다. 이 사실은 나에게 아픈 말이다.

이 말의 의미는, 사역을 시작한 뒤 내 처지가 그 어디에도 속하지 못하는 '이방인'이라는 이야기다. 어린 시절 내가 태어나고 자라는 과정을 같이 한, 부모형제도 내가 무슨 일을 하는 사람인 줄 모른다. 사람에게는 그 정도의 능력이 존재하지 않는다. 나의 부모형제의 입장에서는 "너는 의사여야 해." 가 당연한 이야기다. 사투리를 좀 섞어서 이야기하자면, 신학은 그저 먹고 살 만한 '지 하고 싶은 일 혹은 취미'일 뿐이다. 아니, 그렇게 믿어야 마음이 편하다.

그렇다면, 내가 평생 사역한 CMF 내에서는 어떠할까? 나는 의료인인 CMF 지체들에게는 '신학을 한 간사'인 반면, 청빙 받은 여러 간사님들(목사 님들)의 눈에는 '의사'다. 나 또한 CMF에서 평생 CMF 간사님들과 똑같은

---

101 인싸: '인사이더'(insider)의 준말이다. 기성세대 또한 잘 알고 있는 말인 '아웃사이더'(outsider) 의 반대말이다.

546 하나님을 위한 변명

사례를 받았지만, 이 부분에서만큼은 간사인 내 처지가 보이지 않는 것이 당연하다. 이 부분에서는, 나에 대해서 다른 사람들의 눈에는 전문의로서 현직에 있는 내 아내가 보이게 마련이다. 사람이라는 존재가 원래 그런 것 같다. 사람들은 다른 사람의 처지를 볼 때, 기본적으로 '자신이 가지고 있는 그 무엇은 당연히 상대방도 가지고 있다'라고 무의식적으로 단정하는 경향이 있는 것 같다. 그러한 전제하에, 자신에게 없는 무엇이 상대에게 보일 때 그 부분을 부러워한다. 그러니 항상 남의 떡이 더 커 보이는 것이다. 이 지점에서 '시기와 질투'가 시작된다. 세상의 거의 모든 '시기와 질투'가 잔인한 이유이다.[102]

그 결과 나에게 경제적인 요구를 할 때는 항상 "너는 의사잖아."라는 논리가, 경제적인 부분이 아닌 다른 부분에서 무언가를 요구할 때는 "간사님은 사역자이시잖아요"가 일상이 된다. CMF 초빙 간사님들 중, 나와 친한 분들이 가장 많이 했던 이야기는 "그래도 너는 의사잖아."이다. 무슨 의미일

---

[102] 결혼하지 않은 CMF 지체들이 나에게 '피해야 할 배우자 유형'을 물어올 때 이렇게 대답한다. 물론, 질문의 과정에서 이미 질문한 아이는 자신이 사랑하는 이성의 특성 가운데 '시기와 질투' 그리고 '자격지심'이 가득함을 무의식중에 내게 알려준 상태다. "배우자가 신앙이 있어야 하는 것은 당연한 이야기이고, 피해야 할 배우자의 유형을 꼭 집어서 말해달라고 한다면…, 자격지심(自激之心)이 있는 배우자는 사람을 말려 죽이는 경향이 있단다. 물론 그래도 그 사람을 사랑하니까, 당연히 이 질문이 나오겠지? 그러니까, 지금 네가 간사님으로부터 알고 싶은 부분은 당연히 이것이겠지. 너를 만나 네 사랑이 쏟아져 들어가기 시작한 순간부터 보통 언제까지 그 사랑의 에너지가 들어가야 그 사람이 완전히 회복될지 궁금하겠지. 그 부분을 묻는다면, 아마도 스무 살에 너를 만났다면 사십이 될 때까지 서른 살에 너를 만났다면 육십이 될 때까지가 될 거야. 물론, 네가 건강하다는 전제하에 그렇다는 이야기란다. 물론, 엄청 가치 있는 일이지. 한 사람의 크기는 한 사람이라는 것을 잊지 말도록 하렴. 한 명의 하나님의 형상을 치유하는 데는 다른 한 명의 하나님의 형상의 온전한 인생 전체가 필요하단다. 사람은 정말 비싼 존재지 … 오죽했으면, 성자 하나님께서 직접 이 땅에 오셨어야 했을까?"

까? "너는 우리와 다르잖아. 너는 우리가 아니잖아."

물론, 젊은 시절에는 많이 아팠다. 시간이 지나 오십이 넘으면서 언제부터인가 모르게 괜찮아지기 시작했다. 이제는 자신의 처지와 다른 이를 공감하는 것이 얼마나 어려운 일인지 잘 안다.[103] 피조물에게 있어서, 자신과 다른 처지에 있는 존재에 대한 공감이 얼마나 큰 요구이자 기대인지 잘 이해하고 있다. 하지만 이 책의 2부 내내 하고 있는 이야기는, 이렇게 어려운 공감에 성공하는 하나님의 사람이 있을 경우, 하나님께서는 '그 사람의 인생을 통하여 이 땅을 고쳐주실 것'이라는 것이다. 이러한 사람의 존재와 인생이 '하나님의 축복의 통로가 될 것'이라는 것이다.

라합의 이야기에서도 언급했지만, 우리네 인생에서 가장 취약하고 아픈 부분이 하나님의 은혜의 통로가 되는 것이 인생이다. 그렇게 놓고 보면, 인생의 아픔은 우리가 그것을 대하는 태도에 따라 하나님의 지혜인 '듣는 마음을 익히는 과정'이 되기도 하고, 그 반대로 '절망의 근거'가 되기도 하는 것 같다. 결국 인생의 아픔과 고통 가운데 '듣는 마음'을 익힌 사람은, 이 땅을 향한 하나님의 축복의 통로가 되는 영광을 누리게 될 것이다.

2020년에 대한민국 정부와 의사들 사이에 갈등이 있었다. 내가 보기에

---

103 "안다"라는 이 표현은 단순히 지적 수준의 앎을 의미하는 단어가 아니다. 성경에 나오는 원어로 표현하자면 '야다' 정도의 '실제적인 앎'을 말하는 것이다. 우리 말로 '안다'라고 번역되는 히브리어 '야다'는, 부부간의 성관계를 뜻하기도 할 정도로 친밀한 경험을 통한 아주 깊은 앎을 뜻한다.

대한민국 정부는 잘 훈련된 정규군과 같은 모습을 보인 반면, 청년의사들과 의대생들은 기습을 당해 당황한 표정이 역력해 보였다. 이곳에서 의료 정책적 부분을 논할 생각은 추호도 없다. 양 진영의 민망한 말싸움과 막말들을 옮길 생각도 없다. 그 기간 나는 정말 많은 CMF 젊은 의사들과 의대생들로부터 질문을 받았다.

CMF 내에서 사역자로서의 나의 태도는 간사 사역 첫해부터 한결같다. 나는 신병 시절 하나님과의 서원을 통해 내가 의사가 될 것이라는 사실을 잘 알고 있었다. 신병 시절 의사가 되고 나서 '의학과 신학이 만나는 지점'에서 일하겠노라고 서원했었다. 나에게 있어서 의사가 되는 것은, 우리 주 예수 그리스도께서 사람이 되신 성육신과 같이 내가 사역하는 대상인 의료인들처럼 되는 일이라고 믿었다. 즉 나에게 있어서 의사가 되는 것은, 의사면허만을 취득하는 것을 의미하지 않았다. 이 일은 나에게 의사면허와 전문의 자격증 취득을 넘어, 정서적인 부분까지도 '의료인의 정서를 공감할 수 있는 사역자로 거듭나기 위해 필요한 필수 과정'임을 잘 이해하고 있었다.

나는 간사 사역 첫해부터 CMF 내부를 향해 항상 이야기해 왔다. "나는 의료인을 위해서 부르심을 받았다. 즉, 나는 항상 의료인의 편에 설 것이다. 사랑받지 못하고 자란 사람은 사랑할 줄 모르는 괴물이 되기 마련이다. 나는 환자보다 의료인을 사랑할 것이다. 그 자리가 하나님으로부터 내가 부름받은 자리다. 나는 하나님께서 내게 주신 자리에서 의료인을 사랑할 것이다. 그러니 여기 있는 의료인인 우리 CMF 지체들은 그 사랑을 받고, 각자가 하나님께 받은 자리에서 환자를 사랑하길 바란다. 나는 의료인을 위해

부름을 받았고, 여기 있는 우리 CMF 지체들은 환자들을 위해 부름을 받았다."

2020년 대한민국 정부와 의사들의 갈등의 원인이 되었던 정책에 대한 나의 견해는 이 책에서는 중요하지 않은 것 같다. 다만, 나는 포털을 도배한 댓글을 보며 심각함을 느꼈다. 그 댓글들이 진정 우리 대한민국 국민들의 심성을 그대로 반영한 것이라면, 우리 대한민국은 정말 희망이 없다. 그 댓글들이 정말 우리 대한민국의 입장이라면, 우리 대한민국은 분명히 멸망의 길로 가고 있는 것이 확실하다. 젊은 의사들과 의대생들은 우리 대한민국을 가장 닮은 존재들이다. 대한민국의 공교육에 가장 잘 적응한 '인센티브'로 의대생이 된 아이들이다. 그런데 포털의 댓글들에는 대한민국을 가장 많이 닮은 아이들을 향한 저주로 가득했다. 내 눈에, 자신을 가장 닮은 존재를 향한 저주와 욕설로 도배된 댓글 창은 참 아이러니해 보였다. 그 저주와 욕설은 사실 자신들을 향한 것이다. 21세기 대한민국이 얼마나 공감과는 먼 곳이 되었는지 분명히 보여주는 장면이었다. 21세기 대한민국이 얼마나 보아스와 룻과는 정반대의 사람들로 채워져 있는지를 보여주는 장면이었다.

CMF 내부 단체카톡방들에 나의 위로를 올렸다. "사람들의 눈에는 그냥 의사 혹은 의대생으로만 보이겠지만, 오랜 세월 자세히 한 명 한 명, 하나님과 약속하기도 하고, 하나님의 약속을 믿고, 하나님의 인도하심을 따라, 남 모르는 사연을 안고, 걸어온 아이들, 한 명 한 명의 인생을 아는 간사님의 입장에서는, 지금의 상황이 전혀 다른 이야기로 다가오는구나. 다들, 잘 견뎌내고, 잘 버티고, 성장하는 시간이 되길 기도한다. 의대생들과 의사들이 있는 이곳에도, 사람이 있고, 인생이 있고, 웃음과 눈물이 있다는 사실을, 정부와 사람들이 잊고 있더라. 다들, 잘 견디고, 행복하렴!!!"

공감받아 본 사람만 공감할 수 있게 마련이다. 사랑받아 본 사람만이 사랑할 수 있게 마련이다. 얼마 전 내 곁을 떠난 우리 엄마가, 나의 어린 시절 나에게 가장 많이 해주셨던 말은 "아이고, 내 새끼!"였다. 물론, 우리 엄마는 내가 의사가 된 뒤 내가 걸어간 길을 이해하지는 못하셨다. 그것은 우리 엄마 능력 밖의 일이었다. 그런 점에서, 나는 어린 시절의 추억만으로도 충분했다. 의사가 된 뒤에는 내가 엄마를 이해해야 하는 시간이었다.

"나는 이방 여인이거늘 당신이 어찌하여 내게 은혜를 베푸시며 나를 돌보시나이까?"

보아스의 답은 간단하다.

"베들레헴의 유력자인 보아스 내가 이곳에서 성장하는 동안 '이방인'이었으니까, 또한 나를 사랑으로 키워주신 우리 엄마가 '이방인'이셨으니까, 그리고 이제는 내가 '이방인과 같은 처지의 사람들'을 공감해주고 그들의 삶이 꽃피울 수 있도록 그들의 존재와 삶을 공감해주어야 할 차례이니까, 아무에게도 의지할 곳 없는 어린 룻 너도 가지고 있는 조그마한 힘으로 나오미의 처지를 공감하며 살아보겠다고 그렇게 발버둥 치는데 하물며 내가 어찌 가만히 있을 수 있을까?"

그러니, 이 책을 읽은 독자들이여! "라합이 그러했듯이, 룻이 그러했듯이, 보아스가 그러했듯이, 그러한 삶 한번 살아볼 생각이 없는가?"

맺는말

볕이 좋았다. 엄마를 보낸 뒤 처음 맞는 어버이날을 하루 앞두고 선산에 있는 엄마의 산소를 찾았다. 가는 길에 꽃을 좋아했던 엄마를 위해 카네이션 화분을 샀다. 나무로 되어 있는 분홍색 하트 모양이 달려 있는 화분과 파랑색 하트 모양이 달려 있는 화분 중에서 분홍색을 골랐다. 분홍색 하트가 달린 화분을 들어 올리면서 '젠더 이슈'(gender issue)에 민감한 일부 사람들이 비난할지도 모르겠다는 생각이 들었다. 순간 내 머릿속에 떠오른 생각이 뜬금없다는 마음이 들었다.

'왜 이런 생각을 하지?'

엄마가 했던 말이 생각이 났다. "나는 다음 생을 믿지는 않지만 다음 생애가 있다면 엄마는 우리 뚱내미[1] 딸로 태어나서 한번 살아봤으면 좋겠다." 그러고 보니, 카네이션 화분에 달려 있는 분홍색 하트가 외할아버지께서 소천하셨던 시절 9살이었던 엄마와 어울린다는 생각을 했다. 다시 보니, 분홍색 하트가 약간은 옛스러워 보였다.

이 책은 단 한 명을 위해 시작되었다. 이 책은 누가 봐도 엄마와 붕어빵인 아들이 엄마를 갑자기 보낸 뒤, 엄마에게 헌정(獻呈)하기 위해 쓴 책이다. 엄마가 그렇게 생각보다 빨리 내 곁을 떠나지 않았다면, 아마도 나는 평생 책을 쓰지 않았을 것이다.

물론 하나님께서 나를 통해 선포해주시는 '성경인물 설교'의 출판을 권했던 내 주변 지체들에게는 입버릇처럼 같은 말을 반복하곤 했었다. "응, 한 10년쯤 뒤에… 내 성격에 출판이라니 쫌 그렇잖아? 10년쯤 뒤에 철이 좀 더 든 뒤에 환갑 넘어서 그때쯤 그동안 했던 성경인물 설교들을 모아서 한꺼번에 출판하는 게 낫지 않을까? 그때쯤 되면 한 20권 정도는 출판할 수 있겠다."

2–3년 뒤도 아닌, 10년쯤 뒤에 하겠다는 이야기는 사실 안 하겠다는 이야기다. Triple A(Abdominal Aortic Aneurysm, 복부 대동맥류)로 엄마를 보내기 25일 전, 나는 평소 당신의 자서전을 남기고 싶다는 엄마에게 카톡을 한 뒤 전화통화를 했다. 이런저런 이야기를 나누는 가운데, 엄마의 어린 시절 이

---

1 저자의 아명(兒名)이다.

야기를 나중에 엄마가 소천한 뒤에 아들의 설교집에 넣어주겠다는 약속을 했다.

엄마의 어린 시절 이야기를 엄마의 소천 뒤, 그러니까 당시 나의 생각으로는 상당히 먼 미래에 나의 설교집에 넣어드리겠다고 한 이유는 이러했다.

"역사는 해석이고, 기억은 편집이다."라는 말이 있다. 특히, 기억이라는 주제는 내가 전공했던 정신과에서 관심을 가지고 있는 주요한 부분이다. 지금까지 여러 어른들의 말씀을 종합해볼 때, 엄마의 어린 시절과 연관해서 소위 '팩트'(fact)에 해당하는 것은 이 정도인 것으로 보인다. '엄마는 유복한 환경에서 태어났다. 엄마는 어린 시절 교회에서 신앙생활을 했다. 장손이셨던 외할아버지께서 엄마 나이 9살에 소천하신 뒤, 엄마는 학교에 그렇게 다니고 싶었지만, 초등학교 2학년부터 학업이 중단되었다가 5학년으로 편입하여 두세 살 어린 동기들과 학교를 다녔고 최종학력은 초등학교 졸이 되었다. 그 이후 엄마는 우리 아빠를 만나 결혼하기 전까지 주로 방직공장을 전전하며 생계를 이어나갔다. 외할아버지의 신앙은 외할아버지께서 가장 예뻐하셨던 막내딸인 우리 엄마의 가장 사랑하는 둘째 아들에 이르러 회복되었다.'

엄마의 어린 시절에 대해 살피는 과정에서, 엄마의 말과 아빠의 말 그리고 몇몇 어른들의 이야기 중 일치하지 않는 부분이 많았다. 엄마와 아빠의 연애 이야기 또한 그러했다. "역사는 해석이고, 기억은 편집이다."라는 말이 가슴에 와닿았다. 그러나 각각의 입장에서의 기억의 편집을 감안하더라도, 몇 가지 사실(fact)을 기반으로 생각할 때, 얼굴도 모르는 나의 외가 쪽 어른들은 분명히 훌륭하지 못한 선택을 했던 것으로 보였다. 더군다나, 그 분들 중 상당수가 목사 장로 혹은 권사라는 이야기를 들었을 때는 가슴이 아팠다.

그러나 이미 다 지난 일이었다. 이미 우리 엄마는 우리 아빠를 만나 55년 간 삼 형제를 낳고 행복하게 그리고 안온하게 생을 누리고 있는 중이었다. 굳이 엄마의 자서전을 통해 이러니 저러니 말이 오가고 그 일에 우리 엄마가 휘말리게 될지도 모른다는 사실이 걱정이 되기도 하고 싫었다. 그래서 엄마에게 "나중에 아주 나중에 엄마가 소천한 뒤에, 똥내미가 설교집을 낼 때 엄마의 어린 시절 이야기를 책에 담아줄게."라고 했던 것이다. 그 말을 할 때, 나는 아무리 짧아도 10년 약간 길게는 20년 후를 상상했었다. 그러나, 그 일은 엄마와 이야기를 나눈 뒤 25일 만에 내게 다가왔다.

엄마를 보내고 열흘 뒤 엄마와 했던 약속이 생각났다. 이제 설교집을 써야 하는 일은 현실이 되었다. 원고를 쓰기 시작했다. 초안을 쓰는 과정에서, 설교문을 쓰는 것과 출판을 위해 원고를 쓰는 일은 에너지 소모가 엄청 다르다는 사실을 알게 되었다. 엄마와의 약속이 아니었다면, 분명히 원고를 쓰는 과정에서 그만두었을 것이다.

앞서 말했듯이, 이 책은 단 한 명을 위한 책으로 시작되었다. 어린이날 전날, 원고 초안을 완성했다. 원고 초안 전체를 프린터로 출력해서 카네이

선과 함께 엄마의 산소 앞에 올려놨다. 엄마에게 이런저런 이야기를 했다.

생각지도 않았던 책이 세상에 나오게 되었다. 문득, 의대 시절 CMF 전
국학생수련회 EBS(Evangelical Bible Study, 추구팀) '정직한 질문, 정직한 대답'
시간에 내 신앙의 사부이신 이광우 목사님께서 하셨던 답이 생각이 났다.
"목사님, 이 땅에 인류가 저 혼자만 있어도, 예수님은 오셨을까요?" "예, 물
론입니다. 지구상에 형제 단 한 명만 있다고 해도, 단 한 명뿐인 형제의 구
원을 위해서 우리 주 예수 그리스도께서는 이 땅에 오셔서 고난받으시고 십
자가에 죽으시고 부활하셨을 겁니다. 물론, 이런 답을 하면 예수님 혼자서
어떻게 십자가에 못 박히셨을까요? 라고 질문하는 지체들이 꼭 있는데, 지
금 저의 대답의 핵심은 그 부분이 아니라, 우리 하나님께 여기 있는 지체들
한 명 한 명이 그토록 소중하고 귀하다는 이야기입니다."

그렇다. 이 책은 단 한 명을 위한 책으로 시작되었다. 우리 모두 잘 알고
있는 '돌아온 탕자' 기사가 나온 성경 본문을 일부 발췌해서 인용한다.

> [3]예수께서 그들에게 이 비유로 이르시되 [4]너희 중에 어떤 사람이 **양 백
> 마리가 있는데 그 중의 하나를 잃으면** 아흔아홉 마리를 들에 두고 그 잃
> 은 것을 찾아내기까지 찾아다니지 아니하겠느냐(누가복음 15:3-4)

> 어떤 여자가 **열 드라크마가 있는데 하나를 잃으면** 등불을 켜고 집을 쓸
> 며 찾아내기까지 부지런히 찾지 아니하겠느냐(누가복음 15:8)

> [11]또 이르시되 어떤 사람에게 **두 아들이 있는데** [12]그 **둘째가** 아버지에게 말하되 아버지여 재산 중에서 내게 돌아올 분깃을 내게 주소서 하는지라 아버지가 그 살림을 각각 나눠 주었더니 [13]그 후 며칠이 안 되어 둘째 아들이 재물을 다 모아 가지고 먼 나라에 가 거기서 허랑방탕하여 그 재산을 낭비하더니(누가복음 15:11-13)

성경을 읽을 때, 주의해서 읽을 점 중 하나가 문맥이다. 해당 기사의 앞과 뒤에 어떤 이야기를 하다가 이 기사가 나왔는지 혹은 뒤에 무슨 이야기를 하려고 이 기사를 먼저 꺼냈는지 살피는 것은, 성경 본문이 진정으로 하고 싶은 이야기를 깨닫는 데 중요하다.

이 책에서 성경 본문의 진한 글씨체를 통해, 독자들의 눈에 보이는 부분이 있을 것이다. '양 백 마리 중 잃어버린 양 한 마리, 그리고 그 양 한 마리를 찾아 헤매는 어떤 사람' '열 드라크마 중 잃어버린 한 드라크마, 그리고 그 한 드라크마를 찾아 헤매는 어떤 여자' '두 아들 중 잃어버린 한 아들, 그리고 그 한 아들을 한없이 기다리는 어떤 사람' 그렇다면, 성경이 위의 세 이야기를 통해 진짜 하고 싶은 이야기는 무엇일까?

성경은 지금 우리의 시야를 좁혀 가고 있다. '양 백 마리 중 잃어버린 양 한 마리' '열 드라크마 중 잃어버린 한 드라크마' '두 아들 중 잃어버린 한 아들', '100:1' '10:1' '2:1', 사실 하나님께서 찾고 싶으신 잃어버린 사람은 바로 '너, 1:1'.

나는 나의 6살 유치원 시절의 키를 기억한다. 물론 몇 센티미터였는지는 모른다. 나의 기억은 엄마의 음성이다. "우리 뚱내미가 이제 엄마 젖 바로 밑까지 컸네. 얼른얼른 커서 엄마보다 더 커졌으면 좋겠다."

이 책은 그렇게 엄마보다 더 커진 아들이 단 한 명 우리·엄마를 위해 쓴 책으로 시작되었다. 생각지도 않았던 책이 이 세상에 나오게 되었다. 우리 엄마가 그렇게 갑자기 내 곁을 떠나지 않았다면, 엄마가 내 곁을 떠나기 25일 전 엄마와 내가 그 이야기를 나누지 않았다면, 이 책은 절대 세상에 나오지 않았을 것이다. 하지만 '뜻하신즉 이루시고, 이루신즉 그 모든 행사가 선하신 하나님'의 필연과 주권 아래 한 권의 책이 세상에 태어났다.

생각해보면 피조물인 나에게도 우리 엄마가 이토록 소중한데, 하물며 전능자에게 있어 당신의 자녀 한 사람 한 사람을 향한 마음의 크기와 소중함을 가늠하는 것이 우리 같은 인생들에게 가능이나 한 일일까? 나를 창조하시고 우리 엄마의 아들로 태어나게 하신 하나님께서는, 나를 여러 인생의 굴곡 가운데 CMF의 사역자로 부르셨다. 그리고 안식년 가운데, 대한민국 전체가 부동산문제와 COVID-19로 고통받는 가운데, 이 책을 세상에 태어나게 하셨다.

분명히, 이 책은 우리 엄마 단 한 명을 위한 책으로 시작되었다. 그러나, 거기에서 끝이 아닐 것이다. 나는 모르지만, 이 책이 이 땅의 상당수 사람이 자신만을 위해 살아가는 흐름 가운데 그리고 COVID-19로 고통받는 가운데 죽어가는 바로 단 한 사람, 영혼의 회복이 필요한 누군가 그 단 한 사람 (어쩌면, 이 책을 읽고 있는 바로 당신)을 위한 책이 되기를 기도한다.

결국, 내 마음 한가운데 샘솟는 울음과 기도는 한가지다.

"나의 주 나의 하나님이시여, 이제는 당신의 품으로 돌아간 내 엄마의 영혼을 따뜻하게 대해 주시고, 어려운 시기 이 땅에 남은 하나님 당신의 사람들을 생각하시어, 진노 중에라도 긍휼을 잊지 마옵소서!"